体育学科研究生通用教材

丛书主编：邓树勋

运动人体科学研究进展与应用

乔德才　张蕴琨　邓树勋　主编

人民体育出版社

图书在版编目(CIP)数据

运动人体科学研究进展与应用/乔德才，张蕴琨，邓树勋主编．
－北京：人民体育出版社，2007
体育学科研究生通用教材
ISBN 978-7-5009-3283-3

Ⅰ．运… Ⅱ．①乔…②张…③邓… Ⅲ．人体运动-人体学-研究生-
教材 Ⅳ.G804

中国版本图书馆 CIP 数据核字(2007)第 141789 号

＊

人民体育出版社出版发行
三河兴达印务有限公司印刷
新 华 书 店 经 销

＊

787×1092 16 开本 29 印张 663 千字
2008 年 7 月第 1 版 2008 年 7 月第 1 次印刷
印数：1—3,000 册

＊

ISBN 978-7-5009-3283-3
定价：50.00 元

社址：北京市崇文区体育馆路 8 号（天坛公园东门）
电话：67151482（发行部） 邮编：100061
传真：67151483 邮购：67143708
（购买本社图书，如遇有缺损页可与发行部联系）

发展独立思考和独立判断的一般能力，应当始终放在首位，而不应当把获得专业知识放在首位。如果一个人掌握了他的学科的基础理论，并且学会了独立地思考和工作，他必定会找到他自己的道路，而且比起那种主要以获得细节知识为其培训内容的人来，他一定会更好地适应进步和变化。

——爱因斯坦

本书作者

主　编：
　　乔德才（北京师范大学教授）
　　张蕴琨（南京体育学院教授）
　　邓树勋（华南师范大学教授）

作　者：（按姓氏笔画排序）
　　王竹影（南京师范大学教授）
　　邓树勋（华南师范大学教授）
　　田振军（陕西师范大学教授）
　　乔德才（北京师范大学教授）
　　刘晓莉（北京师范大学教授）
　　汤长发（湖南师范大学教授）
　　李世昌（华东师范大学教授）
　　张　勇（天津体育学院教授）
　　张蕴琨（南京体育学院教授）
　　林　华（辽宁师范大学教授）
　　金其贯（扬州大学教授）
　　赵　斌（河北师范大学教授）
　　郝选明（华南师范大学教授）
　　胡　扬（北京体育大学教授）
　　钱竞光（南京体育学院教授）
　　阎守扶（首都体育学院教授）
　　谢敏豪（北京体育大学教授）
　　熊正英（陕西师范大学教授）

序

我国的研究生教育近年发展迅速，根据教育部《2005年全国教育事业发展统计公报》，全国在学研究生已达97.86万人，其中博士生19.13万人，硕士生78.73万人。研究生教育的发展，是我国经济发展与现代化建设的需要，是社会发展和时代进步的需要。在研究生教育迅速发展的背景下，提高研究生教育质量尤显迫切，陈至立同志2003年7月在国务院学位委员会第20次会议上讲话时指出："当前，要把提高研究生教育质量放到首要的位置。"

体育学科研究生教育也不例外，努力提高体育学科研究生培养质量，是摆在体育院校系全体研究生导师和研究生面前的重要问题。研究生教育是高等教育的一个层次，学术水平是衡量研究生质量的重要标尺，因此，如何引导研究生进入学术前沿，如何引导研究生进行研究创新，如何培养研究生科学精神，是提高研究生培养质量必须思考的问题。

在研究生培养工作中，一部优秀的研究生教材在提高研究生培养质量中将会起到重要作用，但是，目前在体育学科领域，适合研究生层次学习与阅读的教材品种和数量，与研究生教育的发展尚有较大距离，为了适应体育学科研究生教育发展的需要，人民体育出版社组织编写了这套《体育学科研究生通用教材》，以适应当前研究生教育发展的需要，并于2005年9月26—28日在北京香山饭店召开了教材编写工作会议，会后系列教材的各教材主编分别召集了编写成员进行学习研讨，努力编写高质量的研究生教材。

这套《体育学科研究生通用教材》力求体现"五性"：1. 前沿性。给研究生⋯⋯力求引导研究生进入学术前沿。2. 创新性。力求给研究生⋯⋯3. 拓展性。适应当今科学发展交叉渗透的特征，拓宽⋯⋯力求紧密结合当代体育科学的发展，为体育事业服务，⋯⋯和能力的关系。5. 可读性。努力提高教材文字水平，既科学严谨⋯⋯兴味盎然。

这套《体育学科研究生通用教材》的每一种，其主编都是各该领域学术造诣较高并有丰富的指导研究生经验的专家、教授。

愿这套《体育学科研究生通用教材》成为体育学科研究生的良师益友，为研究生的成长助一臂之力。

总主编　邓树勋

2006 年秋

编写说明

运动人体科学是生物学、医学和体育学相交叉的一门学科，它是以人体为对象，研究人体在运动过程中机能活动的变化特点、规律和与外界环境的关系，有助于增进健康、提高人体机能能力的一门科学。

人体是一个复杂动态的整体，从宏观看是由细胞、组织、器官、系统组成；从微观看细胞又是由细胞器、生物大分子、分子、原子等组成。因此，运动人体科学从不同的研究侧面形成了诸如运动解剖学、运动生理学、运动生物化学与分子生物学、运动营养学、运动保健学和运动生物力学等众多三级学科。作为体育专业研究生，应该掌握相关的运动人体学科的理论和技能，并具备应用这些基本知识和方法分析解决实践问题的能力，以便在体育教育训练学、体育人文社会学、运动人体科学和民族传统体育学等各个学科领域进行更为深入的研究与探索。

运动人体科学知识和技能在全民健身和竞技体育中有十分重要的作用。运动人体科学的理论和方法可为促进人体健康、增强体质、防治疾病及运动康复等提供必要的生物学基础知识及实践技能，也可为运动员选材、动作技术分析、机能评定与训练监控、延缓运动性疲劳及促进恢复、合理营养等提供必需的科学依据和方法。

本书以专题的形式介绍了生命科学研究的热点以及先进的实验技术，重点从三级学科层面上介绍了运动人体科学各领域的研究进展，每一讲既反映某一领域的基础知识和理论，又尽可能在三级学科的层面上进行横向交叉渗透，反映学科发展前沿，其内容涵盖面广，既具有一定的理论深度和应用价值，又可为体育专业研究生奠定扎实的理论基础、拓宽学术视野和提供研究思路。

本书的编写人员多为运动人体科学领域的学科带头人、专家和教授，其中大多有博士或硕士学位，不少人是博士生导师或硕士生导师。他们在百忙中撰写书稿并反复修改，在质和量上保证了本书的顺利完成，在此向他们表示衷心的感谢。

全书包括绪论和18讲，基本上反映了本学科各领域的研究进展。在研究生教学中和研究生学习时，可根据专业特点和研究方向而有所侧重或选用。由于本学科发展太快,在内容和理论上的某些研究新进展可能来不及完全编入本书,存在不当之处在所难免,衷心希望各位同仁和读者赐教。

本书为体育专业研究生的教材,同时也可作为体育专业教师、体育工作者以及体育科研人员学习和研究的参考书。

主编 乔德才 张蕴琨 邓树勋
2006 年 12 月 26 日

目 录

绪论 运动人体科学的研究特征与进展 …………………………………………（1）
    一、运动人体科学的研究特征 ……………………………………………（1）
        （一）以系统整体观点综合宏观与微观研究 …………………………（1）
        （二）从多层次、全方位开展跨学科研究 ……………………………（1）
        （三）依托基础性研究突出应用特点 …………………………………（2）
        （四）研究手段借助先进仪器设备和技术 ……………………………（2）
    二、运动人体科学的研究进展 ……………………………………………（3）

第一讲 生命科学研究中的几个热点问题 ………………………………………（6）
    一、人类基因组计划 ………………………………………………………（7）
        （一）人类基因的构成 …………………………………………………（7）
        （二）人类基因组计划 …………………………………………………（9）
        （三）后基因组时代及其展望 …………………………………………（11）
    二、蛋白质组学的研究 ……………………………………………………（12）
        （一）蛋白质组和基因组的区别 ………………………………………（13）
        （二）蛋白质组学研究的主要内容 ……………………………………（13）
        （三）蛋白质组学研究的方法 …………………………………………（14）
        （四）蛋白质组学研究的前景 …………………………………………（15）
    三、克隆技术与生物工程 …………………………………………………（15）
        （一）克隆技术 …………………………………………………………（15）
        （二）生物工程 …………………………………………………………（18）
    四、人类脑计划和神经信息学 ……………………………………………（20）
        （一）人类脑计划的提出与发展 ………………………………………（20）
        （二）一门新兴的边缘学科——神经信息学 …………………………（21）
        （三）我国研究现状 ……………………………………………………（22）
    五、分子医学 ………………………………………………………………（22）
        （一）分子医学的发展与研究 …………………………………………（22）
        （二）基因治疗 …………………………………………………………（23）

第二讲 生物医学技术及其在运动医学中的应用 (26)

一、经典生物医学技术介绍 (27)
（一）光谱分析技术 (27)
（二）色谱技术 (30)
（三）电泳技术 (32)
（四）离心分析技术 (37)
（五）显微技术 (39)
（六）同位素示踪技术 (42)

二、现代生物医学技术在运动医学领域中的应用 (45)
（一）重组 DNA 技术 (45)
（二）单克隆抗体技术 (46)
（三）流式细胞技术 (48)
（四）PCR 技术 (51)
（五）核磁共振 (54)
（六）纳米技术 (56)
（七）激光共聚焦扫描显微镜 (59)
（八）干细胞技术 (59)
（九）激光医学 (62)

第三讲 运动员基因选材原理与方法 (72)

一、运动员基因选材的研究现状 (72)

二、运动员基因选材的基本原理 (74)
（一）DNA 遗传标记 (74)
（二）限制性片段长度多态性 (74)
（三）重复序列多态性 (75)
（四）单核苷酸多态性 (76)
（五）单体型 (79)

三、运动员基因选材的研究策略 (79)
（一）关联研究常用的实验设计 (79)
（二）关联研究常用的统计学方法 (81)
（三）关联研究候选基因的选择方法 (81)
（四）关联研究的样本量和 Power 值的计算 (83)
（五）关联研究的注意事项 (83)

四、运动员基因选材的研究手段 (85)
（一）STRs 的分型技术 (85)
（二）SNPs 的分型技术 (85)

（三）单体型构建的技术和方法 …………………………………………（85）

第四讲　人体运动形态学研究进展与应用 …………………………………（94）

　一、人体运动大体形态学研究技术与进展 …………………………………（95）
　二、人体运动显微形态学研究技术与进展 …………………………………（96）
　　（一）运动与骨、关节 ………………………………………………………（96）
　　（二）运动与骨骼肌 …………………………………………………………（98）
　　（三）运动与心血管形态学的变化 ………………………………………（104）
　　（四）运动与肝脏 …………………………………………………………（110）
　　（五）运动与肾脏 …………………………………………………………（111）
　　（六）运动与肺 ……………………………………………………………（113）
　　（七）运动与神经系统 ……………………………………………………（114）
　　（八）运动与淋巴系统 ……………………………………………………（116）
　　（九）运动与胃肠道形态学 ………………………………………………（117）

第五讲　运动性疲劳的中枢机制与神经递质 ………………………………（126）

　一、概述 ………………………………………………………………………（127）
　　（一）运动性中枢疲劳的概念 ……………………………………………（127）
　　（二）神经递质概念与分类 ………………………………………………（127）
　　（三）运动性疲劳的中枢机制 ……………………………………………（129）
　　（四）微透析技术在运动与中枢神经递质研究中的应用 ………………（132）
　二、中枢单胺类神经递质与运动 ……………………………………………（133）
　　（一）脑内多巴胺与运动 …………………………………………………（133）
　　（二）脑去甲肾上腺素与运动 ……………………………………………（137）
　　（三）脑内 5-羟色胺与运动 ………………………………………………（139）
　　（四）运动中单胺类神经递质的相互作用与动态变化 …………………（143）
　　（五）单胺类神经递质对行为活动和心理的相互调节作用 ……………（145）
　三、中枢氨基酸类神经递质与运动 …………………………………………（146）
　　（一）谷氨酸与天冬氨酸 …………………………………………………（147）
　　（二）γ-氨基丁酸与甘氨酸 ………………………………………………（148）
　　（三）运动对中枢氨基酸类递质的影响 …………………………………（151）
　　（四）运动对中枢氨基酸类递质受体的影响 ……………………………（153）
　四、营养和药物干预对中枢神经递质和运动能力的影响 …………………（155）
　　（一）药物干预对中枢神经递质和运动能力的影响 ……………………（155）
　　（二）补糖对运动中枢神经递质的影响 …………………………………（155）
　　（三）补充氨基酸对运动中枢神经递质的影响 …………………………（157）

第六讲 运动与细胞凋亡 .... (167)

一、细胞凋亡概述 .... (167)
（一）细胞凋亡的概念 .... (167)
（二）细胞凋亡的形态学特征 .... (168)
（三）细胞凋亡的生化和分子生物学特征 .... (169)
（四）细胞凋亡的生物学意义 .... (170)

二、细胞凋亡的机制 .... (171)
（一）细胞凋亡的酶学基础 .... (171)
（二）细胞凋亡的信号传导 .... (173)
（三）细胞凋亡的基因调控 .... (175)

三、细胞凋亡的检测 .... (176)
（一）形态学观察方法 .... (176)
（二）DNA 凝胶电泳 .... (177)
（三）酶联免疫吸附法（ELISA）核小体测定 .... (177)
（四）DNA 片断原位标记法 .... (177)
（五）流式细胞仪定量分析 .... (178)

四、运动诱发的细胞凋亡 .... (179)
（一）运动与骨骼肌细胞凋亡 .... (179)
（二）运动与心肌细胞凋亡 .... (180)
（三）运动与其他细胞凋亡的研究 .... (182)

第七讲 神经、内分泌、免疫功能与运动 .... (188)

一、神经-内分泌-免疫调节网络 .... (188)
（一）神经-内分泌-免疫网络的构成 .... (189)
（二）神经、内分泌与免疫系统之间的相互作用 .... (189)

二、神经生物学的研究进展 .... (190)
（一）细胞神经生物学研究进展 .... (190)
（二）分子神经生物学研究进展 .... (192)
（三）泛脑网络学说 .... (193)

三、运动内分泌学研究进展 .... (194)
（一）运动过程中受体与化学信号的转导 .... (194)
（二）下丘脑在运动应激行为中的作用 .... (195)
（三）CRH 在运动应激行为中的作用 .... (196)
（四）内分泌激素对运动的应答与适应特征 .... (197)

四、运动免疫学研究进展 .... (198)
（一）免疫调节信息物 .... (199)

（二）内分泌轴与运动性免疫功能变化 ……………………………… (199)
　　（三）神经、内分泌与免疫功能的调控 ……………………………… (200)

第八讲　健身和运动训练效果的生物学评价 …………………………… (205)
一、认识健身和训练效果的生物学评价 …………………………………… (205)
　　（一）生物学与生物学评价 ……………………………………………… (206)
　　（二）健身与训练 ………………………………………………………… (210)
二、健身与训练效果生物学评价的进展 …………………………………… (213)
三、健身与训练效果生物学评价的策略 …………………………………… (215)
　　（一）健身与训练效果生物学评价的主体分析 ……………………… (215)
　　（二）健身与训练效果生物学评价的客体分析 ……………………… (219)
　　（三）健身与训练效果生物学评价的手段分析 ……………………… (220)
四、健身与训练效果生物学评价的局限性 ………………………………… (222)
　　（一）影响训练或锻炼效果因素的多样性与生物学评价
　　　　　自身的局限性 …………………………………………………… (222)
　　（二）生物学评价技术的局限性 ………………………………………… (222)
　　（三）研究者认识的局限性 ……………………………………………… (222)

第九讲　运动与氧化应激研究进展 ……………………………………… (225)
一、氧化应激与机体抗氧化系统 …………………………………………… (226)
　　（一）活性氧及其产生 …………………………………………………… (226)
　　（二）机体抗氧化系统 …………………………………………………… (227)
　　（三）线粒体解偶联作用与抗氧化作用 ………………………………… (228)
二、运动氧化应激与机体抗氧化能力 ……………………………………… (229)
　　（一）运动与活性氧的产生 ……………………………………………… (229)
　　（二）运动氧化应激与氧化损伤 ………………………………………… (230)
　　（三）运动与抗氧化系统 ………………………………………………… (231)
　　（四）抗氧化剂的补充与抗氧化能力 …………………………………… (233)
三、运动性活性氧的生理意义 ……………………………………………… (234)
　　（一）活性氧与运动性疲劳 ……………………………………………… (234)
　　（二）活性氧与运动性肌肉损伤 ………………………………………… (235)
　　（三）活性氧的信号作用 ………………………………………………… (235)
　　（四）活性氧与线粒体能量代谢 ………………………………………… (236)

第十讲　大气污染、人体健康与运动能力 ……………………………… (240)
一、大气污染概述 …………………………………………………………… (241)
　　（一）我国大气污染的现状 ……………………………………………… (241)

（二）大气污染的成因 …………………………………………………（241）
　　（三）大气污染物的组成 ………………………………………………（242）
二、大气污染与健康 …………………………………………………………（244）
　　（一）大气污染与患病率 ………………………………………………（244）
　　（二）大气污染与死亡率 ………………………………………………（244）
　　（三）大气污染与呼吸系统疾病 ………………………………………（245）
　　（四）大气污染与肺功能 ………………………………………………（245）
　　（五）大气污染与免疫 …………………………………………………（246）
　　（六）大气污染与心脏自律性 …………………………………………（246）
三、大气污染与运动 …………………………………………………………（246）
　　（一）运动者对污染物的易感性 ………………………………………（246）
　　（二）污染物与运动能力 ………………………………………………（247）
四、在不同环境中运动应注意的几个问题 …………………………………（249）

第十一讲　运动锻炼与心脏功能 …………………………………………（254）

一、运动员心脏 ………………………………………………………………（254）
　　（一）运动员心脏的结构 ………………………………………………（255）
　　（二）运动员心脏的功能 ………………………………………………（258）
　　（三）运动心脏与病理心脏的区别 ……………………………………（260）
二、体育锻炼与心脏功能 ……………………………………………………（261）
　　（一）体育锻炼改善心功能 ……………………………………………（261）
　　（二）体育锻炼对冠状动脉循环的影响 ………………………………（262）
　　（三）提高心血管机能的运动处方 ……………………………………（266）
三、心脏检查诊断的常用方法简介 …………………………………………（268）
　　（一）心电图和动态心电图 ……………………………………………（268）
　　（二）X 线 ………………………………………………………………（269）
　　（三）超声心动图 ………………………………………………………（269）
　　（四）磁共振成像技术 …………………………………………………（269）

第十二讲　运动损伤病理、诊断与治疗的研究进展 ……………………（272）

一、运动损伤病理的研究进展 ………………………………………………（272）
　　（一）骨骼肌的损伤病理 ………………………………………………（272）
　　（二）韧带的损伤病理 …………………………………………………（274）
　　（三）软骨的损伤病理 …………………………………………………（275）
二、高新技术在运动损伤诊断中的应用 ……………………………………（275）
　　（一）影像技术的发展与应用 …………………………………………（275）
　　（二）生物力学在预防和诊断运动损伤中的应用 ……………………（276）

（三）组织学、生物化学及分子生物学方法与运动
　　　　　损伤的诊断 ……………………………………………………（276）
　　三、运动损伤治疗的研究进展 ……………………………………………（277）
　　　　（一）传统医学在运动损伤治疗中的应用及研究进展 ……………（277）
　　　　（二）西医在运动损伤治疗中的应用及研究进展 …………………（281）

第十三讲　人体有氧和无氧能力的测量与评价 …………………………（289）

　　一、人体有氧能力的测量与评价 …………………………………………（289）
　　　　（一）最大摄氧量的直接测定 ………………………………………（289）
　　　　（二）最大摄氧量的间接评估 ………………………………………（292）
　　　　（三）运动能量节省化的测量与评价 ………………………………（293）
　　　　（四）亚极量运动中阈的测量 ………………………………………（295）
　　二、最大强度运动能力的测量与评价 ……………………………………（302）
　　　　（一）Wingate 经典测试方案 ………………………………………（302）
　　　　（二）优化测试方案 …………………………………………………（303）
　　　　（三）对无氧代谢的间接估算——最大积累氧亏 …………………（305）
　　三、集体项目运动员有氧及无氧能力的测量与评价 ……………………（306）
　　　　（一）yo-yo 体能测试 ………………………………………………（306）
　　　　（二）运动加速能力测试 ……………………………………………（312）
　　　　（三）10s 最大踏车冲刺测试 ………………………………………（312）
　　　　（四）5×6s 重复踏车测试 …………………………………………（313）

第十四讲　运动强力（促力）手段 …………………………………………（317）

　　一、运动员可以使用的强力物质——运动营养品 ………………………（317）
　　二、强力物质在竞技运动中的应用 ………………………………………（318）
　　　　（一）国外对强力物质的应用 ………………………………………（319）
　　　　（二）国内对强力物质的应用 ………………………………………（322）
　　　　（三）运动营养品与营养素 …………………………………………（327）
　　三、国内外对强力物质的管理 ……………………………………………（329）
　　　　（一）国外对强力物质的管理和分类 ………………………………（329）
　　　　（二）国内对强力物质的管理和分类 ………………………………（330）

第十五讲　高原训练与低氧训练 ……………………………………………（338）

　　一、高原训练 ………………………………………………………………（339）
　　　　（一）高原环境对运动能力的影响 …………………………………（339）
　　　　（二）高原训练的起源与发展 ………………………………………（340）
　　　　（三）高原训练的生理学基础 ………………………………………（340）

　　　　（四）影响高原训练效果的因素 …………………………………………… (347)
　　　　（五）高原训练中的几个问题 …………………………………………… (349)
　　二、低氧训练 ……………………………………………………………………… (350)
　　　　（一）低氧训练的概念与发展 …………………………………………… (350)
　　　　（二）HiLo …………………………………………………………………… (351)
　　　　（三）INHE ………………………………………………………………… (354)

第十六讲　运动训练的生物学监控 …………………………………………… (362)

　　一、概述 …………………………………………………………………………… (363)
　　　　（一）运动训练生物学监控的概念 ……………………………………… (363)
　　　　（二）运动训练生物学监控的方法 ……………………………………… (363)
　　二、运动训练生物学监控中常用的指标 ………………………………………… (364)
　　　　（一）心血管机能的监控指标 …………………………………………… (364)
　　　　（二）氧转运功能的监控指标 …………………………………………… (365)
　　　　（三）代谢能力的监控指标 ……………………………………………… (367)
　　　　（四）内分泌功能的监控指标 …………………………………………… (373)
　　　　（五）神经系统功能的监控指标 ………………………………………… (375)
　　　　（六）组织损伤的监控指标 ……………………………………………… (376)
　　　　（七）免疫系统功能的监控指标 ………………………………………… (379)
　　三、运动训练的综合监控 ………………………………………………………… (381)
　　　　（一）负荷强度和负荷量的综合监控与评定 …………………………… (381)
　　　　（二）运动员训练效果的综合监控与评定 ……………………………… (382)
　　　　（三）运动员身体机能恢复和过度训练的综合监控与评定 …………… (383)
　　　　（四）运动员赛前机能的综合监控与评定 ……………………………… (384)
　　四、运动员控、降体重训练期的生物学监控 …………………………………… (384)
　　　　（一）体成分的监测 ……………………………………………………… (385)
　　　　（二）无氧代谢能力的监测 ……………………………………………… (386)
　　　　（三）心率的监测 ………………………………………………………… (386)
　　　　（四）血液生化指标的监测 ……………………………………………… (386)
　　　　（五）尿液指标的监测 …………………………………………………… (387)
　　五、运动员营养的生物学监控 …………………………………………………… (388)
　　　　（一）营养膳食调查 ……………………………………………………… (388)
　　　　（二）营养的生化监控 …………………………………………………… (388)

第十七讲　生物芯片技术及其在体育科学领域中的应用进展 ……………… (396)

　　一、生物芯片及其研究进展 ……………………………………………………… (397)
　　　　（一）生物芯片的概念、类型及特点 …………………………………… (397)

（二）生物芯片的制备技术及检测与分析方法 ……………………… (402)
　　（三）生物芯片的研究进展与应用 ……………………………… (405)
二、生物芯片在体育科学领域中的应用与展望 ……………………… (407)
　　（一）生物芯片在运动人体科学研究中的应用与展望 ……………… (407)
　　（二）生物芯片在运动训练学研究和实践中的应用与展望 ………… (411)
三、生物芯片技术在体育科学领域中隐藏的商业价值 ……………… (413)
　　（一）生物芯片技术在运动员科学选材、运动训练监控中
　　　　　隐藏的商业价值 ………………………………………… (413)
　　（二）生物芯片技术在强身健体与疾病运动辅助治疗中
　　　　　隐藏的商业价值 ………………………………………… (414)

第十八讲　运动生物力学研究的进展与应用 ……………………… (421)

一、运动生物力学测量方法的进展与应用 …………………………… (422)
　　（一）概述 …………………………………………………… (422)
　　（二）影像解析技术 ………………………………………… (424)
　　（三）三维测力台 …………………………………………… (426)
　　（四）关节力量测试 ………………………………………… (428)
　　（五）肌电测量 ……………………………………………… (429)
　　（六）综合性多机同步测试 ………………………………… (430)
二、运动技术诊断方法的进展与应用 ………………………………… (432)
　　（一）对比方法 ……………………………………………… (432)
　　（二）统计方法 ……………………………………………… (434)
　　（三）实验方法 ……………………………………………… (435)
　　（四）模型方法 ……………………………………………… (436)
三、运动器材的设计与改进 …………………………………………… (440)
　　（一）专项运动鞋的生物力学研究 ………………………… (440)
　　（二）运动保护装备的改型、完善及新产品的研制与开发 … (440)
　　（三）运动场地地面材料的研究与开发 …………………… (441)
　　（四）人与运动器械接触部位的研究 ……………………… (442)
四、运动生物力学研究的主要领域 …………………………………… (442)

绪论　运动人体科学的研究特征与进展

在科学发展的历史长河中，运动人体科学是一门十分年轻的分支学科，它从运动机体各层次和层次间的相互关系探索生命的奥秘，涵盖运动状态下机体变化的规律，如竞技运动的机能检测和医务监督、保健康复、运动性疾病的防治、科学训练的生理生化监测、运动技术的生物力学诊断和评价、大众健身和健康促进、运动营养和运动疲劳等庞大的综合科学体系。纵观运动人体科学发展历程与特点，先进的科学仪器和技术手段的应用在运动人体科学研究中起着举足轻重的作用，而现代多学科的交叉渗透和综合研究使运动人体科学更得到迅速发展。

一、运动人体科学的研究特征

（一）以系统整体观点综合宏观与微观研究

运动人体科学的研究与科学技术的发展息息相关。回顾运动人体科学的早期研究，受当时科学水平的限制，集中在耐力运动的生理机制、运动与环境生理反应、运动与营养、衰老和高海拔气候的应激性等宏观研究。随着近代医学理论、生物技术和仪器设备的发展，运动人体科学的研究进入了微观研究时代。肌肉活检、电镜观察、微电极生理和超微量分析等技术的诞生，逐步把现代运动人体科学研究的视野带进以分子为基础的微观世界。

20世纪分子生物学的建立，开辟了现代运动人体科学从本质上认识运动机体规律的全新局面。以基因组成、基因表达和遗传控制为核心的分子生物学的思想和研究方法，迅速地深入到运动人体科学的各个研究领域，极大地推动了运动人体科学的发展。运动人体科学研究中若干重大学术前沿问题的研究，如功能基因组学、蛋白质组学、信号转导、受体、细胞凋亡、离子通道等基础研究和基因选材、基因治疗、低氧训练、营养调控、疲劳消除等应用性研究也正不断深入，实现从整体、器官与系统水平深入到细胞、亚细胞与分子水平的宏观与微观结合研究。

（二）从多层次、全方位开展跨学科研究

运动人体科学是一门应用型学科，随着基础研究在科学前沿全方位拓展，以及在微观和宏观层面的深入发展，许多运动人体科学研究课题的范围、规模和复杂性远远超出本学科的能力，必须依赖于不同学科之间的交叉与融合，从其他学科汲取营养才能在前

沿领域酝酿新的突破。

运动人体科学借助体育学、生物学、医学、计算机科学、生物信息学与人文社会科学等生命科学和非生命科学之间的有机交叉，促进整个运动人体科学领域从分子水平到整体水平的全方位跨学科研究，例如运动人体科学与生物信息科学的紧密结合，在体外构建生物组织的功能化定量研究，活体内分子识别的实时、动态分析，在运动状态下研究生物大分子间相互作用定量、动态规律等。在运动人体科学和交叉学科的前沿领域，新思想、新学科、新技术不断涌现，在交叉学科、跨学科的交汇点上孕育着更多的重大突破和生长点。运动人体科学与其他学科之间进行高度的交叉、协作、融合与协同将推动运动人体科学自身的发展。

（三）依托基础性研究突出应用特点

早期运动人体科学研究领域主要以运动代谢与心肺功能等应用研究为主。顺应现代分子微观水平科技发展，运动人体科学在分子、细胞和生物体等多个层次上全面揭示生命现象的本质。在细胞和分子水平上探讨运动对机体功能活动影响的基本问题，注重从整体水平研究运动对人体生理功能影响及其调控机制，例如信号转导途径、神经—内分泌—免疫网络理论、细胞凋亡等基础研究的理论成果对运动实践中的应用研究具有指导和启发作用。

当今，运动人体科学的基础研究与应用研究交融并举的互动关系十分密切。运动人体科学在对高住低训、中药结合运动免疫、抗疲劳研究中有关中医药的作用及机理、运动训练的效果监控等基础和应用基础研究进行得如火如荼。另外，在传统中医药对运动员的体液免疫功能调理、针刺镇痛与运动疲劳损伤机制、激光运动医学研究、运动技术的生物力学诊断、体育锻炼健身防病治病机理的研究等领域，也逐步形成了若干具有重要科学意义和应用前景的研究领域，通过基础和应用研究的融会贯通充分发挥基础研究的应用价值。

（四）研究手段借助先进仪器设备和技术

运动人体科学研究水平的突飞猛进得益于20世纪后期先进实验技术和仪器设备的普及应用。20世纪分子生物学和生物技术发展中多个重大的里程碑，如DNA双螺旋结构、DNA的重组和转化、聚合酶链反应技术的突破以及纳米科技、生物芯片等技术的广泛应用，也奠定了运动人体科学实验技术的基础。

例如作为20世纪分子生物学和生物技术发展的里程碑之一的聚合酶链反应技术，自建立以来，在运动人体科学研究中的应用日臻完善。当代先进的细胞定量分析技术流式细胞术集电子技术、计算机技术、激光技术、流体理论于一体，能在功能水平上对单细胞或粒子进行定量分析和分选。采用核磁共振技术对肢体肌肉的运动进行活体实验，也促进了运动代谢及运动性疲劳等基础理论研究的进展。此外，如彩色多普勒、关节（内窥）镜、动态心电图仪、激光共聚焦显微镜、断层X光摄影装置等，在运动人体科学实验研究中已越来越多地被采用。

二、运动人体科学的研究进展

20世纪70年代兴起的分子水平研究经过80年代和90年代的技术积累,以及21世纪人类基因组计划和后基因计划的推进和实施,为推动运动人体科学长足发展带来新的契机。交叉科学的迅速发展促进科学的综合与分化,催生新的学科前沿和学科方向,并在运动人体科学的众多领域带来新的突破。

运动人体科学的基础研究方面,分子生物学的建立使传统运动人体科学的研究向前大大跨进了一步。在运动对机体影响的分子机制探索、信号跨膜转导、细胞凋亡、基因多态性研究等方面逐渐成为运动人体科学的研究热点。随着后基因组时代的来临,运动人体科学的研究变得更为量化,更为系统,形成了以功能基因组和蛋白组学研究为方向,以多学科交叉为基础,分析与综合并重、微观与宏观相结合的研究体系。新兴的运动人体科学分支学科和新增长点的涌现,将成为未来运动人体科学的新前沿。

运动人体科学的应用特点推动应用性研究不断发展与提高。传统的运动人体科学的研究领域大多数研究都是测量各种诸如吸氧量、心率、体温和出汗率等应用性研究。借助电子技术、计算机科技的发展与传统生理学研究方法的结合,使得常用仪器的潜力开发、心肺功能检测、能量代谢、血液流变学等仍具有广阔的研究空间。在深入进行基因和分子水平研究的同时,运动人体科学的研究也注意到从整体水平研究人体生理功能及其调控,并采用各种先进研究技术结合开展群体的应用性研究,例如利用计算机记忆系统处理、综合分析,在不影响人体运动状态的条件下进行动态的和整体水平的研究。影像学检测仪器的使用,使人体的研究将向功能和形态相结合的方向发展,这有利于对运动性疾病的早期诊断、早期治疗。特别是在微创、无创诊疗技术中采用纳米材料、微米集成电路等制成的超微测试仪器将在运动人体科学研究中发挥作用。基因芯片是研究和探讨运动能力相关基因特征的有效手段,分子生物学和微电子技术相结合可以克隆与运动能力有关的候选基因序列制作成基因芯片。通过基因芯片检测运动性心脏相关基因、运动性疲劳相关基因,建立候选优秀耐力运动员基因特征数据库,解决优秀运动员的早期选材问题,并从分子水平揭示人类运动能力遗传特征的生物学机制等。目前,运动人体科学应用研究的热点是运动员科学选材、运动营养与补剂、运动性疲劳与恢复、低氧训练的科学应用、竞技违禁药物检测、运动伤病防治和康复、运动心理、高原训练、全民健身与健康体适能等领域的研究正在不断深入。

在运动人体科学的实验技术方面,现代实验和检测技术已成为运动人体科学研究的重要工具,微观、实时、动态形态观察和活体检测等实验技术成为揭示运动状态下机体生理规律的重要手段。大量灵敏高效的仪器设备和先进技术的应用使运动人体科学各领域的研究水平不断提高。利用双向电泳技术、高效液相色谱技术、蛋白质免疫印迹技术、核酸分子杂交、免疫组织化学、质谱分析、基因芯片等技术,实现从基因到细胞、组织、器官和整体的整合性研究。继人类基因组计划完成之后,迅猛发展的科技浪潮把新世纪的运动人体科学的研究拓展到极富挑战性的后基因时代。学科间的广泛交叉渗透和新技术的诞生将不断促使运动人体科学研究新领域问世。

在被誉为生命科学世纪的21世纪,运动人体科学将以现代科技发展既高度分化又高度综合的新趋势,致力发展竞技运动和大众健身领域的研究来揭示生命运动规律,提高运动潜能,倡导健康促进计划,推动竞技体育与大众健身事业的发展跨入崭新的时代。

参考文献

[1] 邓树勋,王健,乔德才.运动生理学[M].北京:高等教育出版社,2005.

[2] 邓树勋,王健.高级运动生理学——理论与应用[M].北京:高等教育出版社,2003.

[3] 胡扬.体育科研中的基因多态性战略[M].体育科学研究现状与展望.206-270.

[4] 马尔科姆·坎贝尔,劳里·海尔 J. 探索基因组学.蛋白质组学和生物信息学[M].北京:科学出版社,2004.

[5] Brenda DS Methods In Molecular Biology And Protein Chemistry[M].茹炳根,韩铁钢,茹强,译.北京:化学工业出版社,2006.

[6] 席翼,张秀丽,胡扬,等.中国北方汉族青年ACE基因I/D多态性频率分布特征[J].天津体育学院学报,2006,21(3):205-208.

[7] 国家中长期科学和技术发展规划纲要(2006—2020年).中华人民共和国国务院.www.gov.cn.2006-02-09.

[8] SpectoruDL, Robert DG, Leslie AL.Cell: A Laboratory Manual[M]. Cold Spring Harbor Laboratory Press, 1998. 黄培堂,等.译.北京:科学出版社,2001.

[9] Jack HW, David LC. Physiology of Sport and Exercise[M].2004.

[10] Muller MJ, Bosy-Westphal A, Kutzner D, et al. Metabolically active components of fat free mass (FFM) and resting energy expenditure (REE) in humans[J]. Forum Nutr, 2003 (56): 301–303.

[11] Green JS, Stanforth PR, Rankinen T, et al. The effects of exercise training on abdominal visceral fat, body composition, and indicators of the metabolic syndrome in postmenopausal women with and without estrogen replacement therapy: the HERITAGE family study[J]. Metabolism, 2004, 53 (9): 1192–1196.

[12] Frank C. Mooren, Klaus Völker. Molecular And Cellular Exercise Physiology[M]. 2004.

[13] William DM, Frank IK, Victor LK. Exercise Physiology: Energy, Nutrition, and Human performance[M]. 2001.

[14] Kasikcioglu E, Kayserilioglu A, Ciloglu F et al. Angiotensin-converting enzyme gene polymorphism, left ventricular remodeling and exercise capacity in strength-trained athletes[J]. Heart Vessels, 2004, 19 (6): 287–293.

[15] Woods DR, World M, Rayson MP, et al. Endurance enhancement related to the human angiotensin I-converting enzyme I-D polymorphism is not due to

differences in the cardiorespiratory response to trainin[J]. Eur J Appl Physiol, 2002, 86 (3): 240-244.

[16] Charles M.Tipton. ACSM's Advanced Exercise Physiology[M]. 2006.

[17] Tommy Boone, The Revolution in Exercise Physiology online[J]. 2006 (9): 1.

[18] Fehrenbach E, Zieker D, Niess AM, et al. Microarray technology--the future analyses tool in exercise physiology [J]. Exerc Immunol Rev, 2003, (9): 58-69.

[19] Wilmore, Jack H. Applied exercise physiology: a personal perspective of the past, present, and future[J]. Exercise and Sport Sciences Reviews, 2003, 31 (4): 159-160.

[20] Myrtle AD. Apoptosis Methods In Pharmacology And Toxicology [M]. Humana Press Inc. 2002.

(华南师范大学 邓树勋 任绮)

第一讲 生命科学研究中的几个热点问题

> **【内容提要】**
> 本讲试图通过对近年来生命科学研究中的几个热点问题——人类基因组计划、蛋白组学的研究、克隆技术与生物工程、人类脑计划和神经信息学以及分子医学的简要介绍,使体育学科的研究生能够对现代生命科学的最新研究成果、先进的科学技术以及未来发展趋势有所了解,建立一种科学的思维方式,并能设法及时应用于所从事的专业领域研究。
>
> **【重要名词】**
> **基因**:决定生物体内的某种蛋白质遗传信息的一段核苷酸链被称为基因。
> **克隆**:也就是复制,是指由一个生物体(或一个细胞)经过无性繁殖而衍生出来的一个群体,该群体被称为一个无性系。
> **遗传图谱**:是指人类基因组内基因以及专一的多态性DNA标记相对位置的图谱。
> **神经信息学**:是神经科学和信息学相结合的一门新兴的边缘学科,位于医学、生物学、物理学、计算机学、数学与工程技术的交叉点上。
> **人类基因组计划**:是1986年由美国科学家、诺贝尔奖获得者达尔贝科提出的,其目标是测定人类23对染色体的遗传图谱、物理图谱和DNA序列。也就是要测出人体细胞中23对染色体上30亿个核苷酸的全部序列,把总数约10万个基因都明确定位在染色体上,从而破译人类全部的遗传信息。

1953年沃森和克里克发现DNA(deoxyribonucleic acid,脱氧核糖核酸)的双螺旋结构,揭开了大千生物世界的奥秘,迎来了生命科学突飞猛进的新时代,诞生了分子生物学。当前,基因的分离、扩增、重组以及体细胞的克隆技术都已实现。某些蛋白质的结构和功能已被探明,对细胞膜内外物质和信息传递的分子机制已有所了解,科技界已从单个基因的测序转到有计划、大规模地对人类全基因图谱进行测序和诠释。人类及一些重要动物基因组计划的完成,许多危及人类的疾病,如心血管病、癌症、肝炎、艾滋病以及许多遗传性疾患将得到有效的预防、治疗和控制,为人类提供生物制药和移植器官的转基因动物将形成新的产业。对人类和神经系统发育的深入研究和突破,将揭开人们认识过程的奥秘。为使体育学科的研究生及科学研究工作者能够对现代生命科学的最新研究成果有所了解,并能及时地应用于本专业领域。本讲将就几个热点问题进行简要的介绍。

一、人类基因组计划

(一) 人类基因的构成

1. DNA 的化学结构

DNA 是遗传信息的载体，不同物种的 DNA 大小和复杂程度差别很大。一般来讲，进化程度越高的生物体，其 DNA 的分子构成越大，越复杂。DNA 基本的组成成分是碱基、脱氧核糖和磷酸。碱基 (base) 分 4 种，即腺嘌呤 (adenine)、鸟嘌呤 (guanine)、胞嘧啶 (cytosine) 和胸腺嘧啶 (thymine)。碱基与脱氧核糖结合，构成脱氧核糖核苷。脱氧核糖核苷分子中的糖分子与磷酸分子结合，构成脱氧核酸糖核苷酸，核苷酸依据其组成的碱基种类不同，分别称为腺嘌呤核苷酸 (A)、鸟嘌呤核苷酸 (G)、胞嘧啶核苷酸 (C) 和胸腺嘧啶核苷核 (T)。两个核苷酸通过磷酸和糖连接在一起，形成了糖-磷酸-糖-磷酸的长链，构成了 DNA 分子的"脊梁骨"。两条反向平行排列的多核苷酸链互补结合，盘绕螺旋就构成了 DNA 双螺旋结构。假设将其拉直，就好像一节节软梯子（图 1-1）。

DNA 的长度要求其形成紧密折叠旋转的方式才能够存在于小小的细胞核内。因此，DNA 在形成双螺旋式结构的基础上，在细胞内还将进一步折叠成为超螺旋结构，并且在蛋白质的参与下构成核小体 (nucleosome)，然后再进一步折叠，将 DNA 紧密压缩于染色体中。

(a) 双螺旋结构示意图　　(b) 双螺旋结构原子模型图

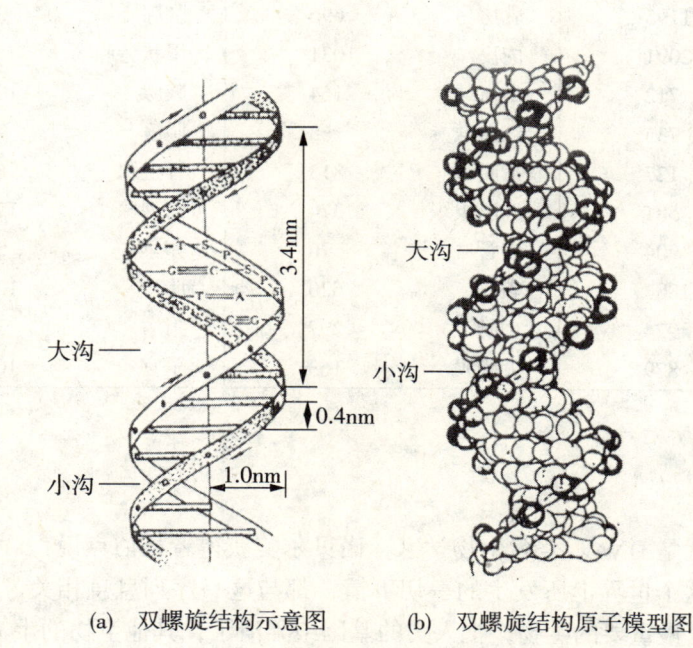

图 1-1　DNA 的双螺旋结构模型

人体是由一个受精卵不断分裂、增殖而来的，所以一个人的每一个体细胞中都含有完全相同的23对染色体，其中一半来自父亲，一半来自母亲。生命的所有特征都是由位于DNA上的基因决定的，甚至包括人的行为模式，在某种程度上也会受到基因的影响。DNA的发现，使人们认识到了生命的奥秘所在，这在科学发展史上是具有划时代意义的。

2. 基 因

基因（gene）就是DNA分子中的某一区段，经过复制可以遗传给子代，经过转录和翻译可以保证支持生命活动的各种蛋白质在细胞内有序地合成。基因按功能可分为结构基因和调控基因，其中结构基因可被转录成mRNA（messenger ribonucleic acid，信使核糖核酸），并进一步翻译各种功能蛋白；调控基因的作用是调节结构基因，相应调控基因的突变可以改变功能蛋白的表达量。

一个生物体全部基因序列称为基因组（genome）。最简单的生物如SV40病毒的基因组仅含有5100碱基对（base pair，bp），人体每一个器官都是由许多不同的基因决定的，如大脑约有3159个基因，心脏约有1195个基因，肝脏约有2091个基因（表1-1）。构成人体的所有基因称为人类基因组。

表1-1　构成人体主要器官的基因数量

器官	基因数量	器官	基因数量	器官	基因数量
大脑	3195	眼睛	547	甲状腺	584
心脏	1195	乳房	696	胸腺	261
肝脏	2091	内皮	1031	甲状旁腺	46
肾脏	712	白血球	2164	胰腺	1094
骨骼肌	735	红血球	8	胆囊	789
平滑肌	127	滑膜	813	肾上腺	658
脂肪组织	581	淋巴组织	374	前列腺	1203
骨骼	904	食管	76	卵巢	504
肺	1887	表皮	620	胎盘	1290
脾	924	小肠	297	附睾	370
大肠	879	大肠膜	163	子宫	1059

生命的奥秘就是DNA。著名生物学家、诺贝尔奖获得者杜伯克说："人类DNA序列是人的真谛，这个世界上所发生的一切事情，都与这一序列息息相关。"人是地球上最高级、最复杂、最重要的生物，把人类的基因组弄清了，其他生物的生命密码将会迎刃而解。

(二) 人类基因组计划

1. 人类基因组计划的由来

"人类基因组计划"（Homan Gene Program，HGP）是1986年由美国科学家、诺贝尔奖获得者达尔贝科提出的，其目标是测定人类23对染色体的遗传图谱、物理图谱和DNA序列。也就是要测出人体细胞中23对染色体上30亿个核苷酸的全部序列，把总数约10万个基因都明确定位在染色体上，从而破译人类全部的遗传信息。该计划于1990年获得美国国会的批准，政府拨款30亿美元作为启动经费，计划历时15年（1990—2005年）完成。其终极目标是：第一，阐明人类基因组全部DNA序列；第二，识别基因；第三，建立储存这些信息的数据库；第四，开发数据分析工具；第五，研究HGP实施所带来的伦理、法律和社会问题。

因为该项计划关系到整个人类的未来，具有全球性的意义，所以随后又有英国、日本、法国、德国和中国也相继加入到该计划的行列之中。由于全球范围内的广泛参与和投入，使得人类基因组计划的研究速度大大加快。2000年6月26日研究组宣布人类基因组草图完成，2001年在《科学》杂志上先后发表了他们的研究结果。我国是世界上唯一参与此项计划的发展中国家，并按时准确完成了3号染色体短臂序列分析工作。

2. 人类基因组计划的内涵

（1）大规模测序。大规模测序是人类基因组计划的基础，只有在大规模测序基础上才能构建出人类基因组的图谱。DNA测序是用于描述解读四个遗传字符（A、G、C、T）在DNA链上的排列次序的实验过程。基本步骤如下：第一，分离获取高质量的DNA待测样品；第二，将经纯化的样品DNA随机切割成大小合适的重叠片断；第三，把得到的DNA片断插入合适的载体中，得到相应的克隆；第四，测出每个DNA片断的碱基序列；第五，根据DNA片断之间的重叠把序列组装成最终的基因序列。

（2）构建基因图谱。构建基因图谱就是将散在基因组中的遗传标记进行排序，这是人类基因组研究必不可少的一步。基因图谱的构建不仅可以极大地降低测序后的片断拼接的工作量，并且对于新基因的定位及功能研究也是极为重要的。基因组图谱大致分为遗传图谱和物理图谱两类。

遗传图谱（genetic map）又称连锁图谱（linkage map），是指人类基因组内基因以及专一的多态性DNA标记（marker）相对位置的图谱，其研究经历了从经典的基因连锁图谱到现代的DNA标记连锁图谱的过程。构建遗传图谱的基本原理是真核生物遗传过程中会发生减数分裂，此过程中染色体要进行重组和交换，这种重组和交换的概率会随着染色体上任意两点之间的相对距离的远近而发生变化。由此我们就可以得到这张图谱，表示出显示标记之间的相对距离，这一相对距离又称为遗传距离。

物理图谱（physical map）标注了各种标记在基因组上精确的物理位置，标记之间的距离以碱基对计。因为人类有24种不同的染色体（23种常染色体及X、Y染色体），所以完整的基因组图谱应该是24种以线性结构形式存在的DNA大分子物理图谱。构建物理图谱中最重要的问题就是解决随机片断的排序问题，主要方法是粗分辨率的原位杂交、cDNA (copy DNA，互补 DNA) 探针杂交、分辨率较高的 RFLP (restriction fragment length polymorphism，限制性片段长度多态性) 酶切图谱及染色体步行法 (chromosome walking)。目前染色体步行技术被用来从随机选择的克隆库上寻找和填补系统性基因组测序时遗留或丢失的 DNA 序列，以弥补间隙。

(3) 序列的分割和克隆的构建。由于序列的分析要求 DNA 长度为几百个碱基，所以必须首先把基因组进行切割，通过使用多种限制内切酶的作用来得到合适长度的待测序片断，然后将其连入合适的载体中进行扩增得到大量的待测序片断。一般采用的载体为 BAC (bacterial artificial chromosome，细菌人工载体) 或 YAC (yeast artificial chromosome，酵母人工载体)，其中 YAC 可以携带 100 万个碱基以上的 DNA 片断，但不稳定，所以常用 BAC，它能携带 30 万个碱基的 DNA 片断。为了确保基因组的全部序列都被测序，必须构建 DNA 文库，DNA 文库是生物体全体基因组片断的克隆集合，测序的过程中对很多片断进行了重复的测序，这样不仅保证了最终序列精确，而且有助于将 DNA 片断拼接成完整的序列。

(4) 测序结果的拼接。在测序结果得到后，对序列的拼接是一个更加具有挑战性的任务。原理非常简单，这些片断之所以能够拼接起来，就是因为它们之间有部分的重叠序列，但是在实际的拼接过程中由于序列数量巨大以及人类基因组中存在大量的重复序列而引起的拼接技术问题，使得拼接工作量极其巨大。

3. 人类基因组计划的意义

人类基因工程项目的影响将超过 19 世纪门捷列夫发现的化学元素周期表。元素周期表揭开了物质混沌的面纱，并从此诞生了现代化学。如果说格雷的人体解剖图奠定了近代医学基础的话，那么，这张分子水平上的"解剖图"将是 21 世纪生物学和医学的基础，其意义主要体现在以下几个方面。

首先，从理论上讲有了这张"基因图"，关于人类生长、发育、衰老、遗传、病变的很多秘密都将随之揭开。科学家可利用这张"基因图"来探讨生命的奥秘，将拥有新的武器来征服癌症、艾滋病、肝炎和阿尔海默氏等疾病。其次，从科学价值来说，从基因组水平上去研究遗传，更接近生命科学的本来面目，如基因组遗传语言的破译，基因结构与功能的关系，生命的起源与进化，细胞生长、发育、分化的分子机理和疾病的发生机理等。第三，该计划的实施还将促进生命科学与信息科学、材料科学和高新技术产业相结合，刺激相关学科与技术领域的发展，由此还可以带动生物信息学等一批新兴的高科技产业的形成和发展，其研究成果可直接指导和转化为实际应用。第四，由此带来的经济效益也是十分惊人的，赛莱拉 (Celera) 基因公司就是在这种巨大的经济利益驱动下成立的，他们以营利为目的，装备了最先进的 DNA 测序仪，采用新的测序策略，自己完成人类基因组的测序工作。几乎美国所有的医药公司，都在进行这方面的投资，克隆疾病基因，以便将来获得更大的经济利益。一个肥胖病基因的转让费就高达 2000 万美元，足以说明基因研究的巨大经济价值。

因此，人类基因组计划的意义可以与征服宇宙媲美，被誉为生命科学的登月计划，与曼哈顿原子弹计划、阿波罗登月计划并称为人类发展史上的三大工程。

（三）后基因组时代及其展望

完成人类基因组 DNA 测序后，科学家们进一步提出了"后基因组时代"（postgenome era），旨在通过展开基因组成的表达调控、基因组多样性和进化规律以及对蛋白质表达和功能的研究，阐明细胞的全套基因表达谱和全部基因产物谱（蛋白质谱），以期对生命现象有较全面的认识。

1. 后染色体时代要解决的几大问题

当人类基因组计划中的碱基测序工作完成之后，我们还不能说真正地破译了基因。人类的遗传奥秘犹如一部天书，有一个从读出到读懂的过程。读出阶段需要经过两个关键的步骤：第一步就是测序，是把 30 亿个碱基对所在的 DNA 双螺旋链切成多个片段，再对每个片段进行测定，从而得出所包含的遗传密码。第二步是拼接或者称为组装，也就是把许多碎片恢复到原来的链状结构。由于碱基的测定是分开进行的，所以拼接的难度很大，这一步相当关键，要利用生物信息学的方法来完成，主要通过计算机来实现。读懂阶段就是所谓的"后基因组时代"，估计到 2020 年将被提到议事日程。这一计划的工作目标是确定功能基因组，认识基因间复杂的相互关系，尤其是研究那些涉及一个以上基因的遗传疾病是如何受环境因素诱发的，如脑部疾病、关节炎、心脏病和自身免疫性疾病等。在这一阶段主要是解决三方面的问题：

（1）人类基因组中 8 万～10 万个基因的确定和 SNP（单核苷酸态性）序列构建。前者的目的是找出所有的基因来，后者的目的就是找出个体之间遗传上的微小差异，比如说找出优秀运动员与正常人之间的遗传差异，从而作为选材的依据。无疑这将会使运动员的选材进入基因水平。

（2）功能基因组相关信息的分析处理。今后基因组研究会有相当长的一段时间是从"结构"向"功能"过渡。在将基因标注好后，许多基因如何通过特定的方式实现蛋白质的合成与代谢，它们之间的关系如何协同，这就是功能基因组的研究。单个基因的发现并不能解决一个人生长发育等一系列问题，如何理解基因之间的相互作用，了解整个基因表达谱才是问题的关键。

（3）揭示非编码区的遗传语言。我们知道，人类的 8 万～10 万个基因在 30 亿对碱基中仅占 5% 的比例，那么，另外 95% 代表着什么？这可能是理解人类遗传奥秘的最根本性挑战。

（4）完整基因组比较研究。除以上三个问题，还有完整基因组比较研究、蛋白质叠置等重大科学问题和应用问题也有待解决。真正要揭示人类的遗传奥秘，路依然很漫长。

2. 分子药物

人类基因图谱弄清后，药物的概念将会彻底改变，新型药物将使疾病治疗在分子水平上得以实施，故称之为"理论药物"或"分子药物"。"分子弹"通过计算机模拟和操作可以使我们精确发现病毒和细菌分子保护壳上的弱点，用分子药物进行攻击。

天然高分子用于药物已经有很长的历史。因为高分子药物其分子量大，不易被分解，在血液中停留时间较长，故通常能提高药物的长效性，并能降低药物的毒副作用，对某些低分子药物选择合适的高分子载体，可以接近进攻病变细胞的靶区，或改变药物在靶区内的分布及增加渗透作用，使药物增效。

3. 破译生命密码

DNA 序列的确定将破译生命密码，其过程是：①从样本细胞中提取出 DNA。②限制酶消化。通俗地讲，就是用一种能识别双链 DNA 分子中特定核苷酸序列，并在特定部位以一定的方式水解成片断的过程。由于个体间核苷酸顺序的差异，不同个体基因组 DNA 用同一种限制酶切时，产生的 DNA 片断的长度和数目有很大差异。③将这些小段放大以便观察，同时复制（聚合酶链式反应）产生无数复制品。④电泳分离。基因组 DNA 经限制酶消化成长短不等的片断，不同长度的片断电泳迁移率不同，利用电泳技术可将酶切片断按分子量大小分离。

4. DNA 检测

（1）DNA 指纹图。DNA 指纹图是指利用 DNA 定序技术，可得到每个人的基因标志。这种 DNA 检测技术类似于上世纪犯罪学的指纹技术，但比它更加精确。因为不同个体 DNA 分子水平上的遗传差异，决定了同一种限制酶消化基因组 DNA，某一个体与另一个体的等位基因片断在数量和长度上是不可能相同的，从而产生具有高度个体特异性的 DNA 指纹图。无关个体多位点 DNA 指纹图一致的偶合几率接近于零，因此，DNA 指纹鉴定技术不仅可以得到可靠的否定结论，更重要的是可以得到可靠的肯定结论。

（2）PCR 技术。PCR（polymerase chain reaction，聚合酶链式反应）技术是一种快速的体外扩增特异 DNA 片断的技术，又称体外基因扩增方法，其基本原理与体内 DNA 复制的过程相似，在耐热 DNA 聚合酶的作用下，利用加热和冷却交替的循环程序，有选择地合成基因组内某一段 DNA。其主要目的是从生物体的整个基因组 DNA 中获取足够量的特异性片断，以供进一步分析。此技术一经问世，立即得到迅速发展和广泛应用。

5. 生物芯片

"生物芯片"是一种微型芯片，专门用于对相似的人和动物的基因进行同源搜索，相当于字典的作用。目前已经有原始的生物芯片诞生，该芯片 1/4 英寸见方，含有 4000 万个碱基对。搜索某特定 500 对碱基排序时，仅需 3.5 秒时间。可在数小时内检测出 HIV（human immunodeficiency virus，人类免疫缺陷病毒）、癌症和数以千计的基因疾病。

二、蛋白质组学的研究

人类基因组研究的最终目的是阐明基因组所携带的信息，即全部蛋白质的表达规律和生物功能,也就是蛋白质组学的研究。双向电泳、层析技术、质谱技术及生物信息学等就是用来进行蛋白质组学研究的。该领域的研究不仅是 21 世纪整体细胞生物学的重要任务,而且将为今后医学、农业、工业等领域提供革新的思路。

(一) 蛋白质组和基因组的区别

与基因组相比,蛋白质组的组成更为复杂,功能更为活跃,更贴近生命活动的本质。两者的主要区别在于:第一,一个机体只有一个确定的基因组,组成机体的所有细胞都共享同一个基因组。但是,基因组内各个基因表达的条件和表达的程度随时间、地点和环境条件而不同,因而它们所表达产物的种类和数量也随时间、空间和环境条件而各异,所以蛋白质组是一个动态的概念,它不仅在同一个机体的不同组织和不同细胞不同,而且在同一机体同一细胞的不同阶段也有差异。实际上每一种生命运动形式,都是特定蛋白质群体在不同时间和空间出现并发挥不同功能的结果。基因组 DNA 并不能提供这些信息,所以核酸的信息不足以描述整个生命活动。第二,蛋白质之间存在着活跃、广泛的相互作用,在很大程度上可以说"没有一个蛋白质是单独发挥其生物学作用的"。

(二) 蛋白质组学研究的主要内容

1. 蛋白质的分离鉴定

可以利用一维电泳、双向电泳和蛋白印迹法,以及蛋白质芯片、抗体芯片和免疫共沉淀等技术,鉴定出某一特定细胞的组成或生物体所制造的蛋白质。

2. 翻译后修饰

很多 mRNA 表达产生的蛋白质要经历翻译后修饰,如磷酸化、糖基化、酶原激活等。翻译后修饰是蛋白质调节的重要方式,因此研究蛋白质翻译后修饰对蛋白质的功能研究具有重要作用。

3. 蛋白质功能的确定

描绘出各个蛋白质的三维结构,从多方位、多角度去研究蛋白质之间的相互作用和相互调控。

4. 服务于人类的健康

主要指促进分子医学的发展,寻找药物的靶分子。

基因属于线形构造,而蛋白质可能会折叠成难以预估的形状,细胞经常还会在蛋白质上添加糖类、脂质或是两者都有而加以修饰,使得其构型更加难以预估。因此,只有通过对所有蛋白质的综合进行研究,即蛋白质组学的研究,才能更加贴近对生命现象和本质的掌握,才能找到生命活动的本质和规律。

(三) 蛋白质组学研究的方法

1. 分离技术

目前，双向凝胶电泳是蛋白质组最有效的分离方法，是蛋白质组技术的核心。双向凝胶电泳的第一相是以蛋白质电荷差异为基础进行分离的等电聚焦，第二相是以蛋白质分子量差别为基础的 SDS-PAGE（硫酸十二烷酸钠-聚丙烯酰胺凝胶电泳）。这种方法有三个优点：第一，可以一次性地将细胞的蛋白质分离展示出来，非常有利于整体水平研究蛋白质的组成和变化；第二，具有很高的灵敏度和分辨率，可通过电荷和分子量差异两次分离，使差别很小的蛋白质也可以精确地分离出来；第三，便于分离后的分析处理和鉴定。电泳结果图谱可以输入计算机，进行蛋白的定位、等电点和分子量的鉴定以及最终蛋白质的种类分析，不同的图谱之间很容易进行比较，且便于建立数据库。电泳后的样品可以直接转移到 PVDF 膜上（PVDF 膜是一种固相支持膜，电泳分离蛋白质时可以将蛋白质点在膜上进行电泳），更为重要的是可以很好地与质谱进行分析匹配。

2. 质谱技术

质谱技术成为蛋白质组分析的首选方法，质谱技术的基本原理是样品分子离子化后，根据不同的离子间的荷质比的差异来分离并确定分子量。质谱技术发展十分迅猛，新型的质谱仪不断地出现推动了蛋白质组学的发展。质谱技术在蛋白质组中用于分析肽序列，质谱法和 Edman 降解法（Edman 降解法是 Edman P.于 1950 年首先提出来的，是一种用于肽段氨基酸序列测定的主要技术）结合往往可以得到确定的肽序列结果。

质谱技术在翻译后修饰的蛋白质鉴定方面有着无与伦比的优势，翻译后修饰的信息几乎无法从基因序列中得到，而 Edman 降解法也无能为力，质谱技术在包括磷酸化、糖基化、N 端封闭的蛋白质分析方面的应用大大简化和加速了蛋白质组学研究的进展。质谱技术还应用于二硫键的定位、蛋白质-蛋白质相互作用的分析、蛋白质与其他分子的相互作用以及蛋白质二级结构的分析等方面。这些分析在蛋白质组研究进行到一定阶段后，获得了有价值的蛋白质时，对单个蛋白质的研究发挥重要的作用。

3. 建立蛋白质组数据库

蛋白质组研究的最重要的一个方面就是数据库的建立。数据库的范围很广，包括蛋白质序列数据库、质谱数据库、双向电泳图谱数据库等，几乎所有关于蛋白质结构的数据库都被应用到蛋白质组的研究。蛋白质经分离分析后必须通过数据库的查询才能确定蛋白质是否已知、是否翻译后修饰、与同类蛋白的同源性如何等，Internet（国际互联网络）上现在有很多这种数据库可供查询。每一种数据库的建立和不断完善都意味着越来越多的蛋白质被分离和分析，是蛋白质组学研究取得进展的标志。

数据库建立后可以进行比较，如正常细胞和癌细胞之间的比较，这种比较在疾病研究和药物开发中很有意义。目前最著名的蛋白质组数据库是 SWISS-2DPAGE。蛋白质组学研究的整个过程都和生物信息学密切相关，数据的分析、数据库的建立都依赖于生物信息学的发展。

（四）蛋白质组学研究的前景

蛋白质组学和细胞的生理功能直接相关，因此应用前景十分广泛。细胞在不同生长时期的蛋白质组差异、正常细胞和异常细胞的蛋白质组差异、细胞在用药和不用药的情况下蛋白质组的差异等都是蛋白质组学研究的重点。如 Stulik 等通过结肠癌组织和正常组织的比较发现 Calgranlin B（钙粒蛋白 B）仅在肿瘤细胞中表达；Greber 等发现在老年痴呆疾病的脑组织中与神经发育有关的蛋白质表达量降低。蛋白质组学的研究对于疾病的诊断以及药物的开发都发挥着非常重要的作用，被科学家看做控制生命进程的"年龄基因"，将是打开人类长寿之门的钥匙，医生们可以用它将生命倒转。到 2050 年以后，人类有可能操纵生命。

蛋白质组和基因组被认为是 21 世纪的两个大规模科学，它们的共同特点是从整体进行研究，在生命科学领域中随着基因组和蛋白质组学研究的发展，二者必将互相补充、互相促进，更完整地揭示生命现象的本质，更加有效地进行疾病的诊断和治疗，推动生命科学研究的飞速发展。

三、克隆技术与生物工程

在科技迅猛发展的 21 世纪，现代生物技术产业作为一个正在崛起的主导性产业成为各国新的经济增长点之一，这在某种程度上促进了生命科学的基础研究进程。近年来有人提出了"生物设计"这个概念，形象地表达了现代科学家利用生物技术对基因进行操纵的较高境界。在现代生物技术中，基因工程（重组 DNA）技术是核心，它将外源 DNA 与载体 DNA 体外剪切、拼接、引入受体细胞越过种属屏障，进行扩增并表达，达到有目的、有计划改造生物及其产品的目的。随着分子生物学的发展，"生物设计"水平已经达到较高层次，但离人们的期望值还有相当一段距离。

（一）克隆技术

1. 克隆和克隆技术的基本概念

克隆（clone）是生物工程中一个十分活跃的研究领域。克隆也就是复制，是指由一个生物体（或一个细胞）经过无性繁殖而衍生出来的一个群体，该群体称为一个无性系。而克隆技术是指人工培育克隆体这一操作过程的方法和手段。克隆技术并不是现在才出现的新技术，在园艺中使用扦插法来繁育植物可以追溯到几千年前。但是对于动物，尤其是哺乳动物的克隆，却是近些年才出现的事情。

2. 克隆的基本方式及发展

对于高等动物的克隆可以通过两种方式进行。一是用胚胎细胞（即在它们分化为皮肤、肌肉、神经元和其他细胞之前），在实验室改变它们的基因，经过培育之后注入替身母体内；二是取出已经分化的成熟细胞，诱使它们转化到胚胎时期的状态，再注入母体内使之发育为一个新个体。

从理论上讲，成熟的体细胞与胚胎细胞一样，包含了复制一个完整的有机体所有必备的DNA遗传信息，应该具有复制一个新个体的能力。但实际上尽管科学家们付出了很大的努力，却始终没使这些分化的细胞回到原来的胚胎状态，以致使他们几乎放弃了从一个皮肤细胞生成一个完整动物的希望。但这一历史在1996年被伊昂·威尔马特的研究成果改变。他成功地完成了从一个成熟的细胞（成年母羊的乳腺细胞）中克隆出一只羊，培育出世界上第一只成年哺乳动物的克隆体，被称为"多利"的绵羊。他采用的方法是从一只成年绵羊的乳腺细胞中提取细胞核，然后用脉冲电流使这一细胞植入另一只母羊的子宫内，使其发育成为一个胚胎。这一技术的关键在于诱使这个细胞唤醒细胞核中潜伏已久的基因。

2003年Carol等用来源于转基因猪的皮肤成纤维细胞采用"全细胞胞质内注射法"获得了4头克隆猪，并达到37%的囊胚发育率。与此同时，利用克隆技术和转基因技术、基因打靶技术生产转基因动物也取得了较大进展。目前，体细胞克隆技术逐渐走向完善，与其他技术相结合，正在逐步地满足社会需求。

3. 克隆技术研究的主要内容

克隆技术是一个复杂的技术体系，是多种技术的综合，同时涵盖了生命复制的全部过程，它既包括某些基础研究又包括了许多技术操作细节。

(1) 供核细胞的来源与特性。动物的克隆过程，实际上是把一个供体核和去核的卵细胞融合成一个新的胚胎，在人工条件下使它发育，再移植到母体动物，进而得到一个完全和核供体相同的动物个体的过程。纵观克隆技术发展的历史，人们始终在不停地寻找适合做核供体的来源。开始是使用胚胎细胞，直到1996年"多利"羊的出生，开始了用成年体细胞做克隆核供体的新时代。

(2) 受体细胞的来源和特性。有了供体还必须有受体，因此受体细胞的来源和性质成了研究的重点之一。在长期的选择过程中，科学家已经认识到，由细胞核供体提供的核含有供体的全部遗传信息。但是具有全能性的核是否具有重编能力，主要取决于胞质的性质。现在大家公认的细胞质受体来源是成熟卵母细胞。

(3) 重构胚核质适应机理的研究。核移植重构胚胎融合后核质间细胞周期是否同期化、核的重编程能力如何和核质相适应的机制等均已成为研究的重要课题。

(4) 克隆技术支持体系研究。克隆技术支持体系包括供核细胞、胞质受体的采集技术、培养体系研究、核移植操作技术和有关设备等。在研究供核细胞和受体胞质时，也发展了相应的细胞采集和培养技术，如体外培养、活体采卵、超排采卵等卵母细胞采集技术及保证细胞正常发育的各种培养基和调节因子，这些都为细胞的生长发育提供了良好的条件。与此同时，核移植操作技术的各个细节以及有关设备近年来也有了长足的发展，各种型号的电容合仪、显微操作系统等为核移植技术的发展提供了有力的技术支持。

(5) 重构胚胎内和体外培养技术。孕育了新生命的重构胚胎需要在什么条件下培养发育，仍然是能否提高克隆效率的关键。因此，对不同的胚胎体外或体内培养均进行了许多研究，以找到最好的培养载体和体系。

4. 克隆技术研究的意义

研究克隆技术的目的是为了造福于人类社会，这一技术的成功可能会为未来的科学带来巨大的益处。例如，人体的脊髓、大脑和心肌细胞非常难以再生，它们好像已经丧失了胚胎时期的那种分裂能力，如果有人能使这些细胞繁殖，那么医生就可以为背部严重受伤的病人修复受损的脊髓，为中风病人再生出大脑组织，为心脏发作的病人医治受损的心脏。如果这些细胞能够更新，那么几百万被困于轮椅和躺在医院及疗养院的病人将得到解救。此外，还可为需要做移植手术的病人提供心脏和肝脏等替代器官，也可克隆那些有生殖困难濒临灭绝的物种等。

5. 克隆技术在人类应用的可能性

继克隆羊"多利"问世之后，克隆其他的高等动物如牛、猴、鼠、猪等相继问世，证明了克隆技术在人类应用的可能性。1998 年 12 月，韩国有人宣布首次成功地进行了人体胚胎克隆，他们用一名妇女的一个卵子和她的皮肤细胞培育出了一个 4 细胞的胚胎。美国芝加哥从事生育研究的锡德医生公开说，他已经开始实验克隆人类。在我国，湖南医科大学人类生殖工程研究室从 1999 年开始进行建立人类体细胞胚克隆技术的探索，并获得初步成功。这些人类体细胞克隆实验，旨在为研究早期胚胎和干细胞的定向诱导分化，并最终为培养可供临床移植的器官和组织奠定基础。

目前我们还不能开始进行生物的复制，特别是克隆人。除了由于法律、伦理和宗教等方面的原因，以及克隆技术本身的缺陷可能对人类造成不利影响，限制了这一技术在人类领域的应用外，克隆技术本身还处于初步阶段。所以多数学者不主张对人类自身进行克隆，但认为对病人所需的器官和组织进行克隆是可行的。即利用克隆技术将需要进行器官或组织移植病人的体细胞核植入到去核的卵母细胞内，构建核移植胚，使其进行一定程度的发育。再经过适当处理，对其进行诱导，令其定向发育成可供患者移植所需的器官和组织。这样不但可以解决临床移植所需器官和组织来源不足的问题，还能克服异体器官和组织的免疫排斥反应，从而大大提高器官和组织移植的成功率。现在有充分的理由相信，人类这一美好的愿望在不远的将来定会变为现实。至于克隆人，尽管多数人都害怕克隆人时代的到来，但是法国第一个试管婴儿之父雅克·泰斯塔尔认为这一天的到来是不可避免的，他说："伦理学所起的作用只是推迟这一天到来的时间。"

6. 克隆技术目前存在的主要问题

克隆技术尽管有着广泛的应用前景，但在理论和技术上都还很不成熟，仍然存在着许多理论问题和技术问题，主要表现为：第一，克隆动物生产费用巨大；第二，克隆动物成活率很低；第三，克隆动物具有个体生理或免疫缺陷；第四，克隆动物的早衰现象；第五，克隆人的研究可能会带来严肃的社会问题。但是，无论如何，克隆技术有着巨大的应用前景，这会促使研究者进一步进行深入的研究。我们在获得克隆技术带给人类利益的同时，还应该注意克隆技术的合理应用，使它永远走向有益于我们整个社会健康的发展。

（二）生物工程

动物基因工程是近些年才兴起的一门高新技术，无论是在技术研究本身，还是在技术的应用领域都已经取得了令人瞩目的进展。其实关于动物基因的操纵过程就是以生命科学为基础，以生物技术为手段，与众多相关学科和高新技术密切结合，研究动物基因组的功能、结构，并利用生物组织、细胞及其他组成部分的特性和功能，去设计和构建具有预期性能的新功能或新品系的过程。而动物转基因技术和基因打靶技术是动物基因工程的两个主要方面，这两种技术与克隆技术的结合，从某种意义上说提高了人们整合转基因动物的效率，使科学家对动物基因的操纵能力得到了极大的加强。人为地控制了动物的基因，也就等同于动物的生命活动和性质在一定程度上受制于人们的意志。人类是如何对动物的基因进行操作的呢？下面再让我们来看一下动物的转基因技术和基因打靶技术。

1. 转基因动物研究概述

（1）转基因动物的概念。转基因动物是指用实验导入的方法使外源基因在染色体基因组内稳定整合，并能遗传给后一代的动物。转基因动物的出现是重组 DNA 技术和胚胎技术发展的必然结果，其研究建立在经典遗传学、分子遗传学、结构遗传学和 DNA 重组技术之上。经过多年的努力，科学家已经找到了向动物转移外源基因的可靠方法，并证明了遗传物质的统一性，即无论是微生物来源的基因还是动植物来源的基因，它们在动物基因组内都可以有效地表达。生物学中的一个分支学科也由此被确立，这就是转基因动物学。它的发展象征着人类有了改造一切生命形式的可能。

（2）转基因动物研究的历史。1974 年，美国学者 Jaenisch 首次应用显微镜注射法获得转基因小鼠。1981 年，美国科学家成功地将外源基因导入动物的胚胎，创立了转基因动物技术。1982 年获得了转基因小鼠。1987 年，世界上第一只商业化转基因绵羊在英国著名的罗斯林研究所诞生。这只转基因母羊乳液中可以分泌 α-抗胰蛋白酶，含量高达 30 mg/L。1989 年，意大利学者用精子作为载体转移目的基因，成功地获得了纯系转基因小鼠。

1996 年英国罗斯林研究所威尔马特博士科研组公布体细胞克隆羊"多利"培育成功。1997 年 10 月英国罗斯林研究所 Roslin 宣布已成功克隆出 3 只携带有人凝血因子 IX 基因转基因绵羊。1999 年 2 月，中国上海遗传研究所宣布转基因试管牛诞生，其体内被检测出带有人的血清白蛋白基因。2006 年 1 月美国科学家运用基因工程技术，成功地将一群懒猴变成工作狂。研究人员说，该基因位于构成大脑神经回路的细胞中，将它阻断后，猴子就失去了工作与因此得到奖励之间的平衡感。这说明科学家已经可以利用较高层次的动物转基因技术来控制动物的基因组。

（3）动物转基因技术。动物转基因的基本程序是通过适当的方法，将外源基因（又称目的基因）导入特定的载体细胞内，然后使载体细胞进一步发育成携带外源目的基因的个体而达到期望的功能效果。

生产转基因动物的关键步骤包括：第一，外源目的基因的制备；第二，外源目的基因有效地导入受体细胞；第三，选择携有目的基因的细胞；第四，选择合适的体外培养体系和宿主动物；第五，转基因动物胚胎发育及鉴定与筛选等。

由于只有转基因动物的所有细胞都带有被转移的外源基因，目的基因才能表达并遗传给后代。这就决定了只有在动物胚胎发育的早期将外源基因导入，才能实现这个目标。目前动物转基因的各种方法虽然各有不同，但目的都是在动物胚胎进行第一次DNA复制之前，尽早将外源基因插到动物的染色体上。

常规转基因技术可分为物理、化学和生物方法三大类。生物方法主要指病毒介导的基因转移，包括RNA（ribonucleic acid，核糖核酸）病毒、DNA病毒两类。其中重组逆转录病毒载体法、胚胎法是制备转基因动物的常用方法之一。物理法和化学法携带的遗传物质由于不存在野生型病毒感染，所以比生物法相对安全，但在细胞内易受DNA酶降解，不易稳定地存在于细胞基因组中。

2. 基因打靶技术概述

（1）基因打靶技术的概念及其内涵。基因打靶是建立在同源重组原理、转基因技术、胚胎干细胞培养技术和体细胞培养技术基础上的一种综合技术。利用此项技术可以对感兴趣和有价值的DNA片段或一段基因进行修饰。也就是用所设计的一段DNA对准靶基因通过打靶改变生物体遗传信息，确定被剔除基因的功能。利用引入的特殊基因可以控制它下游的基因的表达时间和表达场所，这就是所谓的时空调控，这为研究动物发育生物学的分子机理提供了有力的工具。

（2）基因打靶技术的应用。基因打靶技术的应用主要包括三个方面：第一，基因剔除的应用。这在器官异种移植中有着非常大的应用价值，例如人对猪的移植器官会发生强烈的排异反应，这是因为猪的细胞表面存在一种特殊的抗原，它能识别异源组织。如果将这种基因剔除，那么猪器官就不能识别异种组织，就可以作为人的移植器官的供体动物。第二，基因功能的修饰。用基因修饰来改变动物的功能，可以得到更加精细的动物模型。利用基因取代办法，在固定的位点插入目的基因生产转基因动物，可以大大提高整合率和表达效率，这在生产动物生物反应器上具有很大的应用价值，并且也已经获得成功。第三，基因表达的调控。基因打靶技术也可以用于基因表达的调节和促进。在基因调控区插入或替换某一元件，则可改变表达的效率。基因打靶也可以调控内源基因的表达水平。

总之，基因打靶技术比起动物的转基因技术来是更加具体的一项基因操纵技术，它的应用是广泛的。随着一些新方法的不断出现，基因打靶技术已不局限在剔除、修饰某一个基因，而是可以往基因组中引入精细的突变，还可以实现组织特异性发育阶段特异性基因打靶，大大丰富了研究手段。

3. 动物基因操纵的未来展望

动物的转基因技术、基因打靶技术与动物克隆技术共同使用，意味着我们可以精确地、有目的地、人为地改造人和动物的基因组，从而改变生物不同层次的基因表达。这种技术可用于提高动物的生产性能，建立人类遗传性疾病模型，进行诊断和基因治疗、制作疫苗、生产药物、动物育种、基础理论及人类器官移植等方面的研究，其诱人的前景已展现在人们面前。特别是在2003年4月，中国、美国、日本、英国、德国和法国6个国家的科学家宣布人类基因组序列图绘制成功后，人的基因操纵便有了更大的发展空间。如果将来明确了人和动物基因组的全部功能，然后再有目的地用基因打靶技术对基因进行修饰，用克隆技术和转基因技术对目的基因进行整体的控制，可以想象，这对人们的健康定会作出积极的贡献。另外，动物基因工程的发展也会对畜牧业有积极的影响，特别是对于保持优良品种和稳定生物的多样性都有促进作用。但是，如果这种技术应用于人，也会带来许多令人意想不到的社会问题，比如说，在将来如果人们完全掌握了基因操纵技术，再加上人类基因组全部功能的明确，那么，有人就会利用这种技术来对运动员进行基因的控制，使他一生下来就具有某一运动项目的绝对生理优势，这对竞技体育的公平竞争将是一个严重挑战。有人预言，在将来的奥林匹克运动场上，"基因战"将取代今天的"兴奋剂战"。此外，还会带来许多社会伦理问题。这些都应当引起我们的沉思。

虽然目前动物基因操纵技术还存在着一些问题，但有望在未来的研究中逐步得到解决，这项技术将会给人类带来更大的利益，我们相信其前景是辉煌的。只要我们运用得当，它是会对人类社会作出巨大贡献的。所以，动物基因的操纵技术的发展是一种必然的趋势。当然，基因的操纵技术从动物的试验阶段到人和动物的大规模应用阶段还有一段很长的路程要走。

四、人类脑计划和神经信息学

（一）人类脑计划的提出与发展

人类脑计划（Human Brain Project）是继人类基因组计划之后，又一国际性科研大计划。人类脑计划包括神经科学和信息学相互结合的研究，其核心内容是神经信息学（Neuroinformatics，NI）。近年来许多著名学术期刊相继报道，认为人类脑计划比基因组计划更大，囊括了更加广泛的内容，是一项更加伟大的工程。

人类脑计划的基本概念萌芽于20世纪80年代早期。1993年4月，美国联邦资助小组联合发布了人类脑计划的第一个项目公告"人类脑计划的第一期可行性研究"，由美国国立卫生研究院承担。1997年，人类脑计划在美国正式启动，有20多个著名的大学和研究所参加了这个研究计划。50多位神经信息学的课题负责人得到该项目的基金资助，他们充分利用神经科学和信息科学的优势条件进行研究，相互间建立合作关系，利用电子网络互通信息，运用数据库进行资源共享。

现在，人类脑计划的研究已进入第二阶段，目标是提供先进的信息学工具，使神经科学家和信息学家能够将脑的结构和功能研究结果联系进来，建立数据库，绘制出相应的图谱。科学家们可以在数据库中进行搜索、比较分析、合成和整合。目前人类脑计划正在向全球发展，参加国家包括美国、英国、法国、日本等 19 个国家。其目的是组织和协调全世界神经科学和信息学家共同研究脑、开发脑、保护脑和创造脑，同享科研成果和脑研究资源。2001 年，我国成为参加此项计划的第 20 个成员国。

（二）一门新兴的边缘学科——神经信息学

1. 神经信息学的概念

神经科学和信息学是当今自然科学研究的两大热点。神经信息学是这两个学科相结合的新兴的边缘学科，其内容涉及医学、生物学、物理学、计算机学、数学与工程技术等学科。神经信息学包括分子神经信息学和系统神经信息学，其目标是利用现代化信息工具，将不同层次有关脑的研究数据进行分析、处理、整合与建模；建立神经信息学数据库和有关神经系统所有数据的全球知识管理系统，以便从整体系统水平研究脑、认识脑、保护脑和开发脑。

2. 神经信息学研究的内容和任务

（1）展开对神经网络和全脑的研究。脑是生物体内结构和功能最复杂的组织，人脑内有神经细胞上千亿个，神经突触超过 10^{14} 个，是接受外界信号、产生感觉、形成意识、进行逻辑思维、发出指令和产生行为的指挥部。人脑是极为精巧和完善的信息处理系统，是人体内外环境信息获得、存储、处理、加工和整合的中枢。人脑的结构和功能极其复杂，需要从不同的层次对其进行研究，包括从 DNA、RNA、蛋白、神经元、神经网络到全脑。其中对神经网络和全脑的研究近年来发展很快，成为神经信息学研究的重点。

（2）建立神经信息数据库和神经信息电子网络。以往有关脑的研究包括神经解剖、神经生理、神经病理、神经化学、神经免疫、神经电生理和神经心理等，已经获得了大量有关动物和人脑的实验数据和研究结果。近年来，分子神经生物学研究从基因水平来提示人脑的奥秘。脑功能成像的应用使我们能够从活体和整体水平来研究脑，好比窥探脑的窗口，可以在无创条件下了解到人的行为活动时脑的功能活动（通过脑血流、葡萄糖代谢和受体等观察）。这些新方法、新技术极大地增强了从微观与宏观两个水平上进行脑研究的能力，同时也产生了海量的实验数据。神经科学家们面临的重要问题之一，就是能否灵活有效地管理所有数据，最大限度地利用实验数据，减少不必要的重复性研究和人力物力的浪费。新的需求能够产生新学科，新的模式就能产生新的突破。信息学的发展和信息工具的应用为解决这一问题创造了条件。神经科学家和信息学家都在呼吁，应加强神经科学和信息学的合作和相互渗透，建立神经信息数据库和神经信息电子网络，推动神经信息学的发展。

（3）将先进的信息科学手段和神经科学的研究相结合。在神经科学大量实验结果的基础上，利用计算机技术建立脑的各个层次研究所获得的资料的数据库，用信息学手段对脑的结构和功能以及细胞、分子、基因多层次、多水平的实验数据进行分析、加工、处理、整合及数学模拟。利用神经信息学工具和数据库，神经科学研究者们能够在几个小时或几天内收集到世界范围内有关脑和神经科学研究的最新实验数据和研究结果，及时调整正在进行的实验设计并设计新的课题。神经信息学不仅对神经科学本身的理论发展会有重大促进，而且将对医学、生物、人工智能和信息科学领域作出巨大贡献。

(4) 建立以生物学为基础的神经网络模型。神经信息学要从信息和信息处理的观点来研究人脑，研究神经系统信息的载体形式，神经信息的产生、传输与加工，以及神经信息的编码、存储与提取机理等，并从系统和信息的观点建立以生物学实际为基础的神经网络模型。在过去的几亿年中，生物体通过进化产生出由大量神经元相互联结而形成的神经网络，解决了在不断变化和复杂环境中人脑如何处理各种复杂信息的问题。尤其是人的高级认知功能的高度发展，使得人类成为万物之首，具备了主宰世界的能力。人脑的复杂性远远超出了我们目前的认识能力，传统的细胞生物学等的实验研究，对于解决人脑对复杂信息的获取、处理与加工及高级认知功能的机制，犹如只见树木不见森林。神经信息学工具的应用，数学模型的应用，使得我们可能从有限的实验数据中找出神经信息获取、处理和整合的规律和法则，提出在各种刺激条件下脑内信息加工的数学模型的实验假设和以计算机模拟脑内神经信息网络，即实验数据 → 数学理论 → 计算机模拟和预测 → 生物学实验验证 → 数学模型与验证后的理论。这将大大加快脑的研究进程。

(三) 我国研究现状

今后 10 年是神经信息学快速发展的阶段，也是竞争性最强的阶段。目前由于我国尚无足够的时间和财力去开发研制自己的数据库和信息工具，所以我国的神经信息学的总体研究水平落后于世界发达国家。

神经科学研究日益深入和专业化，几乎没有哪一个科研人员能够精通脑科学的全部领域。研究人员或课题组必须将其局限的研究内容同整个脑科学的发展紧密地联系在一起，充分发挥自己的长处，利用我国人类脑资源丰富和计算机信息学研究方面的一定优势，在具有中国特色的传统医学、汉语认知与特殊感知觉的神经信息学研究等领域深入开展工作，建立中国自己的神经信息平台、电子网络和信息数据库，更好地和国外学者协作，共享科研成果和国际资源。

五、分子医学

(一) 分子医学的发展与研究

1. 分子医学的发展

分子医学是从分子水平研究人类疾病的发生、发展、诊断和防治的一门新兴医学学科。它是在分子水平上治疗疾病，通过分析致病细菌或病毒的分子薄弱环节，研制出新型的药物，从而达到杀灭病毒治疗疾病的目的。

分子医学的产生首先是由于近十几年来，分子生物学从理论上搞清了一些调节细胞行为的分子系统，如细胞信号传导的分子基础；一些重要的细胞膜分子（受体）的结构和功能及编码基因、癌蛋白及其基因、抑癌蛋白及其基因；其他沟通细胞之间信息的分子，如细胞因子、神经肽等。这些知识的积累使我们对疾病发生的分子机理有了更深入的了解。其次是分子生物学技术的发展，如 PCR 技术、基因克隆技术、基因转移技术等的发明和改进，使我们可以对基因的分离、切割、重组、转移等进行有效的操作。第三是由于上述理论和技术的研究成果被迅速地应用于临床，产生了基因诊断、基因治疗和基因预防的新方法，在此基础上诞生了一门代表未来医学新方向的分子医学。

2. 分子医学研究的内容

分子医学研究的领域很广，主要可以归纳为三个方面：第一，发现控制正常细胞行为的基本分子；第二，弄清基因异常表达、基因相互作用的紊乱与疾病发生的关系；第三，通过检查和纠正这些异常基因对疾病进行诊断、治疗和预防。分子医学与传统医学的主要差别在于前者对疾病的认识和操作都是在基因水平上进行的。随着分子医学的研究和发展，可能产生许多新的研究领域和学科，如分子解剖学、分子病理学、分子药理学、分子治疗学和分子预防营养学等。

分子医学的发展将逐渐改变目前以经验医学为主导的局面，分子医学技术将成为未来医务工作者必须掌握的基本技能之一。分子医学及其技术将使基础研究和临床应用更紧密地相互联系，使科研成果更快速地向临床转化，使实验医学和经验医学有机地融合起来。

（二）基因治疗

所谓基因治疗，就是应用遗传工程的方法，将正常基因导入患者的体细胞内，使其在细胞内得到一定的表达，产生正常的基因产物以补偿或修正突变基因的功能，从而达到治疗效果。

许多疾病都是由于基因的结构和功能发生改变而引起的，最明显的是遗传病，如某些免疫缺陷病就是由于腺苷脱氨酶（ADA）基因缺陷引起的。目前已知与基因改变有关的遗传病就有 6000 多种。此外，癌症的发生、发展和转移都与特殊的基因变化有关，有些肿瘤如乳腺癌等具有明显的家族遗传性。这些疾病的基因变化，在胚胎时期或症状没有出现时就已经发生。但这些遗传疾病目前仍缺乏有效的治疗手段。随着分子生物学的发展，遗传工程技术的不断创新，特别是近十多年来，随着 DNA 重组技术和基因转移技术的日臻成熟、完善，人们开始尝试运用这些新技术进行遗传病的治疗。

目前，基因治疗的范围已从过去罕见的单基因疾病扩大至常见的单基因疾病和多基因疾病，已从治疗遗传性疾病扩展至治疗恶性肿瘤、心血管疾病（如应用 FGF25 基因治疗增强心脏血流和心功能）、神经系统疾病、自身免疫性疾病（如关节炎等）、感染性疾病（如艾滋病、肝炎等）。从临床实际应用的总体角度来讲，有可能率先取得突破性进展的是发病机制明确的遗传性疾病的基因治疗。很值得人们进行探索性研究的是感染性疾病，目前临床研究集中在艾滋病的基因治疗。由于肿瘤患者对于基因治疗这类新型治疗方法的临床迫切性较强，患者和家属易于接受，伦理学问题较少，故肿瘤基因治疗的研究最受瞩目，目前大多数基因治疗临床项目是肿瘤的基因治疗。最近，Tanaka 等报道,通过病毒载体的介导开展的血小板因子4基因治疗可以抑制肿瘤的生长,为该方面研究增加了新的内容。

总之,基因治疗进入临床只有10多年历史,其发展已经度过了最初阶段的浮躁,进入理性发展阶段。成功的基因治疗应以安全、有效、简便、实用为目的。而目前已实施的临床基因治疗方案均不够成熟,临床疗效不够确切,安全性不能有效保证,能进行基因治疗的合适病种十分有限,体外途径基因治疗费事、耗时,不实用,体内基因表达水平也太低。此外,由于缺乏合适的动物模型也影响到基因治疗的进展,尽快解决这些问题将会大大加快基因治疗的发展。

推荐读物

[1] 左明雪. 细胞和分子神经生物学 [M]. 北京:高等教育出版社,海德堡:施普林格出版社,2000.

[2] 范明,王晓民,周专,等. 神经科学进展[M]. 北京:高等教育出版社,2003.

参考文献

[1] 贺林. 解读生命人类基因组计划和后基因组计划 [M]. 北京:科学出版社,2000.

[2] 陈竺,强伯勤,方福德. 基因组科学与人类疾病 [M]. 北京:科学出版社,2001.

[3] 林侠,等.译. 人类基因组——我们的DNA[M]. 北京:科学出版社,2003.

[4] 朱景德,等. 译. 人类基因组的作图与测序 [M].上海:上海科学技术出版社,1990.

[5] 吴乃虎,基因工程原理[M]. 北京:科学出版社,2001.

[6] 朱玉贤,李毅. 现代分子生物学[M]. 北京:高等教育出版社,1997.

[7] 王芳芳,张玉亭. 衰老相关基因研究进展[J]. 临床荟萃,2004,19 (11):659-660.

[8] 吕宝璋. 对人类衰老生物学研究现状及其前景的几点看法 [J]. 中国老年学杂志,2002,22 (4):316-319.

[9] 曾尔亢,王红,曹俊娜,等. 关于衰老与抗衰老的现代研究[J]. 国外医学:社会医学分册,2000,17 (3):97-101.

[10] 袁锦楣. 衰老与延缓衰老研究的现状与瞻望 [J]. 老年医学与保健,1999,5 (2):49-50,97.

[11] 王彬芳,杨克恭. 医学分子生物学原理[M]. 北京:高等教育出版社,2001.

[12] 刘仲敏,林兴兵,杨生玉. 现代应用生物技术 [M]. 北京:化学工业出版社,2004.

[13] 张自立,彭永康. 现代生命科学进展[M]. 北京:科学出版社,2004.

[14] 李建凡. 克隆技术[M]. 北京:化学工业出版社,2003.

[15] 舒惠国. 基因和基因工程 [M]. 北京:科学出版社,2003.

[16] 张新蕊，韩跃红. 论生殖性克隆的发展方向[J]. 昆明理工大学学报，2005，5 (3)：24-27.
[17] 锡建中，贾青. 动物体细胞克隆机理的几个关键问题[J]. 上海畜牧兽医通讯，2005 (3)：46-47.
[18] 姚泰. 生理学 [M]. 6版. 北京：人民卫生出版社，2005.
[19] 姚纪欢，李宝平，孟朝霞. 高新科技远瞻[M]. 太原：山西人民出版社，2001.
[20] 左明雪. 细胞和分子神经生物学[M]. 北京：高等教育出版社，海德堡：施普林格出版社，2000.
[21] 徐天乐，王晓民，周专，等. 神经科学进展 [M]. 北京：高等教育出版社，2002.
[22] 王晓民，徐晓明，陈军，等. 神经科学进展 [M]. 3版. 北京：高等教育出版社，2004.
[23] Huerta MF, Koslow SH, Leshner AI. The human brain project: an international resource[J]. Trends in Neuroscience, 1993, 16 (11): 436-438.
[24] Koslow SH, Huerta MF. Neueroinformatics. Anoverview of the Human Brain Project.In: progress in Neuroinfomatics Research[M].Mahwah: Lawrence Erlbaum Associates. Inc, 1997.
[25] Koslow SH, Huerta MF. Electronic Collaboration in Science. In progress in Neuroinfor matics Research [M]. Mahwah; Lawrence Erlbaum Associates, Inc, 2000.
[26] Koslow SH, Hyman SE. Einstein Quarterly[M], 2000 (17): 7.
[27] Toga AW, Frackowiak RSJ, Mazziotta JC. Neuroimage [M], 2000 (11): S1-S928.

专业名词中英文对照

中文	英文
基因	gene
遗传图谱	genetic map
人类基因组计划	human gene program (HGP)
克隆	clone
神经信息学	neuroinformatics (NI)
连锁图谱	linkage map
染色体步行法	chromosome walking
细菌人工载体	bacterial artificial chromosome (BAC)
酵母人工载体	yeast artificial chromosome (YAC)
人类脑计划	human brain project

(北京师范大学　乔德才　侯莉娟)

第二讲 生物医学技术及其在运动医学中的应用

【内容提要】

本讲主要有两大部分内容,第一部分介绍了经典生物医学技术,这些技术虽然在生物医学领域应用时间较长,但仍然在现代生物学、现代医学和运动医学领域发挥着重要的作用,如电泳技术、分光光度技术、色谱技术和超离心技术等。第二部分主要介绍了现代生物医学技术,如重组DNA技术、单克隆抗体技术、流式细胞技术、多聚酶链式反应技术(PCR)、核磁共振、纳米技术、激光共聚焦扫描显微镜、干细胞技术和激光医学等。在运动医学研究中,目前应用较多的是多聚酶链式反应技术和流式细胞技术,所以对这两项技术作了较多介绍。其他技术虽然在运动医学中应用不多,但有广泛的应用前景。

【重要名词】

光谱分析:是建立在物质的电磁辐射或电磁辐射与样品组分之间相互作用基础上的一类分析方法,这些作用包括了光的发射、吸收、反射、干涉等多种形式。

色谱分析:是一类利用分离介质无机物或有机物,固体、液体或气体将样品中各组分进行定性或定量分离和分析的技术。目前常用的有柱色谱、纸色谱、薄层色谱、气相色谱、高效液相色谱等。

电泳:是带电颗粒在电场中按其荷电性质做定向移动的现象。电泳技术已成为现代运动医学研究中进行分离分析必不可少的技术手段。按惰性分离介质的不同,电泳技术有纸电泳、醋酸纤维素薄膜电泳、淀粉凝胶电泳、琼脂糖凝胶电泳、聚丙烯酰胺凝胶电泳、免疫电泳、等电聚焦电泳等多种。

流式细胞术:也称荧光激活细胞分类术,是通过检查细胞光散射特征及荧光参数,检查判断细胞是否凋亡。细胞凋亡过程中出现的形态改变(如细胞皱缩、胞膜起泡、核浓缩碎裂等)可以使光散射特性发生改变。将光散射特性的检测与荧光参数的检测结合起来能准确地辨认凋亡细胞。

多聚酶链式反应:是一种体外扩增特异DNA片段的技术。PCR技术可在短时间内获得数百万个特异DNA序列拷贝。

一、经典生物医学技术介绍

(一) 光谱分析技术

根据物质发射的辐射能或辐射能与物质的相互作用而建立起来的分析方法称为光谱分析。在光谱分析中,常见的有紫外-可见分光光度分析、荧光分析、原子吸收分光光度分析、火焰光度分析和质谱技术等。

1. 紫外-可见分光光度分析

(1) 基本原理。紫外-可见吸收光谱是由分子中的电子的跃迁产生的。波长在 100～800 nm 的光线才有足够的能量引起电子的跃迁,其中近紫外区(200～400 nm)较为重要。当用能量接近于电子能级跃迁的紫外光和可见光照射分子时,就可引起分子内电子能级的跃迁,并伴随分子的振动和转动能级的变化,产生紫外可见吸收光谱。而特定分子中的电子跃迁所需能量与分子的内部结构有关,所以分子吸收谱线形状仅取决于分子的内部结构,不同物质由于结构上的差异所需的跃迁能量也不同,于是出现不同的特征吸收谱线。因此,紫外吸收光谱可以用来研究分子的结构,并进行定性和定量分析。

(2) 特点。紫外-可见分光光度法是一种应用范围最为广泛的方法,具有灵敏度高、操作简单、准确及良好的选择性等特点。随着科学技术的不断发展,紫外-可见分光光度计的性能有了很大提高。在分析化学和医学检验领域中占有重要地位。紫外吸收光谱一般都用样品溶液测定,如果使用 1.0 cm 厚的槽需要用约 3 ml 溶液,样品量需要 0.1～100 mg。如果用微量法,只用 0.001 mg。

(3) 应用范围。紫外-可见分光光度法应用范围很广。任何物质只要在紫外-可见波段中有吸收,都可以用此方法来进行定性和定量分析。

① 单一组分的测定。如果样品是单组分的,且遵守吸收定律,那么只要知道该吸收组分的最大吸收波长,此波长下测量吸光度值,即可用吸光系数法、标准曲线法、比较法等求得分析结果。

② 多组分混合物的测量分析。对于含有多种吸光组分的样品,在测定波长下,其总吸光度为各组分的吸光度之和。可以通过解联立方程组的方法或利用双波长法对待测组分进行定量测量分析。

③ 有机化合物的鉴定。分子结构完全相同的有机化合物,在实验条件完全相同时,它们的紫外吸收光谱完全相同,包括吸收光谱形状、最大吸收波长、摩尔吸光系数及吸收峰数目,以此可以对有机化合物定性。

④ 纯度检验。纯化合物的吸收光谱与所含杂质的吸收光谱有差异时,可用紫外分光光度法检查其杂质。杂质检测的灵敏度取决于化合物与杂质之间摩尔吸光系数的差异程度。

2. 荧光分析

荧光分析是一种分子发光分析，是利用某些物质受紫外光照射后发出特有的荧光，借此对物质进行定性和定量分析。用于荧光分析的仪器叫荧光计或荧光分光光度计。

(1) 基本原理。物质中的分子吸收光能，可由基态跃迁至激发态，当从激发态返回基态时，发出比原激发光频率较低的荧光，这就是光致发光。激发光一般为紫外光，而发出的荧光多为可见光。对于一种浓度较小的荧光物质，在一定浓度范围内，其荧光强度与溶液浓度呈线性关系，据此可测定荧光物质的含量。

在定量测定时，应选择荧光物质的最大激发波长（λex）和最大荧光波长（λem），这就需要先获知激发光谱和荧光光谱。测定不同波长激发光时的荧光强度，以激发光波长为横坐标，荧光强度为纵坐标，所得曲线即表示激发光谱。荧光强度最大时，激发波长称为最大激发波长。与此类似，在最大激发波长时测定不同波长的荧光强度，以荧光波长为横坐标、荧光强度为纵坐标作图，所得曲线便是荧光光谱。

(2) 特点。灵敏度高，常达$10^{-4} \sim 10^{-6}$ g/L，甚至可达$10^{-7} \sim 10^{-9}$ g/L，超过一般分光光度法；特异性强，通过选择合适的激发光波长和荧光波长，避开其他物质的干扰；操作简便、快速，重现性好；样品用量少。

(3) 应用范围。荧光分析法在医学检验和生物医学科研中已得到广泛的应用。可测定的物质主要有某些类固醇激素（如肾上腺皮质激素和性激素）及其代谢产物、单胺类神经递质和生物活性物质（如儿茶酚胺、组胺）、某些维生素（如维生素 A 和 B 族）、过氧化脂质和某些药物（抗生素、强心剂、麻醉剂类）等。

3. 原子吸收分光光度分析

原子吸收分光光度分析（AAS）是一种分析原子吸收光谱的技术，使用的仪器为原子吸收分光光度计。

(1) 基本原理。原子吸收分光光度分析是根据物质中待测元素的气态原子（处于基态）能吸收与其相同的物质所发射的特定波长的光，其吸收规律也遵循 Beer 定律，即在一定条件下，原子吸收值与该物质的含量成正比。

(2) 特点。灵敏度高，能测出含量低至 $10^{-9} \sim 10^{-6}$ g 的元素；选择性较好，准确度较高，因特定的光源只发射特定波长的光，物质中待测元素外的共存元素不影响测定；原子吸收的谱线窄，宽度仅为 0.001～0.01 nm，受干扰少；简便和快速，在计算机自动程序控制下，30 分钟内可测出 50 个样品中 6 种元素的含量；可测元素种类多，能测几乎全部金属元素和部分非金属元素 70 多种。

(3) 应用范围。原子吸收分光光度分析在医学检验中主要用于体液中钙、镁、铝、铁、锌和铜等多种金属元素的检测。在工业卫生、环境监测、职业病防治等方面，可用于检测微量有害元素（如砷、汞、铅等）和慢性金属中毒情况等。随着分析技术的发展，用此技术测定的物质种类越来越多，应用范围不断扩大。

4. 火焰光度分析

火焰光度分析即火焰发射光谱法，是原子发射光谱分析的一种。

（1）基本原理。火焰光度分析是指在一定条件下，以火焰作为激发源提供热能，使样品中的待测元素原子化，由于原子能级的变化，产生特征的发射谱线。在一定范围内，发射强度与物质（元素）浓度成正比，由此可对该元素进行定量分析。

金属元素经燃烧激发可产生特定颜色的火焰，如钠的火焰为黄色，光谱波长为589 nm，测定时应选用此波长滤光片；钾的火焰呈深红色，光谱波长为767 nm，测定时应选用767 nm滤光片。火焰光度计的检测器由光电池（或光电管）和检流计组成。样品中待测元素含量愈多，发射光愈强，经光电管产生的光电流就愈大。

（2）特点。火焰光度分析具有简单、快速、灵敏度高、取样少、误差小（仅1%～2%）等优点。

（3）应用范围。在生物医学研究中，火焰光度分析主要用于体液（血液，尿液等）钠、钾等金属元素的测定。内标准法的准确度较高，即在待测样品和标准液中同时加入锂内标准液，适当稀释后进行测定。测定的结果是Li/Na或Li/K电流的比值，而不是单独的Na（K）电流，这样可减小燃气和火焰温度波动等因素引起的误差，因而有较好的准确性。

5. 质谱技术

质谱分析法是一种测定物质分子量和结构的分析技术。

（1）基本原理。质谱分析法是通过质谱仪来完成的。质谱仪是一种利用电磁学原理使气体分子转变成带正电荷的离子，并根据离子的质荷比（m/e，其中m表示质量，e表示离子电荷）将其分离，同时记录和显示这些离子的相对强度的一种仪器。它首先使样品离子化，在极高的真空度下，采用高能电子束轰击气态分子（M），使之成为分子离子（Hi），然后将离解的阳离子加速导入质量分离器中，利用离子在电场中运动的性质，将离子按质荷比的大小顺序进行收集和记录，得到质谱图，然后对质谱图进行分析。在一张质谱图中，可以看到许多峰，这些峰可归纳为分子离子峰、碎片离子峰、同位素离子峰、亚稳离子峰、多电荷离子峰和第二离子峰等。质谱分析主要是对分子离子峰的识别和解析，最后得出所检物质的种类。

（2）应用范围。质谱技术应用范围广泛，可以进行同位素分析、化学分析、无机成分分析、有机成分与结构分析等，广泛地应用于化学工业、电子工业、医药食品工业和核物理及空间技术等高新技术领域。可对物质的组成、结构等进行定性检测。从质谱可以知道样品分子的元素组成，从而决定样品的分子式。由于各类化合物的裂解是有规律的，故从质谱中的各种碎片离子可以得到结构的线索。质谱可以给出非常准确的相对分子质量。低分辨率质谱仪可以给出准确的整数相对分子质量，高分辨率质谱仪给出的相对分子质量可以准确到小数点后第四位。质谱技术灵敏度高，样品用量少。无机质谱仪绝对灵敏度可达10^{-14} g，有机质谱仪绝对灵敏度可达10^{-11} g，样品用量可以小到微克量级，分析速度快，可以实现多组分同时检测，但不能直接检测高聚物。在运动医学领域质谱分析在兴奋剂检测中有广泛的应用。

（二）色谱技术

色谱法是一种物理分离技术，以前称之为色层法、层析法等。实质上是利用混合物中各个组分在互不相溶的两相（固定相和流动相）之间分配的差异先将被测样品中的各个组分分离开来，然后再对各组分进行定性、定量测定的一种方法。具有高分辨率、高灵敏度、样品量少且速度较快、结果准确等优点，是分析混合物的有效方法。

1. 色谱技术基本原理

色谱是利用待分离的样品组分在两相中分配的差异而实现分离的。这个过程可以形象地看做是固定相对样品中各组分随流动相移动所产生的流动阻力不同，阻力小的组分迁移得快，阻力大的组分迁移得慢，经过一段距离后，各组分就可以分开了。由于固体固定相多为一些固体吸附剂，通过合理的选样与调整，可以让它对样品各组分产生不同的吸附作用力，连续流动的流动相带着样品通过固定相时，固定相会对样品各组分产生不同的吸附作用。同时，流动相的流动动力又会将吸附在固定相上的样品各组分冲洗下来，然后样品各组分再被吸附、冲洗。在两相的相对运动过程中，混合物各组分在两相中的分配就会反复进行几千次到百万次，分配的差异（这里主要是吸附作用力的差异）就会被显著地放大，最终产生各组分的分离。同样，使用液体固定相时，样品各组分在两相间分配的差异主要是分配系数的差异或称为吸收作用力的差异，也会导致样品各组分的最后分离。目前常用的色谱仪基本上都是由此基本原理发展而来的，只不过是在流动相的选择、色谱柱的制备、检测手段、分析灵敏度、仪器自动化和计算机控制等方面越来越趋于完善。

2. 色谱技术分类

（1）按两相的状态分类。流动相是气体，固定相是固体吸附剂，称为 GSC（gas-solid chromatograghy，气-固色谱法）。流动相是气体，固定相是液体，称为 GLC（gas-liguid chromatograghy，气-液色谱法）。流动相是液体，固定相是固体吸附剂，称为 LSC（liguid-solid chromatograghy，液-固色谱法）。流动相是液体，固定相也是液体，称为 LLC（liguid-liguid chromatograghy，液-液色谱法）。

按两相的状态分类是一种最常见的分类方法，由此发展出两种比较成熟的色谱仪器，即 GC（gas chromatograghy，气相色谱仪）和 HPLC（high-performance liquid chromatograghy，高效液相色谱仪）。

（2）按分离原理分类。吸附色谱法固定相是一种固体吸附剂，分离是基于吸附剂对混合物中诸组分的吸附作用力大小不同，在流动相带着样品各组分流过固定相时其移动速度有差异而实现分离；分配色谱法是利用液体涂敷在固体颗粒表面作为固定相，不同组分在流动相及固定相中的分配系数不同而实现分离。分配系数小的组分先被分离出来，分配系数大的组分后被分离出来，从而实现混合物样品的分离。

3. 色谱技术应用范围

气相色谱仪具有高分辨率、高速度、高灵敏度及选择性好等优点，因而在生物医学上常用于人体微量元素的快速分析，血与尿等体液中的脂肪酸、氨基酸、甘油三酯、甾族化合物、糖类、蛋白质、维生素、巴比妥酸等化合物的分析，分析鉴定药物的组成和含量，检测人体的代谢产物，通过气相色谱仪和质谱仪的联用技术，在兴奋剂检测中可分析100余种违禁药品等。但气相色谱仪只能用于被气化物质的分离、检测，而常压下可气化或可定量转变为气化的衍生物的物质，其总的比例只占几百万种化合物的20%左右。大部分物质不能被气化，因而也就不能用气相色谱法。

液相色谱的样品无须经气化而直接导入色谱柱进行分离、检测，特别适用于气化时易分解的物质的分离、分析。在医药、生化工作中主要用于下述方面分析：人体体液内正常与异常代谢物质；分析药物的组成和含量，在药物生产中进行中间控制；分析药物在体内的残留量，测定药物在各器官中的代谢产物，进行治疗药物效果的监测；定性测定细胞核中的核苷及核苷酸，分析核酸以及分析氨基酸、酶、糖等。有70%左右的有机物可用高效液相色谱仪进行分析。通常认为有机物质当其分子量小于400时，采用气相色谱仪分析比较合适。分子量在400～1000时，最好采用高效液相色谱仪来分析。在分子量大于1000时用凝胶色谱（排阻色谱）的方法来分析。

除了在样品的适用方面的差异外，高效液相色谱仪与气相色谱仪另一个显著差异是在流动相选择上。气相色谱仪仅能用氢气、氮气、氩气或氦气等少数几种气体，由于它们的性质相近，所以对分离条件改善的作用不大。但高效液相色谱仪可供选择溶剂多种多样，其极性、黏性、pH值、浓度等均可改变，这些都能调整样品在两相间分配的差异，进而有效地改善分离条件，达到改善分离的最终目的。

4. 色谱技术的特点

色谱技术具有仪器结构简单、操作使用方便、应用范围广、样品用量少、选择性强、效能高、速度快以及灵敏度高等优点。应用范围广是指色谱仪可用于所有化合物的分离和分析，无论是有机物、无机物、低分子或高分子化合物，甚至对有生物活性的生物大分子也能分离和测定；样品用量少是指色谱仪用极少的样品就能完成一次分离及分析，进而可以实现微量分析；选择性强是指对性质极为相近的物质，如同位素、同分异构体等物质，通过适当的固定相及流动相，选取适当的分离条件，可实现分离及分析；效能高是指色谱分析能够分析分配系数极为接近的组分，从而可分离并分析极为复杂的混合物；灵敏度高是指色谱仪能分析含量极微的物质，如气相可检出 10^{-11}～10^{-13} g 的物质，液相也接近此精度。色谱仪的分析速度较快，只需几分钟至几十分钟就可完成一个样品的分析工作，尤其是计算机应用到色谱仪后，提高了仪器本身的自动化程度与数据自动处理功能，进一步提高了工作效率。

色谱技术的突出优点是对多组分混合物分离，分析能力较强，其分析灵敏度与质谱仪接近，比光谱仪高，而且造价低，使用方便。但色谱仪最大的不足之处在于难于分析未知物，因此，可以与光谱仪、质谱仪联合起来使用，以便优势互补，形成所谓的色谱-光谱法、色谱-质谱法联用技术，再配备上计算机进行自动控制与信息处理。

（三）电泳技术

1. 电泳的基本原理

电泳是指带电颗粒在电场的作用下发生迁移的过程。许多生物分子，如氨基酸、多肽、蛋白质、核苷酸、核酸等都具有可电离基团，它们在某个特定的pH值下可以带正电或负电，在电场的作用下，这些带电颗粒会向着与其所带电荷极性相反的电极方向移动。电泳技术就是利用在电场的作用下，由于待分离样品中各种颗粒带电性质以及分子本身大小、形状等性质的差异，使带电颗粒产生不同的迁移速度，从而对样品进行分离、鉴定或提纯的技术。

2. 影响电泳分离的主要因素

（1）待分离生物大分子的性质。待分离生物大分子所带的电荷和分子大小都会对电泳有明显影响。一般来说，分子带的电荷量越大、直径越小、形状越接近球形，则其电泳迁移速度越快。

（2）缓冲液的性质。缓冲液的pH值会影响待分离生物大分子的解离程度，从而对其带电性质产生影响，溶液pH值距离其等电点越远，它所带净电荷量就越大，电泳的速度也就越大，尤其对于蛋白质等两性分子，缓冲液pH还会影响到其电泳方向，当缓冲液pH大于蛋白质分子的等电点时，蛋白质分子带负电荷，其电泳的方向是指向正极，反之亦然。

（3）电场强度。电场强度（V/cm）是每厘米的电位降，也称电位梯度。电场强度越大，电泳速度越快，但增大电场强度会引起通过介质的电流强度增大，从而造成电泳过程产生的热量增大。如果样品对热敏感，则会引起蛋白变性。所以电泳实验中要选择适当的电场强度，同时可以适当冷却降低温度以获得较好的分离效果。

3. 电泳的分类

（1）电泳按其分离的原理不同可分为：①区带电泳。电泳过程中，待分离的各组分分子在支持介质中被分离成许多条明显的区带，这是当前应用最为广泛的电泳技术。②自由界面电泳。这是瑞典Uppsala大学的著名科学家Tiselius最早建立的电泳技术，是在U形管中进行电泳，无支持介质，因而分离效果差，现已被其他电泳技术所取代。③等电聚焦电泳。由两性电解质在电场中自动形成pH梯度，被分离的生物大分子移动到各自等电点的pH处聚集成很窄的区带。

（2）按支持介质的不同可分为：第一，纸电泳（paper electrophorisis）；第二，醋酸纤维薄膜电泳（cellulose acetate electrophoresis）；第三，琼脂凝胶电泳（agar gel electrophoresis）；第四，PAGE（polyacrylamide gel electrophoresis，聚丙烯酰胺凝胶电泳）；第五，SDS-PAGE（SDS-聚丙烯酰胺凝胶电泳）。

（3）按支持介质形状不同可分为：第一，薄层电泳；第二，板电泳；第三，柱电泳。

(4) 按用途不同可分为：第一，分析电泳；第二，制备电泳；第三，定量免疫电泳；第四，连续制备电泳。

(5) 按所用电压不同可分为：第一，100～500 V，电泳时间较长，适于分离蛋白质等生物大分子的低压电泳；第二，1000～5000 V，电泳时间短，有时只需几分钟，多用于氨基酸、多肽、核苷酸和糖类等小分子物质的分离的高压电泳。

4. 不同支持物电泳技术

(1) 琼脂糖凝胶电泳。琼脂糖是从琼脂中提纯出来的，主要是由 D-半乳糖和 3,6 脱水 L-半乳糖连接而成的一种线性多糖。琼脂糖凝胶的制作是将干的琼脂糖悬浮于缓冲液中，通常使用的浓度是 1%～3%，加热煮沸至溶液变为澄清，注入模板后室温下冷却凝聚即成琼脂糖凝胶。琼脂糖之间以分子内和分子间氢键形成较为稳定的交联结构，这种交联结构使琼脂糖凝胶有较好的抗对流性质。琼脂糖凝胶的孔径可以通过琼脂糖的最初浓度来控制，低浓度的琼脂糖形成较大的孔径，而高浓度的琼脂糖形成较小的孔径。琼脂糖凝胶可以用于蛋白质和核酸的电泳支持介质，尤其适合于核酸的提纯、分析。如浓度为 1%的琼脂糖凝胶的孔径对于蛋白质来说是比较大的，对蛋白质的阻碍作用较小，这时蛋白质分子大小对电泳迁移率的影响相对较小，所以适用于一些忽略蛋白质大小而只根据蛋白质天然电荷来进行分离的电泳技术，如免疫电泳、平板等电聚焦电泳等。琼脂糖也适合于 DNA、RNA 分子的分离、分析，由于 DNA、RNA 分子通常较大，所以在分离过程中会存在一定的摩擦阻碍作用，这时分子的大小会对电泳迁移率产生明显影响，例如对于双链 DNA，电泳迁移率的大小主要与 DNA 分子大小有关，而与碱基排列及组成无关。另外，一些低熔点的琼脂糖可以在 65℃时熔化，因此，其中的样品如 DNA 可以重新溶解到溶液中而回收。

由于琼脂糖凝胶的弹性较差，难以从小管中取出，所以一般琼脂糖凝胶不适合于管状电泳，管状电泳通常采用聚丙烯酰胺凝胶。琼脂糖凝胶通常是形成水平式板状凝胶，用于等电聚焦、免疫电泳等蛋白质电泳，以及 DNA、RNA 的分析。垂直式电泳应用得相对较少。

(2) 聚丙烯酰胺凝胶电泳。PAGE 是以聚丙烯酰胺凝胶作为支持介质。聚丙烯酰胺凝胶是以丙烯酰胺为单体和以甲叉双丙烯酰胺交联剂聚合而成，这一聚合过程需要催化完成。常用的催化聚合有化学聚合和光聚合两种体系。化学聚合通常是加入催化剂过硫酸铵以及加速剂四甲基乙二胺。聚合作用形成丙烯酰胺长链，同时甲叉双丙烯酰胺在不断延长的丙烯酰胺链间形成甲叉键交联，从而形成交联的三维网状结构。光聚合催化剂是核黄素，一般光照 2～3 小时可完成聚合反应。

聚丙烯酰胺凝胶的孔径可以通过改变丙烯酰胺和甲叉双丙烯酰胺的浓度来控制，丙烯酰胺的浓度可以在 3%～30%之间。低浓度的凝胶具有较大的孔径，如 3%的聚丙烯酰胺凝胶对蛋白质没有明显的阻碍作用，可用于平板等电聚焦或 SDS-聚丙烯酰胺凝胶电泳的浓缩胶，也可以用于分离 DNA。高浓度凝胶具有较小的孔径，对蛋白质有分子筛的作用，可以用于根据蛋白质的分子量进行分离的电泳中，如 10%～20%的凝胶常用于

SDS-聚丙烯酰胺凝胶电泳的分离胶。

聚合后的聚丙烯酰胺凝胶的强度、弹性、透明度、黏度和孔径大小均取决于两个重要参数 T 和 C，T 是丙烯酰胺和甲叉双丙烯酰胺两个单体的总百分浓度，C 是与 T 有关的交联百分浓度。

丙烯酰胺和甲叉双丙烯酰胺是一种对中枢神经系统有毒的试剂，操作时要避免直接接触皮肤，但它们聚合后则无毒。未加 SDS (sodium dodecyl sulfate，硫酸十二烷酸钠) 的天然聚丙烯酰胺凝胶电泳可以使生物大分子在电泳过程中保持其天然的形状和电荷，它们的分离是依据其电泳迁移率的不同和凝胶的分子筛作用，因而可以得到较高的分辨率，尤其是在电泳分离后仍能保持蛋白质和酶等生物大分子的生物活性，对于生物大分子的鉴定有重要意义。其方法是在凝胶上进行两份相同样品的电泳，电泳后将凝胶切成两半，一半用于活性染色，对某个特定的生物大分子进行鉴定；另一半用于所有样品的染色，以分析样品中各种生物大分子的种类和含量。

聚丙烯酰胺凝胶主要的优点有：可以随意控制胶浓度"T"和交联度"C"，从而得到不同的有效孔径，用于分离不同分子量的生物大分子；能把分子筛作用和电荷效应结合在同一方法中，达到更高的灵敏度（$10^{-9} \sim 10^{-12}$ mol/L）；由于聚丙烯酰胺凝胶没有带电的其他离子基团，化学惰性好，电泳时不会产生"电渗"；由于可以制得高纯度的单体原料，因而电泳分离的重复性强、透明度好、便于照相和复印；机械强度好，有弹性，不易碎，便于操作和保存；无紫外吸收，不染色就可以用于紫外波长的凝胶扫描作定量分析；还可以用作固定化酶的惰性载体。

聚丙烯酰胺凝胶分离蛋白质最初是在玻璃管中进行的，玻璃管通常直径为 7 mm，长 10 cm，将凝胶装入多个管中进行电泳，又称为柱状电泳。目前仍有应用，尤其用于二维电泳中的第一维电泳。但由于各个玻璃管的不同以及装胶时的差异使每管的分离条件会有所差异，所以对各管样品进行比较时可能会出现较大误差。后来发展起来的垂直平板电泳一次最多可以容纳 20 个样品，电泳过程中样品所处的条件比较一致，样品间可以进行更好的比较，重复性也更好，所以垂直平板电泳目前应用得更为广泛，常用于蛋白质及 DNA 序列分析过程中 DNA 片段的分离、鉴定。

水平平板电泳由于凝胶可以直接铺在冷却板上，容易使凝胶冷却，因而近年来也有很快的发展。此方法电泳速度快、灵敏度高、容易保存，适用各种电泳方式，用途广泛，尤其是可以使用 20 世纪 90 年代才发展起来的只有水平电泳系统才能使用的新的半干技术。

(3) SDS-PAGE（硫酸十二烷酸钠-聚丙烯酰胺凝胶电泳）。SDS-PAGE 是最常用的定性分析蛋白质的电泳方法，特别是用于蛋白质纯度检测和测定蛋白质分子量。

SDS-PAGE 是在样品中加入适量的 SDS 和巯基乙醇，SDS 是一种阴离子表面活性剂，即去污剂，它可以断开分子内和分子间的氢键，破坏蛋白质分子的二级和三级结构，强还原剂巯基乙醇可以断开半胱氨酸残基之间的二硫键，破坏蛋白质的空间结构。电泳样品加入 SDS 和巯基乙醇后，要在沸水浴中煮 3~5 min，使 SDS 与蛋白质充分结合，以使蛋白质完全变性和解聚，并形成棒状结构。SDS 与蛋白质结合后使蛋白质-SDS 复合物上带有大量的负电荷，各种蛋白质分子本身的电荷完全被 SDS 掩盖，这样就消除了各种蛋白质本身电荷上的差异。在样品中通常还加入溴酚蓝染料，用于控制电泳过程。另外，样品中也可加入适量的蔗糖或甘油以增大溶液密度，使加样时样品溶液可以沉入样品凹槽底部。制备凝胶时首先要根据待分离样品的情况选择适当的分离胶浓度，例如通常使用的15%的聚丙烯酰胺凝胶分离样品分子量的范围是 $10^4 \sim 10^5$。

由于蛋白质–SDS 复合物在单位长度上带有相等的电荷，所以它们以相等的迁移速度从浓缩胶进入分离胶后，由于聚丙烯酰胺的分子筛作用，小分子的蛋白质可以容易地通过凝胶孔径，阻力小，迁移速度快；大分子蛋白质则受到较大的阻力而被滞后，这样蛋白质在电泳过程中就会根据其各自分子量的大小而被分离。溴酚蓝指示剂是一个较小的分子，可以自由通过凝胶孔径，所以它显示着电泳的前沿位置。当指示剂到达凝胶底部时，停止电泳，从平板中取出凝胶。在适当的染色液中（通常使用的考马斯亮蓝）染色几个小时，而后过夜脱色。脱色液去除凝胶中未与蛋白结合的背底染料，这时就可以清晰地观察到凝胶中被染色的蛋白质区带。通常凝胶制备需要 1~1.5 小时，电泳在 25~30 mA 下需要 3 小时，染色 2~3 小时，过夜脱色。垂直平板电泳可以同时进行多个样品的电泳。

SDS-PAGE 还可以用于未知蛋白分子量的测定，在同一凝胶上对一系列已知分子量的标准蛋白及未知蛋白进行电泳，测定各个的标准蛋白的电泳距离（或迁移率），并对各自分子量的对数作图得到标准曲线。测定未知蛋白质的电泳距离（或迁移率），通过标准曲线就可以求出未知蛋白的分子量。

SDS-PAGE 经常用于提纯过程中纯度的检测，纯化的蛋白质通常在 SDS 电泳上只有一条带，但如果蛋白质是由不同的亚基组成的，它在电泳中可能会形成分别对应于各个亚基的几条带。此种方法灵敏度较高，一般只需微克量级的蛋白质，而且通过电泳还可以同时得到关于分子量的情况，这些信息对于了解未知蛋白及设计提纯过程都是非常重要的。

（4）梯度凝胶电泳。梯度凝胶电泳也通常采用聚丙烯酰胺凝胶，但不是在单一浓度（孔径）的凝胶上进行，而是采用浓度梯度凝胶。丙烯酰胺的浓度通常顶部凝胶浓度为 5%，底部凝胶浓度为 25%。凝胶梯度是通过梯度混合器形成的，高浓度的丙烯酰胺溶液首先加入到玻璃平板中，然后溶液浓度呈梯度下降，因此在凝胶的顶部孔径较大，而在凝胶的底部孔径较小。梯度凝胶电泳也通常加入 SDS，并有浓缩胶。电泳过程与 SDS-PAGE 基本类似。

与单一浓度的凝胶相比，梯度凝胶有几个优点：首先，梯度凝胶比单一浓度凝胶的分离范围更宽，可以同时分离较大范围分子量的蛋白质，例如用 4%~30% 的梯度胶可以分离分子量 5 万~200 万的蛋白质；其次，梯度凝胶可以分辨分子量相差较小，在单一浓度凝胶中不能分辨的蛋白质，也可直接测定天然状态蛋白质的分子量而不需要解离为亚基，因此这一方法可以与 SDS-PAGE 测定分子量的方法互为补充；第三，梯度凝胶电泳主要适用于测定球蛋白的分子量，而对纤维蛋白将产生较大的误差。由于分子量的测定必须是在未知和标准蛋白质分子到达完全被阻止迁移的孔径时才能成立，因此电泳时要使用较高的电压，例如平板凝胶为 0.5 mm 厚，使用 600 V 电压、50 mA 电流，电泳时间约需 2 小时。

(5) 等电聚焦。等电聚焦电泳是根据两性物质等电点（pI）的不同而进行分离的，它具有很高的分辨率，可以分辨出等电点相差 0.01 pH 单位的蛋白质，是分离两性物质（如蛋白质）的一种理想方法。等电聚焦的分离原理是在凝胶中通过加入两性电解质形成一个 pH 梯度，两性物质在电泳过程中会被集中在与其等电点相等的 pH 区域内，从而得到分离。

两性电解质是人工合成的一种复杂的多氨基-多羧基的混合物。不同的两性电解质有不同的 pH 梯度范围，既有较宽的范围如 pH = 3~10，也有各种较窄的范围如 pH = 7~8。要根据待分离样品的情况选择适当的两性电解质，使待分离样品中各个组分都在两性电解质的 pH 范围内，两性电解质的 pH 范围越小，分辨率越高。

等电聚焦多采用水平平板电泳，也可使用管式电泳。由于等电聚焦过程需要蛋白质根据其电荷性质在电场中自由迁移，通常使用较低浓度的聚丙烯酰胺凝胶（如 4%）以防止分子筛作用，也经常使用琼脂糖，尤其是对于分子量很大的蛋白质。制作等电聚焦薄层凝胶时，首先将两性电解质、核黄素与丙烯酰胺贮液混合，加入到带有间隔胶条的玻璃板上，随后在上面加上另一块玻璃板，形成平板薄层凝胶。经过光照聚合后，将一块玻璃板橇开移去，将一小薄片湿滤纸分别置于凝胶两侧，连接凝胶和电极液（阳极为酸性如磷酸溶液，阴极为碱性如氢氧化钠溶液），接通电源，两性电解质中不同的等电点的物质通过电泳在凝胶中形成 pH 梯度，从阳极侧到阴极侧 pH 值由低到高呈线性梯度分布。而后关闭电源，上样时取一小块滤纸吸附样品后放置在凝胶上，通电 30 min 后样品通过电泳离开滤纸进入凝胶中，这时可以移去滤纸。最初样品中蛋白质所带的电荷取决于放置样品处凝胶的 pH 值，等电点在 pH 值以上的蛋白质带正电，在电场的作用下向阴极移动，在迁移过程中，蛋白质所处的凝胶的 pH 值逐渐升高，蛋白质所带的正电逐渐减少，到达 pH = pI 处的凝胶区域时蛋白质净电荷为零，停止迁移。同样，等电点在上样处凝胶 pH 以下的蛋白质带负电，向阳极移动，最终到达 pH = pI 处的凝胶区域迁移停止。可见等电聚焦过程无论样品加在凝胶上什么位置，各种蛋白质都能向其等电点处移动，并最终到达其等电点处，对最后的电泳结果没有影响。所以，有时样品可以在制胶前直接加入到凝胶溶液中。使用较高的电压（如 2000 V，0.5 mm 平板凝胶）可以得到较快速的分离（0.5~1 小时），但应注意对凝胶的冷却以及使用恒定功率的电源。凝胶结束后对蛋白质进行染色时应注意，由于两性电解质也会被染色，使整个凝胶都被着色，所以等电聚焦的凝胶不能直接染色，要首先经过 10% 的三氯乙酸的浸泡，除去两性电解质后才能进行染色。

等电聚焦还可以用于测定某个未知蛋白质的等电点，将一系列已知等电点的标准蛋白（通常 pI 在 3.5~10 之间）及待测蛋白同时进行等电聚焦。测定各个标准蛋白电泳区带到凝胶某一侧边缘的距离对各自的 pI 值作图，即得到标准曲线。而后测定待测蛋白的迁移距离，通过标准曲线即可求出其等电点。

等电聚焦具有很高的灵敏度，特别适合于研究蛋白质微观不均一性，例如一种蛋白质在 SDS-PAGE 中表现单一带，而在等电聚焦中表现三条带。这可能是由于蛋白质存在单磷酸化、双磷酸化和三磷酸化形式。由于几个磷酸基团不会对蛋白质的分子量产生明显的影响，因此在 SDS-PAGE 中表现单一带，但由于它们所带的电荷有差异，所以在等电聚焦中可以被分离检测到。同工酶之间可能只有一两个氨基酸的差别，利用等电聚焦也可以得到较好的分离效果。由于等电聚焦过程中蛋白质通常是处于天然状态的，所以可以通过前面介绍的活性染色的方法对酶进行检测。等电聚焦主要用于分离分析，但也可以用于纯化制备。虽然成本较高，但操作简单，纯化效率很高。除了通常的方法，制备性等电聚焦也可以在垂直玻璃管中的梯度蔗糖溶液或颗粒状凝胶如Sephadex G-75中进行。

（6）2D-PAGE（二维聚丙烯酰胺凝胶电泳）。2D-PAGE技术结合了等电聚焦技术（根据蛋白质等电点进行分离）以及SDS-PAGE技术（根据蛋白质的大小进行分离）。这两项技术结合形成的二维电泳是分离分析蛋白质最有效的一种电泳手段。通常第一维电泳是等电聚焦，在细管中（$\varphi 1 \sim 3$ mm）中加入含有两性电解质、8M的脲以及非离子型去污剂的聚丙烯酰胺凝胶进行等电聚焦，变性的蛋白质根据其等电点的不同进行分离。而后将凝胶从管中取出，用含有SDS的缓冲液处理30 min，使SDS与蛋白质充分结合。将处理过的凝胶条放在SDS-PAGE浓缩胶上，加入丙烯酰胺溶液或熔化的琼脂糖溶液使其固定并与浓缩胶连接。在第二维电泳过程中，结合SDS的蛋白质从等电聚焦凝胶中进入SDS-PAGE，在浓缩胶中被浓缩，在分离胶中依据其分子量大小被分离。这样各个蛋白质根据等电点和分子量的不同而被分离，分布在二维图谱上。细胞提取液的二维电泳可以分辨出1000～2000个蛋白质，有些报道可以分辨出5000～10000个斑点，这与细胞中可能存在的蛋白质数量接近。由于二维电泳具有很高的分辨率，它可以直接从细胞提取液中检测某个蛋白。例如将某个蛋白质的mRNA转入到青蛙的卵母细胞中，通过对转入和未转入细胞的提取液的二维电泳图谱的比较，转入mRNA的细胞提取液的二维电泳图谱中应存在一个特殊的蛋白质斑点，这样就可以直接检测mRNA的翻译结果。目前已有一些计算机控制的系统可以直接记录并比较复杂的二维电泳图谱。

（四）离心分析技术

利用不同物质的质量、密度和形状等物理性状的差异，在某种介质中通过一定离心力场的作用，使物质沉降达到分离、纯化和浓缩的方法称为离心分析技术。它是当今研究生物物质的结构与功能中不可缺少的一种技术手段。

1. 离心分析技术基本原理

离心分析技术（ultracentrifugal sedimenta-tion）是利用旋转物体产生的离心力使生物高分子在液体介质中沉降，从高分子的沉降行为确定高分子质量、形状和大小的技术。一种混悬液摇匀后放置，在重力作用下，可以看到颗粒逐渐下沉产生一个界面，通过观察界面情况来测定胶体粒子的大小。但是将这种方法用于高分子化合物时，单靠重力就不行了。因为有布朗运动抵消重力，甚至超过重力。超速离心机的高转速产生巨大的离心力则足够使大分子粒子沉降。目前使用的分析超离心机大致可使直径小于10Å的颗粒沉降。

在离心力场中，如果颗粒的密度大于周围介质的密度，则颗粒发生沉降；反之，发生漂浮。无论发生沉降或漂浮，离心力的方向总与摩擦力和浮力的方向相反。离心力加大时，反向的两个力也增大。当离心力与反向力达到平衡时，颗粒的沉降（或漂浮）加速度为零，直到各组分达到分离目的。

2. 常用离心分析技术

（1）差速离心法。差速离心法是利用样品中各种组分的沉降系数不同而进行分离的方法，又称差分离心或差级离心。通常两个组分的沉降系数差在10倍以上时可以用此法分离。这种方法的优点是样品的处理量较大，可用于大量样品的初分离。其缺点是分离复杂样品和要求分离纯度较高时，离心次数多，操作繁杂。

（2）密度梯度离心法。密度梯度离心又称为区带离心。可以同时使样品中几个或全部组分分离，具有良好的分辨率。离心时先将样品溶液置于一个由梯度材料形成的密度梯度液体柱中，离心后被分离组分以区带层分布于梯度柱中。按照离心分离原理，密度梯度离心又可分为速率区带离心法（又称连续密度梯度离心法）和等密度离心法（又称不连续密度梯度离心法）。速率区带法是根据样品中不同组分粒子所具有的不同的体积大小和不同的沉降系数将混合样品进行离心分离提纯。在实际操作时，为了避免由于颗粒密度大于溶剂密度而引起的类似差速离心那样不能一次完全分离的现象，通常需要在溶剂中加入密度梯度材料，如水合氯醛、溴化钠、蔗糖等，密度梯度材料在液柱的底部浓度大、顶部的浓度小，形成一个连续的浓度梯度分布，将此密度梯度液柱加入离心管中，把混合样品平铺在梯度液柱的顶部，选择合适的转速和时间进行离心。离心结束后，混合样品中不同的组分将在梯度液柱的不同位置分别形成各自的区带，然后将区带取出。这样只需通过一次离心就可以把混合样品中的各组分分离提纯，其纯度和回收率都可以达到100%。等密度区带离心是根据样品组分的密度差别进行分离纯化，一般是把样品均匀分布于梯度液柱中。密度梯度液柱的密度范围很大，液柱底部的密度明显大于样品组分的密度。若离心时离心管底部的梯度液密度大于样品组分的密度，组分将表现上浮运动。离心管顶部的梯度液密度小于样品组分的密度，样品组分将表现下沉运动。总的结果是样品组分向液柱中间部分集中，当组分达到梯度液柱中的某个位置时，该位置的梯度液密度正好等于组分的密度。组分在该处受力为零，故静止不动。样品组分在该位置形成一个区带层，组分区带平衡于这个密度位置，即使延长离心时间亦不再移动。如果样品中有几个密度不相同的组分，它们将分别集中于密度梯度液柱中相应的密度位置上，形成几个分离的区带，收集各个区带即得到各个提纯的组分。

（3）分析离心方法。离心机上如果装一个光学系统，应用特殊的透光离心池，就可以观测离心池中样品颗粒离心沉降的过程，进而对样品进行直接的定性和定量分析，这种离心机称为分析离心机，利用分析离心机进行的离心方法称分析离心方法。分析离心方法包括沉降速度法、沉降平衡法和等密度区带离心法。沉降速度法主要是利用界面沉降率测定沉降系数值，用于样品组分的定性、定量分析及制备产品的纯度检查。还可结合扩散系数和偏微比容测出样品的分子量。沉降平衡法是一种测定分子量的离心方法。等密度区带离心法主要用来测定样品的浮力密度值和对混合组分样品的不同密度组分作定性分析和定量分析。

根据离心机的转速可将离心机分为三大类：①普通离心机，转速为≤6000 rpm；②高速离心机，转速为 6000~25000 rpm；③超速离心机，转速为 25000~90000 rpm。

3. 离心分析技术的应用

普通离心机是结构最简单的无制冷控温系统的离心设备，通常在室温下运行，主要用于红细胞、微生物细胞、粗大沉淀物、细胞核、细胞膜的沉淀、分离。高速离心机通常备有制冷控温系统，主要用于溶液澄清、沉淀收集，如生物制品制备、收集微生物及动物细胞、大的细胞器、蛋白质沉淀物等。超速离心机以其能产生超强的离心力场而能达到独特的分离纯化目的。随着生物化学、分子生物学的发展，超速离心技术已成为分离、纯化、分析、鉴定生物大分子的重要技术手段。

人们应用超速离心技术中的差速离心、等密度离心、蔗糖密度梯度离心等方法分离制备线粒体、微粒体、染色体、溶酶体、病毒等亚细胞物质。用 50 万 g 以上的强大离心力长时间离心（达 2 小时），制备了具有生物活性的遗传物质 DNA，与蛋白质合成有关的酶系、mRNA 和 tRNA（teansfer RNA，转移核糖核酸）等，为基因工程、酶工程提供了物质基础。

（五）显微技术

17 世纪光学显微镜（简称光镜）的发现，使人们可以看到很多肉眼看不到的东西，对生物科学、医学等领域的发展起到了很大的推动作用。在形态学领域中，人们通常根据客观形体的大小给予了不同的名称：肉眼可见（＞0.2 mm）的称为宏观形态结构；光镜下可见（＜0.2 mm、＞0.2 μm）的称为微观形态结构；光镜下不可见（＜0.2 μm）的称为超微形态结构。1932 年电子显微镜（简称电镜）的出现，将人们的视线带到了超微世界之中，因而被誉为"超微观世界的眼睛"。随着电镜的出现，人们开始了超微结构的研究，但由于早期受到生物组织标本制备技术的限制，超微结构的发展较为缓慢。20 世纪 50 年代随着切片技术的发展，使电镜用于超微结构的研究得到了迅速的发展；60 年代以后电镜技术又有了新的进步，目前电镜的分辨率最佳可以达到 0.14 nm，放大倍数最高可达到 100 万倍。扫描电镜的出现，样品制备新技术的发展，使超微结构的研究再次飞跃地发展。近年来，扫描电镜技术和冰冻蚀刻技术的应用，超微结构的研究从平面结构向立体结构方向深入。免疫电镜技术、电镜细胞化学技术以及电镜放射自显影技术的应用，将细胞的形态、功能和代谢密切结合，取得了显著成果。电镜技术与计算机的结合，在超微结构定量测定方面也取得了一定的发展。超高压电镜的出现，还为观察活细胞创造了条件。近年来为了满足在观察超微结构的同时还要对感兴趣的极微小区域进行化学分析的需要又研制成功了分析电子显微镜。

1. 电子显微镜技术的基本原理与应用

（1）基本原理。电子显微镜是利用电子束代替光束来照射被研究物体以获得极高分辨率的显微镜。由于电子显微镜比光学显微镜分辨率高，不仅可以观察细胞结构，而且还可以观察到亚细胞结构，甚至超微结构，包括生物的化学结构等，进一步提高了人类认识和研究微观世界的能力。目前，透射式电镜的分辨率已高达 0.1 nm，数兆伏的超高工作电压的透射电镜已能大致观察到原子结构。

不同类型的电子显微镜的成像原理有所不同，但基本上都是利用电子束来成像。电子束在成像方面具有类似光波的特性，但也表现出在与物质相互作用过程中的明显的微粒特征。当高速电子束流照射到一定厚度的物体上时，部分电子从原子的间隙直接穿过，即为无偏转的透射电子。部分电子与原子发生弹性或非弹性碰撞形成偏离原入射方向的散射电子，或产生衍射电子。它们能够通过薄层物体，透射电镜利用的主要是这部分电子。另有小部分电子与重原子碰撞，反向折回成为背散射电子，物质还会吸收电子而受到激发、电离而发射二次电子。背散射电子和二次电子等是扫描电镜的主要电子源。物质受电子的作用还会放出俄歇电子及荧光，可以被用在电子探针显微分析仪器中作能谱和光谱分析。原子受电离或激发能产生特征 X 射线，从而在用电镜观察标本微观结构的同时可以对微区内进行化学元素分析，于是就发展出分析电子显微镜。为了吸纳透射电镜、扫描电镜和分析电镜的优点，发挥电镜的综合功能，近年来又生产出扫描透射电镜。它把高速电子与样品作用所产生的各种电子利用多种探测器分别接收并转换成电信号，形成图像或数字信息。这类电镜可用来观察较厚的生物样品，分辨率高，成像反差也高，还可以判断出研究微区的化学元素，在综合性能上优于各种简单型电子显微镜。此外，为了生物组织以及新型材料等研究需要，已生产出高达 3000 kV 的超高压电子显微镜。

（2）应用。目前，电镜技术已成为生物医学领域中诸多形态学科的不可缺少的工具，在生物学、基础医学、临床医学检验诊断等方面都发挥着重要的作用。

①在细胞生物学和分子生物学方面的应用。由于电镜具有很高的分辨率和放大倍数，通过电镜可观察和研究亚细胞的超微结构，例如细胞膜、内质网、细胞骨架、细胞器等的结构。此外，电镜技术在染色体、生物大分子的结构观察研究方面也已广泛应用，已成为分子遗传学、生物遗传工程、形态学研究的重要工具，如目前正在开展的细胞蛋白质、核酸、氨基酸系列，以及进行转录和翻译过程的基因片断的研究上，都在应用电子显微镜技术。

②在解剖学中的应用。电子显微镜在解剖学中的应用，使得对人体组织结构的认识进入超微结构层次。例如采用电镜对骨骼进行观察，不仅能看到骨组织表面的微细胞形貌，还能看到骨细胞的超微结构和骨基质中钙盐在胶原纤维间的沉积过程；对骨骼肌进行观察，可观察到肌原纤维，肌节排列的规则程度，A、I 带位置关系，定量分析 Z 线的变化等。

③在病毒研究方面的应用。病毒是目前人类认识的最小的生命状态，而电镜是对它们进行直接观察的重要工具。许多病毒的发现都依赖于电镜的应用。利用电镜技术对病毒形态结构、发展发育以及对靶细胞的作用的研究，为病毒性疾病的病因及防治提供了形态学资料。

④在临床检验方面的应用。随着超微结构诊断学的进展，电子显微镜对血液病、肿瘤、肝胆、消化、泌尿、皮肤等方面的多种疑难病症的临床诊断都可提供有价值的资料。

⑤在超微病理学方面的应用。目前研究较多的有：在病毒、致癌物或毒物作用下细胞核及核仁的变化；缺血、缺氧所引起的线粒体、内质网、高尔基复合体等细胞器的病理变化等。借助电子显微镜还可以观察到化学致癌剂、缺血、缺氧所能造成的内质网扩张、破裂、多聚核蛋白出现脱粒而影响蛋白质的合成。

2. 扫描隧道显微镜技术的基本原理与应用

（1）基本原理。STM（scaning tuneling microscope，扫描隧道显微镜）是20世纪80年代初发展起来的一种新型显微表面研究新技术，其核心是利用探针尖端与物质表面原子间的不同种类的局域相互作用来测量表面原子结构和电子结构。

STM的基本原理是利用量子理论中的隧道效应。将原子线度的极细探针和被研究物质的表面作为两个电极，当样品与针尖的距离非常接近时（通常 < 1 nm），在外加电场的作用下，电子会穿过两个电极之间的势垒流向另一电极。这种现象即隧道效应。隧道电流强度对针尖与样品表面之间距非常敏感，如果距离减小 0.1 nm，隧道电流将增加一个数量级，因此，利用电子反馈线路控制隧道电流的恒定，并用压电陶瓷材料控制针尖在样品表面的扫描，则探针在垂直样品方向上高低的变化就反映出了样品表面的起伏。将针尖在样品表面扫描时运动的轨迹直接在荧光屏或记录纸上显示出来，就得到了样品表面态密度的分布或原子排列的图像。这种扫描方式可用于观察表面形貌起伏较大的样品，且可通过加在 z 向驱动器上的电压值推算表面起伏高度的数值，这是一种常用的扫描模式。对于起伏不大的样品表面，可以控制针尖高度守恒扫描，通过记录隧道电流的变化亦可得到表面态度的分布。这种扫描方式的特点是扫描速度快，能够减小噪音和热漂移对信号的影响，但一般不能用于观察表面起伏大于 1 nm 的样品。

如样品表面原子种类不同，或样品表面吸附有原子、分子时，由于不同种类的原子或分子团等具有不同的电子态密度和功函数，此时 STM 给出的等电子态密度轮廓不再对应于样品表面原子的起伏，而是表面原子起伏与不同原子和各自态密度组合后的综合效果。STM 不能区分这两个因素，但用扫描隧道谱方法却能区分。利用表面功函数、偏置电压与隧道电流之间的关系，可以得到表面电子态和化学特性的有关信息。

（2）应用。目前 STM 已被成功地应用于 DNA 胶原、纤维和蛋白质结构、人工脂质膜及细胞的天然膜的表面结构的研究，例如巨噬细胞膜表面凹凸分别对应膜嵌蛋白和脂分子头部的部位、DNA 双螺旋的碱基配对等。

美国劳伦斯利弗莫尔-劳伦斯 STM 小组于 1989 年初发表了世界上第一张在大气环境下得到的清晰的 DNA 分子的 STM 图像，证实了 1953 年美国遗传学家 James Watson 和英国物理学家 Francis Crick 共同建立的著名的沃森-克里克 DNA 双螺旋结构模型。此后，STM 在分子生物学领域显示出强大的生命力，新的成果不断涌现，扫描隧道显微技术及其应用得到了迅猛发展。

3. 原子力显微镜

AFM（atomic force microscope，原子力显微镜）是靠探测针尖与样品表面微弱的原子间作用力的变化来观察表面结构的。它不仅可以观察导体和半导体的表面形貌，而且可以观察非导体的表面形貌，弥补了 STM 只能直接观察导体和半导体之不足。由于许多实用的材料或感光的样品是不导电的，因此 AFM 的出现也引起了科学界的普遍重视。中国科学院化学所研制的隧道电流法检测、微悬臂运动的 AFM 于 1988 年底首次达到原子级分辨率。

AFM 可用于检测柔软样品的分子结构，现在已被用于氨基酸、蛋白质、DNA 的表面立体结构研究和细胞表面的观察。随着 DNA 基因芯片技术及人类基因密码的破译，人们将在基因水平上来进行早期诊断的临床检验工作。此外，生物物理学家已经能够在 AFM 下对 DNA 上任意位点进行原子力切割，并把 DNA 分子拉直来精细测定出基因图谱和对 DNA 进行测序。

4. 激光检测原子力显微镜

激光检测 AFM 是利用激光束的偏转来检测微悬臂的运动。因为激光束能量高，且具有单色性，因此能够提高仪器的可靠性和稳定性，避免因隧道污染所产生的噪声。同时，还能提高原子间作用力检测的灵敏度，大大减小微悬臂对样品的影响，扩大仪器的适用范围，使其更加适合于有机分子的研究。另外，激光检测 AFM 经过适当改进后，可用来检测样品表面的磁力、静电力等。

5. 低温扫描隧道显微镜

许多材料的某些物理特性只有在低温下（如液氮，液氦温区）才能表现出来，在室温下很难观测到或者根本观察不到。例如目前获得极大关注的高 Tc 超导材料，其超导性质一般要在液氮温区才能表现出来，欲观察其超导能隙，则必须使 STM（低温扫描隧道显微镜）在低温下工作。

（六）同位素示踪技术

同位素示踪法（isotopic tracer method）是利用放射性核素作为示踪剂对研究对象进行标记的微量分析方法。

1. 同位素示踪法的基本原理

同位素示踪所利用的放射性核素（或稳定性核素）及其化合物，与自然界存在的相应普通元素及其化合物之间的化学性质和生物学性质是相同的，只是具有不同的核物理性质。因此，就可以用同位素作为一种标记，制成含有同位素的标记化合物（如标记食物、药物和代谢物质等）代替相应的非标记化合物。利用放射性同位素不断地放出特征射线的核物理性质，就可以用核探测器随时追踪它在体内或体外的位置、数量及其转变等，稳定性同位素虽然不释放射线，但可以利用它与普通相应同位素的质量之差，通过质谱仪、气相层析仪、核磁共振等质量分析仪器来测定。

2. 同位素示踪法的基本特点

（1）灵敏度高。放射性示踪法可测到 $10^{-14} \sim 10^{-18}$ g 水平，即可以从 10^{15} 个非放射性原子中检出一个放射性原子。它比目前较敏感的重量分析天平要敏感 $10^7 \sim 10^8$ 倍，而迄今最准确的化学分析法很难测定到 10^{-12} g 水平。

(2) 方法简便。放射性测定不受其他非放射性物质的干扰，可以省略许多复杂的物质分离步骤，体内示踪时，可以利用某些放射性同位素释放出穿透力强的 γ 射线，在体外测量而获得结果，这就大大简化了实验过程，做到非破坏性分析。随着液体闪烁计数的发展，^{14}C 和 ^{3}H 等发射软 β 射线的放射性同位素在医学及生物学实验中得到越来越广泛的应用。

(3) 定位定量准确。射性同位素示踪法能准确定量地测定代谢物质的转移和转变，与某些形态学技术相结合（如病理组织切片技术、电子显微镜技术等），可以确定放射性示踪剂在组织器官中的定量分布，并且对组织器官的定位准确度可达细胞水平、亚细胞水平乃至分子水平。

(4) 符合生理条件。在放射性同位素实验中，所引用的放射性标记化合物的化学量是极微量的，它对体内原有的相应物质的重量改变是微不足道的，体内生理过程仍保持正常的平衡状态，获得的分析结果符合生理条件，更能反映客观存在的事物本质。

放射性同位素示踪法也存在一些缺陷，如从事放射性同位素工作的人员要受一定的专门训练，要具备相应的安全防护措施和条件，在目前个别元素（如氧、氮等）还没有合适的放射性同位素等等。在做示踪实验时，还必须注意示踪剂的同位素效应和放射效应问题。放射性同位素释放的射线利于追踪测量，但射线对生物体的作用达到一定剂量时，会改变机体的生理状态，这就是放射性同位素的辐射效应。因此，放射性同位素的用量应小于安全剂量，严格控制在生物机体所能允许的范围之内，以免实验对象受辐射损伤，而得出错误的结果。

3. 同位素示踪法的应用

放射性同位素示踪法在生物化学和分子生物学领域应用极为广泛，它为揭示体内和细胞内理化过程的秘密和阐明生命活动的物质基础起了极其重要的作用。近年来，同位素示踪技术在原基础上又有许多新发展，如双标记和多标记技术、稳定性同位素示踪技术、活化分析、电子显微镜技术、同位素技术与其他新技术相结合等。由于这些技术的发展，使生物化学从静态进入动态，从细胞水平进入分子水平，阐明了一系列重大问题，如遗传密码、细胞膜受体、RNA-DNA 逆转录等，使人类对生命基本现象的认识开辟了一条新的途径。下面仅就同位素示踪技术在生物化学和分子生物学中应用的几个主要方面作一介绍。

(1) 物质代谢的研究。体内存在着很多种物质，究竟它们之间是如何转变的，如果在研究中应用适当的同位素标记物作示踪剂分析这些物质中同位素含量的变化，就可以知道它们之间相互转变的关系，还能分辨出谁是前身物，谁是产物，分析同位素示踪剂存在于物质分子的哪些原子上，可以进一步推断各种物质之间的转变机制。为了研究胆固醇的生物合成及其代谢，采用标记前身物的方法，揭示了胆固醇的生成途径和步骤。实验证明，凡是能在体内转变为乙酰辅酶 A 的化合物，都可以作为生成胆固醇的原料。从乙酸到胆固醇的全部生物合成过程，至少包括 36 步化学反应。

又如在研究肝脏胆固醇的来源时，用放射性同位素标记物 ^3H-胆固醇作静脉注射的示踪实验说明，放射物大部分进入肝脏，再出现在粪便中，且甲状腺素能加速这个过程，从而可以说明肝脏是处理血浆胆固醇的主要器官，甲状腺能降低血中胆固醇含量的机理，在于它对血浆胆固醇向肝脏转移过程的加速作用。

(2) 物质转化的研究。物质在机体内相互转化的规律是生命活动中重要的本质内容，在过去的物质转化研究中，一般都采用离体酶学方法，但是离体酶学方法的研究结果，不一定能代表整体情况。同位素示踪技术的应用，使有关物质转化实验的周期大大缩短，而且在离体、整体、无细胞体系的情况下都可应用，操作简化，测定灵敏度提高，不仅能定性，还可作定量分析。

在阐明核糖核苷酸向脱氧核糖核苷酸转化的研究中，采用双标记法，对产物做双标记测量或经化学分离后分别测量其放射性。如在 GMP（鸟嘌呤核苷酸）的碱基和核糖上分别都标记上 ^{14}C，在离体系统中使之参入 dGMP（脱氧鸟嘌呤核苷酸），然后将原标记物和产物（被双标记 GMP 掺入的 dGMP）分别进行酸水解和层析分离后，测定它们各自的碱基和戊糖的放射性，结果发现它们的两部分的放射性比值基本相等，从而证明了产物 dGMP 的戊糖就是原标记物 GMP 的戊糖，而没有别的来源，否则产物 dGMP 的碱基和核糖的比值一定与原标记物 GMP 的两部分比值有显著差别。这个实验说明戊糖脱氧是在碱基与戊糖不分记的情况下进行的，从而证明了脱氧核糖核苷酸是由核糖核苷酸直接转化而来的。无细胞的示踪实验可以分析物质在细胞内的转化条件，例如以 ^3H-dTTP 为前身物作 DNA 掺入的示踪实验，按一定的实验设计掺入后，测定产物 DNA 的放射性，作为新合成的 DNA 的检出指标。

(3) 动态平衡的研究。阐明生物体内物质处于不断更新的动态平衡之中，是放射性同位素示踪法对生命科学的重大贡献之一，向体内引入适当的同位素标记物，在不同时间测定物质中同位素含量的变化，就能了解该物质在体内的变动情况，定量计算出体内物质的代谢率，计算出物质的更新速度和更新时间等等。机体内的各种物质都有大小不同的代谢库，代谢库的大小可用同位素稀释法求出。

(4) 生物样品中微量物质的分析。在放射性同位素示踪技术被应用之前，由于制备样品时的丢失而造成回收率低以及测量灵敏度不高等问题，使得对机体正常功能起很重要作用的微量物质不易被测定。近年来应用愈来愈广泛的放射免疫分析（radioimmunoassay）技术是一种超微量的分析方法，它可测定的物质有 300 多种，其中激素类居多，包括类固醇激素、多肽类激素、非肽类激素、蛋白质物质、环核苷酸、酶、肿瘤相关的抗原、抗体以及病原体和微量药物等其他物质。

(5) 最近邻序列分析法（nearest neighbour-sequence analysis method）。放射性同位素示踪技术，是分子生物学研究中的重要手段之一，对蛋白质生物合成的研究，从 DNA 复制、RNA 转录到蛋白质翻译均起了很大的作用。最近邻序列分析法应用同位素示踪技术结合酶切理论和统计学理论，研究证实了 DNA 分子中碱基排列规律；证明了 RNA 与 DNA 模板的碱基呈特殊配对的互补关系；用分子杂交技术还证实了从 RNA 到 DNA 的逆转录现象。此外，放射性同位素示踪技术对分子生物学的贡献还表现在：①对蛋白质合成过程中三个连续阶段，即肽链的起始、延伸和终止的研究；②核酸的分离和纯化；③核酸末端核苷酸分析，序列测定；④核酸结构与功能的关系；⑤RNA 中的遗传信息如何通过核苷酸的排列顺序向蛋白质中氨基酸传递的研究等等。为了更好地应用放射性同位素示踪技术，除了有赖于示踪剂的高质量和核探测器的高灵敏度外，关键还在于有科学根据的设想和创造性的实验设计以及各种新技术的综合应用。

二、现代生物医学技术在运动医学领域中的应用

（一）重组 DNA 技术

1. 重组 DNA 技术的基本原理

重组 DNA 技术属于遗传工程分子水平的遗传操作，是一种按照人的意志定向改变生物遗传性状的技术。广义的遗传工程包括细胞水平的遗传操作（称为细胞工程）和分子水平的遗传操作（称为重组 DNA 技术），狭义的遗传工程就是重组 DNA 技术。重组 DNA 技术是在体外重新组合 DNA 分子，并使其在适当的细胞中增殖的遗传操作，这种操作可将特定的基因组合到载体上，并使其在受体细胞中增殖和表达。因此，它不受亲缘关系限制，为分子遗传学和育种学以及医学遗传学研究开辟了崭新途径。

2. 重组 DNA 技术的基本过程

（1）用人工方法取得或合成目的基因。基因是含特定遗传信息的核苷酸序列，是遗传物质的最小功能单位，基因可被分离出来。

（2）运载体的选择。运载体的作用是将分离或合成的基因导入细胞或能转移染色体上的 DNA 片段，所以它必须能自由出入细胞。常用的运载体有 SV40 病毒、温和噬菌体和质粒等，但最常用的是质粒。质粒是染色体以外能够自主复制的遗传单元，是由双链 DNA 分子组成，呈环状结构。它可以游离于细胞浆中，也可与染色体整合在一起，它没有蛋白质外套，是裸露的 DNA 分子，比染色体小，只带数个或数十个基因，最大的也只有大约 100 个基因，上面有一个位点称为原点，可以携带染色体转移。

（3）质粒的分离与重组。DNA 用溶菌酶裂解菌细胞分离出质粒。用内切酶处理质粒，使它的 DNA 在一定位置上断裂，并在断裂口出现黏性末端。用同样的内切酶处理分离出的目的基因的 DNA，使之具有相同的黏性末端与质粒黏性末端相连接，形成重组 DNA 稳定结构。将重组 DNA 导入不含质粒的细菌，即受体细菌中。

（4）重组 DNA 的表达。在加入适量四环素的选择培养基上，例如抗四环素基因的质粒加胰岛素基因的重组 DNA，可以在大肠杆菌中复制，扩增产生大量胰岛素。

3. 重组 DNA 技术的应用

（1）生物制品与制药工业中的应用。目前，重组 DNA 技术的应用在这方面相当活跃，现已利用重组 DNA 技术生产出的产品有：第一，激素类。胰岛素、生长激素、生长激素抑制剂等。第二，生理活性剂。干扰素、白细胞介素、淋巴细胞活素等。第三，疫苗类。乙型肝炎病毒疫苗、流感病毒疫苗等。第四，酶类。蛋白酶、糖化酶、溶菌

酶、尿激酶、凝乳酶等。第五，蛋白质：胶原蛋白、血清蛋白等。第六，其他类产品：氨基酸、维生素、核苷、多糖、抗生素、有机酸、微生物菌体、醇类等，都可用重组DNA技术生产，充分显示了这种技术的商业价值。

(2) 基因诊断。基因诊断就是利用DNA分析技术直接从基因水平检测遗传病的基因缺陷和各种感染性疾病，直接检测基因结构而作出诊断。基因诊断的方法主要根据基因异常类型而定。

(3) 基因治疗。基因治疗包括反义技术和药物靶向治疗，前者是利用人工合成的反义RNA和DNA来阻断转录或复制，从而达到治疗某种疾病的目的，目前已用于某些癌症的临床试验。后者是用病毒导向酶的药物前体治疗，它是采用反转录病毒载体的外源基因转移到细胞内，由于该基因能编码一种酶，此种酶可将无害药物前体转为细胞毒素复合物，带有此基因的病毒载体只在特殊组织或肿瘤细胞中表达，而不在正常细胞中表达，致使癌细胞死亡。以上技术将基因治疗又推进到一个更高水平。现在人们看到了基因治疗遗传病和肿瘤不再是期望，而是指日可待的事。但由于基因治疗技术比较复杂，必须先从患者体中取得细胞，将目的基因插入，再将基因修正的细胞移植回人体内，这就要依赖于特殊的技术、高投资和多方面人员的合作，因此，要想将基因治疗广泛应用，必须设计出更为简便的基因转移方法，如果能构建出逆转录病毒、病毒、合成DNA片段或三者合一的病毒载体，将会极大地推动基因治疗在医学领域中的应用和发展。

(二) 单克隆抗体技术

1. 单克隆抗体技术基本原理

脊椎动物身体受到外来抗原的刺激后，通过液体免疫系统产生出抗体——免疫球蛋白，分布于血清中。但由于抗原分子表面有许多不同的抗原决定簇，每一个抗原决定簇只能刺激机体中相应的B淋巴细胞产生相应种类的抗体，而一种抗体只能和它相对应的抗原决定簇结合，所以，带有多种抗原决定簇的抗原免疫动物，其血清中会出现多种抗体的混合物，因而抗体的特异性、均一性、有效性都很低，并且产量也有限。这样的抗体产物使用物理化学和生物化学手段也是难以分离和纯化的，因而不能适应医学和生物学对单一纯抗体的需求。

单克隆抗体技术 (monoclonal antibody technique) 用细胞融合技术将免疫的B淋巴细胞和骨髓瘤细胞融合成杂交瘤细胞，通过筛选，经单个细胞无性繁殖（克隆化）后使每个克隆都能持续地产生只作用于某一个抗原决定簇的抗体技术。

由于MCAB (monoclonal anlibooly，单克隆抗体，简称单抗) 具有特异性、均一性、高效性和无限供应性，以及能利用不纯的抗原制备纯的单一的抗体等特点，在免疫学、医学、生物学等领域的基础研究和临床医学上，对疾病的诊断、预防和治疗，均显示出巨大的生命力。

2. 单克隆抗体技术基本过程

(1) 细胞融合。将鼠或人的处于生长期的骨髓瘤细胞（浆细胞的肿瘤细胞）与经过免疫的同系动物的脾细胞（是大量 B 淋巴细胞的来源）在有促融合剂聚乙二醇的情况下混合，使之彼此融合。

(2) 杂交瘤的选择。将融合后的细胞分放到含 HAT（次黄嘌呤、氨基喋呤和胸腺嘧啶核苷）选择性培养液中，在 96 孔或 24 孔组织培养板中培养。由于氨基喋呤 (aminopterin) 能阻断核酸生物合成的主要途径，而骨髓瘤细胞又缺少 HGPRT（次黄嘌呤鸟嘌呤磷酸核糖转移酶）或 TK（胸腺嘧啶核苷激酶），因而不能利用外源的次黄嘌呤和胸腺嘧啶核苷通过补救旁路进行核酸合成。所以骨髓瘤细胞自身融合的杂交瘤全部死亡；脾细胞虽具有这些酶，但在体外培养条件下只能存活数日，只有脾细胞与骨髓瘤细胞融合的杂交瘤细胞继承了脾细胞分泌 HGPRT 和 TK 的特性，通过补救旁路，利用外源的次黄嘌呤和胸腺嘧啶核苷合成 DNA 而增殖。

(3) 分泌特异性抗体杂交瘤的筛选和克隆化。利用血凝、放射免疫和酶联免疫等技术测试各培养孔的上清液，以确定哪些孔内含有能分泌特异抗体的杂交瘤克隆，即找出阳性孔。阳性孔中往往含有多个杂交瘤克隆，因而含有多种针对不同抗原决定簇的抗体，采用有限稀释等方法可使一个培养孔中仅有一个杂交瘤细胞，这一个细胞经无性繁殖而生成一个纯系的细胞群（克隆），经多次克隆化后，每一个克隆能持续分泌大量单一的高纯度抗体，被称为单抗。

(4) MCAB 大量制备和纯化。杂交瘤细胞培养液 MCAB 的含量每毫升只有 10 μg，如将杂交瘤细胞注射到与细胞同系的小鼠腹腔内，小鼠产生的腹水中 MCAB 含量就可高达每毫升 5～20 mg。杂交瘤可冷冻保存在液态氮中，以便随时复苏制备腹水 MCAB。用纯的抗原做成免疫亲和层析柱可从腹水中直接分离到纯的 MCAB，而用羟基磷灰石的高效液相层析能从细胞培养液的上清液或腹水中大量制备纯的 MCAB。

3. 单克隆抗体技术的应用

单克隆抗体技术在生物学上的应用主要集中在分离纯化酶、蛋白质和多肽等方面。生物大分子用 MCAB 可以从混合物中一步纯化某一种所需的物质，如干扰素是治疗病毒病和癌症的非常有希望的药物，但难以分离提纯，用抗干扰素单抗做成免疫吸附柱可一步把干扰素纯化 5000 倍。

(1) 研究蛋白质、酶、核酸的结构与功能及其基因定位。用 MCAB 能检测、分离和研究难以纯化的复杂生物系统抗原膜蛋白和激素受体；分析人血清脂蛋白 B 抗原决定簇；用于人Ⅲ型溶胶原细胞内的定位；识别溶酶体酶不同形式和转译后被修饰的形式；研究胎盘的碱性磷酸酯酶的遗传变异。

(2) 病毒学中的应用。主要集中在病毒的快速诊断、定型、区分野生株和疫苗株；纯化低浓度的难以分离的病毒；病毒抗原结构的分析；分析病毒毒力的分子基础；研究病毒蛋白质促细胞融合功能以及抗原变异的分子基础（仅一个氨基酸的替换）等。此外，在用 MCAB 选择变异株类制备流感病毒的疫苗方面也进行了探索性研究。

(3) 生物技术中的应用。MCAB 技术与重组 DMA 技术已被相提并论，用 MCAB 可以先确定感染原上特异的具有免疫优势的决定簇，然后把相应的基因插入载体，利用体外转译体系和 MCAB 检测该基因是否被插入；利用 MCAB 寻找高效的表达系统和检测基因表达产物；基因克隆在表达系统高效表达后，MCAB做成的免疫吸附柱可以从复杂的表达产物中进一步纯化该抗原。MCAB技术和基因工程的有效结合已用来生产干扰素及亚单位疫苗等生物制品。

(4) 在医学上的应用。用于传染性、免疫性疾病和癌症的诊断、定位、预防和治疗。MCAB犹如"生物导弹"，带有放射性同位素的MCAB或带有抗癌药物的MCAB能定向地与癌细胞相结合，它们所带的药物就能准确地杀死癌细胞，而正常细胞安然无恙；标记的放射性同位素能定位病灶，便于手术治疗；大剂量的放射性同位素还可用于放射治疗。

(5) 其他方面。MCAB还能作为临床检验的标准化试剂，用于ABO血型、妊娠、激素和药物的测定。在器官移植方面，MCAB也有广阔的前景，一旦被测试人的组织配型的一套MCAB商品化，在器官移植中就可选择匹配的组织配型供体，以保证移植的成功。在免疫学方面MCAB已用于确定和分离人的T细胞群，识别T细胞表面抗原，研究T细胞的分化和免疫球蛋白本身的结构和基因分析。

(三) 流式细胞技术

1. 流式细胞技术的工作原理

FCM (flowcytometry，流式细胞术) 也称荧光激活细胞分类术，是20世纪70年代初发展起来的一项高新技术，80年代初研制出了稳定性能良好的流式细胞仪，开始应用到临床医学研究及疾病的诊断和监测，目前流式细胞仪已广泛应用于生物学、免疫学、遗传学、药理学、肿瘤学、血液学、病理学、临床检验等领域。流式细胞技术具有检测速度快、测量指标多、采集数据量大、分析全面、方法灵活等特点，因而得到广泛应用和推广。

FCM是以流式细胞仪为工具，在单细胞水平上对大量流体中的细胞或其他粒子进行高速、准确、多参数的定量分析或分选，研究对象为生物颗粒（如细胞、细胞器微生物）或其他粒子（如人工合成微球等）。流式细胞仪主要由细胞流动室、激光聚焦区、检测系统、数据处理系统4部分组成，其工作原理是将被检测对象如细胞等制备成一定浓度的分散的细胞悬液，经特异性荧光染料染色后放入流式细胞仪的样品管中，细胞在气体的压力下进入流动室，流动室由样品管和鞘液管组成，在鞘液的约束下，细胞排列成单列从流动室的喷嘴高速喷出成为细胞液粒，经特异性荧光染色后的细胞经过激光检测区时受激光激发，产生散射光和荧光信号，通过一定波长选择通透性滤光片，可以将不同波长的散射光和荧光信号区分开来。散射光是从细胞表面或细胞内颗粒散射出来的原激光光谱，其信号比较强，用光敏二极管即可检测。荧光信号较弱，需用光电倍增管接收并放大，散射光和荧光信号接收后经转换成电信号，这些信号经过加工处理储存于计算机中，用专门的计算机软件对其储存的数据进行图像处理，可在计算机上直观地统计出各种染上荧光染料的细胞的百分率，选择不同的单克隆抗体及荧光染料，可同时测定一个细胞上的多种不同的特征如细胞大小、DNA含量、细胞表面抗原表达、癌基因蛋白，等等。

2. 流式细胞术的应用

(1) 在免疫学中的应用。FCM 与单克隆抗体结合，对细胞表面和细胞内抗原、癌基因蛋白及膜受体的定量检测取得很大的进展，并广泛应用于临床医学，克服了普通免疫学方法难以准确定量的不足。FCM 可以进行淋巴细胞亚群分析，正常人群淋巴细胞 T_4/T_8 比值大约为 2/1，但在人体细胞免疫功能低下时可出现比例倒置。这一技术对于人体细胞免疫功能的评估有着重要作用。已有作者报道了外周血淋巴细胞免疫表型的参考值，并对其种族、性别、年龄等影响因素进行了探讨，通过对病人淋巴细胞各亚群数量的测定来监控病人的免疫状态，指导治疗。例如对于肾移植后患者的肾排斥反应，如果 T_4/T_8 比例倒置，患者预后良好，较少发生肾排斥反应，反之排斥危险性增加。同样，此种测定技术也可用于感染及其治疗效果观察，如 HIV（human immunodeficiency virus，人类免疫缺陷病毒）主要侵袭 CD_4^+ T 细胞而导致 CD_4 淋巴细胞减少，CD_4/CD_8 淋巴细胞比值下降，为艾滋病的诊断和治疗提供依据。在其他免疫功能性疾病的诊治方面，如 SLE（系统性红斑狼疮）患者的淋巴细胞变化可反映该病的活动情况和器官侵犯程度。伴有严重肾脏损害的 SLE 患者可出现低 CD_4^+、高 CD_8^+ 的现象。有研究者用抗 CD_3 单克隆抗体刺激 SLE 活动期和缓解期患者，然后用 FCM 对患者外周血 T 细胞 CD_{40} 配体（$CD_{40}L$）的表达进行分析，并证明了 $CD_{40}L$ 与 B 细胞表面的 CD_{40} 连接后的 $CD_{40}L-CD_{40}$，其刺激作用在 SLE 发病机制和病程中起着重要作用。此外，FCM 可以用来进行 HLA 群体分析。$HLA-B_{27}$ 抗原阳性与强直性脊柱炎等一系列关节病有着不同程度的正相关。FCM 应用 $HLA-B_{27}$ 特异性单抗检测抗原，其敏感性较传统的微量细胞毒实验大大提高，同时多参数的荧光测定使我们能够在特定的细胞亚群中分析 $HLA-B_{27}$，还可利用 FCM 进行植配型移植后免疫状态检测。

(2) 在血液学中的应用。除形态学、细胞化学和细胞遗传学分析外，免疫分型已成为急性白血病诊断的关键技术。各种白细胞系统都是具有其独特的抗原，当形态学检查难以区别时，免疫表型参数对于各种急性白血病的诊断和鉴别诊断有决定性作用。其诊断的准确性可达到 90% 左右，较形态学检查准确性提高 10%～20%。利用 FCM 可以测出血细胞表达各种抗原的水平，协助临床诊断。微小残留病变是白血病复发的主要根源，FCM 以其特有的高分辨力与敏感性可在患者缓解期检测是否有残留病变细胞，可及早发现，采取措施避免复发。阵发性睡眠性血红蛋白尿（PNH）是一种造血干细胞克隆病，细胞 CD_{55}、CD_{59} 抗原表达减低是该病的一个特点。FCM 采用荧光标记的单克隆抗体对血细胞 CD_{59} 的表达作定量分析，可协助临床作出诊断并判断疾病的严重程度。网织红细胞计数是反映骨髓造血功能的重要指标，FCM 通过某些荧光染料与红细胞中 RNA 结合，定量测定网织红细胞中的 RNA，得到网织红细胞占成熟红细胞的成熟度，对红细胞繁殖能力的判断很有意义。目前，已将 FCM 技术应用到血细胞计数仪上进行白细胞五项分类计数与分析，大大提高了临床实验室的工作效率。

(3) 在肿瘤学中的应用。FCM 在肿瘤学中的应用主要是利用 DNA 含量测定进行包括癌前病变及早期癌变的检出、化疗指导以及预后评估等工作，FCM 可精确定量 DNA

含量，能对癌前病变的性质和发展趋势作出判断，有助于癌变的早期诊断。首先需要把实体瘤组织解聚、分散制备成单细胞悬液，用荧光染料（碘化吡啶 PI）染色后对细胞的 DNA 含量进行分析，将不易区分的群体细胞分成三个亚群（G 期、S 期、G_2 期），DNA 含量直接代表细胞的倍体状态，非倍体细胞与肿瘤恶性程度有关。DNA 非整倍体细胞峰存在可为肿瘤诊断提供有力依据。肿瘤细胞 DNA 倍体分析对病人预后的判断亦有重要作用。异倍体肿瘤恶性病变的复发率、转移率及死亡率均较高，而二倍体及近二倍体肿瘤的预后则较好。FCM 不仅可以对恶性肿瘤 DNA 含量进行分析，还可根据化疗过程中肿瘤 DNA 分布直方图的变化去评估疗效，了解细胞动力学变化，对肿瘤化疗具有重要的意义。临床医师可以根据细胞周期各时相的分布情况，依据化疗药物对细胞动力学的干扰理论，设计最佳治疗方案。从 DNA 直方图直接看到肿瘤细胞的杀伤变化，及时选用有效的药物对肿瘤细胞达到最大的杀伤效果。

（4）在器官移植中的应用。FCM 在器官移植中占有重要地位，可用来判断供者与受者之间是否合适，用来鉴别和定型同种异体反应抗体。通过供者白细胞和受者的血清共同孵育，如果受者血清中存在针对供者的循环抗体，就会同供者的淋巴细胞结合，再加入荧光素标记的二抗来显示这种结合，此方法能在移植手术前发现高风险的受体。FCM 也可用于监测移植后血液免疫成分的变化，以预测移植后免疫排斥反应，细胞免疫抑制治疗效果和移植存活情况，可敏感地预测排斥反应的发生，为临床治疗提供有效依据。

（5）在临床细菌学中的应用。流式细胞术在临床细菌学中的应用具有快捷、灵敏、能同时进行多参数分析等优点，可广泛用于细菌、病原体、毒素和血清抗体及药敏试验。检测病原体，常用的方法有荧光染料直接检测法、免疫荧光检测和利用 FCM 进行 DNA 指纹图谱分析等。荧光染料直接检测法是以 EB（溴化乙啶）为荧光染料，运用 FCM 检测标本中的病原菌。免疫荧光检测方法中的 CBA（流式微球分析）是 FCM 的一个新应用，这种方法的原理是微生物抗原与被异性抗体包被的微球结合，由于抗原的遮蔽效应，使荧光微球的发散光减弱，通过检测发散光强度的降低来进行诊断，应用不同大小的荧光微球，可同时检测同一标本的多种抗体。这种方法也可用于真菌、寄生虫、病毒以及这些病原体的混合感染的检测。近年来，FCM 用于细菌的药敏试验研究也有较大发展。FCM 与荧光染料的联合运用可判断细菌的活力和功能状态，由于速度快，此方法已被建议作为临床实验室的常规药敏试验。FCM 药敏检测方法较多，通过测量加入药物孵育后的散射光的 DNA 含量来判断抗生素对细菌的敏感性。此法现被认为是 FCM 在该领域应用的经典方法。

（6）在细胞凋亡检测中的应用。细胞凋亡是机体生长发育、细菌分化和病理状态中细胞死亡的过程。凋亡典型的形态特征是核染色质固缩并分离，细胞质浓缩，细胞膜和核膜皱曲，核断裂形成片段，最后形成数量不等的凋亡小体。FCM 可以进行 DNA 含量分析，通过二倍体细胞 G_0 / G_1 期峰前的亚二倍体峰来确定。在凋亡早期，一些与膜通透性改变及凋亡有关的蛋白在细胞膜表面有特定表达，例如 Fas 基因、线粒体膜蛋白通过 FCM 结合单克隆体可以检测表达这些蛋白的细胞，从而确定细胞的凋亡情况。

(四) PCR 技术

PCR 是一种体外特定核酸序列扩增技术，由 Mullis 及其同事于 1985 年在 Cetus 公司发明并命名，PCR 是本世纪核酸分子生物学研究领域的最重大发明之一，这不仅表现在该方法本身的简单和巧妙，而且还表现在它的出现高速发展了大量在以前看来似乎不可能的生物学技术。Mullis 因其卓越的贡献而与 Michael（寡核苷酸基因定点诱变发明者）分享 1993 年诺贝尔化学奖。

1. PCR 技术的原理

DNA 聚合酶可以从双链中的一条链为模板开始沿 5′ 到 3′ 方向合成一条互补于该模板的新 DNA 链，这就是所谓的引物延伸反应，同时也是各种酶促标记和测序技术的反应基础。

PCR 也不例外，只是采用了两条分别互补于双链 DNA 模板待扩增区域两端的引物。每一条引物分别引发一条互补的 DNA 链，一条引物引发的 DNA 链又可作为另一条引物的模板合成另一新的 DNA 链，如此反复，经若干次循环后最终导致两引物中间区域内 DNA 的大量复制。

PCR 反应条件相当简单，只需在 DNA 聚合酶、脱氧核糖核酸、模板、引物以及含镁离子的缓冲液的存在，经高温变性、低温退火及适温延伸三步简单的热循环即可达到对特定 DNA 模板的指数扩增。由于引物只能与单链 DNA 模板结合，因此，反应开始必须经高温将模板双链解开，即变性，通常 90~95 ℃加热即可。变性后的 DNA 模板冷至较低温度（约 55 ℃）后，引物即可与模板结合，即复性，然后在酶的催化下于适当的反应温度（约 72 ℃）即可进行新 DNA 链的合成，即延伸。

原始的 PCR 反应所用的酶是 KlenowDNA 聚合酶，该酶不耐高温，因此，每一次变性后都要补充新的酶，这大大限制了该技术的推广应用。耐高温酶（Taq）的发现解决了这一关键性的问题，它不仅简化了 PCR 的操作使其自动化成为可能，而且由于在高温退火和延伸也增加了反应的特异性。

2. PCR 技术的分类与应用

（1）正常 PCR（normal PCR）。一般的 DNA 模板采用一对引物经 30 轮左右的循环扩增即可达到预期的目的，这种 PCR 操作即称为正常 PCR。它是最简单，也是应用最普遍的一种 PCR 技术，通常用于多拷贝 DNA 分子的扩增。

（2）免疫 PCR（immuno PCR）。为检测较少抗原或抗体分子，可先将一已知序列的 DNA 片段共价结合于与该抗原或抗体分子对应的抗体或抗原分子，然后直接用 PCR 的方法扩增该 DNA 片段，从而达到间接检测抗原或抗体的目的，此即为免疫 PCR。

（3）着色互补试验或荧光 PCR（color complementation assay or fluorescent PCR）。着色互补试验或荧光 PCR 原理是用不同荧光染粒，分别标记于不同寡核苷酸引物上，同时扩增多个 DNA 片段，反应完毕后，利用分子筛选去多余的引物，用紫外线照射扩增产物，就能显示某一 DNA 区带荧光染料颜色的组合，如果某一 DNA 区带缺失，则会缺乏相应的颜色。

(4) 原位 PCR 技术。PCR 虽然能扩增包括福尔马林固定、石蜡包埋组织的各种标本的 DNA，但扩增的 DNA 或 RNA 产物不能在组织细胞中定位，因而不能直接与特定的组织细胞特征相联系，这是该技术一个局限性。原位杂交虽具有良好的定位能力，但由于其敏感性问题，尤其是在石蜡切片中，尚不能检测出低含量的 DNA 或 RNA 序列。而原位 PCR（In situ PCR，简称 ISPCR），它可使扩增的特定 DNA 片段在分离细胞和组织切片中定位，从而弥补了 PCR 和原位杂交的不足，具有良好的应用前景。目前，已有多种设计的原位 PCR 扩增仪系统问世，使操作简便，软件灵活，已成为扩增固定细胞和石蜡包埋组织中特定 DNA 和 RNA 序列的有用工具。ISPCR 的技术特点：第一，既具有 PCR 的特异性与高灵敏性，又具有原位杂交的定位准确性；第二，测到低于两个拷贝量的细胞内特定 DNA 序列，甚至可检测出单一细胞中的仅含一个拷贝的原病毒 DNA；第三，有助于细胞内特定核酸序列定位与其形态学变化的结合分析；第四，可用于正常或恶性细胞、感染或非感染细胞的鉴定与区别。

目前，原位 PCR 应用范围还很有限，归纳起来主要有两方面：检测外源性基因片段，集中在病毒感染的检查上，如 HIV、HPV、HBV、CMV 等；检测内源性基因片段，如人体的单基因病、重组基因、易位的染色体、Ig 的 mRNA 片段、癌基因片段等。

(5) 反转录 PCR 方法。RNA 的多聚酶链式反应是以 RNA 为模板，联合逆转录反应（reverse transcript-tion，RT）与 PCR，可用于检测单个细胞或少数细胞中少于 10 个拷贝的特异 DNA，为 RNA 病毒检测提供了方便，并为获得与扩增特定的 RNA 互补的 cDNA 提供了一条极为有利和有效的途径。

RNA 扩增包括两个步骤：在单引物的介导和逆转录酶的催化下，合成 RNA 的互补链 cDNA；加热后 cDNA 与 RNA 链解离，然后与另一引物退火，并由 DNA 聚合酶催化引物延伸生成双链靶 DNA，最后扩增靶 DNA。

在反转录 PCR 中关键步骤是 RNA 的逆转录，cDNA 的 PCR 与一般 PCR 条件一样。由于引物的高度选择性，细胞总 RNA 无须进行分级分离即可直接用于 RNA 的 PCR。但反转录 PCR 对 RNA 制品的要求极为严格，作为模板的 RNA 分子必须是完整的，并且不含 DNA、蛋白质和其他杂质。RNA 中即使含有极微量的 DNA，经扩增后也会出现非特异性扩增；蛋白质未除净，与 RNA 结合后会影响逆转录和 PCR；残存的 RNase 极易将模板 RNA 降解掉。硫氰酸胍（GaSCN）–CsCl 法或酸性硫氰酸胍–酚–氯仿法可提得理想的 RNA 制品，尤以后者方法为佳，适合一般实验室进行。

常用的逆转录酶有两种，即 AMV（Avian myeloblastosis virus，禽类成髓细胞性白血病病毒）和 MO-MLV（Moloney murine leukemia virus，莫洛尼鼠类白血病病毒）的逆转录酶（RT）。一般情况下用 MO-MLV-RT 较多，但模板 RNA 的二级结构严重影响逆转录时，可改用 AMV-RT，因后者最适温度为 72 ℃，高于 MO-MLV-RT 的最适温度（37 ℃），而较高的反应温度有助于消除 RNA 的二级结构。

(6) 定量 PCR。DNA-PCR 定量用同位素标记的探针与电泳分离后的 PCR 扩增产物进行杂交，根据放射自显影后底片曝光强弱可以对模板 DNA 进行定量。PCR 扩增产物用专为检测 ds-DNA 而设计的微量荧光计定量，利用染料 H33258 专与双链 DNA 结合而使荧光增强50倍的特性。可以从标准模板系列稀释扩增产物量曲线上读出样品中模板DNA的量或拷贝数,达到PCR定量的目的。利用倍比稀释模板作系列稀释PCR,求出最低(PCR-EB)检测限来比较,也是常用的半定量PCR方法。

mRNA-PCR定量由于MRNA-PCR定量需经两个酶(RT和Taq)催化,因而影响因素较多。1989年Wang等报道了低丰度mRNA绝对定量方法。利用浓度已知且与待测靶mR-NA序列相同的内对照mRNA(其片段长短不同,便于PCR扩增后产物的分离),在同一体系中,用相同的由^{32}P标记的引物与待测mRNA一同进行逆转录和PCR扩增,扩增产物电泳后,分别测定二者产物放射性强度,由预先制备的标准曲线推算出每个样本特异mRNA的量。Gilliland等的结果表明,在1ng总RNA中可以对小于1pg的特异mRNA进行定量。这一定量方法在肿瘤、代谢失调、基因表达调控等研究中均有重要意义。

(7)荧光定量PCR技术及其应用。荧光定量PCR(也称TaqMan PCR,以下简称FQ-PCR)是1995年研制出来的一种新的核酸定量技术,该技术是在常规PCR基础上加入荧光标记探针来实现其定量功能的。

①原理和方法。FQ-PCR的工作原理是利用Taq酶的5′→3′外切酶活性,在PCR反应系统中加入一个荧光标记探针,此探针可与引物包含序列内的DNA模板发生特异性杂交,探针的5′端标以荧光发射基因FAM(6-羧基荧光素,荧光发射峰值在518 nm处),靠近3′端标以荧光淬灭基团TAMRA(6-羧基四甲基若丹明,荧光发射峰值在582 nm处),探针的3′开端被磷酸化,以防止探针在PCR扩增过程中被延伸。当探针保持完整时,淬灭基团抑制发射基团的荧光发射。发射基团一旦与淬灭基团发生分离,则抑制作用被解除,518 nm处的光密度增加而被荧光探测系统检测到。复性期探针与模板DNA发生杂交,延伸期Taq酶随引物延伸沿DNA模板移动,当移动到探针切断,淬灭作用被解除,荧光信号释放出来。模板每复制一次,就有一个探针被切断,伴随一个荧光信号的释放。由于被释放的荧光基团数目和PCR产物数量是一对一的关系,因此,用该技术可对模板进行准确定量。

②特点。FQ-PCR不仅具有普通PCR的高灵敏性,而且由于荧光探针的应用,可以通过光电传导系统直接探测PCR扩增过程中荧光信号的变化以获得定量结果,所以,还具有DNA杂交的高特异性和光谱技术的高精确性,克服了常规PCR的许多缺点,避免了常规PCR操作中的诸多弊端。

③应用。目前,此项技术已被应用于病原体测定、肿瘤基因检测、免疫分析、基因表达、突变及其多态性的研究等多个领域。但应用较多且较成熟的主要是在病原体检测方面,其优越性在此方面也得以充分体现。因此,将此项技术进一步开发应用于临床,具有很大潜力。但是,在遗传病和肿瘤研究方面,尤其是基因表达的研究,此技术目前应用的还较少,在此方面加强研究应用,将会有广阔的前景。

PCR技术从发明到现在虽然只有10年左右时间,但它已延伸至生命科学的许多研究和应用领域,此技术的贡献并不亚于分子克隆技术,尤其是它的发展速度之快、应用领域之广是分子克隆技术所无法比拟的。目前,每年都有数千篇与PCR有关的论文发表,其中有许多新的PCR方法和应用模式。相信随着时间的推移,PCR技术的应用将会更加普遍，操作更加简单快速，在生命科学领域研究中发挥重要作用。

（五）核磁共振

NMR 分析（nuclear magnetic resonance，核磁共振波谱）是检测体内化学成分唯一的无创性检查手段，NMR 与磁共振成像（URl）共同组成了磁共振医学。20 世纪 80 年代磁共振成像机开始在临床上推广应用，NMR 分析也开始从动物实验与离体脏器的测定阶段进入临床应用阶段。磁共振成像的信号是通过磁场梯度成像的，主要显示组织器官的影像改变；NMR 分析的数值则主要是通过化学位移值取得的，无须磁场梯度，主要提供化学组分的数据信息。

1. 核磁共振技术的基本原理

在静磁场中，具有磁性的原子核存在不同能级。用一特定频率的电磁波（射频场）照射样品，当电磁波能量等于能级差时，原子核吸收电磁波发生能级跃迁，产生共振吸收信号，此即核磁共振。电磁波穿透生物体组织的能力和电磁波的波长相关，而且差异很大。电磁波中的短波成分（如 X 线）较易穿透，但能阻挡中波成分，如紫外线、红外线及微波；对磁共振工作区的长波成分（射频电磁波）也能穿过，这是磁共振能用于临床的基本条件之一。由此产生的吸收光谱，即为核磁共振光谱。在 NMR 图谱中，谱峰的面积与分子中相同化学环境的同一原子核数目成正比，因此，谱峰面积的积分值被用于定量分析。

2. 核磁共振技术的应用

在生物医学研究中，NMR 技术独具特点，它能在各个层次上探知生命过程中结构、功能以及代谢等特征，小至测定一个氢原子，大至测定整个动物或人体。二维 NMR 技术可在溶液中测定蛋白质及核酸等生物大分子的三维空间结构，而近年来出现的活体 NMR 技术则可无损伤地在分子水平上对活的生命体中的许多器官和部位进行直接观测。

（1）测定生物大分子的结构。用 NMR 技术不仅可以方便地测定氨基酸和核苷酸序列，而且还可以确定溶液中蛋白质和核酸的空间结构。用 NMR 技术测定生物大分子的结构可无损伤地在近似生理状态的水溶液中进行，不必把样品制成结晶，而且还可以对生物大分子化合物的作用过程进行连续的动态观察。近年来，随着多维 NMR 技术的不断发展和应用，有关这类研究的报道也越来越多。目前，多维 NMR 是适合于研究溶液中生物大分子构像的重要技术。

（2）测定细胞内的 pH。细胞内 pH 值（pHi）的改变会影响细胞的代谢和功能已为越来越多的实验所证实。1973 年 Moon 等首次利用 ^{31}P-NMR 技术测定了红细胞内的 pHi。NMR 技术测定 pHi 的方法不损伤细胞膜的完整性，可以测定很小的细胞，乃至亚细胞器内的 pHi，简便易行。对一些重要的细胞反应的 pHi 还可以进行动态追踪测定。此外，还可对灌流器官或活体动物组织进行测定。该技术已被广泛用于阐明骨骼肌代谢与疾病的关系，区别动物和人体骨骼肌氧化性纤维和糖酵解纤维，表示器官（如心肌）的生物能态以及探讨肿瘤细胞和组织的代谢等许多生理、生化、病理和药理等方面的研究中。

(3) 动物活体 NMR 技术。1978 年 Chance 等用表面线圈技术测定麻醉小鼠在正常和缺氧时脑内高能磷酸化合物的图谱，结果与活杀动物取脑测定得到的图谱基本相似。利用放在动物体表外的表面线圈探头，可以有选择地测定动物某一小体积内的信号。现在活体 NMR 技术可测定多种核素。能直接定量测定生物体内许多重要的生化物质，如乳酸盐、Ach、GABA、氨基酸、ADP、ATP、磷酸胆碱、磷酸肌酸、磷酸单酯、Ca^{2+}、Mg^{2+}、Na^+等，以及 5-氟尿嘧啶和环磷酰胺等许多药物及其代谢产物。根据磁腔的大小，测定的动物可以是小鼠、大鼠、兔、狗和小猪等。目前，该技术已经在较广的研究领域中得到应用。

(4) NMR 技术在生物制药中的应用。利用 NMR 对于化学和结构环境的灵敏特性，使其可以研究药物中的分子结构和检测药物的纯度。把 NMR 的化学结构确定能力和 HPLC（高效液相色谱）的大分子物质分离提纯能力结合在一起，产生了 LC-NMR（liquid chromatography-NMR，液相色谱-NMR）技术，从而可以实现混合物的在线分离和识别。

固态 NMR 技术也将在生物制药中得到应用，以评价乳剂、混悬剂和片剂的均匀性。此外，使 NMR 与分离色谱、毛细管电泳等技术相结合也是一个方向。冷冻探针等新技术的发现将把 NMR 的检测限度提高到毫微克范围。所有这些技术的发展都将继续推动 NMR 技术在研究药品结构、纯度、稳定性和同分异构成分等方面的应用。

(5) NMR 技术在现代药理学及人体科学领域的应用。体内 NMR 技术是 20 世纪 70 年代初开始被用于生物医学研究，并得到了迅速发展。现代活体 NMR 技术可以对多种核素进行测定，如 ^1H、^{13}C、^{14}N、^{31}P、^{19}F 和 ^{39}K 等。利用表面线卷探头可对人或动物的完整器官、正常组织细胞或肿瘤细胞内 HEP（high energy phosphate，高能磷酸盐）、离子和外源性化学药物及其代谢产物进行直接动态测定。NMR 方法对活体组织细胞无破坏性，对同一标本给药前后的变化可实施多次测定，实验中观察药物作用可以同体比较，从而避免由生化方法所导致的组间误差，测定过程中不需解剖、匀浆、分离提取和生化分析等烦琐步骤，较为方便省时，因此，NMR 为现代药理学研究药物对机体的作用、分布和代谢提供了一种新的技术方法。

NMR 技术还在脑缺血损伤及药物治疗研究、心血管药理学、肝肾和肌肉组织内能量物质及药物代谢研究、药物在体内的转化代谢研究、NMR 在活体组织中离子测定的诸方面都有广泛应用。

3. NMR 技术的发展趋势与展望

NMR 技术还可用来研究肌肉中同化剂，如激素等的作用、冷冻过程中肉质的改变、氨基酸的测定、食品污染物的分析和农药残留、研究乳状液性质等方面。随着 NMR 技术的进一步完善，仪器新功能的不断开发利用以及成本的进一步降低，核磁共振技术在食品科学研究中将会有更为广阔的前景。

核磁共振是一种无损检测物质特性的分析测量手段，主要包含有磁共振成像和核磁共振波谱两个学科分支。对于生命科学而言，核磁共振测量不仅是无侵入、无破坏的，而且能够提供丰富的信息，甚至可以直观地给出结构乃至功能图像。事实上，核磁共振已经成为生命研究科学中不可替代的分析测量工具，表现出良好的应用前景。

NMR技术作为一种非损伤性的方法，已广泛应用于药理学研究领域中，可以对活体、离体器官的组织中细胞进行连续动态测定，能测定正常和病理组织中所含化学物质和离子的变化，也能检测药物治疗作用和在体内的转化代谢过程与产物。NMR的应用将会促进药理学定量研究的发展。

随着核磁共振应用技术的完善，它在运动性食品和饮料开发与运动比赛中，运动员的活体连续动态跟踪测定分析及药物药理学研究方面都有着广阔的应用前景。

（六）纳米技术

1. 纳米技术的基本原理及发展

纳米（nm）是尺寸的度量单位，纳米技术是指在纳米尺度范围（1 nm等于10^{-9} m）内对原子、分子进行操纵和加工的技术，通过操纵原子（团）和分子（团），使其重新组合，制造出具有新的特定功能的产品。研究发现，纳米产品具有量子尺寸效应、表面效应、小尺寸效应、宏观量子隧道效应等新特性，因此，纳米研究备受瞩目。美国国家基金会把纳米材料列为优先支持项目，英国从1989年起开始实施"纳米技术研究计划"，日本把纳米技术列为6大尖端技术探索项目之一，并提供187亿美元的专款发展这项技术。我国的纳米研究也正如火如荼，并已凸显出可喜的势头。纳米研究在纺织、电子、涂料、材料、医药等领域已取得重大突破，也引起体育界人士的极大兴趣。纳米技术在21世纪的发展势不可当，其迅猛之势必将促使几乎包括竞技体育在内所有领域发生巨大的变革。20世纪80年代开始研究的纳米技术在90年代获得了突破性进展，它给许多行业带来巨大变化，对生物医学工程的渗透与影响是显而易见的，它将生物兼容物质的开发、分析与检测技术的优化、药物靶向性与基因治疗等研究引入微型、微观领域，并已取得了一些研究成果。

2. 纳米技术在医学生物学中的应用

采用纳米技术研制出的纳米控释系统包括纳米粒子和纳米胶囊，它们作为药物载体具有许多优越性：可缓释药物，从而延长药物作用时间；可达到靶向输送的目的；可在保证药物作用的前提下，减少给药剂量，从而减轻或避免毒副反应；可提高药物的稳定性，有利于储存；也可能用以建立一些新的给药途径等，所以临床应用前景极其广泛。

随着纳米技术的发展，在医学上该技术也开始崭露头角。研究人员发现，生物体内的RNA蛋白质复合体，其线度在15～20 nm之间，并且生物体内的多种病毒，也是纳米粒子。10 nm以下的粒子比血液中的红血球还要小，因而可以在血管中自由流动。如果将超微粒子注入到血液中，输送到人体的各个部位，可作为监测和诊断疾病的手段。科研人员已经成功利用纳米SiO_2微粒进行了细胞分离，用金的纳米粒子进行定位病变治疗，以减少副作用等。另外，利用纳米颗粒作为载体的病毒诱导物已经取得了突破性进展，现在已用于临床动物实验，估计不久的将来即可服务于人类。

研究纳米技术在生命医学上的应用，可以在纳米尺度上了解生物大分子的精细结构及其与功能的关系，获取生命信息。科学家设想利用纳米技术制造出分子机器人，在血液中循环，对身体各部位进行检测、诊断，并实施特殊治疗，疏通脑血管中的血栓，清除心脏动脉脂肪沉积物，甚至可以用它吞噬病毒，杀死癌细胞。

纳米技术将使人类按自己的意志操纵单个原子，组装具有特定功能的产品。如果说计算机技术拉近了人与人之间的距离，基因技术使人类开始认识和变革自身，那么，纳米技术则为这两大技术的深入发展提供了最精细的工具。

用基因芯片、蛋白质芯片组装成"纳米机器人"，通过血管送入人体去侦察疾病，携带 DNA 去更换或修复有缺陷的基因片段，这当然还比较遥远，然而美国已发明了携带纳米药物的芯片放入人体，在外部加以导向，使药物集中到患处，提高药物疗效。最近德国柏林医疗中心将铁氧体纳米粒子用葡萄糖分子包裹，在水中溶解后注入肿瘤部位，使癌细胞部位完全被磁场封闭，通电加热时温度达到47℃，慢慢杀死癌细胞，而周围的正常组织丝毫不受影响，以改变目前化疗、放疗中正常细胞和异常细胞不能分辨的状况。有的科学家用磁性纳米颗粒成功分离了动物的癌细胞和正常细胞，已在治疗人骨髓癌的临床实验中初获成功。还有，用纳米药物来阻断血管饿死癌细胞。使用纳米诊断仪只需检测微量血液就可以从蛋白质和 DNA 上诊断出各种疾病。纳米颗粒还可用于细胞的分离和染色。美国研究小组还报告说在器官外排异反应。现在已能制备出包含几百、几千个原子的颗粒，长度只有几十个纳米，表面活性很大，可以在血管中自由移动，就像一个巡航导弹，能自动寻找沉积于静脉血管壁上的胆固醇，然后一一分解；也可以清除心脏动脉脂肪沉积物，疏通脑血管中的血栓，因此，纳米技术在治疗心血管疾病上十分看好。

医学界更看好的是纳米药物，例如将不易被人体吸收的药物（如雌二醇）或食品做成纳米粉或悬浮液，就变得容易吸收，提高了药物的生物利用度。把纳米药物做成膏药贴在患处，可通过皮肤直接吸收而无须注射。

使用纳米技术能使药品生产过程越来越精细，并在纳米材料的尺度上直接利用原子、分子的排布制造具有特定功能的药品。纳米材料粒子将使药物在人体内的传输更为方便，用数层纳米粒子包裹的智能药物进入人体后，可主动搜索并攻击癌细胞或修补损伤组织。使用纳米技术的新型诊断仪器只需检测少量血液，就能通过其中的蛋白质和 DNA 诊断出各种疾病。

纳米技术在临床医学中的应用研究已取得了可喜的进展。当然，目前大多数研究还处于体外和动物体内实验阶段，在将纳米技术广泛应用于临床疾病诊疗之前还需进行大量人体实验。随着纳米技术相关基础研究的深入，纳米技术与临床医学的联系将更为紧密，纳米技术将使临床诊断、检测技术和治疗手段向微型、微观、微量、微创或无创、快速、实时、遥距、动态、功能性和智能化的方向发展。同时，纳米材料将在人工组织器官、介入性治疗、药物载体、血液净化等众多方面，具有广泛的和诱人的应用前景。

3. 纳米技术在运动人体科学领域的展望

随着现代科技向竞技领域的渗透，奥运金牌的分配与现代科技在竞技体育的应用程度成正比例已是事实，并出现依赖科技发展竞技体育的势头。纳米技术作为21世纪的主导技术，也会毫不例外被用于竞技运动，从而使竞技体育发生巨大变革。目前，世界各国都不惜巨资开展纳米材料、纳米药物以及纳米保健品的研究，使纳米技术在竞技领域显示出广阔的应用前景。

（1）纳米技术促使运动损伤修复。由于竞技运动的激烈对抗性，运动损伤是在所难免的。因此，受伤肌体的修复显得更为重要。中药敷贴是治疗运动损伤常用的方法，它的难点之一是如何使更多的药物透过皮肤，进入血液循环，从而提高药物的功效。研究显示，纳米技术有可能在促进药物透过皮肤屏障方面起到作用。纳米中药由于小的粒径和大的选择吸附能力，可能有更强的穿透能力，从而使更多的纳米中药穿透皮肤屏障，进入血液循环。纳米陶瓷在人工骨、人工关节、人工齿以及牙种植体、耳听骨修复体等人工器官制造及临床应用领域有广阔的应用前景。

（2）纳米技术促使运动营养品高效化。运动营养食品的原料主要是天然动植物，尤其是我国传统医药的瑰宝——中医中药为运动营养品提供了较大的研究空间。在药物学领域，纳米技术在提高药物的生物利用度、控制释放系统、提高药物作用的靶向性、建立新的给药途径等方面发挥着重要作用，为中药的现代化（如针剂化、高效化）研究带来了新的希望。在微量元素添加剂方面，由于无机微量元素的利用率较低，只有30%左右，而纳米微量元素的利用率几乎可以达到100%，因为纳米微量元素可以不通过离子交换直接渗透，大大提高了吸收的速度和利用率。因此，利用纳米技术将营养成分制成纳米粉或悬浮液，可增加机体的吸收率，更好地发挥营养补剂的生物活性。例如，在医学界，硒因具有防癌、护肝、抗衰、免疫调节等保健作用而日益受到重视，从无机硒到有机硒，硒的生物活性和安全效量不断提高，而纳米硒是继有机硒之后一种更新的补硒剂，具有高生物活性、高安全性、高纯度、高稳定性等优势。生物实验证明，纳米硒具有神奇的生物活性，一方面它的急性毒性是无机硒的1/7，是有机硒的1/3；另一方面，它与无机硒相比，清除自由基活性提高了5倍，清除超氧阴离子和过氧化氢的活性有大幅度提高，在免疫调节和抑制肿瘤方面的灵敏性也显著提高。

（3）纳米技术促使竞技运动成绩增长。纳米技术的广泛使用为竞技成绩的大幅度增长创造了难得契机。纳米技术使机械微型化成为现实。目前世界上一些发达国家已生产了多种微型机器，如"微型轿车""微型机器人"和"微型泵"等等。纳米生物芯片材料、仿生材料、纳米马达、纳米复合材料、界面生物材料、纳米传感器与药物传递系统等方面都已取得很大进展。尤其是纳米生物马达（纳米机器人），在肌肉收缩、细胞移动、分化、囊泡转运、信号转导、DNA复制、卷曲与翻译方面起着重要作用。田径运动员可在手、脚、腿、臂等处植入一种纳米泵以增加自身的爆发力；体操运动员也可在不同的身体部位植入自身所需功能的超微型机以提高动作的稳定性、柔韧性和持久性；游泳运动员也可借助这种超微型机而获得优异成绩。

同时，人们还可以开发一种可以植入皮下的微型生物芯片，模拟健康人体内的葡萄糖检测系统监测机体在运动过程中血糖水平，然后根据人体需要，适时释放糖等物质，维持机体在运动过程中的血糖水平，有效地提高机体的运动能力。有研究认为，随着纳米技术的发展，给运动员输入具有供氧功能纳米泵的人造红细胞，能够解决运动过程中的缺氧问题，有效地提高运动员的运动能力。同时，通过纳米技术可以将优秀运动员的特征基因转入人体细胞内，改造身体的化学组成，以达到提高运动能力的目的。当然，这些是否有悖于奥林匹克初衷、违反竞技体育道德，也是体育界人士需要共同研讨的问题。

（七）激光共聚焦扫描显微镜

LCSM（laser confocal scanning microscope，激光共聚焦扫描显微镜）又称黏附式细胞仪（adherent cell analysis，ACAS）。激光共聚焦荧光显微技术是20世纪80年代中期新发展起来的一种无损深层形态结构分析的重要方法。它的最大优点在于能对样品进行深层（可达100 μm）形貌观察。为了获得反差，必须对样品的某一组分进行荧光标记。借计算机的帮助，对自表面至各深度层面的信息进行叠加重组，可以得到三维图像，快速、无损，而且样品制备简单。由于这些优点，LCSM已在生物学、医学领域得到广泛应用。普通的光学显微镜在观察生物样品时，物镜焦平面以外的样品部分发出的光会减弱图像的清晰度，尤其是观察较厚的样品时，这种清晰度会大大降低。针对这一点，LCSM能够对样品中的任一点清晰成像，其图像的对比度较普通光学显微镜不能对细胞或组织内部进行定位检测的限制，实现了对细胞内部非侵入式和光学断层（optical section）的扫描成像。由于它的高度灵敏度和能观察空间结构的独特优点，从而使对被测物体的样品观察从停留在表面、单层、静态平面进展到立体、断层扫描、动态的全面观察，所以在生命科学及其他研究中得到迅速应用。由于它还具备普通显微镜和荧光显微镜的功能，并配有现代电子摄像和计算机数字图像分析系统，将细胞变成"微小试管"，还可以结合特异的荧光抗体进行一系列亚细胞水平的结构和功能研究，所以已为形态学、分子细胞生物学、神经科学、药理学和遗传学等领域中科学研究的先进手段之一。

利用此仪器，目前可以做到测定细胞内DNA、RNA、细胞骨架、细胞内pH值、Ca^{2+}浓度、膜电位、过氧化物、细胞间通讯等，还可进行细胞手术、细胞筛选及定量共聚焦三维图像分析，为活细胞功能的研究开辟了新途径。因此，LCSM已成为现代细胞生物学研究不可缺少的工具。

（八）干细胞技术

1. 干细胞的概念与研究

细胞在分化过程中，往往由于高度分化而完全失去了再分裂的能力，最终衰老死亡。机体在发展适应过程中为了弥补这一不足，保留了一部分未分化的原始细胞，称为干细胞（stem cell）。一旦生理需要，这些干细胞可按照发育途径通过分裂而产生分化细胞。也可以这样说，这些干细胞充当了分化细胞预备队的角色。在动物体中，多数组织含有干细胞。

尽管"干细胞"这个概念早在数十年前已经为世人所知了，但是直到今天，它也仅限于功能上的定义，而没有形态学和表型上存在的证据。干细胞可以自我更新，繁殖产生更多的干细胞，同时也可以分化成各种各样的祖细胞，后者又可进一步发展成许多有特定功能的细胞系。干细胞这种功能特性极大地吸引了来自基础医学和临床医学的研究者。干细胞所具有的修复、替代和再生的能力也为临床医学提供了一个发展新疗法的机会。

干细胞是一类具有自我更新和分化潜能的细胞。它包括胚胎干细胞和成体干细胞。干细胞的发育受多种内在机制和微环境因素的影响。目前人类胚胎干细胞已可成功地在体外培养。最新研究发现，成体干细胞可以横向分化为其他类型的细胞和组织，为干细胞的广泛应用提供了基础。

(1) 胚胎干细胞。当受精卵分裂发育成囊胚时，内层细胞团（inner cell mass）的细胞即为 ES 细胞（embryonic stem cell，胚胎干细胞）。ES 细胞具有全能性，可以自我更新并具有分化为体内所有组织的能力。早在 1970 年，Martin Evans 已从小鼠分离出 ES 细胞并在体外进行培养。而人的 ES 细胞的体外培养最近也已获得成功。

目前，许多研究工作都是以小鼠 ES 细胞为研究对象展开的，如德美医学小组已成功地向试验鼠体内移植了由 ES 细胞培养出的神经胶质细胞。此后，密苏里的研究人员通过鼠胚细胞移植技术，使瘫痪的猫恢复了部分肢体活动能力。随着 ES 细胞的研究日益深入，生命科学家对人类 ES 细胞的了解迈入了一个新的阶段。在 1998 年，两个研究小组成功地培养出人类 ES 细胞，保持了 ES 细胞分化为各种体细胞的全能性，从而使利用人类 ES 细胞治疗各种疾病成为可能。

(2) 成体干细胞。成年动物的许多组织和器官，比如表皮和造血系统，具有修复和再生的能力，成体干细胞在其中起着关键的作用。在特定条件下，成体干细胞通过产生新的干细胞，或者按一定的程序分化，形成新的功能细胞，从而使组织和器官保持生长和衰退的动态平衡。过去认为成体干细胞主要包括上皮干细胞和造血干细胞，最近研究表明，以往认为不能再生的神经组织仍然包含神经干细胞，说明成体干细胞普遍存在，问题是如何寻找和分离各种组织特异性干细胞。成体干细胞经常位于特定的微环境中，微环境中的间质细胞能够产生一系列生长因子或配体，与干细胞相互作用，控制干细胞的更新和分化。

实际上到目前为止，人们对干细胞的了解仍存在许多盲区。2000 年年初，美国研究人员无意中发现在胰腺中存有干细胞；加拿大研究人员在人、鼠、牛的视网膜中发现了始终处于"休眠状态的干细胞"；有些科学家证实骨髓干细胞可发育成肝细胞，脑干细胞可发育成血细胞。随着干细胞研究领域向深度和广度不断扩展，人们对干细胞的了解也将更加全面。21 世纪是生命科学的时代，也是为人类的健康长寿创造世界奇迹的时代，干细胞的应用将有广阔前景。

2. 干细胞特点

干细胞有以下特点：第一，干细胞本身不是处于分化途径的终端；第二，干细胞能无限地增殖分裂；第三，干细胞可连续分裂几代，也可在较长时间内处于静止状态；第四，干细胞通过两种方式生长，一种是对称分裂——形成两个相同的干细胞，另一种是非对称分裂——由于细胞质中的调节分化蛋白不均匀地分配，使得一个子细胞不可逆地走向分化的终端成为功能专一的分化细胞；第五，仍可作为干细胞保留下来。分化细胞的数目受分化前干细胞的数目和分裂次数控制。可以说，干细胞是具多潜能和自我更新特点的增殖速度较缓慢的细胞。

3. 干细胞分类

按分化潜能的大小，干细胞基本上可分为三种类型：一类是全能性干细胞，它具有形成完整个体的分化潜能。如胚胎干细胞，它是从早期胚胎的内细胞团分离出来的一种高度未分化的细胞系，具有与早期胚胎细胞相似的形态特征和很强的分化能力，它可以无限增殖并分化成为全身200多种细胞类型，进一步形成机体的所有组织、器官。另一类是多能性干细胞，这种干细胞具有分化出多种细胞组织的潜能，但却失去了发育成完整个体的能力，发育潜能受到一定的限制，骨髓多能造血干细胞就是典型的例子，它可分化出至少12种血细胞，但不能分化出造血系统以外的其他细胞。还有一类干细胞为单能干细胞（也称专能、偏能干细胞），这类干细胞只能向一种类型或密切相关的两种类型的细胞分化，如上皮组织基底层的干细胞、肌肉中的成肌细胞或叫卫星细胞。

4. 干细胞的应用

SCNT（体细胞核转移）是得到多能性干细胞的一种途径。在SCNT的动物研究中，研究者将一个正常的动物卵细胞去除细胞核（含染色体的细胞结构），存留在卵细胞内的物质含营养成分和对胚胎发育非常重要的能量物质，而后将单个体细胞与除去核卵细胞放在一起，使两者相融合。融合细胞以及其子细胞具有发育成一个完整个体的潜能，因此是全能性的。这些全能性细胞不久将形成胚囊，从理论上来说，可利用胚囊的内细胞群来建立多能性干细胞系。实际上，任何一种可生成人类胚囊细胞的方法都有可能成为人体多能性干细胞的来源。

多能干细胞对科学和人类健康的进展有重要的作用。最基本的，多能干细胞可以帮助人们理解人类发育过程中的复杂事件。此项工作的首要目标是，确定参与导致细胞特化的决定因素。虽然我们已知基因的启动和关闭是这个进程的核心，但我们对这些"决定"基因以及使之启动或关闭的因素知之甚少。人类最严重的医学难题，如癌症和先天缺陷就是因异常的细胞特化和细胞分化所导致。如果能更好地了解正常细胞的分化发育过程，就能更深刻地理解其中的基本错误，了解这些致死疾病的成因。

人体多能干细胞研究也能大大地改变研制药品和进行安全性实验的方法。例如，新的药物/治疗方法可以先用人类细胞系进行实验，如目前的癌细胞系就是为了这种实验而建立的。多能干细胞则使更多类型的细胞实验成为可能。这不会取代在整个动物和人体身上进行实验，但这会使药品研制的过程更为有效。只有当细胞系实验表明药品是安全的，并有好的效果时，才有可能在实验室进行动物和人体的进一步实验。

人体多能干细胞最为深远的潜在用途是生产细胞和组织，它们可用于所谓的"细胞疗法"。许多疾病及功能失调往往是由于细胞功能障碍或组织破坏所致。如今，一些捐赠的器官和组织常常用以取代生病的或遭破坏的组织。遗憾的是，受这些疾病折磨的病人数量远远超过了可供移植的器官数量。多能干细胞经刺激后可发展为特化的细胞，使替代细胞和组织来源的更新成为可能，从而可用于治疗无数的疾病、身体不适状况和残疾，包括帕金森氏病、Alzheimer's 病（痴呆症）、脊髓损伤、中风、烧伤、心脏病、糖尿病、骨关节炎和类风湿性关节炎。体细胞核转移方法是克服某些病人的组织不相容的另一方法。假如病人患有进行性心力衰竭，利用 SCNT 技术，从该病人身上的任何一个体细胞中取出细胞核，与捐献者的去核卵细胞相融合，经过适当的刺激，细胞发育为胚囊，从内细胞群中取得的细胞可建立多能性细胞系，随后诱导其分化为心肌细胞。由于绝大多数遗传信息包含在细胞核中，这些细胞与心力衰竭病人具有相同的遗传性，当这些心肌细胞移植回病人身体时，不会出现排斥现象，病人也无须服用免疫抑制药物。

（九）激光医学

当代重大的科技新成就之一就是激光技术，它已经不仅为研究生命科学和研究疾病的发生发展开辟了新的研究途径，而且为临床诊治疾病提供了崭新的手段，现在已经形成了一门新兴的边缘医学科学，即激光医学。

1. 激光医学原理

激光工作物质吸引外界的能量，使其发生粒子数反转，并在谐振腔内不断振荡增大，聚集越来越多的粒子数，突然向下面的能级跃迁，同时释放出光能，即激光。由于激光有高亮度和单色性、方向性等特点，使激光在与生物体的相互作用中有热、压强、光化学电磁场等作用。

激光医学是专门用激光技术研究、诊断和治疗疾病的一门新兴的边缘医学科学。与普通医学以及其他边缘医学科学相比，激光医学有其自身的特点。

2. 激光医学的特点

与传统光学比，则由于激光技术是从古老光学中新生的一门技术。从激光光子的本质和光子的特性上来说，它也是古老光学大家族中的一个成员，但是由于用了特殊的发光技术，使所辐射的激光是相干光，使激光具有单色性好、方向性强、亮度高等许多特性。

（1）激光医学是一门技术性很强的学科。激光技术本身包含了现代光学技术、电子技术和机械技术等多种学科的技术，在医用时常需光纤内窥镜技术、超声技术和电子计算机等技术配合。

（2）激光医学是一门建立在现代医学基础上的学科。尽管激光医学在不少领域比普通医学更具优越性，但在很多领域，前者有局限性。在多数情况下，前者常作为后者的一个进展或补充，所以，激光医学只有在扎实的现代医学基础上才能更好更快地发展。

(3) 激光医学是一门中西医相结合的学科。激光医学作为一门医学，不但包括了现代医学，也包括了祖国医学。它一方面具有强烈的现代科学技术的气息，另一方面又具有古老医学的特色。

3. 与其他边缘医学学科比较

(1) 激光医学用途比较全面。冷冻医学多用于治疗，医用计算机科学多用于诊断，核医学多用于肿瘤，电子医学和超声医学各自的用途也非常有限。激光医学则不同，既可用于西医，也可用于中医；既可用于研究生命科学，也可用于诊断、预防和治疗疾病。

(2) 激光医学的工程技术涉及面较广。激光医学不但涉及到一整套现代光学体系，包括辐射度学、光谱学、成像光学、信息光学、量子光学、分子光学、非线性光学、纤维光学、显微光学、光学传输和光学计量，而且多离不开电子技术，有时还需要超声技术和计算机技术配合。

4. 与光医学比较

因为光与生物组织相互作用后的一些主要的原初效应如热效应和光化效应多与光量子能量大小有关，如小能量的光量子主要引起热效应，较大能量的光量子则主要引起光化效应，而就光量子能量大小而言，则激光因其光谱都在普通光的波谱范围之内，所以与普通光的光量子没有什么两样。因此，普通光所致的光生物效应、所起的治病作用，以及对生物组织的有害作用，激光都能引起。同时，因为目前医学上常用的非X光的激光和普通光的光量子都不是高能粒子，因而都不能电离气体分子，所以都称为非电离辐射。

但是，由于激光技术能使光量子在空间上、时间上和波长上高度集中，致使激光的光功率密度之高比普通光所能达到的最高值还要高出10个以上数量级。因此，激光使光生物作用大大提高了有效性和针对性，从而使得普通光所不显示的生物效应在用激光后变得明显起来，普通光无能为力的特异诊治，激光却能大显身手。

5. 与放射医学比较

X光跟激光、普通光一样也是一种光，也具有波粒二象性：是电磁波，也是光粒子。X光与普通光的不同之处是光量子能量相差悬殊。例如硬X光的光量子能量可高达 2×10^{-7} 尔格，而黄色普通光的光量子能量仅为 8×10^{-12} 尔格，两种光量子能量相比，X光的光量子能量高出5个数量级，用X光照射人体组织有很强的穿透能力，可用来诊断疾病，但它的如此之高的光量子能量可使蛋白质肽链的碳原子发生电离，形成自由基正离子，可致细胞受损甚至癌变。当然也可用来杀死癌细胞。

X光、激光和普通光对生物作用时的根本不同在于，X光与普通光比，差别仅仅在于光量子能量大小不同，X光的光量子是高能粒子；激光与普通光比，则差别在于光量子数量方面，激光的光量子数量可以在单位面积、单位时间和单位波长上高度集中。

6. 激光医学的研究内容

根据激光的特性以及它与生物组织相互作用过程中的特异规律，可以用于研究、诊断和治疗疾病。

（1）用激光技术研究生命现象和规律。借助激光微束仪把激光束直径聚焦到 0.5～1 μm，用以切割或焊接细胞，研究生物遗传规律。借助激光拉曼光谱分析技术，研究生物大分子的结构及其变化。借助于红外吸收光谱仪，通过对唇部的测定，能测定人血液内所存在的元素。借助于激光多普勒测速技术测量皮肤、肠黏膜、胃黏膜的血流特征，可瞬时或连续地直接测量任何使光束可到达之处的组织的毛细血管的血流等等。

（2）激光诊断。用于检验和诊断的激光技术主要有激光荧光光谱术、激光喇曼光谱分析术、激光全息术、激光散斑分析术、激光多普勒测速术、激光流动式细胞分析术、激光干涉术、激光透照术和激光偏振技术等等，分别用来测量血液、尿液和人体其他组织的成分、微量元素的含量等，以及识别和分辨细胞是否病变或癌变。

（3）激光治疗。激光治疗的适应症现在已经涉及到临床各科，大体可分为激光手术治疗、激光非手术治疗和激光光敏治疗三类。

激光手术治疗。这是用强激光，即用较高功率密度的激光束对病灶施行凝固、气化和切割等各级水平的手术。与传统的解剖刀比，激光刀多不出血或少出血；与传统的冷刀、超声刀和高频电刀比，激光刀的切割能力强，切口锋利，损伤少；激光刀还能通过光导纤维进入人体内施行手术而不用剖腹等开腔手术，能透过眼屈光介质对眼底施行手术而不用切开任何部位，这在任何其他传统手术都是做不到的。

激光非手术治疗。这是用弱激光，即较低功率密度的激光。用这种激光照射人体组织不会直接损伤组织和细胞，可用作理疗照射治疗或光针灸治疗。与传统理疗中的光疗比，激光的疗效显著地提高，适应症更为广泛；与传统毫针比，激光光针无菌、无痛、不会断针、晕针，却能治疗毫针的所有适应症。

激光光敏治疗。在通常情况下，视细胞以外的绝大多数生物细胞不容易被可见光直接引起光化效应。但是，当人体组织摄入了某些光敏化剂时，敏化剂分子吸收即使是较低功率的激光能量后，也会发生一系列化学反应，这种反应就叫光敏化反应。光敏化反应因有无分子氧参加而分成两类：一类是光敏化反应有分子氧参加，即生物系统被光氧化过程所敏化，这种有分子氧参加的光敏作用叫光动力作用。这类光敏化反应往往不消耗敏化剂，敏化剂可被反复不断地使用，直至该处的生物细胞被杀死。目前国内外普遍应用这一类光动力作用治癌，所用的敏化剂多为血卟啉衍生物，所用的敏化光源多为波长为 630 nm 的红色可见光激光。另一类光敏化反应不需要分子氧参加，此类敏化反应可消耗敏化剂，这一类较典型的敏化剂如呋喃香豆素。临床上先使病灶处局部摄入呋喃香豆素，再用波长长于 290 nm 的紫外激光照射，可治疗牛皮癣，也可使白癜风的白色永久性变暗。但用这类光敏治疗时需控制剂量，并密切注意随访，因为有报道用补骨脂素光敏化动物实验导致了皮肤癌。

(4) 激光运动医学。运动医学界消除运动性疲劳的手段主要是生物制品以及一些来源于传统医学的物理手段，其效果尚有很多不尽如人意之处，因此，运动医学研究者们一直在努力寻找新的方法和手段。有学者通过研究发现，低强度激光有可能成为一种新的有效手段。低强度激光或单色光可以说是一种"绿色"的运动医学手段。有论文报道，应用低强度激光对运动员炎症和受伤处进行治疗，在国际上已经有人注意到了低强度激光在消除运动性疲劳等方面的可能作用。

低强度激光的线粒体效应。研究表明，细胞线粒体对单色光或低强度激光照射十分敏感。直接照射分离的鼠肝细胞线粒体可增强 ATP 的合成及氧耗。利用波长为 415 nm、602 nm、632 nm、650 nm 和 725 nm 的激光照射，可以提高线粒体的膜电位，加速电子传递从而使胞内 ATP 合成加速。

低强度激光的细胞膜效应。如果激光的能量刚好与色素的分子能级间隔相匹配，激光与色素就可以发生共振作用。哺乳动物或人的视觉细胞膜上的视色素就可以共振吸收可见光，但一般非视觉细胞膜上没有这样的色素分子。研究表明，低强度激光对非视觉细胞具有信号作用。低强度激光的信号作用，是由低强度激光与细胞膜上化学配体的受体的非共振作用介导的。当细胞膜受体处于相干状态时，这种非共振作用可以被受体的数目非线性放大。只有非正常状态下的细胞膜受体才会处于相干状态，因此，低强度激光只能对非正常状态下的细胞产生效应。这与低强度激光效应的基础和临床研究结果是一致的。强度 He-Ne 激光对神经元和心肌细胞两种可兴奋性细胞的效应有大量的研究，强度 He-Ne 激光照射对神经元作用的研究包括两个方面，即减轻痛苦和神经元损伤的修复。照射对体内和体外神经组织的影响包括神经突的伸长、施旺细胞增殖、星形胶质细胞分化、神经元的生化变化和神经元对外周和中枢神经系统损伤的应答。

低强度激光血管内照射疗法。ILIB（低强度激光血管内照射）的疗法是可以用于运动损伤康复的物理治疗手段的一种。将低强度激光血管内照射的治疗方法约定为"血疗"，将运用中医药理论归纳"血疗"功用并指导中医临床实践称为"中医血疗"。中医血疗有可能对某些重要代谢酶起到调节作用。能量代谢过程中某些重要酶如琥珀酸脱氢酶（SDH）、乳酸脱氢酶（LDH）、6-磷酸葡萄糖脱氢酶（G-6-PD）、细胞色素氧化-还原酶、谷胱甘肽转硫酶等活性随增龄而减弱，造成能量合成障碍。而酸性 DNA 酶活性则随增龄而增强，加重 DNA 损伤。研究表明，ILIB 可通过促进 ATP 合成，刺激能量代谢，激活多种代谢酶类，如 SDH、LDH、G-6-PD、细胞色素氧化酶、NADPH 等，加速 ATP 产生，恢复能量依赖性酶功能。ILIB 对代谢紊乱的纠正是其抗衰老效应的物质基础之一。

激光促进伤口愈合。研究表明，细胞因子在软组织愈合中具有非常重要的作用，因此，细胞因子在治疗韧带和肌腱等软组织损伤方面有一定应用前景。低强度激光的作用类似于细胞因子，只是对细胞功能的调整没有细胞因子那么强。因此，有可能用低强度激光代替细胞因子，开展这方面的应用研究。近年来，有许多国内外学者不断报道低强度激光对创伤愈合的影响，指出低强度激光对创伤愈合有促进作用。

推荐读物

[1] 斯佩克特 DL，戈德曼 RD，莱因万德 LA. 细胞实验指南：上册、下册[M]. 黄培堂，译. 北京：科学出版社，2001.

[2] 张丰德. 现代生物学技术[M]. 天津：南开大学出版社，2005.

参考文献

[1] 王廷华，羊惠君. 干细胞理论与技术[M]. 北京：科学出版社，2005.

[2] 王廷华，齐建国，黄秀琴，等. 组织细胞化学理论与技术[M]. 北京：科学出版社，2005.

[3] 王廷华，邹晓莉. 蛋白质理论与技术[M]. 北京：科学出版社，2005.

[4] 刘约权. 现代仪器分析[M]. 北京：高等教育出版社，2001.

[5] 钱小红，谢剑炜. 现代仪器分析在生物医学研究中的应用[M]. 北京：化学工业出版社，2003.

[6] 卢圣栋. 现代分子生物学实验技术[M]. 北京：高等教育出版社，1993.

[7] 苏拔贤. 生物化学制备技术[M]. 北京：科学出版社，1998.

[8] 徐金森. 现代生物科学仪器分析入门[M]. 北京：化学工业出版社，2004.

[9] 康莲娣. 生物电子显微技术[M]. 合肥：中国科学技术大学出版社，2003.

[10] 陈培榕，邓勃. 现代仪器分析实验与技术[M]. 北京：清华大学出版社，1999.

[11] 黄一石. 仪器分析[M]. 北京：化学工业出版社，2004.

[12] 裴雪涛. 干细胞生物学[M]. 北京：科学出版社，2003.

[13] 杜卓民. 实用组织学技术[M]. 2版. 北京：人民卫生出版社，1998.

[14] 乔玉城. 体育生物科学研究方法与技术[M]. 北京：中国科学技术文献出版社，2002.

[15] 孙志贤. 现代生物化学理论与研究技术[M]. 北京：军事医学科学出版社，1995.

[16] 庄天戈. 计算机在生物医学中的应用[M]. 2版. 北京：科学出版社，2000.

[17] 朱玉贤，李毅. 现代分子生物学[M]. 2版. 北京：高等教育出版社，2002.

[18] 赵雨杰. 医学生物信息学[M]. 北京：人民军医出版社，2002.

[19] 左明雪. 细胞和分子神经生物学[M]. 北京：高等教育出版社，海德堡：施普林格出版社，2000.

[20] 彭黎明，王曾礼. 细胞凋亡的基础与临床[M]. 北京：人民卫生出版社，2000.

[21] 贲长恩，李叔庚. 实用酶组织化学[M]. 长沙：湖南科学技术出版社，1996.

[22] 车文华，张一鸣. 核磁共振技术在生命科学中的应用[J]. 生命科学仪器，2003，1（1）：6-9.

[23] 董华进，宫泽辉. 核磁共振技术在现代药理学研究中的应用[J]. 国外医学：生物医学工程分册，1997，20（5）：292-295.

[24] 朱立华, 王建中. 中国人血液淋巴细胞免疫表型参考值调查 [J]. 中华检测医学杂志, 1998, 21 (4): 223-226.

[25] 张道新. 流式细胞分析术在临床肾移植中的应用 [J]. 国外医学: 泌尿系统分册, 1991, 11 (6): 193-196.

[26] 邱志峰, 王爱霞, 陈鸿珊, 等. 用流式细胞仪检测HIV感染者和AIDS患者的T细胞亚群[J]. 中华实验和临床病毒学杂志, 1999, 13 (1): 45-47.

[27] Jani V, Janossy G, Iqbal A, et al. Affordable CD4 qT cell counts by flow cytometry II. The use of fixed whole blood in resource-poor settings[J]. Journal of Immunological Methods, 2001 (257): 145-154.

[28] 邓安梅, 仲人前, 施笑梅. 流式细胞术检测狼疮患者白细胞分化抗原40配体 [J]. 中华医学检验杂志, 1999, 22 (4): 225-227.

[29] 李维. 强直性脊柱炎与HLA-B27[J]. 国外医学: 临床微生物化学与检验学分册, 2002, 23 (5): 295-296, 298.

[30] 徐兵, 胡成, 缪旭东, 等. 106例成人急性白血病流式细胞术免疫分型分析[J]. 第一军医大学学报, 2003, 23 (10): 1043-1046.

[31] 高珏华, 谢毅. CD59单抗封闭红细胞与阵发性睡眠性血红蛋白尿症溶血试验的研究[J]. 中华血液学杂志, 1999, 20 (4): 187-190.

[32] 汪晶冰, 李迎春. 流式细胞术计数网织红细胞的参考值调查 [J]. 中国误诊学杂志, 2002, 2 (5): 796-797.

[33] 袁箭峰, 常芸. 运动心脏重塑过程中细胞凋亡现象的活细胞观察 [J]. 中国运动医学杂志, 2001, 20 (4): 348-351.

[34] 张娜, 赵斐, 张勇. 有氧运动改善高脂血症分子机理的研究Ⅲ. 运动上调饮食性高胆固醇血症大鼠肝脏LCAT和apoAI基因表达 [J]. 中国运动医学杂志, 2001, 20 (3): 232-235, 255.

[35] 陈近利, 陈吉棣. 有氧运动和膳食脂肪对ApoE基因缺陷小鼠已经形成的动脉粥样硬化斑块的作用[J]. 中国运动医学杂志, 2001, 20 (3): 228-231.

[36] 李峰, 杨维益, 季绍良. 运动性疲劳大鼠脑组织中一氧化氮合酶和内皮素mRNA表达的变化规律及中药"体复康"的调节作用 [J]. 中国运动医学杂志, 2001, 20 (2): 116-120.

[37] 蔡冬青, 李嘉豪. 大鼠膈肌水溶性蛋白组的研究 [J]. 中国运动医学杂志, 2001, 20 (1): 12-15.

[38] 李刚一, 陈吉棣. 有氧运动对ApoE基因缺陷小鼠高密度脂蛋白受体SR-BI基因表达的影响[J]. 中国运动医学杂志, 2000, 19 (4): 342-345.

[39] 马庆军, 党耕町, Adam Hsich, 等. ACL和MCL细胞mRNA差异显示研究初步报告[J]. 中国运动医学杂志, 2000, 19 (3): 237-240.

[40] 常芸, 赵中应. 耐力训练后大鼠心肌MLC-2基因的表达[J]. 中国运动医学杂志, 2000, 19 (2): 132-134.

[41] 曲绵域, 康勇. 病患关节软骨中肥大软骨细胞的生物学特性的研究 [J]. 中国

运动医学杂志，2000，19（1）：6-8.

[42] 高晓嶙，常芸，刘爱杰. 中国皮划艇运动员线粒体高变区Ⅱ序列多态性位点与有氧耐力的关系[J]. 中国运动医学杂志，2005，24（6）：645-649.

[43] 吴剑，胡扬，刘刚，等. 肌红蛋白基因多态与有氧训练效果的关联性分析[J]. 中国运动医学杂志，2005，24（6）：650-654.

[44] 王启荣，周丽丽，李世成，等. 耐力训练和益气补肾中药对睾酮合成的调节因素——StAR蛋白和P450SCC酶mRNA表达的影响[J]. 中国运动医学杂志，2005，24（2）：137-142.

[45] 张鹏，陈世益，陈疾忤，等. 人胰岛素样生长因子-1真核表达质粒的构建及其在成肌细胞中的表达[J]. 中国运动医学杂志，2005，24（1）：9-12，20.

[46] 蔡冬青，陈启明，李明，等. 大鼠快肌与慢肌水溶性蛋白组的比较[J]. 中国运动医学杂志，2004，23（6）：639-643.

[47] 田振军，张小玲，张志琪. 运动性肥大心肌活细胞胞浆游离Ca^{2+}动态变化的激光共聚焦研究以及局部IGF-Ⅰ和AngⅡ的变化[J]. 中国运动医学杂志，2004，23（6）：644-648.

[48] 洪平，刘虎威，靳光华，等. 高效液色谱测定骨骼肌ATP、ADP、AMP、$NAD+$、NADH含量[J]. 中国运动医学杂志，2002，21（1）：57-60.

[49] 张建丽，徐友宣，邱欣. 兴奋剂β-2激动剂的检测方法进展[J]. 中国运动医学杂志，2003，22（5）：493-498.

[50] 刘承宜，角建瓴，徐晓阳，等. 低强度激光或单色光效应及其在运动医学中的应用[J]. 中国运动医学杂志，2003，22（2）：166-170.

[51] 于文谦，林华，王洪. 有氧健身操对女性头发微量元素的影响[J]. 体育科学，2000，20（2）：55-57.

[52] 王长春，刘丽萍，郑师陵等. 运动性疲劳时Ca^{2+}，线粒体膜电位的改变与细胞凋亡[J]. 体育科学，2000，20（3）：59-62，65.

[53] 江海燕，于发景，谷国良. 低能量激光治疗腰棘上韧带和棘间韧带损伤的临床疗效观察[J]. 体育科学，2000，20（5）：58-59，62.

[54] 丛琳，陈吉棣. 运动对糖尿病大鼠瘦素受体基因水平与功能的影响[J]. 体育科学，2001，21（4）：54-57.

[55] 陈近利，陈吉棣. 有氧运动和膳食脂肪对ApoE基因缺陷小鼠动脉粥样硬化斑块进展过程中SR-BI基因及蛋白表达的影响[J]. 体育科学，2001，21（6）：56-58.

[56] 陈筱春，文质君，屈菊兰，等. 大鼠跑台连续疲劳运动后网织红细胞计数、血浆游离血红蛋白测定和红细胞形态的扫描电镜观察[J]. 体育科学，2002，22（2）：108-111.

[57] 强钧，许豪文，杨小英. 运动对心肌细胞凋亡的影响[J]. 体育科学，2002，22（5）：92-95.

[58] 张云丽，王林. 耐力训练对不同鼠龄大鼠血清T、E2、LH和FSH的影响[J].

体育科学, 2004, 24 (8): 40-43.

[59] 潘同斌, 毛杉杉, 王瑞元, 等. 急性低氧及力竭运动对大鼠骨骼肌肌球蛋白重链 (MHC) 亚型基因表达的影响[J]. 体育科学, 2005, 25 (1): 30-33.

[60] 熊正英, 杨瑾. 蛋白质组技术及其在运动人体科学中的应用展望[J]. 体育科学, 2005, 25 (4): 66-70.

[61] 郑澜, 周志宏, 皮亦华, 等. 低氧训练对大鼠肾组织低氧应激反应基因 mRNA 表达的影响[J]. 体育科学, 2005, 25 (12): 56-60.

[62] 朱梅菊, 谢振良. 螺旋藻复方有效部位配方对慢性运动性疲劳大鼠脑组织基因表达谱的影响[J]. 体育科学, 2005, 25 (12): 61-64.

[63] Kulaga H, Anderson PE, Cain M, et al. Identification of pathogenic agents via microsphere based immunoassay on a flow cytometer [J]. J Cytometry, 1998 (suppl): 55-56.

[64] Steen HB. Flow cytometry of bacteria: goimpses from the past with a view to the future[J]. J Microbiol Methods, 2000, 42 (1): 65-74.

[65] 李泓. 流式细胞术分析急性脑缺血患者血小板膜糖蛋白的改变 [J]. 中国综合临床, 1998, 14 (2): 114-116.

[66] 韩悦, 朱明清. 血小板自身抗体的流式细胞仪检测与意义 [J]. 临床血液学杂志, 2000, 13 (5): 222-223.

[67] 曹世龙. 流式细胞分析术在临床肿瘤学中的应用 [J]. 中国肿瘤, 1993, 2 (10): 5-6.

[68] 胡俊刚. 现代核磁共振技术在食品科学中的应用 [J]. 食品研究与开发, 2000, 21 (1): 11-15.

[69] 祝耀初, 陶冠军, 丁绍东. 食品科学中核磁共振技术的应用食品与发酵工业. 食品与发酵工业, 1994 (2): 57-62.

[70] 刘群红. 运动员运动过程中性粒细胞吞噬功能变化的研究[J]. 中国职业医学, 1999, 26 (6): 29-30.

[71] 韩明, 刘群红. 运动对大学生中性粒细胞吞噬功能变化的研究 [J]. 解放军体育学院学报, 2003, 22 (1): 86-87.

[72] Roda A. et al. Applications of bio- and chemiluminescent maging in analytical biotechnology. In Luminescence Biotechnology: Instruments and Ap-plications (Van Dyke, K. et al., eds), CRC Press [M]2002: 481-501, CRC Press.

[73] Davies R, Bartholomeusz DA, Andradet J. Personal sensors for the diagnosis and management of metabolic disorders [J]. IEEE Eng Med Biol Mag, 2003, 22: 32-42.

[74] Adamczyk M, et al. Dual analyte detection using tandem flash luminescence [J]. Bioorg Med Chem Lett, 2002, 12 (3): 395-398.

[75] Sudhaharan T, and Reddy A R. A bifunctional luminogenic substrate for t-wo

luminescent enzymes: firefly luciferase and horseradish peroxidase [J]. Anal Biochem, 1999 (271): 159-167.

[76] Tanaka T, Matsunaga T. Fully automated chemiluminescence immunoassay of insulin using antibody-protein A-bacterial magnetic particle complexes[J]. Anal Chem, 2000, 72 (15): 3518-3522.

[77] Issad T, et al. A homogeneous assay tomonitor the acivity of the insuli-n receptor using bioluminescence resonance energy transfer [J]. Biochem Phar-macol, 2002, (64): 813-817.

[78] Jordan B A, et al. Functional interactions between mopioid and a2A-adrenergic receptors[J]. Mol Pharmacol, 2003 (64): 1317-1324.

[79] Germain-Desprez D, et al. Oligomerization of transcriptional intermediary factor1 regulators and interaction with ZNF74 nuclear matrix protein revealed by bioluminescence resonance energy transfer in living cells[J]. J Biol Chem, 2003, 278 (25): 22367-22373.

[80] Huang RP. Detection of multiple proteins in an antibody-based protein microarray system [J]. Immunol Methods, 2001, 255 (1-2): 1-13.

[81] Trezzani I, nadir M, Dorel C, et al. Monitoring of recombinant protein production using bioluminescence in a semiautomated fermentation process[J]. Biotechnol Prog, 2003, 19 (4): 1377-1382

[82] Kelly CJ, et al. Kinetic analysis of a tod-lux bacterial reporter for toluene degradation and trichloroethylene cometabolism. Biotechnol [J]. Biotechnology and Bioengineering, 2000, 69 (3): 256-265.

[83] 李春艳, 陈悟, 金龙江. 纳米技术在竞技体育领域的应用展望 [J]. 武汉体育学院学报, 2004, 38 (3): 8-10, 14.

[84] 王霞萍. 纳米技术在体育生物科学应用中的研究展望[J]. 西安体育学院学报, 2002, 19 (4): 54-55.

[85] Karu T. The Science of Low-Power Laser Therapy. Amster2dam: Gordon and Breach Science Publishers[M]. 1998: 226.

[86] 秦岭, 胡声宇, 陈启明. 体育生物医学基础研究与进展[M]. 北京: 人民体育出版社, 2001: 260-266.

[87] 刘承宜, 刘倾豪. 低强度激光的生物光子学研究 [J]. 中国激光医学杂志, 1997, 6 (3): 125-131.

[88] 阎孝诚, 刘保延. 实用中医激光血疗学[M]. 北京: 中医古籍出版社, 1999.

[89] 王琳芳, 杨克恭. 医学分子生物学原理[M]. 北京: 高等教育出版社, 2001.

[90] 李志远, 虞乐华. 弱激光血管内照射疗法应用进展 [J]. 激光杂志, 2000, 21 (5): 66-67.

第二讲 生物医学技术及其在运动医学中的应用

专业名词中英文对照

中文	英文
光谱分析	spectrographic analysis
色谱分析	chromatography
电泳	electrophoresis
流式细胞术	flowcytometry （FCM）
多聚酶链式反应	polymerase chain reaction （PCR）
纸电泳	paper electrophpresis
醋酸纤维薄膜电泳	cellulose acetate electrophoresis
琼脂凝胶电泳	agar gel electrphoresis
同位素示踪法	isotopic tracer method
单克隆抗体技术	monoclonal antibody technique
干细胞	stem cell

（陕西师范大学　熊正英）

第三讲 运动员基因选材原理与方法

【内容提要】

运动能力受遗传影响,因此,可以通过基因多态性的研究,探询运动员选材用 DNA 遗传标记,提高选材工作的科学性和准确性。DNA 遗传标记有重复序列多态性和单核苷酸多态性。目前,正在实施的单体型计划也将给运动员选材提供新的、信息量更大的遗传标记。关联分析是运动员基因选材常用的研究方法,包括 case-control 和 cross-sectional 两种方法。方法不同,意义也有所不同。可以通过 STRs 的分型技术、SNPs 的分型技术、单体型构建技术进行运动员基因选材的研究。

【重要名词】

基因标记:位于 DNA 上的一些与基因表达功能相关的多态位点,在人群中呈孟德尔共显性遗传。

基因多态性:一个群体中 DNA 的变异(包括碱基缺失、插入、转换、颠换、重复等)频率高于 1%,称为 DNA 多态性。

运动员选材:在人群中挑选具有特殊运动能力的人才,称为运动员选材。

优秀运动员选材是体育科研界一直很重视的工作。它不仅可以帮助教练员尽早发现、挖掘具有特殊竞技能力的人才,而且可以为国家在运动员的培养上节省大量的人力和物力。目前,美国、日本、加拿大、中国等国家已有实验室开始研究与运动能力相关的基因标记,得到了一些有意义的结果。这项研究将给运动员选材工作开辟一个新的途径。在优秀运动员的选材中加进分子遗传学指标,将会使选材工作更趋科学和准确。

一、运动员基因选材的研究现状

运动员基因选材的研究是从 20 世纪 90 年代开始的,迄今为止在常染色体已发现 140 个以上基因或基因标记,在性染色体有 6 个基因标记,在 mtDNA 上有 16 个基因标记可能与运动能力有关。图 3-1 和图 3-2 分别标出了与运动能力可能相关的基因或基因标记在 mtDNA 和核 DNA 上的位置。

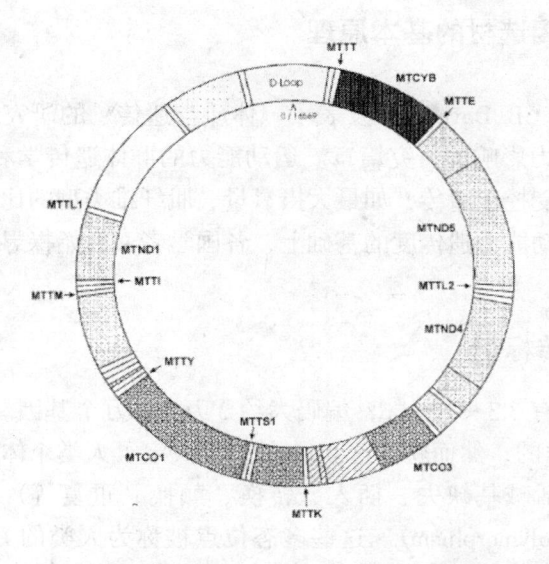

图 3-1 与运动能力相关的 mtDNA 上的基因标记（2005）

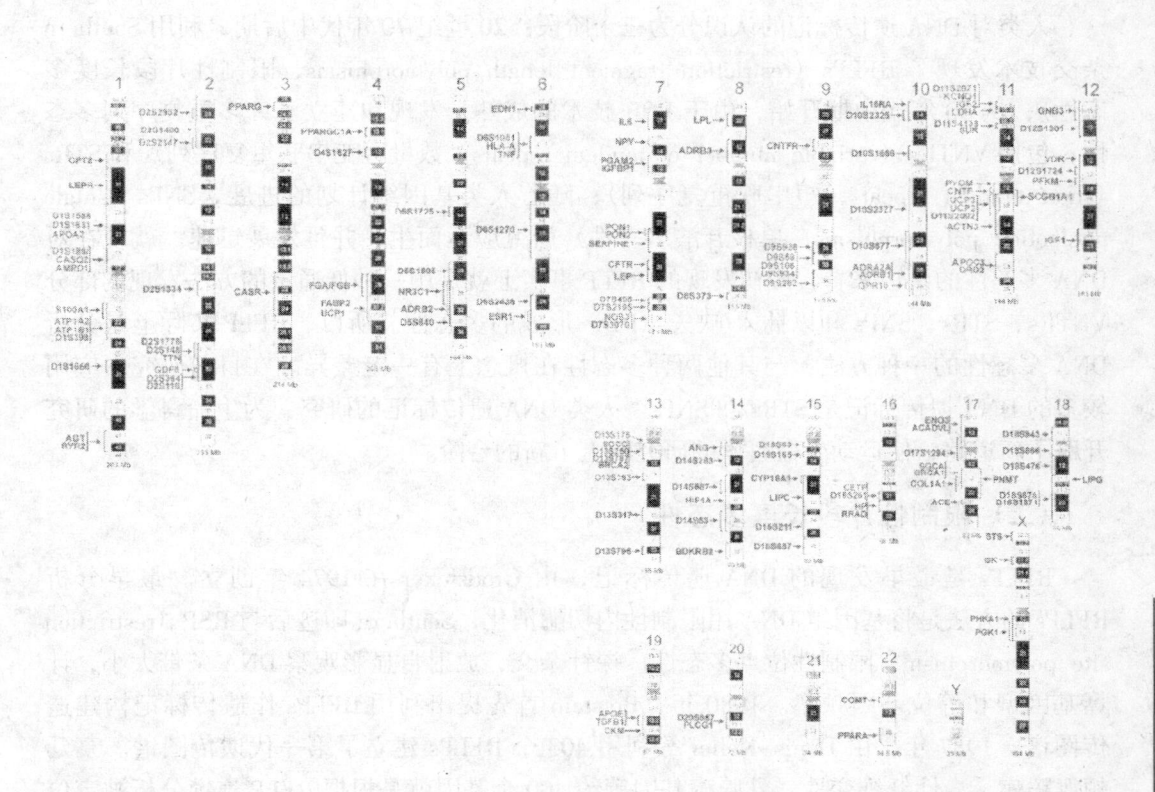

图 3-2 与运动能力相关的基因在核染色体上的位置（Wolfarth B，2005）

二、运动员基因选材的基本原理

1923年美国学者CB Davenport发表了《体质与遗传》的研究论文，从此揭开了人类探讨遗传对运动能力影响的研究篇章。运动能力的群体遗传学和人类学的研究表明，运动能力很大程度上受控于遗传，如最大摄氧量、肌纤维类型的比例等都有较高的遗传度。因此，在研究运动能力遗传度的基础上，各国学者又开始探寻与运动能力表型相关的DNA遗传标记。

（一）DNA遗传标记

人类基因组大约有3.3×10^6 bp，编码大约3万~4万个基因。两个不相关的个体，99.9%的基因组是一样的，然而就是这0.1%的差异决定了人类个体的特异性。一个群体中DNA的变异（包括碱基缺失、插入、转换、颠换、重复等）频率高于1%，称为DNA多态性（gene polymorphism）。这些多态位点被称为人类的DNA遗传标记，在人群中呈孟德尔共显性遗传。DNA遗传标记是DNA水平遗传变异的直接反映，与形态学、细胞学、生化指标相比，DNA遗传标记既不受环境的影响，也不受基因表达与否的限制，且数量丰富，遗传稳定。

人类对DNA遗传标记的认识分为三个阶段：20世纪70年代中后期，利用Southern杂交技术发现了RFLPs（restriction fragment length polymorphisms，限制性片段长度多态性）；从80年代中期开始，由于PCR技术的成熟，发现和建立了许多重复序列多态性，包括VNTRs（variable number of tandem repeats，数量可变串联重复序列）和STRs（short tandem repeats，短串联重复序列）；随着人类基因组计划的进展，SNPs（single nucleotide polymorphisms，单核苷酸多态性）研究应运而生，并且发展迅速。就现在对DNA多态性的认识来看，最初发现的RFLP事实上就是用一种低通量的方法发现的部分VNTRs、STRs、SNPs和以插入/缺失（I/D）形成的多态性。所以，RFLP实际上是分析DNA多态性的一种方法，与其他两种多态性在概念上有一定差异。在目前研究中应用较多的DNA遗传标记是STRs和SNPs。人类DNA遗传标记的研究，为生命科学的研究开辟了新道路，使运动生命科学的研究跨上了新的台阶。

（二）限制性片段长度多态性

RFLPs是最早发现的DNA遗传标记，由Grodzicker在1974年创立。最早分析RFLPs的方法是将基因组DNA用限制性内切酶消化，Southern印迹后与RSP（restriction site polymorphism，限制性位点多态性）探针杂交，放射自显影观察DNA条带大小，计算基因型和等位基因频率。1980年，Botstein首先提出利用RFLPs作遗传标记构建遗传图谱。1987年，由Donis-Keller等利用403个RFLPs建立了第一代遗传图谱。亨廷顿舞蹈病、囊性纤维变性、乳腺癌基因等约400个基因就是根据RFLP连锁分析被定位克隆的。

RFLP在当时的研究中表现出很多优点：出现频率远远高于蛋白质的多态性，具有稳定性、不受环境和发育关系的影响、没有组织特异性等，因此被称为第一代DNA遗传标记。但RFLP对模板的质量要求较高，使用同位素，操作烦琐耗时长。同时，由于探针的异源性而引起的杂交低信噪比或杂交膜的背景信号太高等都会影响杂交的灵敏度。

现在认为，RFLP本身并不是一种多态性，而是一种分析DNA多态性的方法。RFLP是在两种情况下产生的。第一种是由于DNA序列上有些部位能够被限制性内切酶识别，如果识别的部位是由于碱基的变化引起的，这可能有两种情况，一是本来没有酶切位点，由于碱基变化产生了酶切位点；二是本来有酶切位点，由于碱基的变化酶切位点丢失。这样的DNA序列被限制性内切酶识别切割电泳后就会出现多态性。由于这种多态性是由单个碱基的变化引起的，故称之为点多态性（point polymorphism），就是目前所讲的SNPs。第二种是由于DNA分子内部发生较大的顺序变化所致，如缺失、重复、插入。在这种情况下，限制性内切酶识别位点本身的碱基没有发生改变，改变的只是它在基因组中的相对位置。这一类多态性就是VNTRs、STRs、插入/缺失多态性等。实际上，在DNA顺序中，大多数的SNPs、VNTRs、STRs、缺失、插入的DNA片段，不存在限制性内切酶识别位点，不能通过RFLP来发现或分析。此外，能够用RFLP分析的多态性在人类基因组中的分布是不均匀的，并且密度较低。因此，随着STR和SNPs的研究，RFLP已被逐渐淘汰。

在PCR（聚合酶链式反应）技术成熟以后，PCR技术与RFLP方法的结合实现了不需杂交和无须放射性标记的RFLP分析。同时由于PCR技术的引入，可以按自己的目的对DNA的不同区段进行研究。一些没有限制性酶切位点的SNPs也可以通过修饰引物产生酶切位点进行PCR-RFLP分析。因此，PCR-RFLP是目前常用来分析已知SNPs和STRs的一种低通量、低花费的方法。

（三）重复序列多态性

人类基因组的一个重要特点就是存在大量的重复序列。VNTRs和STRs的PIC（polymorphism information content，核苷酸多态性信息量）较高，被称做第二代DNA遗传标记，其中STR最为常用（表3-1）。STR可能参与基因表达的调控，或某些基因的重组或者维系着丝点强度，保证染色体三维结构。但目前对于STR的生物学功能总体上知之甚少，对它产生的机制，目前也没有明确的研究结论。

PIC和杂合度（heterozygosity，H）高，是STR作为遗传标记的最大特点。一般来说，当PIC > 0.50时，遗传标记具有高度的可提供信息性；0.50 > PIC > 0.25，遗传标记能够较合理地提供信息；当PIC < 0.25时，遗传标记可提供的信息性较差。一般每个STR位点有十几个等位片段，具有高度的杂合度和PIC，PIC平均在0.7。有报道显示，两个无关个体在14个STR基因座基因型完全相同的可能性仅为1×10^{-14}。理论上说，在目前地球上60亿人口中没有任何两个无关个体在这14个STR基因座的基因型完全相同。

各国学者已经利用STRs构建了人类的第二代遗传图谱。目前有接近1万个有详细的染色体定位、侧翼链引物顺序、扩增片段长度、等位基因数目、杂合率的STRs可供

表 3-1　VNTRs 和 STRs 的比较

	VNTR	STR
核心重复序列长度	15~70 bp	2~6 bp
片段长度	0.5~30 kb	100~350 bp
是否具有长度多态性	多数具有多态性	多数具有多态性
是否具有序列多态性	有	有
突变率	约 10^{-3}	$10^{-4} \sim 10^{-5}$
分布特点	1. 多在非翻译区和内含子 2. 在基因组中分布不均匀，在某些染色体中未被发现，多位于近染色体着丝粒和端粒区	1. 多在非翻译区和内含子 2. 分布在染色体的所有区域
分型情况	1. 核心重复序列较长，容易出现优先扩增 2. 对陈旧、降解检材分析比较困难	1. 重核心复序列短，扩增时不会造成小片段优先扩增的错误，稳定性较高 2. 扩增效率高，灵敏度高 3. 各个 STR 位点扩增片段长度近似，扩增条件相似，可进行复合扩增，分型易实现自动化
数量		5 万~50 万

研究者选择。由于二核苷酸重复的 STRs 位点在复制时存在线性滑动，导致基因型和等位基因模糊判读。若重复片段过长，则 PCR 扩增效率低。故多采用染色体定位清楚，与其他 STR 遗传标记无连锁，突变率足够低，群体等位基因频率已阐明，基因型在群体中的分布处于 Hardy-Weinberg 平衡，个体识别几率三核苷酸和四核苷酸重复作为遗传标记进行研究。

（四）单核苷酸多态性

SNPs 是由单个碱基的变化产生的多态性，是人类多态性中最常见的一种，大约占 90% 的人类基因组的变异，也就是说个体差异的 90% 是由 SNPs 决定的。1996 年，美国 MIT（Massachusetts Institute of Technology）的 Eric S. Lander 首次提出 SNPs，被称为"第三代 DNA 遗传标记"。SNP 被认为是最有应用前景的 DNA 遗传标记。

SNPs 可由单个碱基的转换（transition，C-T / A-G），或颠换（transversion，C-A / G-T、C-G / G-C、T-A / A-T）引起，也可由单个碱基的插入或缺失所致。但通常所说的 SNPs 不包括后两种情况。SNP 既可能是二等位多态性（biallelic marker），也可能是 3 或 4 个等位多态性，但后两者非常少见（低于 0.6%），几乎可以忽略。因此，通常所说的 SNPs 都是二等位多态性的，其中转换是主要的（78.1%），约占 2/3，其他 3 种变异的发生几率接近。SNPs 在 CpG 序列上出现最为频繁，占全部 SNPs 的 29%，而且多是发生 C-T 转换，这是因为 CpG 中 C 残基大多数是甲基化的，可自发地脱去氨基而形成 T。可能是选择压力的原因，SNPs 在单个基因或整个基因组中的分布密度是不均匀的，在非转录区多于转录序列。

1. 根据 SNPs 在基因中的位置分类

（1）基因编码区 SNPs（coding-region SNPs，cSNPs），有 25 万～40 万个，变异率仅及周围序列的 1/5。编码序列不仅限于编码蛋白质的基因序列，还包括 RNA（tRNA、rRNA、snRNA 等）的编码序列，这部分的 SNPs 同样可能影响各类 RNA 的结构和功能，从而影响细胞及整体的功能。因此，不能把 cSNPs 简单地看做 cDNA 中的 SNPs。从对生物遗传性状的影响上来看，cSNP 又可分为两种：一种是同义 cSNPs（synonymous cSNPs），即碱基的改变不影响氨基酸的编码；另一种是非同义 cSNPs（non-synonymous cSNPs，nSNPs），指碱基的改变导致了氨基酸编码的改变，占 cSNP 的 20%～40%。

（2）5′非编码区（5′UTR）的 SNPs，在调控区域内的 SNPs 可以改变 mRNA 的表达水平或稳定性。

（3）3′非编码区（3′UTR）的 SNPs。

（4）内含子区的 SNPs。外显子和内含子相连部位的 SNPs 可能改变外显子-内含子的剪接，影响蛋白质的修饰。

（5）基因连接区的 SNPs。SNP 的位置有助于我们了解 SNPs 的功能。

2. 与 STR 相比，SNPs 的优势

（1）数量多、分布广泛是 SNPs 作为遗传标记的最大特点。从目前的研究看，大约每 390bp 就有一个 SNP，人类可能存在 1500 万以上的 SNPs，可以在任何一个待研究基因的内部或周围找到。

（2）SNPs 分析易于自动化、规模化，而且结果易于通过计算机解释和解析。由于 SNPs 是两种多态性，在基因组筛选中 SNPs 往往只需+/-的分析，而不用分析片段的长度，这就利于发展自动化技术筛选或检测 SNPs，有利于各实验室基因型判定的标准化和质量控制。这是 SNPs 作为遗传标记的第二大特点。

（3）SNPs 具有代表性。某些 SNP 可能会直接影响产物蛋白质的结构或基因表达水平，因此，它们本身可能就是研究疾病遗传机制的位点。

（4）SNPs 具有较高的遗传性和稳定性。SNPs 基于单核苷酸的突变，突变频率极低，只有 10^{-8}。大多数 SNPs 都是来源于物种形成之后种群出现之前，而且碱基突变又是随机性的，因此 SNPs 在基因组中十分稳定。STR 的高突变率较高（10^{-5}），容易引起对人群的遗传分析出现困难。

3. 可供查寻的 SNPs 免费资源

（1）1998 年，美国国家生物技术情报中心（National Center for Biotechnology Information，NCBI）与美国国立人类基因组研究所（National Human Genome Research Institute）合作，在原有的人类基因组数据库的基础上，增设了 SNP 数据库：http://www.ncbi.nlm.nih.gov/SNP。

（2）瑞典卡罗琳斯卡基因组研究中心（Center for Genomics Research，Karolinska Institute）、设在英国的欧洲生物信息研究所（European Bioinformatics Institute）和德国

的欧洲分子生物学实验室（European Bioinformatics Institute）在德国 Interactiva 公司资助下，共同合作建立了欧洲的 SNP 数据库，定名为 HGBASE（Human Genic Bi-Allelic Sequences：http：//www.hgbase.com/）。

（3）由美国国立卫生研究院（National Institutes of Health，NIH）提供的主要是与癌症和肿瘤相关的候选 SNP 数据库：http：//lpg.nci.nih.gov/。

（4）由人类基因组组织机构（Human Genome Organization，HUGO）维持的突变数据库：http：//ariel.ucs.unimelb.edu.au/~cotton/mdi.htm。

（5）由美国 Whitehead 研究所（Whitehead Institute for Biomedical Research Genome Institute）建立的人类 SNP 数据库：http：//www-genome.wi.mit.edu/snp/human/index.html。

（6）由美国国立环境健康科学研究院（National Institute of Environmental Health Science）资助的犹他州大学 SNP 数据库：http：//www.genome.utah.edu/genesnps/。

（7）CHLC（The Cooperative Human Linkage Center），网址是：http：//www.chlc.org/cgap/nature-genetics-snps.html。

（8）SNP 研究委员会（The SNP Consortium，TSC）：http：//snp.cshl.org/allele frequency project/。

（9）日本 The University of Tokyo and Japan Science and Technology Corporation（JST）建立的 JST（http：//snp.ims.u-tokyo.ac.jp），所有的数据库都是公共数据库，具有使用说明和详细介绍，可以从国际互联网上直接查询。

（10）http：//mitomap.bio.uci.edu/网站有 NIST 分析系统，可分析线粒体 DNA 的多态性。

4. 提供 SNPs 功能预测分析的软件

（1）LS-SNP：http：//www.salilab.org/LS-SNP。对部分（28043 个）改变氨基酸编码的 SNPs（non-synonomous SNPs，nsSNPs）作了注释，包括在蛋白中的位置、功能途径、单体型，并且预测了可能对蛋白结构和功能的影响。这个软件操作比较简单，只要在主页面的搜索（queries）中输入：swissprot ID、sbSNP rs ID、kegg pathway ID、HUGO gene ID 中的任一个就可以。

（2）SNPeffect：http：//snpeffect.vib.be/。此软件对部分 nsSNP（12480 个蛋白的 31659 个 nsSNP）作了详细的注释，包括对蛋白糖基化、磷酸化、功能部位、亚细胞定位、蛋白折叠、信号传递的影响都作了预测，并且操作界面简单。

（3）PolyMAPr：http：//pharmacogenomics.wustl.edu/resourse。对纷繁复杂的 SNP 库的数据进行了精简、注释和功能分析。

（4）SNPper：http：//snpper.chip.org/。此软件可以给出 SNP 的编号、在染色体上的位置、距离起始密码子 ATG 的距离、位置（内含子、外显子等），同时出现上下游序列，以方便设计引物进行分型。但此软件没有种族分布频率的资料。

（5）ALFRED：http：//info.med.yale.edu/genetics/kkidd/。可以给出不同群体的等位基因的频率，界面直接、简单。

（五）单体型

人类基因组中，相邻近的SNPs等位位点由于连锁不平衡（linkage disequilibrium）的原因，倾向于以一个整体遗传给后代。染色体上一系列紧密连锁并共同遗传的一组遗传标记称为单体型（haplotype）。如果一个单体型有N个变异位点，理论上就可能有2N种可能的单体型。实际上，大多数染色体区域只有少数几个常见的单体型（每个常见单体型具有至少5%的频率），它们代表了一个群体中人与人之间的大部分多态性。它的模式变化较少，且有种族特异性，同种族个体中有80%~90%的单体型是一致的。单体型的内部重组率低，周围是重组热点区。由于单体型内部紧密连锁，且变化较少，可以通过代表性的SNPs定义有限数量的常见单体型，即有限数量的SNPs能解释大多数的单体型，大大简化了SNPs分析的数量。也就是由于连锁不平衡的存在，出现单体型。但是现在在某些文章中，作者所选的SNPs位点之间不存在连锁不平衡，还要进行单体型的估计，这是一个很大的误区。

连锁不平衡指的是不同遗传标记间存在着的非随机组合。由于有限的群体大小和复杂的群体历史，这种非随机组合在基因组中普遍存在。连锁不平衡现象在群体遗传学参数估计、基因精细定位、关联分析等方面有广泛应用。从本质上讲，关联分析检测的就是遗传标记和性状之间的连锁不平衡。疾病位点和遗传标记间的连锁不平衡水平，直接决定关联分析的统计效力。

通常情况下，连锁不平衡无法延伸得很远，只表现在距离很近的遗传标记间。SNP作为一种稳定的、高密度的遗传标记，成为连锁不平衡研究中最好的遗传标记。一般来说，连锁不平衡可以从突变、随机漂变、瓶颈效应和群体混合过程中产生，而连锁不平衡随衰减时间和遗传位点间的遗传距离的增长而减弱。在一些特殊群体中，连锁不平衡可以在很大距离上存在，这些群体是潜在的可以被用于进行高效率的关联研究和基因定位的理想群体。

三、运动员基因选材的研究策略

利用基因多态性在人体进行相关研究的常用方法是连锁分析（linkage study）和关联分析（association study）。根据基因的重组率来计算两基因之间的染色体图距的方法称为连锁分析。关联分析是检验在一个种群中带有性状的无关个体组与不带有性状的无关个体组在某一遗传标记位点处是否会出现不同的频率。如果二者分布频率有显著性差异，就可推测所研究的基因标记和该性状之间是否存在因果关系。连锁研究以大的家系为研究基础，在分析具有明显主基因效应或单基因遗传的表型的基因的定位方面比较有优势。在体育科研中，尤其是在运动员杰出运动能力的研究中，家系材料很难得到。因此，在体育科研中一般以关联研究为主。目前只有国外的学者采用过连锁分析，在国内还没有相关的研究。

（一）关联研究常用的实验设计

关联研究常用的实验设计有9种（表3-2）。一般在体育科研中常用有两种，一种

表 3-2 关联研究的实验设计

类别	实验设计	优势	缺陷
部分交叉 (Cross-sectional)	从一个群体中选择样本，分析基因型和表型之间的关系，比如选择 100 个 25 岁男性进行 10 周的耐力训练，测定训练前后的 VO_2max，就可以分析某一个或某些基因多态性与 VO_2max 起始值和训练敏感性的关系	简单、易行、花费低	不能代表最杰出的运动能力
同期组群 (Cohort)	跟踪某一个群体，研究某一基因型的成才率，比如跟踪一群年队的运动员，发现 10 年以后某一基因型的群体更易成为优秀运动员	提供了一个可能概率	跟踪实验比较昂贵，有些人可能因为有某原因退出
实验对照 (Case-control)	一个优秀运动员组和一个普通对照组，比较基因多态性在两组的分布频率的差异	简单、易行	优秀运动员不易选择
极值组 (Extreme values)	研究从 cross-sectional 和 cohort 样本中选择来的极端高的或低的受试者的基因型	花费较大	不能真正估计遗传的作用
实验—父母三者 (Case-parent triads)	以具有某种表型的受试者的父母作为对照组，比如说，发现某一基因型的个体 VO_2max 非常高，研究这些个体的父母的资料	避免人群分层	阳性结果出现的概率较低
实验—父母—祖父母 7 人组 (Case-parent-grandparent septets)	以父母和祖父母为对照组	避免人群分层	祖父母很难找到
普通组 (General pedigrees)	从人群中选择带有性状的任意家系	家系越多，效力越强	花费较高
个体实验 (Case-only)	仅仅分析有表型的个体	是测定相互作用最好的实验设计	仅仅能测定相互作用，对人群分层特别敏感
DNA 池个体基础 (DNA-pooling individual basis)	应用于以上所有的实验设计，但是基因分型是在一个库的基础上，而不是一个个体	昂贵	很难估计实际差异产生的原因

(Heather J Cordell, 2005)

是实验对照设计，其基本原理是检验基因多态性在实验组的频率是否与对照组有差异。实验组就是优秀运动员组，对照组又有两种情况，一是以亲属作为对照，二是无血缘关系的普通人群。第二种常用的方法就是交叉对照设计。其基本原理就是通过一组受试者进行训练，看不同基因型的人对训练效果的敏感性。如果得到阳性关联的结果或敏感性高的基因型，排除各种混杂之后（如人群分层），可以推断该多态性存在于杰出运动能力易感基因座内或者与易感基因座连锁不平衡。

根据采用的基因标记的特点，实验对照和交叉对照实验设计又具体地分为两种情况：

1. 基于候选基因的关联分析

候选基因方法因其经济、省时成为目前研究中最常用的方法。通过查阅文献或以往的知识积累发现，某个代谢通路中的某个基因或某些基因与杰出运动能力的表型相关，或 STR 作连锁分析或细胞遗传学方法发现某一区域或染色体上的条带与杰出运动能力表型相连锁，根据这些资料确定候选基因。研究的基因数目可以是 1 个，也可以是多个。根据对候选基因的研究程度又分为直接（direct）的关联研究和非直接（indirect）的关联研究。直接的关联研究是指假定研究的 SNPs 与表型的关系是直接相关的；非直接的关联研究是指所选的 SNPs 不能确定与表型的因果关系，在这种情况下一般选择候选基因内的标签 SNPs 作为遗传标记。随着高密度 SNPs 图谱和 SNPs 单体型图谱的建立，这种研究越来越成熟。首先，根据单体型图谱信息选择标签 SNPs 位点，这代表了通常情况下整条基因的信息。

2. 全基因组的关联分析

基因组扫描是指以 DNA 多态性标记或消减杂交等策略，对基因组逐个点进行筛查，寻找与表型相关的易感基因，属于反向遗传学（reverse genetics）的范畴。此方法不仅为发现新的易感基因提供了可能，也为找到杰出运动能力机制中可能起重要作用的弱效基因提供了有效的手段。尽管目前还没有确定全基因组的关联分析（genome wide association study）的 SNP 密度，但根据样本量的大小、不同 DNA 区域、不同的种族，SNP 密度的选择会有所不同。并随着 Hapmap 计划的进展，这一方法会发挥越来越大的作用。

（二）关联研究常用的统计学方法

在关联研究中一种合适的统计学方法的选择是至关重要的。常用的一些方法见表 3-3，其中的一些方法可以在普通的统计学软件上完成，有的需要特殊的软件。

（三）关联研究候选基因的选择方法

候选基因的选择是决定关联研究成败的关键，选择的依据主要根据当前的研究进展，常用的方法见表 3-4。目前在体育科研中，一般是选择有早期研究支持的基因。

表 3-3 关联研究常用的统计学方法

统计学方法	软件	网址
Logistic regression	普通统计学软件包，包括 Stata, SAS, S-Plus, R	http://www.stata.com/ http://www.sas.com/ http://www.insightful.com/products/splus/ http://www.r-project.org/
X^2 test of association	普通统计学软件包	同 Logistic regression
Linear regression	普通统计学软件包	同 Logistic regression
Survival analysis	普通统计学软件包	同 Logistic regression
Transmission/disequilibrium test	多种软件，包括 Genehunter、RC-TDT、Genassoc、Transmit、Unphased	http://fhcrc.org/labs/kruglyak/Downloads/index.html http://www.uni-bonn.de/~umt70e/soft.htm http://www-gene.cimr.cam.ac.uk/clayton/software/ http://www.mrc-bsu.cam.ac.uk/personal/frank/
Conditional logistic regression	Genassoc、Unphased	http://www-gene.cimr.cam.ac.uk/clayton/software/ http://www.mrc-bsu.cam.ac.uk/personal/frank/
Log linear models	普通统计学软件包	同 Logistic regression
Pedigree disequilibrium test	Pedigree disequilibrium test、Unphased	http://www.chg.duke.edu/software/pdt.html http://www.mrc-bsu.cam.ac.uk/personal/frank/
Family-base association test	Family-based association test	http://www.biostat.harvard.edu/~fbat/fbat.htm
Quantitative transmission/disequilibrium test	Quantitative transmission/disequilibrium test	http://www.sph.umich.edu/csg/abecasis/QTDT/
DNA pooling	普通统计学软件包	同 Logistic regression

(Heather J Cordell, 2005)

表 3-4 候选基因的选择方法

选择标准	依据	优势	缺陷
生物学功能	基因编码蛋白的功能与运动能力的表型相关，如血红蛋白与最大摄氧量的关系	当表型的生理学机制已阐明时，多选用此方法	当表型的生理学机制不清楚时，很少采用此方法
动物模型	在动物实验中影响相关的表型，如 PPARGC1 高表达的小鼠，I 型肌纤维增多	提供了详细的基因紊乱与表型之间的关系	动物与人之间有一定的差异
位置信息	来自于基因组扫描的信息，指出染色体某个部位含有易感基因	能够发现主要的易感基因	通过基因组扫描发现的区域一般比较大，此外，此方法也不能发现所有的基因
以前的关联研究	以前的关联研究表明某一基因与某一性状相关，或 meta-analysis 表明某一变异引起某一性状	以前的阳性结果能给出最强有力的支持	种族的差异，可靠性

(Andrew T Hattersley, 2005)

(四) 关联研究的样本量和 Power 值的计算

选择的多态位点的 Power 值一般在 0.8 以上，一个合适的 Power 值和样本量是进行关联研究成功的前提条件。有大量的软件可供应用，如 PS Power and Sample Size Calculator (http://biostat.mc.vanderbilt.edu/twiki/bin/view/Main/PowerSampleSize)；http://statgen.iop.kcl.ac.uk/gpc/；http://cruk.leeds.ac.uk/katie。Andrew 等对此作了一定的总结（表 3-5，图 3-3）。

表 3-5 不同 P 值下的样本量

α	\multicolumn{6}{c}{Susceptibility allele frequency in controls}
	1%	5%	10%	20%	30%	40%
0.05	13 599	2866	1533	886	694	623
0.01	19 258	4058	2171	1255	982	883
0.001	27 055	5702	3051	1763	1380	1240
5×10^{-5}	36 869	7770	4157	2403	1881	1690
5×10^{-8}	58 678	12 366	6617	3825	2994	2690

注：假定 OR 值是 1.3，power=0.9。　　　　　　　　　　（Andrew T Hattersley，2005）
样本量是指实验和对照组之和。实验：对照是 1:1，OR 值大于 1.5，α 是 I 型错误的概率。

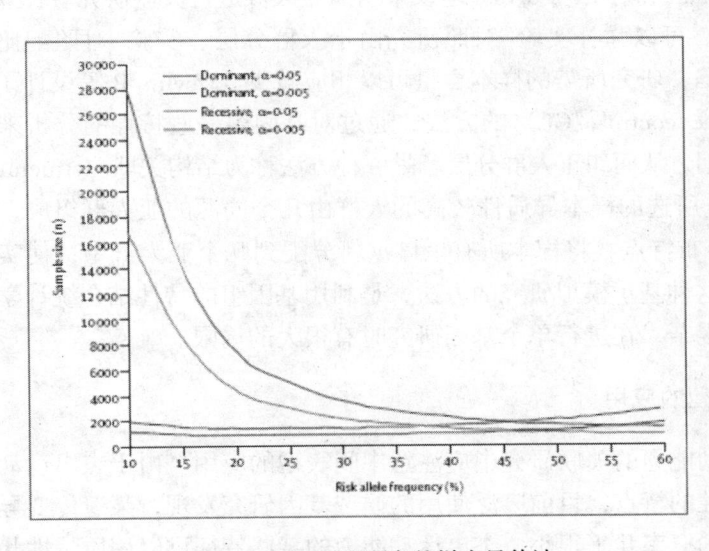

图 3-3 实验-对照研究的样本量估计

(五) 关联研究的注意事项

1. 样本的选择

分析相关的资料发现，在某一人群中显示关联的结果很难在另一人群中复制，并且关联研究的假阳性比较高，其主要原因就是在受试者的选择上。在实验-对照研究中，实验组和对照组在受试者的种族、性别等方面必须是匹配的。这分为两种情况：一是实验组和对照组样本量完全匹配（1:1）；二是两组受试者的样本数不一样，但是两组中的率是一样的，比如说，实验组中的男女比例是1:3，那么对照组的比例也应该是1:3。值得注意的是实验组和对照组之间的样本数的比例不宜超过1:3。

关联研究最主要的混杂因素来自于人群分层（population stratification），也是造成关联研究较高假阳性的主要原因。而人群分层中最难控制的是种族性（ethnicity）。以往的关联研究中，优秀运动员组和对照组在种族上往往配比不足。一般研究者只能根据人口学（demographic）资料进行病例对照在性别、年龄、民族和社会文化等因素上的匹配，但同民族内族群分层仍很难避免，依然可能导致偏倚，甚至导致假阳性结果。

关联研究可以从两个方面来控制来自人群分层的混杂。一是使实验组和对照组在种族上尽量进行配比。实验组和对照组可以来自于一个同质的并且随机婚配的人群，这样实验组和对照组在理论上种族是匹配的。另一种方法是采用Case组的亲属作对照，比如采用优秀运动员的不是运动员的同胞作对照，或者选择优秀运动员的双亲作对照。这种设计实施起来有很大难度，也存在产生假阳性结果的可能，即所检测的等位基因与杰出运动能力之间并不是因果关联，而是与杰出运动能力易感基因座连锁不平衡。但这样的结果至少提示杰出运动能力易感基因座就在检测的基因座附近。然而，如果实验组和对照过度匹配，会使得发现关联的效率有所降低。

Sagiv Shifman和Ariel Darvasi建议采用孤立人群进行关联研究。孤立人群遗传背景的同源性较高，可以弥补实验-对照研究由于人群分层、实验-对照配比不足而产生较高假阳性的缺陷，研究所需的样本含量可以相应减少。Devlin B等设计了一种称为基因组对照（genome control，GC）的方法，通过对基因组一些特性的分析来去除样本内人群亚分层的作用，从而纠正人群分层。另一种方法称为结构关联（structured association，SA），假设研究所选的样本异质性较高的人群由几个同源的亚人群组成，利用基因组内多个SNPs的分布特点，将样本所有个体重新分配到几个亚人群中，使实验组和对照组匹配更佳。但这种基于模拟研究的方法，是利用基因组的特性结合统计学分析来克服所选择的人群的混杂，在进行单个基因研究时有很大的局限。

2. 中间表型的应用

在杰出运动能力的关联研究中应注意中间表型的应用。由于杰出运动能力遗传异质性和表型异质性的特点，目前广泛使用的候选基因研究发现，某遗传变异与某杰出运动能力因果关系的概率几乎很小。杰出运动能力的某些特征可以用质量性状和数量性状来表述。质量性状是指该受试者是优秀运动员或不是，数量性状比如受试者的最大摄氧量、氧脉搏、氧动力学曲线、跑节省化等等。大多数生物系统，从基因到它的产物（蛋白质），或到更远一些的"中间"表型，一直到最终用来判定杰出运动能力的标准，中间可以有很多的指标，这些指标的遗传可能涉及较少的基因或变异，可以增加发现疾病易感基因的机会。如果忽视了中间表型而把终末表型直接与基因挂钩，可能只会发现一些作用较小的基因。但也应注意避免将与杰出运动能力关系不大的表型作为中间表型。

四、运动员基因选材的研究手段

（一）STRs 的分型技术

STRs 属于一种长度多态性，目前主要是通过电泳来分型，常用技术包括变性（或非变性）PAGE、CE（capillary electrophoresis，毛细管凝胶电泳）、CAE（capillary array electrophoresis，毛细管阵列电泳）、飞行时间质谱分析法（MALDI-TOF mass spectrometry）。这些方法在第二讲中已有详细的描述，在这里不作赘述。

（二）SNPs 的分型技术

SNPs 的分型方法非常多，采取什么样的方法最主要的考量点是在什么仪器平台，基因分型的通量大小，实验结果的准确性、成功率，实验操作的复杂性或实验流程的长短，成本的高低。另外，分型方法对样品 DNA 量的要求也是一个参考指标。

目前高通量的方法包括直接测序、变性高效液相色谱技术、基于基质辅助激光解析/电离-飞行时间质谱的检测方法、以荧光共振能量传递为基础的检测方法、基因芯片等等。此外，除了一些实验方法，还有一些算法，比如 POLYBAYES 计算法（polybayes algorithm，http://genome.wustl.edu/gsc/polybayes）和 SNPpipeline（single nucleotide polymorphism pipeline，http://lpg.nci.nih.gov/GAI）等。在一些小的实验室也经常采用一些低通量的方法，比如 PCR-RFLP、单链构象多态性（single strand conformational polymorphism，SSCP）等。

（三）单体型构建的技术和方法

目前新发展出多种进行单倍型构建的技术方法，总体上可分为三类，即基于实验的方法、基于统计学原理的方法、系谱推断的方法。

1. 基于实验的方法

最直接的方法就是 DNA 测序、等位基因特异性 PCR 扩增等，但由于受技术本身的制约，这些方法可分析的 DNA 片段长度有限，最多几百个碱基对。对大片段 DNA 中 SNP 单体型分析的方法目前正在探讨中。

2. 基于统计学原理的方法

对于已知频率的单个 SNPs，通过建立数学模型，应用这些模型构建 SNP 单体型并估算各种单体型在群体中的频率。这种方法得到的仅仅是理论估计值，而且对于同组实验数据，尤其是多个位点呈杂合状态时，不同模型与算法却得到不一致的结果。目前的主要算法有 Clark 算法、最大似然算法、贝叶斯算法等，随之有很多相应的软件，例如 EH（ftp://linkage.rockerfeller.edu/sofeware/eh）、Phase（http://www.stat.washington.edu/stephens）等等。

3. 系谱推断的方法

系谱推断的方法是通过家系中相关个体的基因型，即追溯染色体片段的传递来推断单体型状态。尽管家系内推断单体型并不比在连锁作图中构建单体型的众多方法更简单，但这样的推断可以为紧密连锁的 SNPs 提供真实的连锁信息。然而，当某些家系成员的资料无法获得、数据缺失以及某些基因型方式无法提供信息时，都可能使 SNPs 间的关系状态模糊不清。这种不确定性可能会导致完全假的单体型与疾病的相关。此外，这个方法在个体无相关的群体或很小的家系中将失去作用。

倘若能通过研究 DNA 遗传标记与运动能力的关系，探明决定运动能力的基因或基因标记，那么不仅可以从根本上解决竞技体育的早期选材、个体化训练方案制定的问题，而且可以在分子水平探讨人类运动能力的生理机制，进一步丰富运动生理学以及运动遗传学的内容。

推荐读物

[1] 陈香梅. 人类单核苷酸多态性的研究及应用 [J]. 医学综述. 2004，10（10）：579–580.

[2] 胡扬. 体育科研中的基因多态性战略 [J]. 中国运动医学杂志，2005，24（5）：619–623.

参考文献

[1] 陈雪玲. 短重复序列的研究进展[J]. 医学综述，2002，8（2）：72–74.

[2] 陈香梅. 人类单核苷酸多态性的研究及应用 [J]. 医学综述. 2004，10（10）：579–580.

[3] 陈蕊雯，孙树汉. 单核苷酸多态性在复杂性状疾病易感基因研究中的应用[J]. 第二军医大学学报，2004，25（2）：140–142.

[4] 杜玮南，孙红霞，方福德，等. 单核苷酸多态性的研究进展[J]. 中国医学科学院学报，2000，22（4）：392–394.

[5] 付秀萍，俞东征，海荣. 串联重复序列及其在鼠疫菌基因分型中的应用 [J]. 中华流行病学杂志，2004，25（3）：269–272.

[6] 顾丰. 单核苷酸多态性及其数据库 [J]. 中华医学遗传学杂志，2001，18（6）：479–481.

[7] 何云刚，金力，黄薇. 单核苷酸多态性与连锁不平衡研究进展[J]. 基础医学与临床，2004，24（5）：487–490.

[8] 何子红，马力宏. 基因定位及其在体育科研中的应用 [J]. 中国运动医学杂志，2000，19（4）：406–409.

[9] 胡蓉，伍新尧. 单核苷酸多态性及其在法医学中的应用前景 [J]. 法医学杂志，2001，17（4）：249–252.

[10] 胡扬. 体育科研中的基因多态性战略[J]. 中国运动医学杂志，2005，24（5）：

619-623.

[11] 黄代新,张林,吴梅筠.单核苷酸多态性研究进展 [J].法医学杂志,2001,17 (2): 122-125.

[12] 李宁,苏玉虹,朱宝琴.人类基因组中短串联重复序列的研究及应用现状[J].锦州医学院学报,2004,25 (5): 61-64.

[13] 李彩霞,郑秀芬.单核苷酸多态性的研究进展及其在法医科学中的应用[J].国外医学:分子生物学分册,2002,24 (4): 209.

[14] 李渊,武淑兰.人类基因组DNA单核苷酸多态性的检测方法 [J].国外医学:分子生物学分册,2002,24 (2): 117-121.

[15] 李婧,潘玉春,李亦学,等.人类基因组单核苷酸多态性和单体型的分析及应用[J],遗传学报,2005,32 (8): 879-889.

[16] 林东昕,孙瞳.单体型在肿瘤研究中的应用与展望 [J].中华肿瘤杂志,2005,27 (5): 257-259.

[17] 罗怀容,施鹏,张亚平.单核苷酸多态性的研究技术 [J].遗传,2001,23 (5): 471-476.

[18] 马炜楠,戚豫.单核苷酸多态性的应用 [J].中国优生与遗传杂志,2005,13 (5): 6-8.

[19] 聂胜洁.短串联重复序列的研究及应用 [J].国外医学:遗传学分册,2002,25 (3): 255-259.

[20] 彭郁葱,丛斌,姚玉霞.CTR基因座特性及其多态性 [J].中国法医学杂志,2000,15 (4): 245-249.

[21] 彭翠英,廖端芳,张佳,等.单核苷酸多态性及其检测方法 [J].中华检验医学杂志,2004,27 (10): 703-705.

[22] 苏智广,张思仲.人类基因组单核苷酸多态性研究进展 [J].生命的化学,2001,21 (6): 452-455.

[23] 苏智广,张思仲,肖翠英,等.一种单核苷酸多态性的单倍型分析技术 [J].遗传学报,2005,32(3): 243-247.

[24] 孙树汉,杨胜利.单核苷酸多态性与复杂性状疾病 [J].第二军医大学学报,2004,25 (2): 117-119.

[25] 王镭,郑茂波.遗传标记的研究进展[J].生物技术.2002,12 (2): 41-42.

[26] 王建刚,刘芳宁,雷初朝.单核苷酸多态性及其应用 [J].黄牛杂志,2002,28 (5): 24-27.

[27] 王晓玲,顾东风.冠心病遗传因素的研究进展 [J].中华医学遗传学杂志,2000,17 (6): 452-454.

[28] 吴昕彦,张庆华,陈竺.单核苷酸多态性研究及应用 [J].中华医学遗传学杂志,2000,17 (1): 57-59.

[29] 肖福英.短串联重复序列的研究进展 [J].华夏医学,2001,14 (2): 233-235.

[30] 严卫丽，顾东风. 复杂疾病关联研究中的若干问题[J]. 遗传学报，2004，31(5)：533-537.

[31] 袁文涛，徐红岩，赵进英，等. 微卫星位点在基因组扫描中的信息表现[J]. 中华医学遗传学杂志，2000，17（2）：65-71.

[32] 张思仲. 人类基因组单核苷酸多态性及其医学应用[J]. 中华医学遗传学杂志，1999，16（2）：119-123.

[33] 张维莉，易建中，梅长林. 遗传标记RFLP、STR、SNP在常染色体显性遗传性多囊肾病基因连锁分析中的应用[J]. 第二军医大学学报，2002，23（8）：908-910.

[34] 张霁，侯一平. 遗传图及其制作与应用的一些问题[J]. 中华医学遗传学杂志，2001，18（2）：146-150.

[35] 张安平，张学军，朱文元. 疾病相关基因定位的全基因组扫描策略与方法[J]. 疾病控制杂志，2001，5（2）：135-138.

[36] 张咏莉，傅松滨. 基因组扫描技术在医学遗传学研究中的应用[J]. 国外医学：遗传学分册，2001，24（3）：154-158.

[37] 曾朝阳，熊炜，沈守荣，等. 利用动态等位基因特异性杂交技术进行单核苷酸多态高通量分型[J]. 生物化学与生物物理进展，2002，29（5）：806-810.

[38] 赵春霞，石先哲，吕申，等. 人类基因组的单核苷酸多态性及其研究进展[J]. 色谱，2003，21（2）：110-114.

[39] 赵广荣，杨帆，元英进，等. 单核苷酸多态性检测方法的新进展[J]. 遗传，2005，27（1）：123-129.

[40] 周后德，李小玲，李桂源. 单核苷酸多态性的研究进展[J]. 国外医学：生理病理科学与临床分册，2003，23（5）：444-447.

[41] 周晨慧，彭惠民. 单核苷酸多态性检测方法的评价[J]. 现代医药卫生，2005，21（2）：156-157.

[42] Burton PR, Tobin MD, Hopper JL. Key concepts in genetic epidemiology[J]. The Lancet. 2005, 366 (9489): 941-951.

[43] Caroline M. Nievergelt, 1 Douglas W. Smith, et al. Large-Scale Integration of Human Genetic and Physical Maps [J]. Genome Research, 2004, 14: 1199-1205.

[44] Tsui C, Coleman1 LE, et al. Single nucleotide polymorphisms (SNPs) that map to gaps in the human SNP map [J]. Nucleic Acids Research, 2003, 31 (16): 4910-4916.

[45] Cordell HJ, Clayton DG. Genetic association studies [J]. Lancet, 2005, 366 (9491): 1121-1131.

[46] David ME, Lon RC. Guidelines for Genotyping in Genomewide Linkage Studies: Single-Nucleotide-Polymorphism Maps Versus Microsatellite Maps [J]. Am J Hum Genet, 2004 75: 687-692.

[47] Gu CC, Rao DC. Designing an optimum genetic association study using dense SNP markers and family-based sample[J]. Front Biosci, 2003 (8) s68-80.

[48] Hakonarson H, Gulcher JR, Stefansson K. deCODE genetics, Inc. Pharmacogenomics[M]. 2003, 4 (2): 209-215.

[49] Hopper JL, Bishop DT, Easton DF. Population-based family studies in genetic epidemiology[J]. The Lancet, 2005, 366 (9494): 1397-1406.

[50] Reumers J, Schymkowitz J, Ferkinghoff-Borg J, et al. SNPeffect: a database mapping molecular phenotypic effects of human non-synonymous coding SNPs[J]. Nucleic Acids Research, 2005 (33) D527-D532.

[51] Karchin R, Diekhans M, Kelly L, et al. LS-SNP: large-scale annotation of coding non-synonymous SNPs based on multiple information sources[J]. Bioinformatics, 2005, 21 (12): 2814-2820.

[52] Kong X, Matise TC. MAP-O-MAT: internet-based linkage mapping[J]. Bioinformatics. 2005 21 (4): 557-559.

[53] Kong X, Murphy K, Raj T, et al. A Combined Linkage-Physical Map of the Human Genome[J]. Am J Hum Genet, 2004 (75) 1143-1148.

[54] Palmer LJ, Cardon LR. Shaking the tree: mapping complex disease genes with linkage disequilibrium[J]. The Lancet, 2005 (366) 1223-1234.

[55] Purcell S, Cherny SS, Sham PC. Genetic Power Calculator: design of linkage and association genetic mapping studies of complex traits[J]. Bioinformatics, 2003 (19) 149-150.

[56] Twyman RM, Primrose SB. Techniques patents for SNP genotyping[J]. Pharmacogenomics, 2003, 4 (1): 67-79.

[57] Pfeiffern RM, Gail MH. Sample Size Calculations for Population-and Family-Based Case-Control Association Studies on Marker Genotypes[J]. Genetic Epidemiology, 2003 (25) 136-148.

[58] John S, Shephard N, Liu G, et al. Whole-Genome Scan, in a Complex Disease, Using 11, 245 Single-Nucleotide Polymorphisms: Comparison with Microsatellites[J].The Am J Hum Genet, 2004 (75) 54-64.

[59] Sharp D. Genetic epidemiology: strengths, weaknesses, and opportunities[J]. The Lancet, 2005, 366 (9489): 880.

[60] Ambrosius WT, Lange EM, Langefeld CD. Power for genetic association studies with random allele frequencies and genotype distributions[J].The Am J Hum Genet, 2004 (74) 683-693.

[61] 马力宏, 陈青, 陈家琦. 少年运动员线粒体DNA调控区（D-LOOP）遗传多态性及最大有氧能力的研究[J]. 中国运动医学杂志. 2000, 19 (4): 345-350.

[62] 陈青, 马力宏, 陈家琦. 耐力运动员与普通人群线粒体DNA调控区遗传多态

性分析[J]. 中国应用生理学杂志, 2000, 16 (4): 327-330.

[63] 何子红, 马力宏. 单纯性肥胖儿童最大有氧能力与 ACE 基因 I/D 多态性的关联研究[J]. 体育科学, 2002, 22 (1): 94-98.

[64] 何子红, 马力宏. 单纯性肥胖儿童有氧能力与 Fg 基因多态性的关联研究[J]. 中国运动医学杂志, 2001, 20 (3): 369-371.

[65] Bouchard C, Rankinen T, Changon YC, et al. Genomic scan for maximal oxygen uptake and its response to training in the Heritage family study [J]. J Appl Physiol, 2000, 88: 551-559.

[66] Cam FS, Colakoglu M, Sekuri C, et al. Association between the ACE I/D gene polymorphism and physical performance in a homogeneous non-elite cohort[J]. Can J Appl Physiol, 2005, 30 (1): 74-86.

[67] Chen MH, Lee HM, Tzen CY. Polymorphism and heteroplasmy of mitochondrial DNA in the D-loop region in Taiwanese [J]. J Formos Med Assoc, 2002, 101 (4): 268-276.

[68] Clarkson PM, Devaney JM, Gordish-Dressman H, et al. ACTN3 genotype is associated with increases in muscle strength in response to resistance training in women [J]. J Appl Physiol, 2005, 99 (1): 154-163.

[69] Collins M, Xenophontos SL, Cariolou MA, et al. The ACE gene and endurance performance during the South African Ironman Triathlons [J]. Med Sci Sports Exerc, 2004, 36 (8): 1314-1320.

[70] Henderson J, Withford-Cave JM, Duffy DL, et al. The EPAS1 gene influences the aerobic-anaerobic contribution in elite endurance athletes [J]. Hum Genet, 2005 (6) 1-8.

[71] Hudson DE, Mokone GG, Noakes TD, et al. The-55 C/T polymorphism within the UCP3 gene and performance during the South African Ironman Triathlon [J]. Int J Sports Med, 2004, 25 (6): 427-432.

[72] Ivey FM, Roth SM, Ferrell RE, et al. Effects of age, gender, and myostatin genotype on the hypertrophic response to heavy resistance strength training[J]. Journals of Gerontology Series A: Biological and Medical, 2000, 55 (11): M641-648.

[73] Kang BY, Kang CY, Oh SD, et al. Lee KO.The protein polymorphism of haptoglobin in Korean elite athletes [J]. Med Princ Pract, 2003, 12 (3): 151-155.

[74] Lihong MA, Qing C, Jiaqi C. Mitochondria (mt) DNA D-loop polymorphism in Chinese endurance athletes [J]. Med Sci Sports Exerc, 2000 (32) 1095.

[75] Lihong Ma, He Zihong, et al ACE genetic Polymorphism, VO_2max and cardiac Dimension in pre-pubertal boys with poor aerobic capacity[J]. Med & Sci. in

Sport and Exer. Vol.34 (supple) May 2002: 52.

[76] Lutz S, Weisser H-J, Heizmann J, et al. Location and frequency of polymorphic positions in the mtDNA control region of individuals from Gemany[J]. Int J Legal Med, 1998 (111) 67-77.

[77] Lucia A, F Gómez-Gallego, Chicharro JL, et al. Is there an association between ACE and CKMM polymorphisms and cycling performance status during 3-week races?[J]Int J Sports Med, 2005, 26 (6): 442-447.

[78] Lucia A, Gomez-Gallego F, Barroso I, et al. PPARGC1A genotype (Gly482Ser) predicts exceptional endurance capacity in European men [J]. J Appl Physiol, 2005, 99 (1): 344-348.

[79] Murakami H, Ota A, Simojo H, et al. Polymorphisms in control region of mtDNA relates to individual differences in endurance capacity or trainability [J]. Jpn J Physiol, 2002, 52 (3): 247-256.

[80] Yang N, MacArthur DG, Gulbin JP, et al. ACTN3, genotype is associated with human elite athletic performance [J]. Am J Hum Genet, 2003, 73 (3): 627-631.

[81] Niemi AK, Majamaa K. Mitochondrial DNA and ACTN3 genotypes in Finnish elite endurance and sprint athletes [J]. Eur J Hum Genet, 2005, 13 (8): 965-969.

[82] Rankinen T, Perusse L, Rauramaa R, et al. The human gene map for performance and health-related fitness phenotypes: the 2003 update [J]. Med Sci Sports Exerc, 2004, 36 (9): 1451-1469.

[83] Rankinen T, Perusse L, Borecki I, et al. The Na (+) -K (+) -ATPase alpha2 gene and trainability of cardiorespiratory endurance: the HERITAGE family study[J]. J Appl Physiol, 2000, 88 (1): 346-351.

[84] Perusse L, Rankinen T, Rauramaa R, et al. The human gene map for performance and health-related fitness phenotypes: the 2002 update [J]. Medicine & Science in Sports & Exercise, 2003, 35 (8): 1248-1264.

[85] Rankinen T, Perusse L, Rauramaa R, et al. The human gene map for performance and health-related fitness phenotypes: the 2001 update [J]. Med Sci Sports Exerc, 2002, 34 (8): 1219-1233.

[86] Rankinen T, Perusse L, Gagnon J, et al. Angiotensin-converting enzyme ID polymorphism and fitness phenotype in the Heritage family study [J]. J Appl Physiol, 2000 (88): 1029-1035.

[87] Rivera MA, Perusse L, Simoneau JA, et al. Linkage between a muscle-specific CK gene marker and VO_2max in the HERITAGE Family Study [J]. Med Sci Sports Exerc, 1999, 31 (5): 698-701.

[88] Roath SM, Schrager MA, Ferrell RE, et al. CNTF genotype is associated

with muscular strength and quality in human across the adult age span [J]. J Appl Physiol, 2001, 90 (4): 1205-1210.

[89] Rubio JC, Martin MA, Rabadan M, et al. Frequency of the C34T mutation of the AMPD1 gene in world-class endurance athletes: does this mutation impair performance?[J]. J Appl Physiol, 2005, 98 (6): 2108-2112.

[90] Simonen RL, Rankinen T, Perusse L, et al. Genome-Wide linkage scan for physical activity levels in the Quebec Family study[J]. Med Sci Sports Exerc, 2003, 35 (8): 1355-1359.

[91] Soma R, Murakami H, Hayashi J, et al. The effects of cytoplasmic transfer of mtDNA in relation to whole-body endurance performance [J]. Jpn J Physiol, 2001, 51 (4): 475-480.

[92] Scott RA, Moran C, Wilson RH, et al. No association between Angiotensin Converting Enzyme (ACE) gene variation and endurance athlete status in Kenyans [J]. Comp Biochem Physiol A Mol Integr Physiol, 2005, 141 (2): 169-175.

[93] Scott RA, Wilson RH, Goodwin WH, et al. Mitochondrial DNA lineages of elite Ethiopian athletes [J]. Comp Biochem Physiol B Biochem Mol Biol, 2005, 140 (3): 497-503.

[94] Thomis MA, Vlietinck RF, Maes HH, et al. Predictive power of individual genetic and environmental factor scores[J]. Twin Res, 2000, 3 (2): 99-108.

[95] Tsianos G, Eleftheriou KI, Hawe E, et al. Performance at altitude and angiotensin I-converting enzyme genotype [J]. Eur J Appl Physiol, 2005, 93 (5-6): 630-633.

[96] Wolfarth B, Bray MS, Hagberg JM, et al. The human gene map for performance and health-related fitness phenotypes: the 2004 update [J]. Med Sci Sports Exerc, 2005, 37 (6): 881-903.

[97] Wu J, Hu Y, Liu G, et al. SNP A79G in the second exon of the myoglobin gene in elite long distance runners [J]. Br J Sports Med., 2005, 39 (10): 781-782.

[98] Wolfarth B, Rivera MA, Oppert JM, et al. A polymorphism in the alpha2a-adrenoceptor gene and endurance athlete status [J]. Med Sci Sports Exerc, 2000, 32 (10): 1709-1712.

[99] Yang N, MacArthur DG, Gulbin JP, et al. ACTN3 genotype is associated with human elite athletic performance [J]. Am J Hum Genet, 2003, 73 (3): 627-631.

[100] He ZH, Ma LH. The aerobic fitness (VO_2 Peak) and α-Fibrinogen genetic polymorphism in obese and non-obese chinese boys [J]. International Journal of Sports Medicine, 2005 (26): 253-257.

第三讲 运动员基因选材原理与方法

专业名词中英文对照

中文	英文
基因标记	genetic marker
基因多态性	gene polymorphism
变串联重复序列	variable number of tandem repeats（VNTRs）
短串联重复序列	short tandem repeats（STRs）
单核苷酸多态性	single nucleotide polymorphisms（SNPs）
限制性片段长度多态性	restriction fragment length polymorphisms（RFLPs）
限制性位点多态性	restriction site polymorphism（RSP）
点多态性	point polymorphism
聚合酶链式反应	polymerase chain reaction（PCR）
核苷酸多态性信息量	polymorphism information content（PIC）
杂合度	heterozygosity
转换	transition
颠换	transversion
二等位多态性	biallelic marker
基因编码区	coding-region SNP（SNP）
连锁不平衡	linkage disequilibrium
单体型	haplotype
连锁分析	linkage study
关联分析	association study
全基因组的关联分析	genome wide association study
基因组对照	genome control
结构关联	structured association
聚丙烯酰胺凝胶电泳	polyacrylamide gel electrophoresis（PAGE）
毛细管凝胶电泳	capillary electrophoresis（CE）
飞行时间质谱分析法	MALDI-TOF mass spectrometry
单链构象多态性	single strand conformational polymorphism（SSCP）

(北京体育大学　胡扬　何子红)

第四讲 人体运动形态学研究进展与应用

【内容提要】

人体运动形态学研究可分为大体形态学研究和显微形态学研究两大部分。本讲主要介绍人体运动的显微形态学研究内容,包括运动与骨、关节、骨骼肌、心、血管、肝、肾、肺、大脑、脊髓和淋巴系统等器官的形态结构的研究。长期适宜强度的运动可以改善器官的形态结构和增强其生理功能,而过度运动则容易损伤器官的形态结构和减弱其生理功能。

【重要名词】

骨组织形态计量学:形态计量学是对形态结构进行定量分析的科学,用于测量骨组织形态结构,则称为骨组织形态计量学。在骨的生长、重建过程中,板层骨组织具有在分散、微小位置上的不断转换、重排的动态特性。骨组织形态计量学能准确地测量骨矿化的动态指标。

骨骼肌细胞骨架:骨骼肌细胞骨架可分为肌节内骨架、肌节外骨架和肌细胞膜骨架。肌节内细胞骨架的主要成分有肌联蛋白和伴肌动蛋白,它们沿肌原纤维长轴排列在肌节内。肌节外细胞骨架主要由中间丝蛋白组成,它位于肌原纤维周围,连接 Z 盘、核膜和肌细胞膜。细胞膜骨架包括膜和与膜相连的蛋白,例如 vinculin、spectrin 等。这些蛋白间接地将细胞内的基质与细胞外的特殊区域连接到一起。

原位杂交和荧光原位杂交:是应用核酸分子杂交的方法,应用标记探针(荧光素、同位素、酶标记)通过杂交直接在组织、细胞标本上检测定位某一特定的 DNA 或 RNA。

突触穿孔:是指突触后致密物质有部分缺失的现象,尤其是较大的棘突触,突触后致密物常常不连续,在垂直于突触界面的切片上显示出两个或两个以上的突触后致密物片段,而在平行于突触界面的切片上则出现圆形的突触后致密物,中心部分的突触后致密物缺失,看似有空洞存在。突触穿孔是一种形态学特征,可能表明扩大了神经递质与 PSD 的接触面积,可增强突触传递效能及神经元之间的联系。

形态是机能变化的物质基础。在运动对人体影响的研究中,形态学的研究占有重要地位。人体运动形态学研究一般可分为大体形态学研究和显微形态学研究两大部分。

随着研究技术的逐步发展和科学理论的不断创新,近年来,运动形态学的研究主要体现出以下几个特征:第一,从静止的研究发展到相对运动的(或虚拟运动)研究。传统的大体形态学研究方法包括尸体解剖法、活体动作分析法等。但在应用这些方法研究时，人体不能随意、连续、整体地运动，受许多的限制，与实际运动（或比赛）有相当的差异。近年来，人们利用先进的摄像和解析系统进行整体动作分析，把两台或多台摄像机所拍摄到的高速平面录像进行数字化，将二维像坐标转换成实际空间的三维坐标，计算有关的运动学参数。对不同运动员的动作、技术以及不同的训练方法进行对比分析，在实际运动中找出这些差异产生的原因及其利弊，用于指导动作技术的改进和运动成绩的提高。第二，从实物的形态研究发展到反应物的形态研究。利用传统的染色方法可以显示组织、细胞和细胞器的形态，在光学显微镜和电子显微镜下使这些物体的形态结构清晰可辨。现在研究者们为了更好地显示细胞亚结构或更小的结构，已经开始使用细胞化学技术（如酶细胞化学技术、免疫细胞化学技术、免疫荧光组织化学技术、免疫酶组织化学技术、免疫胶体金银标记技术等），在荧光显微镜下捕捉反应物，来显示细胞、组织结构中的各种酶、抗原或抗体，进而进行结构分析，这就大大打开了人们进行形态学科的研究思路。第三，从定性的形态研究发展到定量的形态研究。随着显微形态计量技术的发展及自动显微图像分析系统的建立与应用，在形态学定量分析的研究中，人们越来越广泛地使用显微分光光度术、细胞形态立体计量技术、显微图像分析技术及流式细胞等技术，实现了细胞的分选、细胞内生物化学、分子生物学、生物物理学特性和指标的定性和定量研究。第四，从组织细胞形态研究发展到 DNA 条带和蛋白印迹的研究。生物学技术的发展，特别是分子生物学的发展，使我们研究手段更趋先进，研究领域也日益深入，如 RNA、DNA 的抽提和检测、PCR 扩增、RT 反应（反转录）、蛋白印迹（Westem blotting）等，引领人们从宏观世界逐步深入到超微观的基因世界。第五，从对尸体或死细胞的研究发展到对活体组织的研究。20 世纪 90 年代初，激光共聚焦显微镜及其新型探针的问世，使在不影响细胞的前提下活细胞的形态学研究得以实现。例如，通过第三代钙荧光指标剂 Fluo-3/AM 负载，在激光共聚焦显微镜下通过图像扫描方式分析处理出静息与收缩状态下心肌和骨骼肌细胞内钙的荧光共聚焦图像，并采用荧光强度值表示静息时心肌和骨骼骨细胞游离钙启量，心肌和骨骼肌细胞收缩时胞内游离钙的变化，为运动心脏和肌肉肥大发生机制的研究提供了有效的手段，也使运动性心脏和肌肉肥大发生机制的探讨进一步深入。核磁共振（NMR）在医学、结构生物学、材料科学等方面的应用发展迅速，它可以无创伤性地研究活体器官、组织代谢、生长变化及对化学物质进行定量分析，是一种在活体无损伤条件下检测细胞水平代谢变化的非侵入性技术，如磁共振成像（NMR）可以研究人体组织器官大体形态的病变和生理改变。功能成像学的发展在为活体研究随意运动的功能脑区提供了可靠的方法。上述各项技术的应用使得人体运动形态学研究取得了长足的进展并具有广阔的前景。

一、人体运动大体形态学研究技术与进展

人体运动大体形态学研究主要包括优秀运动员身体形态特征的研究、人体结构机械运动规律等的研究。

人体结构机械运动规律的研究主要包括环节运动范围、关节运动瞬时转动中心的研究；各运动环节的质量、质心位置的分析；身体（上肢、下肢和躯干等）的整体形态学

分析和平动、转动的形态学分析。人体结构机械运动规律的研究包括体位变化与内脏器官状态、胃肠蠕动和血流动力学特征、心血管的弹性结构和力学特征等方面的研究。近年来有利用先进的摄像和解析系统进行整体动作分析的发展趋势。先进的摄像系统包括常速和高速摄像系统。由于高速录像拍摄系统的价格一般较高，国内常采用常速摄像机，原因是它具有较合理的性能价格比。常速数码摄像机可采取拆分像素和减少图像解像力的方法，将常速下拍摄的 25 帧/秒提高到 50 帧/秒或 100 帧/秒。通常采用两台或多台摄像机，从不同角度对同一研究对象进行同步拍摄，然后把两台或多台摄像机所拍摄的平面录像进行数字化，并把二维像坐标转换成实际空间的三维坐标，计算有关的运动学参数。先进的解析系统是对数字摄像记录的影像资料进行图像解析，图像解析可依赖各种软件进行分析，以便从形态学角度和从力学角度分析人体运动中各关节、肌肉的关系，讨论运动技术和分析肌肉的工作。另外，还可以同步使用多种不同设备（如肌电分析、运动生物力学分析和心肺功能分析设备），以提高所测材料的学术价值和应用效益。目前在我国高校、科研单位应用较多的系统有 SIMI Motion、Ariel、Motion Analysis、Peak 和爱捷运动分析系统等（参见第十八讲）。

二、人体运动显微形态学研究技术与进展

人体运动显微形态学研究主要集中在运动与骨、关节、骨骼肌、心血管、肝、肾、肺、大脑、脊髓和淋巴系统等器官的形态结构和主要功能等方面。近年来有趋向于骨组织形态计量学、骨骼肌肌动蛋白及其基因表达、骨骼肌细胞骨架、运动心脏的心肌间质成分变化机制、运动与血管重塑的调节、胃肠形态结构与功能及消化道菌落种群、大脑皮质、海马、小脑皮质、脊髓灰质神经元微细结构研究的发展趋势。

（一）运动与骨、关节

1. 运动与骨

（1）运动对骨显微结构的影响。有研究发现，骨质疏松组大鼠骨小梁数目明显减少，小梁间距离增大，吸收孔大小不一、形状各异，骨小梁变细且厚薄不匀。中央部位仅在接近生长板部位有少许骨小梁。一些骨小梁形成盲端游离于骨髓腔中，骨髓腔扩大，立体网状结构受到破坏。骨小梁表面可观察到大面积的骨吸收面，表现为骨小梁表面出现较多大小、形状不定的颗粒状区域，且有的颗粒聚集形成块，在更高倍数显微镜下可见颗粒未被破坏的骨胶原，骨胶原已经失去正常的结构变得松散、断裂。在发生骨吸收的骨小梁面上，有的区域胶原已移走，形成骨吸收陷窝，有的骨吸收陷窝较深，甚至发生了骨板穿孔。与骨质疏松组比较，两个骨质疏松症运动组大鼠的骨小梁数目增多，以中等强度组更为明显，但与正常组大鼠比较其骨小梁数目仍然较少，骨小梁的分离仍然较大。两个运动组骨小梁壁较其他两组增厚。骨吸收的程度较轻，断裂的颗粒状胶原分布多为一层，骨吸收陷窝较浅。中等强度组可见较多排列整齐的骨胶原面，且与正常组比较，胶原纤维走向更清晰，排列更紧密、整齐，纤维之间有斜向纤维。

胫骨组织学观察结果显示，过载组松质骨骨小梁较对照组增多、变粗，骨小梁表面成骨细胞增生活跃，而破骨细胞很少；Masson染色显示，松质骨大部分呈相互移行的红色区域，表明该处骨质矿化良好，骨干皮质骨中，哈佛系统及骨细胞呈橘黄色，周围则为砖红色骨基质包围，表明其皮质部分基质钙化显著。

由于荧光标记剂的应用和细胞染色技术的发展，骨组织计量学还被用来测量骨组织形态细胞水平的动态特性，例如成骨面积的大小、骨矿沉积速率、成骨速率、骨单位的激活频率、骨翻转的速率、骨吸收时间、成骨时间和骨重建时间等重要参数。

可利用四环素活体标记技术来研究骨重建的骨计量学的指标，它是揭示骨的生理机能与形态学改变之间的关系研究的一种新方法。骨组织形态计量学的动力学指标，是通过活体四环素双标记的办法，利用四环素能与钙特异性结合并沉积在骨矿化前沿（Minaralization front）的特性，把时间因素标记在骨的重建过程中，可以测定多组骨动力学组织学指标参数。在荧光显微镜下，观察骨组织内两次标记的四环素荧光线间距离，单、双标四环素荧光骨矿化前沿的标记率等动态变化，从而求得诸如骨矿化沉积率、单标四环素表面、双标四环素表面及单、双标四环素表面比、矿化延迟时间、骨再建单位时间和纠正矿化沉积率等多项骨动力学指标，以获取骨细胞水平、组织水平以及器官水平上的活体信息。

由于应用不脱钙骨切片，最大程度地减少了骨组织的形态破坏和骨质丢失，且它是直接研究骨组织本身，观察骨内变化的组织定量分析法，所以较常规脱钙骨切片病理观察能更客观准确地反映骨结构的变化。它在基础研究、临床病理定量分级诊断中发挥着重要作用，渐渐地被广泛应用。

(2) 不同类型运动对骨的影响。体育运动类型多种多样，然而不同类型的体育运动产生的运动负荷不同，对骨的影响也不一样。有人根据对骨影响作用的不同，把体育运动分为 WBPA（weight-bearing physical activity，负重运动）和 NWBPA（non-weight-bearing physical activity，非负重运动）。WBPA 是指对骨施加了重力负荷作用的运动，或者说是任何需要身体站立的运动，如走路、跑步、跳跃、举重、做体操、打篮球等。而 NWBPA 是指那些只克服阻力的运动，或者说那些不需要站立的运动，如游泳、划船、骑车等。一般认为，肌肉收缩对骨产生的刺激作用远远小于直接的重力负荷，它通过长期运动和微小刺激的积累才可能对骨产生影响。因此，有许多研究指出，抗阻力性运动或在一般性运动中适当附加重力负荷，会更有利于骨量的提高。不同种类的运动对骨的影响还表现出明显的部位特异性。大部分研究结果显示，跑步和跳跃运动对下肢骨发育的益处比较明显，而游泳对于腰椎骨的发育比较有利。这主要是因为不同的运动形式对各解剖部位的运动负荷不同，如慢跑和走路对腰椎的作用负荷相当于体重的 1.75 倍，跑步时作用于胫骨的负荷大约是体重的 6 倍，举重时作用于腰椎为体重的 5~6 倍，体操运动着地时的地面反作用力可达体重的 10~12 倍。

王军等在研究中对大鼠采用 3 周的运动、悬吊和负重处置后，悬吊组骨矿沉积率显著减少，骨小梁相对体积显著减小、厚度和数量减少以及间距（或分离度）显著增大，其骨代谢生化标志物和生物力学性能低于低负荷运动组。负重组所有参数均与低负荷运动组接近。该组典型特点为骨形成和骨吸收活跃，但以骨形成为主；骨抵抗破坏的能力和抵抗变形的能力皆明显增强。有人以纵跳运动形式研究对骨的影响，认为纵跳运动有利于促进骨的生长和预防骨质疏松。

王小燕等通过对乒乓球运动员桡腕关节的 X 线研究发现，乒乓球运动员的优势侧前臂桡骨远侧端的外形较对照组及本人非优势侧前臂肥大，骨小梁的张力曲线走向与桡骨长轴呈一定的角度，且明显增粗，排列密集、清晰。尺骨远侧端与桡骨远侧端极为相似，骨密质厚度增加，骨体周径相应变粗，骨小梁张力曲线明显增粗。

(3) 不同强度运动对骨的影响。在一定范围内运动强度愈大，骨骼肌的刺激引发骨的间接应力愈大，成骨细胞的活性增加幅度也就愈高。但是，随着运动强度增大到某个程度后，骨组织的微损伤也就随之出现。这提示制订运动处方的强度负荷时不应片面地追求大强度，适宜的强度应该为练习者适宜于自身条件的较大的运动强度。

如果令 5 周龄大鼠游泳，运动时间延长到 2~6 h/d，结果大鼠股骨近侧端初级骨小梁、腰椎与股骨远侧端的次级骨小梁均出现骨丢失，类骨质面积亦显著减小，骨转换减少。与中等强度组相比，大强度组有更多凹凸不平的吸收后骨面，这些面上可见胶原断裂、移走而残存的胶原断端。一些骨面胶原已经消失，只剩下基质，在许多吸收后的骨面上可见到骨小梁表面被逐层移走。此外，大强度运动组骨小梁裂纹和微骨折较多，而中等强度组少见。由此说明，持续大强度游泳运动不能增加骨量，并对骨产生负面影响。

2. 运动与关节

长期、适宜运动后可使关节面软骨和骨密质增厚，这将有助于缓冲震荡，使关节能够承受更大的负荷。然而，若运动时作用在关节面软骨上的力量过大，则可引起关节面软骨的挫伤；而大量的运动还可引起关节面软骨因反复受压而产生微小的损伤。此种损伤的积累可导致关节面的磨损。

适宜运动可使关节囊增厚，韧带增粗，胶原含量增加，进而可提高关节的稳固性。但是超负荷的运动和动作不正确的运动可使关节囊、韧带发生损伤。通常损伤发生在韧带的薄弱处，也有发生在韧带附着处，出现骨质撕脱。

进行 8 周训练后发现，兔膝关节全层钙化软骨细胞面积增加，中间层细胞体积加大；无应力状态 9 周后软骨细胞数量和体积下降，而软骨细胞的数量随年龄的增加而减少，且骨性关节炎早期软骨细胞也丢失。这些研究表明，关节的负荷状态改变将影响软骨细胞的形态学改变。也有研究发现，3 周非周期大强度跑跳训练可造成软骨细胞增生，股骨关节软骨中间层软骨细胞的排列出现细胞面积和直径减小等变化。推拿和理疗两种方法均可明显阻断这种改变，表明这两种恢复手段对大强度运动训练后软骨细胞形态结构改变具有一定的保护作用。但目前对机械负荷如何影响软骨功能尚不清楚。

(二) 运动与骨骼肌

1. 骨骼肌肌原纤维

(1) 肌原纤维的超微结构。骨骼肌内有大量的肌原纤维 (myofibril)，肌原纤维由许多平行的肌丝构成。肌丝 (myofilament) 分为粗肌丝和细肌丝，粗肌丝 (thick filament)

主要由肌球蛋白分子聚集而成，细肌丝（thin filamet）由3种蛋白质构成，即肌动蛋白（actin）、原肌球蛋白（tropomyosin）和肌钙蛋白（troponin）。其中，肌球蛋白和肌动蛋白是收缩蛋白，可执行细肌丝向粗肌丝滑行；原肌球蛋白和肌钙蛋白是肌肉收缩的调节蛋白，介导Ca^{2+}调节骨骼肌收缩。

肌球蛋白又称为马达蛋白（motor protein），由Kuehne于1864年在研究骨骼肌收缩时发现并命名的。肌球蛋白是长形不对称分子，形状如"Y"字，长约160nm。电子显微镜下观察到它含有两条完全相同的长肽链和两对短肽链，组成两个球状头部和一个长杆状尾部。肌球蛋白分子量约460 kD，长肽链的分子量约240 kD，称重链，短链称轻链。将肌肉的肌球蛋白用5,5'-二硫双硝基苯甲酸（DTNB）处理后分离出的一对轻链，称为DTNB链，分子量约18 kD；另两条轻链只有在碱性（pH 11.4）条件下才能分离出来，称碱性轻链，分子量分别为25 kD和16 kD。两条重链的氨基末端分别与两对轻链结合，形成两个球状的头部和颈部调节结构域，称为S1（subfragment 1），或称结合肌球蛋白亚片段1，余下重链部分组成肌球蛋白长杆状的尾部（图4-1）。在一定条件下，胰凝乳蛋白酶能把肌球蛋白切为两部分，带有两个头部的部分称为重酶解肌球蛋白（heavy meromyosin，HMM），余下的部分称轻酶解肌球蛋白（light meromyosin，LMM）。重酶解肌球蛋白的尾部称为S2（subfragment 2）。

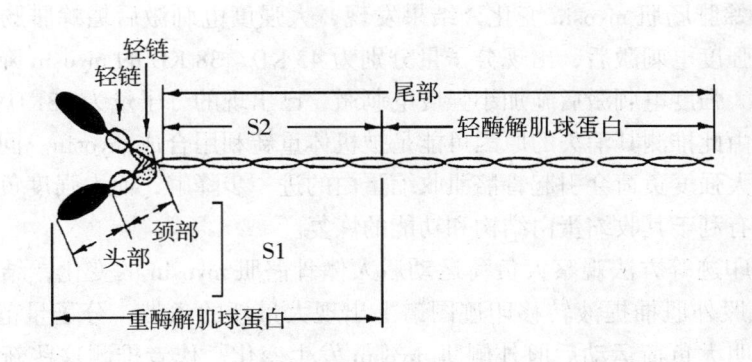

图4-1 肌球蛋白分子图解

肌球蛋白N末端的头部S1为马达功能区，为ATP使用位点和肌动蛋白结合位点，在离体条件下，单独的S1就能依赖其ATP酶活性产生力，从而驱使肌动蛋白丝运动。肌球蛋白以聚合形式参与细胞生理过程，单个的肌球蛋白分子没有功能。肌球蛋白通过组装域自我组装成具有双极性的粗丝（thick filament），实现其合适的功能。

actin作为一种收缩蛋白，是细肌丝的主要成分，占细肌丝的60%。actin与粗肌丝中肌球蛋白（myosin）的横桥循环接触与分离，使肌纤维缩短和产生张力。现已发现有3种不同类型的actin，即α、β、γ-actin。其中β、γ-actin大部分存在于非肌肉细胞中，而α-actin存在于肌肉细胞中，约占骨骼肌总蛋白的12%。actin有两种存在形式：球状单体G-actin和纤维状聚合体F-actin。G-actin一般由375～377个氨基酸组成，分子质

量约 42×10^3 u，单体 G-actin 在溶液中可聚合成具有活性的双螺旋肌动蛋白丝 F-actin，是构成肌小节（sarcomere）中细丝和细胞骨架（cytoskeleton）的主要成分。细胞中绝大多数 actin 都以聚合体形式存在。

每分子 actin 有一个高亲和力结合位点，可结合一分子 ATP，另有几个低亲和力结合位点可与二价阳离子结合，如细胞中的 Mg^{2+}，一旦 Mg^{2+} 被 Ca^{2+} 置换，可改变 actin 的动力特性。G-actin 包括大区和小区两个区域，其中 C 末端和 N 末端都位于小区，而各结合位点则在两区之间。actin 分子具有极性，当它转化为 F-actin 时具有特异的方向性，两端的生长速度（即 actin 结合速度）不同，故而称为快速和慢速生长端。在与结合 myosin 亚片段 1（S1）或重酶解 myosin 结合时出现箭头样结构，两端分别称为 barbed（plus，preferred）端和 pointed（minus，nonpreferred）端。G-actin 结合到细丝后，ATP 水解为 ADP，这在肌肉收缩中具有重要作用。早在 1950 年，Straub 就推测了 ATP 传递（即从 G-actin 上的 ATP 到 F-actin 上的 ADP）在肌肉收缩中所起的作用。但是，直到 2001 年才在完整平滑肌发现了 ATP 从 G-actin 到 F-actin 的传递。有资料表明，actin-myosin 运动体系的运动冲程约为 10 nm，1 个 ATP 水解释放的能量可产生多次 10 nm 的运动。

(2) 运动对骨骼肌纤维蛋白的影响

①运动对 myosin 的影响。通过 SDS-PAGE 垂直板电泳和免疫印迹方法观察不同强度电刺激后蟾蜍腓肠肌 myosin 变化，结果发现，大强度电刺激后蟾蜍腓肠肌蛋白分解加强，两次大强度电刺激后，出现分子量分别为 43 KD、38 KD 的 myosin 降解片段。并且还发现，在大强度电刺激后施加小强度电刺激，已出现的分子量为 43KD 的 myosin 降解片段消失，由此推测其消失的原因可能是被机体重新利用合成 myosin。同样，在运动训练中，连续大强度负荷会引起骨骼肌收缩蛋白的进一步降解，而大强度负荷后施加小强度负荷运动有利于其收缩蛋白结构和功能的恢复。

采用免疫印迹等方法观察大负荷运动后人体骨骼肌 myosin 的变化，结果发现在运动组实验对象股外肌抽提液转移印迹图谱上出现大量新的条带，分子量范围为 97.4～200 kD，这说明大负荷运动后股外侧肌 myosin 发生变化。作者推测这些新的蛋白质可能是肌肉蛋白质的降解产物，也可能是机体为了修复运动造成的损伤而新合成的蛋白质或蛋白质片段，或者两种情况兼而有之。

关于大强度离心收缩后骨骼肌收缩蛋白降解加强的机制目前尚无定论。有人认为是大强度离心收缩产生的高张力使细胞膜受到牵拉，一方面激活 Ca^{2+} 通道，使 Ca^{2+} 顺浓度差进入细胞内；另一方面细胞膜的损害也造成 Ca^{2+} 内流，同时运动后肌浆网功能下降，摄 Ca^{2+} 能力下降导致肌浆内高 Ca^{2+}，肌浆内 Ca^{2+} 浓度升高可激活蛋白水解酶，造成肌肉蛋白质水解。

②运动对 actin 的影响。多数研究表明，一次性大强度或离心运动后即刻，骨骼肌 α-actin mRNA 的表达会下降，运动后 6 h 达到最低点，之后逐渐回升，运动后 72 h 仍然低于安静对照组。运动后 myosin 与 actin 的变化是一致的，运动后 6h 内合成保持较低水平，48 h 后加快，说明在运动后一段时间内，actin 降解大于合成。蛋白质降解加速的原因曾被认为主要是由于溶酶体酶活性升高所致，但肌肉内溶酶体含量相对较低，而

且注射抑制剂也未影响蛋白质的降解，由此可见细胞内蛋白质降解的途径有多种，还可能存在其他的降解途径。

此外，Philip B 等在对大鼠后肢悬垂、固定或去神经后，发现其比目鱼肌 α-actin mRNA 分别下降 60%、53% 和 66%，并且其中的细胞色素 C mRNA 分别下降 54%、45% 和 61%。腓肠肌中也存在类似的情况。这说明负重、去神经及运动对肌肉中 actin 的含量均能产生重要影响。艾华等的研究表明，缺锌大鼠力竭性游泳后 12 h F-actin 和总 actin 量均低于对照大鼠。这表明缺锌也会对大鼠 α-actin 基因表达有影响，缺锌不仅能引起总 RNA 的减少，而且在减少的总 RNA 中，α-actin mRNA 的减少十分明显。

在运动后的恢复期，α-actin mRNA 的表达会逐渐增加，甚至会超过原来水平。Paul 等研究发现，2 周踏板跑台（100 min/d）使大鼠股四头肌 α-actin mRNA 升高了 62%。冯连世观察了模拟 2 000 m 海拔高度训练 1 周后大鼠骨骼肌 α-actin 基因表达的情况，发现其表达程度明显增强。回到平原状态训练 1 周后有所降低，但在 2 周后又有所增加，说明模拟 2 000 m 高原训练可促进骨骼肌 α-actin 的基因表达。于新凯等报道了下坡跑训练对大鼠比目鱼肌和腓肠肌 α-actin 基因表达的影响。他们采用 200 min 持续下坡跑、16 m/min、−16°、中间休息 5 min 的运动方式对雄性大鼠进行训练，并用 RT-PCR 法观察一次和一周训练时间对大鼠比目鱼肌和腓肠肌 α-actin 基因表达的影响，结果表明，一次长时间离心运动后，大鼠比目鱼肌 α-actin mRNA 水平升高，而腓肠肌无显著性差异；一周运动后，腓肠肌 α-actin mRNA 水平升高，而比目鱼肌恢复正常水平。作者分析认为，比目鱼肌和腓肠肌分别以慢肌和快肌纤维为主，它们在离心运动中作用和募集不同，是造成 α-actin mRNA 不同的主要因素。赵中应等的实验表明，经过每周 5 d、20 min/d 的强化训练，所有运动组在恢复期间骨骼肌 α-actin mRNA 水平均高于安静对照组；并且与强化训练安静组相比，强化训练运动即刻组和强化训练运动恢复后 3 h 组均有显著提高，而其他强化训练后恢复组的 mRNA 水平较强化训练安静组均有非显著性的下降，说明该强度的运动在 α-actin 的转录过程中发挥了重要作用。同时说明运动训练对细胞中的 mRNA 水平的影响具有较明显的时效性。

2. 骨骼肌细胞骨架

近年来关于骨骼肌细胞骨架的研究已成为一个新的热点。骨骼肌细胞骨架可分为肌节内骨架、肌节外骨架和肌细胞膜骨架。细胞膜骨架包括膜和与膜相连的蛋白，例如 vinculin、spectrin、dystrophin、transmembrane integrins、ankyrin，这些蛋白间接地将细胞内的基质与细胞外的特殊区域连接到一起。titin（肌联蛋白）和 nebulin（伴肌动蛋白）是肌节内细胞骨架的主要成分，它们沿肌原纤维长轴排列在肌节内（图 4-2）。titin 从 Z 盘伸展到 M 线。1983 年，Lashall 等采用免疫电镜首次发现 titin 的定位，现在认为 tinin 是连接 Z 盘和肌球蛋白纤维之间的蛋白丝，从 Z 盘至 M 线，在肌节中具有一定的弹性，在肌肉收缩或舒张时将 myosin 纤维定位在肌小节中央。nebulin 在细胞中的定位是在 1988 年被发现的，在肌肉放松的状态下，它起源于 Z 盘，延伸至 I 带，连接于 Z 盘与 Z 盘之间，与 A 带中的 actin 平行排列，主要作用是保持 actin 的正常结构。肌节外细胞骨架主要由中间丝蛋白（intermediate filaments）组成，它位于肌原纤维周围，连接 Z 盘、核膜和肌细胞膜之间。在骨骼肌细胞确认的一些中间丝蛋白包括 desmin（结蛋白）、Vimentin（波形蛋白）、nestin、synemin、paranemin、lamins 和 cytokeratins。目前，研究最多的中间丝蛋白是 desmin，它位于肌节 Z 盘周围，连接相邻的 Z 盘。desmin 依靠连接 Z 线而使单个肌原纤维连接起来，主要作用是限制肌小节在肌肉收缩时被过分牵拉，并涉及力量的传导。因此对 desmin 功能的研究已越来越成为运动医学的研究热点。

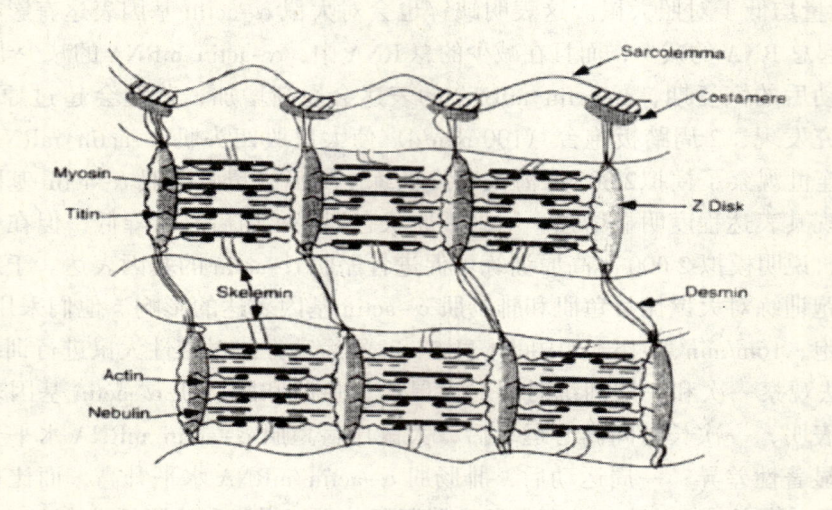

图 4-2 肌细胞骨架局部图

大强度离心运动导致的运动性骨骼肌微损伤和延迟性肌肉酸痛可能与骨骼肌细胞骨架蛋白的丢失有关。Z 线被认为是肌原纤维中最易受损的结构，Z 线模糊、破坏或消失是在离心收缩后肌纤维中观察到的典型特征。随着研究的深入，超微结构中 Z 线的变化很自然地让人们联想到维持骨骼肌内肌节和 Z 线正常形态的细胞骨架，两套骨架细丝系统（一个是肌节内系统由 tinin 和 nebulin 组成，一个是肌节外系统主要由 desmin 组成）对肌节收缩蛋白成分的保护和调节有十分重要的作用。运动过程中，高张力的机械牵拉会使细胞骨架的正常结构受到影响，从而造成肌肉收缩蛋白结构破坏。很多研究发现，在大强度离心收缩后骨骼肌骨架蛋白的丢失和骨骼肌微损伤关系密切。

其实，运动后骨骼肌骨架蛋白的丢失和肌原纤维骨架蛋白的积极再重建是密切相联的，尽管大强度离心运动会导致骨骼肌细胞骨架蛋白丢失，从而导致肌肉酸痛，但随后发生的骨骼肌细胞骨架蛋白再重建是对于骨骼肌损伤的修复，并且增加合成新的肌小节，从而增加骨骼肌力量，防止运动损伤。Lynn R 等观察到，大鼠连续下坡跑训练后股中间肌肌纤维中肌小节的平均数目要多于上坡跑训练，这说明离心收缩的运动可引起肌小节的增殖。Jiguo Yu 等使用免疫组化方法在分析人体离心运动后发生延迟性肌肉酸痛时发现，在离心运动后 2~3 天和 7~8 天的活检中显示，actin 和中间丝蛋白均局部增多，因此被认为这种增多是 actin 和 desmin 的合成和重新组装，从而产生新的肌小节。由此推断，离心运动后所发生的延迟性肌肉酸痛，是肌原纤维和骨架蛋白的积极再重建，而不是肌原纤维损伤和蛋白降解。高春刚和田野研究下坡跑运动及补充谷氨酰胺对大鼠骨骼肌中 desmin 的表达作用，也发现运动能引起大鼠骨骼肌中 desmin 的表达，在连续运动两天时最明显，补充谷氨酰胺对大鼠骨骼肌中 desmin 的表达具有促进作用，并能显著增加再生肌纤维的横截面积。

骨骼肌损伤后的修复阶段是一个非常复杂的过程，此时，局部肌纤维 desmin 含量增加，参与肌肉重建，新合成的 desmin 可以加固现存的肌小节或在消失 Z 盘的区域增加新合成的肌小节。这可以解释为什么重复低于第一次强度的离心运动时，人体很少再发生肌肉酸痛的现象。Barash 和 Feasson 等的研究结果也支持一次大强度的离心运动后肌原纤维再重建的解释。一般说来，在离心运动导致损伤过程中，细胞骨架蛋白 desmin 的丢失发生在早期，这正是肌小节被破坏的证据。运动后 1~2 天 desmin 继续下降，肌纤维进一步损伤。desmin 大约在运动后第二天出现升高，肌原纤维开始重建。

3. 骨骼肌细胞核与基因调控

目前，对于骨骼肌多核细胞的基因调控研究已形成一个新热点。骨骼肌细胞是一种独特的细胞，它和破骨细胞、合体滋养层细胞一样，都是多细胞核的。肌纤维核数量有着相当严格的调节过程，这种调节受两个相反的程序调节：第一，通过卫星细胞融合进入肥大的肌纤维来增加肌细胞核；第二，萎缩的肌细胞会丢失肌纤维核。在各种实验环境下的研究表明，肌萎缩时肌纤维核的数量是减少的。那么，在一个连续的细胞质区域内，肌细胞核是怎样针对一种信号做出不同的反应？单个细胞核凋亡时怎样避免伤害到其他细胞核和细胞质容量？尽管研究表明细胞核要依赖于同样的细胞质环境，但大量的实验证明，细胞核的死亡与细胞有所不同，它具有一定的独立性。第一，在异核体的研究中表明，凋亡可以发生于同一细胞质区域的一个或多个细胞核，但并不诱导其他核的凋亡；第二，在一项骨骼肌转录活动控制的研究中发现了肌细胞核具有独立性的证据。Newlands 等人研究表明，在同一个肌纤维内并不是所有细胞核的转录一致，不同细胞核的基因表达其实是独立调节的。在肌肉萎缩过程中，那些刚刚从卫星细胞融合到肌纤维中的细胞核很容易被引导到凋亡途径。因此，那些寄宿在肌纤维中比较靠近的细胞核对同一个细胞质信号能产生截然不同的反应。这种精确的细胞核独立调节是如何进行的还不清楚，然而，核凋亡死亡同时不伴随细胞死亡这一事实又提出了另外一个问题，那就是在骨骼肌中是否核凋亡死亡的机制和单核细胞凋亡的机制不同，因为单核细胞凋亡时细胞核与细胞质内容物一样完全被清除。

4. 神经肌肉接头

神经肌肉接头是将神经的兴奋传递给肌肉的装置，为肌肉的收缩所必需。近年来研究发现，运动可以对神经肌肉接头的形态结构产生影响，具体表现在运动训练可引起神经肌肉接头肥大，神经肌肉接头神经末梢分支的总长度、分支的平均长度、次级分支数量、乙酰胆碱囊泡增加，神经末梢面积增加。运动训练引起神经肌肉接头后膜的变化，主要表现在运动终板的乙酰胆碱受体（AchR）数量增加和接头（突触）间隙酶活性增强、运动终板周长和面积增加。

通过神经毒素、去神经等原因造成的神经肌肉活动的废用，可以引起神经肌肉接头的形态学退缩性的改变，主要表现为神经末梢变细或解体，突触皱襞暴露变宽大、突触后突触皱襞减少或接近消失，在同一初级突触间隙同时出现几条细小轴突末梢被同一雪旺细胞包裹，运动终板的面积减小等。

研究还发现，不同部位的骨骼肌的神经肌肉接头对运动的应答不同，Alshuaib WB 等人应用细胞内记录技术，研究了大鼠成年期（10months）和老年期（20months）EDL（趾长伸肌）、SOL（比目鱼肌）电生理特征发现，耐力训练对增龄 EDL 和 SOL 的神经肌肉接头产生不同的生理学效应，EDL 改变与增龄性活动减少有关，而 SOL 的改变则是基本由年龄决定。由此可见，运动可以预防 EDL 所有的增龄性生理学改变，而对 SOL 则没有作用。Deschenes MR 等人研究显示，微重力环境使神经肌肉接头发生退缩性的改变，但是只发生在维持身体姿势的肌肉如 SOL，而对于非维持身体姿势的肌肉的神经肌肉接头没有作用，如胫骨前肌。

不同年龄鼠的神经肌肉接头对于运动或废用的应答也不一样。一般来说，运动终板的增加和骨骼肌纤维横截面积是紧密相联的。骨骼肌纤维的生长主要是在生长发育时期，所以，在神经肌肉接头的形态对运动和废用的应答方面，生长期的鼠比成年鼠和老龄鼠更敏感。如果生长期的鼠骨骼肌纤维生长受损，就会伴随着运动终板生成的障碍。废用可以使生长期鼠的运动终板减少，但对成年鼠的运动终板影响不大。

（三）运动与心血管形态学的变化

1. 运动与心形态结构

运动训练对心形态结构和功能有明显的影响，一方面随着运动训练的增加，心肌结构增强，心功能提高；但另一方面，运动强度加大也可导致其结构损伤、破坏，机能下降或障碍，特别是反复地大强度运动，在心脏结构和功能发生适应性重塑的同时，也可能造成某些结构和功能的微损伤，且这种微损伤的发生是细胞坏死和细胞凋亡共同作用的结果。

（1）运动训练对心形态结构的影响

①对心宏观结构的影响。长期坚持适宜的体育锻炼或训练，可使心脏的重量和体积增大。一般人心脏的重量约 300 g，而运动员的心脏可达 400～500 g。这种由于适应运动训练需要的高功能、大储备而发生的心脏肥大，称为功能性肥大，或称为"运动员心脏"。运动员心脏与病理性心脏肥大有着本质的区别。通过叩诊、心电图、X 线、超声心动图诊断发现，运动员心脏的形态特征主要表现在左、右心室或/和左、右心房肥大，但以左心室肥大为主。马拉松、游泳、自行车等耐力性项目运动员心脏为离心性肥大，以左心腔扩大为主，并伴有心壁增厚；力量性项目运动员心脏为向心性肥大，以心壁增厚为主。

我国学者曾对 300 名 14～33 岁的 7 个项目运动员心脏面积和横径进行了 X 线测量，结果表明，有 108 名（占 36%）心脏面积增大，有 173 名（占 57.6%）横径增大。吕丹研究发现，女子举重组心室壁的厚度明显大于柔道及对照组。举重与柔道组左室后壁舒张期厚度、右室前壁收缩期厚度均高于对照组。Morgonroth 研究报道，力量性项目运动员左室壁增厚，而室腔不变。Mengpare 认为，举重运动员室间隔肥大、室间隔与左室后壁的比值较正常人大。张琳研究举重、摔跤运动员心室及肺动脉的变化发现，举重组右室舒末内径（RVIDd）高于摔跤组，举重与摔跤组的左室舒末内径（LVIDd）均显著高于对照组。乌若丹对 24 例专业中长跑运动员的心脏形态、血流动力学改变及收缩舒张功能参数进行了研究发现，中长跑运动员舒张末期左室内径（LVDd）、左室舒张末期容量（LVEDV）、收缩末容量（LVESV）、每搏量（SV）、左室心肌重量（LVM）及左室心肌重量指数（LVMI）均高于对照组（$p<0.01$），同时发现中长跑运动员在左心室腔扩大的同时伴有室壁的肥厚；左右室均扩大，尤以右心房扩大更明显。

②对心微观结构的影响。心肌组织是由实质成分（心肌细胞）和间质成分（心肌胶原纤维及毛细血管等结构）组成的。运动对心脏微观结构的影响，包括对心脏实质成分和间质成分两个方面。

光镜和电镜观察显示，运动训练对心实质成分的影响可导致心肌细胞体积增大，直径增粗，其内所含收缩蛋白和肌红蛋白增多。中等强度的耐力训练可引起心肌细胞肥大，心肌细胞内肌原纤维体积密度增加，肌节增长；乳头肌及心壁心肌细胞中线粒体数量增多，体积密度增大，线粒体嵴密度增加；心肌线粒体体积与数量增加，线粒体与肌原纤维的比值增大，线粒体到毛细血管的最大氧气弥散距离缩小，有利于心肌组织的氧化磷酸化过程及能量产生。肌浆网、横小管扩张，闰盘连接出现不同程度的改变。小强度耐力训练次之。大强度运动训练可引起心肌细胞凋亡的发生，心肌出现结构性微损伤。

左室乳头肌功能的正常与否直接关系到二尖瓣的启闭以及正常心脏的血流动力学特征。左室乳头肌由于缺血可引起肌纤维坏死、变性而影响其收缩功能时，可发生二尖瓣闭锁不全或充血性心力衰竭。不同运动量的耐力负荷，对乳头肌纤维的影响不同，适宜的运动量使乳头肌细胞肥大，收缩力增强；不适宜的大运动量及剧烈的衰竭训练可导致乳头肌结构的损伤，造成乳头肌纤维的相对局部缺血缺氧性变化，部分区域出现水肿、嗜酸性变、空泡样变及肌溶解等现象，尤其以心内膜下最明显，心内膜下层代谢率高，压力大，容易发生缺血性损伤。

心脏功能不仅取决于心肌本身的舒/缩功能，还取决于心肌间质成分与实质成分之间的比例改变，它们均会使心脏功能发生重大变化。研究表明，运动训练对心肌胶原立体结构重塑与心肌舒/缩功能之间的关系密切，心肌胶原在运动性心脏重塑过程中具有重要的地位和作用。表现在适宜的运动负荷导致心肌实质与间质成分成比例增长，左室舒/缩功能增强，心脏发生生理性肥大；不适宜的超负荷运动及过度训练导致心肌胶原过度增生，心肌实质与间质成分的正常比例被破坏，左室舒/缩功能严重受损，心肌收缩能力下降。

运动训练可使心肌组织中毛细血管数量增多，心脏真毛细血管出现大量吻合，弯曲度增大，心肌窦样管扩张，心肌毛细血管内皮和心腔心内膜内皮发生适应性改变，心肌的微循环功能改善。

左室乳头内毛细血管丰富，1 个乳头肌细胞周围有 1~3 条毛细血管，在 40 μm 厚的切片上测量乳头肌内毛细血管的密度，按单位长度内通过的支数计算，血管的支数越多，表明密度越高，测量结果见表4-1。

毛细血管与肌纤维的比值（C/F）是评定毛细血管增生的一项基本参数，测量结果见表4-2。训练组与对照组相比，毛细血管形态与训练量密切相关，训练量越大，弯曲度就越大。

表4-1　左室乳头肌毛细血管密度（Branch/200 um）

分组（n=10）	毛细血管密度	变化率
中等强度耐力训练	19.5±3.13	+25%**
小强度耐力训练	17.5±2.18	+12%**
超强度耐力训练	18.4±2.18	+18%**
超强度耐力耗竭训练	16.7±2.39	+7%
对照组	15.6±3.26	—

与对照组比较，**$P<0.01$。

表4-2　左室乳头肌C/F的比值

分组（n=10）	毛细血管与肌纤维之比	变化率
中等强度耐力训练	1.085±0.599	+23%**
小强度耐力训练	1.034±0.451	+17%
超强度耐力训练	0.893±0.501	+1%
超强度耐力耗竭训练	0.922±0.520	+4%
对照组	0.884±0.167	—

与对照组比较，**$P<0.01$。

实验表明，随着运动量逐渐增大，毛细血管密度也随之增大，以中运动量组为最明显，变化率为+25%，运动量超过肌纤维代偿功能后，毛细血管密度反而下降，导致肌纤维局部缺血缺氧性损伤。

近左室心内膜下，乳头肌纤维之间观察到形态不规则、大小不一的窦样管，尤其在近心内膜下及其周围出现率较高，乳头肌纤维之间次之。其形状多数呈三角形、多角形、卵圆形、长窄条形及湖泊状。心肌窦样管是心肌胚胎发生遗留下来的产物。Grant认为，由于胚胎早期，心腔血液通过肉柱间隙营养心壁，使心壁呈海绵状，随着肉柱增大和腔内压力增高，肉柱间隙大部分消失，小的间隙缩小成血管即心肌窦样管并与冠状血管沟通，心肌内血液便改由冠状血管供应，作为遗留下来的窦状隙（即窦样管），多分布于心内膜侧。

通过中国墨明胶液灌注标本和HE、Masson复染标本观察，心肌窦样管有的互相连接成串，有的与Thebesian静脉相通，有的直接与心腔沟通，还有的通过肉柱间隙与心腔相通，其出现率与运动量关系密切。

心肌窦样管形态结构在HE、Masson染色标本中仅可见到一层由内皮细胞构成的薄

表4-3 心肌窦样管口径

分组（n = 10）	心肌窦样管口径（mm） 长径	心肌窦样管口径（mm） 短径	变化率
中等强度耐力训练	3.313 ±12.215	14.610 ± 5.14	+ 25% – + 60%**
小强度耐力训练	22.404 ± 13.909	11.707 ± 7.799	+ 36% – + 28%**
超强度耐力训练	15.243 ± 10.693	7.369 ± 4.628	– 7% – – 19%
超强度耐力耗竭训练	15.151 ± 9.340	8.690 ± 4.292	– 8% – – 7%
对照组	16.416 ± 9.094	9.127 ± 5.754	—

与对照组比较，**$P < 0.01$。

壁，其大小差别很大，并随训练量的不同出现不同程度的扩张或闭锁，其结果见表4-3所示。

一般心肌细胞间的胶原纤维纤细，基本上呈垂直方式连接。采用一般运动负荷后，心肌细胞肥大的同时，心肌束间或肌束内大量增生的较粗的胶原纤维有的呈波浪形弯曲，有的呈线形分布，并相互交织，网络着心肌束。在心肌细胞侧面，一般心肌细胞间胶原纤维分布较少，粗细不等，有"网格式"胶原纤维连接并分布于心肌细胞间。采用一般运动负荷时，心肌细胞肥大且细胞间胶原纤维连接密集，可见粗细不等的胶原纤维以"直线形"或"树根样"垂直或斜交的方式借肌内膜与心肌纤维连接及丰富的胶原纤维相互交织成网。这些胶原纤维的变化有利于发挥心肌收缩的功能。

（2）过度训练对心脏形态的影响

运动，尤其是长期超负荷运动可导致心肌形态发生改变，此改变与运动的类型、持续的时间及强度有关。一般将此改变分为以下3个阶段：第一阶段，功能代偿性增强期，此阶段，运动量适中，心肌细胞代谢功能旺盛，供血供氧充分；第二阶段，功能代偿期，此阶段已达大运动量阶段，心肌细胞横径增大，出现代偿性肥大，心肌横断面增加，心功能仍在正常水平期，但此时心肌储备力已下降；第三阶段，心肌细胞变性、退化期，此阶段运动量已超过心肌细胞的代偿能力，肌纤维出现变性，空泡样变，部分肌核溶解，此期心肌功能紊乱。

由于现代细胞生物学及分子生物学技术的发展，目前过度训练对心脏形态结构的研究包括心脏宏观形态、心肌细胞显微结构、心肌线粒体形态、心脏血管形态和心肌间质胶原的改变等方面。

①心脏宏观形态改变。过度训练会导致心脏绝对重量和相对重量的增加。布劳姆奎斯特（Blomquist）对优秀运动员心重量和病理性心肌肥厚的心重量进行测量后认为，优秀运动员的心重不会超过500g，而病理性心重则超过1000g，所以过度训练导致心脏重量增加是过度训练对心脏影响的最直观表现。此外，过度训练导致左心室腔内径、室间隔厚度及左心室游离壁厚度均增大，心肌细胞体积、长度及横截面积显著增大。Pelliccia曾对100例比较年轻的从事举重、摔跤、滑橇和投掷训练已有3～4年的运动员进行研究，对其增厚的心室进行心动图检查，发现无一例左室壁最大厚度（8～12 mm）超

过正常人上限（12 mm）。他认为，过度训练的运动员如果左室厚度≥13 mm，即为病理性肥大。有人研究发现，过度训练引起心脏电兴奋传导的重要结构闰盘连接处发生了异常改变，闰盘附近线粒体异常肿胀（有的呈气球样），闰盘上下本来对位整齐的心肌肌原纤维排列紊乱，肌丝断裂、溶解，肌节不规则，闰盘膜不连续，可见断裂。在过度训练的情况下，通常会出现P-R间期延长、QRS间期延长、ST段下移 > 1 mm、T波方向倒置等心电图异常的情况。

②心肌细胞显微结构的改变。过度负荷及过度训练可导致心肌肌丝紊乱、卷曲，部分肌丝断裂、解聚，并出现心肌纤维化，结缔组织增生，肌节异常，粗肌丝减少，无法区分A带、I带，Z线异常乃至部分消失，部分肌核溶解消失，线粒体肿胀，嵴断裂，呈现空泡样变，心肌细胞闰盘局部扩张，收缩能力下降，同时还导致心肌线粒体钙超载，细胞膜受损。非心肌细胞中的成纤维细胞主要功能是产生和分泌胶原蛋白，在心肌内以胶原纤维的形式存在，构成心肌间质的三维空间的网络结构。大量研究表明，非心肌细胞在维持心脏结构与功能方面起着与心肌细胞同等重要的作用。过度负荷及过度训练可导致心肌细胞纤维化，间质成分增加，成纤维细胞增多，毛细血管密度下降，在肌束之间、心肌细胞之间、心肌细胞与毛细血管之间大量增生的波浪形胶原纤维紧密网络着心肌束和心肌细胞，导致心肌僵硬度升高，心脏的顺应性降低，舒张功能受损；过度增生的胶原纤维"封闭"了心肌细胞，影响了心肌细胞力的传递，最终导致心肌收缩与舒张功能显著降低。

③心肌线粒体形态的改变。线粒体是细胞内对缺氧极为敏感的细胞器，随着运动强度的加大及运动时间的延长，缺氧程度逐渐加深，缺氧破坏了细胞的有氧呼吸，损害了线粒体的氧化磷酸化的过程，使ATP的产生减少甚至停止，结果导致线粒体内钠离子增多，最终致使线粒体因吸收水分增多而肿胀。过度训练也可导致心肌线粒体数密度、面数密度、面密度均减小，线粒体数量明显减少。线粒体数量的减少，说明线粒体瓦解现象很严重。Douglas和Gollnick认为，力竭运动中，心肌线粒体维持其结构完整性所需的能量，随着ATP的减少而减少。所以，ATP的减少是导致线粒体瓦解的重要因素。Laughlin等学者对心肌超微结构的研究发现，随着运动时间的不同，运动对心肌线粒体的影响也是不同的，适宜的运动可增加心肌线粒体的数目和线粒体中嵴的密度，但超长时间的运动可使线粒体出现肿胀、嵴破裂，以及整体崩解、数目减少。

④心脏血管形态的改变。有人对超负荷训练后心脏毛细血管和心肌窦样管的形态进行了观察后发现，毛细血管在心肌层常平行于心肌细胞，在形成中常以"Y""H"或"T"形等多种形式分布，还可见到Thebsian静脉和心脏直接在一起。通过测量微尺单位长度内通过的支数来计算，试验组比对照组支数少（P < 0.05），表明试验组毛细血管密度显著下降。在Masson切片上，可见到形态不一、大小不规则的窦样管，其形状仅见到一层由内皮细胞构成的薄壁，大小差异很大，并且出现了不同的扩张和闭锁，相当部分的窦样管还连成串，与心脏和Thebsian静脉相通，其口径变化很大，在HE切片上也显示出了相同的结果。分析其原因，是由于不适宜的过度负荷训练使得毛细血管的密度下降，导致心肌缺血缺氧，引起了窦样管的代偿性扩大。但当过度负荷训练持续不断

时，心肌张力的逐渐增加，造成了闭锁，从而更进一步地加剧了心肌缺血缺氧的状况，使心肌受到不可弥补的伤害。

⑤心肌间质胶原形态的改变。胶原的大量增生可导致心脏的僵硬度增加、顺应性降低，直接损害心脏的舒张功能。实验观察表明，一般运动负荷条件下，心肌束间和心肌细胞间胶原纤维增生，以适应心肌细胞肥大收缩力增强的需要，从而保证心肌间力的传递；运动过量负荷条件下，心肌束间、心肌细胞群及细胞间大量胶原纤维不成比例增生，可见胶原纤维粗大成束成网以波浪形或框格形广泛分布，在小动脉壁上及心内膜下胶原纤维过度增生，限制了心肌细胞的伸长与缩短，增加了心肌的僵硬度，使心肌细胞之间力的传递受阻，血管壁的弹性降低，心肌血氧供应功能遭到破坏。心内膜对缺血缺氧很敏感，运动超负荷导致心内膜胶原纤维层增厚，内皮细胞受到损伤，此结果与Weber等报道的压力超负荷性心肌肥厚结果相类似。

心脏功能的维持不仅取决于心肌细胞本身，还取决于心肌胞外间质成分，尤其是心肌胞外胶原成分，心肌的舒张功能与心肌间质胶原网络结构关系密切，运动过量负荷所致胶原纤维蓄积增生迫使心肌细胞被胶原纤维网紧密包裹，彼此隔离，造成被"封闭"的心肌细胞由于力的产生和传递受阻，从而导致心肌舒张与收缩功能的降低。

运动可引起心肌间质胶原网络结构的重塑，一般运动负荷可使心肌与间质胶原网络同步增长，以适应心肌细胞肥大收缩力增加，从而保证肌束间及心肌细胞间力的传递；运动过量负荷可使心肌束间、心肌细胞间以及小动脉和毛细血管间不同类型胶原大量蓄积增生，导致心脏的僵硬度增加，舒缩功能降低。

通过上述研究证实，过度训练可导致心肌结构损伤，造成心肌纤维相对局部缺血缺氧性变化，还可导致部分区域出现酸性变性、空泡样变及肌溶解等现象。由于运动负荷过大，肢体运动器官血管大量扩张，需血量增加，并且心肌肥大到一定程度造成心脏供血不足，不能达到心肌深层，引起心肌缺氧缺血，影响到心肌的正常功能，同时还会引起心肌组织纤维化。心肌间质胶原增粗，新胶原沉积于原来缺乏胶原的心肌间质内，胶原体积比例增高，从而导致间质纤维化，其后果是使间质网络结构遭到破坏，引起心室舒张期硬度提高，形成增粗性功能障碍。这也说明了过度负荷训练的经常出现，使心脏向着病理性心脏方向发展，最终导致心肌老化、增粗、心率失常，甚至有可能引起猝死或衰竭。

2. 运动与血管形态结构

（1）对血管壁形态结构的影响

不同强度运动对血管壁形态变化具有不同程度的影响。运动能使动脉血管壁增厚，平滑肌细胞和弹性纤维增加。大动脉（如主动脉）弹性纤维增长占优势；中动脉（如股动脉）平滑肌细胞增长占优势。这种弹性纤维和平滑肌增厚可使血管壁的弹性增强，搏动有力，有利于血液流动。长期过度训练可造成动脉管壁中膜过度增厚，平滑肌过度增生，血管壁的弹性降低，可出现运动性高血压现象以及运动性心血管和脑血管意外的发生。

运动对血管内皮细胞也有作用。由于血液流动对血管壁面切应力的作用，一般运动负荷可导致血管内皮细胞呈自然流畅的梭形和线条排列，这种血管内皮的排布顺着血流的方向分布，符合流体力学原理，有利于血液流动。但运动超负荷却可导致血管内皮细胞过度拉伸，高切应力可造成个别内皮细胞的损伤以及内皮细胞防止血小板黏附功能的降低，导致细胞及血小板聚集黏附。平时内皮细胞可产生和释放抗血细胞黏附因子，防止红细胞、血小板及白细胞的黏附。但在过度训练后，这种内皮细胞产生和分泌的抗血细胞黏附因子就会减少。

(2) 对冠状动脉形态结构的影响

运动可以使冠状血管扩张，口径增粗；刺激小动脉和侧枝血管增生；改变冠状血管平滑肌细胞的钙调控，诱使冠状动脉转运能力的提高。心肌缺血可刺激冠状侧枝血管的生长。经常参加运动可使心脏冠状循环得到改善，心肌窦样管扩张，心肌细胞氧气与营养物质供应丰富，心脏的代偿功能提高。冠状动脉狭窄和粥样硬化的病人虽不能进行急性大运动量锻炼，但可采用针对性强、不疾不徐、循序渐进的运动处方，这样就可以提高心脏的功能，改善心肌的缺血状态。

(3) 对器官内毛细血管数量的影响

动物实验证明，运动能使骨骼肌、脑组织和心脏内的毛细血管数量增加、分布扩大，口径增大，容积和表面积增大；血管行程迂曲，分支吻合增多，组织细胞与毛细血管最大氧气弥散距离减小，运动时毛细血管开放数量增多。这些变化都有利于改善器官的血供，方便细胞的氧气和能量获取，进而增强器官的功能。

（四）运动与肝脏

肝脏是人体内最大的腺体，也是功能最复杂的器官之一。肝脏在糖、蛋白质、脂类、维生素和激素的代谢中都起着极其重要的作用。关于运动与肝脏形态学的研究，主要包括两个方面：

1. 大强度运动对肝脏的损害

通过大量的人体和动物实验发现，经过急性力竭或剧烈运动后体内产生的过多的自由基会对肝脏造成氧化损伤。

安静状态下小鼠肝细胞线粒体结构完整、基质电子密度均匀、内质网排列整齐、表面富有大量的核蛋白体、糖原颗粒分布清晰可见、细胞核分布规则。有人研究发现，小鼠在力竭性运动后，线粒体有肿胀、空泡化，膜与嵴溶解，基质电子密度不均匀等现象；内质网断裂、减少、变形、扭曲，规则分布消失；糖原分布减少；细胞核出现不规则的变化，电子密度明显变异。一次性衰竭运动后肝细胞糖原明显减少，滑面内质网扩张。连续7次的衰竭运动后部分肝细胞破裂，内容物进入窦状隙，肝细胞与内皮细胞之间的关系混乱，可见微绒毛破损、断裂。大部分未受损的肝细胞糖原明显减少，脂滴增多，粗面内质网减少，滑面内质网与粗面内质网明显不规则扩张、断裂。

人体在大强度运动下，由于血液的重新分配，肝部将出现暂时的缺血，运动强度降低后血液重新回流形成血液再灌注，缺血再灌注可导致肝损伤。Sasaki等在研究缺血再灌注动物实验时发现，缺血再灌注后的肝损伤可引起鼠肝细胞凋亡，而且凋亡多发生在再灌注后早期。

肝细胞的凋亡可引起肝的形态与功能变化。肝细胞发生凋亡时肝的超微结构在形态学上与其他细胞相比，既有许多共同的改变，也有一些特殊的改变，其过程可以分为两阶段：第一阶段，细胞核内常染色质的超微结构特征消失，缺乏弥漫分布形式，凝聚呈块状，类似异染色质结构，核仁消失，核膜孔消失，双层核膜间隙不均匀增宽，并出现缺损；肝细胞胞浆内细胞器的变化非常轻微，仅表现为肝细胞胞浆内糖原颗粒减少或消失，线粒体轻度肿胀，部分线粒体基质内出现块状物，线粒体双层膜间隙不均匀，内质网轻度扩张；细胞表面的细胞连接结构消失，微绒毛消失，细胞形状由立方体变成椭圆形，并出现不规则的伪足样细胞凸起。第二阶段，细胞膜表面出现凸起的泡状结构，称为"胞浆出芽现象"，以后细胞膜出现深的皱褶，细胞分裂成若干独立的小体，形成"凋亡小体"，染色质及细胞器不均匀地分布在这些小体内；细胞器膜性结构完整，不发生细胞内容物外溢，没有细胞自溶现象，不会发生继发性组织损伤或病变；肝细胞周围有丰富的血窦组织，凋亡细胞多数由枯否氏细胞和血管内皮细胞吞噬，以后凋亡细胞被溶解成残留体，最后完全消失。

肝细胞损伤的机理与体内能源物质的消耗、供能障碍，以及代谢产物的堆积和疲劳时氧自由基形成导致肝细胞脂质过氧化损伤有密切关系。我们可以通过物理手段、服用中药和营养素补充加强肝脏的代谢功能，防止运动对肝脏的损伤。

2. 中低强度的有氧运动对肝脏的保护作用

关于中低强度的有氧运动对于肝脏的保护作用，目前的研究主要集中在有氧运动与脂肪肝的预防和治疗作用方面。我们知道，肝脏是脂代谢的重要器官，脂肪酸氧化、甘油转换、脂质合成、脂蛋白代谢和胆固醇排泄都在肝脏中进行，因此，血脂和脂蛋白的任何变化都与肝脏的功能密不可分。高脂血症容易使肝脏发生脂肪性变，而适度的有氧运动可以改善机体的脂质代谢状况，并对脂肪肝有明显的预防和治疗作用。有人通过建立饮食性高脂血症大鼠模型，采用不同强度的长期有氧游泳运动，观察到高脂饮食大鼠肝结构的变化。正常对照组大鼠肝细胞结构未见明显异常；而高脂组大鼠肝脏均呈弥漫性肝细胞脂肪变性，肝细胞内充满大小不等的脂滴，90%以上肝细胞受累；运动组大鼠肝脏虽然也有脂肪变性，但病变程度明显减轻，受累肝细胞小于50%，提示中低强度有氧运动可以减轻老龄高脂血症大鼠所致肝脏损害。

（五）运动与肾脏

肾脏是泌尿系统的重要组成部分，肾脏的结构和功能的改变对于机体健康有重要的影响。适量运动可以使肾脏病患者增强体力，改善糖、脂质、蛋白质的代谢，从而提高生活质量。然而剧烈运动时由于机体血液重新分配，以最大限度地保证骨骼肌血流量，引起肾脏的血流量明显减少或肾小球滤过率的降低，再加上运动时自由基的大量生成，都会对肾组织结构造成损伤。近年来关于运动对肾脏形态学影响的研究主要包括以下两个方面。

1. 低强度的有氧运动对肾脏的保护作用

机体的某些病理性变化（如自发性高血压等）可能造成对肾组织结构的损伤，而适量的有氧运动可以减少这些因素对于肾结构的损伤作用，从而保护肾脏功能。

有人通过建立饮食性高脂血症大鼠模型，采用不同强度的长期有氧游泳运动训练动物，透射电镜观察结果如下：高脂组动物肾小球滤过膜广泛范围增厚，结构紊乱、不清；内皮细胞轻度肿大，内皮孔扩大或不清，分布不均匀；基膜不规则增厚；足细胞有些足突肿大、融合，堆积于基膜外侧，使滤过膜结构不清，有的足突减少或消失。90 min 运动组（患高脂血症）动物肾小球滤过膜局限性增厚，结构仍有部分异常；内皮细胞大小接近正常，内皮孔较稀疏；基膜局限性增厚；局部足细胞足突肿大、融合，大部分足细胞足突缩小，均匀分布于基膜外侧。45 min 运动组（患高脂血症）动物肾小球滤过膜仅见少部分增厚，大部分结构恢复正常；内皮细胞形态、内皮孔接近正常；基膜增厚不明显；足细胞足突显著缩小，均匀分布于基膜外侧，与正常对照组无明显区别。正常对照组动物肾小球滤过膜均匀、完整、无增厚；内皮细胞扁平，胞核清晰，内皮孔明显，分布均匀；基膜均匀无增厚；足细胞大小正常，足突无肿大，均匀排布于基膜外侧。因此，研究者认为，老龄大鼠 45 min 游泳运动对预防高脂饮食性肾损伤有较好保护作用，运动锻炼可使高脂血症大鼠肾小管内有大量蛋白管型减少。其机制与调节血脂、提高胰岛素敏感性、增强抗氧化能力有关。

也有人对肥胖的 ZUKER 大鼠进行有氧跑台训练 12 周，结果训练组比非训练组蛋白尿减轻，肾小球基底膜增厚减少，肾小球膜容量扩张减轻，白蛋白排泄率减少。

2. 长时间大强度运动对肾脏结构的损伤

（1）运动后蛋白尿

长时间大强度的一次性练习后，容易发生原尿中出现尿蛋白的现象。研究表明，运动性蛋白尿在运动后 15 min 达最大值，运动后 4h 基本消除。出现运动后蛋白尿的原因主要有两方面：一方面，长时间大强度的一次性练习后，肾小球毛细血管出现扩张和充血，内皮细胞吞饮小泡增多，呈蜂窝状，内皮小孔间距和孔径大小不等，基膜总厚度减少，足细胞的突起增多，从而导致肾小体滤过膜的通透性提高；另一方面，长时间大强度的一次性练习后，肾小管上皮细胞的部分线粒体变得凝聚、肿胀和空泡化，部分内质网扩张，次级溶酶体增多，从而降低了肾小管重吸收机能。随着蛋白尿的消除是否还伴随着肾组织结构及功能的损伤，尚存在着争议。

有人认为，不同时间大强度的运动对肾结构的影响是一种与运动时间有关的可逆性病理变化，是肾功能增强的一种暂时的适应性反应，然而大强度运动对肾结构带来的不同程度的影响，在短期内不可能完全恢复。这为运动后产生运动性蛋白尿等尿异常提供了一定的理论依据。

（2）大强度运动对肾脏的微观结构的损伤

关于大强度运动对肾结构的影响主要表现在肾小球血管壁和肾小管上皮细胞变化。研究发现，长时间大强度运动后实验动物出现肾小球毛细血管扩张充血，内皮细胞胞质内空泡增多，呈蜂窝状，彼此相连，内皮小孔孔间距和孔径大小不等；肾小管出现近曲小管扩张，部分线粒体凝聚、肿胀和空泡化，部分内质网扩张呈管泡状，次级溶酶体较多，远曲小管细胞糖原颗粒多而明显。

大量的动物和人体实验已经证实，急性剧烈运动可导致机体自由基产生增多，脂质过氧化水平增加，使机体处于氧化应激状态。氧自由基对肾脏组织细胞的损伤作用主要通过3个途径：①氧自由基与膜上的酶、受体和（或）膜的组成成分进行共价结合，从而影响膜成分的活性和（或）改变膜的结构与抗原特异性；②通过共价结合，使SH氧化，不饱和脂肪酸与蛋白质比率改变，干扰膜的离子转运；③引起不饱和脂肪酸的过氧化而直接干扰膜的结构。Suzuki在其研究结果中指出，运动引起肾脏组织脂质过氧化作用的加强，导致溶酶体膜结构的损伤，从而形成溶酶尿。郭林等研究发现，力竭运动导致肾组织缺血再灌注过程中产生大量自由基，可使肾小管上皮细胞膜性结构中的不饱和脂肪酸发生过氧化反应，因而导致对上皮细胞的广泛性损伤，致使肾小管上皮细胞发生超微结构的变化，刷状缘微绒毛发生粘连脱落以及溶酶体膜性结构完整性丧失，正常生理功能受到破坏，通透性增加，线粒体结构功能损伤。

还有人研究发现，剧烈运动可导致肾小球毛细血管壁固定负电荷丢失，肾组织结构受损；重复负重游泳可导致肾小球滤过膜内皮细胞体积增大，基底膜亚层模糊，局部出现损坏，足细胞突起部分融合，近曲和远曲小管细胞线粒体肿胀、嵴破坏或消失。力竭性运动对肾超微结构有明显破坏作用，力竭游泳后肾小球滤过膜部分内皮肿胀，基膜亚层模糊，可见上皮足突融合；近曲小管上皮微绒毛结构不清，有融合粘连；线粒体数量正常，但有轻、中度肿胀，线粒体嵴减少。

此外，有人认为，激烈运动可引起急性肾功能衰竭。肌肉强烈而持久地收缩可引起肌损伤及肌溶解，肌红蛋白释入血液，被肾脏滤过出现在尿液中，一方面因其分子量小，可穿透入肾小管上皮细胞内，引起后者变性、坏死；另一方面可形成色素管型阻塞肾小管。

（六）运动与肺

长期适宜的体育锻炼有利于肺部气体交换，肺部毛细血管开放数量和开放程度增加，气体扩散面积增大，有利于氧的运输和肺部功能的改善。但在大强度运动中，由于缺血、低氧、自由基等因素的影响，可能对肺组织有不同程度的损伤。

有文献报道，运动训练对肺组织形态结构的影响主要表现为：第一，随着运动强度的增大，肺泡形态会出现正常→肺泡腔扩大→壁破裂→失去完整性这一变化趋势，肺泡形态结构的变化直接影响气体交换。第二，随着运动强度的增大，呼吸膜厚度有一种由正常→较厚→厚→很薄→破裂的变化趋势。在大部分阶段是呼吸膜逐步增厚，这可能是由于肺泡间质水肿、肺泡有炎性反应、渗出等原因；同时由于Ⅰ型肺泡上皮受到损伤，要靠Ⅱ型上皮来修复，也造成气血屏障增厚的结果，这种变化必然影响气体的交换，使气体弥散功能发生障碍。而到了最后阶段，肺泡细胞内充满了大量液体，致使肺泡壁扩张、破裂，从而完全失去呼吸作用。PAS染色也显示，随着运动强度增大，基膜越来越不明显，以至消失，这表明此时无法进行正常的气体交换。第三，随运动强度的增大，不同程度地出现肺泡孔，并有肺泡孔增多、扩张、增大的现象，这表明当呼吸道出现炎症、呼吸膜水肿增厚、肺泡通气不良时，为使肺泡间气体能得到交流，肺泡孔增多并扩大。第四，随着运动强度的增大，巨噬细胞大量出现，这与肺泡内充血及红细胞出现直接相关，这说明巨噬细胞吞噬出现的红细胞、清理肺泡壁，从而使气体的交换得以畅通。

大运动量的剧烈运动可导致机体内氧化代谢加强，自由基生成增多，加速细胞膜的脂质过氧化反应。自由基进入支气管内即可损伤内皮细胞。自由基还能改变肺泡微血管膜结构和功能。自由基在引起急性肺水肿时的作用主要是直接伤害肺泡微血管膜，使之改变通透功能从而引起渗透性水肿。脂质过氧化造成肺的上皮细胞及肺泡膈内的毛细血管内皮细胞受损，肺泡的表面张力增大，肺泡腔缩小，以致影响肺的功能。自由基代谢的改变与形态学变化有着某种程度的联系。有人认为，氧化-抗氧化失衡使肺间质充血、增厚，这可能是急性肺损伤的机制之一。胡声宇在光镜下观察到小鼠无负重游泳 70 min 后，肺组织形态结构发生了变化，肺泡腔内有明显的水肿液及红细胞、巨噬细胞。Lou X 报道，肺组织损伤在结构上主要表现为较弥漫、面积广泛的肺泡破裂、溶合，尤以肺的外周区为主。肺泡损伤主要发生在肺的外周，可能是因为进行力竭游泳的小鼠呼吸时，外周区肺组织的扩张程度远比中心区肺组织的要大，是肺泡机械性扩张过大所致。

（七）运动与神经系统

1. 运动对大脑皮质的影响

研究表明，生长发育期小鼠进行多形式的体力活动，可以引起小鼠大脑皮质运动区 V 层锥体细胞核仁增大，前角细胞的胞核、核仁显著增大，核质比增大；大脑皮质躯体感觉区 V 层大锥体细胞核仁增大，说明形成核糖体的能力增强，蛋白合成能力也增强，为神经元形态结构的改变、功能的增强提供足够的蛋白质。如果大鼠经过 8 周中等负荷的游泳训练，则小脑蒲肯野细胞的树突棘的密度明显提高；大脑皮质运动区 V 层大锥体细胞的胞核、核仁及顶树突棘、侧树突棘与基树突棘的密度均明显提高。树突棘是神经元树突上的小突起，是形成突触的主要部位。树突棘密度的提高提示运动增加了中枢神经元的信息输入量，扩大了神经元之间的联系范围，说明长期的运动训练对大脑、小脑皮质形态结构可能产生良好的影响。

余茜等对脑缺血大鼠进行运动训练，5 周后观察健侧大脑感觉运动皮质和海马 CA3 区突触超微结构参数的改变，发现突触界面曲率、PSD（突触后致密物）厚度和穿孔性突触百分率增加，突触传递功能增强，表明运动训练能促使健侧脑对学习记忆的代偿作用。也有实验表明，运动可促进大脑皮质厚度增加，蛋白质含量增加及新的血管生成；运动也使轴树突分支增多，单位长度树突的树突棘增多。其机制可能是运动使大脑内的神经营养因子发生了变化。

大脑由于其解剖结构和生理功能的特点，较身体其他部分需要更多的供血。一旦脑循环发生障碍，就会使大脑神经细胞的结构和功能受到影响，严重时甚至会使神经细胞丧失功能。周强等在研究力竭运动对大鼠大脑形态结构的影响时发现，力竭运动后即刻大鼠的大脑皮质可见明显的超微结构变化，毛细血管内皮细胞胞浆有突起伸入其管腔，基膜增厚，并出现大量的指环状突起；内皮细胞的紧密连接被破坏，出现裂隙，毛细血管壁失去光滑性和完整性；内皮细胞、周细胞以及毛细血管周围的神经胶质细胞内线粒体肿胀、嵴断裂，周细胞重叠，染色质边聚；毛细血管周围的神经细胞和神经胶质细胞肿胀，出现明显的空泡区，但细胞核的超微结构还未见异常变化。力竭运动后 24 h 大鼠的大脑皮质毛细血管周围的神经细胞和神经胶质细胞的肿胀明显减轻，空泡区明显缩小，其线粒体肿胀、嵴断裂程度明显减轻，内皮细胞微结构和基膜的恢复接近正常。

2. 运动对海马的影响

运动是一种典型的应激，边缘系统是介导应激的重要中枢，而海马是边缘系统的重要组成部分，在下丘脑调节内分泌的变化过程中对下丘脑的影响非常重要。因此，在研究运动对于神经系统的超微结构影响时，海马是主要研究的核团之一。

有人研究发现，有氧训练使大鼠海马 CA1 和 CA3 区神经元、胶质细胞、毛细血管和突触超微结构的适应性变化，增强了海马的功能。CA1 区细胞核结构清晰且微有增大，核膜核仁明显，核内常染色质为主，部分核膜不规则。胞浆内细胞器完整，脂褐素少量，高尔基体发达，线粒体微有增生，嵴明显；粗面内质网增多，结构清晰；胞浆内有大量游离的核糖体。胶质细胞结构清晰，胞浆内细胞器完整。毛细血管无明显增生变性，腔面光滑，内皮细胞线粒体微有肿胀，细胞连接完好，基底膜完整光滑。突触前后膜结构完整，可见突触前成分内有大量的突触小泡及线粒体，线粒体嵴致密。有氧训练对海马 CA3 区的影响和对 CA1 区的影响结果类似，而且在 CA3 区发现有突触穿孔现象。突触穿孔（synaptic perforation）是指突触后致密物质有部分缺失的现象，尤其是较大的棘突触，PSD 常常不连续，在垂直于突触界面的切片上显示出两个或两个以上的 PSD 片段，而在平行于突触界面的切片上则出现圆形的 PSD，中心部分的 PSD 缺失，看起来好像有空洞存在。Greenough 等提出，突触穿孔是一种形态学特征，可能代表着突触功能状态的某种变化，甚至与突触数量增减有关。文献提示，PSD 发生穿孔可能扩大神经递质与 PSD 的接触面积，从而增强突触传递效能。一些研究也表明，在中枢组织中存在运动依赖性结构上的可塑性。

然而，在大强度长时间运动时，由于缺血缺氧或者某些代谢产物的影响，海马的结构和功能就会受到不同程度的损伤。满君等研究发现，过度运动可导致海马神经元组织形态与超微结构的改变，光镜下可观察到海马神经元排列松散、紊乱，并且与周围神经元的联络减少，部分细胞固缩，呈不规则形状变化；电镜下细胞呈梭形或椭圆形，细胞排列紊乱，细胞之间出现较大空隙。细胞核呈不规则形，细胞核偏位内陷，染色质聚集，线粒体肿胀且出现空泡。研究者同时发现，过度游泳运动后即刻，大鼠海马氨含量升高，谷氨酸含量下降，谷氨酸 / C-氨基丁酸比值下降，从而认为，由于过度运动导致脑氨升高，对脑内神经元造成毒性作用，使海马神经元形态发生改变，可能是引起海马损伤的因素之一。

研究发现，疲劳训练会造成大鼠海马 CA1 和 CA3 区神经元、胶质细胞、有髓神经纤维、突触超微结构的损伤。在海马的 CA1 区，神经元有明显的变性现象，神经元浓缩，核不规则，异染色质增多，电子密度增高，胞浆电子密度下降，线粒体明显肿胀，嵴断裂并有空泡化现象，内质网扩张显著。部分区域出现卫星现象。星形胶质细胞核膜腔微有扩张，溶酶体发达，胞浆内线粒体有肿胀，内质网扩张。毛细血管结构变化不大，腔面光滑、规则，细胞连接比较完整，内皮细胞完好，细胞内的线粒体微有肿胀，基底膜完整光滑，核膜腔微有扩张。部分突触结构模糊不清且有闭合现象，突触前成分内线粒体有轻度肿胀，前后膜有轻度分离，间隙改变，突触小泡少量，模糊不清。有突触穿孔现象，有髓神经纤维内的神经丝结构不清或消失、内质网有扩张现象。在海马的 CA3 区，神经元细胞核内异染色质明显增多，胞质电子密度低，胞浆内有大量的脂褐素，内质网扩张明显，线粒体肿胀，嵴断裂，有空泡化现象。海马 CA3 区内有卫星现象。胶质细胞核膜腔微有扩张，核内异染色质增多，胞浆内内质网扩张，线粒体肿胀，嵴断裂明显。毛细血管变性不显著，内皮细胞内线粒体微有肿胀，但结构完整。突触前后成分微有肿胀，突触间隙不明显，突触前成分内线粒体有肿胀现象，部分嵴断裂，突触小泡明显减少。有髓神经纤维内神经丝模糊或缺失，发现肿胀的线粒体。

3. 运动对脊髓的影响

运动对脊髓前角神经元形态学的影响已有一些报道。有研究发现，采用适宜的运动，可使脊髓前角细胞中的线粒体结构产生良好的代偿性改变；发育期小鼠运动后前角细胞的胞核、核仁显著性增大，研究者认为可能与运动时大脑皮质躯体运动区传入脊髓前角外侧群细胞的信息量增大及外侧群运动神经元输出信息量的增加有关。

有人通过对动物脊髓 α 神经元线粒体的形态学计量及其超微结构的研究发现，在一定范围内的运动量增加，可使动物脊髓 α 前角神经元线粒体数目和体积增加，以适应机体对能量代谢的需要；随着运动时间的延长，当机体难以胜任运动时，代偿平衡失调，线粒体出现肿胀、嵴断裂、整体崩解和数量减少等现象，从而影响神经系统的功能，导致运动能力的下降。因此，研究者认为，适量的体育运动和正常的神经系统功能是保证运动质量及保持运动能力的关键，过度运动将导致神经细胞线粒体损伤，影响运动质量及运动能力，引起组织细胞的过早衰老和凋亡。

（八）运动与淋巴系统

运动对淋巴系统的影响，集中反映在对免疫细胞，特别是对淋巴细胞、胸腺细胞及脾细胞形态、亚型及功能的影响，具体表现为：第一，适度的耐力训练能增强机体免疫功能，如增加自然杀伤细胞（NK）活性和数量，增强 T 细胞对 ConA 的增殖反应能力等。有人通过对大鼠进行为期 8 周的不同负荷的运动训练，结果发现，经过每天 1h 训练，CD4+T 淋巴细胞显著增高，CD8+T 淋巴细胞略有下降，CD4+/CD8+的比值显著增高。在力竭性训练后，CD4+细胞显著低于 1h 训练组，而 CD8+细胞显著高于 1h 训练组，从而使 CD4+/CD8+的比值显著低于 1h 训练组。这表明，适当的运动训练可以提高机体的免疫功能，而长期力竭性运动训练可导致机体免疫功能的抑制。第二，急性短时间中等强度运动可激活免疫系统并提高免疫功能。实验证明，中等强度和短时间高强度（持续几分钟）运动后，外周血自然杀伤细胞（NK细胞）升高，尤其是CD16阳性细胞。第三，大强度运动则抑制免疫功能。

众所周知，运动员在大运动量训练期间或赛前强化性训练结束后，各种感染性疾病，尤其是流行性感冒以及上呼吸道感染等发生率急剧增加。这是由于机体在进行大运动量训练结束后，在其免疫功能尚未恢复正常时，又重复下一周期的高强度训练，容易导致免疫功能的深度抑制，其持续时间一般认为与训练期的运动量及运动强度以及训练周期的安排等因素有关。有实验证明，持续10~60min的急性大强度运动，可使有丝分裂原刺激下的单核细胞的增生反应下降35%~50%。健康人长时间运动后24h，血液中淋巴细胞和中性粒细胞的绝对数量均出现下降。王长青等发现，当大鼠进行运动至疲劳时，血液淋巴细胞出现凋亡，且随疲劳加深凋亡细胞比例增大。李靖等人研究中发现，力竭运动可以诱导脾细胞、胸腺细胞及外周血淋巴细胞的凋亡。在一项研究中，11位自愿者进行力竭跑步运动，以单细胞凝胶电泳法测试细胞凋亡，结果显示，力竭后即刻有10%的淋巴细胞出现单丝DNA损害，其中3例的淋巴细胞又用TUNEL法染色并用流式细胞仪计量，发现运动后即刻及运动后24h分别有63%及86.2%的淋巴细胞凋亡，表明力竭运动可以诱导人体血淋巴细胞凋亡很可能是运动性淋巴细胞减少症的原因之一。

过度训练后机体免疫系统机能抑制的机制，可归纳为三个方面：第一，神经内分泌免疫调节功能的紊乱；第二，免疫抑制细胞的激活；第三，免疫抑制因子的产生。过度训练后，机体反应是一种典型的病理性应激反应。一般认为，过度训练后T细胞激活，以控制运动后因自身抗原暴露或释放所造成的自身免疫损害。但T细胞过度激活，却影响了其他亚型T细胞、NK细胞和巨噬细胞功能，结果导致训练后免疫抑制。T淋巴细胞是多功能的细胞亚群，其中CD4+T细胞和CD8+T细胞是两种功能相异的亚群，两者的比例失调会产生免疫功能障碍或免疫性疾病。大多数研究认为，急性运动可以影响CD4+T细胞和CD8+T细胞的数量和比例，其中CD4+T细胞对运动的反应比CD8+T细胞更敏感，常使CD4+/CD8+的比值下降。

NK细胞是一类不同于T、B淋巴细胞而具有直接杀伤靶细胞效应的特殊淋巴细胞系。大量研究表明，运动强度、运动时间是NK细胞活性的重要调节因素。运动强度愈大，NK细胞的变化就愈明显。中等强度和短时间高强度（持续几分钟）运动后，外周血NK细胞升高，尤其是CD16+细胞。运动结束后，外周血中的NK细胞浓度回落，甚至低于运动前安静值。大强度运动训练引起大鼠胸腺细胞糖皮质激素受体结合位点数减少，胸腺细胞、脾细胞、淋巴细胞内钙水平及脾细胞白介素-2产生水平发生变化。

（九）运动与胃肠道形态学

正常大鼠肠上皮细胞、淋巴细胞和浆细胞的胞浆密度均一，细胞器结构完整，形态、大小及分布正常。有人研究了过度训练对大鼠肠黏膜超微结构的影响发现，过度训练大鼠第8周时，小肠上皮细胞内高尔基复合体和粗面内质网扩张，上皮细胞高度水肿，炎细胞浸润，细胞基质疏松化，电子密度降低，上皮细胞内高尔基复合体明显扩张。

未经训练的大鼠在一次性力竭性运动后，胃肠道出现广泛而又十分严重的胀气现象，胀气后肠道直径可达正常时的2～3倍，此现象在力竭运动后24 h并未消失。分析其原因，可能是未经训练的大鼠一次给予高强度的运动负荷，呼吸机能跟不上而吞入大量气体进消化道。此外，力竭性运动抑制了胃肠的正常蠕动，食物残渣在肠腔内潴留时间过长，发酵而产生大量气体。并且发现一次性力竭运动后可导致大鼠胃黏膜产生应激性溃疡，且这种溃疡在运动后15 min内不明显，在24 h后加重，说明溃疡的产生并不是在运动后即刻就发生的，而是在一定的时间内开始出现并达到高峰，这可能与胃黏膜的缺血再灌注有关。但也有人认为，运动后即刻就可出现应激性溃疡，且这种溃疡在运动后24 h消失。造成这种结果的不同，可能与两者的运动模型或运动强度的不同有关，值得进一步研究。

近年来有人注意到定植在胃肠道内微生物菌群区系结构。这个区系主要是由许多细菌组成，它们附着在肠内黏膜上，参与了机体的食物消化、药物代谢、合成维生素和防止外源致病菌入侵肠道，对于维持人类的健康和实现各种生理功能起着非常重要的作用。人体肠道内这些微生物的解剖位置也就决定了它们与人体胃肠功能的密切关系，因此，在研究运动中胃肠功能的变化时，胃肠道的微生物区系是不容忽视的因素。乔德才、赵立平等人用DNA指纹图技术对运动员肠道微生物菌群结构变化进行了连续检测，结果发现，在中长跑运动员中，有些运动员肠道菌群结构相对比较稳定，受运动负荷的变化影响较小，而有的运动员则相反，受运动负荷的变化影响较大。所以可以推测，稳定的菌群结构可能是在大运动量情况下或环境剧烈变化时保持身体健康和稳定发挥运动成绩的重要条件之一。

近年来也有人报道，长期的相对低强度的运动会对人体的胃肠道起到保护性作用。研究发现，合理的、适量的运动使结肠癌的发病率减少50%，并且能防止便秘、胆结石、胃肠出血和肠炎等病症的发生。分析其作用机理，可能是适量的体育活动减少了食物在肠道中的滞留时间，同时也限制了结肠黏膜与一些致癌物质的结合。目前有关适量的低强度的运动对于胃肠道的健康促进作用报道还不多，有待于今后进一步深入研究。

推荐读物

[1] 邓树勋，王健. 高级运动生理学——理论与应用[M]. 北京：高等教育出版社，2003.

[2] 田野. 运动生理学高级教程[M]. 北京：高等教育出版社，2003.

[3] 杨锡让，傅浩坚. 运动生理学进展——质疑与思考 [M]. 北京：北京体育大学出版社，2000.

[4] 田振军. 运动心脏生物学研究[M]. 北京：科学出版社，2006.

参考文献

[1] 章晓霜，唐键，屈菊兰. 不同强度运动对去卵巢大鼠股骨下端松质骨影响的扫描电镜观察[J]. 中国运动医学杂志，2002，21（1）：48-50.

[2] 王军，罗冬梅，吕荣. 运动与负荷对大鼠骨形态影响的无偏体视学观察[J]. 中

国体视学与图像分析,2003,8 (1):25-29.

[3] 王小燕,黄冬梅,潘慧文.乒乓球运动员桡腕关节形态结构的X线研究[J].中国运动医学杂志,2005,24 (1):97-99.

[4] 齐宗利,董兆申,吴端宗,等.兔应力性骨折过程中骨骼及骨骼肌组织的形态学改变[J].第四军医大学学报,2000,21 (6):705-706.

[5] 戚孟春,胡静,韩立赤,等.成骨细胞在机械力刺激下细胞骨架及细胞形态改变的体外研究[J].中国口腔颌面外科杂志,2004,2 (3):181-184.

[6] Shih CH, Kozo N, Ryoji KT. Effects of continuous distraction on cartilage in a moving joint: an investigation on adult rabbits[J]. J Orthop Res, 1997, 15 (3): 381-390.

[7] 于顺禄,白仁骁,郭若霖,等.骨重建过程"四环素活体标记"骨组织形态计量学指标在骨质疏松中的应用[J].中国体视学与图像分析,2003,8 (2):119-123.

[8] Pfahler M, Branner S, Refior HJ. The role of the bicipital groove in tendopathy of the long biceps tendon[J]. J Shoulder Elbow Surg, 1999, 8 (5): 419-424.

[9] Refior HJ, Sowa D. Long tendon of the biceps brachii: sites of predilection for degenerative lesions[J]. J Shoulder Elbow Surg, 1995, 4 (6): 436-440.

[10] 张大伟,朱庆生,吕荣,等.过度运动对肱二头肌长头肌腱组织学及生物力学特性的影响[J].现代康复,2001,5 (5):22-23.

[11] 刘波,戴国钢,罗小兵,等.运动训练及中医疗法对关节软骨和软骨细胞形态影响的研究[J].中国运动医学杂志,2002,21 (4):381-385.

[12] Shih CH, Kozo N, Ryoji KT. Effects of continuous distraction on cartilage in a moving joint: an investigation on adult rabbits[J]. J Orthop Res, 1997, 15 (3): 381-390.

[13] Kolts I, Tillmann B, Lullmann RR. Sturcture and vascularization of the biceps brachii long head tendon[J]. Anat Anz, 1994, 176 (1): 75-80.

[14] 秦长江.大负荷运动后人骨骼肌肌球蛋白的初步变化[J].浙江体育科学,2002,24 (2):47-49.

[15] 倪成志.模拟运动负荷电刺激对蟾蜍骨骼肌肌球蛋白分解代谢影响的免疫印迹观察[J].航天医学与医学工程,1999,12 (6):426-430.

[16] 王瑞元,苑玉和,冯炜权.一次力竭性离心运动后大鼠骨骼肌-actin基因表达及针刺对其影响[J].北京体育大学学报,2002,25 (2):189-190.

[17] 赵中应,冯连世,宗丕芳.运动后恢复过程中大鼠骨骼肌α-肌动蛋白基因的表达[J].中国应用生理学杂志,2000,16 (1):56-58.

[18] 胡柏平,赵咏梅.运动对骨骼肌肌动蛋白及其基因表达影响的研究进展[J].体育学刊,2004,11 (2):48-50.

[19] 徐国恒.细胞骨架-肌动蛋白纤维[J].生物学通报,2005,40 (2):43.

[20] 李世成,吴维,杨则宜.运动后骨骼肌微结构的损伤及修复与蛋白质补充[J].

中国运动医学杂志，2004，23（2）：216-219.

[21] Quinlan R, Van Den Ijssel P. Fatal attraction: when chaperone turns harlot [J]. Nat Med, 1999, 5 (1): 25-26.

[22] Waterman-Storer CM. The cytoskeleton of skeletal muscle: is it affected by exercise? A brief review [J]. Med Sci Sports Exerc, 1991, 23 (11): 1240-1249.

[23] Connell ND, Rheinwald JG. Regulation of the cytoskeleton in mesothelial cells: reversible loss of keratin and increase in vimentin during rapid growth in culture[J]. Cell, 1983, 34 (1): 245-251.

[24] 周士胜. 细胞骨架对离子通道的调节作用[J]. 生理科学进展, 2005, 36 (2): 172-175.

[25] Stromer MH. The Cytoskeleton in Skeletal Cardiac and Smooth Muscle Cells [J]. Histol Histopatbol, 1998 (13): 283-291.

[26] Small JV, Furst DO, Thornell LE. The cytoskeletal lattice of muscle cells[J]. Eur J Biochem, 1992, 208 (3): 559-572.

[27] Berthier C, Blaineau S. Supramolecular organization of the subsarcolemmal cytoskeleton of adult skeletal muscle fibers [J]. Biol Cell, 1997, 89 (7): 413-434.

[28] Pardo JV, Siliciano JDA, Craig SW. A vinculin-containing cortical lattice in skeletal muscle: transverse lattice elements ("costameres") mark sites of attachment between myofibrils and sarcolemma [J]. Proc Natl Acad Sci USA, 1983, 80 (4): 1008-1012.

[29] Gard DL, Lazarides E. The synthesis and distribution of desmin and vimentin during myogenesis in vitro[J]. Cell, 1980, 19 (1): 263-275.

[30] Granger BL, Lazarides E. Synemin: a new high molecular weight protein associated with desmin and vimentin filaments in muscle [J]. Cell, 1980, 22 (3): 727-738.

[31] Lazarides E. Desmin and intermediate filaments in muscle cells [J]. Results Probl Cell Differ, 1980 (11): 124-131.

[32] Breckler J, Lazarides E. Isolation of a new high molecular weight protein associated with desmin and vimentin filaments from avian embryonic skeletal muscle[J]. J Cell Biol, 1982, 92 (3): 795-806.

[33] Kuruc N, Franke WW. Transient coexpression of desmin and cytokeratins 8 and 18 in developing myocardial cells of some vertebrate species[J]. Differentiation, 1988, 38 (3): 177-193.

[34] Rober RA, Weber K, Osborn M. Differential timing of nuclear lamin A/C expression in the various organs of the mouse embryo and the young animal: a developmental study[J]. Development. 1989, 105 (2): 365-378.

[35] Blomqvist CG, et al. Cardiovascular Adaptations Physical Training[J]. AnnRer Physiol, 1983 (45).

[36] Apple HJ, Heller-Umpfenbach B, Feraudi M, et al. Ultrastructural and Morphometric Investigations on the Effects of Training and Administration of Anabolic Steroids on the Myocardium of Guinea pigs[J]. Int J Sports Medic, 1983 (4): 268-274.

[37] 田振军, 杨章民. 大鼠心肌间质胶原网络结构的扫描电镜观察[J]. 陕西师范大学学报: 自然科学版, 1999, 27 (2): 85-88.

[38] 田振军. 过度训练对心肌间质胶原、心肌舒缩性能和AngⅡ变化的研究[J]. 中国应用生理学杂志, 2002, 18 (1): 63-67.

[39] 宋丹云, 张文光, 郑敏麟. 超负荷训练后小鼠心肌线粒体超微结构的形态计量学研究[J]. 福建中医学院学报, 2004, 14 (3): 20-22.

[40] 张志胜, 刘建峰, 魏文. 超负荷训练对大鼠左室心肌纤维及微血管的影响[J]. 北京体育大学学报, 2001, 24 (1): 50-51.

[41] 郭勇力, 刘霞, 张文峰, 等. 不同强度运动对大鼠心肌细胞凋亡的影响[J]. 中国临床康复, 2004, 8 (9): 1732-1733.

[42] Laughlin MH. Effects of training on coronary transport capacity[J]. J Appl Physiol, 1985 (58): 468-476.

[43] 张勇等. 急性运动心肌缺氧对大鼠心肌纤维和线粒体膜结构和功能的影响[J]. 天津体育学院学报, 1997, 12 (1): 18-22.

[44] 雷志平, 王伟, 王煜, 等. 间歇性低氧训练对急性运动大鼠心肌超微结构的影响[J]. 中国运动医学杂志, 2004, 23 (1): 90-93.

[45] 赵敬国, 王福文. 力竭性运动后不同时相大鼠心肌形态结构的改变观察[J]. 中国运动医学杂志, 2001, 20 (3): 316-317.

[46] 吕丹. 女子举重和柔道运动员心脏形态变化的研究[J]. 哈尔滨师范大学自然科学学报, 1996, 12 (3): 109-112.

[47] 乌若丹, 冯连世, 张翔, 等. 中长跑运动的心血管效应[J]. 中国应用生理学杂志, 1998, 14 (4): 358-360.

[48] Martin DS, D'Aunno DS, Wood ML, et al. Repetitive high G exposure is associated with increased occurrence of cardiacval vular regurgitation[J]. Aviat Space Enviorn Med, 1999, 70 (12): 1112-1120.

[49] Jiangyang LU, Hao ZHAN, Yimei XIN, et al. Ultrastructural change of rat heart following repeated high+Gz stress[J]. Chin J Aerospace Med, 2001, 12 (3): 137-139.

[50] Hao ZHAN, Lizhao WEI, Tong LI, et al. Changes of serum myocardial enzymogram of rats after repeated high+Gz stress[J].Chin J Aerospace Med, 2000, 1 (3): 137-140.

[51] 郑军, 刘成刚, 任力, 等. 不同水平急性+Gz暴露对大鼠心肌超微结构的影响

[J]. 航天医学与医学工程，2004，17（3）：162-165.

[52] Braunwald E, Kloner RA. The stunned myocardium: prolonged postischemic ventricular dysfunction[J]. Circulation, 1982, 66 (6): 1146-1149.

[53] Tibbits G, Koziol BJ, Roberts NK, et al. Adaptation of the rat myocardium to endurance training. J Appl Physiol, 1978 (44): 85-89.

[54] Venditti P, Masullo P, Meo S Di. Effect of exercise duration on characteristics of mitochondrial population from rat liver [J]. Arch Biochem Biophys, 1999, 368 (1): 112-120.

[55] 李秋霞，熊正英，张全江，等.一次性力竭运动对肝部分生化指标及肝细胞超微结构的影响[J]. 天津体育学院学报，2002，17（4）：24-27.

[56] 林华，吕国枫，宫德正.衰竭运动小鼠肝损伤的实验性研究[J]. 天津体育学院学报，1994，9（5）：9-11.

[57] 熊正英，刘小杰，唐量.沙棘油口服液对运动训练小鼠肝脏组织自由基代谢和超微结构影响的实验研究[J]. 医药研究，2004，17（3）：16-19.

[58] 于飞，刘照涌，吴中量.S863天然果蔬饮料对力竭运动小鼠肝脏自由基代谢及超微结构的影响[J]. 湖北体育科技，2002，21（4）：408-410.

[59] 赵杰修，田野，曹建民，等.长期递增负荷跑台运动和营养补充对大鼠肝脏组织形态和EPO水平的影响[J]. 中国运动医学杂志，2004，23（5）：513-516.

[60] Sasaki H, Matsuno T, Nakagawa K, et al.Induction of apoptosis during the early phase of reperfusion after rat liver ischemia [J]. Acta Med Okayama, 1997, 51 (6): 305-312.

[61] 刘丽萍，李雷，王光平，等.游泳训练后大鼠肝细胞SOD、MDA、线粒体膜电位变化与细胞凋亡的关系[J]. 中国运动医学杂志，2002，21（2）：161-165.

[62] 赵咏梅，杨建雄.运动强度对大鼠肝细胞凋亡的影响[J]. 西安文理学院学报：自然科学版，2005，8（1）：18-20.

[63] 马国栋，刘艳环，刘善云.有氧运动对高脂膳食诱导小鼠脂肪肝及血脂改善效果的观察[J]. 天津体育学院学报，2006，21（1）：35-37.

[64] 黄力平，宋光耀，李伟，等.有氧运动对饮食性高脂血症大鼠肝肾组织的影响[J]. 中华物理医学与康复杂志，2001，23（5）：265-267.

[65] 赵肖宪，张勇，杨锡让，等.运动干预对饮食性高胆固醇血症大鼠肝脂肪变的影响[J]. 中国运动医学杂志，1997，16（3）：186-188.

[66] 周永平，王健，万平，等.力竭运动诱发大鼠肾组织自由基损伤与运动性蛋白尿的实验研究[J]. 中国运动医学杂志，1993，12（4）：218-223.

[67] 楼珍芳，王恬，华明.重复负重游泳对大鼠肾组织超微结构及其有关功能的影响[J]. 中国运动医学杂志，1997，16（1）：20-21.

[68] 吴学敏，谢欲晓，孙启良，等.不同负荷跑台运动对实验性自发性高血压慢性肾功能不全大鼠肾功能的影响[J]. 中国康复医学杂志，2003，18（2）：

75-78.

[69] Ward KM, Mahan JD, Sherman WM. Aerobic Training and diabetic nephropathy in the obese Zuker rat[J]. Ann Clin Lab Sci, 1994 (24): 266-277.

[70] 黄力平, 宋光耀, 李伟, 等. 有氧运动对饮食性高脂血症大鼠肝肾组织的影响[J]. 中华物理医学与康复杂志, 2001, 23 (5): 265-267.

[71] 李秋霞, 熊正英, 张全江. 褪黑激素对耐力训练小鼠一次力竭运动后肝、肾细胞超微结构的影响[J]. 中国运动医学杂志, 2004, 23 (4): 404-408.

[72] 黄力平, 宋光耀, 许豪文, 等. 持续时间不同的游泳运动对饮食性高脂血症大鼠肝肾超微结构的影响[J]. 中华物理医学与康复杂志, 2001, 23 (6): 337-339.

[73] Stefaniak JE, Hebert LA, Garancis JC, et al. Effect of moderate daily exercise on acute glomerulonephitis[J]. Nephron, 1981 (29): 49-54.

[74] 袁延年, 马全福, 曾祥福, 等. 不同海拔地区战士双肾形态的超声观察[J]. 高原医学杂志, 1999, 9 (4): 38-39.

[75] 郭林, 张爱芳, 曹建民, 等. 力竭运动导致大鼠急性肾小管损伤机制的研究[J]. 中国运动医学杂志, 1999, 18 (2): 129-130, 133.

[76] Townsend NE, Gore CJ, Hahn AG, et al. Living high-training low increases hypoxic ventilatory response of well-trained endurance athletes[J]. J Appl Physiol, 2002, 93 (4): 1498-1505.

[77] 翟丰. 优秀中长跑、马拉松运动员高原训练探悉[J]. 西安体育学院学报, 2005, 22 (3): 99-102.

[78] 刘恩芝. 体力活动对小白鼠大脑皮质躯体感觉区与尾壳核神经元形态学的影响[J]. 中国运动医学杂志, 1996, 15 (4): 260-264.

[79] 万丽丽. 运动对生长发育期小鼠大脑皮质锥体细胞与脊髓前角细胞形态学的影响[J]. 北京体育大学学报, 1999, 22 (1): 240.

[80] 白石, 刘涛, 赵晓慧. 不同负荷游泳训练对大鼠大脑皮质形态学影响的实验研究[J]. 中国运动医学杂志, 2003, 22 (5): 474-478.

[81] 白石, 刘涛, 李晓红, 等. 不同负荷游泳训练对大鼠大脑大锥体细胞及小脑蒲肯野细胞树突棘影响的实验研究[J]. 西安体育学院学报, 2004, 21 (2): 62-65.

[82] 余茜, 李晓红, 吴士明. 运动训练后脑缺血大鼠学习记忆与健侧脑内突触结构变化的关系[J]. 中华物理医学与康复杂志, 2002, 24 (7): 399-402.

[83] Fordyce DE, Farrar RP. Effect of physical activity on hippocampal high affinity choline uptake and muscarinic binding: a comparison between young and old F344 rats[J]. Brain Res, 1991 (541): 57.

[84] 杨权. 下丘脑-垂体-肾上腺皮质轴应激反应的中枢控制[J]. 生理科学进展, 2000, 31 (3): 222-226.

[85] 满君,田野,高颀. 过度运动对海马神经元形态及脑源性神经营养因子表达的影响[J]. 中国运动医学杂志,2004,23(5):510-512.

[86] 马强,王静,刘洪涛,等. 体力运动减缓慢性应激对海马的损伤作用[J]. 生理学报,2002,54(5):427-430.

[87] 阮奕文. 运动对小鼠寿命和脊髓前角神经元形态和数量的影响[J]. 解剖学杂志,1993,16(5):383-385.

[88] 冯慎远,刘小红. 耐力训练后脊髓前角细胞线粒体的电镜定量研究[J]. 中国运动医学杂志,1995,14(4):207-209.

[89] 万丽丽,汪丽华. 运动对发育期小鼠脊髓前角细胞形态学的影响[J]. 广州体育学院学报,1999,19(4):32-34.

[90] 李作平,俞发荣,王文己. 力竭运动对大鼠脊髓α神经元超微结构的影响[J]. 体育科学,2001,21(1):61-62.

[91] 刘瑾彦,娄淑杰,陈佩杰. 跑台运动对幼龄大鼠海马齿状回区神经再生的影响[J]. 中国运动医学杂志,2006,25(2):171-175.

[92] Tvede N, Kaooel M, Klarund K, et al. Evidence that the effect of bicycle exercise on blood mononuclear cell proliferative responsferative response mediated by epinephrine [J]. Int J sports Med, 1994 (156): 100-104.

[93] Nieman DC, Simandle S, Henson DA, et al. Lymphoeyte proliferative Response to 2.5 Hours of Running [J]. Int J Sports Med, 1995, 16 (6): 404-409.

[94] Arnaud F, Rieu P, Laziri F, et al. Immunemodulation of lymphoeytes after exposure to levels If cartieasterane observed following submaximal exercise[J]. J Sports Med Phys Fitness, 1991, 71 (3): 815-820.

[95] Lin YS, Kuo HL, Kuo CF, et al. Antiaxidant administration inhibits exercise-induced thymoeyte apoptosis in rats [J]. Med Sci Sports Exerc, 1999, 31 (11): 1594-1598.

[96] Mars M, Govender S, Weston A, et al. High intensity exercise: a cause of lymphocyte apoptosis?[J]Biochem Biophys Res Commun, 1998 (249): 366-370.

[97] 李靖,李皓,张蕴琨. 耐力训练对力竭运动诱导的大鼠淋巴细胞凋亡的影响[J]. 中国运动医学杂志,2005,24(2):160-164.

[98] 王长青,郝晓东,刘丽萍,等. 游泳训练后大鼠骨骼肌细胞自由基代谢、线粒体膜电位变化与细胞凋亡的关系[J]. 中国运动医学杂志,2002,21(3):256-260.

[99] 王沛. 不同负荷的运动训练对大鼠T淋巴细胞亚群的影响[J]. 体育学刊,2001,8(5):79-83.

[100] 顾芳,吕愈敏,林三仁,等. 肠黏膜相关淋巴组织淋巴瘤的形态学表现[J]. 中国内镜杂志,2001,7(4):21-23.

第四讲 人体运动形态学研究进展与应用

专业名词中英文对照

中文	英文
骨组织形态计量学	bone histomorphometry
骨骼肌细胞骨架	skeletal musclar cytoskeleton
肌联蛋白	titin
伴肌动蛋白	nebulin
中间丝蛋白	intermediate filaments
微丝	microfilament
微管	microtubule
突触穿孔	synaptic perforation
骨矿化前沿	minaralization front
自然杀伤细胞	natural killer cell (NK cell)
内质网	endoplasmic reticulum
关节面软骨	articular cartilage
骨组织	osseous tissue
骨密度	bone mineral density (BMD)
骨松质	spongy bone
骨密质	compact bone
骨小梁	trabeculae
外环骨板	outer circumferential lamellae
哈佛氏骨板	haversian lamellae
间骨板	interstitial lamellae

(华东师范大学 李世昌)

第五讲 运动性疲劳的中枢机制与神经递质

【内容提要】

运动性中枢疲劳是由运动引起的中枢神经系统不能产生和维持足够的冲动到运动所需肌肉的现象。引起运动性中枢疲劳的因素很复杂，如能量供应不足、氨中毒、中枢氧化还原状态失衡、中枢神经递质改变等。目前认为，长时间运动时中枢神经递质的改变是疲劳发生的主要机制之一。中枢兴奋性和抑制性递质之间相对平衡的破坏诱导了疲劳的发生。本讲重点阐述了中枢单胺类神经递质、氨基酸类神经递质的代谢紊乱对运动能力的影响以及与活动行为和心理的相互调节作用，并介绍了营养干预措施对延缓运动性疲劳发生、加快中枢机能恢复作用的研究进展。

【重要名词】

运动性中枢疲劳：由运动引起的、发生在从大脑到脊髓运动神经元的神经系统的疲劳，即指由运动引起的中枢神经系统不能产生和维持足够的冲动到运动所需肌肉的现象。

神经递质：是指在化学突触传递过程中从突触前膜释放，作为一种信使作用于效应细胞上的相应受体，引起效应细胞特定的功能改变或突触后电位改变的一类神经活性物质。

受体：指存在于细胞膜以及细胞浆与核中对特定生物活性物质具有识别并与之结合而产生生物效应的大分子。

微透析技术：是一种微创、连续的研究细胞间液生化和神经递质等活性物质变化的动态监测方法。

运动性疲劳（exercise-induced fatigue）是机体进行体育锻炼和运动训练中不可避免的现象，也是限制锻炼和训练效果的重要因素之一。

1982年第5届国际运动生化会议对运动性疲劳作出的定义是：有机体生理过程不能维持其机能在特定水平上和/或不能维持预定的运动强度。这个定义将运动性疲劳解释为是由于运动（训练）引起的机体机能水平下降和/或运动能力降低，难以维持一定的运动强度，经过适当的休息后又可以恢复的现象。

运动性疲劳的发生机制十分复杂，可以发生在直接参与运动的部位，主要涉及骨骼肌及其与神经间联系的结构部分，也可以发生在控制运动的中枢神经系统（central nervous system，CNS）。通常按照其发生的部位和机制不同分为外周疲劳和中枢疲劳。需要强调的是，运动性疲劳的发生，涉及到从中枢至骨骼肌细胞、再到细胞内代谢及调节过程的多个环节，其中任何一个或多个环节以及对这些环节的调控因素发生变化，都可能引起运动性疲劳的发生。

一、概　述

(一) 运动性中枢疲劳的概念

运动性中枢疲劳是指由运动引起的、发生在从大脑到脊髓运动神经元的神经系统的疲劳，即指由运动引起的中枢神经系统不能产生和维持足够的冲动到运动所需肌肉的现象。因此，凡是能限制及影响中枢神经向外周肌肉发放特定冲动的因素，如中枢神经系统能量供应不足、神经递质代谢紊乱等，都可能引起运动性中枢疲劳的发生和发展，从而导致中枢兴奋与抑制机能的失调，产生思维和意识变异、肌肉无力、呼吸急促等现象，严重时会发生脑异常症候群，如困倦、嗜睡、食欲减退、运动平衡失调等。

运动性疲劳及其机制的研究一直是运动人体科学研究的热点与重点，而中枢疲劳的研究由于其特殊性、复杂性以及影响因素的多样性，仍处于初级阶段，随着脑科学研究的深入，神经分子生物学在体育科学领域的应用将进一步推动运动性中枢疲劳的研究向纵深发展。

(二) 神经递质概念与分类

中枢神经系统的生理机能是通过神经元（neuron）的活动及其相互作用体现的，神经元之间的联系可因其突触（synapse）的连接形式不同、信息传递方式不同，分为电传递（electrical transfer）和化学传递（chemical transfer）。电传递是由突触前神经元的电位直接扩布至突触后形成；化学传递是突触前神经元释放神经递质，并与后膜受体相结合，从而引起相应的变化，达到信息传递的目的。

1. 概　念

(1) 神经递质。神经递质（neurotransmitter）是指在化学突触传递过程中从突触前膜（presynaptic membrane）释放，作为一种信使作用于效应细胞上的相应受体，引起效应细胞特定的功能改变或突触后电位改变的一类神经活性物质。

神经递质的主要特征是：在神经细胞内合成；通常储存于突触前神经终末的囊泡中；当神经冲动到来时，突触前膜的通透性发生改变，Ca^{2+}进入细胞内，促使囊泡与神经细胞膜融合，继而在细胞膜上形成小孔；由于嗜铬颗粒蛋白的收缩，将囊泡内容物，包括递质、ATP等，以胞裂外排的形式释放到突触间隙，作用于突触后膜特异性受体上；可引起效应细胞特定的功能改变或突触后膜电位改变，引起兴奋性突触后电位（excitatory postsynapse potential，EPSP）或抑制性突触后电位（inhibitory postsynapse potential，IPSP）。经化学性突触活动引起的突触后电位，其大小主要取决于突触前终末释放的递质量。在发挥生理效应之后，通过灭活机制可迅速终止其生理效应。

(2) 神经调质。神经调质 (neuromodulator) 主要是指一些自身不直接触发所支配细胞的功能效应，但可以调制传统递质活动的一类神经活性物质。其特征是：可为神经细胞 (nerve cell)、胶质细胞 (glial cell) 或其他分泌细胞所释放，对主递质起调制作用；本身虽不直接负责跨突触信号传递或不直接引起效应细胞的功能改变，却可以间接调制主递质在突触前神经终末的释放与基础活动水平；影响突触后效应细胞对递质的反应性，对递质的效应起调制作用。目前，对神经递质与神经调质的区分已经不明显。

(3) 受体。神经生物学中的受体 (receptor) 指存在于细胞膜以及细胞浆与核中对特定生物活性物质具有识别并与之结合而产生生物效应的大分子。

细胞膜上的受体能以很高的特异性识别配体，而且一旦与配体结合后，即能影响细胞代谢。由于具有这种识别、激活双重作用，受体本身也参与了信息物质的放大或产生。通常所说的跨膜信息传递多指此类机制。

经受体转导的跨膜信息传递机制包括三个主要环节，即所谓识别、转导和效应。信使物质首先被特异的受体识别，并与之结合，经过一系列复杂的介导过程，导致细胞内效应器活性变化，调节细胞的各类活动。

受体可按所选择识别的递质不同分类，也可按它们作用于效应器的分子机制不同分为直接调控离子通道活动的离子通道型受体和间接调控离子通道活动的代谢调节型受体。

2. 分 类

已知的神经递质与调质可以分为以下几大类：

(1) 胆碱类。乙酰胆碱 (acetylcholine, Ach) 是胆碱能神经递质，在中枢神经系统内由胆碱能神经末梢释放，在神经元之间以及神经元与效应器之间进行信息传递。乙酰胆碱对调节机体运动具有重要作用。锥体系及大脑皮质的锥体细胞是胆碱敏感细胞，脑干和脊髓发出的神经元属于胆碱能神经；在锥体外系中，尾状核乙酰胆碱和多巴胺之间的平衡对维持机体的运动有重要的意义。乙酰胆碱还与学习记忆行为、觉醒状态维持以及心血管活动、摄食、体温的调节等有关。

(2) 单胺类。包括多巴胺 (dopamine, DA)、去甲肾上腺素 (norepinephrine, NE)、肾上腺素 (adrenalin, epinephrine)、5-羟色胺 (5-hydroxytrptamine, 5-HT) 和组织胺 (histamine, HA) 等。

(3) 氨基酸类。包括兴奋性递质谷氨酸 (glutamic acid) 和天门冬氨酸 (aspartic acid)、抑制性递质 γ-氨基丁酸 (γ-aminobutyric acid, GABA) 和甘氨酸 (glycin) 等。

(4) 神经肽类。包括下丘脑释放激素类 (hormones)、神经垂体激素类 (neurohypophysis hormones)、阿片肽类 (opioid peptides)、垂体肽类 (pituitary peptides)、脑肠肽类 (braingut peptides) 和其他肽类。

(5) 其他。包括嘌呤类 (purins) 和一氧化氮 (nitric oxide, NO)，可能还有一氧化碳 (carbon monoxide, CO)。

上述神经递质中，经典神经递质主要是指乙酰胆碱、单胺类和氨基酸类。神经肽类根据其分布的不同，同一个神经肽有可能起到递质、调质和激素样作用。

中枢通过神经递质对大脑皮质运动区、基底神经节等进行调节，影响运动及行为活动；另一方面，这些神经递质影响下丘脑的机能，通过内分泌系统对机体进行调节，影响着运动能力。近年来，运动人体科学领域研究较多的主要有单胺类神经递质、氨基酸类神经递质和一氧化氮等。多数的研究认为，中枢的神经递质的相对平衡，运动能力得以维持，而失衡则往往伴随运动能力的下降及疲劳的产生。

（三）运动性疲劳的中枢机制

1. 代谢因素

运动，尤其是长时间大强度运动，由于能源物质大量消耗或代谢产物的迅速增多，可影响中枢神经系统机能，引起中枢疲劳。

（1）脑葡萄糖供应不足。在安静状态下，大脑的能量供应大约90%来源于血糖，依靠葡萄糖进行有氧代谢来提供能量。脑葡萄糖利用率的提高可增加运动肌的工作效率，促进视觉、听觉、嗅觉和躯体感觉通路。

运动大量消耗机体的供能物质，尤其是长时间运动，使脑组织氧供应不足，骨骼肌细胞吸收血糖增加，引起血糖浓度的下降。脑供能不足势必造成脑功能的改变，限制运动能力。

运动过程中可增加脑代谢的速率，脑葡萄糖的代谢因运动强度不同而存在差异。近年的研究表明，动静脉葡萄糖浓度差在小强度运动中减少或是维持不变，在中等强度运动和大强度运动中增加或不变。Tashiro等研究表明，运动组脑葡萄糖摄取相对于安静组要低，但皮质层对〔^{18}F〕标记的脱氧葡萄糖（FDG）摄取速率会增加。2005年，Jukka Kemmpain发现，大强度运动可减少人脑半球葡萄糖的摄取，在最大强度和最低强度之间脑葡萄糖平均值相差32%，当运动强度增加时，脑皮质葡萄糖代谢速率减少，该实验主要反映了运动强度对脑葡萄糖摄取的效应。然而，有关运动中脑葡萄糖代谢的研究目前仍较少。

脑组织可把循环乳酸作为一种能量物质。Smith等研究表明，人在安静状态下机体乳酸浓度上升到4mmol/时，其脑中葡萄糖摄取会下降17%。也有研究发现，脑葡萄糖利用率会随着运动强度和乳酸浓度的增加而减少。说明在大强度运动期间，除了葡萄糖还有乳酸可作为脑能量代谢底物，以维持神经元的活性，提示乳酸是运动中不可忽视的中枢能源之一。

（2）氨中毒。氨（ammonia）是氨基酸分解代谢的最终产物之一。运动时由于体内ATP被大量消耗，ADP浓度上升，ATP/ADP比值下降。2分子ADP在合成ATP以保证供能时，AMP产生增加，AMP脱氨生成次黄嘌呤核苷酸（IMP），同时引起氨的生成增加，血氨升高。另一方面，脑细胞内糖的大量消耗，也会影响其对氨的清除能力。目前研究认为，不同代谢类型的运动诱发血氨增加的机制不同，短时间剧烈运动后的血氨增加主要来自运动肌嘌呤核苷酸循环的释放，而长时间耐力运动中血氨主要来自运动肌中支链氨基酸（BACC）的降解。

正常情况下，氨的清除需要谷氨酸的参与，谷氨酸则来源于糖代谢的中间产物。糖代谢中间产物由于糖不足而缺乏时，就会使脑细胞清除氨的能力下降。氨是一种假神经递质，能够通过血脑屏障进入脑组织，干扰脑内正常神经递质的功能，是引发运动性中枢疲劳的发生的因素之一。而此时脑细胞清除氨的能力又下降，这将进一步加重氨对脑的毒性作用。丹麦学者 Lars Nybo 指出：目前的研究进一步说明长时间运动对脑氨的平衡有深刻的影响，支持氨在脑中的积累可能引起疲劳的观点，特别是未经训练的受试者在无葡萄糖补充的情况下进行持久练习时。但运动时血氨增高对中枢疲劳影响的确切机制尚不完全清楚。

(3) 中枢氧化还原状态。机体运动的过程实际就是造成运动氧化应激损伤的过程。运动负荷越大，ATP 合成过程中电子漏生成活性氧（ROS）越多；机体的氧化应激态越高，氧化损伤也越大。ROS 增多对脂肪、蛋白质等大分子损伤是运动性疲劳发生和发展的直接原因之一。

海马是介导应激反应的最重要脑区之一，它的记忆功能和含有丰富的皮质类固醇受体是其参与应激反应的基础，在中枢对运动的调节过程中扮演了重要的角色。同时，运动应激对海马的氧化还原状态也产生影响从而影响其功能。研究发现，缺氧或缺血时，海马神经元内氧化磷酸化脱偶联，ATP 生成不足，ROS 生成增多，线粒体基质 Ca^{2+} 外流，继而神经元生理生化反应受影响，甚至发生细胞凋亡或坏死，严重影响了学习记忆等高级神经行为。Wang X 研究指出，高强度氧化应激对海马的损伤是选择性的，他们发现在同样的培养条件下，CA1 区神经元内的超氧化物水平和与活性氧簇生成相关的抗氧化基因的表达高。Chem. MJ 发现，长期的运动训练能促进大鼠海马脑源性神经营养因子（BDNF）mRNA 的表达，但是如果在运动时给予实验动物 NOS 抑制剂 L-NAME，就能部分阻止海马 BDNFmRNA 及其蛋白的表达，这说明了 NOS 参与了运动训练诱导的 BDNFmRNA 上调作用。Molteni 等人对高脂饮食+运动训练的大鼠进行研究后发现，运动能够逆转高脂饮食导致的体内活性氧簇水平增加效应，而活性氧簇和 BDNF 及其下游效应器，如与突触可塑性密切相关的突触蛋白 I 和 cAMP 反应元件结合蛋白等，都是高脂饮食和运动的主要作用靶标。因此，进一步说明了适当的运动训练能够通过复杂的分子机制使神经营养因子水平上调，从而减轻自由基带来的损伤。

2. 中枢神经递质改变

神经递质是一类在人体内负责传递神经信息的物质，中枢神经系统中各神经元间的信息传递是由这类物质来完成的。正常情况下，中枢抑制性神经递质和兴奋性神经递质的代谢处在平衡状态。关于中枢疲劳机制的一个重要学说是长时间运动时中枢神经递质改变以及不同递质（兴奋性和抑制性）之间相对平衡的破坏诱导了疲劳的发生。

这个假说认为，并不是因为肌肉的氧气或燃料供应的速率限制了运动能力，而是中枢神经系统对骨骼肌的募集失败影响了肌肉的兴奋和收缩，主要机制在于中枢神经递质的改变：脑中 5-HT 的变化（也可以是其他神经递质，如 DA 和乙酰胆碱等）改变了发放到运动肌的神经冲动的密度，从而导致了运动情况下机体疲劳的发生。一些学者还提出：也有可能是运动肌产生了一个抑制性反射并反馈到脊髓，使得 α-运动神经元对骨骼肌纤维的募集减少。这两种机制已经被广泛地研究。

第五讲　运动性疲劳的中枢机制与神经递质

1987年，Newsholme等首先提出5-HT是中枢神经系统产生疲劳的可能性递质，以后的许多研究进一步证实了它的作用，如在长时间运动后和力竭运动后5-HT在各脑区的浓度增加，长时间运动能力能被5-HT的拮抗剂作用而增强等。尤其是DA浓度增加和5-HT浓度降低能够提高机体的运动能力，而它们的浓度呈相反的变化则能降低机体的运动能力。此外，还有的研究可以直接证明疲劳时中枢神经系统对肌肉的驱动减少。

2000年，学者J Mark Davis总结了长时间运动时5-HT变化与中枢疲劳的关系及其机制，如图5-1。

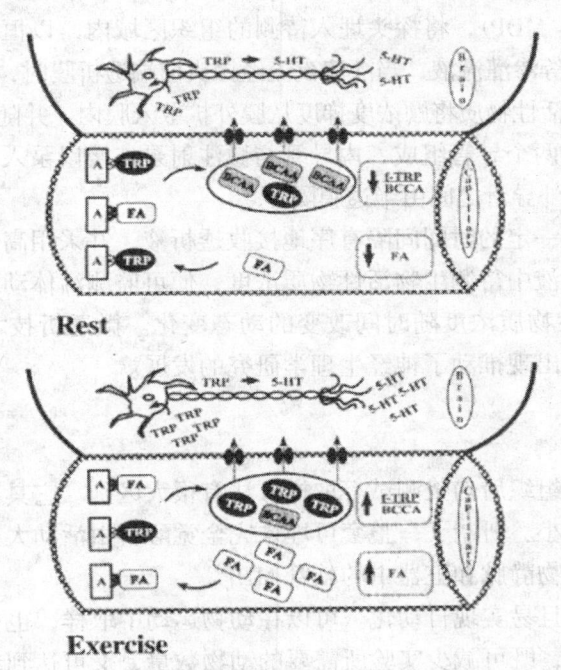

图5-1　长时间运动时中枢疲劳假说的基本构成
BCAA：支链氨基酸。FA：脂肪酸。f-TRP：游离色氨酸。5-HT：5-羟色胺。
TRP：色氨酸。A：白蛋白。Capillary：毛细血管。Brain：脑。

(引自 J Mark Davis, 2000)

对高原训练的研究进一步发现，中枢神经系统对运动肌募集的减少限制了机体的最大运动能力，而且运动过程中机体热疲劳的发生也很有可能是由于中枢神经募集的减少，因为没有一种模型可以解释这种类型的疲劳。当机体的体温达到一定的限度或发生低血糖时，这个机制也可能导致了运动能力的下降。

有学者提出，中枢对运动肌的募集减少可能是机体在特定环境下免使器官受损的一个保护性机制，这个调控机制可以防止大强度运动时及高原环境下运动时的大脑缺氧和心肌缺血，防止大强度运动时骨骼肌 ATP 耗尽，防止在热环境下长时间运动中中暑的发生，以及防止长时间运动肝糖原消耗导致低血糖引发的脑损伤，等等。

(四) 微透析技术在运动与中枢神经递质研究中的应用

1. 概况

微透析（Microdialysis）技术是 20 世纪 80 年代发展起来的一种微量生物化学检测技术，其基本原理是采用具有一定截留分子量的纤维半透膜制成极细的微透析探头（Microdialysis Probe, MDP），将探头埋入待测的组织区域内，以恒定速度向探头内灌注与组织液成分相近的等渗灌流液，当灌流液流经探头前端透析膜时，位于探头膜外侧的组织内较小分子量生物活性物质将顺浓度梯度从膜外扩散入膜内，并随灌流液被引流出探头外。微透析的探头由两个导管组成，内导管与微注射泵连接以泵入灌流液，外导管采集微透析液。内导管与外导管之间由半透膜隔开。

透析过程中，以一定的时间间隔有序地接收透析液，并采用高灵敏度化学检测系统连续检测收集的透析液中待测生物活性物质浓度，便可监测活体动物或人体特定组织区域内细胞外生物活性物质浓度随时间改变的动态变化。微透析技术大多用于对脑的研究，脑微透析技术的出现推动了神经生理学研究的发展。

2. 特点

微透析技术与取组织后匀浆测试等取样方法有很大区别。它具有以下优点：

(1) 组织创伤很小。研制了一整套可埋入完全觉醒自由活动大鼠脑内的 MDP 装置，还有专门用于埋入动物静脉和脏器中的软管 MDP。

(2) 可连续监测且易实现自动化。可以在动物运动中取样，也可以对一个动物连续几个小时或几天取样，既可减少实验所需要的动物数量，又可达到动态观察的效果。

(3) 准确度高、快捷。由于微透析探头针在整个实验过程中埋植在一个动物体，这样就减少了样本间的差异。它的定位可以发现与区分组织的内源性和外源性物质，可以采集到神经元突触内的神经递质。

(4) 取样少、样品纯净。半透膜由再生纤维素、聚碳酸脂或聚丙烯腈制成，截留分子量 5000 ~ 100000 doltons 不等，适合神经递质等小分子物质通透，而蛋白质不可通透，有利于消除蛋白质的影响。因此，微透析取样技术可以确保所需物质流过半透膜，而且样品比较纯净。

脑微透析技术是一种取样技术，而透析液的化学分析技术是限制脑微透析方法运用的关键因素。为了保证能够提取检测出透析液中含量极低的化学物质，敏感度高的化学分析技术是必需的。大量的实验表明，在对神经递质的分析中，高压液相色谱（high pressure liquid chromatograph, HPLC）分析技术与电化学检测和荧光分析联用是一种非常敏感的方法。目前国内外测定单胺类物质的微透析化学检测方法主要是高效液相色谱（HPLC）- CD 法，测定氨基酸类多采用 HPLC - 荧光法，检测乙酰胆碱、乳酸、丙酮酸和嘌呤类采用 HPLC－紫外检测法，测定神经肽类主要采用放射免疫法。从 1992 年起，国外学者开始尝试微透析与电化学电极同时监测同一脑区内细胞外生物化学物质变化的研究。1994 年推出了一种新的微透析测定装置，就是微透析生物传感器（Microdialysis Biosensor），又称为酶-电极传感器，这种传感器集微透析探头与电化学检测装置为一体，可以在体或离体监测物质浓度瞬间的变化，并记录下变化的确切时间。但是，由于在脑神经活动的过程中脑组织细胞外液中会产生一定量的电活性物质，如多巴胺及其代谢物等，这些小分子量物质也会顺浓度梯度进入到透析管内，直接与工作电极作用，释放出电子，从而给测定带来干扰。为排除这种干扰，新近又推出了一种双体式的微透析生物传感器。其特点是，将两个传感器合二为一，但彼此独立，一个传感器中加入特定酶液，而另一个中不加。将其插入脑组织中，两个传感器同时接受同样浓度的电活性物质干扰时，可由两台电流计和数据处理机分别记录同样的电流变化。这样，含酶一端的传感器的电流变化量减去另一端传感器的电流变化量，就排除了电活性物质的影响。除此之外，还专门为神经药理学研究研制了一种给药和监测同时进行的双体式传感器。通过这样的装置，可以监测给药部位在给药瞬间细胞外液中神经化学物质浓度的改变，真正实现了准确、活体、动态地进行生物化学监测。

3. 应　用

近年来，国内外一些学者已采用脑微透析技术研究运动对神经递质的影响。这些研究更直接、动态地观察到运动过程中不同脑区神经递质的变化特点及其与运动能力的关系、运动过程中给予药物和营养物质对中枢神经递质的影响等，进一步揭示了神经递质与运动性中枢疲劳的关系。

二、中枢单胺类神经递质与运动

单胺类神经递质在中枢广泛存在，从生命活动的基本中枢到脑的高级机能活动，均离不开单胺类神经递质的作用。单胺类神经递质也是人们较早进行认识和研究的一类神经递质。

（一）脑内多巴胺与运动

1. 脑内主要的多巴胺能神经细胞体和神经纤维的投射

DA 是脑内一种重要的单胺类神经递质。脑内 DA 能神经元的胞体主要位于中脑（diencephalons）和间脑（diencephalons），其神经纤维主要投射到纹状体（striatum）、广泛的边缘系统（limbic system）和新皮质区（neocortex），上行 DA 投射系统有：黑质-纹状体系统，亦称为中脑-纹状体 DA 神经系统的背侧组分；中脑-边缘系统，亦称为中脑-纹状体 DA 神经系统的腹侧组分；中脑-边缘-皮层 DA 系统；中脑-丘脑 DA 系统。下行 DA 投射系统有：间脑-脊髓 DA 系统；迷走节前 DA 神经元；中脑-脑桥、中脑-小脑（diencephalons-cerebellum）DA 系统；中脑导水管周围 DA 系统；下丘脑和视前区的室周 DA 系统；未定带-下丘脑 DA 系统；下丘脑-垂体局部 DA 系统；结节-漏斗系统。

2. 多巴胺的合成与灭活

（1）合成。中枢神经系统内的 DA 是由多巴胺能神经元摄取血液中的酪氨酸（tyrosine，Tyr），经酪氨酸羟化酶（tyrosine hydroxylase，TH）催化合成多巴（dihydroxuphenyl-alanine，dopa），再经多巴脱羧酶（dopa decarboxylase，DDC）作用转化为 DA，DA 合成后转运入囊泡贮存。由于 TH 专一性强，活性较低且含量较少，是 DA 合成的限速酶，提高或抑制该酶活力可大幅度影响 DA 的合成。

（2）灭活。多巴胺能神经元末梢释放的 DA 主要通过突触前膜重摄取、突触后膜的摄取、突触间隙内破坏及逸漏入血而失活。最终灭活则主要依靠酶解，特别取决于单胺氧化酶（monoamine oxidase，MAO）和儿茶酚胺氧位甲基转移酶（catechol-O-methyltransferase，COMT），代谢生成 3,4-双羟苯乙酸（dihydroxyphenyl acetic，DOPAC）和 3-甲氧基-4-羟基苯乙酸（高香草酸，homovanillic acid，HVA）。

3. 多巴胺的代谢调节

（1）多巴胺自身受体反馈的调节。DA 自身受体（autoreceptor）存在于 DA 神经终末和胞体-树突两个部位，它们均属 D_2 类受体。胞体和树突上的自身受体能调控胞体动作电位的发生，激活这些受体可抑制神经元放电，并能调控神经元内某些蛋白的合成，从而影响 DA 生成。神经终末梢上的自身受体亦称突触前 DA 自身受体，兴奋时可使 Ca^{2+} 内流减少，从而抑制 DA 释放，并可通过负反馈机制调控 TH 的活性，从而调控 DA 的合成速率。DA 自身受体介导的负反馈机理是通过抑制依赖 cAMP 的蛋白激酶 A（protien kinase A，PKA）对 TH 的磷酸化激活实现，其作用环节在于抑制腺苷酸环化酶（adenylate cyclase，AC）活性，而不是对 PKA 的直接抑制。

（2）钙对多巴胺的代谢调节。钙离子影响脑的机能，脑中的钙离子通过钙调系统，可以促进 TH 活性增强。大量的实验表明，运动增加血内的钙水平，血钙可以转运进脑，通过钙/钙调系统刺激多巴胺的合成，而 DA 的增多导致行为和生理学改变（图 5-2）。

（3）其他调节因素。黑质（substantia nigra）的 DA 神经元与胆囊收缩素（cholecystokinin，CCK）共存，参与 DA 的调控作用。γ-氨基丁酸可阻滞 DA 神经冲动，使 DA 生物合成增快，末梢的 DA 积聚水平增加。

4. 多巴胺的功能

中枢神经系统 DA 神经元分布广泛，根据 DA 作用部位的不同，其电活动可出现兴奋和抑制两种不同的效应，但就整体而言，DA 主要起兴奋作用。

（1）DA 对机体运动的调节作用。黑质致密区-纹状体 DA 神经通路对于运动的调节作用主要是调控锥体外系（extrapyramydal）的运动，中脑-边缘 DA 系统所支配的伏隔核（nucleus accumbens）边缘系统连接锥体外系运动的接口。纹状体的背侧部接受大脑

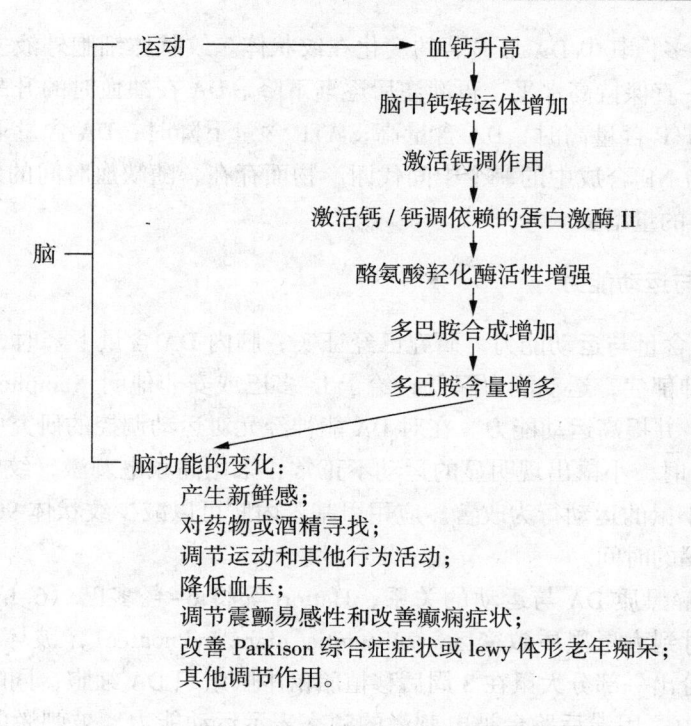

```
                  运动 ──────────→ 血钙升高
                                      │
                                      ↓
                              脑中钙转运体增加
                                      │
                                      ↓
                              激活钙调作用
                                      │
                                      ↓
                        激活钙/钙调依赖的蛋白激酶 II
       脑 ─┤                          │
                                      ↓
                            酪氨酸羟化酶活性增强
                                      │
                                      ↓
                              多巴胺合成增加
                                      │
                                      ↓
                              多巴胺含量增多
                                      │
           脑功能的变化： ←────────────┘
              产生新鲜感；
              对药物或酒精寻找；
              调节运动和其他行为活动；
              降低血压；
              调节震颤易感性和改善癫痫症状；
              改善 Parkison 综合症症状或 lewy 体形老年痴呆；
              其他调节作用。
```

图 5-2 运动对多巴胺能系统可能的影响
(引自 Den'etsu Sutoo 等，2003；略作修改)

皮质感觉和运动区下行的谷氨酸投射纤维，纹状体腹侧部神经元的主要传出纤维参与基底核间接神经回路的组成，调节锥体外系的运动。DA 并非锥体系中调节躯体运动的唯一递质，它与 Ach、NE 的功能平衡才能维持机体的正常活动。在运动调控中，中枢神经系统 DA 的作用是调节肌紧张，使机体做好运动的准备，并在大脑皮质的信号触发下启动某一动作，而 NE 则是在 DA 的基础上发动机体进行一系列的动作。

(2) DA 对心理活动的调节作用。DA 参与精神情绪活动，脑内多巴胺缺少时，人的情绪会变得压抑，产生抑郁症。实验表明，给予 L-多巴纠正后，可使情绪恢复正常。相反，多巴胺过盛时，则产生幻想、狂躁，甚至诱发精神分裂。

(3) DA 对内分泌的调节作用。下丘脑-垂体 DA 能神经元的活动加强促性腺激素 (ganadotropic hormone) 的释放和抑制催乳素 (prolactin) 的分泌，也有研究认为 DA 促进催乳素的分泌作用大于抑制作用，促使 α-促黑激素 (α-melanocyte-stimulating hormone) 和 β-内啡肽 (β-endorphin) 的释放，增加抗利尿激素 (antidiuretic hormone) 和生长激素 (growth hormone) 的释放。

(4) DA 对心血管的调节作用。中枢神经系统中的 DA 对心血管有调节作用。酪氨酸羟化酶抑制剂 (如 α-甲基酪氨酸) 和 D_2 受体拮抗剂 (如舒必利) 均会使运动后心缩期血压下降，而用 D_1 受体拮抗剂 (如 SCH23390) 则没有变化，DA 水平的升高可以通过脑中的多巴胺 D_2 受体抑制交感神经的活性而使血压降低。

DA 参与中枢神经系统的缺血保护过程。缺血后 DA 从神经元释放，使细胞外液中

DA 含量明显增多，其中 DA 最显著的变化在纹状体。纹状体细胞外液多巴胺含量急剧升高，缺血时一直保持高水平，再灌注后逐渐下降。DA 在缺血时的升高，可能与 ATP 的含量有关。ATP 含量高时，DA 含量高；ATP 含量下降时，DA 含量下降。此外，中枢 DA 可能作为 NE 合成中的一个中间代谢产物而存在，随缺血时间的延长 DA 含量下降，转化为 NE 的量增多。

5. 多巴胺与运动能力

（1）DA 的含量与运动能力。研究已经证实，脑内 DA 含量下降时，人的情绪会变得压抑，产生抑郁症，运动能力降低，给予 L-多巴或安非他明（amphetamine）后可使情绪恢复正常，并提高运动能力。在对 DA 能神经元对运动调控的研究中发现，纹状体 DA 下降达 87% 时，小鼠出现明显的运动不正常；采用高频电刺激，纹状体 DA 达到或接近正常时，小鼠的运动行为改善。应用甲基苯丙胺可以减少纹状体 90% 的 DA，并缩短运动到达力竭的时间。

为确切了解黑质 DA 与运动的关系，Hattori 等将 6-羟多巴（6-hydroxydopamine，6-OHDA）注射到大鼠黑质致密区（substantia nigra pyknoarea），破坏黑质纹状体 DA 通路，从其中分出一部分大鼠在 3 周后移植胎鼠中脑组织 DA 细胞，同时研究正常的大鼠及其运动能力。用滞后跑台被电刺激的频率表示运动能力，被刺激的频率越高，运动能力越差。经过一天的跑台运动适应后，正常组滞后跑台受到电刺激的频率为 0~1 次/10 分钟，黑质纹状体通路破坏组为 100 次/10 分钟，移植组为 50~100 次/10 分钟；以后的几天，黑质纹状体破坏组为 80~100 次/10 分钟，移植组为 20~30 次/10 分钟。表明 DA 的缺乏可导致运动能力下降，DA 神经元功能正常可提高运动能力。

研究还发现，DA 的升高可能有调节体温的作用，大鼠口服多巴胺 D_2 受体拮抗剂氯氮平，下丘脑和纹状体中钙离子含量升高，并伴随鼠的耐高温时间延长。在激烈运动中，机体的物质能量代谢加剧，肌肉内 ATP 更新率增加几百倍，甚至上千倍，而物质代谢过程中，机体氧化磷酸化的效率最多为 42%，其余近 60% 能量以热能形式释放，运动过程中体温升高会造成机体的热损伤，运动能力下降。力竭运动后纹状体 DA 升高，可对调节体温平衡起到保护性作用。

运动中的 DA 含量升高主要是合成增加，其原因可能有三：一是运动导致血中钙含量升高和随后脑中的钙含量升高，脑中的 DA 合成可以通过钙介导的合成系统增加，启动 TH 的活性，可以增强脑 DA 的合成；二是细胞内合成 TH 以及多巴胺受体的 mRNA 含量增加；三是运动中 DA 的分解也是增加的，其代谢产物 DOPAC 的增多就说明了这一点，但是合成大于分解速度，因此总的结果是净合成，表现出 DA 的升高。

（2）运动对 DA 代谢的影响。DA 的代谢随运动强度的增加而增强。Freed 让鼠运动 20 分钟，运动速度范围 1.44~7.2m/min，发现：伏隔核中 DA 随速度的增加而增加，DOPAC 与 DA 有并行的变化，尾核中 DA 只有当速度达 7.2 m/min 时才显著性升高。李倩茗的研究也显示 DA 随运动速度的增加而增加，结果不同之处是尾核细胞外液 DOPAC 在运动中升高，DA 和 HVA 在运动中不变，在运动后 DA、HVA 和 DOPAC 均显著性升高，且运动强度越大升高越多。DA 与受体的变化呈明显正相关。

然而，也有学者认为 DA 的升高与运动强度没有相关关系，而 DA 的代谢产物 DOPAC 和 HVA 与运动速度呈现正相关关系。其可能原因是，合成的速度和分解的速度不同，即合成速度大于分解速度。

经过训练的大鼠运动后即刻，在 DA 含量丰富的区域，如边缘脑区和纹状体中的 DOPAC 降低，而在 NE 含量丰富的区域，DOPAC 水平升高，所有这些变化在运动后的 24 小时都恢复正常。

（3）运动对不同脑区 DA 影响的差异。在对 DA 的早期研究中，Carlsson 发现纹状体是脑组织中 DA 含量最高的部位，占全脑的 70%，中脑也是 DA 含量较高的部位。这与脑内 DA 神经元的细胞体和神经纤维的投射有关。运动不会改变脑区 DA 含量高低的相对地位。运动过程中不同脑区的 DA 含量变化及代谢有着不同的特点，总结概括如表 5-1 所示。

表 5-1 运动对不同脑区多巴胺的影响

作者	研究对象	施加因素	DA 的变化	年
Hiroshi	大鼠	运动训练 3 周	下丘脑 DOPAC、HVA 升高	2000
Heyses	大鼠	37 米/分运动至力竭	脑中 DA 升高 85%，纹状体 DA 升高 10%，纹状体、脑干和下丘脑 DOPAC 升高	1988
Kilpatrick	大鼠	新异刺激	黑质 DA 释放增多	2000
伦学庆	小鼠	旋转运动	纹状体 DA 下降 87%，运动异常	1999
李倩茗	大鼠	跑台运动	运动中 DOPAC、HVA 增多，运动后 DA、DOPAC、HVA 增多	1995—1998
Freed	大鼠	跑台运动	伏隔核和尾核 DA 随速度增加而增加	1985
Kalinski	CD-1 雄性小鼠	甲基苯丙胺，运动	纹状体 DA、DOPAC 下降，到达力竭的时间缩短	2001
王斌	大鼠	跑台运动	力竭时纹状体、中脑 DA 升高	2002

（二）脑去甲肾上腺素与运动

1. 去甲肾上腺素能神经的细胞体和神经纤维的投射

中枢神经系统中 NE 能神经元胞体主要集中在延脑（medulla-oblongata）和桥脑（pontine）。由 NE 能神经元发出的纤维广泛投射到脑内各个部位，其中上行纤维背侧束可投射到全部端脑，腹侧束可投射到中脑、间脑、端脑（endbrain）边缘系统及嗅球；下行纤维可投射到脊髓的前角、后角、中间外侧柱和中央管周围。

2. 去甲肾上腺素的代谢及其调节

(1) 去甲肾上腺素的代谢。在去甲肾上腺素能神经元细胞内，由多巴胺-β-羟化酶 (dopamine-β-hydroxylase，DβH) 催化 DA 生成 NE，神经中枢内的 DA 代谢会影响 NE 的代谢，但它又是一种独立的神经递质。NE 可以在苯乙醇胺氮位甲基移位酶 (phenylethanolamine N-methyltransferase，PNMT) 催化下生成肾上腺素 (epinephrine，E)。在 NE 的合成过程中，TH 是限速酶。

释放的 NE 主要通过重摄取而灭活，在 MAO (monoamine oxidase) 和儿茶酚胺氧位甲基移位酶 (catechol-O-methyltransferase，COMT) 的催化下，中枢神经系统中 NE 的最终代谢产物以 3-甲氧基-4-羟基苯乙二醇 (3-methoxy-4-hydroxyphenyl glycol，MHPG) 为主，而外周神经组织中则以 3-甲氧基-4-羟基苯乙醇酸 (Venilly mandelic acid，VMA) 为主。

(2) 去甲肾上腺素代谢的调节。在中枢神经系统中，NE 是由 DA 的进一步转化而来，因此，对 DA 合成有影响的因素对 NE 的合成也存在影响。但同时 NE 合成又相对独立于 DA 合成，在黑质致密区和腹内侧核内，DA 的含量丰富，这些脑区含有酪氨酸羟化酶，但几乎都缺乏 DA-β-羟化酶，DA 不被转化为 NE。完整的 NE 能系统对增强下丘脑神经营养因子 mRNA 全部长度和外显子 I 表达必不可少。此外，在齿状回神经营养因子 mRNA 的外显子 I 的增强子可能是一个主要的调节点，提高其他外显子，如外显子 II 和 III 可能需要独立的神经递质系统和细胞内通路的活性。

周围交感神经系统和中枢神经系统中 NE 神经元上的 α² 自身受体，其作用与 DA 自身受体类似，也对递质的释放起负反馈调控作用。周围交感神经系统的 β 类自身受体则不一样，NE 作用于这类受体其效应为易化递质的释放，增加神经元放电。

3. 去甲肾上腺素能神经的功能

(1) 对心血管系统的调节。脑内的 NE 在 α 受体的参与下有降压效应，在 β 受体的作用下有升压作用。

(2) 镇痛作用。脑内的 NE 有拟交感镇痛作用，脑珠网膜下腔注射 NE 和强啡肽 (dynorphin，DYN) 可以产生协同的镇痛作用。针刺大鼠尾巴，可以引起蓝斑 (locus ceruleus) 中 NE 和 DA 的升高。

(3) 参与维持中枢递质之间的动态平衡。有效的前庭刺激可能激活延桥脑内的 NE 能神经元，使得 NE 能神经元释放 NE 递质增多，结果造成脑内 NE 含量减少，影响中枢胆碱能系统与 NE 能系统之间的平衡关系，导致运动障碍 (运动病) 的发生。

(4) 参与神经-内分泌调节。NE 可以在下丘脑-垂体-肾上腺皮质和下丘脑-垂体-性腺的共同作用下调节促肾上腺皮质激素 (adrenocorticotropic hormone，ACTH) 的释放。NE 还与情感障碍、体温调节、摄食控制及维持中枢的觉醒有关。

4. 去甲肾上腺素与运动能力

(1) 慢性运动可增强脑 NE 的代谢。长期的中等强度耐力间歇训练，引起经常性的交感神经兴奋,可提高脑组织中 NE 的合成能力,增加 NE 含量。NE 基础值的升高,可能伴随有运动能力的提高。Dishman 发现,经过 6 周训练后,鼠脑组织 NE 基础含量增加。Brown 实验用雄性大鼠经过 8 周的中等强度的间歇训练,最后一次运动后两天处死大鼠,也发现运动训练可以提高脑组织中的 NE 含量。

训练可使端脑和海马 NE 分解代谢加强,其代谢产物 MHPG 增加。Dishman 用卵巢切除的大鼠进行跑台训练,6 周的训练会增加下丘脑 NE 含量,增加 NE 上行末梢区域 NE 的代谢。谭健等也发现耐力训练可以提高下丘脑 NE 含量。Soares 实验以安静为对照,经过 4~5 周的自由旋转转笼训练,发现转笼运动使安静时大鼠端脑皮质中 NE 基础含量升高,而在运动后恢复期 NE 却比安静值还要低,如果大鼠经过 6 周和 8 周的跑台训练,最后一次训练后 24 小时处死,下丘脑的 NE、DOPAC 和 DHPG 在运动训练后下降。

下丘脑 NE 有参与体温调节的作用,NE 增多与下丘脑 α 受体结合,降低体温。运动中物质和能量代谢速率提高,必然导致对体温调节的要求增加,这可能是 NE 含量变化的原因之一。

(2) 运动对不同脑区 NE 的影响。脑内的 NE 可以通过调控交感神经活动等参与机体的应激反应,不同脑区 NE 对运动的反应存在差异,这可能与运动方式、运动强度和时间不同有关。Dishman 研究对大鼠进行两周的递增负荷(以增加运动时间为递增)跑台训练,发现经过训练的大鼠腹正中核、室旁核、弓状核中 NE 升高,而在杏仁核、海马和蓝斑与安静状态没有差异。袁琼嘉研究发现,大鼠经过 4 天的适应性游泳训练后,进行力竭性游泳,端脑中 NE 在运动后 24 小时显著升高,运动后 48 小时仍然显著高于安静状态大鼠。Stefan 发现,针刺大鼠尾部可以引起蓝斑中 NE 和 DA 的升高。另实验用 15 只家兔固定于圆盘上进行旋转,前庭受到刺激后,延桥脑和间脑内 NE 含量明显降低。

(三) 脑内 5-羟色胺与运动

1. 5-羟色胺能神经的细胞体和神经纤维的投射

人体内约有 90% 的 5-HT 存在于消化道黏膜,8% 在血小板,1% 存在于中枢神经系统中,另有极小部分位于各种组织的肥大细胞中。由于血-脑屏障(blood-brain barrier)的存在,血液中的 5-HT 很难进入中枢神经系统。因此,中枢和周围神经的 5-HT 分属两个独立的系统。在中枢神经系统中,5-HT 能神经元胞体主要集中于中脑下部、桥脑上部和延脑的中缝核。此外,在间脑、中脑和另一些部位也观察到 5-HT 神经元的分布,5-HT 能神经纤维几乎遍及整个中枢神经系统,其纤维投射和 NE 能神经相似。但其上行通路中,以腹侧束为主,而 NE 则是以背侧束为主。

2. 5-羟色胺的代谢及调节

(1) 5-羟色胺的代谢。5-HT 生物合成的前体为色氨酸(tryptophan,Trp)。色氨酸是人体必需氨基酸,体内不能自行合成,只能从食物蛋白中摄取,经肝脏水解而获得。

因此，脑内 5-HT 的合成首先取决于色氨酸的有效利用率。血中的游离色氨酸进入 5-羟色胺能神经元后，先经色氨酸羟化酶（tryptophan hydroxylase，TPH）催化在 5 位羟化成 5-羟色氨酸（5-hydroxytryptophan，5-HTP），然后再经 5-羟色氨酸脱羧酶（5-hydoxytryptophan decarboxylase，5-HTP-DC）脱羧成 5-HT。

合成的 5-HT 储存于 5-HT 能神经终末的囊泡中。释放入突触间隙的 5-HT 与受体结合，又迅速解离，这些 5-HT 大部分被突触前终末重新摄取。摄取入神经终末的 5-HT，一部分进入囊泡储存和再利用，另一部分被线粒体表面的单胺氧化酶（monoamine oxidase）所作用，氧化脱氨基而成 5-羟吲哚乙醛（5-hydroxyindoleacetaldehyde），而后迅速被依赖 NAD^+ 的醛脱氢酶（aldehydedehydrogenase）作用生成 5-羟吲哚乙酸（5-hydroxyindoleaceticacid，5-HIAA），图 5-3 是中枢神经系统中 5-HT 代谢的最主要途径。此外，在脑组织中还存在着另一代谢途径，即 5-HT 在硫基转移酶（sulfotransferase）作用下，生成 5-羟色胺-O-硫酸酯（5-hydroxytryptamine-O-sulfate ester）而失活。当单胺氧化酶受抑制时，这一途径即成为 5-HT 灭活的重要机制。

（2）5-羟色胺代谢调节

①酶调节。TPH 特异性高，只存在于 5-羟色胺能神经元中，而且含量较少，活性也较低，因此成为 5-HT 合成过程中的主要限速因素。

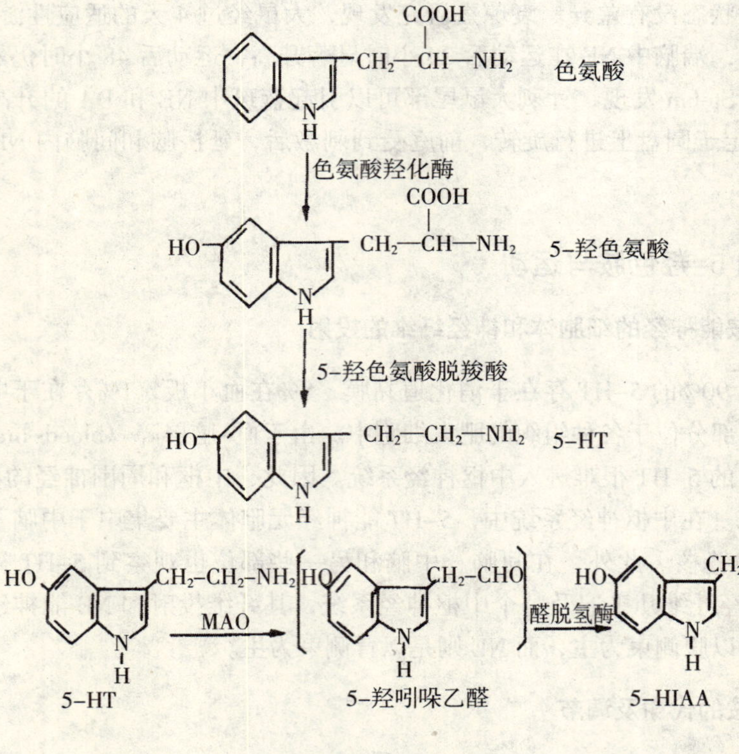

图 5-3　5-HT 的合成和代谢

（引自许绍芬. 神经生物学 [M]. 2 版. 1999.）

②受体反馈调节。脑内的 5-HT 具有反馈式自我调节，当神经冲动到来时，由于递质释放，使 5-HT 含量降低，导致 TPH 的活力增加，5-HT 合成增加；反之 5-HT 合成减少。

③其他递质的影响。海马的内源性一氧化氮（nitric oxide，NO）对 5-HT 的释放有调节作用，NO 合成酶抑制剂增加大鼠海马细胞外液的 5-HT 水平。

3. 中枢神经系统中 5-羟色胺的功能

（1）参与镇痛、导致焦虑症和促进睡眠的作用。中枢系统中 5-HT 参与镇痛作用，提高 5-HT 能系统的功能，可增强吗啡镇痛，减弱中枢 5-HT 能系统的功能可缓解焦虑，反之提高 5-HT 能系统的功能则导致焦虑。研究睡眠剥夺与大鼠脑内 5-HT 转换率关系时发现，在睡眠剥夺开始后不久，5-HT 转换率就迅速升高，然后维持在一个相对稳定的水平；在进入恢复期睡眠后，5-HT 转换率又迅速回复到初始水平。这些结果说明了延长觉醒可引起 5-HT 转化率增加，维持觉醒状态又必须依赖于高水平的 5-HT 释放。5-HT 具有缓慢地促进下丘脑一些具有催眠效应的肽类物质累积的作用。

（2）维持正常的免疫机能。中枢神经系统和免疫系统之间存在着双向交流。现已证明，5-羟色胺可通过不同途径调控免疫系统，影响多种细胞，如 T 细胞、NK 细胞和巨噬细胞。离体实验研究表明，5-羟色胺会增加 NK 细胞的细胞毒性，并调控 NK 细胞合成细胞活素物质，5-羟色胺对巨噬细胞的其他功能也起重要的作用。

（3）参与心血管系统的调节。中枢 5-HT 能神经破坏，使 5-HT 缺损，大鼠动脉压和心率升高；注射外源性 5-HT 可能降低动脉压和心率，并且这种变化随剂量增加效果更为明显。

（4）细胞毒性作用。研究发现，5-HT 不但可直接促使 Glu 的释放，而且能加强皮质神经元对 N-甲基-D-天冬氨酸（N-Methyl-D-Aspartate，NMDA）的兴奋毒性反应。

4. 脑 5-羟色胺与运动性中枢疲劳

（1）脑内 5-HT 水平的升高与运动能力。运动时，5-HT 的变化是较早受到学者们注意的。大量研究表明，运动中或运动后，脑内的 5-HT 含量升高。5-HT 是一种抑制性神经递质，5-HT 能神经纤维在脑内的投射比较广泛，它的升高表明中枢的抑制过程加强。许多人体和动物实验数据显示，急性运动可增强 5-羟色胺的合成与代谢，运动期间 5-羟色胺前体色氨酸会增加。因此，脑内 5-HT 含量的升高或代谢的增强是导致运动性中枢疲劳的重要原因之一。

长时间运动中，脑 5-HT 浓度增加，可影响中枢神经的功能，降低运动能力。Barchas 和 Freedman 研究报道，3 小时低强度游泳导致脑 5-HT 浓度显著升高。Blomstrand 等让大鼠在跑台上跑至衰竭，发现无论是有训练的还是无训练的大鼠，其血浆游离色氨酸和局部脑组织 5-HT 浓度均升高。Bailey 等观察了脑神经递质在运动性疲劳中的时程变化表明，耐力运动中大脑 5-HT 和 5-HIAA 含量升高且在疲劳时加剧。Gomez-Merino 等的研究表明，急性剧烈运动促使皮质和海马的 5-HT 水平显著增长。张蕴琨等发现，尽管训练组小鼠经过 45 天训练，GABA 等未见明显增多，但脑 5-HT 含量升高却十分显著，推测：对于均具有抑制作用的 GABA 和 5-HT 而言，脑 5-HT 的变化可能较 GABA 敏感，脑 5-HT 的升高对于中枢疲劳的诊断可能更有意义。

5-HT 升高与运动疲劳的发生高度相关。给予 5-HT 激动剂，运动到力竭的时间随剂量增加而缩短；相反，使用 5-HT 阻断剂可以延迟疲劳的发生。研究显示，给予特异性 5-HT 激动剂或拮抗剂后，大鼠运动至力竭时间分别缩短或延长，而体温、血糖、肌肉与肝糖原以及各种应激激素水平无明显变化。人体实验也发现，以 70%最大摄氧量强度进行长时间运动前，服用 5-HT 激动剂 paroxine 或 fluoxetine 后，与对照组相比，平均力竭时间显著缩短，但心血管功能、体温调节和代谢方面无显著差异。人为地提高大鼠脑中 5-HT 浓度能使大鼠在跑步测试中较早出现疲劳；反之，如果让大鼠摄入 5-HT 拮抗剂而人为地降低大鼠脑中 5-HT 浓度，则发现大鼠在跑步测试中较晚出现体力疲劳。

(2) 运动引起脑内 5-HT 增多的可能机理。运动中 5-HT 的升高引起了学者们对其升高机理的探讨。目前认为：首先，合成 5-HT 的前体游离 Trp（F-Trp）增多是运动中及运动后恢复期脑组织 5-HT 升高的主要原因。Trp 在血液中有两种存在形式：80%~90%与血清蛋白结合，即结合型；10%~20%为游离型，即 F-Trp；只有 F-Trp 可通过血脑屏障。长时间运动导致血浆游离脂肪酸（free fatty acid）升高，可替换与血清蛋白结合的 Trp，使得血浆中结合色氨酸释放出来。血浆 F-Trp 增多，则进入脑组织也随之增多，被 5-HT 能神经所摄取合成 5-HT。同时，血浆中性氨基酸，尤其是支链氨基酸（branch chain amino acid, BCAA）与 F-Trp 在通过血脑屏障时竞争载体。长时间运动中支链氨基酸参与肌肉供能的数量增多，造成血浆支链氨基酸减少，与游离 Trp 的竞争减弱，导致血浆游离色氨酸进入大脑的数量增加，也促进 5-HT 的合成。第二，5-HT 受体（尤其是 $5-HT_{1A}$、$5-HT_{2A}$ 和 $5-HT_{2C}$）因 5-HT 的释放而发挥其生理作用，并可能对 5-HT 的释放起到调节作用，Dwyer 研究中采用 5-HT 受体激动剂，模拟 5-HT 的升高可以使到达疲劳的时间缩短。但目前还没有形成一致结论。第三，存在外周化学感受器的调节作用。运动中代谢加强可造成血液中某些代谢产物（如脂肪酸、乳酸、二氧化碳等）的增加，外周化学感受器可以感受到这些化学物质的变化，采用氰化钾刺激外周化学感受器，发现外周化学感受器信号增加时，可以引起蓝斑细胞外液的 5-HT 释放。

然而，也有研究发现运动后 5-HT 没有显著性变化，原因可能是多数组织的 5-HT 存贮在囊泡中，由色氨酸新合成的 5-HT 迅速被代谢为 5-HIAA，造成 5-HT 的总含量不升高。运动前使用 L-缬氨酸（L-valanine）可显著阻止运动导致的 5-HT 释放，5-HT 一直保持在基础水平，而 5-HIAA 继续升高，运动导致的 5-HIAA 升高表现在 5-HT 能细胞体（如中脑）或其神经末梢（如海马、纹状体、皮质及下丘脑）。而细胞外液 5-HT 的变化可能受到以下因素的影响：①5-HT 的补偿性合成；②5-HT 神经末梢的重摄取；③5-HT 的自受体的影响；④受实验条件和方法的影响〔如采用微透析（microdialysis）研究时探针所在的 5-HT 能细胞部位〕。

(3) 长期耐力训练对 5-HT 代谢的影响。$5-HT_{1A}$ 自身受体可抑制神经元活动，从而减少递质合成与释放量。研究发现，Wistar 大鼠经过每周 4 次、共 6 周的跑台训练后，注射 $5-HT_{1A}$ 受体激动剂发现，经过训练的大鼠对 $5-HT_{1A}$ 受体激动剂的耐受力有所提高，增强了运动能力。

研究还发现，经过长期训练，5-HT 受体的脱敏作用（desensitization）也能提高机体对 5-HT 升高的耐受作用，因此，5-HT 受体的脱敏作用与机体的运动能力有着密切的联系。机体对外刺激的耐受性可在一段剧烈运动后降低，同时伴随 5-HT$_{1B}$ 自主受体脱敏，这种现象可能与调节 5-HT 释放有关。有研究表明，分别经过中等和大强度训练的大鼠对急性运动反应不同。实际上，急性运动会引起大强度训练大鼠 5-HT$_{1B}$ 受体脱敏，而对中等强度训练大鼠的脱敏水平未有明显改变。然而，5-HT$_{1B}$ 受体进一步地脱敏会引起 5-HT 释放增加，刺激动物产生与焦虑发展相适应的现象。

中医认为，在运动性疲劳发生时往往有虚寒症现象，有研究发现虚寒症时脑内各级 NE 神经元递质的合成和释放减少，而 5-HT 各级神经元递质的合成与释放增多。针刺增强运动能力的研究发现，针刺双侧后腿 20 分钟，跑台运动到力竭的时间显著性增强，并且运动导致的背侧缝（dorsal raphe）内的 5-HT 和色氨酸羟化酶基因表达的增量减少。

（四）运动中单胺类神经递质的相互作用与动态变化

在中枢神经系统内，DA、NE、5-HT 处于一种动态平衡，以保持正常的行为活动。一些研究表明，安静时纹状体 NE 与中脑 NE 和中脑 5-HT 呈现高度相关，相关性高虽然不表示它们之间的平衡仅来自于每两种递质的相互作用，但可能说明安静状态时，纹状体和中脑内的 DA、NE 和 5-HT 处于平衡状态。纹状体 DA、NE 和 5-HT 与运动有关，运动可造成其间的关系失衡。同时，在机体受到外界刺激时，单胺类神经递质的活动与刺激的时间变化、刺激的形式及刺激的强度等都有关系，必须作具体分析，不能一概而论。

1. DA 与 5-HT 的相互关系

一系列动物研究证明，运动时脑内 5-HT 和 DA 的活性升高，但在筋疲力尽时脑组织中 DA 含量出现明显的下降。提示 5-HT 和 DA 活性的比例对于中枢疲劳的发生很重要，5-HT 和 DA 的比例升高会出现感觉疲劳以及运动能力下降。脑内的高 DA/5-HT 比值有利于增强行为能力，如唤醒和动机的增加、最佳的神经肌肉协调；而低 DA/5-HT 比值降低行为能力，如动机下降、疲倦、失眠、运动单位协调下降等，易导致中枢神经系统的疲劳。

（1）急性运动中的变化。DA 和 5-HT 的代谢随运动强度增加而同时增强，但是并不是在所有的脑区均衡变化。研究显示：大鼠一次力竭性跑台运动后纹状体 DA/5-HT 比值较高；中脑 DA/5-HT 比值在运动后即刻升高，运动后 24 小时下降；下丘脑 DA/5-HT 比值在运动后即刻及运动后 24 小时持续保持较低水平。提示：运动后即刻中脑处于兴奋状态，下丘脑则是一种持续的抑制。这种差异可能是不同脑区 DA 与 5-HT 代谢速率不同造成的。

富有 5-HT 神经元的中脑缝核神经纤维投射到纹状体和黑质区，电生理和神经化学研究显示这种投射主要起抑制作用，含 5-HT 的纤维可抑制纹状体细胞的激活，5-HT 可抑制色氨酸羟化酶的活性及纹状体突触小体中 DA 的释放。运动中的高 5-HT 含量有抑制 DA 降解的作用，可能是 DA/5-HT 升高的原因之一。

通过测定 DA 的代谢产物 DOPAC 和 5-HT 的代谢产物 5-HIAA，可以反映 DA 与 5-HT 的代谢变化。1 小时运动达到疲劳时，5-HT 和 5-HIAA 含量比安静时显著升高，在疲劳的延续期纹状体和中脑的 5-HT 和 5-HIAA 升得更高。同时，脑中的 DA 和 DOPAC 在运动后显著升高，之后恢复正常水平。使用 5-HT 拮抗剂可显著延长达到疲劳的时间，而激动剂则显著加速疲劳的到来。使用 5-HT 激动剂在 1 小时的运动中有阻止 DA 和 DOPAC 升高的作用，而 5-HT 拮抗剂有阻止其下降的作用。

单胺类神经递质从突触前膜释放后，主要是通过重摄取而灭活。重摄取过程中，多巴胺转运体（DAT）转运 DA，5-HT 转运体转运 5-HT。当大鼠用 5-HT 重摄取抑制剂氯米帕明（clomipramine）后，发现纹状体 DA 活性水平升高，说明 5-HT 含量的升高，有促进 DA 的重摄取作用。

（2）慢性运动的影响。经耐力训练大鼠在力竭跑台运动后 24 小时纹状体 DA/5-HT 比值的升高，可能是 5-HT 通过受体间接作用实现的；中脑 DA/5-HT 比值在运动后即刻升高，而后下降，DA 与 5-HT 出现高度相关，DA 与 5-HT 变化趋向一致。分析其原因，可能由于中脑内存在较丰富的 5-HT 能、DA 能神经元细胞体，而造成运动中 DA 合成增多、运动后 DA 和 5-HT 合成比运动中减少的综合结果，是递质平衡过程的体现。

动物实验表明，因年龄不同，运动训练导致的脑儿茶酚胺神经元色氨酸羟化酶的信使 RNA 的表达存在差异，在黑质纹状体，青年鼠（6 个月龄）不变，而老龄鼠（12 个月龄）增加 45%；在腹侧被盖区，青年鼠增加 80%，而老龄鼠则不变。

某些单胺神经递质参与机体生物节律（biorhythm）的调控并受到生物节律的影响。择时运动时 DA/5-HT 比值的变化，表现出"运动性双相量变"现象，在 DA/5-HT 比值较低的时刻（晚上 8 时）进行运动，可引起该比值的升高；当在 DA/5-HT 比值较高的时刻（如下午 2 时）进行运动，可使比值降低，其原因与身体当时所处的生理机能状态密切相关。

2. 脑内 DA 与 NE 的相互关系

在中枢神经系统内，NE 虽可以作为独立的神经递质，有其自身合成和分解代谢途径，但同时 DA 又是 NE 合成的前体，影响着 NE 的代谢。在运动过程中，DA 和 NE 的变化和代谢均与其功能相联系，因而这种关系就变得更为复杂。研究发现，运动后即刻，在 DA 含量丰富的区域（大脑边缘系统和纹状体）DOPAC 含量下降；而在 NE 含量丰富的区域（脑干）DOPAC 增加，运动后的 24 小时恢复正常。中脑黑质致密区和腹内侧核内，DA 的含量丰富，这些脑区含有酪氨酸羟化酶，但几乎都缺乏 DβH，DA 不被转化为 NE。在纹状体内 NE 有抑制 DA 分解的作用，而在 NE 丰富的区域 NE 有促进 DA 分解的作用。

另一研究表明，在力竭性跑台运动后，大鼠纹状体 DA/NE 比值在运动后即刻表现为升高，可能是在纹状体中 NE 有抑制 DA 分解的作用；而大鼠中脑和下丘脑均有丰富的 NE 能神经纤维投射，运动后中脑和下丘脑持续较低的 DA/NE 比值，说明在这些脑区 NE 促进了 DA 的分解而造成 DA/NE 比值的下降。耐力训练可以提高纹状体、中脑和下丘脑内的 DA 与 NE 的平衡能力。

多巴胺活性降低可能引起动机和觉醒的降低，是中枢疲劳的一个因素。比利时学者使用选择性 DA 和 NA 重吸收抑制剂丁氨苯丙酮，研究结果显示，对运动中中枢去甲肾上腺素能的激素反应比多巴胺能的作用明显，但是对运动能力无明显影响。英国学者 PhillipWatson1 研究发现，通过给予双重多巴胺/去甲肾上腺素重吸收的强烈抑制剂，可提高热环境下的运动能力，而在温和条件下则无此种反应。

3. 脑内 NE 与 5-HT 的相互关系

在脑内 NE 和 5-HT 的神经纤维投射相似，5-HT 有抑制作用，而 NE 则有唤醒作用，它们之间是否存在相互作用的关系引起许多学者们的关注。

研究表明，中枢神经系统内，去甲肾上腺素能和 5-HT 能传入神经纤维可以通过释放 NE 和 5-HT 调节蒲肯野细胞的兴奋性水平，并改变蒲肯野细胞对爬行纤维和苔状纤维突触传入的反应敏感性，影响神经元网的感觉运动整合过程。对大鼠进行旋转运动刺激实验表明，大鼠脑干 NE 含量降低，脑干和小脑的 5-HT 含量增高，这种变化可导致脑觉醒程度的下降。药理学的研究中显示，口服谷胱甘肽有镇静催眠作用，可以使下丘脑的 NE 下降，皮质及脑干 5-HIAA 上升，同时对 DA 的代谢产物 HVA 没有影响。

大鼠力竭性跑台运动后，中脑 NE/5-HT 在运动后即刻显著升高，运动后 24 h 显著下降，下丘脑的 NE/5-HT 比值则在运动后持续保持较低水平。不同脑区的 NE/5-HT 变化的差异，说明不同的脑区神经递质平衡特点有所不同，中脑能较快恢复，纹状体和中脑内相对较慢。

不同脑区的 NE/5-HT 比值在运动后的变化是不同的，这种差异可能与兴奋和抑制转换、神经递质平衡及机体整体的生物活动有关。经过耐力训练，大鼠脑内 NE 在力竭性跑台运动后可能有抑制 5-HT 系统的作用，运动后机体恢复过程中，NE 的兴奋作用（唤醒）逐渐超过运动后即刻的 5-HT 抑制作用，使脑的兴奋与抑制活动逐渐转为正常。

（五）单胺类神经递质对行为活动和心理的相互调节作用

从神经递质特性与行为活动关系来看，NE 和 5-HT 对行为活动起抑制作用，且 5-HT 抑制的易激惹性和攻击行为比 NE 强；而 DA 则促进和激发攻击行为（表 5-2，表 5-3）。在中枢神经系统内，DA/NE+5-HT 处于一种平衡状态，以保持正常的行为活动，当 DA/NE+5-HT 之比增加，也就是说 DA 系统相对占优势时，可出现运动活动增加、

表 5-2 NE、DA 和 5-HT 与行为活动

	高	低
NE	良好注意和有选择注意，条件反射早，出现焦虑早，过度抑制，内向	注意力不集中，条件反射差，自我控制性差，焦虑少，抑制性差
DA	运动活动强，攻击性，外向，犒赏性冲动	运动活动减少，不攻击，对他人兴趣低，动机差
5-HT	冲动控制良好，攻击性低	冲动控制差，富于攻击性，运动活动增加

（引自杜亚松，1995）

表 5-3　DA、NE 和 5-HT 功能失衡时的表现

	高 DA	低 DA
低 NE、低 5-HT	攻击性品行障碍，ADHD 易激惹、无焦虑或抑郁	精神活动正常、动力不足、分裂人格或其他人格问题
高 NE、低 5-HT	攻击、焦虑或抑郁性品行障碍，轻度多动，不适当注意	明显抑郁或焦虑、退缩倾向
低 NE、高 5-HT	非攻击性品行障碍、轻度注意缺陷障碍伴多动	注意缺陷障碍、不停多动、抑制
高 NE、高 5-HT	正常、外向和焦虑、能量多、强迫特性	焦虑、抑郁、抑制

(引自杜亚松，1995)

内向化差和注意力不集中。同时使用提高 5-HT 和 NE 两种递质功能的药物，往往不影响动物的焦虑状态，许绍芬根据这一现象认为 NE 系统对 5-HT 所致的焦虑有拮抗作用。

大鼠纹状体中 DAOPAC/DA 比值可因为剥夺饮水而显著性升高。在青春期前，雌性和雄性大鼠学习新的操作时，在下丘脑、纹状体和海马内，DA 的转换量增加，尤其是下丘脑，5-HT 含量增加，而转换量减少。过了青春期，5-HT 出现相反的变化，操作学习时，下丘脑 DA 转换量的增加维持。进行短时间的暴露刺激后，大鼠操作学习时的纹状体 DA 水平下降（雌性），下丘脑的 DA 转换量也下降，而下丘脑 5-HT 含量增加。长期暴露刺激后，操作时雌性 DA 下丘脑和纹状体转换量下降，但 5-HT 能系统没有影响。

对大鼠进行旋转运动刺激后，脑干 NE 含量降低，脑干和小脑的 5-HT 含量增高。这种变化可导致脑觉醒程度的下降。口服谷胱甘肽可以提高阈下剂量戊巴比妥酸钠对小鼠睡眠的发生率，口服谷胱甘肽有镇静催眠作用，可以使下丘脑的 NE 下降，皮质及脑干 5-HIAA 上升，而 DA 的代谢产物 HVA 无明显变化。旋转运动刺激大鼠，间脑和延桥中的 NE 下降，5-HT 水平升高。长期训练大鼠，小脑和中脑的 NE 和 5-HT 均比不训练大鼠高，与安静组相比，训练组大脑皮质的 NE 升高，而 5-HT 下降。NE 的变化可能是体现了交感神经能的功能，中脑 5-HT 变化可是慢性运动训练减食欲降体重的一种适应性表现。

综上所述，在力竭性跑台运动后，DA、NE 和 5-HT 的变化是中枢神经系统的保护作用的反映，经过耐力训练可以使运动中脑内的 DA、NE 和 5-HT 的平衡能力增强，这三种单胺类神经递质在某些脑区（可能是下丘脑的 NE 与 5-HT 独立于 DA）有相对的独立性，但更多的则是相互作用，正常的运动有赖于单胺类神经递质及其他多种递质的功能平衡。

三、中枢氨基酸类神经递质与运动

中枢神经系统兴奋与抑制的转换与神经递质的变化直接相关，而这种机能的变化对

运动能力影响很大。神经递质中氨基酸类有着重要的作用，它们大致可分为兴奋性氨基酸（excitatory amino acids）与抑制性氨基酸（inhibitory amino acids）两种，前者包括 Glu（谷氨酸）与 Asp（天冬氨酸）等，后者包括 GABA（γ-氨基丁酸）、Gly（甘氨酸）等。

（一）谷氨酸与天冬氨酸

1. 分布

Glu 和 Asp 是 CNS（中枢神经系统）中最为重要的两种内源性氨基酸。尤其是 Glu，是哺乳动物脑内含量最高的一种兴奋性氨基酸。Glu 广泛分布于 CNS 中，以大脑皮质含量最高，其次为小脑、纹状体、延髓和脑桥。脊髓中 Glu 含量明显低于脑内，但是有特异分布，且存在分布的特异性，背根灰质含量比腹根灰质高。

Asp 在 CNS 中的分布也很广泛，小脑、丘脑和下丘脑含量较高，大脑皮质、纹状体含量较低，脊髓含量低于脑内，但分布与 Glu 不同，背根浓度与腹根浓度大致相等。腹部灰质含量比背部灰质高。

2. 代谢与储存

Glu 和 Asp 都属非必需氨基酸，且都不能透过血脑屏障，因此，不能通过血液由周围组织供给脑，而是由葡萄糖和其他一些前体物质在脑中合成。这两种氨基酸可来自葡萄糖经三羧酸循环产生的 a-酮戊二酸和草酰乙酸。a-酮戊二酸通过转氨酶作用或经谷氨酸脱氢酶（glutamate dehydrogenase）作用的逆反应，还原加氨基生成 Glu，草酰乙酸通过转氨酶（transaminase）作用产生 Asp。

Glu 有囊泡储存机制，而 Asp 是否也有此机制尚不清楚。Glu 的降解代谢为经谷氨酰胺合成酶的作用生成谷氨酰胺（Gln），后者储存于神经末梢，在谷氨酰胺酶的作用下仍可转变为 Glu。

Glu 具有 Ca^{2+} 依赖的释放形式，离体和整体实验都观察到激发 Glu 释放的必需条件，去极化也可以使胶质细胞释放 Glu，但并不依赖 Ca^{2+} 的存在。释放入突触间隙的 Glu 和 Asp，绝大部分经谷氨酸和天冬氨酸神经末梢重摄取而被回收，但也可被胶质细胞所摄取，胶质细胞摄取的意义在于防止过量的 Glu 扩散到周围的神经元上，以免引起神经系统的过度兴奋。

3. 生物学功能

大量实验证明，Glu 是对所有中枢神经元均具有兴奋作用的氨基酸，Glu 作用于突触后受体，可直接与膜去极化的通路偶联，将离子型受体激活，使 Ca^{2+} 向细胞内的流动增加，细胞的兴奋性增强，从而产生兴奋性反应，而且是一种河豚毒素不能阻断的快兴奋作用。Asp 也可兴奋中枢神经元，与 Glu 相比，Asp 去极化作用触发慢，恢复也慢，并伴随大而稳定的膜导增加。

4. 受 体

(1) 受体分类。谷氨酸受体（glutamate receptor）分为两类：一类为离子型受体（ionotropic receptor），包括 N-甲基-D-天冬氨酸受体（N-methyl-D-aspartic acid receptor，NMDAR）、海人藻酸受体（Kainic acid receptor，KAR）、α-氨基-3 羟基-5 甲基-4 异恶唑受体（α-amino-3-hydroxy-5-methyl-4-isoxazole receptor，AMPAR），它们与离子通道偶联，形成受体通道复合物，介导快信号传递（图 5-4）；另一类属于代谢型受体（metabotropic receptor），它与膜内 G-蛋白偶联，这些受体被激活后通过 G-蛋白效应酶、脑内第二信使等组成的信号转导系统起作用，产生较缓慢的生理反应。

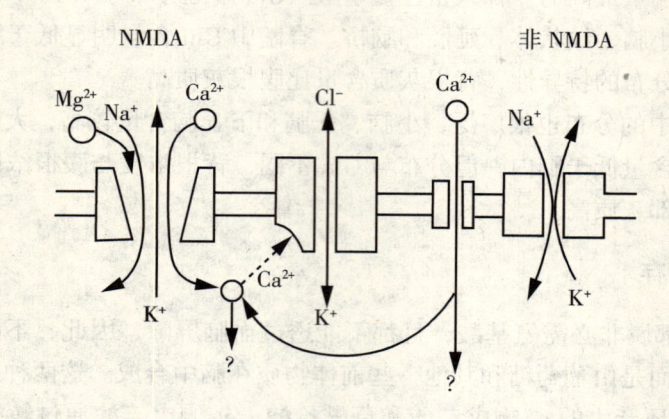

图 5-4 NMDA 受体、非 NMDA 受体作用模式图
非 NMDA 受体激活：导致单价阳离子（Na^+K^+）通透性增加
NMDA 受体激活：除（Na^+K^+）通透性增加外，
还使 Ca^+ 内流入细胞 Ca^+ 进入细胞通过——①Ca^+ 通道；②NMDA 通道
（引自许绍芬.神经生物学［M］.2 版.1999.）

(2) 受体效应。受体激活后可引起神经膜对离子通透性的变化，例如 NMDAR 激活后，可引起 Na^+、K^+ 通透性增加，尤其可使 Ca^{2+} 大量进入细胞，后者可进一步激活细胞内 Ca^{2+} 依赖的酶，从而引起一系列的生化反应。

（二）γ-氨基丁酸与甘氨酸

1. 分 布

GABA 在脑内的含量很高，其浓度以 umol/g 为单位，而单胺类递质以 nmol/g 为单位。脑内不同部位的 GABA 浓度有很大的差别，在黑质和苍白球内含量最高，下丘脑次之，其余依次为中脑的上丘、下丘，小脑的齿状核及中央灰质、壳核、尾状核及内侧丘脑，大脑和小脑皮层含量较低，而脑的白质含量最低。Gly 是结构最简单的氨基酸，广泛存在于体内各组织中，在神经系统中以脊髓含量最高，是脊髓和脑干中的抑制性神经递质。

2. 生物合成与降解

脑内直接生成 GABA 的物质是 Glu。人脑内 Glu 含量很高，约为 GABA 的 4 倍。葡萄糖是组织的主要能源物质，也是 GABA 的主要前体物质；丙酮酸及其他氨基酸，如 Gln（谷氨酰胺）也可作为 GABA 的前体，这些物质都可以进入 GABA 支路。

脑内生成 GABA 的代谢通路称为 GABA 支路，这条支路也闭合成环。α-酮戊二酸经转氨基作用生成 Glu，然后 Glu 经谷氨酸脱羧酶（glutamic acid decarboxylase，GAD）催化生成 GABA；GABA 再通过 γ-氨基丁酸转氨酶（γ-aminobutyric acid-transaminase，GABA-T）的催化生成琥珀酸半醛（succinic semialdehyde，SSA），这一转氨反应只能由 α-酮戊二酸接受氨基并生成 Glu，因此，每降解一分子 GABA，就有一分子 GABA 的前体 Glu 生成；最后，由琥珀酸半醛脱氢酶（SSADH）催化（此酶活性极强），使 SSA 生成琥珀酸，这样又回到三羧酸循环。

GABA 前体的另一个重要来源是 Gln，作为 GABA 支路的补充，称为谷氨酰胺环（glutamine cycle）的代谢通路：从神经末梢释放的 GABA 由胶质细胞摄取，经 GABA-T 催化转氨基反应生成 SSA，并使 α-酮戊二酸转变成 Glu，因在胶质细胞内缺乏 GAD，Glu 不能转变为 GABA，而是在谷氨酸合成酶的作用下转变成 Gln，Gln 再回到神经末梢，在谷氨酰胺酶（glutaminase）的作用下生成 Glu，如此在神经元和胶质细胞之间形成了谷氨酰胺环，并提供了 GABA 的前体——Glu。

中枢神经系统中的 Gly 可在线粒体内合成，合成的途径很多，其中之一为丝氨酸（serine Ser）经丝氨酸羟甲基转移酶（serine transhydromethylase）催化生成。

3. 储存、释放与摄取

脑内 GABA 存在的形式有游离、疏松结合和牢固结合三种类型，牢固结合是主要储存形式。应用放射性核素标记的 GABA 进行实验，发现 GABA 的释放依赖于 Ca^{2+}。摄取在 GABA 失活中占重要地位，神经末梢和神经胶质细胞都有摄取功能，而高摄取为 GABA 神经末梢所特有，其作用机制依赖于 Na^+ 和 Cl^-。

4. 生物学功能

GABA 和 Gly 是脑内两个最重要的抑制性氨基酸递质。中枢神经中的抑制活动，50% 是由 GABA 与 Gly 类神经递质传递的，因而它们在调节运动员的兴奋状态、协调运动中枢的功能活动中发挥极大的作用。目前认为，GABA 对脑的抑制性作用主要是引起突触后抑制，通过改变神经细胞膜对 Cl^-、K^+ 的通透性，造成 Cl^- 内流，K^+ 外流，而形成突触后膜超极化，实现抑制效应。Gly 的主要功能是对感觉和运动进行抑制性调控，对 NMDAR 起调节作用。

5. 受体及其作用

作为脑内重要的抑制性神经递质，GABA 的作用是通过与其受体结合实现的。国内外的研究显示，GABA 受体可分为三种亚型：一类为 $GABA_A$ 受体，广泛分布于整个神经系统，是由 GABA 识别点、苯二氮卓识别点和 Cl^- 通道组成的复合体，受 GABA、蝇蕈醇和槟榔次碱等激动，受痉挛剂竞争性抑制和印防己毒素非竞争性抑制；一类是 $GABA_B$ 受体，通过 GABA 激活阳离子通道（Ca^{2+}、K^+），受 GABA 和巴氯芬（baclofen）激动，受法氯芬（phaclofen）抑制；近年来又发现了 $GABA_C$ 受体，它在视觉系统特别丰富，也是由五聚体的 Cl^- 通道组成。其中 $GABA_A$ 和 $GABA_C$ 受体属于亲离子型受体，$GABA_B$ 型受体属于亲代谢型受体（图 5-5）。

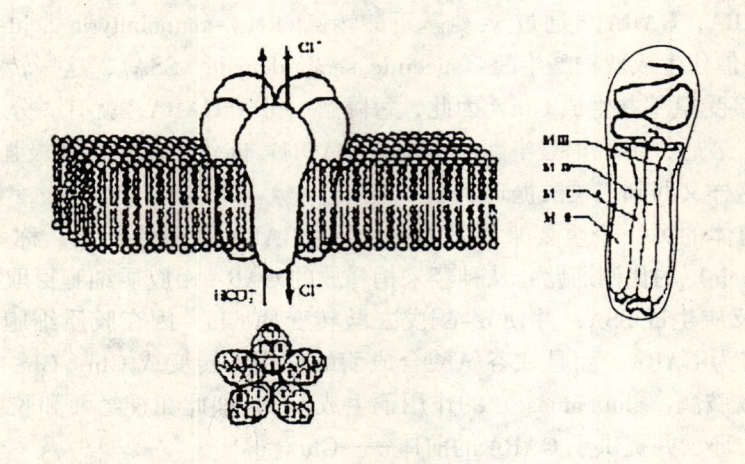

图 5-5 GABA 受体模式图

(引自许绍芬.神经生物学 [M]. 2 版. 1999.)

GABA 是一种脑内抑制性神经递质，它是通过激活受体使 Cl^- 细胞内流，产生快速突触后抑制而发挥作用。此受体可被多种药物活化。人们在研究苯并二氮类药物的作用机制时发现，$GABA_A$ 受体存在于脑内特定的部位，并与 BDZ 受体的结合活性有密切关系。一般认为，BDZ 和巴比妥类药物都是通过激活而发挥药理作用；而印防己毒素引起痉挛则是 $GABA_A$ 受体被抑制的结果，但 BDZ 类对 Cl^- 通道的作用部位却不同。

甘氨酸受体介导的抑制性神经传递在哺乳动物 CNS 反射活动、随意运动调节和感觉信号的处理中具有重要作用。GlyR（谷氨酸受体）五聚体由三个独立的多肽组成：两个糖蛋白（48kD 和 58kD），分别称为 α 和 β 亚单位；另一个为 93 KD 的细胞质蛋白。GlyR 与烟碱型乙酰胆碱受体（nicotic Acetylcholline receptor, nAChR）、$GABA_A$ 受体（$GABA_AR$）、$5-HT_3$ 受体（$5-HT_3R$）等具有很大的同源性，它们一起形成一个 LGICs（ligandin gating ion channel，配体门控离子通道）超家族。LGICs 的五个跨膜亚单位形成离子通道（ion channel）孔区。就 GlyR 而言，该离子通道选择性地通透 Cl^-。GlyR 在脊髓和延髓中以高水平表达，而在中脑、下丘脑和丘脑中较少，高级脑区则不能表达。GlyR 的这种分布模式与 Gly 在脊髓和脑干中作为主要的抑制性神经递质发挥作用是一致的。有趣的是，GlyR 与 GABA$_A$R 常常共存于脊髓神经元中，提示 Gly 和 GABA 可能作为共递质，在脊髓内发挥传递作用。

（三）运动对中枢氨基酸类递质的影响

长时间运动后，脑组织递质性氨基酸可发生改变，影响中枢的兴奋与抑制过程，是导致运动性中枢疲劳的可能机制之一。苏联生理学家首先发现运动性疲劳后的大鼠脑中 GABA 含量升高，进而提出 GABA 是中枢神经系统出现保护性抑制的重要因素之一。

1. 不同强度运动对中枢氨基酸类递质的影响

我国学者李人等人研究发现，白鼠游泳 9 小时至疲劳时，脑中 GABA 含量显著性增加，认为长时间运动时脑中 GABA 变化与中枢抑制过程有关。长时间运动 GABA 含量升高，主要是由于运动时 ATP 浓度下降，糖原含量显著减少，氧化酶活性受到抑制，GABA 清除过程减弱，在脑细胞中浓度升高，对中枢神经系统具有抑制作用。因此，长时间运动产生疲劳时，脑中 GABA 浓度升高是正常的氧化过程减弱引起的。

白宝丰等采用 30m/min 的运动强度使大鼠在短时间（大鼠力竭时间为 21.80 min ± 11.69 min）达到了力竭，然后分离脑皮质运动区，测定样本中氨基酸类神经递质含量发现，力竭后即刻 Glu、Asp 含量低于安静值。Struder 的研究发现，持续 5 h 的自行车运动使运动员血浆中兴奋性递质 Glu 的浓度下降。Meansen 报道，6 周的中等强度跑台运动训练明显降低了大鼠纹状体中多巴胺、去甲肾上腺素、Glu 的浓度，对 GABA 的影响不大。

GABA 由 Glu 经谷氨酸脱羧酶的作用下脱羧而成。因此，测定脑组织中 Glu、GABA 含量，用 Glu/GABA 比值作为评定脑神经元兴奋或抑制的指标较单一指标更好。李人报道，安静状态下训练与未训练过的大鼠脑中 Glu/GABA 的比值无明显差别，这意味着它们在安静时各脑区中 Glu 和 GABA 的代谢水平是相似的。当机体运动出现疲劳时，各脑区中 Glu 与 GABA 的代谢平衡发生了改变，GABA 的含量升高幅度大于 Glu 升高幅度，从而使脑中以 GABA 的抑制效应占优势。

中枢的兴奋性和抑制性氨基酸递质还分别包括 Asp 和 Gly，白宝丰等人研究了大鼠力竭运动即刻和恢复期 Glu + Asp/GABA + Gly 比值与 Glu/GABA 比值变化的趋势，发现两者有较高的相似性，力竭运动后即刻两比值都显著性地低于安静值（P < 0.01），共同说明了此时中枢处于抑制状态。恢复 0.5、1、3、24 小时，两者都保持上升的趋势，与安静值相比无明显差异。但是两比值在某些方面也表现出一定的差异性，Glu + Asp/GABA + Gly 比值变化较为平缓，各个时相的比值都低于 Glu/GABA；Glu/GABA 比值在恢复期 0.5 小时、24 小时两个时相点高于安静值，说明中枢在恢复过程中积极地调整应激状态；而恢复期各时相 Glu + Asp/GABA + Gly 比值都低于安静值，说明在恢复期大鼠中枢可能一直处于抑制状态。中枢兴奋性和抑制性调节是通过众多神经递质共同完成的，因此，观察 Glu + Asp/GABA + Gly 比值，反映运动性疲劳时脑的机能状态有更大的意义（图 5-6）。

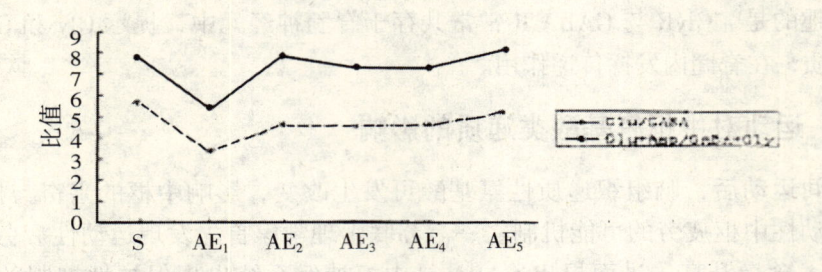

注：S 为安静值，AE_1 为运动后即刻，AE_2 为运动后 0.5 小时，AE_3 为运动后 1 小时，AE_4 为运动后 3 小时，AE_5 为运动后 24 小时。

图 5-6　力竭运动前后大鼠脑皮质运动区 Clu / GABA 和 Clu + Asp / GABA + Gly 含量的变化

（引自白宝丰，2004.）

2. 择时运动氨基酸类神经递质的变化

简坤林等人运用时间生物学的研究方法，就运动训练对大鼠间脑中抑制性氨基酸神经递质 GABA 和 Gly 的量变及近似昼夜节律的影响进行了研究，结果发现：两种神经递质在间脑中的含量表现出具有统计学意义的近似昼夜节律；择时运动对两种抑制性氨基酸类神经递质的含量及近似昼夜节律性产生明显的影响。2001 年，他们又运用同样的方法就力竭性运动对大鼠脑干、间脑和端脑 3 个脑区兴奋性氨基酸类神经递质 Glu 的量变及近似昼夜节律的影响进行了研究，结果发现：3 个脑区中 Glu 的含量表现出具有统计学意义的近似昼夜节律（circadian rhythm，表 5-4）。择时运动对 3 个脑区中 Glu 的含量及近似昼夜节律性产生明显的影响，其量变表现出"运动性双向量变"现象，从而提出"神经递质贮备"假说，认为"运动性双向量变"与运动前"神经递质贮备"状态有关：当 Glu 含量在运动前处于较高水平时，择时力竭性运动使其含量降低；当其含量运动前处于较低水平时，择时力竭性运动后其含量升高。

表 5-4　3 个脑区中 Glu 含量及近似昼夜节律参数（umol / g）

脑区	中值±SE	振幅（95% CL）	峰相位（95% CL）	
脑干	10.06 ± 0.25	4.63 (3.31, 6.34)	−320.57 (−328.9, +249.76)	<0.01
间脑	2.66 ± 0.38	2.62 (0.72, 4.51)	−182.05 (−235.00, −123.54)	<0.01
端脑	24.2 ± 0.11	1.05 (0.38, 1.72)	−343.40 (−312.39, −12.36)	<0.01

（引自简坤林，2001.）

3. 运动对不同脑区氨基酸类递质的影响

张东明等用激光诱导荧光检测的高效毛细管电泳结合微透析技术测定急性力竭运动前后大鼠下丘脑区细胞外液中的递质性氨基酸的含量，实验结果表明，急性力竭运动后

4 小时、72 小时大鼠下丘脑区的细胞外液中的 Glu、GABA、Gly 有统计意义的增加，认为下丘脑递质性氨基酸在应激过程中很可能起着重要的作用。

白宝丰等人实验发现，力竭运动后即刻，大鼠脑皮质运动区中 Glu、Asp 含量低于安静值，Glu 和 Asp 是中枢神经系统中主要的兴奋性神经递质，它们含量的下降说明中枢兴奋性降低，原因可能是机体在过度疲劳状态下产生的抑制性保护。这种保护措施可以弱化兴奋性神经递质大量增高对神经元产生的毒害作用。大鼠脑皮质运动区 Gly 在力竭运动即刻和运动后 0.5、1 小时保持较高的含量，而且与 GABA 含量变化出现了时相差异性。

氨基酸类递质在不同脑区浓度的变化不一的原因可能是不同脑区递质的含量本身就不同，也可能是不同脑区对运动刺激的适应性不同。

目前的研究表明，神经中枢海马区对应激状态下的下丘脑–垂体–肾上腺皮质轴（hypothalamus-pituitary-adrenal cortex，HPA）具有重要的调控作用，满君等人发现，6 周游泳训练后大鼠海马区 Glu 含量下降，Glu / GABA 的比值下降，使海马区兴奋性降低，导致海马对 HPA 轴的调节机能受到影响。他们认为，过度运动引起海马区 Glu 水平下降是导致运动性疲劳发生的重要神经生物学机理之一。

4. 训练对脑氨基酸类神经递质的影响

大鼠经过训练后，中枢机能得到改善，运动疲劳时脑中 GABA 升高不显著，因此有学者提出，训练可改善脑中 GABA 的代谢，防止其堆积，从而改善脑机能，延缓疲劳的发生。Meeusen R 等运用微透析技术研究发现，6 周的训练增加了训练大鼠纹状体中细胞外 Glu 含量的水平，GBBA 含量无明显变化。急性运动使训练和未训练过的大鼠 DA、NE、GABA 的水平分别增加，但对训练组 Glu 浓度的影响远远超过未训练组，使得训练过的大鼠 Glu / GABA 趋于平稳，推迟了运动疲劳的发生。张蕴琨等人发现，小鼠经过 45 天游泳训练后完成力竭性运动，恢复 24 小时后训练组与安静组相比，递质性 Glu、ASP 仅出现下降趋势，Glu / GABA 值的下降也无显著意义。认为可能是训练在一定程度上提高了小鼠脑组织神经活动的稳定性和对运动的适应。

王天芳等人研究发现，强化训练组大鼠的安静态 Glu / GABA 比值显著性的低于正常对照组，该实验的强化训练方案已使模型动物的中枢处于一定抑制状态；在一次运动后即刻，两组的 Glu / GABA 比值均略有升高，运动过程中提高了动物的应激状态；运动结束 30min 及 3h 时，与强化训练组的同时相相比，强化训练加中药组的 Glu / GABA 比值明显降低，而安静态却略高，说明中药可调节因运动而引起的应激状态，使运动后动物的兴奋性经迅速降低的过程后恢复到运动前的状态，从而有利于机体内环境的调整及体力的恢复。

（四）运动对中枢氨基酸类递质受体的影响

关于氨基酸类递质受体在运动中变化的研究结果，目前报道甚少，Molteni 等人研究表明：大鼠经过 3、7、28 天的训练后，与 NMDAR2A、NMDAR2B 相关的基因表达都出现上调现象；Listel 等人通过研究海马原癌基因（Fos 基因）的表达发现，运动会导致 striatal fos 的表达，而多巴胺受体 1（D1）和 NMDAR 的同时激活对这种表达的发生是必需的。这些受体在非损伤性抑制后，fos 表达几乎完全地降低。白宝丰等人建立了一次性力竭动物模型，在这种急性运动条件下，运动后即刻，大鼠脑皮质中 NR2A 蛋白含量与安静组相比降低了 10.78%，但是并无显著性差异。大鼠在力竭即刻及恢复期过程中，NMDAR2A 蛋白含量变化表现为：下降—上升—再下降（图 5-7），表明运动过程中 NR2A 蛋白含量的变化具有较为敏感的可调控性，力竭运动后即刻 NR2A 蛋白含量的下降可能是导致中枢抑制产生的一个因素；NR2A 酪氨酸磷酸化水平在力竭运动后呈现升高趋势，有利于维持中枢的兴奋性（图 5-8、5-9）；NR2A 酪氨酸磷酸化水平与 NR2A 蛋白含量的变化无显著性相关，提示运动过程中 NR 蛋白含量的变化是多方面原因造成的，受体蛋白含量与受体活性之间可能存在着较为复杂的关系。

胡江平等观察力竭运动前后及恢复期大鼠脑皮质运动区氨基酸类神经递质 GABA 及 GABA 受体最大结合量（Bmax）及平衡解离常数（Kd）的动态变化，分析 GABAA

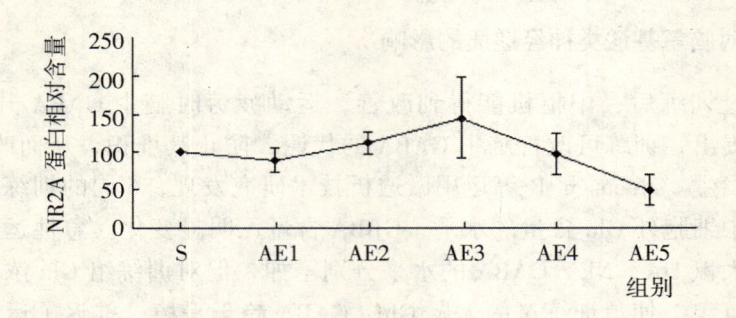

图 5-7 力竭运动前后大鼠脑皮质运动区谷氨酸受体 NMDAR2A 蛋白含量的变化

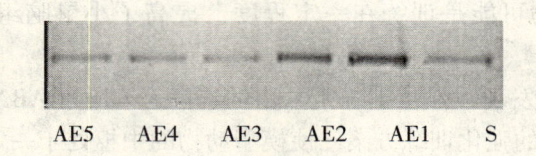

图 5-8 NMDAR2A 蛋白含量变化免疫印迹电转图谱

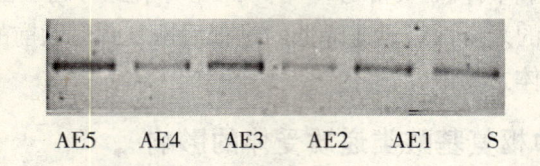

图 5-9 NMDAR2A 酪氨磷酸化水平免疫印迹电转图谱

（引自白宝丰，2005.）

受体结合活性与中枢疲劳的关系。结果表明,力竭运动后即刻,GABAA 受体亲和力明显升高,而受体最大结合量的变化不明显,表明运动性疲劳时,GABAA 受体亲和力的增大是中枢兴奋性降低的重要因素。力竭运动后恢复期大鼠脑皮质运动区 GABAA 受体的 Bmax 在 3 h 即恢复到安静水平,而 Kd 在 24 h 恢复至安静水平。表明该受体亲和力与数量的变化存在时间差异。运动性疲劳恢复期,受体数目的变化对中枢机能的影响较大。

四、营养和药物干预对中枢神经递质和运动能力的影响

由于脑 5-HT 与运动性中枢疲劳的发生关系密切,研究者们试图采用药物和营养手段来延缓运动性疲劳的产生,加快中枢机能恢复,并试图不断深入研究其机制。

(一) 药物干预对中枢神经递质和运动能力的影响

一些对动物和人体的药物学研究表明,中枢神经递质 5-HT 的增加对长时间运动机能有决定性影响。人体实验揭示,选择性摄入 5-HT 重吸收抑制剂 (SSRI) 对降低长时间运动的能力有作用。运动前 5 小时单独使用 20 mg 帕罗西丁,可降低运动能力。选择性重吸收 5-HT 抑制剂,会通过选择性组织 5-HT 重吸收转运而有效地增加突触 5-HT 的水平。

动物实验研究:将经过 3~4 周的跑台训练后的大鼠以 20m/min、5%坡度运动至疲劳(动物不能坚持跑台的速度 1 分钟),运动前腹膜内注射 5-HT 激动剂〔喹嗪马来酸盐 (quinolinate) 1mg/kg〕、5-HT 拮抗剂 (LY53857、5-HT1C 和 5-HT2 受体类拮抗剂,1.51mg/kg)、0.9%的盐水,发现 5-HT 拮抗剂显著性延长到疲劳的时间,而激动剂则显著缩短这个时间。疲劳时,与其他两组相比,5-HT 激动剂组的有较多的血糖、肝糖和肌糖,而血自由脂肪酸较低。血浆皮质醇和儿茶酚胺则各组相似。盐水组中脑、纹状体、下丘脑、海马(只测了 5-HT)的 5-HT 和 5-HIAA 水平在 1 h 运动后比安静时显著升高,在纹状体和中脑疲劳的延续期升得更高。脑中(中脑、纹状体和下丘脑)的 DA 和 DOPAC 在运动后显著升高,在之后恢复正常水平,海马中则不变。5-HT 激动剂在 1 h 的运动时有阻止 DA 和 DOPAC 升高的作用,而 5-HT 拮抗剂有阻止其下降的作用。

(二) 补糖对运动中枢神经递质的影响

近年来,人们在研究补充糖的外周效应的同时,更多地探寻其中枢效应,深入了解补充葡萄糖与神经递质的相互作用关系。2001 年,法国学者 F. BEQUET 采用微透析技术观察大鼠海马运动引起的脑中葡萄糖和 5-HT 的变化以及补充葡萄糖的效应,结果表明,运动导致大脑葡萄糖和 5-HT 水平的变化,可被注入葡萄糖显著地改变。考虑到 5-HT 在中枢疲劳中的作用,作者认为应在运动前或者运动中补充葡萄糖,因为它在外周和中枢的积极效应会提高运动能力,但对训练结束后的恢复质量可能产生负面影响。2002 年,F.BEQUET 又用微透析技术研究运动大鼠脑糖原的可利用性以及海马细胞外 5-HT 水平,该研究在运动前和运动后直接向大鼠脑海马注射糖原,同时观察对 5-HT

代谢（如大强度跑台运动中的 5-HT、5-HIAA、TRP）的影响，结果发现，第一次注射糖原后，可引起脑 5-HT 下降到基质水平的 73.0% ± 3.5%（P < 0.01），第二次注射后达到 68.5% ± 5.5%（P < 0.01，图 5-10），5-HIAA 出现了同一现象（图 5-11），但脑 TRP 水平未随注射糖原而降低（图 5-12）。该研究揭示了脑糖原对 5-HT 代谢起作用，可预防运动引起的 5-HT 水平的增加。也显示脑细胞外糖原对 5-HT 通路合成不起作用，也可能对该系统的释放或再合成起作用。

2005 年，丹麦学者 Lars Nybo 研究还显示摄取葡萄糖减轻了主观疲劳感觉，同时减弱了运动练习诱导的脑氨反应。

大脑葡萄糖的有效性可影响 5-HT 和氨基酸如 GABA 或谷氨酰胺的代谢。Vahabzadeh 观察到在血糖变化的影响下，细胞外海马葡萄糖和 5-HT 变化之间的典型反

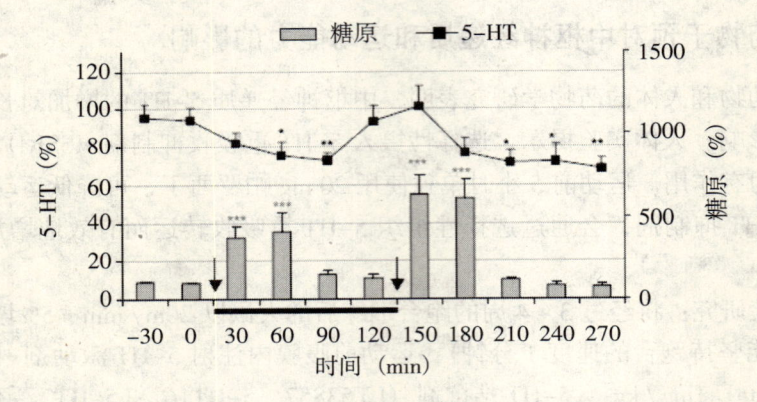

图 5-10　注射糖原对运动大鼠海马 5-HT、糖原水平的影响

注：直接注射（30%，5ul），运动 2 小时，速度为 25m/min，百分比为与零点相比。
*P < 0.1；** P < 0.01；*** P < 0.001

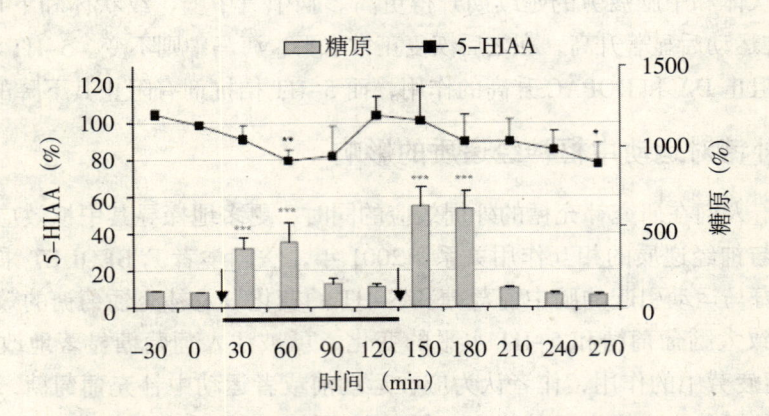

图 5-11　注射糖原对运动大鼠海马 5-HIAA、糖原水平的影响

注：直接注射（30%，5ul），运动 2 小时，速度为 25m/min，百分比为与零点相比。
*P < 0.1；** P < 0.01；*** P < 0.001

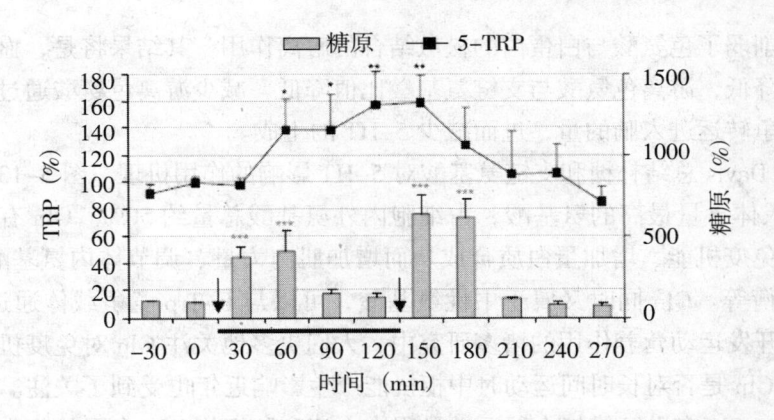

图 5-12　注射糖原对运动大鼠海马 TRP、糖原水平的影响

注：直接注射（30%，5ul），运动 2 小时，速度为 25m／min，百分比为与零点相比。
*P＜0.1；　** P＜0.01；　*** P＜0.001

(引自 F.BEQUET，2002.)

应：注入胰岛素引起大脑葡萄糖的下降和 5-HT 的增加，随后注入葡萄糖导致大脑葡萄糖的增加和 5-HT 的下降。一些神经递质（5-HT、GABA、多巴胺、去甲肾上腺素）能调控脑中糖原的代谢，5-HT 激活了糖原的代谢。Poblete & Azmitia 证实了这个观察，显示了被 5-HT 激活的 GPase（糖原磷酸酶）的活化作用。所有这些结果都显示了大脑葡萄糖和 5-HT 之间复杂的交互作用。运动可能改变大脑葡萄糖的新陈代谢，因此影响了皮质系统、外周葡萄糖的有效性。

（三）补充氨基酸对运动中枢神经递质的影响

游离色氨酸通过血脑屏障转运的量很大程度决定了 5-HT 合成的多少。血浆色氨酸的浓度、可转运入脑内的色氨酸部分以及其他中性氨基酸（LNAA）的浓度，包括 BCAA（支链氨基酸），这些氨基酸通过同样的屏障系统被转运。因此，补充氨基酸首先考虑的也是研究最多的是 BCAA。

长时间运动中当只摄取水时，色氨酸和 BCAA 都被吸收，而糖的摄取减少了大脑吸收色氨酸，却不影响 BCAA 的吸收。研究者在小鼠实验中发现，喂食 BCAA 和糖 60 min、90 min 运动后，中脑、脑干的 5-HT 和 5-羟吲哚乙酸（5-HIAA）没有差异。然而在 120 min 运动后，补 BCAA 组和补糖组脑干的 5-HT 及其代谢产物 5-HIAA 低于喂水组。法国学者 D.Gomez-Merno 让大鼠做跑台运动（25m／min120min，然后休息 150min），用微透析法测定海马细胞外液的 5-HT、5-HIAA 和 TRP，结果显示：运动导致海马 5-HT 的释放，细胞外液 TRP、5-HIAA 显著增加，而运动前补充缬氨酸可较大程度减少运动引起的 5-HT 释放。其机理为补充 BCAA 能降低运动中 F-Trp／BCAA 比值。补充糖类物质可减少脂肪分解，阻止脂肪酸的大量聚集，从而减少 F-Trp 的升高。

在长时间运动中，摄入 BCAA 可以升高血液中的支链氨基酸浓度，补充糖时可以部分阻止血液中的脂肪酸浓度升高，因为脂肪酸对白蛋白有较高的亲和力，血液脂肪酸浓度的减少就削弱了色氨酸与白蛋白的松散结合的解离作用。其结果将是，血液中的游离色氨酸浓度降低，游离色氨酸与支链氨基酸比值降低，减少游离色氨酸通过转运体与支链氨基酸竞争转运进入脑的量，进而减少 5-HT 的生成。

J Mark Davis 总结补糖和支链氨基酸对 5-HT 影响的作用机理（图 5-13）。

Gln 是人体含量最高的氨基酸，占细胞内外氨基酸总量约 50%。Gln 有着重要的功能，如提高免疫机能、增加蛋白质合成从而增加肌肉力量、调节体内氨基酸代谢平衡、调节酸碱平衡等。Gln 同时又属于中性氨基酸，可以与 F-Trp 竞争载体通过血脑屏障。而在研究和开发运动营养作用的诸多研究中，人们更多地关注 Gln 对免疫机能和肌肉的作用，补充 Gln 是否对长时间运动时中枢机能产生影响近年也受到了关注。张蕴琨等研究表明，补充 Gln 有助于维持大鼠运动过程中血清和脑组织 Gln 水平的稳定，并可促进血清和脑组织 BCAA 含量的增加。大剂量补充 Gln 可提高大鼠运动后血糖浓度，提示可能具有促进运动机体糖异生的作用。进行力竭跑台运动后，补充 Gln 的两组大鼠脑 F-Trp/BCAA 比值均显著低于安静组；大剂量补充 Gln 组血清 F-Trp/BCAA 和脑 5-HT 含量显著低于其他各组。这些结果表明，补充 Gln，尤其是大剂量补充 Gln 后可有效地减少抑制性神经递质 5-HT 的生成。其可能的机理：一是 Gln 是中性氨基酸，大剂量补

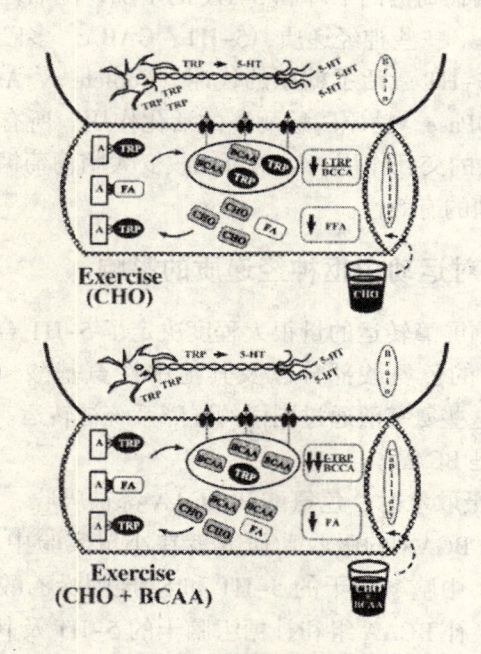

注：CHO：糖。BCAA：支链氨基酸。FA：脂肪酸。f-TRP：游戏色氨酸。5-HT：5-羟色胺。TRP：色氨酸。A：白蛋白。Capillary：毛细血管。Brain：脑

图 5-13 补充糖和支链氨基酸对 5-HT 合成的影响

（引自 J Mark Davis，2000.）

第五讲 运动性疲劳的中枢机制与神经递质

充使其在血液的浓度升高,可与 F-Trp 竞争载体而较多地进入脑组织;二是 Gln 可调节氨基酸代谢平衡,提高血、脑 BCAA 水平,降低 F-Trp / BCAA,从而减少 F-Trp 透过血脑屏障;三是 Gln 可调节体内酸碱平衡。Gln 从组织器官释放出来被肾远曲小管还原成氨和谷氨酸,氨结合 H^+ 生成 NH_4^+,与阴离子,如氯离子一起排出体外,从而起到抗酸作用。运动中机体代谢加快必然引起体内 pH 值下降,而 pH 值下降会造成血液中白蛋白与 Trp 的结合减少。Gln 的补充减轻了由于运动引起的 pH 值下降,阻止了 F-Trp 的增多。以上三点所产生的综合效果是脑 F-Trp 含量减少,脑 5-HT 的合成也就随之减少。因此可以认为:补充 Gln 对长时间运动时中枢机能的改善、延缓中枢疲劳的发生具有良好的促进作用,以大剂量补充 Gln 的效果较为显著。王斌等研究发现:补充 Gln 可能提高大鼠力竭性运动应激后脑组织对 DA 过度升高的耐受,并有维持 NE 平衡作用、提高大鼠对运动应激的反应能力和耐受能力,且大剂量补充 Gln 效果更好。补充 Gln 有利于提高大鼠力竭性跑台运动后脑组织 DA 和 NE 水平,且可降低脑内的 5-HT 含量;长期补充 Gln 更有利于提高脑内的 DA 含量,说明长期补充 Gln 效果优于急性补充。

近十多年来,国内外学者对如何通过营养和药物来影响中枢神经递质的研究表现出极大的兴趣,试图探索延缓中枢疲劳的发生、加速疲劳消除的最佳措施,产生了大量的研究成果,并在继续深入研究之中。

推荐读物

[1] Strüder HK, Weicker H.Physiology and pathophysiology of the serotonergic system and its implications on mental and physical performance. Part Ⅱ [J]. Int J Sports Med, 2001 (22): 482–497.

[2] Davis JM, Alderson NL, Welsh RS. Serotonin and central nervous system fatigue: nutritional considerations[J]. Am J Clin Nutr 2000, 72 (suppl): 573–578.

[3] E.Blomstrand, K.Møller, N.H. Seeher and L, Nybo: Effect of carbohydrate ingestion on brain exchange of amino acids during sustained exercise in human subjects. Acta Physiol Scand, 2005 (185): 203–209.

[4] T.D.Noakes Physiological models to understand exercise fatigue and the adaptations that predict or enhance athletic performance. Scand J Med Sci Sports, 2000 (10): 123–145.

参考文献

[1] Dietrich A, McDaniel W F.Endocannabinoids and exercise [J]. Br J Sports Med, 2004 (38): 536–541.

[2] Bacci A, Huguenard JR, Prince DA.Modulation of neocortical interneurons: extrinsic influences and exercises in self-control[J].Trends in neurosciences, 2005 (28): 602–610.

[3] Strachan AT, Leiper JB, Maughan RJ.Paroxetine administration to influence

human exercise capacity, perceived effort or hormone response during prolonged exercise in a warm environment[J].Exp Physiol, 2004 (89) 657-664.

[4] Bailey SP, Davis JM, Ahlborn EN. Serotonergic agonists and antagonists affect endurance performance in the rat[J]. Int. J. Sports Med, 1993, 14 (6): 330-333.

[5] Brown BS, T Payne, C Kim, et al. Chronic response of rat brain norepinephrine and serotonin levels to endurance training [J]. J Appl Physiol, 1979, 46 (1): 19-23.

[6] Cameron Platell, Sung-eun Kong, Rosalie McCauley et al. Branched-chain amino acids [J]. Journal of Gastroenterology and Hepatology, 2000 (15) 706-717.

[7] Carlsson A, Paradigm A. Shift in brain research[J]. Science, 2001, 294 (2): 1021-1024.

[8] Chaouloff F. Effects of acute physical exercise on central serotonergic systems [J]. Med Sci Sports Exerc, 1997, 29 (1): 58-62.

[9] Chautard T, Boudouresque F, Guillaume V, et al. Effect of excitatory amino acid on the hypothalamo-pituitary-adrenal axis in the rat during the stress-hyporesponsive period[J]. Neuroendocrinology, 1993, 57 (1): 70-78.

[10] Chen MJ, Ivy AS, Russo-Neustadt AA. Nitric oxide synthesis is required for exercise-induced increases in hippocampal BDNF and phosphatidylinositol 3' kinase expression[J]. Brain Res Bull, 2006, 68 (4): 257-268.

[11] Cleare AJ. Glucocorticoids and glucocorticoid receptors: mediators of fatigue? [J].Acta Neuropsychiatrica, 2003 (15) 341-353.

[12] Freed CR, Yamamoto BK. Regional brain dopamine metabolism: A marker for the speed, direction, and posture of moving animals [J]. Science, 1985 (229): 62-65.

[13] Gomez-Merino D, Bequet F, Berthelot M, et al. Site-dependent effects of an acute intensive exercise on extracellular 5-HT and 5-HIAA levels in rat brain[J]. Neuroscience Letters, 2001 (301): 143-146.

[14] Davis JM, Alderson NL, RS Welsh. Serotonin and central nervous system fatigue: nutritional considerations [J]. Am J Clin Nutr, 2000, 72 (s): 573-578.

[15] Den'etsu Sutoo Kayo Akiyama. Regulation of brain function by exercise[J]. Neurobiology of Disease, 2003, 13 (1): 1-14.

[16] Dietrich MO, Mantese CE, Porciuncula LO, et al. Exercise affects glutamate receptors in postsynaptic densities from cortical mice brain[J]. Brain research, 2005, 1065 (1-2): 20.

[17] Dishman RK, Renner KJ, White JE, et al. Treadmill exercise training

augments brain norepinephrine response to familiar and novel stress[J]. Brain Research Bulletin, 2000, 52 (5): 337-342.

[18] Droste SK, Gesing A, Ulbricht S, et al. Effects of long-term voluntary exercise on the mouse hypothalamic-pituitary-adrenocortical axis[J]. Endocrinology, 2003, 144 (7): 3012-3023.

[19] Blomstr E, Moller, Secher NH, et al.Effect of carbohydrate ingestion on brain exchange of amino acids during sustained exercise in human subjects[J]. Acta Physiol Scand, 2005 (185): 203-209.

[20] Fuchs E, Flügge G. Chronic social stress: effects on limbic brain structures [J]. Physiology & Behavior, 2003 (79): 417-427.

[21] Elam M, Svensson TH, Thoren P. Brain monoamine metabolism is altered in rats following spontaneous, long-distance running[J]. Acta Physiol Scand, 1987, 130: 313-316.

[22] Escames G, Leon J, Lopez LC, et al. Mechanisms of N-methyl-D-aspartate receptor inhibition by melatonin in the rat striatum[J]. Journal of neuroendocrinology, 2004, 16 (11): 929-935.

[23] Bequet F, Gomez-Merino D, Berthelot M, et al. Exercise-induced changes in brain glucose and serotonin revealed by microdialysis in rat hippocampus: effect of glucose supplementation[J]. Acta Physiol Scand, 2001 (173): 223-230.

[24] Béquet F, Gomez-Merino D, Berthelot M, et al.Evidence that brain glucose availability influences exercise-enhanced extracellular 5-HT level in hippocampus: a microdialysis study in exercising rats[J].Acta Physiol Scand, 2002 (176): 65-69.

[25] Farmer J, Zhao X, van Praag H, et al. Effects of voluntary exercise on synaptic plasticity and gene expression in the dentate gyrus of adult male Sprague-Dawley rats in vivo[J]. Neuroscience, 2004, 124 (1): 71-79.

[26] Jonsdottir IH. Neuropeptides and their interaction with exercise and immune function[J]. Immunology and Cell Biology, 2000 (78): 562-570.

[27] Kemppainen J, Aalto S, Fujimoto T, et al. High intensity exercise decreases global brain glucose uptake in humans[J]. J Physiol, 2005 (568): 323-332.

[28] Akiyama K, Sutoo D. Rectifying effect of exercise on hypertension in spontaneously hypertensive rats via a calcium-dependent dopamine synthesizing system in the brain[J]. Brain Research, 1999, 823 (1-2): 154-160.

[29] Kilpatrick MR, Rooney MB, Michael DJ, et al. Extracellular dopamine dynamics in caudate-putamen during experimenter-delivered and intracranial [J]. Neuroscience, 2000, 96 (4): 697-706.

[30] Kitamura T, Mishina M, Sugiyama H. Enhancement of neurogenesis by running

[30] wheel exercises is suppressed in mice lacking NMDA receptor epsilon 1 subunit[J]. Neuroscience research, 2003, 47 (1): 55-63.

[31] LB Gladden. Lactate metabolism: a new paradigm for the third millennium[J]. J Physiol, 2004, 558 (1): 5-30.

[32] Nybo L, Dalsgaard MK, Steensberg A, et al. Secher: Cerebral ammonia uptake and accumulation during prolonged exercise in humans [J]. J Physiol, 2005 (563): 285-290.

[33] Meeusen R, Smolders I, Sarre S, et al. Endurance training effects on neurotransmitter release in rat striatum: an in vivo microdialysis study [J]. Acta Physiol Scand, 1997, 159 (4): 335-341.

[34] MF Piacentini, R Meeusen, L Buyse, et al. Hormonal responses during prolonged exercise are influenced by a selective DA/NA reuptake inhibitor[J]. BrJ Sports Med, 2004 (38): 129-133.

[35] Molteni R, Wu A, Vaynman S, et al. Exercise reverses the harmful effects of consumption of a high-fat diet on synaptic and behavioral plasticity associated to the action of brain-derived neurotrophic factor [J]. Neurochemical research, 2004, 123 (2): 429-440.

[36] Molteni R, Ying Z, Gomez-Pinilla F. Differential effects of acute and chronic exercise on plasticity-related genes in the rat hippocampus revealed by microarray[J]. European Journal of Neuroscience, 2002, 16 (6): 1107-1116.

[37] Watson P, Hasegawa H, Roelands B, et al. Acute dopamine/noradrenaline reuptake inhibition enhances human exercise performance in warm, but not temperate conditions[J]. J Physiol, 2005 (565): 873-883.

[38] Liscia P, Guezennec Y, Fillion G. Effects of moderate and intensive training on functional activity of central 5-HT1B receptors in the rat substantia nigra [J]. Acta Physiologica Scandinavica, 1998 (162): 63-68.

[39] Soares J, Holmes PV, Renner KJ, et al Brain noradrenergic responses to footshock after chronic activity-wheel running [J]. Behavioral Neruoscience, 1998, 113 (3): 558-566.

[40] Strüder, HK, et al. Effect of exercise intensity on free typtopan to branched-chain amino acids ratio and plasma prolactin during endurance exercise[J]. Can.J.Appl.Physical, 1997 Jun, 22 (3): 280-291.

[41] Strüder HK, Weicker H. Physiology and Pathophysiology of the Serotonergic System and its Implications on Mental and Physical Performance [J]. Part I. Int J Sports Med, 2001 (22): 467-481.

[42] Strüder HK, Weicker H. Physiology and Pathophysiology of the Serotonergic System and its Implications on Mental and Physical Performance. Part II. Int J Sports Med, 2001, 22 (7): 482-497.

[43] Tritos N, Kitraki E, Philippidis H, et al. Neurotransmitter modulation of glucocorticoid receptor mRNA levels in the rat hippocampus [J]. Neuroendocrinology, 1999, 69 (5): 324–330.

[44] T Katafuchi, T Kondo, S Take, et al. Enhanced expression of brain interferon-α and serotonin transporter in immunologically induced fatigue in rats [J]. European Journal of Neuroscience, 2005 (22): 2817–2826.

[45] Wang X, Pal R, Chen XW. High intrinsic oxidative stress may underlie selective vulnerability of the hippocampal CA1 region [J]. Brain research bulletin, 2005, 140 (1–2): 120–126.

[46] Pitsiladis YP, Strachan AT, Davidson I, et al. Hyperprolactinaemia during prolonged exercise in the heat: evidence for a centrally mediated component of fatigue in trained cyclists [J]. Experimental Physiology, 2002 (87): 215–226.

[47] Verger P, et al. Effects of adminstration of branched-chain amino acids vs glucose during acute exercise in the rat [J]. Physical Behav, 1994, 55 (3): 523–526.

[48] 白宝丰, 张蕴琨. 力竭运动前后大鼠脑皮质运动区递质性氨基酸含量的动态变化[G]. 全国第7届大学生运动会科学论文报告会论文汇编. 2004.

[49] 白宝丰, 张蕴琨. 力竭运动前后大鼠脑皮质运动区谷氨酸受体NMDAR2A蛋白含量及酪氨酸磷酸化水平的变化 [J]. 中国运动医学杂志, 2005, 24 (4): 400–403.

[50] 戴军. 下丘脑GABA和烫伤大鼠心血管功能改变的关系 [J]. 中国烧伤创伤杂志, 1999, 38 (1): 14–15.

[51] 杜亚松. 注意障碍、多动综合征发病的单胺机制 [J]. 国外医学: 儿科学分册, 1995, 22 (3): 116–120.

[52] 胡卫红, 王建军, 张敏跃, 等. NA和5-HT对小脑脑片浦肯野细胞自发及诱发电活动的影响[J]. 生理学报, 1996, 48 (6): 581–586.

[53] 黄云峻, 等. 编译. γ-氨基丁酸受体的神经化学研究进展, 国外医药——含成药、生化药、制剂分册[J]. 1996, 17 (3): 139–141.

[54] 简坤林, 宋开源. 择时运动对大鼠间脑抑制性氨基酸类神经递质的影响[J]. 中国运动医学杂志, 2000. 19 (3): 264–266.

[55] 简坤林, 宋开源, 等. 运动对大鼠谷氨酸神经递质的量及其节律的影响[J]. 体育科学, 2001, 21 (2): 74–77.

[56] 胡江平. 力竭运动前后及恢复期大鼠脑皮质运动区GABAA受体结合的变化. 南京体育学院研究生硕士论文[D]. 2005.

[57] 李倩茗, 庞辉, 梁桂宁. 不同强度运动时大鼠伏隔核多巴胺及其代谢产物的测定[J]. 广西医科大学学报, 1998, 15 (3): 50–52.

[58] 李人, 陶心明. 运动性疲劳与脑中氨基丁酸. 中国运动医学杂志, 1985, 4

(2): 81.

[59] 李云. 线粒体的分子热机原理及其在运动医学中的应用[J], 中国运动医学杂志, 2003, 23 (4): 441–446.

[60] 吕国蔚. 医学神经生物学[M]. 北京: 高等教育出版社, 1999.

[61] 马加海. GABAA 受体与全麻药的分子机制 [J], 国外医学: 麻醉学与复苏, 2000, 21 (3): 177–179.

[62] 满君, 田野. 过度运动对大鼠中枢神经海马区谷氨酸与氨含量的影响 [G]. 2002 年第 9 届全国运动医学学术会议论文摘要汇编.

[63] 王斌, 张蕴琨, 李靖, 等. 力竭运动对大鼠纹状体、中脑及下丘脑单胺类神经递质含量的影响[J]. 中国运动医学杂志, 2002, 21 (3): 248–252.

[64] 王斌, 张蕴琨, 蒋晓玲. 耐力训练及力竭运动对大鼠纹状体、中脑和下丘脑内单胺类神经递质的影响[J]. 中国临床康复, 2005, 9 (48): 153–156.

[65] 王斌, 张蕴琨, 蒋晓玲, 等. 一次性和长期补充谷氨酰胺大鼠运动后血、脑单胺含量变化[J]. 中国临床康复, 2005, 9 (36): 97–99.

[66] 王天芳, 高大安. 体复康对运动性疲劳大鼠海马组织中游离氨基酸的影响[J]. 北京中医药大学学报. 1998, 21 (4): 26–29.

[67] 王尧、杜子威, 神经生物化学与分子生物学 [M]. 北京: 人民卫生出版社, 1997.

[68] 许绍芬. 神经生物学[M]. 上海: 上海医科大学出版社, 1999.

[69] 张东明, 韩慧婉, 张佳民, 等. 急性力竭运动对大鼠下丘脑氨基酸神经递质的影响[J]. 高等学校化学学报, 2002, 23 (2): 230–233.

[70] 张蕴琨, 王斌, 蒋晓玲. 游泳训练对小鼠脑组织递质性氨基酸和 5-羟色胺的影响[J]. 中国运动医学杂志, 1999, 18 (4): 324–325.

[71] 张蕴琨, 王斌, 蒋晓玲, 等. 补充谷氨酰胺对大鼠力竭运动后血、脑游离色氨酸和脑 5-羟色胺含量的影响 [J]. 中国运动医学杂志, 2004, 23 (6): 634–638.

[72] 钟兴明, 姚鸿恩, 韩慧婉. 脑内微透析技术及其在运动性疲劳研究中的应用 [J]. 中国运动医学杂志, 2000, 19 (4): 404–405.

专业名词中英文对照

中文	英文
5-羟色胺	5-hydroxytrptamine (5-HT)
抑制性递质 γ-氨基丁酸	γ-aminobutyric acid (GABA)
乙酰胆碱	acetylcholine (Ach)
肾上腺素	adrenalin, epinephrine
促肾上腺皮质激素	adrenocorticotropic hormone (ACTH)
氨	ammonia

(接续表)

(续表)

中文	英文
自身受体	autoreceptor
生物节律	biorhythm
血-脑屏障	blood-brain barrier
支链氨基酸	branch chain amino acid (BCAA)
中枢疲劳	central fatigue
中枢神经系统	central nervous system (CNS)
化学传递	chemical transfer
昼夜节律	circadian rhythm
脱敏作用	desensitization
多巴	dihydroxuphenyl-alanine (dopa)
多巴胺	dopamine (DA)
背侧缝	dorsal raphe
兴奋性氨基酸	excitatory amino acids
电传递	electrical transfer
肾上腺素	epinephrine (E)
兴奋性突触后电位	excitatory postsynapse potential (EPSP)
运动性疲劳	exercise-induced fatigue
运动性中枢疲劳	exercise-induced central system fatigue
锥体外系	extrapyramydal
游离脂肪酸	free fatty acid
兴奋性递质谷氨酸	glutamic acid
高压液相色谱	high pressure liquid chromatograph (HPLC)
组织胺	histamine, HA
下丘脑-垂体-肾上腺皮质轴	hypothalamus-pituitary-adrenal cortex (HPA)
离子通道	ion channel
离子型受体	ionotropic receptor
抑制性氨基酸	inhibitory amino acids
抑制性突触后电位	inhibitory postsynapse potential (IPSP)
配体门控离子通道	ligandin gating ion channel (LGICs)
边缘系统	limbic system
代谢型受体	metabotropic receptor
微透析	microdialysis
微透析生物传感器	microdialysis biosensor
微透析探头	microdialysis probe (MDP)
单胺氧化酶	monoamine oxidase (MAO)
神经元	neuron
神经垂体激素类	neurohypophysis hormones
神经调质	neuromodulator

(接续表)

(续表)

中文	英文
神经递质	neurotransmitter
去甲肾上腺素	norepinephrine（NE）
外周疲劳	peripheral fatigue
突触前膜	presynaptic membrane
活性氧	ROS，reactiveosygenspecies
受体	receptor
再灌注	reperfusion
纹状体	striatum
黑质	substantia nigra
黑质致密区	substantia nigra pyknoarea
突触	synapse
转氨酶	transaminase
色氨酸	tryptophan（Trp）
酪氨酸	tyrosine（Tyr）
酪氨酸羟化酶	tyrosine hydroxylase（TH）

（南京体育学院　张蕴琨）

第六讲 运动与细胞凋亡

> **【内容提要】**
>
> 　　细胞凋亡是在一定的生理和病理条件下，通过一定的信号传导途径，激活细胞"自杀"程序，在一系列基因调控下进行的程序性细胞死亡，是生物体调节细胞群体相对恒定的重要方式。虽然在生物医学领域对细胞凋亡的研究已经非常广泛和深入，但是运动与细胞凋亡的研究却还起步不久，相关的报道也相对较少。本章首先阐述了细胞凋亡的形态学特征、细胞凋亡的生化和分子生物学特征、细胞凋亡的生物学意义以及细胞凋亡的机制。然后简单介绍了细胞凋亡的检测方法。最后，重点讨论了运动诱发的细胞凋亡，对运动与骨骼肌细胞和心肌细胞凋亡的研究现状与可能机制进行了较深入的探讨，并简单介绍了运动与肝细胞凋亡、运动与淋巴细胞凋亡的相关研究。
>
> **【重要名词】**
>
> 　　**细胞凋亡**：是在一定的生理和病理条件下，通过一定的信号传导途径，激活细胞"自杀"程序，在一系列基因调控下进行的程序性细胞死亡，是生物体调节细胞群体相对恒定的重要方式。
>
> 　　**Caspase 家族**：目前发现一类并已成为研究热点的蛋白酶是白介素 1β 转化酶家族蛋白酶，即 Caspase 家族，此家族蛋白酶属于天冬氨酸特异的半胱氨酸蛋白酶。
>
> 　　**DNA 梯形带**：细胞凋亡的最终结局是激活细胞内的 DNA 酶，引起染色质 DNA 裂解成为 180～200 bp 及其整数倍的片段，在凝胶电泳中显示为"DNA 梯形带"。
>
> 　　**凋亡细胞 DNA 片断原位末端检测技术**：是指在细胞（或组织）结构保持不变的情况下，用荧光素、地高辛或生物素标记的脱氧尿三磷酸和末端脱氧核苷酸转移酶相反应与凋亡细胞裂解后 3' 羟基（-OH）端结合，经显色反应后检测 DNA 裂解点的技术。

一、细胞凋亡概述

（一）细胞凋亡的概念

　　细胞凋亡（Apoptosis）是在一定的生理和病理条件下，通过一定的信号传导途径，激活细胞"自杀"程序，在一系列基因调控下进行的程序性细胞死亡（programmed cell death，PCD），是生物体调节细胞群体相对恒定的重要方式。它不同于因受各种伤害而导致的细胞坏死（necrosis），是一种遵循自身程序结束其生命的主动细胞学过程，以保证机体能及时清除过多的、衰老的或受损的细胞，维持正常的新陈代谢。早在1964年，Lockshin就提出PCD的概念，至1972年Kerr等人把这种细胞生理性自杀过程称为细胞凋亡。但是严格来说，细胞凋亡是一个形态学概念，是对细胞凋亡时所见到的固定形式的形态学描述，而PCD是功能上的概念。PCD是发生于生长发育过程中的生理性细胞死亡，细胞凋亡是PCD的最常见的方式，已经发现，不是所有的PCD都表现为细胞凋亡。

（二）细胞凋亡的形态学特征

细胞凋亡的形态学特征与细胞坏死不同，细胞坏死主要表现为细胞胀大，细胞器肿胀、破坏、辨认不清，细胞核早期无变化而晚期破碎，染色质断裂成许多不规则的小凝块，呈簇状，胞膜破裂，胞内容物释放，诱发炎症反应。而细胞凋亡的形态学特征首先是细胞收缩变圆，微绒毛消失，核质固缩（Condensation）并凝集于核膜周边（Margination）、核膜皱折（Fold）、胞浆浓缩（Compactness）、细胞器集中（Squeeze）、胞膜起泡或出芽（Bled）、形成凋亡小体（Apoptotic body），最后被巨噬细胞或邻近细胞吞噬。在超微结构下，尽管细胞裂解为多个凋亡小体，但小体仍然有膜包围，其溶酶体、线粒体等膜结构完好，维持着内外渗透压梯度的平衡和密封状态。由于不存在细胞内容物的外溢现象，因而不引起组织的炎症反应。细胞凋亡的形态变化过程可以分为两个阶段。

1. 凋亡早期

细胞膜卷曲皱缩，表面微绒毛消失，受损细胞与邻近细胞分离，受损上皮细胞的桥粒连接被破坏，细胞膜表面发泡呈沸腾样，可形成不规则突起，它是细胞骨架系统改变的早期指征，即由于α-骨架蛋白（α-fodrin）、β-肌动蛋白（β-actin）等被降解的结果。细胞体积迅速缩小，胞质浓缩，细胞器明显聚集，大部分保持完整，其密度也增高；核体积缩小，在近核中央处，偶见来源不明的致密球形颗粒，部分核孔消失。因核层状体蛋白（lamin）、拓扑异构酶等的降解，染色质失去核内的附着而凝聚，这有力地说明了细胞死亡也像细胞生存一样是受分子调控的，在进化中也是保守的。染色质凝聚为大颗粒状或团块，靠近核膜。继而，染色质明显凝缩，集于核膜周边，出现具有特征性的变化，呈新月形帽（crescenticcap）。染色质继续凝缩，核边界发生异常卷曲，明显凹陷，出现不规则核片段，部分核片段被双层膜包绕，核仁变大。

2. 凋亡晚期

细胞表面不规则突起更加明显，发泡程度更甚。细胞器，如内质网、线粒体等肿胀，细胞核形成"黑洞样（black hole）"结构，细胞表面突起与质膜分离，随即形成数个圆球状或椭圆形的小体，即凋亡小体。一个凋亡细胞可以形成若干大小不一、成分不均的凋亡小体。典型的凋亡小体包含部分核成分及结构完整的细胞器，非典型的凋亡小体仅包含胞质成分和细胞器。凋亡小体及凋亡细胞被邻近的巨噬细胞、肿瘤细胞、血管内皮细胞或上皮细胞等吞噬。在吞噬的细胞内凋亡小体及其内容物与其溶酶体融合成次级溶酶体，以后，凋亡小体被溶解成残留体，最后完全消失。

（三）细胞凋亡的生化和分子生物学特征

随着细胞凋亡形态学变化的深入研究，细胞凋亡的生化特征也逐渐被阐明。其中，公认的细胞凋亡的生化特征是内源性 Ca^{2+}、Mg^{2+} 依赖性核酸内切酶活化所引起的染色质 DNA 在核小体单位之间被降解，产生若干大小不一的寡聚核苷酸片段，在琼脂糖凝胶电泳上呈现"梯状 DNA"（DNA ladder）区带图谱，这些区带由 180～200 bp 整数倍的寡聚核苷酸片段组成，这个长度即核小体重复单位的大小。近来的研究发现，运用脉冲场凝胶电泳（pulsed-field gel electrophoresis）的方法可以在细胞凋亡过程中分离出 300～500 kb 的 DNA 大片段，它的出现比以往研究的核小体间 DNA 断裂产生的 DNA 小片段要早，估计这些大片段可能是细胞核内 DNA 降解酶的底物，并可以进一步分解成更小的片段，从而形成"梯状 DNA"。这些大片段与核酸内切酶作用机制的关系有待进一步证实。细胞凋亡发生时的生化变化还包括：

1. 细胞内 Ca^{2+} 浓度改变

不同介导物诱导其靶细胞发生凋亡时，激活细胞膜上的 Ca^{2+} 通道，导致 Ca^{2+} 内流。细胞内 Ca^{2+} 的堆积和空间重新分布，可能是诱导细胞凋亡的机制之一。

2. 蛋白激酶的改变

蛋白激酶 A 和酪氨酸蛋白激酶参与细胞凋亡，而蛋白激酶 C 在不同的细胞类型和不同的细胞周期活性表现不一，有时参与细胞凋亡，有时抑制细胞凋亡。目前研究认为，细胞发生凋亡是通过细胞内信号分子激活蛋白激酶 A、酪氨酸蛋白激酶或抑制蛋白激酶 C，使核内核酸内切酶被激活而实现的。

3. 组织型谷氨酰胺转移酶的积累并激活

细胞在凋亡时，组织型谷氨酰胺转移酶便出现并恒定地维持在较高水平，目前认为，它的作用是参与细胞内蛋白质的耦合，以形成凋亡小体的稳定支架，这有助于维持凋亡小体的完整性，防止其内容物泄入细胞外间隙。

4. 细胞骨架的变化

细胞凋亡早期，当形态尚未改变、DNA 尚未断裂时，β-微管蛋白（β-tubulin）及β-肌动蛋白等的 mRNA 水平即增高并出现在胞浆内，一旦核酸内切酶被激活，它们便和 DNA 一道被降解。凋亡细胞表面的糖链暴露与吞噬细胞表面的植物凝集素结合并发生相互作用。另外，凋亡细胞表面的磷酯酰丝氨酸外露，导致它被巨噬细胞特异性地识别和吞噬。

(四) 细胞凋亡的生物学意义

细胞凋亡是多细胞生物生命活动过程中不可缺少的组成内容，是一个正常的生理过程，是动物借以存活的需要，因而贯穿于生命全部活动中。细胞增殖和细胞凋亡的动态平衡的维持，对多细胞有机体的发育与生命的维持至关重要。现将细胞凋亡的生物学意义简述如下。

1. 细胞凋亡与机体发育

现已认识到，在哺乳动物的胚胎发生、发育和成熟过程中，构成组织的细胞生死交替，细胞凋亡是保证个体发育成熟所必需，例如某些昆虫从虫卵到成虫，中间要经过几个蜕变期，每个时期组织结构以及外形都要发生改变，在这些过程中，均有赖于新旧细胞的生死交替。细胞的死亡是在完成了它的使命后而被淘汰消失的，井然有序。蝌蚪变为蛙时，尾巴自然消失，这种消失机制是细胞有序凋亡的过程。人的胚胎肢牙发育的过程中，指（趾）间的部位则在胚胎发育过程中以细胞凋亡的机制逐渐消失、逐渐消退，从而形成指（趾）间隙。从生物学意义来讲，在胚胎发育过程中，通过细胞凋亡可清除对机体没有用的细胞，还可清除多余的、发育不正常的结构细胞，如大脑中没有形成正确连接的神经元。在成年机体中，通过细胞凋亡清除衰老的细胞并代之新生的细胞，从而维持器官中细胞数量的稳定，如皮黏膜细胞的更新，女性通过月经周期进行子宫内膜的脱落与更新。

所以，细胞凋亡可参与和影响几乎所有胚胎新生儿的发育，一旦细胞凋亡规律失常，个体即不能正常发育，或发生畸形，或不能存活。皮肤分为真皮和表皮、表皮和指（趾）甲，是细胞从有生命向无生命的转化，也属于细胞凋亡过程。无此过程，动物即无鳞、无皮、无爪，将失去保护和防御机体的结构。

2. 细胞凋亡与机体免疫

人类免疫系统是细胞凋亡最有代表性的例子，在淋巴细胞发育分化成熟过程中，始终伴随着细胞凋亡。人的淋巴细胞成熟过程，也是研究得较多的领域，淋巴细胞成熟过程中的阳性选择和阴性选择涉及了复杂的细胞凋亡。成熟的淋巴细胞，也包括其他成熟的白细胞寿命以天计算，死一批，再生一批。

(1) 激活诱导的细胞凋亡。激活诱导的细胞死亡（activation-induced cell death, ACID）是T淋巴细胞凋亡的一种主要类型。正常的T淋巴细胞在受到入侵的抗原刺激以后，T淋巴细胞被激活，并诱导出一系列免疫应答反应，机体为了防止出现过高的免疫应答，或防止这种应答无限制地发展，便以ACID来控制激活T细胞的寿命。实际上，T淋巴细胞及其增殖与T淋巴细胞的ACID具有共同的信号通路，T淋巴细胞受到刺激以后就开始活化，活化以后的T淋巴细胞如果有生长因子的存在，即发生增殖反应。

(2) 激活淋巴细胞对靶细胞的攻击。免疫活性细胞，特别是淋巴因子激活的杀伤细胞（lymphokine-activated killer, LAK），是过继性免疫治疗的一种主要形式，在抗肿瘤、抗病毒及免疫调节中具有重要作用。这些免疫活性细胞，在攻击肿瘤细胞、病毒感染细胞时，可产生呼吸爆发，并产生氧自由基、穿孔素等以杀伤靶细胞。同时，免疫活性细胞诱导靶细胞发生凋亡也是一条重要途径。因此，研究免疫活性细胞，特别是 LAK 细胞以细胞凋亡机制杀伤靶细胞，有利于提高这一免疫治疗手段的疗效。

3. 细胞凋亡与损伤修复

细胞凋亡代表一种清除损伤、感染或不需要细胞的机制。人体细胞不断地接受到来自各方面的侵扰和诱变剂、反应氧中间介质和环境中的其他刺激物，这些物质中的很多可损伤细胞 DNA，在细胞 DNA 受损伤后，可通过 DNA 修复机制加以修复。当 DNA 的损伤不可逆转时，便可通过细胞凋亡清除损伤细胞，一旦这种机制受损，细胞未被清除，便可启动或介导癌症、衰老或其他疾病的发生。

在组织受损伤后，修复过程有炎症参与，有肉芽组织和瘢痕组织的形成。肉芽组织来自于围绕损伤部位的结缔组织成分并含有小血管、炎性细胞、成纤维细胞、成肌纤维细胞。当伤口愈合和瘢痕形成时，细胞成分显著减少，包括成肌纤维细胞的消失。最近的研究显示，细胞凋亡在组织损伤后由肉芽组织转为瘢痕组织时起到了非常重要的作用。

4. 细胞凋亡与肿瘤发生

肿瘤的发生受众多科学家的关注，人们逐渐认识到，肿瘤的发生可能由细胞增殖与死亡的速度平衡失调造成；失调的程度可决定肿瘤是否发生，也可决定肿瘤发展的速率。正常的机体可通过凋亡机制清除体内受损伤而不予以修复的细胞，也可清除那些有癌前的病变、基因发生改变的细胞。当上述细胞不能通过细胞凋亡机制予以清除时，便可使肿瘤发生。同时，对于肿瘤治疗，大多数化疗和放疗手段均是通过诱导肿瘤细胞凋亡机制进行。许多肿瘤细胞抵抗化疗可能与其不能激活其细胞凋亡机制有关。

二、细胞凋亡的机制

（一）细胞凋亡的酶学基础

细胞凋亡的最终结局是激活细胞内的 DNA 酶，引起染色质 DNA 裂解成为 180～200 bp 及其整数倍的片段，在凝胶电泳中显示为"DNA 梯形带"。细胞凋亡的发生及其特征的形成，都需要内源性酶的参与。参与细胞凋亡的酶为数众多，下面重点介绍内源性核酸内切酶和蛋白酶 Caspase 家族。

1. 内源性核酸内切酶

形成梯状条带的内源性核酸内切酶有多种，常见的有核酸内切酶 I（Dnase I）、核酸内切酶 II（Dnase II）、Nuc-18 等。

除了以上的 Dnase 外，还有其他一些 Dnase，如与 Nuc 18 相似的 Dnase γ，它位于细胞核。此外，有实验报道了一种取自于人肺的细胞核，分子量为 27 kDa，其最适 pH 是 8.0，为 Ca^{2+} 和 Mg^{2+} 依赖性，可被 Zn^{2+} 抑制，断裂 DNA 也可产生单一和寡核小体片段。另外，还有两个中性 Dnase，分别称为 nuc-40 和 nuc-58，它们来自 IL-2 依赖的 CTLL-2 细胞核，两者均依赖于钙离子，主要位于细胞核。

所有 Dnase 的作用都十分肯定，就是使细胞凋亡中细胞染色质 DNA 片段化，其共同特点有：第一，作用于双链 DNA，产生单链片段，即 Dnase 可使双链 DNA 片段断裂产生单链的 DNA 片段；第二，Dnase 催化的这种双链 DNA 的单链切口的分布不是随机的，而是主要分布于核小体连接区；第三，断裂的 DNA，长度为 180～200 bp 整倍数。

能抑制内源性核酸内切酶活性的 Zn^{2+}，可抑制核小体间 DNA 水解和细胞凋亡，说明细胞凋亡时核小体间 DNA 水解是由依赖于 Ca^{2+} 和 Mg^{2+} 的核酸内切酶催化完成的。Giannkis 等发现，淋巴细胞凋亡时，核内依赖 Ca^{2+} 和 Mg^{2+} 的核酸内切酶活性增加了 6 倍。有人从凋亡细胞中分离出了分子量为 10～18 KD 蛋白质，并证实有核酸内切酶活性。

2. Caspase 家族

在细胞凋亡分子生物学的研究中，许多蛋白酶，尤其是许多蛋白酶同源物的发现，使蛋白酶在细胞凋亡中的重要作用越来越为人们关注。目前发现一类并已成为研究热点的蛋白酶是白介素 1β 转化酶（interleukin 1β converting enzyme ICE）家族蛋白酶，即 Caspase 家族，这个家族蛋白酶属于天冬氨酸特异的半胱氨酸蛋白酶（aspartate specific cystein protease，ASCP）。其命名基于这类蛋白酶的两个基本特征："C"反映其半胱氨酸蛋白酶的洗性，"aspase"则说明它们具有识别天冬氨酸残基并在其后的 P1 位点裂解底物蛋白质的能力。迄今为止已发现了 14 种蛋白均已在人类找到了其相应对等物。

（1）Caspase 家族的结构与特性

在结构上，Caspase 相互之间氨基酸序列、空间结构、作用底物及酶的特异性等方面具有相似性，正常时，它们均以无活性的酶前体（30～50 kD）形式存在，分子内含有 3 个结构域：一个氨基末端的前结构域（prodomain），一个大亚基（1～20 kD）和一个小亚基（1～10 kD）。激活 Caspase 的过程是一个在各结构域间的蛋白酶水解过程，经水解激活后形成大、小两个亚单位，组成异二聚形式的活性酶。Caspase 酶蛋白家族属于催化特异性很强的蛋白酶，其催化裂解的底物绝对需有一个含 Asp 的四肽，所识别的四肽序列位于 NH2 末端并只在 Asp 后裂解，各种 Caspase 对四肽识别基序（recognition motif）不同，显示其各具有不同的生物学功能。半胱氨酸蛋白酶家族一般具有以下特征：第一，介导的酶解反应是不可逆的；第二，以低活性的酶前体形式合成，酶合成后为无活性的 30～50 kD 的前体；第三，有活性的蛋白酶可激活其酶前体；第四，酶抑制物控制酶活性的域值；第五，酶解反应具有高特异性；第六，和 ICE 有同源性；第七，有高度保守的五肽序列，即谷氨酰胺-丙-半胱氨酸-精氨酸-甘氨酰胺；第八，有发挥酶活性所必需的半胱氨酸，用半胱氨酸作为裂解底物的亲核基团；第九，有特异地裂解天门冬氨酸的位点；第十，转染不同细胞可诱导细胞凋亡。

(2) Caspase 的激活

不同的 Caspase 有功能差别，有些可导致细胞凋亡，有些可诱发炎症反应。导致细胞凋亡的 Caspase 又可分为启动者 Caspase 和效应者 Caspase，前者是通过趋近诱导原理（induced proximity）被激活的，死亡受体被死亡信号激活后可与连接器 FADD（Fas-associated death domain）和 Caspaseue 前体结合，导致在局部形成高溶度的 Caspase 前体，而 Caspase 前体通过其自身催化作用活化本身，启动 Caspase 居于 Caspase 级联反应（Caspase cascade）的上游，通过其酶切作用激活下游的 Caspase。而效应者 Caspase 是通过凋亡伴随原理（apoptotic chaperons）激活的，即在残废信号的诱导下，由激活的起始 Caspase 在局部形成高溶度的起始 Caspase，水解效应 Caspase 酶原，使效应 Caspase 活化，直接酶解细胞的结构蛋白和功能蛋白质，与细胞解体直接有关。Caspase 酶原在其保守的天冬氨酸残基位点经蛋白水解激活，激活的 Caspase 又可作用于其自身和其他的 Caspase 酶原按顺序依次激活 Caspase，形成信号传导机制的酶级联反应，此酶级联反应在细胞凋亡中起共同通路的作用，进而降解特定的靶蛋白，最终导致细胞凋亡。但并非所有的细胞凋亡都有 Caspase 的参与，对 ICE 蛋白家族各成员的具体作用还不十分清楚，但都是由大小亚基组成的复合体，具有相似的催化位点。

(3) Caspase 激活与细胞调控机制

关于 Caspase 激活与细胞凋亡的机制，近年来有了较深入的了解。目前能够被接受的观点为"紧密接触"（proximity）或"寡聚体形成"（oligomerization）的观点，支持这一观点的证据有：第一，Caspase 的前体具有可检测的活性；第二，Caspase 的活性要由二聚体形成；第三，人工过量表达 Caspase 前体可导致 Caspase 的活化。这一观点认为，Caspase 以低溶度的单聚体形式存在于细胞体内，促凋亡信息提供了一个辅助因子把两个或多个 Caspase 前体拉到一起，产生"紧密接触"并形成寡聚体，从而产生分子间的自发酶而激活。

Caspase 活化后又如何使细胞解体，目前尚未透彻了解。Caspase 大致通过 3 种机制解体细胞：第一，酶解灭活凋亡抑制物；第二，酶解细胞的结构蛋白；第三，酶解分离具有酶活性的蛋白分子的调节区和催化区使其失活。

细胞内存在一种名叫脱氧核酸酶（Caspase-activated deoxyribonuclease，CAD）与 DNA 片段化有关的核酸酶及其抑制物 ICAD。在非凋亡状态，CAD 与其抑制物 ICAD 形成无活性的复合体，细胞出现凋亡的，活化的 Caspase 使 ICAD 酶解而失活，CAD 从复合体游离出来而活化，CAD 使染色体 DNA 酶解产生以 180 bp 为倍数长度的 DNA 片段，这就是细胞凋亡时出现梯级 DNA 电泳图的原因。另一个例子是 Caspase 对核膜薄层蛋白（lamain）的酶解，Lamain 分子首尾相连形成多聚体衬于核膜内层参与染色质的有序布局的形成。Caspase 酶解 lamain，从而影响核包膜的完整性，使细胞凋亡时出现染色质聚集现象，这对于染色质凝聚形成凋亡小体起重要作用。

（二）细胞凋亡的信号传导

形态学变化下的生化活性检测一直是细胞凋亡研究的热门领域，这些生化反应特征依次包括磷脂酰丝氨酸（PS）转运、caspase 激活、线粒体通透性转换（MPT）、细胞色素C释放和DNA片段。在凋亡刺激因子作用下，PS在血浆外层膜出现是早期生化反应，而且是对临近的嗜菌细胞发出"吃我"的一种信号。MPT和caspase激活发生紧随其后，是细胞凋亡中关键的一步。在颗粒酶B从细胞毒性淋巴细胞中释放的同时，一般作为一种失活前体存在于细胞中的Caspase，通过分裂许多关键的细胞蛋白来破坏细胞功能。当核酸内切酶释放将细胞中的DNA分解成长度为180~200不同碱基对时，DNA形成片段，在凝胶琼脂糖电泳法中呈现梯状带。

内在途径和外在途径两种信号途径重叠导致了细胞凋亡（图6-1）。线粒体功能紊乱或内质网张力可导致内在途径产生。不同刺激，特别是氧分压，能损坏线粒体内膜，产生MPT，随后细胞色素C和凋亡诱导因子（AIF）从线粒体中释放。在细胞质中，细胞色素C和Apaf-1结合，激活caspase-9前体，依次激活下游caspase效应因子，如caspase-3，-6，-7。MPT也能使内源-G释放，将独自激活caspase的染色体DNA分解。最后，MPT受到细胞内bcl-2家族相当数量的抗凋亡因子（如bcl-2，bcl-xl等）和凋亡因子（如bax，bad等）的调控。外在途径的调控是通过细胞表面受体，或通过激活细胞毒性淋巴细胞释放穿孔素和颗粒酶B，并进一步激活上述受体各自的配体（FasL和TNF-α）进行的配体、受体与衔接蛋白及caspase-8前体结合，构成聚合体。这

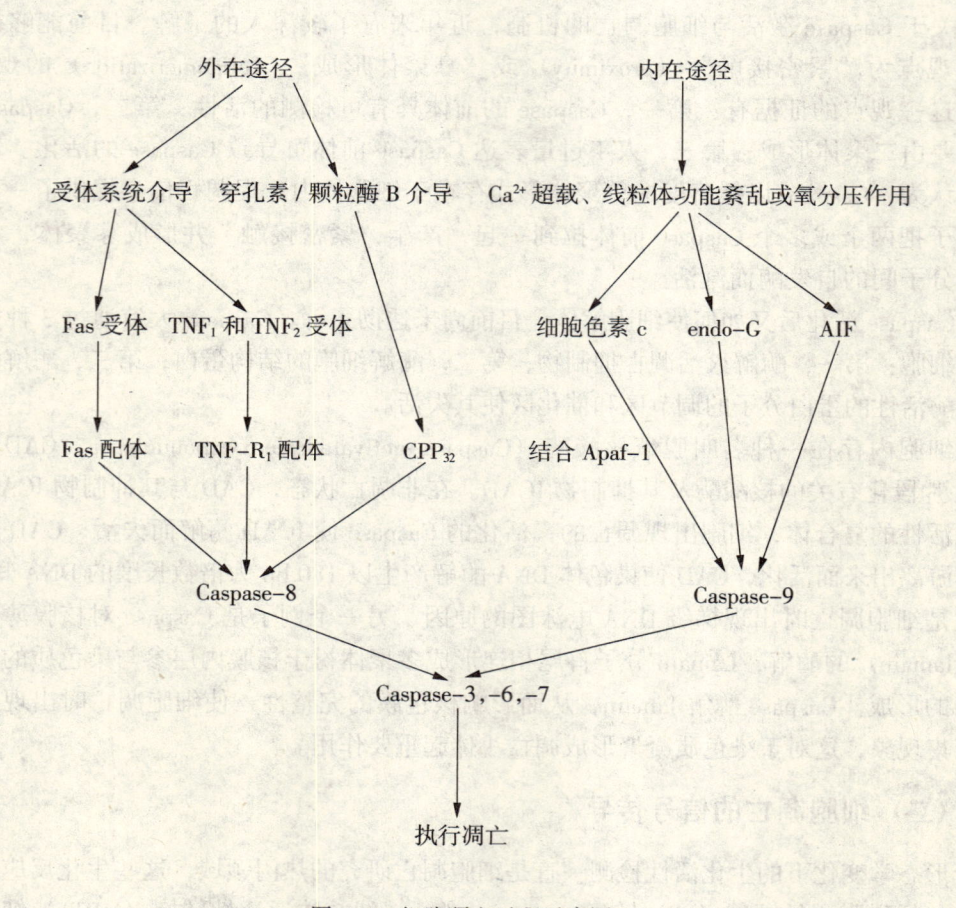

图6-1 细胞凋亡过程示意图

种结合体的聚合启动 caspase-8 前体分裂成激活态，随后激活下游的 caspase 效应因子，例如 caspase-3。细胞毒性淋巴细胞表达 FasL，并释放含有穿孔素和颗粒酶 B 的颗粒，使颗粒酶 B 进入靶细胞。然后颗粒酶 B 直接将关键的细胞蛋白分解，并激活 caspase 前体。激活 caspase-8 前体也能间接导致细胞色素 C 从线粒体释放，从而将内外两条途径连接起来。

（三）细胞凋亡的基因调控

细胞凋亡受许多基因调控，其中包括 bcl-2、TNF 家族和 Fas 家族等。

1. bcl-2 家族

有关细胞凋亡的基因有三种，即促凋亡基因、抑凋亡基因和协助基因。细胞凋亡受原癌基因 bcl-2 家族的调控。bcl-2 家族包括 bcl-2、bax、bcl-xl、bcl-w、bak、bad 等。其中 bcl-2 和 bcl-x1 是抗凋亡的，而 bax、bad、bak 等是促进凋亡的。家族成员以同二聚体或异二聚体相联系，这些不同的二聚体对细胞的存活进行精确调控。细胞凋亡中钙离子起了很重要的作用，在细胞凋亡过程中 DNA 的消化需要相关的 Ca^{2+} 依赖性核酸内切酶的参与，而 bcl-2 蛋白可以阻断 Ca^{2+} 从内质网释出，使依赖 Ca^{2+} 的核酸内切酶活性降低，从而阻断细胞凋亡。bcl-2 蛋白可能作用于线粒体与核孔复合体上的信号分子，控制细胞信号传导，延长细胞寿命。bcl-2 还能抑制氧化剂诱导的凋亡，因为内质网、线粒体外膜及核膜是活性氧（ROS）的产生部位，而 bcl-2 蛋白正存在于这些部位。研究证明，bcl-2 抗 H_2O_2、γ-丁基或甲萘醌对细胞凋亡的诱导，在低浓度时，这些氧化物主要是通过凋亡途径杀死细胞。此外，bcl-2 可拮抗某些降低胞内 GSH 含量制剂诱发的凋亡。bcl-2 可抑制 Caspase 家族中的 Caspasea-3。Caspasea-3 的激活是 Fas 介导肝细胞凋亡的中心环节，已经证实在体内 Caspasea-3 对 Fas 介导肝细胞凋亡是必需的。

bcl-x1 的结构与一些细菌毒素的孔道形成结构域相似，可在线粒体膜上形成离子通道，从而抑制线粒体内膜的超极化及线粒体肿胀，保持外膜完整性，阻止 cytoc 的释放，发挥抑制细胞凋亡的功能。另外，bcl-x1 蛋白还可直接与 Apaf-1 结合，使之不能与 cytoc 及 Caspase-9 形成复合体，导致下游 Caspases 的活化受阻而抑制凋亡发生。

综上所述，bcl-2 家族成员可能通过调节线粒体的结构和功能来发挥其阻止或诱导 cytoc 释放的作用，进而起到阻止或诱导细胞凋亡发生的作用。

2. TNF 家族（tumor necrosis factor 肿瘤坏死因子）

肿瘤坏死因子（TNF-α）是一种具有脂溶性的糖蛋白低聚物，属 TNF 家族成员，主要来源于单核巨噬细胞。肿瘤坏死因子受体（TNFR）存在于多种细胞表面，在启动外在途径中起重要作用，而此途径的启动依赖于死亡配体与死亡受体相结合，激活 Caspase，导致细胞凋亡。死亡配体属于 TNF 家族，包括 FasL、TNF、淋巴毒素、CD-30L、4-1BB 配体、CD-40L、CD-27L 和 TRAIL（TNF: related apoptosis inducing ligand）；死亡受体属于 TNF 受体基因超家族，胞内有同类的序列，称为"死亡区域"（death domain，DD）。死亡区域可使死亡受体激发细胞的凋亡。最具特点的死亡受体是 CD-95

（Fas 或 Apo-1）和 TNFR1（P55、CD120a），其配体分别是 FasL 和 TNF。Macen 等发现，黏液瘤病毒（myxoma）的 T2 基因和 M11L 基因分别编码一种 TNFR 类似物和一种 Ⅱ 型转膜蛋白，抑制由 TNFPTNFR 途径介导的感染细胞的凋亡，有利于病毒的存活。Osawa 等发现，TNF-α 诱导产生的鞘氨醇 212 磷酸，可通过 PI32 激酶/Akt 途径抑制肝细胞的凋亡。

3. Fas 家族

Fas 蛋白属于肿瘤坏死因子和神经生长因子受体超家族成员之一。人类的 Fas 蛋白由 325 个氨基酸组成，为一种跨膜蛋白，在细胞凋亡过程中，起着独特的信号传导作用，并与多种疾病的病理过程密切相关。Fas 主要分布于人活化的 T 淋巴细胞和 B 淋巴细胞上以及人恶性淋巴样细胞上。在造血系细胞、上皮细胞、内皮细胞、纤维骨细胞和成骨细胞上可检测到 Fas 蛋白。Fas 蛋白的 mRNA 在鼠的胸腺、肝、心、肾、肺和卵巢等组织细胞上分布相当丰富，但在脑、骨髓和子宫中则未检测到。Ogasawara 等将抗 Fas 单克隆抗体注入成年鼠后，可迅速导致鼠肝细胞衰竭、死亡，提示急性暴发性肝炎的发生机制可能有 Fas 蛋白介导的细胞凋亡。Fas 配体与 Fas 受体结合，可使受体交联而形成三聚体，然后使 Fas 死亡结构域相关蛋白（Fas-associated death domain，FADD）快速结合到受体死亡结构域上，FADD 激活后与 pro Caspase-8 结合而形成死亡诱导信号复合体（Death-inducing signaling complex，DISC），pro Caspase-8 经过加工，以活性形式从 DISC 中释放出来，活化的 pro Caspase-8 直接或间接作用于效应 pro Caspase-3 或其他下游 Caspase，引起 Caspase 的级联放大反应，导致细胞内一系列蛋白底物的裂解作用。

三、细胞凋亡的检测

（一）形态学观察方法

1. HE 染色、光镜观察

凋亡细胞呈圆形，胞核深染，胞质浓缩，染色质成团块状，细胞表面有"出芽"现象。

2. 丫啶橙（AO）染色、荧光显微镜观察

活细胞核呈黄绿色荧光，胞质呈红色荧光。凋亡细胞核染色质呈黄绿色浓聚在核膜内侧，可见细胞膜呈泡状膨出及凋亡小体。

3. 台盼蓝染色

如果细胞膜不完整、破裂，台盼蓝染料进入细胞，细胞变蓝，即为坏死。如果细胞膜完整，细胞不为台盼蓝染色，则为正常细胞或凋亡细胞。此方法对反映细胞膜的完整性和区别坏死细胞有一定的帮助。

4. 透射电镜观察

可见凋亡细胞表面微绒毛消失，核染色质固缩、边集，常呈新月形，核膜皱褶，胞质紧实，细胞器集中，胞膜起泡或"出芽"，有凋亡小体和凋亡小体被临近巨噬细胞吞噬现象。

（二）DNA 凝胶电泳

1. 检测原理

细胞发生凋亡或坏死，其细胞 DNA 均发生断裂，细胞内小分子量 DNA 片断增加，高分子 DNA 减少，胞质内出现 DNA 片断。但凋亡细胞 DNA 断裂点均有规律地发生在核小体之间，出现 180～200 bpDNA 片断，而坏死细胞的 DNA 断裂点为无特征的杂乱片断。利用此特征可以确定群体细胞的死亡，并可与坏死细胞区别。

2. 结果判断

正常活细胞 DNA 电泳出现阶梯状条带，坏死细胞 DNA 电泳类似血抹片时的连续性条带。

（三）酶联免疫吸附法（ELISA）核小体测定

凋亡细胞的 DNA 断裂使细胞质内出现核小体。核小体由组蛋白及其伴随的 DNA 片断组成，可由 ELISA 法检测。

1. 检测步骤

第一，将凋亡细胞裂解后高速离心，其上清液中含有核小体；第二，在微定量板上吸附组蛋白抗体；第三，加上清液使抗组蛋白抗体与核小体上的组蛋白结合；第四，加辣根过氧化物酶标记的抗 DNA 抗体使之与核小体上的 DNA 结合；第五，加酶的底物，测光吸收值。

2. 用 途

此法敏感性高，可检测 $5\times 100/ml$ 个凋亡细胞。可用于人、大鼠、小鼠的凋亡检测。此法不需要特殊仪器，适合基层使用，但是不能精确测定凋亡细胞发生的绝对量。

（四）DNA 片断原位标记法

凋亡细胞 DNA 片断原位末端检测技术是指在细胞或组织结构保持不变的情况下，用荧光素、地高辛或生物素标记的脱氧尿三磷酸（deoxyuridinetriphate，DUTP）和末端脱氧核苷酸转移酶（TdT）相反应与凋亡细胞裂解后 3′羟基（-OH）端结合，经显色反应后检测 DNA 裂解点的技术。DNA 片段原位标记法有两种：

1. 原位缺口转移（in situ nick-translation，ISNT）技术

它是利用 DNA 多聚酶 I 将标记的核苷酸连接到断裂 DNA 的 3′-OH 端。

2. 原位缺口末端标记技术（in situ end labelling technique，ISEL）

即 TUNEL 法，它是利用 TdT 将标记的 dUPT 接到 3′-OH 端。研究证明，TUNEL 法的敏感性远高于 ISNT，尤其对早期凋亡的检测，TUNEL 更为合适。

（五）流式细胞仪定量分析

流式细胞术（FCM）对细胞凋亡的分析准确，可将形态学、DNA 降解、DNA 末端标记、线粒体膜电位等研究结合为一体，是现在细胞凋亡研究中的主要分析手段。下面介绍两种常见的利用流式细胞术分析细胞凋亡的方法：

1. 检测形态学及细胞膜完整性的 Hoechs-PI 双染色法

细胞发生凋亡时，其细胞膜的通透性液增加，但其程度介于正常细胞和坏死细胞之间。利用这一特点，被检测细胞悬液用荧光素染色，利用流式细胞仪检测细胞悬液中细胞荧光强度来区分正常细胞、坏死细胞和凋亡细胞。利用 Hoechs-PI 染色法，正常细胞对染料有抗拒性，荧光染色很浅，凋亡细胞主要摄取 Hoecha 染料，呈现强蓝色荧光，而坏死细胞主要摄取碘化丙啶（PI）而呈强的红色荧光。

2. 检测细胞膜成分变化的 Annexin V 联合 PI 法

（1）检测原理。在细胞凋亡早期，位于细胞膜内侧的磷脂酰丝氨酸（PS）迁移至细胞膜外侧。磷脂结合蛋白 V（AnnexinV）是一种钙依赖性的磷脂结合蛋白，它与 PS 具有高度的结合力。因此，AnnexinV 可以作为探针检测暴露在细胞外侧的磷脂酰丝氨酸。故利用对 PS 有高度亲和力的 Annexin V，将 AnnexinV 标记上荧光素（如异硫氰酸荧光素 FITC），同时结合使用 PI 拒染法（因坏死细胞 PS 亦暴露于细胞膜外侧，且对 PI 高染）进行凋亡细胞双染法后用流式细胞仪即可检测凋亡细胞。

（2）结果判断。正常活细胞 Annexin V、PI 均低染，凋亡细胞 Annexin V 高染、PI 低染，坏死细胞 Annexin V / PI 高染。

（3）应用价值。细胞发生凋亡时，膜上的 PS 外露早于 DNA 断裂发生，因此，AnnexinV 联合 PI 染色法检测早期细胞凋亡较 TUNEL 法更为灵敏。另外，AnnexinV 联合 PI 染色不需固定细胞，可避免 PI 染色因固定造成的细胞碎片过多及 TUNEL 法因固定出现的 DNA 片段丢失，因此，AnnexinV 联合 PI 法更加省时，结果更为可靠，是目前最为理想的检测细胞凋亡的方法。

3. 流式细胞仪检测特点

第一，检测的细胞数量大，因此它反映群体细胞的凋亡状态比较准确；第二，可以作许多相关性分析；第三，结合被检测细胞的 DNA 含量的分析，可确定凋亡的细胞所

处的细胞周期。

四、运动诱发的细胞凋亡

虽然在生物医学领域对细胞凋亡的研究已经非常广泛和深入，但是运动与细胞凋亡的研究却是起步不久，相关的报道也相对较少。本文重点介绍运动与骨骼肌细胞和心肌细胞凋亡的研究现状与可能机制，并简单介绍运动与肝细胞凋亡、运动与淋巴细胞凋亡的相关研究。

（一）运动与骨骼肌细胞凋亡

1. 运动与骨骼肌细胞凋亡的研究现状

人们对骨骼肌的研究发现，内源性的 caspase 抑制剂 FLIP 和 ARC 在骨骼肌中比其他组织的表达水平都高，骨骼肌胞浆中缺乏 Apaf-1，因此认为，骨骼肌与其他组织相比更难于发生线粒体介导的细胞凋亡。这些研究似乎都证明骨骼肌细胞难以发生凋亡。过去人们也认为运动造成的肌肉损伤是由于炎症和骨骼肌细胞坏死引起的，而近来的研究显示，运动后无论是在正常肌肉中还是病理状态下的肌肉中，骨骼肌细胞都出现了凋亡。

Boffi 等对纯种马进行了 3 个月的跑台训练，在肌肉活检中，使用 TUNEL 法和 DNA 琼脂糖凝胶电泳，他们发现运动训练组的肌细胞凋亡显著高于控制组，并推测正是新生的更具生命力的细胞不断代替凋亡的异常肌细胞这一过程，是训练导致体能增长的机制。而 Arslan 对大鼠的研究发现，运动后即刻和运动后 48 h 对大鼠肌肉进行活检，其肌细胞凋亡率都显著高于非运动组。金其贯对大鼠进行 8 周的慢性力竭性训练发现，经过 8 周的运动训练后，在力竭训练组中的大鼠骨骼肌组织里发现有散在的骨骼肌凋亡细胞，而在 1 h 训练组和对照组中未发现细胞凋亡，且力竭训练组大鼠发生细胞凋亡的阳性率显著高于 1 h 训练组和对照组。M.Podhorska-Okolow 等发现，3 个月大的成年鼠经过 12 h 的钢笼内自发跑后，运动后即刻细胞核凋亡率最高，6 h 后稍微有所下降，96 h 后凋亡率大幅度下降，同时，在停跑后的前期和后期，电镜观察显示卫星细胞出现细胞凋亡，但数量较少且无统计学意义。Biral 的研究认为，正常肌肉在离心运动中的过度拉伸，会使一些肌细胞膜蛋白丢失，这会导致骨骼肌细胞凋亡或坏死。

2. 运动引发骨骼肌细胞凋亡的机制

运动引发骨骼肌细胞凋亡的机制至今尚未完全清楚，现已有多项研究都发现 bcl-2 和 bax 与运动诱导的细胞凋亡相关。Adamopoulos 等在对 CHF 病人的研究中发现，经过 12 周的运动训练，CHF 病人的最大吸氧量提高了，而介导细胞凋亡的可溶性 Fas 和 FasL 水平下降了，这种结果显示训练可以提高 CHF 病人的耐受力。而在正常人中则没有观测到 Fas 和 FasL 水平下降。金其贯的研究发现，大鼠力竭训练组的骨骼肌中 Fas 的表达阳性率为 50%，1 h 训练组的 Fas 表达阳性率为 12.5%，而安静对照组的表达率为 0，但是在作统计学分析时，各组间无显著性差异。因此 Fas 是否参与运动时细胞凋亡的调节，还有待进一步证实。

运动中还有许多其他的因素参与细胞凋亡的调节，如在剧烈运动中，会出现肾上腺皮质激素的分泌增多、细胞内 Ca^{2+} 水平的升高，以及 ROS 的产生，这些都可能诱导细胞凋亡。虽然细胞凋亡的机制还不是十分清楚，而且可能会因细胞类型和刺激而不同，但是近来的研究表明，线粒体在脊椎动物的凋亡调控中起着关键的作用，线粒体膜电位的改变会导致细胞凋亡发生。急性运动时肌肉线粒体中氧化物的产生会对 DNA 和蛋白质造成损害。大量的 DNA 损伤会改变抗凋亡和促凋亡蛋白的表达，并启动细胞凋亡过程。

有很多研究证明，骨骼肌细胞凋亡是肌营养不良症、肌废用性萎缩以及心力衰竭病人运动耐受力下降的原因。究竟骨骼肌凋亡的发生机制是什么，现在还不清楚，但是在以上的这些研究中，不少实验发现病理状态下的肌肉以及运动后肌肉中 bcl-2 及 bax 表达水平发生改变，因此，它们可能是骨骼肌细胞凋亡的调控基因。而 Fas 在骨骼肌凋亡的作用还有待进一步证实。值得注意的是在众多的研究中没有研究涉及到骨骼肌细胞凋亡在不同类型肌纤维中表现是否一样，因为不同类型的骨骼肌纤维中的酶活性不同，所以它们的细胞凋亡情况也可能有差异。对这个问题进行深入研究，可能会更深层次地了解骨骼肌细胞凋亡的机制。

（二）运动与心肌细胞凋亡

1. 运动与心肌细胞凋亡的研究现状

细胞凋亡是保证个体正常发育所必需的，一旦细胞凋亡规律失常，个体发育也将异常，甚至死亡。近几年，心肌细胞凋亡在医学界的研究较多，主要是心肌细胞凋亡与衰老、心肌缺血、心肌肥厚和扩张、心力衰竭、心肌梗塞、心脏的缺血—再灌注等各种疾病相关的临床研究。但关于运动与心肌细胞凋亡关系的研究目前报道较少。Phaneuf 研究认为，运动导致细胞凋亡是正常的调节过程，通过排除某些没有不良反应的破坏细胞，以保证最佳身体状态。Carraro 通过研究运动对心肌和骨骼肌细胞凋亡的关系发现，由短期或长期的剧烈运动会导致细胞损伤，尤其是心肌和骨骼肌的不正常凋亡的病理基因作用，但肌细胞死亡和凋亡的细胞分子生物学方面的作用仍知之甚少。金其贯等对大鼠进行游泳过度训练时的心肌细胞凋亡的研究发现，过度训练组较安静对照组和 1 h 训练组大鼠心肌细胞凋亡的阳性率显著升高，而 1 h 训练组和安静对照组之间无显著差异。袁箭峰等对大鼠运动心脏重塑过程中细胞凋亡现象的活细胞研究中发现，经过 12 周不同强度的耐力训练，中等强度组心肌细胞凋亡率较对照组无显著性差异，一次力竭运动心肌细胞凋亡率较对照组有差异，而中等强度训练组和大强度训练后力竭运动组较对照组存在非常显著性差异。

由此可以推测，运动诱发心肌细胞凋亡与运动强度有很大的相关性，不同运动强度对心肌细胞凋亡的影响是不同的，适宜的运动刺激心肌细胞凋亡发生的比率增加不多，在某种条件下，不但不会对心脏造成损伤，还有可能抑制心肌细胞的凋亡，增强心脏抗凋亡的能力。而反复大强度运动可引起心肌细胞凋亡发生的比率明显增加，对心脏造成很大损伤，这可能是过度训练导致心肌细胞微损伤的病理机制之一。但心肌细胞凋亡在这种损伤中的作用和地位，以及发病机制还不是很清楚。

大强度或力竭性运动导致机体氧自由基代谢增强，即运动中内源性氧自由基生成增加，已为许多研究所证实。运动持续时间的不同，对心肌细胞凋亡的影响也不一样。Jin 对大鼠进行 13 周的慢速跑台运动实验，实验中的运动强度和持续时间逐渐增加，在运动的第 4 天、第 10 天、第 13 周末对心肌细胞凋亡情况进行检测，未发现心肌细胞凋亡。刘铁民等对过度训练时心肌组织损伤的实验研究发现，过度训练状态下大鼠心肌线粒体内钙含量明显增加，表明过度训练后心肌细胞可能发生了损伤。而王长青等对大鼠进行定量游泳实验发现，运动后 40 min，大鼠肌细胞中线粒体 Ca^{2+} 浓度较安静对照组显著升高，而细胞内 Ca^{2+} 作为细胞信使，调节各种生理过程，细胞内 Ca^{2+} 浓度变化对细胞激活过程有明显影响。这可能由于大鼠的跑台运动不同与病理心肌适应有关，表现在心肌功能的显著提高同心脏的基因表达的增加。有研究证明，运动能提高心肌组织的抗氧化能力，在高氧条件下由运动引起的变化可能为心肌提供某些保护和降低受伤的危险性，也可能减少心肌细胞凋亡的倾向。但抗凋亡机制是否直接涉及降低心血管疾病的危险性同有规律的运动有关仍需进一步证明。

2. 心肌细胞凋亡的可能机制

心肌细胞凋亡是心肌细胞受基因调控的一种自然死亡过程，同生长分化一样是多细胞生物生命活动中不可缺少的过程。心肌细胞是不具备增殖能力的终末分化细胞，若心肌细胞凋亡数量不断增加，则心肌细胞总数将不断减少，最后引起心肌收缩成分的减少，导致心脏功能低下或心功能不全等疾病。研究证明，在长期适宜的运动负荷下，心脏在形态、结构、代谢、功能方面都能产生一系列良好适应，使心脏功能增强。另有研究证明，心肌细胞受到机械牵张力被拉长而超负荷时会引起心肌细胞凋亡。在运动负荷适宜的情况下，心肌细胞存在缺血、缺氧的现象，但不会引起心肌细胞凋亡，而经过长时间大强度运动，不仅会引起心肌缺血、缺氧，还会诱导心肌细胞凋亡，这可能与心脏的自身防御系统有关。Dipak 等认为，心肌细胞对急性应激的保护是由细胞内各种抗氧化酶组成，抗氧化酶包括超氧化物歧化酶（SOD）、过氧化氢（CAT）和谷胱甘肽过氧化物酶（GSH-px）等。在细胞受损之前，它们通过消除氧自由基来减轻或消除氧化应激反应，被认为是第一道防线。当细胞内抗氧化不足氧化应激增强时，会引起心肌细胞裂解、蛋白质降解、脂质过氧化。这时，心肌细胞内存在第二种防线，包括几种脂肪分解酶、蛋白分解酶、蛋白激酶和磷酯酶，它们能区别和清除损害的细胞成分。细胞内可能还存在着可诱导的途径来进行抗氧化保护，涉及到在转录水平的基因机制，通过蛋白质的合成来进行防御和修复，这些现象与专门的基因表达有关，被认为是第三道防线。有报道说，适宜的运动负荷可增加机体抗自由基的能力。可以这样认为，适宜运动时虽然比安静时产生的自由基多，但一方面由于运动使机体抗氧化的能力增加，另一方面由于没有超出机体的防御能力，因此，不至于产生不可逆转的损伤。韩立明等在研究 70 min 游泳对小白鼠心肌组织的影响时发现，心肌组织的 SOD 活性较运动前变化不明显，但呈升高趋势，丙二醛（MDA）明显低于运动前。常芸等对大鼠进行为期16周的运动训练，在大鼠急性运动后24 h心室内膜下心肌组织出现缺氧引起的变性改变。金其贯等在进行过度训练时，大鼠心肌组织和血清中SOD活性显著下降，MDA含量显著增加。其机制可能是超负荷运动和过度训练可造成心肌细胞缺血、缺氧，从而产生大量的自由基，引起胞内钙超载，进而引起线粒体膜上PT孔打开，使线粒体内的细胞色素C漏入胞浆中，在Apaf-1的作用下，启动Caspase及联反应，引起心肌细胞凋亡。但其中有许多问题有待实验进一步证明。由以上研究可推测，心肌细胞在适宜运动强度下，不会引起细胞凋亡，但在超负荷条件下，会引起机体抗氧化能力下降，导致氧自由基生成增多，这可能也是心肌细胞凋亡的调节机制。

（三）运动与其他细胞凋亡的研究

1. 运动与肝细胞凋亡

不同强度运动能否造成肝细胞凋亡，近几年来已成为运动医学研究的热点。国内外不少实验证明，随着运动强度的增加，肝细胞凋亡数量增加，可能是导致运动性肝损伤及运动性疲劳产生的主要因素之一。袁海平等采用流式细胞术及原位缺口末端标记法（TUNEL），检测不同运动强度下大鼠肝细胞凋亡，发现增加运动强度后肝细胞凋亡百分率升高，反映机体抗氧化能力的超氧化物歧化酶、谷胱甘肽过氧化物酶显著降低，而丙二醛含量显著升高。认为，运动可诱导肝细胞凋亡的发生，且随运动强度的增加而增加。运动诱导肝细胞凋亡的同时，导致机体抗氧化能力下降，提示两者之间存在内在联系。提高运动时机体的抗氧化能力，可望成为抑制肝细胞过度凋亡的途径。李雷等发现，运动性疲劳后，肝细胞中Ca^{2+}浓度增加，SOD/MDA降低，细胞凋亡数目增多，从而认为细胞凋亡与运动性疲劳同步发生，诱导细胞发生凋亡的因素均会导致疲劳。史亚丽认为，轻度间隔性有氧运动能使肝脏中SOD活性明显升高，GSH-PX活性下降，MDA水平下降不明显，对肝脏抗氧化能力影响不大，提示在此种强度下，肝损伤较小，而且凋亡抑制。Concordet等在大鼠力竭运动后发现，肝中的谷胱甘肽下降，线粒体膜电位降低，氧自由基增多，细胞色素C释放，Bcl-2表达下降，从而导致肝细胞凋亡。LouisHUE等发现，通过急性长期运动可以提高AMP/ATP比率，激活一磷酸腺苷酸蛋白激酶（AMPK），使肝细胞凋亡增加。

2. 运动与淋巴细胞凋亡

运动后常伴随着免疫能力的暂时下降，而淋巴细胞起着非常重要的免疫作用，因此，很多研究关注于运动是否导致淋巴细胞凋亡，从而导致机体免疫能力下降。有多项研究显示，运动会导致小鼠胸腺淋巴细胞凋亡增加。而运动对脾脏中淋巴细胞凋亡的影响，各项研究出现了截然不同的结果：Hoffman-Goetz发现，自发运动不会影响大鼠脾脏淋巴细胞的凋亡；Patel等的研究也显示，跑台运动不能影响摘除卵巢的小鼠脾脏和淋巴结中的淋巴细胞凋亡；而Avula则认为，大鼠在钢笼中的自发运动可以抑制H_2O_2诱导的脾脏淋巴细胞凋亡。关于运动会导致运动后血液中淋巴细胞的减少，Morren在对健康志愿者进行试验时发现，力竭运动后即刻，血液中的淋巴细胞凋亡显著性增长，而中等强度运动后没有发现此改变。Mars 等也发现，力竭运动后即刻血液中 63%的淋巴细胞凋亡，24 h 后 86.2%的淋巴细胞凋亡。而 Steensberg 对 11 位健康男性进行跑步运动试验后，虽然也发现血中淋巴细胞减少，但他认为这种运动后淋巴细胞的减少不是由于淋巴细胞凋亡造成的。这些研究结果的差异性，一方面表明了运动对不同组织的淋巴细胞凋亡的影响作用不同；另一方面也可能是因为研究者采用的不同的运动模型、取样的时间和监测凋亡的方法造成的。

推荐读物

［1］邓树勋，王键. 高级运动生理学——理论与应用［M］. 北京：高等教育出版社. 2003.

［2］崔霞，黄行许，铺英杰，等. 胚胎发育与细胞凋亡［J］. 解剖科学进展，1996，2（3）：212.

参考文献

［1］Kerr JF, Wyllie AH, Currie AR. Apoptosis: a basic biological phenomenon with wide-ranging implications in tissue kinetics［J］. Br J Cancer, 1972（26）: 239–257.

［2］Ren Y, Savill J. Apoptosis: the importance of being eaten［J］. Cell Death Differ, 1998（5）: 563–568.

［3］Monke S R, Allen D L, Roy R R, et al. Maintenance of myonuclear domain size in rat soleus following functional overload and growth hormone / IGF-1 treatment［J］. Appl Physiol, 1998（84）: 1407–1412.

［4］Roy R R, Monke S R, Allen D L, et al. Modulation of myonuclear number in functionally overloaded and exercised rat plantaris fibers［J］. Appl Physiol, 1999, 87（2）: 634–642.

［5］Hacker G. The morphology of apoptosis［J］. Cell Tissue Res, 2000, 301（1）: 5–17.

［6］Kimura K, Sasano H, Shimosegawa T, et al. Ultrastructure of cells undergoing apoptosis［J］. Vitam, Nagura, H., Toyota, T. 2000（58）257–266.

［7］Robertson JD, Orrenius S, Zhivotovsky B. Review: nuclear events in apoptosis［J］. Struct Biol, 2000, 129（2–3）: 346–358.

［8］Martelli A M, Zweyer M, Ochs R, et al. Nuclear apoptotic changes: Tazzari, P. L., Tabellini, G., Narducci, Pan overview［J］. Cell Biochem, 2001, 82（4）: 634–646.

［9］Gruenbaum Y, Wilson K L, Hare A. Review: lamins-structural proteins with fundamental functions［J］. 2000, 129（2–3）: 313–323.

［10］Platt N, da Silva R P, Gordon cells, S. Recognizing death: the phagocytosis of apoptotic cells[J]. Trends in Cell Biol, 1998, 8 (9): 365-372.

[11] Henson P M, Bratton D L, Fadok V A. Apoptotic cell removal[J]. Curr Biol, 2001, 11 (19): 795-805.

[12] Ferri K F, Kroemer G. Control of apoptotic DNA degradation [J]. Nat Cell Biol, 2000, 2 (4): 63-64.

[13] McConkey D J, Orrenius S. The role of calcium in the regulation of apoptosis [J]. Journal of Leukocyte Biology, 1996, 59 (6): 775-783.

[14] Fadok V A, Braton D L, Frasch S C, et al. The role of phosphatidylserine in recognition of apoptotic cells by phagocytes[J]. Cell Death Differ, 1998, 5 (7): 551-562.

[15] Messmer U K, Pfeilschifter J. New insights into the mechanism for clearance ofapoptotic cells[J]. Bioessays, 2000, 22 (10): 878-881.

[16] Hengartner M O. Apoptosis: corralling the corpses[J]. Cell, 2001, 104 (3): 325-328.

[17] Strasser A, O Connor L, Dixit VM. Apoptosis signaling [J]. Annu Rev Biochem, 2000, 69: 217-245.

[18] Bakhshi A, Jense J P, Goldman P, et al. Cloning the chromosomal breakpoint of t (14:18) human lymphomas: clustering around J H on chromosome cp and near a transcriptional unit on 18[J]. Cell, 1985 (41): 889-906.

[19] Cleary M L, Smith S D, Sklar J. Cloning and structural analysis of cDNAs for Bcl-2 and hybrid Bcl-2 / immunoglobulin transcript resulting from the t (14:18) translocation[J]. Cell, 1986 (47) 19-28.

[20] Seatman C L, Shuter J R, Hockenbery D, et al. Bcl-2 inhibts multiple forms of apoptosis but not negative selective in thymocytes [J]. Cell, 1991, 67 (5): 879-888.

[21] MacCarthy-Morrogh L, Mouzakiti A, Townsend P, et al. Bcl-2-related proteins and cancer[J]. Biochem. Soc. Trans. 1999, 27 (6): 785-789.

[22] Adams J M, Cory S. The Bcl-2 protein family: arbiters of cell survival[J]. Science, 1998, 281 (5381): 1322-1326.

[23] Antonsson, B. Bax and other pro-apoptotic Bcl-2 family "killer-proteins" and their victim the mitochondrion [J]. Cell Tissue. Res, 2001, 306 (3): 347-361.

[24] Reed J C. Bcl-2 family proteins [J]. Oncogene, 1998, 17 (25): 3225-3236.

[25] Crompton M. Mitochondrial intermembrane junctional complexes and their role in cell death[J]. J Physiol, 2000, 529 Ptl: 11-21.

[26] Harris M H, Thompson C B. The role of the Bcl-2 family in the regulation of outer mitochondrial membrane permeability [J]. Cell Death Differ, 2000, 7 (12): 1182-1191.

[27] Kroemer G. The proto-oncogene Bcl-2 and its role in regulating apoptosis[J]. Nat, 1997, 3 (6): 614-620.

[28] Tsujimoto Y, Shimizu S. Bcl-2 family: life-or-death switch [J]. FEBS Lett, 2000, 466 (1): 6-10.

[29] Narita M, Shimizu S. Ito permealbility transition T Bax interacts with the permeability transition pore to induce and cytochrome c release in isolated mitochondia[J]. Proc Acad Sci USA.1998, 95 (25): 14681-14686.

[30] Srivastava R K, Sollot S J, Khan L, et al. Bcl-2 and BCI-Xt, block thapsigargin-induced nitric oxide generation, c-Jun NHZ-terminal activity, and apoptosis[J]. Mol and celluar Mot, 1999, 19 (8): 5669- 5674.

[31] Murphy A N, Fiskum G. Bcl-2 and Ca (2+) -mediated mitochondrial dysfunction in neural cell death[J]. Biochem Soc Symp, 1999 (66): 33-41.

[32] He H, Lam M, McCormick T S, et al. Maintenance of calcium homeostasis in the endoplasmic reticulum by Bcl-2 [J]. Cell Biol, 1997 (138) 1219-1228.

[33] Foyouzi-Youssefi R, Annaudeau S, Demaurex N, et al. Bcl-2 decreases the free Ca^{2+} concentration within endoplasmic reticulum [J]. the Natl Proc Acad Sci USA, 2000, 97 (11): 5723-5728.

[34] Jerry M Adams, Suzanne Cory.The Bcl-2 Protein Family: Arbsters of cell Survival[J]. Science, 1998 (281): 1322-1325.

[35] Ogasawarw. Bcl-2 family proteins as ion-channels [J]. Nature, 1993 (364) 806-812.

[36] AndoK. Bcl-2 and Bax function independently to regulate cell death [J]. Exp Med, 1993 (178): 1541-1554.

[37] AldersonMR. Caspase-3 generated fragment of gelsolin effector of morphological change in apoptosis[J]. Exp Med, 1995 (181): 71-76.

[38] Palumbo G, Varriale L, Paba V, et al. Lipid second messengers [J]. Phys Med, 2001, 17 (suppl): 241-246.

[39] Primeau AJ, Adhihetty PJ, Hood DA. Apoptosis in heart and skeletal muscle [J]. Can J Appl Physiol, 2002, 27 (4): 349-395.

[40] Burgess DH, Svensson M, Dandrea T, et al. Human skeletal muscle cytosols are refractory to cytochrome c-dependent activation of type-II caspases and lack APAF-1[J].Cell Death Differ, 1999, 6 (3): 256-261.

[41] Boffi FM, Cittar J, Balskus G, et al. Training-induced apoptosis in skeletal muscle[J]. Equine Vet J Suppl, 2002 (34): 275-278.

[42] Arslan S, Erdem S, Sivri A, et al. Loss of dystrophin and some dystrophin-associated proteins with concomitant signs of apoptosis in rat leg muscle overworked in extension[J]. Rheumatol Int, 2002, 21 (4): 133.

[43] Biral D, Jakubiec-Puka A, Ciechomska I, et al. Loss of dystrophin and some dystrophin-associated proteins with concomitant signs of apoptosis in rat leg muscle overworked in extension [J]. Acta Neuropathol, 2000, 100 (6): 618-626.

[44] Sandri M, Carraroll, Podhorska-Okolow M, et al. Apoptosis, DNA damage and ubiquitin expression in normal and mdx muscle fibers after exercise [J]. FEBS Lett, 1995, 16, 373 (3): 291-295.

[45] Nicholson D W. Caspase structure, proteolytic substrates, and function during apoptotic cell death [J]. Cell Death Diff, 1999, 11 (6): 1028-1042.

[46] 金其贯. 慢性力竭性训练对大鼠骨骼肌细胞凋亡的影响 [J]. 体育与科学, 1999 (20) 5: 23-29.

[47] Sandri M, Podhorska-Okolw M, Geromel V, et al. Exercise induces myonuclear ubiquitination and apoptosis in dystrophin-deficient muscle of mice [J]. J Neuropathol Exp Neurol, 1997, 56 (1): 45-57.

[48] Podhorska-Okolow M, et al. Apoptosis of myofibres and satellite cells: exercise-induced damage in skeletal muscle of the mouse [J]. Neuropathology and Applied Neurobiology, 1998 (24): 518-531.

[49] Adamopoulos S, Parissis J, Karalzas D, et al. Physical training modulates proinflammatory cytokines and the soluble Fas/soluble Fasligand system in patients with chronic heart failure [J]. J Am Coll Cardiol, 2002, 39 (4): 653-663.

[50] 王长青, 刘丽萍, 李雷, 等. 游泳训练后大鼠骨骼肌细胞自由基代谢、线粒体膜电位变化与细胞凋亡的关系 [J]. 中国运动医学杂志, 2002, 21 (3): 256-260.

[51] 王长青, 刘丽萍, 郑师陵, 等. 运动性疲劳时 Ca (2+)、线粒体膜电位的改变与细胞凋亡 [J]. 体育科学, 2000, 20 (3): 59-62.

[52] 刘丽萍, 李雷, 王光平, 等. 游泳训练后大鼠肝细胞 SOD、MDA、线粒体膜电位变化与细胞凋亡的关系 [J]. 中国运动医学杂志, 2002, 21 (2): 161-165.

[53] Zoli M, Ferraguti F, Zini I, et al. Increase in sulphated glucoprotein2 mRNA levels in the rat brain after transient forebrain isochemia or partial mesodiencephalic hemitransetion [J]. Brain Res, Mol, Brain Res, 1993, 18 (1/2): 163-177.

[54] 陈吉棣, 梁丽凡, 肖军, 等. 心肌细胞凋亡的研究进展 [J]. 国外医学: 生理、病理科学与临床分册, 2000, 20 (5): 347-350.

[55] 陈建国. 细胞凋亡与缺血性心脏病 [J]. 国外医学: 生理、病理科学与临床分册, 1999, 19 (4): 298-300.

[56] 丛进春, 柏树令. 细胞凋亡与心力衰竭 [J]. 解剖科学进展, 1999, 5 (3): 238-241.

[57] 崔霞，黄行许，铺英杰.胚胎发育与细胞凋亡[J].解剖科学进展，1996，2（3）：212-216.

[58] 邓树勋，王健.高级运动生理学——理论与应用[M].北京：高等教育出版社，2003.

专业名词中英文对照

中文	英文
细胞凋亡	apoptosis
程序性细胞死亡	programmed Cell Death（PCD）
核质固缩	condensation
起泡或出芽	bled
凋亡小体	apoptotic body
月形帽	crescenticcap
梯状 DNA	DNA ladder
脉冲场凝胶电泳	pulsed-field gel electrophoresis
淋巴因子激活的杀伤细胞	lymphokine-activated killer（LAK）
核酸内切酶 I	Dnase I
核酸内切酶 II	Dnase II
天冬氨酸特异的半胱氨酸蛋白酶	aspartate specific cystein protease（ASCP）
启动者	initiator
效应者	effctor
寡聚体形成	oligomerization
辅助因子	cofactor
电压依赖性阴离子通道	voltage-dependent anion channel（VDAC）
肿瘤坏死因子	tumor necrosis factor
原位缺口末端标记技术	in situ end labelling technique（ISEL）
磷脂结合蛋白 V	annexinV

（湖南师范大学　汤长发　李江华）

第七讲 神经、内分泌、免疫功能与运动

> 【内容提要】
> 神经、内分泌和免疫系统是人体的三大调节系统，它们一方面各自成为自身体系，另一方面则通过完整的调节环路构成神经-内分泌-免疫调节网络，通过相互作用与整合作用，对运动时各种身体机能作出及时的、有效的调节。本讲着重介绍神经内分泌免疫调节网络、神经生物学的研究进展、运动内分泌学研究进展和免疫学研究进展。
>
> 【重要名词】
> **泛脑层次**：泛脑层次是指脑与脊髓从宏观到微观可分为回路、神经元群、神经元和分子序列四个层次的网络，在中枢神经系统，神经元不仅数量巨大，而且又组成许多神经回路，形成了一个网络系统。
>
> **泛脑关系**：在神经系统内，除神经元与神经元之间的关系外，还有神经元与其他非神经元成分的联系，这种联系称为泛脑关系。
>
> **免疫调节信息物**：神经递质、激素（内分泌激素与神经激素）、神经肽与细胞因子是对免疫机能具有重要调控作用的调节物质。从调控免疫机能的角度，可将这些物质大致划分为两大类，即免疫增强类调节物与免疫抑制类调节物。免疫增强类调节物质主要包括 GH、TSH、T3、PRL、ACH、β-END、SP、MLT 等，免疫抑制类调节物质主要包括 CRH、GnRH、ACTH、GC、SS、CA、VIP、CG 等。

身体运动对机体是个非常强烈的刺激，必然导致身体机能与内环境发生剧烈的变化。此时，机体一方面须充分动员心血管、呼吸和代谢等机能满足运动时机体对能量的强烈需求；另一方面又必须尽力维持自身的稳态，保护机体安全。而要实现上述要求，主要依赖于神经系统、内分泌系统和免疫系统进行调节。

一、神经-内分泌-免疫调节网络

人类要更好地生存和发展，必须能够对体内外各种刺激发生有效的应答和适应。在长期的进化过程中，人类之所以成为地球的主宰，与三大调节系统，尤其是神经系统的完善进化直接有关。通过长期的进化，人体对体内外各种刺激形成了非常灵敏的反应和适应机制。

对声、光、化学、物理等各种感知性刺激，人类通过各种感官（听觉、视觉、味

觉、位觉、嗅觉等)、各种体表感受器（压觉、触觉、痛觉等）和体内的感受器（化学感受器、压力感受器等）感知这类刺激，并迅速地通过各自的传入神经通路，传入大脑。大脑对这些传入刺激进行综合后，通过各种传出神经发出支配指令，调动内分泌等有关功能（如应激激素水平升高、心血管呼吸和代谢活动加强等）对刺激进行有效反应。

对各种非感知性刺激（如细菌、病毒、微生物），人类则通过免疫系统（主要是通过沿着血液流动的免疫细胞和组织液中的免疫细胞）进行感知并发生相应的免疫反应（如吞噬作用、体液免疫反应和细胞免疫反应）。

这三大调节系统，一方面各自为战，独当一面；另一方面则通过完整的调节环路构成神经-内分泌-免疫调节网络，通过相互作用与整合作用，对运动时各种身体机能作出及时的、有效的、恰如其分的调节。

（一）神经-内分泌-免疫网络的构成

三大调节系统有许多共同之处，从而构成一个调节网络，其特征是：第一，三大调节系统能够分泌共同的信息物并同时拥有这些信息物的受体。通过这些信息物使三大调节系统内部和系统之间得以相互联络与调节。第二，三大系统存在共同的交汇点，这是三大系统间交叉影响的基础：细胞免疫与体液免疫借助于血液循环、淋巴循环和组织液进行和实现免疫反应生理过程，而神经、内分泌系统的调控最终也通过循环血液和组织液完成，在此交汇路上势必会发生交叉性的影响。第三，神经系统、内分泌系统与免疫系统在信息分子和细胞表面标志、信息储存和记忆、周期性变化、正负反馈调节机制、衰老与性别差异等方面，均有程度不等的相似之处。第四，各种生物活性物质对神经系统、免疫系统与内分泌系统的作用不是独立进行的，在整体条件下基本上是以比较完整的调节环路为单位。这些环路的工作方式是正反馈与负反馈，有精确调节、放大效应、整合效应、自限性以及级联反应等特点。

三大系统既各成体系，又互相配合，每个系统均可独立地对外界发生反应。三大系统间还两两发生作用与反作用，最终三大系统借助共同的信息分子并通过共同的交汇点相互作用和反作用，构成了完整的神经-内分泌-免疫网络。

（二）神经、内分泌与免疫系统之间的相互作用

传统的观念认为，神经细胞分泌神经递质，内分泌细胞分泌激素，免疫细胞分泌免疫因子（细胞因子）。最新研究发现，神经细胞除分泌神经递质（调质）外，还可分泌部分内分泌激素和免疫因子。内分泌细胞除分泌激素外，还可分泌部分神经递质和免疫因子。而免疫细胞除分泌免疫因子外，还可分泌部分激素和神经递质。

神经、内分泌和免疫细胞具有神经递质、内分泌激素和免疫分子的受体，这样，这些信息物不仅可作用于系统自身，调节自身的功能状态，而且可作用于另外两个调节系统，从而对反应程度作出精确的、精细的整合性调节。

因此，在运动刺激作用下，身体机能的变化实质上是神经-内分泌-免疫功能相互作用和反作用的结果。换而言之，在不同运动中，各种身体功能的不同变化，都是三大

调节系统之间整合调节的结果。当前，研究神经、内分泌和免疫功能在运动影响下的独立作用和相互作用，是运动人体科学研究领域的热点课题之一。

二、神经生物学的研究进展

21世纪被认为是生命科学的世纪，而生命科学的研究重点是脑科学，其任务是解决和破译脑的奥秘。

（一）细胞神经生物学研究进展

1. 神经细胞的功能结构

神经细胞是神经系统的结构和功能单位，通常称之为神经元（neuron）。它既能感受刺激并传导神经冲动，又能合成和释放信息分子（如递质、调质）和其他维持细胞生命所需的活性物质。

每个神经元都是由胞体以及胞体延伸出来的突起构成。胞体由细胞核、细胞质和细胞膜组成。突起又分为轴突和树突。这些神经元相互联系，分工合作，构成不同的神经通路、神经核团和神经中枢。

（1）神经细胞膜。神经细胞膜与其他细胞膜一样，其分子构型也是由双层脂质分子嵌入蛋白质构成。膜蛋白几乎都是由肽链折叠卷曲成球状，依据存在部位不同可区分为内在蛋白和外在蛋白两种形式。内在蛋白有的全部嵌入膜脂质双层内，有的贯通全膜两端外露，有的一端外露一端嵌入，具有多种重要的生理功能。有的内在蛋白成为神经递质或其他活性物质的受体，有些构成离子通道、载体等。外在蛋白分布于脂质双分子层表面，如神经细胞黏着分子（N-CAM）等。

此外，神经细胞膜成分中还含少量糖分子，与蛋白或脂类结合成糖蛋白或糖脂链伸向细胞膜的表面。糖链多种多样，它们与化学信息的识别、细胞粘连、膜抗原和受体等密切相关。

（2）细胞核。大多数神经元只有一个细胞核，占胞体很大一部分。这是遗传信息、复制和表达的主要场所。神经元在发育期具有有丝分裂活动，但是一旦开始定向分化，有丝分裂即被抑制。绝大多数哺乳类动物一般在出生后不久有丝分裂活动就已停止。

（3）细胞质。细胞质包括核周质和轴质。核周质是位于核周围的胞质，轴质是位于轴突中的胞质。核周质与位于轴突和树突中的细胞质不完全相同。核周质中，除含有一般细胞所具有的细胞器之外，还有其特殊的结构——尼氏体（合成蛋白质最活跃的部位）等。核周质中含有大量的核糖体，表明神经元内蛋白质合成和代谢机能特别旺盛。核糖体合成结构蛋白和分泌蛋白两类蛋白质。结构蛋白质是细胞本身代谢生长的蛋白质，如膜上的镶嵌蛋白质、通道蛋白、受体蛋白等。而分泌蛋白质则包括有神经递质、激素、各种分泌酶等。

胞体中含有大量的神经丝（neurofilament），它们常集合成束，与微管一起交叉成网，并深入树突和轴突内，构成神经元的细胞骨架（cytoskeleton）。

(4) 突起。突起包括树突和轴突。树突是从胞体发出的部分，呈光滑的锥体状，树突干一般呈锐角反复分支，越分越细，多数树突干附有树突棘。树突是胞体的延伸部，因此核周质中所含的细胞器均可进入树突内，但从近侧到远侧各种成分不都全部含有。树突内的滑面内质网沿长轴纵行，常见树突的质膜下有扩张的滑面内质网形成的膜下囊，囊内含有蛋白质，提示它与蛋白质的储存、运输和更换有关。树突中含有大量的微管和不同数量的神经细丝，它们之间还有微小梁（microtrabicular），后者将微管、神经丝连接在一起构成一个主体纤维网架。轴突起始段称做轴丘，呈圆锥形。轴突直径从近到远始终保持恒定，表面光滑，分支不多，直到末梢处才变细。轴突内也有大量的神经丝和微管，起始段内微管集聚成束，随着轴突逐渐远伸，神经丝逐渐减少，微管逐渐增加。到了轴突细支，只有微管。轴突起始段轴膜的兴奋阈最低，为神经冲动的发起处，也是形成轴-轴突触的部位。

2. 突触的结构、类型及传递机制

突触（synapse）是神经元传递信息的重要结构，它是神经元与神经元之间、神经元与非神经细胞之间的一种特化的细胞连接。通过突触的传递作用实现细胞与细胞之间的通讯。神经元间的任何部位均可相互形成突触，如轴突-轴突（轴-轴）、树突-轴突、树突-树突等。突触依据连接方式的不同可分为化学性突触（chemical synapse）和电突触（electric synapse）两大类。哺乳动物的化学性突触占大多数。

(1) 化学性突触的传递过程。化学性突触信息的传递是通过化学物质，亦称为神经递质实现的，其传递过程主要包括：第一，动作电位到达神经末梢，触发前膜 Ca^{++} 通道，胞外 Ca^{++} 进入突触前部；第二，细胞内 Ca^{++} 与 CaM（钙调素）结合，激活了依赖于 Ca^{++} 的 CaM 蛋白激酶 Ⅱ；第三，使得突触囊泡壁上的突触蛋白（synapsin Ⅰ）磷酸化；第四，解除了肌动蛋白等的限制，突触囊泡导入突触前膜活性区并与之融合；第五，形成胞吐，并释放递质于突触间隙；第六，部分递质被降解，部分被再摄取，胞吐后的突触囊泡膜可再循环；第七，释放的递质弥散于突出后膜并与受体结合，开启相应的离子通道，形成突触后电位；第八，有些递质和另一类与 G 蛋白偶联的受体 R 结合，激活胞浆内的第二信使，影响离子通道，引起突触后电位。

(2) 电突触的传递过程。电突触也称为缝隙连接，突触前的电脉冲可以直接传递到突触后部，所以是以电流方式传递信息的。在两个神经元之间有桥状结构（贯穿膜内外的大蛋白分子，称为连接蛋白），将两个细胞对接，构成一条能够沟通两侧细胞胞质成分的细胞间通道，允许小的带电离子（以及相对分子质量小于 1000，或分子直径小于 1.5 nm）通过。这样，可使电信号直接传递给另一神经元，并可双向传递。

3. 神经胶质细胞

神经组织由神经元和神经胶质细胞组成。神经胶质细胞的数量是神经元的 10~50 倍，占脑重量一半左右。过去一直认为，神经胶质细胞对于神经元而言仅仅起着类似结缔组织的作用，是起辅助作用的，随着研究进展，发现神经胶质细胞具有重要的生理功能，如参与神经系统发育、突触传递、神经组织修复与再生、神经免疫和多种神经疾病的病理机制。而且，神经胶质细胞与神经元之间的相互关系，越来越引起人们的关注，甚至有人将神经胶质细胞和神经元比喻成同等重要的功能伙伴。为此，对神经胶质细胞功能的研究，是目前神经生物学的重点研究领域，也应该成为运动人体科学的重要研究领域。

（二）分子神经生物学研究进展

目前，分子神经生物学研究主要聚焦于神经信号的传递机制，包括神经内分泌功能、神经递质（neurotransmitter）和神经调质（neuromodulator）。神经递质的主要功能是传递不同信息，而神经调质则是通过调节神经递质的分泌活动对信号转导过程进行精细调制。

1. 神经递质、神经调质和神经内分泌

（1）神经递质的作用特点：第一，神经递质参与化学性突触的神经冲动传递过程，其中许多递质在神经元突触部位要经过多级化学信使的转换；第二，一种递质可有多种受体，并经过多种离子通道发挥作用；第三，神经递质又受神经调质调控；第四，一个神经元通常要与多个神经元（有时可达数千个）相互联系，并同时接受众多神经元传来的信息；第五，同一神经元内，常有经典神经递质和神经调质共存，在突触传递中联合发挥作用；第六，在突触传递过程中，往往是两种以上递质或递质与调质彼此协调联合作用；第七，它们的相互作用，可以发生在突触前或突触后，也可以发生在受体水平或受体后水平，或是互相加强，或是互相拮抗，构成精细的神经调节。

（2）神经递质的主要特征：第一，在神经细胞内合成，储存于突触前神经末梢，在中枢呈不均一分布；第二，在神经受刺激时释放，作用于突触后膜上的特异性受体；第三，在效应细胞引起特定的功能变化或电位变化后，一段时间内迅速失活；第四，直接外加于突触可引起与刺激神经相同的效应。

（3）神经调质的主要特征：第一，可由神经细胞、神经胶质细胞或其他分泌细胞所释放，对主递质起调制作用，但本身并不直接参与跨突触信号传递或引起效应细胞的功能变化；第二，间接调制主递质在突触前神经末梢的释放及其基础活动水平；第三，调节突触后效应细胞对递质的效应作用。

（4）神经递质的种类：神经递质的种类很多，包括乙酰胆碱（Ach）、单胺类（如去甲肾上腺素 NE）、多巴胺（DA）和 5-羟色胺（5-HT），以及氨基酸类（如 γ-氨基丁酸，GABA）等。最近又发现大量的胺类神经递质，称为神经肽，包括 P 物质、脑啡肽、神经降压肽、血管活性肠肽和缩胆囊肽等。

目前，神经递质与运动能力的研究，已经成为运动人体科学重要的研究领域之一，有学者研究发现，人体在运动应激过程中，兴奋性神经递质的分泌量和受体活性明显增加，而抑制性神经递质和受体活性则相对减弱。

2. 神经内分泌激素和肽类物质

神经内分泌激素和肽类物质是由神经分泌细胞所分泌的一种生物活性物质。神经

分泌细胞是从神经细胞进化而来的一类特殊的神经细胞，它能够合成和释放各类内分泌物。

（1）视上核和室旁核：视上核的神经分泌细胞主要合成加压素（vassopressin），又称抗利尿激素（antidiuretic hormone，ADH）。室旁核的神经分泌细胞主要合成催产素（oxytocin）。

（2）下丘脑：下丘脑本身属于神经细胞，可以接受来自其他神经细胞信息物的调控，同时它属于分泌细胞，在接受刺激后分泌各种促激素。这些促激素是构成几大内分泌轴的最上位激素。对运动刺激发生应激，起始于下丘脑神经分泌细胞分泌活动的变化，进而通过内分泌轴产生级联放大的生物学效应。下丘脑的神经内分泌细胞分泌促激素，这些促激素包括生长激素释放激素（GHRH）、促甲状腺激素释放激素（TRH）、促肾上腺皮质激素释放激素（CRH）、生长抑素（SS）以及促性腺激素释放素（GnRH）等。

（3）下丘脑-垂体系：神经垂体只是储存和释放下丘脑神经细胞合成的激素的部位。因此，下丘脑和神经垂体实质上是一个整体，两者组成下丘脑-垂体系。

（4）神经内分泌肽类物质：脑内发现的肽类物质主要有亮氨酸脑啡肽、甲硫氨酸脑啡肽等。此外，还有P物质（11肽）、胃泌素（17肽）和血管活性肠肽（28肽）等脑肠肽。

（三）泛脑网络学说

1. 泛脑层次（pan-brain level）

泛脑层次是指脑与脊髓从宏观到微观可分为回路、神经元群、神经元和分子序列4个层次的网络。在中枢神经系统，神经元不仅数量巨大，而且又组成许多神经回路，形成了一个网络系统。由上行纤维与下行纤维束联系在一起构成大回路（macrocircuit），如大脑皮质与黑质-纹状体间的往返回路、大脑皮质与小脑间的往返回路。前者调节运动的稳定性，后者调节运动的自由度（灵活性）。由脑内某一小区组成了相对独立的信息处理回路称为微回路（mircocircuit），又称局部回路（local circuit）。回路与反射弧是有区别的，它强调：第一，中枢神经系统内并不存在绝对分开的运动传导通路和感觉传导通路，两者发出侧枝相互影响；第二，神经活动大多不是在反射弧内一次循环的结果，而是需要上行和下行传导通路多次冲动的循环才能实现；第三，各回路之间的交互作用和相互关系比较复杂，在每个神经核部位，都可能发生信息的聚合和分散，都可能涉及其他回路。

从细胞群体层次研究发现，神经化学特异性神经元系统，在脑内形成广泛分布与广泛重叠的图像。在脑和脊髓，各种化学特异性神经元群大多广泛分布，而且分布既有重叠又有区分。在一个神经核区，可能有多种化学特异性神经元存在。许多化学特异性神经元群与已知神经核团部位并不完全吻合。从分子水平看，许多突触传递过程是分子结构发生序列变化的复杂过程，涉及多种合成酶、降解酶以及递质的其他转运蛋白（transporter），涉及各种受体亚型以及离子通道的开启与闭合。

与经典的神经元学说相比较，近年来有关神经细胞的研究有了长足的进展，主要体现在四个方面：第一，神经元既是神经系统的结构和功能的基本单位，又是基本的营养单位，许多神经元还需要从靶细胞获得神经生长因子（NGF）。若从靶细胞无法获得这类多肽生长因子，就会导致神经元不能正常生长、发育、修复和再生。第二，一个神经元的轴突末梢，并不仅只能释放一种神经递质，还可以释放两种或两种以上的神经递质，称为递质共存现象。第三，传统的观点认为，轴突是传出冲动的，树突是接收传入冲动的，具有一定的极性。突触学的研究发现了轴-轴突触、树-树突触、树-轴突触以及双向突触，说明部分神经末梢并非遵守极性原则。现在还发现，除化学突触，还存在电紧张突触（electronic synapse）、缝管连接（gap junction）等非突触信息联系。第四，神经冲动在突触传递中并不都是全或无现象，还有许多突触后神经元接受冲动后，仅有电位等级的改变，并没有发放（firing），如学习、记忆。

2. 泛脑关系（pan-brain relationship）

在中枢神经系统内，神经元要实现其功能活动，必须有氧气和各类营养物质的供给，同时也需要神经胶质和体液因素的配合，所以在神经系统内，除神经元与神经元之间的关系外，还有神经元与其他非神经元成分的联系，这种联系就称为泛脑关系。其内容包括神经元与血液、神经元与神经胶质细胞、神经元与激素、神经元与脑脊液之间的关系等。

目前，关于泛脑网络和泛脑关系的研究是生命科学的研究热点之一，但在运动人体科学研究领域中相关的研究还不多见。鉴于运动过程中必然涉及到神经元与血液、神经元与神经胶质细胞、神经元与激素、神经元与脑脊液之间的关系，相信不久的将来，这个领域的研究也应该成为运动人体科学的研究热点。

三、运动内分泌学研究进展

内分泌系统与神经系统一样，是机体的生物信息传递系统，但两者的信息传递形式有所不同。神经信息在神经纤维上传输时，以电信号为信息的携带者，在突触或神经-效应器接头处，电信号才转变为化学信号。而内分泌系统的信息只是化学的形式，即依靠激素在细胞与细胞之间进行信息传递。不论是哪种激素，它只能对靶组织的生理生化过程起加强或减弱的作用，调节其功能活动。在作用过程中，激素既不能添加成分，也不能提供能量，仅仅起着"信使"的作用，将生物信息传递给靶组织，发挥增强或减弱靶细胞内原有的生理生化过程的作用。

激素直接调控机体的代谢活动，牵涉到运动过程中机体对运动的应急反应和应激反应、受体和化学信号的转导、体液的调控和能量代谢的调控，因此必然与身体运动的关系非常密切。由于内分泌系统对运动调节方面研究的逐步深入，已经形成一门独立的学科体系——运动内分泌学。

（一）运动过程中受体与化学信号的转导

激素释放入血被运送到全身各个部位，虽然它们与各处的组织、细胞有广泛接触，但有些激素只选择性地作用于某些器官、组织和细胞，这称为激素作用的特异性。有些激素专一地作用于某一内分泌腺体，称为激素的靶腺。激素作用的特异性与靶细胞上存在能与该激素发生特异性结合的受体有关。激素与受体相互识别并发生特异性结合，经过细胞内复杂的反应，从而激发出一定的生理效应。

受体位于细胞膜表面、细胞内的细胞质或细胞核，能够与激素结合为复合蛋白质（如膜表面的糖蛋白）。肽类和蛋白质激素的受体存在于靶细胞膜上，而类固醇激素与甲状腺激素的受体则位于细胞浆或细胞核内。受体与激素结合后，活化相应的信号转导途径，诱发相应的生理学反应。激素-受体结合与其他类型的化学结合不同之处在于它的特异性、可逆性、亲和力和饱和性。

特异性指的是某受体选择性地同血液中浓度极低（一般介于 $10^{-9} \sim 10^{-10}$ mmol）的特定激素分子的结合能力。在分子水平，激素分子和受体之间相互作用的特异性，取决于它们的立体化学的对应性以及结合的能力。特异性是相对的而不是绝对的，结构相似的激素家族能够结合于相同受体，而且，一种激素能够同数种类型的受体结合。肾上腺素和去甲肾上腺素能够与同样类型的受体结合，但也会选择性地与不同的肾上腺能受体亚型结合，不过与不同类型的受体结合时所表现的亲和力不同，如胰岛素和胰岛素样生长因子（IGF-I）均可与胰岛素受体或 IGF-I 受体结合，可是它们同自己的受体结合时的亲和力更大。

特异性也可通过激素诱发的信号转导机制在不同组织诱发不同的生理效应，如肾上腺素激活 cAMP 信号转导途径后，在心肌部位会刺激心肌的收缩活动，在肝脏会加强肝糖原向葡萄糖的分解活动，在脂肪组织则会加速甘油三酯分解为游离脂肪酸。

激素-受体结合的可逆性指的是激素和受体形成可逆性结合的特性，激素和受体之间的相互作用取决于激素和受体这两种反应物的浓度。

激素-受体的结合具有饱和性，这是因为受体的数量是有限的，因此存在着结合的上限。在正常的生理反应中，很少需要与受体进行最大程度的结合。因此，靶组织的生理反应程度与受体结合的数量成正比。

激素-受体结合后激活相应的信号转导途径，通过多级级联反应诱发出明显的生物放大效应。激素-受体结合后能够激活多种不同的信号转导途径，包括由 cAMP 介导的信号转导途径和由结合受体的 G 蛋白介导的信号转导途径，而后者又可分为抑制 cAMP（Gi 蛋白）的信号转导途径、IP3-DAG（Gq 蛋白）信号转导途径、cGMP（Gc 蛋白）和 NO（一氧化氮）信号转导途径等。限于篇幅，不再赘述。

（二）下丘脑在运动应激行为中的作用

身体运动是一种强烈刺激，可以引起机体各系统、器官发生剧烈的变化。这些变化可被体内外感官和感受器所接受，形成各种传入性神经冲动，传到中枢神经系统，由中枢神经系统对这些信息进行分析综合。分析综合的结果，一方面经躯体神经和自主神经引起运动以及行为、器官的功能变化；另一方面则通过下丘脑的神经分泌神经元，将传入的信息转变为促垂体激素（或因子）的输出，进而由垂体分泌的促激素引起不同的靶器官、靶组织、靶细胞代谢功能的变化。所有这些分泌神经元都起着"神经-内分泌换能"的作用，这种现象也被称做"递质-促垂体激素偶合"。

下丘脑神经元所释放的促垂体激素或促因子，通过下丘脑正中隆起的末梢，释放到垂体门静脉初级毛细血管丛，由门静脉血流带入腺垂体，以调节相应垂体神经细胞的分泌活动。正是由于下丘脑-垂体这一过程，才将神经系统与内分泌系统有机地结合起来，构成了神经内分泌调节的完整机制。因此，下丘脑-垂体系统是神经内分泌学的核心部分，是应激反应的发动者与调控者。

下丘脑中包括调节垂体促激素分泌的各类分泌神经元，它可通过调节这些分泌神经元的分泌活动来影响腺垂体促激素的分泌。第一，它可影响下丘脑分泌神经元释放促肾上腺皮质激素释放激素（CRH），以调节腺垂体促肾上腺皮质激素（ACTH）的分泌活动；第二，它可影响下丘脑分泌神经元释放促生长激素释放激素（GHRH）和生长抑素（SS），以调节腺垂体生长激素（GH）的分泌活动；第三，它可影响下丘脑分泌神经元释放促甲状腺素释放激素（TRH），以调节腺垂体促甲状腺素（TSH）的分泌活动；第四，它可影响下丘脑分泌神经元释放促性腺激素释放激素（GnRH），以调节腺垂体促性腺激素（LH和FSH）的分泌活动；第五，它可影响下丘脑分泌神经元释放催乳素释放抑制因子（PIF，主要成分是多巴胺即DA），以及催乳素释放促进因子（PRF，主要成分包括TRH、VIP、5-HT等），以调节腺垂体催乳素（PRL）的分泌活动。

尤其值得注意的是，研究已经发现这些分泌神经元群彼此之间存在着紧密的联系，如TRH神经元群向CRH神经元群发生投射联系。提示这些神经元相互之间必然存在着功能上的整合或短距、超短距反馈联系。

下丘脑释放的促激素，通过门静脉等途径作用于垂体前叶（腺垂体），调节（加强或抑制）腺垂体分泌促激素。腺垂体分泌的促激素，通过血液循环，作用于不同的内分泌腺，调节相应激素的分泌活动。这些内分泌腺分泌出不同的激素，作用于全身的靶器官、靶组织或靶细胞，对其功能活动进行调节。

在上述的整个调节链中，处于最上位的是下丘脑，最下位的是遍布全身的器官、组织与细胞，整个过程形成一个"金字塔"，塔顶是下丘脑。由此可见，下丘脑在神经-内分泌调节中的关键角色。此外，我们还可将上述过程视做一个"散射"过程，即以下丘脑为中心向周围散射，并形成我们习惯上所称谓的"内分泌轴"。人体比较重要的内分泌轴包括下丘脑-垂体-肾上腺轴（也称为应激轴）、下丘脑-垂体-甲状腺轴（也称生长轴）和下丘脑-垂体-性腺轴（也称生殖轴）。

此外，在运动应激过程中，下丘脑还有一个重要作用——通过蓝斑-去甲肾上腺素/交感系统激活交感神经，并通过兴奋交感神经促进肾上腺素以及去甲肾上腺素的分泌，以更好地适应运动需求。其主要过程是运动刺激激活下丘脑，然后由下丘脑通过CRH激活交感神经。

（三）CRH在运动应激行为中的作用

在运动应激一系列的调节过程中，尽管有儿茶酚胺（CA）等神经递质参与，但主要调节者当属CRH，其他主要调节因子均直接或间接通过CRH发挥调节作用。

在运动应激过程中，糖皮质激素、肾上腺素、去甲肾上腺素、胰高血糖素以及血糖水平升高，心血管、呼吸作用加强，血压升高和代谢加快等均与CRH有关。在应激反应时，CRH可活化脑内生物胺系统，包括激活交感神经、抑制副交感神经等。大量研究表明，CRH的生物学作用远比最初设想的作用广泛得多，如研究已经揭示：CRH可增强下丘脑生长抑素的释放，导致生长缓慢，影响生长轴功能；通过POMC系统抑制LH的释放，影响生殖轴功能；在人体炎症部位也发现了免疫阳性CRH。

运动应激过程中，最重要的神经内分泌轴是下丘脑-垂体-肾上腺轴。而在这个轴上，最为活跃的激素当属CRH。

CRH一方面可通过激活蓝斑-去甲肾上腺素／交感系统（LC-NE／Sympathetic System），激活交感神经，并进而通过交感神经促进肾上腺髓质分泌肾上腺素与去甲肾上腺素，加强心血管、呼吸等器官的机能活动；另一方面可通过弓状核、杏仁核-海马复合体以及中皮层／中边缘系统并借助多巴胺、强啡肽、5-羟色胺及乙酰胆碱等，激活并维持交感神经适宜的兴奋度。交感神经借助所分泌的儿茶酚胺，并通过弓状核等相同部位，同时也借助多巴胺、强啡肽、5-羟色胺及乙酰胆碱等相同信息物质，反作用于CRH，使CRH分泌活动维持在适宜水平，以便对运动应激过程进行更细致、更准确的调控。CRH作用于腺垂体，促进ACTH（另一种关键的应激激素）的分泌活动，ACTH进一步作用于肾上腺皮质，促进糖皮质激素分泌加强，并通过糖皮质激素，加强代谢活动，满足运动时的能量需求和水盐平衡。

综上所述，CRH是对运动应激反应过程中所产生的内分泌、代谢、心血管功能和行为等一系列变化的主要执行和调节者。它同其他调节因素一起，通过整合心血管功能、免疫系统及行为等，使机体更好地适应与调节应激变化。

（四）内分泌激素对运动的应答与适应特征

人体运动对机体是个非常强烈的刺激，必然引起非常剧烈的应答性变化。在这个剧烈应答性反应过程中，内分泌激素水平必然发生相应的变化，与代谢加强等应激反应行为关系密切的激素水平必然会明显升高。而内分泌激素在长期的身体运动影响下，也会发生相应的适应，通过"去补偿"等方式，将激素水平更加精确地控制在适宜水平，使运动应答更加精确和准确。

主要内分泌激素对急性运动的应答性反应，以及经过长期身体运动后所发生的适应性变化如表7-1所示。

综合表7-1的内容并结合前期的重要研究结果，可见：第一，应激激素水平在急性运动过程中会明显升高，且升高的幅度与运动负荷强度和／或运动持续时间成正比。第二，并非所有运动负荷都可明显激活内分泌激素的分泌活动，对主要应激激素而言，运动中要引起水平明显升高，需要一个最低的运动强度阈值，而且激活不同激素升高的强度阈值不尽相同（一般在60%～70%VO$_2$max）。第三，在对某一运动刺激初期应答时，激素水平的变化必然会发生很大程度的"过度补偿"现象（over-compensation）；而在经过长期运动训练后，完成同等负荷时激素水平则会逐渐降低，发生"去补偿"现象（de-compensation），表现为开始某种负荷运动时，反应幅度比较明显，随着同等负荷不

表 7-1 主要内分泌激素对急性运动的应答性反应及适应性变化

激素名称	对急性运动的应答性反应	经过长期运动的适应性变化
生长激素	随着运动负荷的增加而升高	完成同等运动负荷时反应变小
促甲状腺素	随着运动负荷的增加而升高	未知
促肾上腺皮质激素	随着运动强度和持续时间升高	完成同等运动负荷时反应变小
催乳素	随着运动升高	未知
促卵泡激素	变化很小或未变	未知
黄体生成素	变化很小或未变	未知
抗利尿激素	随着运动负荷的增加而升高	完成同等运动负荷时反应变小
甲状腺素	游离 T3 和 T4 随着运动强度增加而升高	完成同等运动负荷时 T3 和 T4 比例改变
甲状旁腺素	随着运动持续时间延长而升高	未知
肾上腺素	在约 75% 的 VO_2max 时开始升高，并随强度增加而升高	完成同等运动负荷时反应变小
去甲肾上腺素	在约 50% 的 VO_2max 时开始升高，并随强度增加而升高	完成同等运动负荷时反应变小
醛固酮	随着运动负荷的增加而升高	稍微升高
可的松	仅在高强度运动负荷时才升高	稍微升高
胰岛素	随着运动负荷的增加而升高	完成同等运动负荷时反应变小
高血糖素	随着运动负荷的增加而升高	完成同等运动负荷时反应变小
肾素	随着运动负荷的增加而升高	不变
红细胞生成素	未知	不变
睾酮	运动期间小幅度升高	男子运动员安静值降低
雌激素和孕激素	运动期间小幅度升高	高水平女子运动员安静值也许会降低

断重复，反应幅度逐渐变小。这表明：反应程度更加精确，机能表现出节省化特征。第四，经过长期训练后，不同激素变化的综合结果总是朝着更有利于对身体运动时身体功能的精确调控和更能保护机体的健康与安全的方向发展。

四、运动免疫学研究进展

自 20 世纪 80 年代起，运动免疫研究逐渐成为运动人体科学最活跃的研究领域之一。

运动免疫学研究业已证实，长期从事大强度的运动训练会产生非常明显的运动性免疫抑制现象，导致运动员免疫功能明显低下，对各种感染性疾病的抵抗力明显降低。这不仅影响到运动能力和比赛成绩，而且直接影响到运动员的运动寿命和身体健康。因此，对运动性免疫抑制的产生机制与免疫调节机制进行研究，是非常重要和急需的科学工作。

引起运动性免疫抑制的原因非常复杂，依据前期的研究成果，主要涉及到：第一，血糖和谷氨酰胺水平的变化；第二，机体自由基生成和抗氧化功能的变化；第三，涉及到运动应答和运动适应过程中免疫增强类与免疫抑制类两类信息物之间的相互平衡关系；第四，神经、内分泌和免疫功能的相互作用和整合作用。研究者发现，运动过程中免疫功能的变化并不是孤立的，而是神经-内分泌-免疫网络相互作用和整合的结果。运动性免疫抑制现象的产生，相当程度上取决于在运动应激和运动适应过程中神经-内分泌调节对免疫功能长期抑制（或压抑）的结果。

因此，要探索运动性免疫抑制的机理以及探索调节运动性免疫功能的方法，必然不能仅仅围绕免疫系统自身来进行，而必须从神经-内分泌-免疫三大调节系统的相互作用更高的视角入手。

（一）免疫调节信息物

神经递质、激素（内分泌激素与神经激素）、神经肽与细胞因子是对免疫机能具有重要调控作用的调节物质。从调控免疫机能的角度，可将这些物质大致划分为两大类，即免疫增强类调节物与免疫抑制类调节物。免疫增强类调节物质主要包括 GH、TSH、T3、PRL、ACh、β-END、SP、MLT 等，免疫抑制类调节物质主要包括 CRH、GnRH、ACTH、GC、SS、CA、VIP、CG 等。

一般情况下，这两类调节物在体内相互作用，维持机体正常的免疫应答与免疫适应。但在体育运动这种特殊刺激作用下，两类调节物质相互作用的力量会发生根本性变化。凡是与加强代谢和运动能力有关的应激激素和调节物质生成明显增加，其余激素和调节物质则处于抑制状态。这些免疫抑制型的应激激素分泌增多，再加上交感神经兴奋所产生的免疫抑制效应，可对免疫系统产生强烈的抑制作用。

尽管运动过程中 GH、PRL 等激素的分泌量也有所增加，但其免疫增强效应远远小于免疫抑制效应，所以运动中总体表现出明显的免疫抑制。

（二）内分泌轴与运动性免疫功能变化

1. 下丘脑-垂体-肾上腺轴（HPA 轴）

在运动应激相应的调节通路中，最重要的神经内分泌轴是 HPA 轴，此轴也是重要的免疫机能调节轴。处于上游的下丘脑分泌 CRH，可以刺激垂体分泌 ACTH，ACTH 作用于肾上腺皮质可促进肾上腺皮质激素的释放，产生强烈的免疫抑制作用。在此免疫抑制过程中，主要调节物当属 CRH，其他影响因子均直接或间接地通过 CRH 发挥调节作用。大量研究表明，CRH 的生物学作用远比最初设想的广泛得多，如 CRH 可增强下丘脑 SS 的释放，导致生长缓慢，影响生长轴功能；通过 POMC 系统抑制 LH 的释放，影响生殖轴功能；在人体炎症部位也发现了免疫阳性 CRH。在应激反应时，CRH 也可活化脑内生物胺系统，包括激活交感神经、抑制副交感神经等。

2. 下丘脑-垂体-性腺轴（HPG 轴）

在下丘脑-腺垂体-性腺功能轴中，下丘脑分泌 LHRH，它可促进腺垂体分泌促性腺激素 LH 和 FSH，两者作用于性腺（睾丸和卵巢）可增强雄性激素或雌性激素的分泌。这条生殖轴对免疫机能有非常重要的影响，总体呈现以免疫增强效应为主。但剧烈运动对性腺轴的功能活动有抑制效应。

3. 下丘脑–垂体–生长轴

此轴由下丘脑（分泌 GHRH）–腺垂体（分泌 GH）–靶组织与下丘脑（分泌 TRH）–腺垂体（分泌 TSH）–甲状腺（分泌 T3、T4）–靶组织两个环节组成。此轴的主要功能性激素 GH 和 T3、T4，均为重要的免疫增强物。运动过程中运动引起免疫功能低下的一个很重要的机制，就是高度激活的 HPA 轴活性，一方面直接抑制免疫功能，另一方面抑制生长轴分泌 GH 和 T3、T4，间接抑制免疫功能。

（三）神经、内分泌与免疫功能的调控

1. 神经递质与免疫功能

神经递质是中枢神经系统作用于免疫系统的主要物质基础。近年来已证实免疫细胞上有很多神经递质受体，而神经递质必须通过与免疫细胞上的特异性受体结合才能发挥调控作用。

中枢神经递质最初只限于所谓的经典神经递质，即儿茶酚胺、乙酰胆碱等在外周神经确定的神经递质，以后又证实了在中枢神经系统内存在着丰富的氨基酸递质。随着对神经肽研究的深入，发现许多神经肽在中枢神经系统内起着神经递质和/或调质作用，大大丰富了神经递质的内容，并证实许多神经肽与经典的递质在神经终末共存、共释出。此外，还发现了一氧化碳（CO）、一氧化氮（NO）等也具有递质作用。目前已知的中枢神经递质有以下几类：第一，生物胺类，包括儿茶酚胺（去甲肾上腺素、肾上腺素与多巴胺）、5-羟色胺（5-HT）和组胺（H）；第二，乙酰胆碱（Ach）；第三，氨基酸类，包括兴奋性氨基酸（谷氨酸、天冬氨酸等）和抑制性氨基酸（γ–氨基丁酸、甘氨酸）等；第四，神经肽类，包括内源性阿片肽、脑肠肽等；第五，其他，如 NO、CO 等。

免疫细胞上具有多种神经递质受体，包括肾上腺素受体、多巴胺受体、乙酰胆碱受体、5-羟色胺受体以及组织胺受体等。此外，还包括阿片肽受体、P 物质受体以及血管活性肠肽受体等。这样，就构成了神经系统通过神经递质对免疫系统的调控。总体说来，乙酰胆碱、5-羟色胺和抑制性氨基酸等神经递质可增强免疫机能，而肾上腺素、兴奋性氨基酸等神经递质对免疫机能有抑制作用。

2. 内分泌激素对免疫功能的调控

免疫细胞上有重要的激素受体，包括类固醇激素受体（糖皮质激素受体、睾酮受体、雌激素及孕激素受体等）、肽类激素受体（促肾上腺皮质激素受体、生长激素受体、催乳素受体等）、生长抑素受体以及褪黑素受体等。

引起免疫抑制的主要内分泌激素有促肾上腺皮质激素、糖皮质激素、内啡肽、儿

儿茶酚胺、生长抑素等，增强免疫机能的主要内分泌激素有生长激素、促甲状腺素、P物质、褪黑激素等。雌性激素与催乳素等视体内机能情况对免疫机能有增强与抑制双面效果。

总体说来，凡应激反应性激素，如CRH、ACTH、GC、NE、E等，均属于强烈的免疫抑制剂，而与生殖、生长、恢复等有关的内分泌激素，一般均会增强免疫机能。

3. 免疫系统对神经系统、内分泌系统的反调节作用

免疫系统一方面充当着神经系统的效应器以及内分泌系统的靶器官从而受神经内分泌系统的调控，而且在体内能够识别不同的"非感知性刺激"并分泌出不同的免疫递质（细胞因子、神经肽或激素等），这些免疫递质不仅作用于免疫系统本身，而且还可反作用于神经系统与内分泌系统，共同保证机体的安全并维持机体的稳态。

（1）免疫细胞合成的神经肽或激素：现已证实，免疫系统可直接分泌神经内分泌肽类激素，并称之为免疫反应性激素（immunoreactive hormone）。目前已发现的免疫反应性激素主要有促阿黑皮素原（POMC）族肽、促甲状腺素（TSH）、生长激素（GH）、催乳素（PRL）、P物质（SP）、血管活性肠肽（VIP）、生长抑素（SS）、促性腺激素释放激素（LHRH）、促肾上腺皮质激素释放激素（CRH）、血管加压素（AVP）、催产素（OT）和促生长激素释放激素（GHRH）等，免疫系统利用这些分泌物质既可调节自身功能，又可调节神经内分泌机能（神经内分泌细胞上也有相应激素受体）。

（2）细胞因子：细胞因子（cytokine）也是神经-内分泌和免疫网络相互作用过程中重要的信息传递物。细胞因子对于免疫系统，其重要性正如神经递质对于神经系统、激素对于内分泌系统。免疫细胞被激活后，可以产生多种细胞因子，不仅可对免疫系统自身的机能进行调节，而且反作用于神经和内分泌系统，进而影响全身各系统的功能状态。

细胞因子对神经内分泌的调节具有复杂性与多样性的特点。对于下丘脑、垂体和靶腺在不同水平上均有调节作用，且可有正负两种调节效应。多数细胞因子对于下丘脑-垂体-肾上腺轴有明显的激活作用，而对下丘脑-垂体-甲状腺轴和下丘脑-垂体-性腺轴起明显的抑制作用。

目前已较肯定的细胞因子包括干扰素（IFN，具有促肾上腺素和内啡肽样作用，兴奋神经元，升高肾上腺皮质激素，对抗胰岛素）、白细胞介素-1（IL-1，促进下丘脑释放促肾上腺素皮质激素释放激素，促进脑垂体释放促肾上腺素及内啡肽，升高糖皮质激素水平，增加神经节表达P物质等）、白细胞介素-2（IL-2，促进脑垂体释放促肾上腺皮质激素及内啡肽，升高糖皮质激素水平，具有促皮质释放因子样作用）、白细胞介素-6（IL-6，刺激下丘脑释放促肾上腺皮质激素释放激素）、肿瘤坏死因子（TNT，中枢致热，促进胶质细胞合成白细胞介素-8及脑啡肽）、胸腺肽（提高促肾上腺皮质激素与糖皮质激素水平）、胸腺素（促进下丘脑释放促黄体生成素释放激素）等。

目前运动免疫学研究，主要集中在免疫功能自身，比如免疫功能对运动的应答和适应、运动对免疫细胞以及亚群的影响、运动与免疫细胞凋亡等，而较少关注神经、内分泌系统对免疫功能的调控以及免疫系统对神经、内分泌系统的反调控作用。其实，运动对免疫功能的影响，不仅仅是免疫系统自身功能状态的变化，更重要的是神经、内分泌系统的影响。

因此，今后对运动免疫方面的研究，不仅应该注重运动对免疫功能的影响，更应该关注神经系统、内分泌系统对免疫功能的作用，以及免疫功能对神经系统和内分泌系统的反作用。这样有助于揭示和解释运动对免疫功能影响的机制，并有助于揭示运动过程中三大调节系统的相互作用和整合调节。

4. 值得关注和探索的主要领域

(1) 运动与神经递质（神经调质）的关系。这是免疫调节的上位因素，不仅需要了解不同运动影响下这些神经递质的定量变化，而且需要探索这些递质的定位变化和定性变化。尤其需要探讨在神经细胞、内分泌细胞和免疫细胞上神经递质相应的受体表达等。

(2) 运动与内分泌的关系。不仅需要了解不同运动影响下不同激素水平的变化，尤其需要揭示在神经细胞、内分泌细胞和免疫细胞上相应的激素受体的表达等。

(3) 免疫信息物对免疫系统自身功能的调节作用以及对神经、内分泌功能的反作用。不仅需要关注免疫细胞分泌细胞因子功能的变化以及免疫细胞上相应细胞因子受体的表达，尤其需要关注神经细胞（尤其是上位神经元）和内分泌细胞（尤其是上位内分泌腺）上细胞因子受体的表达。

这些研究对于运动能力的提高具有非常重要的意义，在理论上，有助于揭示运动与免疫功能之间的关系，揭示运动影响下三大调节系统之间的相互作用和整合；在实践上，可为早期干预、防止运动性免疫抑制的发生，减少运动性伤病，提高运动成绩提供理论依据。

推荐读物

[1] 邓树勋，王健. 高级运动生理学——理论与应用 [M]：第六章, 运动免疫学研究及其进展.北京：高等教育出版社，2003.

[2] 彭聿平，邱一华，王建军. 交感神经-免疫系统调节网络的研究进展 [J]. 中国神经科学杂志，2003, 19 (5)：318-321, 327.

参考文献

[1] 邓树勋，王健. 高级运动生理学——理论与应用 [M]：第六章, 运动免疫学研究及其进展. 北京：高等教育出版社，2003.

[2] 郝选明. 运动员免疫功能降低的机理及其调理措施[J]. 体育科研，2003.

[3] 郝选明. Effect of Nano-Se on immune and antioxidant function in training rats

[J]. Comparative Biochemistry and Physiology. Part A. 2005.

[4] 郝选明. Exercise-induced immunosuppression in elite rowers and its modification with Traditional Chinese Medicine[M]. 2004 Pre-Olympic Congress Proceedings.

[5] 柯江维,王建红,伍庆华,等. 海马和性腺轴性激素受体的分布及应激时的变化[J]. 江西中医学院学报,2005,17(2):69-71.

[6] 彭聿平,邱一华,王建军. 交感神经-免疫系统调节网络的研究进展[J]. 中国神经科学杂志,2003,19(5):318-321,327.

[7] Smriga M, Kameishi M, Torii K. Exercise-dependent preference for a mixture of branched-chain amino acids and homeostatic control of brain serotonin in exercising rats[J]. J Nutr, 2006, 136 (2): 548-552.

[8] Ohiwa N, Saito T, Chang H, et al. Activation of A1 and A2 noradrenergic neurons in response to running in the rat [J]. Neurosci Lett, 2006, 395 (1): 46-50.

[9] Villalba RM, Raju DV, Hall RA, et al. GABA (B) receptors in the centromedian/parafascicular thalamic nuclear complex: An ultrastructural analysis of GABA (B) R1 and GABA (B) R2 in the monkey thalamus[J]. J Comp Neurol, 2006, 496 (2): 269-287.

[10] Li ZS, Schmauss C, Cuenca A, et al. Physiological modulation of intestinal motility by enteric dopaminergic neurons and the D2 receptor: analysis of dopamine receptor expression, location, development, and function in wild-type and knock-out mice [J]. J Neurosci, 2006, 26 (10): 2798-2807.

[11] Park E, Chan O, Li Q, et al. Changes in basal hypothalamo-pituitary-adrenal activity during exercise training are centrally mediated[J]. Am J Physiol Regul Integr Comp Physiol, 2005, 289 (5): 1360-1371.

[12] Mastorakos G, Pavlatou M. Exercise as a stress model and the interplay between the hypothalamus-pituitary-adrenal and the hypothalamus-pituitary-thyroid axes[J]. Horm Metab Res, 2005, 37 (9): 577-584.

[13] Jackson K, Silva HM, Zhang W, et al. Exercise training differentially affects intrinsic excitability of autonomic and neuroendocrine neurons in the hypothalamic paraventricular nucleus [J]. J Neurophysiol, 2005, 94 (5): 3211-3220.

专业名词中英文对照

中文	英文
神经元	neuron
神经丝	neurofilament
细胞骨架	cyloskeleton
微小梁	microtrabicular
突触	synapse
化学性突触	chemical synapse
电突触	electric synapse
神经递质	neurotransmitter
神经调质	neuromodulator
加压素	vassopressin
抗利尿激素	antidiuretic hormone (ADH)
催产素	oxytocin
过度补偿	over-compensation
去补偿	de-compensation

(华南师范大学　郝选明)

第八讲　健身和运动训练效果的生物学评价

> 【内容提要】
>
> 本讲主要从四个方面入手进行分析。1. 如何认识健身和训练效果的生物学评价；2. 健身和训练效果生物学评价的进展；3. 健身和训练效果生物学评价的策略；4. 健身和训练效果生物学评价的局限性。在健身和训练效果的生物学评价过程中，对于评价目的的认识是搞好评价的关键。正确分析评价主体、客体以及主客体之间的关系是进行生物学评价的基础。知道生物学评价的局限性是客观把握生物学评价的前提。
>
> 生物学是自然科学中的一门基础科学，分子生物学和生态学是生物学中最具代表性的前沿学科。利用分子生物学技术评价健身和训练效果是当前人们关注的热点，具有巨大的潜在发展空间，但从生态学的视角进行生物学评价则是一个尚未开发的领域。
>
> 【重要名词】
>
> **生物学**：生物学是研究生物各个层次的种类、结构、功能、行为、发育、起源和进化以及生物与周围环境的关系等的科学。
>
> **诊断评价**：在健身运动或运动训练计划开始之前，需要先对参加人的身体能力和健康状况作出判断，如果是运动员，还需要作与所从事运动项目相关的更细致的检测和评价，然后为制订健身或运动训练计划和目标提供依据。
>
> **过程评价**：起始于健身运动或运动训练开始应用之时，贯穿于整个过程。其作用实际上是评价健身运动和运动训练在应用过程中的效果和修正健身运动或运动训练在应用中的不足。
>
> **效应评价**：评估体育手段或训练手段导致的目标人群相关行为及其影响因素的变化。

一、认识健身和训练效果的生物学评价

对一个事物的认识和判断的结果，与人的世界观和价值标准是紧密相关的。按照逻辑思维的过程，人们在认识和判断事物的过程中经历了概念、判断、推理和结论几个思维阶段。其中，概念就像一把"尺子"，一杆"秤"，如果概念不清，就会导致判断的失误、推理的偏差和结论的错误。因此，如何认识健身和训练的效果、如何认识生物学评价的含义，以及如何运用生物学评价的指标评价健身和训练的效果，首先就取决于评价

者或被评价者对健身、训练、生物学、评价等概念的理解与认识。

(一) 生物学与生物学评价

1. 评价

评价（evaluation），即"评定价值高低"，是人们健身活动和运动训练中最普遍的现象之一。渗透于健身活动和运动训练的每一个环节，与健身活动和运动训练的历史一样悠久。人们无时无刻不在评价着——对健身和运动训练效果、环境、方法与手段、理论与思路、对他人、对自己，同时又无时无刻不在被评价着——被他人、被自己。人们对于与自己发生关系的事物无不加以评价。因此，对健身和训练过程中的事物，不仅希望弄清它们是什么，而且希望知道它们能否满足参与者的需求。这就决定了人必然会对健身和训练是否有效果、有什么效果作出评价。

评价也是人们在健身和运动训练中最感困惑的现象之一。首先，困惑主要来自评价的分歧。因为，每一个人教育背景、知识架构、科研经历和文化积淀的不同，形成了评价主体及其价值观念的多元化，例如运动训练中的"训练适应机制"与"超量恢复理论"、单纯的"健康理念"与"三维健康观"、"体育"与"竞技"概念的差异等，都反映了人们认识以及认识背后的差异，而这种差异很有可能导致评价的标准、内容、重点、视角、程序和对结果的不同解读。其次，影响评价结果的因素是多方面的，具有复杂性、不确定性等方面的特征，而评价常常是针对评价对象和评价内容的某一点，或局部，或某一时间段的变化进行评价的，所以，如何解释评价结果常常引起人的困惑。

因此，对评价本质属性的理解以及对评价对象的理解与认识是决定评价结果真伪和价值的重要依据。从生物学科的角度去谈评价的问题，一方面取决于我们对生物学和体育（运动与健康、训练与成绩）的认知水平，另一方面则取决于评价结果的真伪。所以，如何认识生物学、如何判别评价结果的真伪就是健身和训练效果生物学评价的核心问题。

2. 生物学

生物学（biology）也称生物科学（biological science），是研究生物各个层次的种类、结构、功能、行为、发育、起源和进化以及生物与周围环境的关系等的科学。作为生物的一种，人也是生物学的研究对象。从20世纪40年代以来，生物学吸收了数学、物理学和化学等的研究成果，逐渐发展成了一门精确的、定量的、深入到分子层次的科学。人们已经意识到生命是物质的一种运动形态。生命的基本单位是细胞，是由蛋白质、核酸、糖、脂类等生物大分子组成的物质系统。生命现象就是这一复杂系统中物质、能量和信息三个量综合运动与传递的表现。

现代生物学是一个有众多分支的庞大的知识体系。一方面生物不仅具有多样性，而且具有一些共同的特征与属性（表8-1）；另一方面生物学依照生命运动所具有的属性、特征等又可以将生物学划分成为不同的分支学科（表8-2）。

第八讲 健身和运动训练效果的生物学评价

表 8-1 生物的共同特征与属性

特性	主要特征与属性
生物化学的同一性	组成生物体生物大分子的结构和功能，在原则上是相同的。例如：各种生物的蛋白质的单体都是由 20 种氨基酸组成的；不同的生物体内基本代谢途径是相同的，甚至代谢途径中各个不同步骤所需要的酶也是基本相同的；ATP 是生物体的直接能量物质等
多层次的结构模式	19 世纪德国科学家 M.J.施莱登和 T.A.H.施旺提出细胞学说，认为动植物都是由相同的基本单位——细胞所组成。这对于病毒以外的一切生物，从细菌到人都是适用的。除细胞外，生物还有其他结构单位，例如生物大分子、细胞器、组织、器官、系统、个体、种群、生态系统和生物圈等。生物的各种结构单位，按照复杂程度和逐级结合的关系而排列成一系列的等级，称为结构层次。其中，每一个层面上的生命活动，与组成它的成分间的相互作用有关，而较高层次可能会出现较低层次所不曾出现的性质和规律
有序性和耗散结构	生物体的代谢历程和空间结构是有序的。20 世纪 60 年代，I.普利戈任提出耗散结构理论，按此理论，生物体是远离平衡的开放系统，它从环境中吸取以食物形式存在的低熵状态的物质和能，把它们转化为高熵状态后排出体外。这种不对称的交换使生物体和外界熵的交流出现负值，这样可以抵消系统内熵的增长。生物有序是依赖新陈代谢这种能量耗散过程得以产生和维持的
稳态	生物对体内的各种生命过程有良好的调节能力。生物所处的环境是多变的，但生物能够对环境的刺激作出反应，通过自我调节保持自身的稳定。法国生物学家 C.贝尔纳最先提出了这概念，随后美国生理学家 W.B.坎农提出"稳态"一词。同时，"稳态"一词的运用远远超过个体内环境的范围。生物体的生物化学成分、代谢速率等都趋向稳态水平，甚至一个生物群落、生态系统在没有激烈外界因素的影响下，也都处于相对稳定状态
生命的连续性	1855 年 R.C.菲尔肖提出，所有细胞都来自原已存在的细胞。这个概念对于现存的所有生物来说都是正确的。除了最早的生命是从无生命物质在当时的地球环境条件下发生的以外，生物只能来自已经存在的生物。只能通过繁殖来实现从亲代到子代的延续。因此，遗传是生命的基本属性 分子生物学的发展进一步证明，一切生物的基因的化学实体都是核酸（DNA 和 RNA），遗传信息都是以核苷酸的排列来编码的，DNA 以半保留复制产生新的拷贝。在分子水平上，生命的连续性首先表现在基因物质 DNA 的连续性上

(接续表)

(续表)

特性	主要特征与属性
个体发育	通常是指多细胞生物从单个生殖细胞到成熟个体的成长过程。生物在一生中，每个细胞、组织、器官都随时间而发生变化，在任何一个特定时间的状态都是身体发育的结果。生物个体发育是按一定的生长模式进行的稳定过程
进化	进化是普遍的生物学现象。每个细胞、每种生物都有自己的演变历史，都在随着时间的发展而变化，它们目前的状态是它们本身进化演变的结果
生态系统中的相互关系	在自然界里，生物的个体总是组成种群，不同的种群彼此相互依赖、相互作用而形成群落。群落和它所在的无生命环境组成了生物地理复合体——生态系统。在生态系统中，不同的种群具有不同的功能和作用，例如绿色植物是生产者，它能利用日光制造食物；动物包括人在内是消费者。生物彼此之间以及它们和环境之间的相互关系决定了生态系统所具有的性质与特点。任何一个生物，它的外部形态、内部结构和功能，生活习性和行为，同它在生态系统中的作用和地位总是相适应的

表 8-2 生物学包含的主要分支学科

学科	主要内容
形态学	研究动、植物形态结构的学科。显微镜发明之后，形态学的研究由宏观转向微观，组织学和细胞学也就应运而生；而电子显微镜的使用，使形态学的研究又深入到超微结构的领域。但形态结构的研究不能完全脱离机能研究，现在的形态学研究早已跳出单纯描述的圈子，而是运用各种先进的实验手段了
生理学	研究生物机能的学科。生理学的研究方法是以实验为主。按研究对象又可分为植物生理学、动物生理学和人体生理学等
遗传学	研究生物性状的遗传和变异，并阐明其规律的学科。1953年，遗传物质DNA分子的结构被揭示，遗传学深入到分子水平。现在，遗传信息的传递、基因的调控机制已逐渐被了解，遗传理论和技术在农业、临床医学等实践中都在发挥作用，同时在生物学的各分支学科中占有重要的位置
胚胎学	研究生物个体发育的学科，原属形态学范围。19世纪下半叶，胚胎发育以及受精过程的形态学都有了详细精确的描述。此后，动物胚胎学从观察描述发展到用实验方法研究发育机制，从而建立了实验胚胎学。现在，个体发育的研究采用生物化学方法，吸收分子生物学成就，进一步从分子水平分析发育和性状分化机制，并把关于发育的研究从胚胎扩展到生物的整个生活史，形成发育生物学

(接续表)

第八讲　健身和运动训练效果的生物学评价

(续表)

学科	主要内容
生态学	研究生物与生物之间以及生物与环境之间的关系的学科。研究范围包括个体、种群、群落、生态系统以及生物圈等层次，揭示生态系统中食物链、生产力、能量流动和物质循环的有关规律，不但具有重要的理论意义，而且同人类生活密切相关
生物化学	研究生命物质的化学组成和生物体各种化学过程的学科，是进入20世纪后迅速发展起来的一门学科。生物化学的成就提高了人们对生命本质的认识。生物化学与分子生物学的内容有区别，但也有相同之处。一般说来，生物化学侧重于生命的化学过程、参与这一过程的作用物和产品以及酶的作用机制的研究；分子生物学是从研究生物大分子的结构发展起来的，现在更多的仍是研究生物大分子的结构与功能的关系，以及基因表达、调控等方面的机制问题
生物物理学	用物理学的概念和方法研究生物的结构和功能、研究生命活动的物理和物理化学过程的学科。早期生物物理学研究是从生物发光、生物电开始的，以后，随着生物学的发展，物理学的新概念，如量子物理、信息论等的介入和新技术，如X衍射、光谱、波谱等的使用，生物物理的研究范围和水平不断发展和提高。生物膜的结构及作用机制等都是生物物理学的研究课题。生物大分子晶体结构、量子生物学以及生物控制论等，也属于生物物理学的范围
生物数学	是数学和生物学结合的产物。其任务是用数学的方法研究生物学问题，研究生命过程的数学规律。早期，人们只是利用统计学、几何学等解析方法对生物现象作静止的、定量的分析。20世纪20年代以后，人们开始建立数学模型，模拟各种生命过程。现在生物数学在生物学各领域中都起着重要作用，使这些领域的研究水平迅速提高
分子生物学	分子生物学是研究分子层次的生命过程的学科。它的主要任务在于从分子的结构与功能以及分子之间的相互作用去揭示各种生命过程的物质基础。现代分子生物学的一个主要分科是分子遗传学，它研究遗传物质的复制、遗传信息的传递和表达及其调节控制问题等
细胞生物学	研究细胞层次生命过程的学科。早期的细胞学是以形态描述为主的，后来，细胞学吸收了分子生物学的成就，深入到超微结构的水平，主要研究细胞的生长、代谢和遗传等生物学过程，细胞学也就发展成细胞生物学了
个体生物学	研究个体层次生命过程的学科。在复式显微镜发明之前，生物学大体都是以个体和器官系统为研究对象的。研究个体的过程有必要分析组成这一过程的器官系统过程、细胞过程和分子过程，但是个体的过程又不同于器官系统过程、细胞过程或分子过程的简单相加。个体的过程存在着自我调节控制的机制，通过这一机制，高度复杂的有机整合为高度协调的统一体，以协调一致的行为反应外界因素的刺激

由此我们可以看出，生物学既研究各种生命活动的现象和本质，又研究生物之间、生物与环境之间的相互关系。目前，分子生物学是生物学的前沿分支。对于生物学的理解决定了评价的标准、手段和解释是建立在什么基础上，用什么样的视角和手段来评价。生物学提供了一个比传统体育领域中以医学为主要背景进行健身或训练效果评价更接近生命本质的评价理论、方法和手段（参见表8-2）。

（二）健身与训练

1. 健 身

健身（keep in good health）是指人们为了达到或保持自身的健康而进行的体育活动。是否能够达到或保持健康是选择体育活动的依据，同时也是评价其效果的衡量标准。因此，健身的关键在于对健康的认识以及对体育活动手段的了解和熟悉程度。健康包括躯体健康、心理健康、社会行为健康和道德健康。其中躯体健康，即人体生长发育正常和生理健康，包括躯体健全、各种器官系统发育良好、功能正常、体格健壮、精力旺盛和没有疾病；心理健康，即自我心理反应能力良好，各种心理品质完善，生活目标明确，有理想，有追求，事业上不断进取，无心理障碍；社会行为健康，即人不能离开社会而存在，在其思想、心理和行为等方面，必须具备能够适应各种社会关系发展变化以及处于逆境有求生存与发展的能力；道德健康，即人的道德意识、道德情感、道德修养及道德行为等各方面均有良好的水准和表现。因此，人们对健身效果的评价是一个基于对健康有全面认识基础上的复杂和全方位的评价的过程。当然，在影响健身效果的众多因素中，一定存在主要因素和次要因素，根据不同的评价目的可以选择不同的主因素。

2. 训 练

训练（training）在《现代汉语词典》的解释是"有计划有步骤地使具有某种特长或技能"，而在竞技体育活动或一般体育活动中提及的训练，通常是指"运动训练"。

运动训练是竞技体育活动的重要组成部分。主要指为提高运动员的竞技能力和运动成绩，在教练员的指导下，专门组织的有计划的体育活动。在运动实践中，人们通常是通过评价运动员的训练水平来控制运动训练过程的。其中，运动成绩是训练水平的重要指标。但需要指出的是，运动成绩是由包括实施运动训练、运动员最佳竞技状态的形成等多种因素共同作用的结果。

一般来讲，训练水平是运动员在所选的运动项目中，具有达到一定运动成绩的潜在能力，这种能力表现为运动技术水平、体力、战术、道德意志和智力水平。运动员的训练水平越高，工作能力越强，成绩也越好（图8-1）。

训练水平分为身体训练水平和专项训练水平两种。身体训练水平主要是机体的形态机能状况，其中包括身体素质（耐力、力量、速度、灵敏和柔韧等）和神经与肌肉的协调性。在这方面，不同的运动项目、不同的运动员（特别是优秀运动员）和不同的参加体育锻炼的人，虽然有非常明显的个性特征或项目特征，但在一定程度上，还是能够找

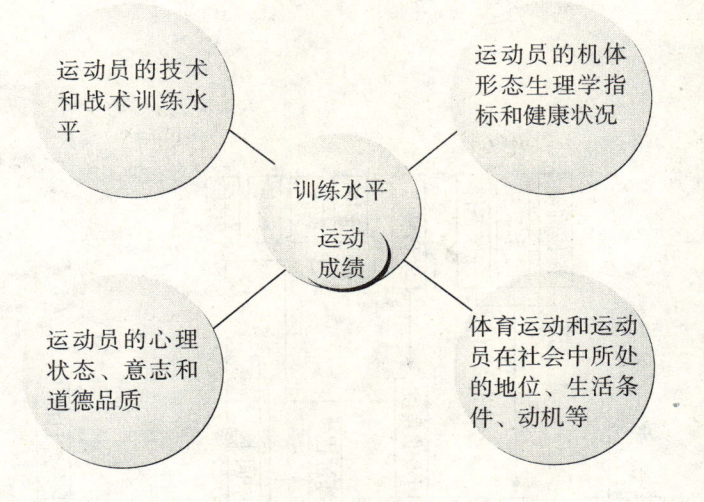

第八讲　健身和运动训练效果的生物学评价

图 8-1　影响运动成绩的主要因素

到许多共同之处的。而专项训练水平则主要是指运动员进行某一项训练，能够引起机体直接对该种负荷产生的适应。不同的运动项目使机体产生的适应变化是不一样的，有的项目主要是增强心血管系统和呼吸系统的功能，有些项目更多地发展人的心理品质。因此，专项训练水平具有明显的专项特征。

3. 效　果

效果（effect）是指由某种力量、做法或因素产生的结果。因此，无论是健身运动还是运动训练，其效果主要是指运动或者某种外部因素作为一种刺激，施加到参加健身运动的人和运动员或者是研究客体后产生的结果（应激性变化）。由此我们可以看出，运动目的、运动项目决定了运动负荷是自变量，而施加自变量之后机体应激性变化的结果是因变量。而效果则是因变量的具体体现。

但是，在实践中如何去评价健身和训练效果的"好"或者"坏"、"大"或者"小"、"有"或者"无"则是更为复杂、更为关键的问题。因此，判断健身和训练效果是一个策略性的问题、综合性的问题，同时也是一个过程性的问题，不是只针对最终结果而言的。也就是说，除了要重视最终效果外，还要注重评价效果的标准、形成效果的过程以及评价效果的手段和视角等因素。

4. 生物学评价视野下的健身和训练效果

通过图 8-2 我们可以清楚地看出，评价者（estimator）在评价的过程中受到多种因素的影响或限制。主要可以分成为三个大的方面：第一是评价者自身。主要包括评价者积累的评价经验、知识结构（生物学知识的深度和广度）和对评价的认知程度，以及选择的评价切入点或视角。第二是评价对象。由于评价对象不同的运动目的、不同的运动经历和评价对象自身组织与结构的复杂性等因素，使评价对象表现出来的情况具有了明

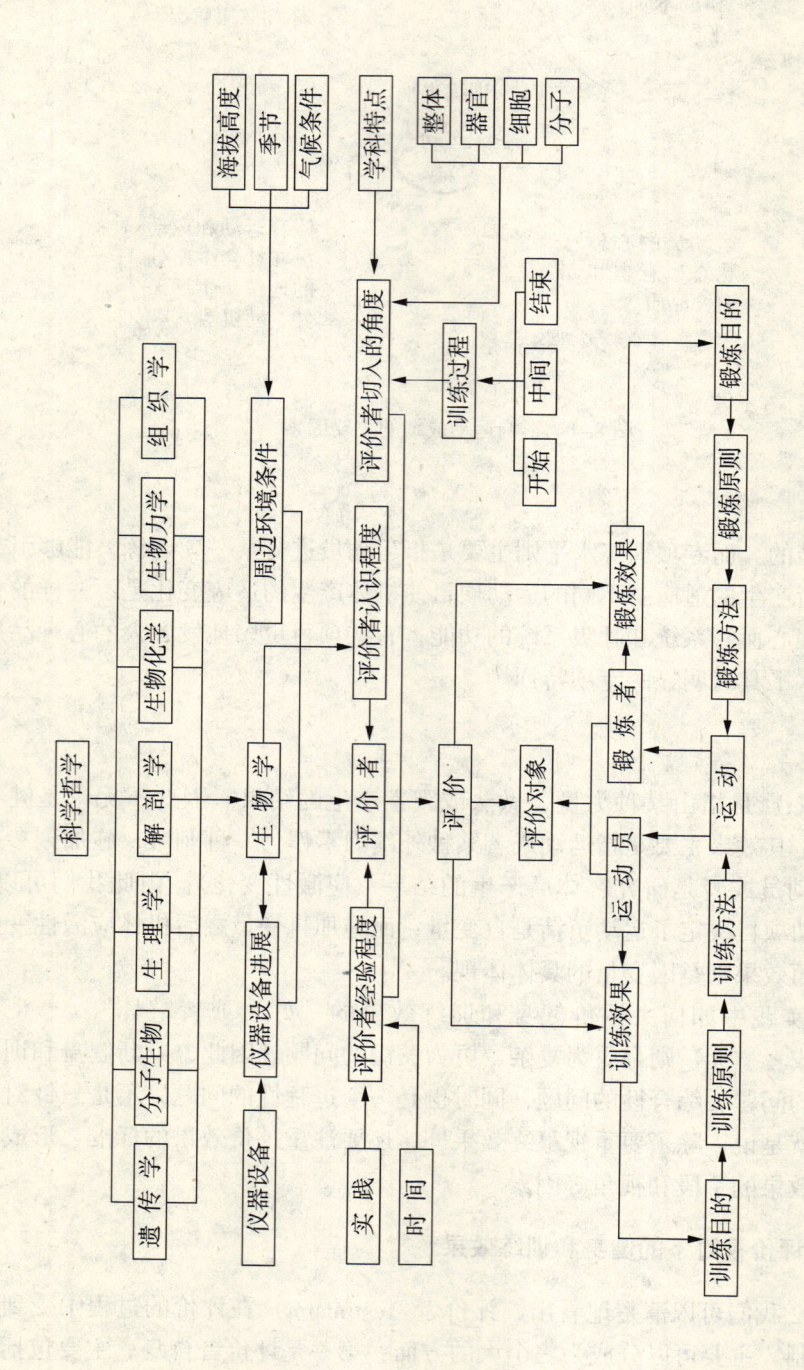

图 8-2 评价者与评价对象之间的关系及其相关因素示意图

显的多样化特征。第三是仪器设备和环境条件。仪器设备的发展水平可以促进或限制评价者认识的深度和广度，而评价对象所处环境以及评价者选择的评价环境也可以影响到评价的结果，例如对运动员高原训练期间的评价和对老年人冬季参加锻炼的效果评价，环境因素都是非常重要的。

在从生物学视角评价健身和训练效果时，首先要考虑到生物体的变化规律，要有整体的概念；其次要考虑到评价的重点是什么，是对结果进行评价，还是对过程进行评价。第三要考虑到评价的依据或标准是什么。第四要考虑到选用什么工具（仪器设备）和方法进行评价。第五要考虑清楚评价者与评价对象之间的关系，用客观、公正的眼光，用科学的方法和手段来评价。因此，一方面生物学为评价者提供了一个广阔的评价平台，另一方面评价对象又为评价者提供了一个千变万化的世界。所以，评价者如何最大限度地利用好这个平台，充分地挖掘评价对象的内在特质和变化规律，将决定结论的得出或决策的走向。

从生物学评价的角度看健身或训练效果，从本质上来讲是有别于传统的思维模式。传统的评价，一方面比较多的是对结果的评价，另一方面则是在评价中比较多地借鉴了医学的评价思想、评价手段和评价标准。因此，在评价的过程中带有了比较浓重的医学特征。而近年来随着分子生物学研究与技术的快速发展，生物医学的概念和相应的理论与方法逐渐形成体系。进而为生物学评价提供了平台。从生物学的视角关注健身与训练效果的根本意义在于，它提供了一个全新的视野和更多的可被利用的技术手段，并且突破了以往仅限于生理生化手段评价的框架和基于防治疾病、保障健康的范围。

但需要指出的是，在健身和训练效果生物学评价的整体背景下，对人类生态学的研究还非常薄弱，这在一定程度上制约了对人类健身和训练效果的生物学评价。

二、健身与训练效果生物学评价的进展

对于健身和训练效果的生物学评价主要的是受到来自生物医学的产生与发展的影响，也是近年来在体育科学研究领域中出现的一种新提法，尚未形成一套完整的理论体系、评价标准和工作模式。

20世纪50年代，生物学进入分子生物学阶段。分子生物学的诞生被称为生物学革命，它不仅使研究对象微观化，而且把物理学和化学的最新概念、定律及仪器应用于生命问题的研究，这一切都与传统意义上的生物学有着根本的不同。也正因为如此，最早的分子生物学家多是在物理或化学上有很深造诣，并非来自传统的生物学家。

分子生物学的诞生是在现代物理与现代化学的科学背景下，细胞学、遗传学、微生物学、生物化学等学科发展的共同结果，按研究路线的不同，可分为结构学派、生化学派和信息学派。

由此，我们可以发现生物学主要是关注"生命世界"的科学，是以正常生命活动作为前提的。而以往人们对健身活动或运动训练的研究比较多的是借鉴了医学研究的方法与手段。

20世纪医学研究的一个特点是，分析和综合并重。古代医学也多标榜整体论，但

在当时的条件下无法窥知人体奥秘，推断只能处于臆测。现代科学整体论是建立在"分析-再综合"的基础上，因而可借以作出科学的判断来指导医学实践。以生理研究为例，一方面是从系统、器官到细胞、分子，逐层深入；另一方面是把这些成分再综合起来，在整体上研究它们如何在神经、内分泌和免疫系统的控制下协调行动以适应环境的变化。在微观方面，形态研究越来越细，现代电子显微镜可以观察到细胞内的超微结构。生物化学研究在20世纪上半叶侧重于营养素和内分泌，及至中叶，酶和代谢成了焦点所在，最后在60年代，基因成为研究的中心。现在可以用组织化学染色，用标记的特异抗体，用标记的核酸探针把药物研究的特异成分定位在亚细胞结构上。

尽管两者之间有许多相似之处，在某些方面，两者几乎完全一致。但是医学和体育这两者所讨论和解决的问题毕竟不是一回事，这种差别是由医学和体育的不同对象所决定，两者对象尽管都是人，但所指的不是人的同一机能状态。因此，用生物学和医学思想去研究健身活动或运动训练，在本质上是有所不同的。将生物学的概念和研究方法引入对健身活动或运动训练效果评价的研究活动中，在一定程度上，可以拓宽思路，丰富研究方法，从而使研究更加趋近于事物的本质。

纵观20世纪90年代以来在体育科研领域中有关健身或训练效果评价的文献资料，可以明显地感受到研究的重点和热点问题是比较集中的。在健身方面，运动或营养与肥胖产生的机制及关系、运动与骨质疏松、运动或中药对糖尿病、高血压等"文明病"的作用和疗效等是人们研究比较集中的热点问题。

与此同时，近年来国内开始比较多地使用"体适能（physical fitness或fitness）"的概念。体适能是从体育学角度评价健康的一个综合指标，是指机体有效与高效执行自身机能的能力，也是机体适应自然环境和心理环境的一种能力。体适能包括与健康、技能以及代谢相关的多个参数，它直接与整体生活质量相关。从查阅到的文献资料看，体适能理念在国内产生的影响在一定程度上仍停留在理论层面上，但毋庸置疑的是体适能理念对人们评价健康、评价训练所带来的潜在影响力是不能低估的。

在运动训练方面，运动性疲劳与恢复、运动训练的监控、运动营养与体能的保持和运动训练的生物学效应是人们研究比较多的热点问题。从查阅到的文献资料看，在实验室条件下，运用分子生物学技术研究运动训练的效应是当前运动人体科学领域的主流趋势，并且研究对象多以动物为主体。在与运动训练实践相结合的研究方面，人们比较多地集中在奥运科技攻关与服务及训练监控与机能评定、运动员选材、体能训练、高原训练、运动营养、运动疲劳、过度疲劳与恢复等方面的研究。从总体看体能类项群的研究多于技能类项群的研究，水上类项目的研究多于陆地类项目的研究；常规类指标的研究多余分子生物学类指标的研究。这种状况实际上也体现了运动训练对生物学评价的客观需求，即用最有效、最便捷以及信息反馈快、有利于教练员对训练方案的决策和运动员接受的方式。

回顾近年来有关健身和训练效果生物学评价的文献资料也不难发现一些问题，例如：第一，有关健身和训练效果生物学评价的研究，从生物学的角度看还不够全面（只注意到了生物学的微观方向的研究，即分子生物学的研究），至少在生态学方面的研究是明显不够的，即对形成健身或训练效果的环境因素的研究太少。第二，多数基础研究和应用基础研究的成果是通过动物模型得出来的，因此，如果在研究目的或转化成果上不重视实践需求的话，研究成果就会成为被"束之高阁"的一纸空文。这一点在当前的研究成果中是存在的，而且有远离运动实践需求的趋势。第三，在研究中考虑运动训练的因素比较少或过于简单，受医学研究的影响比较大。比如：运动训练中"超量恢复的理论"与"生物适应理论"所导致的在运动负荷上不同安排的理念及其带来的训练效应和运动成绩的变化；运动干预的形式及为什么要这样运动考虑少于对研究结果的解释，研究基本局限在医学研究的范围内。第四，在健身或训练评价方面拥有长期固定研究领域的专家比较少，在一定程度上影响了研究成果的深入和转化。

三、健身与训练效果生物学评价的策略

（一）健身与训练效果生物学评价的主体分析

1. 还原论与整体论和生物科学研究发展的关系

在生物科学研究中，人们的思想模式主要受到还原论或整体论思想的影响。还原论就是简化。把整体拆成部分，是物理学家、化学家的常用研究手段，就像把分子拆成一个个原子、再去研究它，最后通过了解每一个部分，再了解整体。分子生物学家研究每一个分子时，就要把细胞破开，将分子纯化，然后在体外开展研究。细胞太复杂，很难在体内对其组成分子作详细的研究。但生命就像是一个整体，一个复杂系统，如果把它分开，就不再是一个整体。像一个细胞，如果弄碎，它就不能像以前那样进行有规律的分裂增值而产生新的细胞了。所以分开后与它们存在于整体内的状态是会有差异的，这是我们时常需要意识到的一个问题。过去一百多年，尤其在分子水平研究生命现象时，一直用的都是还原论。那么有的人就问，还原论就这样一直传承下去还是要回到整体水平？这是我们要思考的下一个问题！那么我们最好回到体内。怎么回到体内？那就要我们把细胞中的每种分子，像糖类、蛋白质、核酸及其他小分子、离子都搞清楚了，再看能不能回答细胞的一些规律的问题，像细胞的分裂、DNA的复制等等。我们知道一个细胞分裂成两个这样的过程是高效进行的。看起来似乎很简单。但实际上它的整个系统都要复制一套，所有的遗传信息、所有的亚细胞结构如细胞膜、细胞器都要被复制，而这在实际过程中就不那么简单了，如果要人工化学合成一个细胞中的所有分子就更复杂，花费的时间就更长了。所以，将体外观察获得的知识应用到解释体内现象需要特别小心，体外观察到的是不是在体内就一定也是那样呢？因此，如何开展整体背景下的生物体的研究，是生命科学研究所面临的一大挑战。我们在进行科学研究时，将问题分解的同时不能够脱离开整体的背景，不管研究的问题是大还是小，特别是在解释问题的过程中尤其需要注意。

2. 生物学评价

一般来讲，在健身运动或运动训练过程中评价运动的效果，主要通过参与者自身的主观感受和专业人员的评价。生物学评价是有关健身或训练效果整体评价的重要组成部分之一。

(1) 生物学评价类型。生物学评价主要可以分为诊断评价、过程评价和效应评价三种类型：第一，诊断评价（diagnostic evaluation）。在实施健身运动或运动训练计划之前，需要先对参加人的身体能力和健康状况作出判断，如果是运动员还需要作与所从事运动项目相关的更细致的检测和评价，以为制订健身或运动训练计划和目标提供依据。诊断评价的结果直接关系到对参与者的评价，可以直接反映出参与者是否具备了所需的身体能力和技能、适应能力、健康水平等。因此，诊断评价是十分重要的，在一定程度上决定了健身或训练的定位和达到预期目标的可能程度。第二，过程评价（process evaluation）。起始于健身运动或运动训练开始应用之时，贯穿于整个过程。其作用实际上是评价健身运动和运动训练在应用过程中的效果和修正健身运动或运动训练在应用中的不足，例如我们可以对运动队冬训期间高原训练的效果、太极拳练习对中老年人心血管系统疾病的防治效果进行评价。第三，效应评价（impact evaluation）。一般人利用体育手段参加体育锻炼的最终目标就是改善健康状况和提高生活质量；运动员利用各种科学训练的手段进行训练的目标就是提高运动成绩，就是期望在比赛中获得胜利。而效应评价正是要评估体育手段或训练手段导致的目标人群相关行为及其影响因素的变化。

(2) 生物学评价方法。生物学评价的定量方法有许多种，如量–效关系分析、时–效关系分析和构–效关系分析等。第一，量–效关系分析是根据运动负荷（负荷量和负荷强度）的大小可以分为三类：一类是运动负荷的大小与承受运动负荷对象产生反应的关系分析；另一类是运动负荷的大小与承受运动负荷对象产生反应速率的关系分析；再一类是运动负荷的大小与承受运动负荷对象产生反应的潜伏期或持续时间的关系分析。第二，时–效关系分析是分析运动效应随时间变化的动态规律。因为人们不可能把运动训练的全部时间的变化都记录下来，所以，可以用不同时间体内各种指标的变化来反映运动训练效应随时间的变化。第三，构–效关系分析是以健身运动或运动训练方案结构决定健身和训练效果为前提，分析结构与健身和训练效果的关系，通过有关健身和训练运动负荷的参数计算比较健身和训练效果的好坏。由图8-3我们可以从一个侧面看到对运

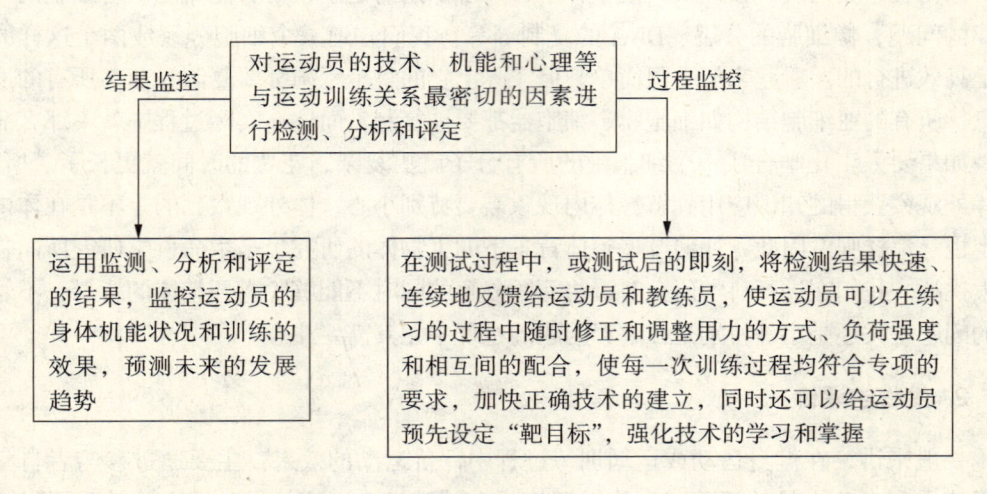

图8-3 运动训练的结果监控和过程监控示意图
（引自：陈小平. 当代运动训练热点问题研究. 北京：北京体育大学出版社，2005：26.）

第八讲　健身和运动训练效果的生物学评价

动训练效果进行的评价思路。

（3）影响评价的主要因素。了解影响评价结果的因素有哪些，对保证评价结果的可靠性、准确性和有效性是十分重要的。由图 8-4 可以看出，评价结果与施加因素、评价对象和效应指标三者之间的组合形式紧密相关。这种相关不仅受到上述三者自身变化的影响，而且还受到三者组合后相互之间的影响。与此同时，不同的评价目的、仪器设备条件、指标测试技术、效应指标和统计方法的选用等也会影响到评价结果。所以，在设计评价方案时就要考虑到可能影响评价结果的因素有哪些，然后尽可能地降低或减少影响因素的比例和出现的频率。

（4）研究设计与统计方法的选择。在对健身和训练效果进行生物学评价时，事先需要有完整和经过充分论证的评价方案。其中有几个方面的问题应特别注意：第一是样本数。样本的代表性既有质的部分又有量的部分。从质上来看，总体一旦决定，样本总体也就随总体而定，例如用雌性小鼠做的实验结果，一般是不适用于雄性小鼠的，除非已证明雌雄小鼠反应性一致，没有性别差异。从量上来看，样本既然代表总体，那么总体越大，样本数也相应增大。大样本的代表性当然优于小样本，但大样本势必增加工作量，增大实验成本。因此，选择样本数在评价方案的设计中是十分重要的。第二是运动负荷的确定和对运动训练方案的了解。运动负荷或运动训练的方案与运动的目的紧密相关。出于不同目的运动的人，在安排运动或训练方案时，运动负荷、运动时间、重复次数和评价标准都是不一样的。因此，确定运动负荷，了解运动训练方案是制定评价方案的基础，同时也是评价的前提和分析结果的依据。第三是对研究对象的分组。不论采用什么方法分组，都要充分注意齐同可比和随机的原则。第四是对评价中数理统计方法的应用。无论是对健身效果的评价还是对训练效果的评价，数理统计方法作为研究的一种重要工具越来越受到人们的重视。它能帮助我们以客观的统计标准，从收集到的一系列数据中归纳出具有规律性的信息，进而较有把握地推断出具有普遍意义的结论。因此，在选择统计方法时，应当根据评价方案的设计特点和数据资料的性质来选择合适的统计

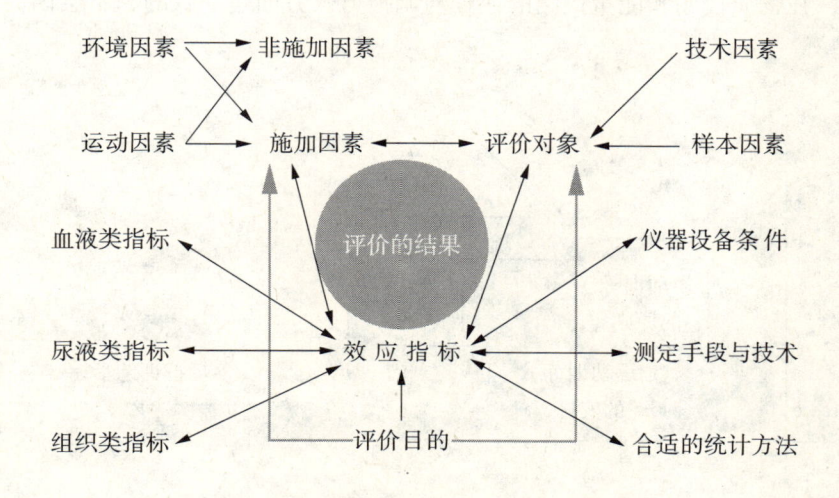

图 8-4　可能影响生物学评价结果的因素示意图

方法。对评价者来讲，虽然并不要求对统计公式的由来和数据证明等追究过深，但仍应了解统计分析中的基本概念、原理，特别是对各种统计公式要充分理解和掌握其适用范围与使用条件。此外，在取得评价资料，对其进行统计分析之前，首先应明确设计是否合理、观察是否客观、记录是否准确和资料是否完整。如不具备这几个基本条件就不能从中提取出正确、完整的信息，也就无法作出正确的结论。

3. 文献资料的占有量

无论是在准备评价阶段，还是在实际评价的过程中，掌握与评价相关的第一手文献资料是十分重要的。这些文献资料可以帮助评价者了解评价对象的背景，熟悉在这个领域中人们采用的主要评价方法、评价思路和主要的评价结果与存在的问题及争议的焦点，还可以帮助评价者确定评价的重点，丰富和加强作为对评价结果解释的资料。所以，事先做好文献"功课"是决定评价结果的重要前提。

4. 对运动训练学的认识和了解程度

运动训练学是研究运动训练规律的科学，其理论体系的构架如图8-5所示。从横向来看，运动训练学的理论体系主要包括运动训练的原则、运动训练的内容、运动训练的方法、运动训练的安排和运动训练的负荷五个方面；而从纵向看，可以解释为包含有一般训练学、项群训练学和专项训练学三个层次。一般训练适用于所有运动项目的运动训练学理论，称做"一般训练学"；适用于部分运动项目的运动训练学理论，称做"项群训练学"；而适用于一个运动专项的运动训练学理论，则叫做"专项训练学"。实际上，运动训练学包含了训练科学和训练实践中与训练关系最密切的知识与经验，是科学与经验的有机结合。在运动实践中，依据不同的运动目的和不同的运动对象，每一项具体的运动方案都是具有三维立体空间的运动训练理论体系与实践相结合的产物，这种排列组合的形式可以有无限多。

运动训练和体育锻炼的目的是不同的，因而采用的体育手段和评价标准也是不一样的。但是，在物质代谢和能量代谢的途径与调控方式方面是一致的，不会因为是运动训

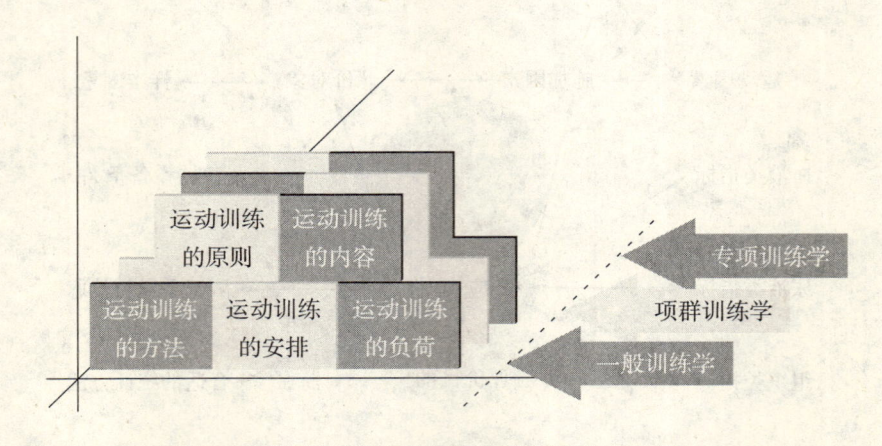

图8-5 从纵向和横向分别看运动训练学的理论体系

练而不是体育锻炼就会造成糖的有氧氧化途径发生不一样的改变。两者导致机体适应性变化的差异主要是程度的不同，即机体能源储备数量、机体自身调节控制能力、机体耐受内环境的变化能力等，经过专业训练的人要高于一般参与锻炼的人。因此，在制订运动训练计划和体育锻炼方案时依据的物质代谢和能量代谢的基础是一样的，但在实施时需要遵循的原则是有差别的（图8-6）。

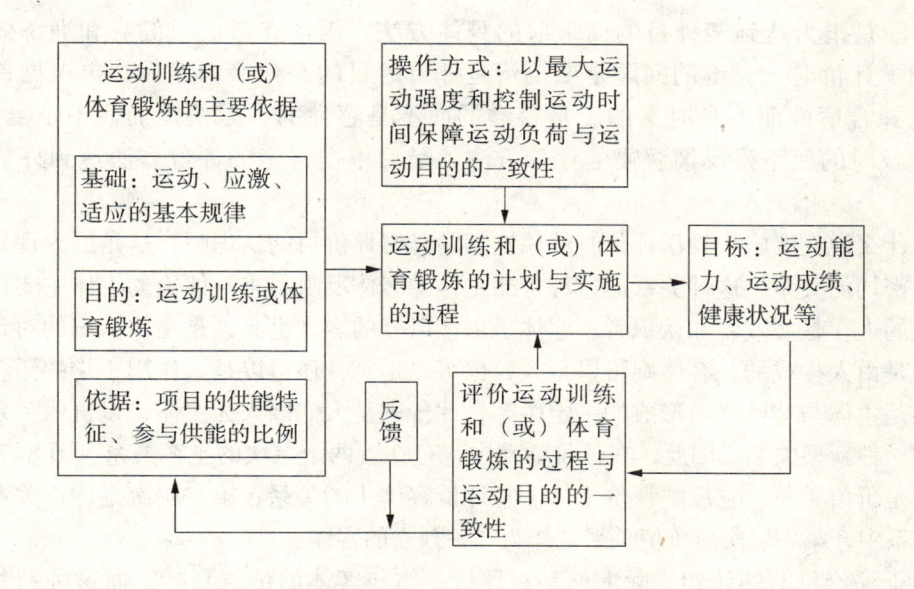

图 8-6 物质和能量供应理论在运动实践中应用的基本思路

由此我们可以看出，对运动训练学的了解直接关系对运动训练的认识，而对运动训练的认识实际上又会影响到如何考虑评价和选择评价方法以及对评价结果的解释。

（二）健身与训练效果生物学评价的客体分析

健身和训练效果生物学评价的客体就是评价对象。不管是评价健身效果还是评价训练效果，需要注意的是，作为评价者能够看到和收集到的信息永远只是局部的或者是"表面"的，并且获得这些信息永远会受到相关技术的限制而只能接近真实。与此同时，作为关注的研究对象（客体），当其收到来自外界的刺激而发生变化时，这种可能导致变化的因素可以说是无限多的。因此，我们既需要知道人们认识的和研究方法与手段的局限性，又要知道导致研究对象产生变化的因素的无限性。在考虑评价时设定前提、设定条件，在解释结果时要认真考虑局部与整体的关系、指标与指标间的关系、外部环境与研究对象的关系等，只有这样才能比较全面地认识研究对象和解释研究结果。

与此同时，还需要注意到，评价对象表现出来的变化是既有"前因"又有"后果"的，是有一个变化过程的。因此，在评价对象时就需要根据评价目的，有针对性地选择评价切入点和评价方式。注意开始的诊断性评价和对过程的评价是保证评价实际效应的重要基础。

因此,对客体的分析与评价既需要利用"还原论"的思想和"实验"的方法,突出主要矛盾,深入剖析对结果可能造成影响的因素,又需要用"整体论"的思想,综合和动态地分析产生结果各因素之间的相互影响和变化规律。

(三) 健身与训练效果生物学评价的手段分析

手段是指为达到某种目的而采取的具体方法,因此在考虑对健身和训练效果进行生物学评价时,关键的问题是要搞清楚评价的目的是什么?然后,再根据评价的目的选择合适的而不是时髦的、是科学的而不是感性的、是便捷的而不是复杂的、是反馈及时的而不是反馈缓慢的评价方法,最后根据选定的评价方法达到评价的目的。

为什么说在实施生物学评价时的关键问题是对评价目的认识呢?这是因为评价与价值有着密切的关系。这种关系通过评价的主体与客体反映出来。评价的主体主要是指具有意识的人,是实践者和认识者;客体是主体以外的客观世界,是主体认识的对象。主体一般是由人构成的;客体则可以是人,也可以是物,还可以是人作用于物的活动。价值关系是主体与客体之间形成的一定关系,评价则是人们以人为主体、以价值关系为客体的又一种新型关系。因此,在评价活动中,存在着两个层次的主客关系(图8-7)。第一层次是价值关系,它反映评价主体Ⅰ与评价客体Ⅰ的关系;第二层次是评价关系,在这一关系中,第一层次(价值关系)作为一种独立的客体。

对于评价目的的认知实际上就是对评价主体与客体的价值判断,而这种判断参杂有"评价主体"内心期望达到的目标、自身经验的背景、知识架构和知识积累的背景、对评价可能参照的标准的认知背景、与评价相关联的安全因素、自身掌握数据处理方法与技术的长处和熟练程度,以及对仪器设备与相关技术的了解、熟悉掌握程度的背景等。这一切实际上是决定了一个评价者如何定位的问题。在这里,"定位"的含义

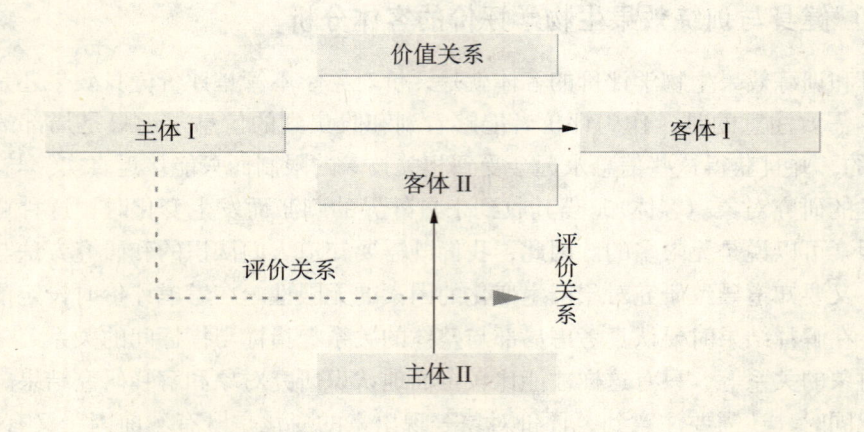

图 8-7 评价构成示意图
(引自王汉澜. 教育评价学. 开封:河南大学出版社,2004:30)

第八讲 健身和运动训练效果的生物学评价

包括了对评价思路、评价指标体系、测定评价指标仪器和数据处理的主要方法。因此，可以根据目标定位制定出评价方案和评价计划。

目前，在评价健身运动效果方面人们主要采用的测评方法主要有三大类型，分别是身体形态的测评、身体机能测评和身体素质测评。在测评中基本上均采用常规的人体测量与评价方法和一般的运动生理学与运动生物化学的指标与仪器，具体方法与内容可参阅陈佩杰等人编著的《体适能评定理论与方法》和李洁等编著的《人体运动能力监测与评定》两书。

在运动训练方面，检测运动员身体机能的方法很多，如运动生理学方法已具有悠久的研究和应用历史；生物化学技术的发展，已从分子水平揭示身体运动对机体机能的影响，具有准确、灵敏和针对性强等优点。运动员身体机能监测与评定的方式主要采用整体做功能力的综合检测与评定和利用各种生理生化指标进行身体机能状态的测定与评价。运动员身体机能监测与评价的手段可以选择直接测定法和间接测定法。目前，在直接测定方面应用分子生物学技术比较多一些，在间接测定方面主要采用的还是常规的生理生化方法。表 8-3 所示是目前我国优秀运动员身体机能生理生化指标检测的主要指标。

不管是有关健身效果的评价还是有关训练效果的评价，最终都是要通过采集到的数据来分析和评价健身或训练效果的。因此，选择最合适的统计方法和数据处理技术，不

表 8-3 优秀运动员身体机能生理生化检测指标

机能系统	生理生化指标	机能系统	生理生化指标
心血管系统	心率（HR）	骨骼肌系统	CK
	血压（BP）	及组织损伤	LDH
免疫系统	白细胞		血清肌红蛋白
	CD4/CD8		尿 3-甲基组氨酸（3-MH）
	NK 细胞	物质能量代	体重
	IgG	谢及代谢能	体脂%
	LgM	力	血乳酸
	LgA		血尿素
	血清谷氨酰胺		血氨
内分泌系统	血清睾酮（T）		尿蛋白
	血清皮质醇（C）		尿胆原
神经系统及感觉机能	两点辨别阈		尿潜血
	闪光融合频率		尿比重
氧转运系统及贫血	主观体力感觉等级		VO_2max 无氧阈
	Hb		VO_2max 平台持续时间无氧功
	RBC		
	Hct		
	RDW		
	血清铁蛋白（SF）		
	转铁蛋白		

（部分引自冯连世，等. 优秀运动员身体机能评定方法.）

仅可以保障数据处理的可靠性，反映数据的规律性，而且还可以最大限度地挖掘信息的"潜力"和数据之间的关系。而这一点对于解读数据得出结论是至关重要的。

四、健身与训练效果生物学评价的局限性

（一）影响训练或锻炼效果因素的多样性与生物学评价自身的局限性

综上所述，运动技术（战术）、体能、心理和社会环境是影响健身和训练效果的主要因素。目前，在对健身和训练进行生物学评价方面，可能受到还原论的影响，更多的是趋向于在分子水平上进行生物学评价。因此，生物学评价能够反映的仅仅是健身和训练效应的部分情况。那些在很大程度上依靠运动员技术训练水平和心理状态取得运动成绩的项目，生物学评价时无法对训练水平作出完整的概括。对于健身和训练来讲，只有指导健身或训练的教练员才能全面评价健身者和运动员的健身效果和训练水平，因为他们掌握了健身者的运动参数、运动员的运动成绩、生物学、心理学和生物力学评价数据。所以，评价健身和训练效果是一个系统工程，是由多个不同专业的人们共同努力才能完成的一件事。

（二）生物学评价技术的局限性

Hugh 认为"科学最明显的局限性是科学家永远也不可能观察到物质世界的所有事物，永远也不可能知道物质世界的所有事物，永远也不可能揭示物质世界的所有事物。……另一项为人们所熟知的局限性就是科学并不能够完全满足它自身的伦理道德要求。科学事业需要符合伦理的指导原则，特别是一些敏感问题，比如动物和人体实验，以及武器研究。"科学尚且如此，作为科学的一部分，生物学也会有许多理论和技术方面的"盲区"，这是非常正常的情况，也是生物学向前推进的"增长点"。例如，一方面生命体系自身的各种复杂过程——化学过程、物理过程和运动对机体的影响过程，迫切需要超高灵敏度、选择性、在线动态跟踪、单细胞适时分析、单分子检测技术等有效的分析方法，提供高通量的生物信息和数据；另一方面生物分析仪器和分析技术还无法完全满足这种需求。因此，认识生物学评价的局限性对于客观、正确地利用生物学技术，积极借助其他学科的力量进行评价是十分有益的事情。

（三）研究者认识的局限性

作为一个评价者，如何观察评价对象、设计评价方案、选择评价方法和分析评价结果等，一方面取决于自身积累的经验和知识储备与知识架构，这一部分决定了在面对评价对象和评价任务时，能够思考的深度、广度和选择测定与评价方法的手段与切入点；另一方面，评价对象所表现出来的变化特征，实际上是多种因素综合作用的结果。我们常常能够看到的只是冰山一角。因此，人们只能借助于科学研究的方式去认识事物，通过实验的途径寻求问题的答案，以及积极借助集体的智慧，充分利用仪器设备的功能认识问题和达到解决问题的目标。

推荐读物

[1] 冯连世，冯美云，冯炜权. 优秀运动员身体机能评定方法 [M]. 北京：人民体育出版社，2003.

[2] 陈佩杰，王人卫，胡其琛，等. 体适能评定理论与方法 [M]. 哈尔滨：黑龙江科学技术出版社，2005.

[3] 晓林，等. 生物科学和生物工程[M]. 北京：新时代出版社，2002.

[4] 梁文平，庄乾坤. 分析化学的明天——学科发展前沿与挑战 [M]. 北京：科学出版社，2004.

[5] Hugh G，Gauch Jr. 科学方法实践[M]. 王义豹，译. 北京：清华大学出版社，2005.

参考文献

[1] 中国体育科学学会，香港体育学院. 体育科学词典 [M]. 北京：高等教育出版社，2000.

[2] 冯连世，冯美云，冯炜权. 优秀运动员身体机能评定方法 [M]. 北京：人民体育出版社，2003.

[3] 中国体育科学学会. 第5届全国体育科学大会论文摘编[M]. 武汉：1997.

[4] 中国体育科学学会. 第6届全国体育科学大会论文摘编[M]. 北京：2000.

[5] 中国体育科学学会. 第7届全国体育科学大会论文摘编[M]. 北京：2004.

[6] 田麦久，吴福全，等. 运动训练科学化探索 [M]. 北京：人民体育出版社，1988.

[7] Tudor O，Bompa PhD. 运动训练法[M]. 蔡崇滨，刘立宇，林正东，译. 台北：艺轩图书出版社，2003.

[8] 陈小平. 当代运动训练热点问题研究[M]. 北京：北京体育大学出版社，2005.

[9] 全国体育院校教材委员会. 运动训练学（全国体育院校通用教材）[M]. 北京：人民体育出版社，2000.

[10] 翁庆章，钟伯光. 高原训练的理论与实践[M]. 北京：人民体育出版社，2002.

[11] 陆一凡，方子龙，张亚东. 游泳运动训练生理生化及运动医学的理论与实践 [M]. 北京：北京体育大学出版社，2005.

[12] 李力研. 竞技运动新论[M]. 北京：人民体育出版社，1993.

[13] 李洁，陈仁伟. 人体运动能力监测与评定[M]. 北京：人民体育出版社，2005.

[14] 中国体育科学学会. 体育科学研究现状与展望 [M]. 北京：中国体育科学学会，2004.

[15] 谢敏豪，张一民，熊开宇，等. 运动员基础训练的人体科学原理 [M]. 北京：北京体育大学出版社，2005.

[16] 陈佩杰，王人卫，胡其琛等. 体适能评定理论与方法[M]. 哈尔滨：黑龙江科学技术出版社. 2005.

[17] 江传月. 评价的认识本质和真理性——刘易斯价值理论研究[M]. 广州：中山大学出版社. 2005.

[18] 肖纪美. 梳理人、事、物的纠纷——问题分析方法[M]. 北京：清华大学出版社，暨南大学出版社，2000.

[19] 增近义，徐天芬，解恩泽. 自然辩证法总论[M]. 济南：山东人民出版社，1990.

[20] 胡文耕. 生物学哲学[M]. 北京：中国社会科学出版社，2002.

[21] Hugh G, Gauch Jr. 科学方法实践[M]. 王义豹，译. 北京：清华大学出版社，2005.

[22] 王汉澜. 教育评价学[M]. 开封：河南大学出版社，1995.

[23] 晓林，等. 生物科学和生物工程[M]. 北京：新时代出版社，2002.

[24] 梁文平，庄乾坤. 分析化学的明天——学科发展前沿与挑战[M]. 北京：科学出版社，2004.

[25] 理查德·W 奥利弗. 即将到来的生物科技时代[M]. 曹国维，译. 北京：中国人民大学出版社，2003.

[26] 刘昌孝. 药物评价学[M]. 北京：化学工业出版社，2006.

[27] 刘国奎. 生命科学专辑[M]. 北京：清华大学出版社，2003.

[28] 刘大椿. 科学哲学通论[M]. 北京：中国人民大学出版社，1998.

专业名词中英文对照

中文	英文
评价	evaluation
生物学	biology
生物科学	biological Science
生命科学	life science
健身	keep in good health
训练	training
效果	effect
评价者	estimator
体适能	physical fitness or fitness
健康相关的（参数）	health-related
技能相关的（参数）	skill-related
代谢相关的（参数）	metabolic-related
诊断评价	diagnostic evaluation
过程评价	process evaluation
效应评价	impact evaluation
科学方法实践	scientific method in practice
信号转导	signal transduction

（首都体育学院　阎守扶）

第九讲　运动与氧化应激研究进展

【内容提要】

运动诱导线粒体活性氧生成已经成为不争的事实。运动过程中产生过多的活性氧会对机体造成氧化损伤，如线粒体膜损伤、线粒体DNA损伤等，但机体在进化的过程中形成了自身的抗氧化系统，主要包括抗氧化酶系统与非酶系统。近年来发现，解偶联蛋白（uncoupling proteins，UCPS）可以通过温和解偶联的方式减少线粒体活性氧的产生，也具有抗氧化的功能。运动不仅能够产生活性氧，而且也可导致机体抗氧化能力的提高以避免氧化损伤。活性氧不仅仅导致氧化损伤，而且可能还有更为重要的生理功能，如作为信号分子在调控细胞的增殖、分化、死亡以及机体的免疫应答、衰老等过程中发挥重要作用；运动性内源活性氧还可直接或通过激活UCPs调节线粒体能量代谢。

【重要名词】

活性氧：线粒体呼吸过程中，分子氧最多可以接受4个电子而生成H_2O。然而当它分别接受1、2、3个电子时，将暂时分别生成O_2^-、H_2O_2、·OH。这些氧的代谢产物及其衍生的含氧物质，具有较氧活泼的化学性质，统称它们为活性氧。

氧化应激：在运动或其他条件下，线粒体活性氧产生增加，引起机体氧自由基代谢失衡，导致机体氧化损伤，称为氧化应激。

电子漏：在电子传递链中，从NADH到氧的电子传递过程中，漏出少量电子与氧结合生成超氧阴离子的现象，被定义为电子漏。

质子漏：线粒体在电子传递的过程中，不但可以把质子泵出线粒体内膜，而且质子也可通过内膜回漏到线粒体内，即所谓的"质子漏"，质子漏漏回的质子不通过ATP合成酶。

随着氧自由基理论在运动医学领域受到日益关注，运动与氧化应激的研究已成为运动医学界的一个重要课题。剧烈运动中，组织代谢率的增加导致氧自由基产生增加，引起机体氧自由基代谢失衡，即氧化应激。但机体内存在抗氧化防御系统，急性剧烈运动时，如果机体清除活性氧的能力不足以平衡运动应激情况下产生的活性氧，引起运动性内源活性氧产生增多，导致氧化应激发生。机体内存在酶类和非酶两类抗氧化体系。近年研究发现，除了酶类和非酶类抗氧化体系外，线粒体上内膜的解偶联蛋白（uncoupling proteins，UCPS）可以通过温和解偶联的方式调控线粒体活性氧的生成，并且产生的活性氧还可通过反馈调节的方式进一步调控线粒体活性氧的生成。近年的研究证实，运动氧化应激不仅仅与运动性疲劳及运动性肌肉损伤密切相关，而且更重要的是作为信号分子发挥作用，调节细胞氧化还原信号转导及线粒体能量代谢等。急慢性运动可引起组织抗氧化能力的适应，从而防止氧化损伤。考虑到线粒体活性氧在运动过程中的积极意义，在讨论活性氧在运动中的生理意义时，需要重新辩证地审视活性氧在运动氧化应激和能量代谢，尤其活性氧作为信号分子在调节细胞氧化还原信号转导、氧化还原电势和 ATP 利用与合成平衡中的生物学意义。

一、氧化应激与机体抗氧化系统

（一）活性氧及其产生

线粒体呼吸的过程中，分子氧最多可以接受四个电子而生成 H_2O。然而当它分别接受 1、2、3 个电子时，将暂时分别生成 $O_2^{·-}$、H_2O_2、·OH。这些氧的代谢产物及其衍生的含氧物质，具有较氧活泼的化学性质，统称它们为活性氧（reactive oxygen species, ROS）。其中一些 ROS 与生物结构或其他组成成分反应，激发氧化损伤并产生其他的 ROS。ROS 与氧自由基概念不同，它代表的范围很广，包括一些非自由基的氧衍生物，如 H_2O_2、过氧化物、单线态氧、氢过氧化物、环氧化物等。许多学者将一氧化氮及其衍生物过氧亚硝酸基也归于 ROS 类。ROS 的种类如表 9-1 所示。

表 9-1 活性氧的种类及功能

活性氧	主要功能
超氧阴离子 $O_2^{·-}$	参与多种生化过程，调控某些原癌基因的表达
羟自由基 ·OH	最活泼的自由基，可攻击任何遇到的生物靶分子
单线态氧 $^1O_2$	易转化为超氧阴离子
过氧化氢 H_2O_2	在亚铁离子作用下，经 Fenton 反应产生羟自由基
一氧化氮自由基 NO·	参与细胞信息传递、氧化还原调节等多种生化过程
过氧自由基 ROO·	生物膜过氧化链式反应中的主要中间体
半醌自由基 QH·	电子传递链中的主要中间体，参与超氧阴离子生成

机体大部分氧由电子传递链消耗，氧化底物（如糖、脂肪等）生成能量，而其中小部分氧不通过电子传递链产生 ATP，而漏出电子传递链与氧结合形成 ROS。通过这种方式漏出电子形成 ROS 成为细胞中 ROS 恒定和主要来源。

线粒体呼吸链电子传递过程中，并非所有氧分子都是通过复合物Ⅳ（细胞色素氧化酶）的作用接受四个电子还原为水。在电子传递链中，从 NADH 到氧的电子传递过程中，漏出少量电子与氧结合生成超氧阴离子的现象，被定义为电子漏。线粒体内膜呼吸链上有四个复合物，复合物 I 和 III 被认为是电子漏产生的主要部位，前者约占 20%，后者约占 80%。近来又有不同的报道，认为线粒体电子传递链复合物 I 是产生超氧的主要部位。但无论是复合物 I 还是复合物 III 产生的超氧都可进一步生成 H_2O_2、$^·O_2$、$HO_2^{·-}$、$O_2^{·-}$ 等 ROS。总之，线粒体 ROS 的产生离不开电子漏。

电子漏的动力来源于电子在传递过程中遇到的阻力。1975年，Mitchell提出了"Q循环"假说，已成为人们讨论线粒体电子传递的基础。Nohl描述的"Q循环"模型是：在循环过程中，在基质一侧细胞色素将泛醌还原成半醌，随之接受来自复合体Ⅰ和复合体Ⅱ的电子与基质中的氢质子，完全还原成还原型CoQ，运动到内膜外侧的还原型CoQ又被细胞色素氧化为半醌，并向内膜外侧释放一个H^+，最终由细胞色素C_1完全氧化成泛醌，同时向内膜外侧释放一个H^+，泛醌将再次扩散至基质一侧。总之，在Q循环中，每传递一个电子就跨膜输送两个质子。随着Q循环中的电子传递与质子转移，膜电位的不断增高，当膜电位达到一定高度时，就会有两个障碍增加电子传递的阻力：第一，氧化还原势能的改变。膜电位达到一定高值后，电子传递方向会由于受到电势差的影响而发生逆转，导致电子从线粒体呼吸链上漏出。第二，膜表面正电效应。由于质子的转移使内膜外表面正电荷增多，因此在膜能化到一定程度后，膜表面的正电荷会对接近膜表面的负电荷产生较强的引力，从而使电子不向下传递。上述两个障碍，使电子不能顺畅传递，从而漏出呼吸链与氧结合产生ROS（图9-1）。

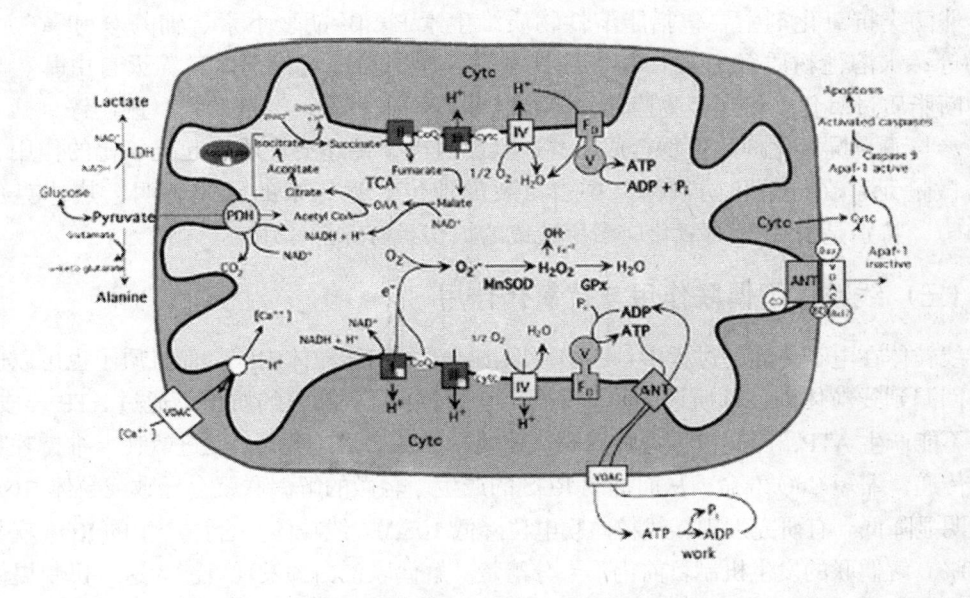

图9-1 线粒体电子漏与超氧化物和活性氧生成（Wallace，2005）

NADH：还原型尼克酰胺腺嘌呤二核苷酸磷酸。NAD^+：氧化型尼克酰胺腺嘌呤二核苷酸磷酸。Ⅰ、Ⅲ、Ⅳ：复合体Ⅰ、Ⅲ、Ⅳ。CoQ：辅酶Q。

（二）机体抗氧化系统

尽管线粒体在其供能过程中产生大量的ROS，而ROS的不断积累会导致线粒体结构和功能的广泛损害，然而，由于线粒体在细胞物质和能量代谢过程中的重要性，在生物进化过程中，线粒体形成了自身的一套防御体系，保证了细胞的能量和物质代谢顺利进行。一个普遍被接受的观点是，生理状态下线粒体内的防御体系能够有效地阻止ROS的过度产生或抑制它们对线粒体膜结构及线粒体DNA的损伤性攻击。

机体抗氧化防御系统有两类，即酶促系统和非酶促系统。表9-2列出了主要的酶类

表 9-2　主要酶类抗氧化剂及其作用

酶	催化反应	细胞内分布	其他
超氧化物歧化酶(SOD)	$4O_2^{-}+2H^+ \rightarrow H_2O_2+O_2$	胞浆、线粒体	有两种同工酶 Cu、Zn-SOD（胞浆）和 Mn-SOD（线粒体基质）
过氧化氢酶(CAT)	$2H_2O_2 \rightarrow 2H_2O+O_2$	微体、线粒体	Fe^{3+} 为辅助因子结合于活性中心
谷胱甘肽过氧化物酶(GPX)	$2GSH+H_2O_2 \rightarrow GSSG+2H_2O$ $2GSH+ROOH \rightarrow GSSG+ROH$	胞浆、线粒体	谷胱甘肽还原酶（glutathione reductase, GR）在 NADH 存在下还原 GSSG 为 GSH

抗氧化剂及其作用。

非酶类抗氧化剂主要包括脂溶性物质维生素 E、β-胡萝卜素、辅酶 Q 和黄酮类化合物等；水溶性物质维生素 C 和谷胱甘肽等。非酶类抗氧化剂以其淬灭自由基、阻止或中断脂质过氧化、稳定生物膜而发挥抗氧化作用。另外，微量元素（铜、锌、锰、硒等）参与酶类抗氧化剂的生物合成，并以其自身电子传递的性质而起抗氧化的作用，所以，微量元素在抗氧化防御体系中占重要的地位。近年来的研究表明，热休克蛋白（HSPs），特别是 HSP72 对氧化应激所造成的损伤具有保护作用。

（三）线粒体解偶联作用与抗氧化作用

线粒体在电子传递的过程中，不但可以把质子泵出线粒体内膜，而且质子也可以通过内膜回漏到线粒体内，即所谓的"质子漏"，"质子漏"漏回的质子不通过 ATP 合成酶，因而不能产生 ATP，因此被称为解偶联。解偶联导致 $\Delta\mu H^+$ 降低，促进氧耗，维持呼吸链电子传递，缩短 CoQ 寿命，从而抑制 ROS 的产生。轻微的解偶联就会导致线粒体 ROS 产生的明显降低。有研究发现，线粒体膜电位降低 10mV，线粒体复合体产生的 ROS 就会降低 70%。解偶联的发生机制目前仍不十分清楚。解偶联蛋白的发现可能为这一机制提供了答案。1978 年首次报道了 UCP1，1995 年后又相继发现了更多的 UCPs 家族成员，包括 UCP2、UCP3 和 BMCP1 等。目前已经确定 UCPs 诱导线粒体内膜质子导性增强的功能。GDP 能够抑制 UCP2 的活性，当存在 GDP 时，线粒体内膜膜电位升高，ROS 生成增加；而当 GDP 缺乏时，线粒体膜电位降低，ROS 生成减少；当用 CCCP 处理时，膜电位下降更为明显，ROS 生成更低，说明 UCP2 能够调节质子回漏，降低膜电位，减少 ROS 生成。而最近的研究又表明，UCPs 作为细胞氧化应激防御的一个组成部分发挥作用。也就是说，温和解偶联参与了抗氧化防御，而 UCPs 可能是这种防御机制的效应器。

UCPs 蛋白不但能够通过自身解偶联的方式减少 ROS 的产生，而且 ROS 也可激活 UCPs 蛋白通过负反馈的方式进一步调节 ROS 的生成。Echtay 和 Brand 的工作揭示了通过 ROS 激活 UCP1、UCP2 和 UCP3 增加线粒体质子导性的事实。嘌呤核苷酸可抑制此激活，这一激活作用存在于表达哺乳动物 UCP1 的酵母菌线粒体中，而在 UCP3 敲除大鼠的骨骼肌线粒体和 UCP2 敲除大鼠的肾脏线粒体中不出现，说明这一激活作用需要 UCPs 的存在。Echtay 等发现，在 UCP1、UCP2 和 UCP3 重组脂质体中，辅酶 Q 是质子转运的必需协同作用因子，辅酶 Q 提高了大鼠肾脏线粒体的质子导性，此过程需要 FFA，并被 GDP 阻止。氧化型辅酶 Q 可以提高质子转运速度，而还原型辅酶 Q 则无此功能。当 SOD 存在时，此作用消失了，因为辅酶 Q 是线粒体呼吸链的关键限速因素，同时也是线粒体 ROS 的来源。这说明当线粒体 ROS 产生增多，线粒体膜辅酶 Q 被氧化时，可启动 UCPs 转运质子进入线粒体内膜，从而降低跨膜电位，减少 ROS 的产生，表明辅酶 Q 可能通过超氧的氧化产物介导解偶联。UCPs 能被线粒体外产生的 O_2^- 以及生理条件下线粒体基质内产生的 O_2^- 激活。总之，由电子传递链产生的 O_2^- 能够激活 UCPs 的质子导性，引起线粒体的温和解偶联，反馈调节线粒体 ROS 生成。

氧化应激与机体抗氧化系统要点

- 自由基被定义为"在外层轨道中带有一个或更多不成对电子的基团"；活性氧（ROS）代表的范围很广，包括一些非自由基的氧衍生物，如 H_2O_2、过氧化物（peroxide）、单线态氧（singlet oxygen）、氢过氧化物（hydroperoxides）、环氧化物（epoxides）和一氧化氮（NO）及其衍生物过氧亚硝酸基（peroxynitrite, ONOO-）等。
- 线粒体呼吸链的电子漏是细胞中 ROS 的恒定来源，生理状态下构成生物体 ROS 生产量的 95% 以上。
- 机体抗氧化防御系统有两类，即酶促系统和非酶促系统。酶促防御系统包括超氧化物歧化酶（SOD），过氧化氢酶（CAT）、谷胱甘肽过氧化物酶（GPX）等，非酶类包括维生素 E、β-胡萝卜素、维生素 C、辅酶 Q、谷胱甘肽和黄酮类化合物等。
- 除了抗氧化酶及非酶系统外，线粒体内膜存在的解偶联蛋白（UCPs）可通过解偶联的方式调节线粒体 ROS 的生成，起到抗氧化的作用。
- 在正常情况下，体内 ROS 的产生与清除保持动态平衡，一旦 ROS 产生过多或抗氧化能力下降，体内 ROS 代谢会出现失衡，称为氧化应激或氧应激。

二、运动氧化应激与机体抗氧化能力

（一）运动与活性氧的产生

急性运动会导致 ROS 生成增加，引起氧化应激。运动中 ROS 生成增多已被广泛证实。1978 年，Dillard 等首次报道了人以 50%最大摄氧量踏车运动 1h 后，呼出气中脂质过氧化产物戊烷含量明显增加。剧烈运动后，动物血液、肝脏、肌肉组织中脂质过氧化物均明显增加。脂质过氧化增加可能因组织不同而异。大鼠不同强度运动后，不同类型肌纤维中 MDA 含量不同，中等和大强度运动后，快红肌纤维 MDA 含量分别增加 62%和 167%，快白肌 MDA 分别增加 90%和 157%；慢肌纤维（比目鱼肌）在大强度运动后 MDA 也有显著增加，但增加的幅度低于快白和快红纤维，而中等强度运动后慢肌纤维 MDA 增加无显著性。有研究发现，脂质过氧化具有运动强度依赖性。当运动强度大于 70%最大摄氧量时脂质过氧化物开始增加。随着运动强度增加，血乳酸和血浆 MDA 浓度成正相关,而小于70%最大摄氧量的低强度运动血浆MDA水平显著下降,认为低强度运动能抑制脂质过氧化反应。

对于运动性内源ROS产生,一般认为主要有两个途径,即线粒体途径和黄嘌呤氧化酶途径。

1982年,Davies等报告一次急性跑台跑至力竭后,大鼠骨骼肌匀浆电子顺磁共振(ESR)信号增强,并确定增加的自由基为半醌,从而找到了运动诱发自由基生成增多最直接的证据。之后,一些研究证实,肌肉在体外收缩时ROS生成会增多。有人用电刺激肌肉的模型进行的观察发现,工作肌比静息肌的ESR信号增加70%。另有人采用DCFH的方法研究发现,ROS在肌肉收缩过程中增多;力竭性运动后年轻和衰老大鼠股外侧肌匀浆ROS产生速率明显加快,而且衰老大鼠运动后心肌ROS生成增加。时庆德、张勇等用化学发光法直接测定线粒体超氧阴离子的产生状况,提供了线粒体电子漏途径生成运动内源性自由基的直接证据。Ji和聂金雷等则采用二氯荧光素(DCFH)测定到力竭性运动后大鼠骨骼肌和心肌线粒体ROS生成。与化学发光法不同,DCFH对ROS敏感,可以被迅速氧化为具有高荧光的氧化型二氯荧光素(DCF),且生成DCF的速率与ROS的生成速率成正比。测定DCF的荧光强度可以反映线粒体内ROS产生的总体情况。另外,有实验通过荧光检测法证实力竭性运动后小鼠心肌线粒体过氧化氢(H_2O_2)生成增多。由电子漏产生的O_2^-进一步被线粒体内Mn-SOD歧化生成H_2O_2,而H_2O_2可以自由通过生物膜,故检测H_2O_2的生成速率可以判断呼吸链的电子漏程度。

黄嘌呤氧化酶在催化次黄嘌呤及黄嘌呤氧化过程中,有O_2^-的形成。正常生理条件下,80%~90%的黄嘌呤氧化酶是以脱氢酶形式存在,以NAD^+为电子受体。代谢应激时,黄嘌呤脱氢酶或通过二硫键的氧化或通过酶蛋白水解,转变为以O_2为电子受体的氧化酶。当剧烈运动时,ATP利用超过ATP供给,造成机体能量短缺,于是激活腺苷酸激酶,催化2ADP→ATP+AMP。AMP的分解,导致次黄嘌呤在体内的蓄积,于是为黄嘌呤氧化酶提供充分的底物,从而产生ROS。但在正常情况下,黄嘌呤途径产生的ROS较少。

(二) 运动氧化应激与氧化损伤

脂质过氧化链式反应在安静与运动时的途径是相同的,但运动时反应速率增加,因此有利于细胞损伤过程的发生,如膜流动性改变、离子梯度紊乱、细胞组织炎症等。脂质过氧化产物是研究运动氧化应激时组织损伤最常用的指标。1978年,Dillard等首次报道人以50%最大摄氧量踏车运动1小时后,呼出气中脂质过氧化产物戊烷含量明显增加,后被多家研究证实,被试者呼出的戊烷水平与踏车运动负荷呈正比。运动后各组织MDA含量增加并与运动强度相关的报道较多。

运动还会对线粒体蛋白质造成氧化损伤。研究发现,运动对大鼠心肌线粒体蛋白质氧化损伤明显,大鼠运动后心肌线粒体蛋白质被羟自由基氧化的标志——ortho-酪氨酸和meta-酪氨酸等,这些物质是羟自由基与苯丙氨酸稳定的终产物,且在正常蛋白质中含量较低。运动可使心肌线粒体这些蛋白质氧化物显著增加。

关于运动诱发氧化DNA损害的证据还很不充足。有人报道,男性受试者大强度训练30天,每天10小时,尿8-OH-dG增加30%,表明大强度运动增加了DNA的氧化修饰，由于 mtDNA 更易受到活性氧攻击，其氧化修饰可能更显著。

（三）运动与抗氧化系统

1. 急性运动对抗氧化系统的影响

剧烈的急性运动可诱导细胞和组织抗氧化状态改变。多数研究表明，一次急性运动可引起心肌、骨骼肌和肝脏等组织 SOD、CAT 和 GPx 等抗氧化酶的活性增高。对于为何在运动中相对较短的时间内抗氧化酶被激活，其机制还不清楚，仍缺乏抗氧化酶在哺乳动物组织动力学和分子调节方面的资料。现在认为，抗氧化能力的改变主要是由于运动中 ROS 高水平的产生。在原核生物，ROS 应答基因已被确定，即 oxyR 和 soxR，分别控制着 CAT 和 SOD 的表达。近年来，真核细胞的抗氧化酶的调节也开始清楚。最近，对于哺乳动物组织抗氧化酶基因表达信号传递途径进行了广泛的研究，已确定两种转录因子 AP-I 和 NF-kB 起重要的作用。NF-kB 被多种包括 ROS 在内的过氧化物所激活，受到刺激后，抑制性的亚单位 I-kB，从主成分（p50 和 p65）上分离，可使主成分移入细胞核成为潜在的抗氧化酶的诱导剂。

2. 运动训练对机体抗氧化系统的影响

运动训练可以引起机体抗氧化能力的适应。人类抗氧化酶的活性与最大摄氧量相关，并且与非训练者相比，训练者骨骼肌 SOD 和 CAT 活性较高。有人报道，业余和职业自行车运动员与非运动者相比，红细胞 SOD 活性较高，并且职业运动员红细胞 CAT 和 GPx 活性高于业余运动员。另外还发现，野生哺乳动物和鸟类骨骼肌抗氧化酶活性高于家养的同类。

在机体内，高耗氧的组织，如肝、心、脑和慢性暴露于高 ROS 的组织（如晶状体）的抗氧化能力高于低耗氧或暴露于低 ROS 的组织。抗氧化酶的活性和 GSH 含量随骨骼肌的代谢特点不同而变化很大。I 型肌纤维有更大的抗氧化潜力。不同组织和器官之间，抗氧化潜力的差异可能反映了进化过程中的长期适应，短期的氧化应激也可引起特定抗氧化剂的适应。

大多数研究都证实，耐力训练可以提高机体 SOD 活性，但仍存在分歧，研究结果的不一致尚缺乏令人满意的解释。可能与 SOD 测定方法的差异、运动训练模式的不同以及肌肉纤维类型的差异有关。

研究者使用的运动训练方式不同也可能导致不同的结果。报道运动训练增加肌肉抗氧化酶活性的研究普遍采用运动负荷大的训练方式，提示提高肌肉抗氧化酶的活性宜采用负荷大的运动训练方案。为验证此假说，即增加骨骼肌 SOD 活性宜采用高强度长时间运动的运动训练方案，Powers 等实验研究了运动刺激量（运动强度和每日运动持续的时间）与骨骼肌 SOD 活性之间的关系。大鼠被分为 9 组，分别以三种不同的运动持续时间（即 30 分钟/日、60 分钟/日和 90 分钟/日）和三种不同的运动强度（即 55%、65% 和 75% 的最大摄氧量）进行训练。结果显示，对于提高骨骼肌 SOD 的活性，高强度的运动训练优于低强度训练。

对 GPx 改变的研究，结果比较一致，认为规律的耐力训练导致运动肌 GPx 活性的增加，而且胞浆和线粒体的 GPx 活性均增加，线粒体 GPx 增加的程度更高。与 SOD 相似，GPx 的升高是受运动强度和每日运动持续时间影响，运动强度越大或持续时间越长，引起 GPx 活性升高程度越大。耐力训练引起 GPx 活性升高局限于 I 型和 IIa 型肌纤维；GPx 与氧化酶活性的升高程度不平行，氧化酶活性升高程度较大，其生理意义有待阐明。

训练对 GSH 含量的影响，不同物种和组织之间存在差异，但越来越多的证据表明，规律的耐力训练可引起肌肉 GSH 含量增加，特别是高强度和长时间的运动提高大鼠和狗后肢肌肉 GSH 的含量。GSH 增加的机理还不确定，推测是合成增加和/或从血液摄取 GSH 能力的提高。合成的增加可能在于 γ-谷氨酰基半胱氨酸合成酶和 GSH 合成酶的活性提高，而摄取的增高可能与 γ-谷氨酰基转肽酶的活性提高有关。

肌肉 GSH 含量对运动的适应具有纤维类型特异性。γ-谷氨酰循环酶的活性可能在其中起重要的作用。例如，耐力训练可显著增加大鼠 DVL 的 GSH 的含量，但对比目鱼肌 GSH 水平却无影响，原因可能是 DVL 的 γ-谷氨酰基转肽酶的活性与比目鱼肌相比较高。然而，在这些骨骼肌之间并不存在 γ-谷氨酰基半胱氨酸合成酶活性差异，提示氨基酸跨肌纤维膜的转运可能是 GSH 合成的限制因素。

综上所述，耐力训练可使机体抗氧化酶活性提高（表 9-3），这种适应性的变化是由于 ROS 的产生增加所造成的。

表 9-3 耐力训练对抗氧化能力的影响

模型	训练方式	组织	效果	资料来源
马	70 天训练	血	+红细胞抗氧化能力 +淋巴细胞 GPX −血浆 MDA	Avellini
鼠	游泳 10 周	腓肠肌	+GPX	Venditti
人	踏车 7 周	股外肌	+GPX	Hellsten
鼠	跑台跑 10 周	股外肌 比目鱼肌	+SOD =SOD	Leeuwenburgh
鼠	跑台跑 10 周	比目鱼肌 腓肠肌	=CAT =CAT	Powers
鼠	跑台跑 7.5 周	脑干 纹状体	+SOD +SOD	Somani
雌性鼠	跑台跑 10 周	左右心室肌	+SOD	Powers
雄性鼠	跑台跑 14 周	肝 肝	+Cu, Zn-SOD +GPX	Song
耐力性项目运动员		血	−LDL 氧化修饰	Sanchez-Quesada
足球运动员		血	+总抗氧化能力 +SOD	Brites

=：与对照组相比没有显著差异。−：与对照组相比显著下降。+：与对照组相比显著升高。

3. 运动与解偶联蛋白表达

Zhou 等发现，急性跑台运动 30 分钟即刻迅速诱导大鼠骨骼肌 UCP3mRNA 表达，运动 200 分钟后即刻达到安静时的 7 倍，而 UCP3 蛋白在运动 30 分钟即刻也显著升高，这是目前有关运动引起 UCP3 迅速表达最快的报道。另有报道发现，在进行 2 个小时的跑台运动后 1 小时，无论在大鼠还是小鼠中 UCP3mRNA 表达都显著升高。但有些报道发现，急性运动诱导 UCP3 蛋白表达升高可能需要更长的时间。Schrauwen 等发现，未训练男性受试者经过 1 小时训练后 4 小时 UCP3mRNA 表达才开始显著升高。Jones 等发现，一次游泳训练 3 小时后大鼠骨骼肌 UCP3mRNA 才大幅度升高，18 小时后 UCP3 蛋白含量大约提高了 35%，3 天后 UCP3 蛋白含量大约升高了 63%，10 天后约升高了 84%。另有报道也得到相同结果。人体剧烈运动对 UCP3 表达没有影响或仅仅使 UCP3 一过性上调。综上运动诱导 UCP3 表达差异的原因可能与研究选用的实验对象、采样时间、采样组织和运动方式（包括运动强度和时间）等不同所致。

耐力性运动对 UCPs 表达影响的报道较少，但多数研究证实，耐力训练后 UCPs 表达降低。

综上所述，尽管运动过程中 ROS 产生增加，但生物在进化的过程中形成了一套完善的抗氧化系统，从而避免因大量 ROS 产生而造成的氧化损伤。

（四）抗氧化剂的补充与抗氧化能力

运动与自由基导致的氧应激有关。抗氧化剂的外源性补充在预防和缓解运动性自由基损伤、增进抗氧化能力方面可能有积极的意义。表 9-4 列出了一些近年来的研究结果。

表 9-4　近年来运动医学领域有关抗氧化剂补充的研究

抗氧化剂	研究对象	运动方式	效果	资料来源
▲辅酶 Q20mg/kg*，5 天	大鼠	递增负荷直到力竭	+MDA（心肌、肝脏）	张勇
▲维生素 E 和硒，70 天	马		+红细胞抗氧化能力 +淋巴细胞 GPX 活性 −血浆 MDA	Avellini
▲维生素 C2000mg，运动前服一次	9 名耐力运动员	10.5 公里跑	−共轭双烯（血液）（恢复期）	Vasankari
▲维生素 E13.5mg、辅酶 Q90mg，3 周	37 名运动员	马拉松跑	=氧化型 LDL −铜诱导的氧化型 LDL	Kaikkonen
▲维生素 C1000mg，1 天或 2 周		30 分钟次最大强度运动	−TBARS（血液）	Alessio
▲硒	12 名被试者	力竭运动	+GPX（血液）	Tessier
▲维生素 E80IU/kg，300IU/kg	19 匹马	次最大运动	=TBARS（肌肉） =共轭双烯（肌肉）	Siciliano

注：=：与对照组相比没有显著差异。−：与对照组相比显著下降。+：与对照组相比显著升高。
*：除特别注明外指每日补充量。

虽然大多数研究证实了外源性补充抗氧化剂对机体抗氧化的积极作用，但也有许多研究结果不支持此观点。研究结果的差异与选用的指标及测定方法、运动方式、运动强度、研究对象的运动能力、服用抗氧化剂的剂量、补药的持续时间等因素有关。

Sen 提出"抗氧化剂链式反应"理论（antioxidant chain reaction），认为各种生理性和外源性抗氧化剂通过各种途径形成链式反应体系而相互影响，整体抗氧化作用的发挥是各种抗氧化剂协同作用的结果。这就要求在外源性补充时应考虑到各种抗氧化剂功能的相互影响，而这一点正是目前研究所忽视的。

运动氧应激与抗氧化能力

- 急性剧烈运动时，机体清除 ROS 的能力不足以平衡运动应激情况下产生的 ROS，引起运动性内源 ROS 产生增多，导致脂质、蛋白质及核酸等多种损伤。
- 运动性内源自由基及其引发的脂质过氧化可通过一系列作用途径导致运动性疲劳。
- 内源自由基增多引发的脂质过氧化加强与运动性肌肉损伤有关。
- 多数研究表明，急性运动可引起心肌、骨骼肌和肝脏等组织SOD、CAT 和 GPX 等抗氧化酶的活性增高，而 GSH / GSSG 比值下降。
- 大多数研究证实，耐力训练可以提高组织 SOD 和 GPX 活性，提高肌肉 GSH 水平。
- 急性运动上调的 UCPs 表达可加强解偶联功能，调控线粒体 ROS 生成。
- 运动负荷、训练状态及抗氧化剂的补充等因素可影响抗氧化能力对运动训练的适应。
- 虽然大多数研究证实了外源性补充抗氧化剂对机体抗氧化的积极作用，但也有许多研究结果不支持此观点。研究结果的差异与选用的指标及测定方法、运动方式、运动强度、研究对象的运动能力、服用抗氧化剂的剂量、补药的持续时间等因素有关。

三、运动性活性氧的生理意义

运动诱导 ROS 生成已经成为不争的事实，但人们通常会得出"ROS 是有害的"这个结论。既然 ROS 对生物体是有害的，为什么自然界会选择这个"有害物质"作为代谢中的重要步骤的关键因素？为什么让它参与生命活动的重要反应？回答这个问题对于运动生理学来说十分重要。目前认为，ROS 不仅是氧化应激的始动因素，而且它作为一种信号分子在细胞的增殖、分化、死亡以及机体的免疫应答、衰老等过程中都起着重要的作用。因此，在讨论运动性 ROS 对机体的作用时，应该以辩证的观点来看待这一问题，应该更多地关注 ROS 的积极意义。

（一）活性氧与运动性疲劳

运动性疲劳被认为是"机体不能将它的机能保持在某一特定水平，或者不能维持某一预定的运动强度"。自从莫索于 19 世纪开始研究疲劳，至今已有一百多年的历史，许多学者对运动性疲劳进行了大量研究，研究水平已由细胞、亚细胞的结构功能深入到生物分子水平，并已提出了不同的学说。

运动应激过程中，线粒体 ROS 大量产生和随后引起的细胞氧化损伤，可直接引起线粒体结构变化和功能下降，并引发氧化应激与线粒体功能丧失的恶性循环，最终导致机体疲劳。目前人们几乎完全接受了这样一个观点——运动氧化应激是导致运动性疲劳的重要原因。运动过程中，线粒体所产生的大量 ROS 超过了抗氧化酶及非酶系统的保护作用，从而对线粒体造成氧化损伤。线粒体 ROS 主要攻击膜脂上的不饱和脂肪酸、线粒体 DNA 及蛋白酶等，引起线粒体功能下降，供能减少，导致疲劳发生。

（二）活性氧与运动性肌肉损伤

运动后的肌肉酸痛和损伤时常发生，这种情况往往是由于运动量或运动强度骤然增加引起。与向心收缩相比，离心收缩可造成更大的肌肉损伤。

由于运动可引发内源性自由基生成增加，所以有理由推测自由基与运动性肌肉损伤有关。大多数研究检测了肌肉损伤指标并与机体氧化应激指标进行比较，如测定肌肉细胞膜损伤的指标、肌酸激酶（CK）和乳酸脱氢酶（LDH）等，同时测定血液和肌肉中氧化应激指标丙二醛（MDA），并将前者与后者比较。有学者测定了 9 名男性被试者在 80 公里赛跑前后血清 CK、LDH 和 MDA 水平，发现无论运动前还是运动后血清总 CK、CK-MB 与 MDA 有明显相关性，作者认为运动性内源自由基增多引发的脂质过氧化加强与肌肉损伤有关。另有学者对 16 名男性被试者在 45 分钟下坡跑前后测定血清 MDA、CK 和 LDH，并评定了主观肌肉酸痛。运动后 MDA、LDH 和 CK 水平增加，分别于运动后 6 小时、6 小时和 24 小时达到高峰。肌肉酸痛于运动后 24～48 小时达到高峰，并且发现 CK、LDH 与 MDA 呈正相关。

已建立了几种假说来推测自由基引发肌肉损伤的机制。组织炎症过程中白细胞的浸润涉及组织再生过程，吞噬细胞有助于释放自由基，后者能刺激组织分解。因此，在损伤组织可出现中性粒细胞和巨噬细胞的浸润引起继发性肌肉损伤。有报道认为，中等强度的运动可引起中性粒细胞数量提高两倍，在应激状态下细胞素也能被激活而引发自由基的产生。最近又提出了肌肉细胞损伤的钙超载机制。此假说认为，细胞内钙的升高可造成细胞的损伤和死亡，而钙的失衡也可引起自由基的产生，并且自由基可影响钙从肌浆网的释放。

（三）活性氧的信号作用

正常生理条件下，线粒体产生的 ROS 并不造成机体的氧化损伤，其重要的生理意义在于作为信号分子发挥作用。研究证实，ROS 可以通过氧化还原敏感的和非敏感的蛋白来调节许多生物过程，它能把细胞表面的信号和基因表达偶联在一起，参与多条信号通路。在信号传导过程中，ROS 可被认为是第二信使，它可以调节细胞内各种信号，传导级联反应，最终影响转录活性。实际上，ROS 能够影响核转录上游的多种信号传导通路，包括 Ca^{2+}、蛋白激酶、蛋白磷酸酶等通路。ROS 通过影响这些氧化还原敏感蛋白的活性，最终影响基因的转录和表达。

有研究表明，氧化剂可以通过增加细胞内 Ca^{2+} 的浓度来刺激 Ca^{2+} 信号。H_2O_2 可以刺激平滑肌细胞产生细胞内 Ca^{2+} 瞬间升高。虽然氧化剂介导 Ca^{2+} 信号准确的分子靶点还不清楚，但是各种氧化剂具有抑制 ATP 依赖性钙泵的作用表明，氧化剂对钙泵的直接修饰作用可能是氧化剂介导 Ca^{2+} 信号的机制之一。除了通过 Ca^{2+} 发挥作用外，ROS 还可通过酪氨酸蛋白激酶（TK）、丝裂原活化蛋白激酶（MAPKs）、丝氨酸／苏氨酸激酶（Akt）、磷脂酶 D 等途径发挥信号作用。ROS 还可通过修饰转录因子的活性介导特异转录因子的反转、表达或转位，这一机制已证明对 NF-κB 和 AP-1 是有效的。此外，H_2O_2 在生理水平下还可增加 Fos 和 Jun 基因的表达。

（四）活性氧与线粒体能量代谢

ROS 的生成过程本身就是调节能量代谢的过程。要了解其调节能量代谢，首先要明确线粒体 ROS 的生成过程。刘树森报道，大鼠心肌线粒体态 4 呼吸时，在 $\Delta\Psi$ 高达 180 mV 左右时，O_2^- 生成量才突然上升；这种 O_2^- 生成对 $\Delta\Psi$ 呈阈值现象说明线粒体 O_2^- 的生成不是与呼吸链电子传递速率成正相关，而与其能量偶联产物 $\Delta\Psi$ 呈函数相关。急性运动过程中线粒体通过"漏电子"产生 ROS，使电子流重新分配，这一过程本身可使跨膜电位不再进一步升高，以保护线粒体膜不被电击穿，并能维持适宜的跨膜电位，这是 ROS 调节线粒体能量代谢的初始环节。

线粒体在能量转换过程中能量耗散的机制除电子漏外，还有质子漏。质子漏会导致贮存在 ΔP 中的自由能被消耗。根据"化学渗透"学说，线粒体内膜是由许多氧还质子泵酶复合体和各种转运蛋白组成的化学渗透体系，不仅包含能量的转换，而且也包括代谢的转化、代谢反应物的转位和转移等功能（图 9-2）。

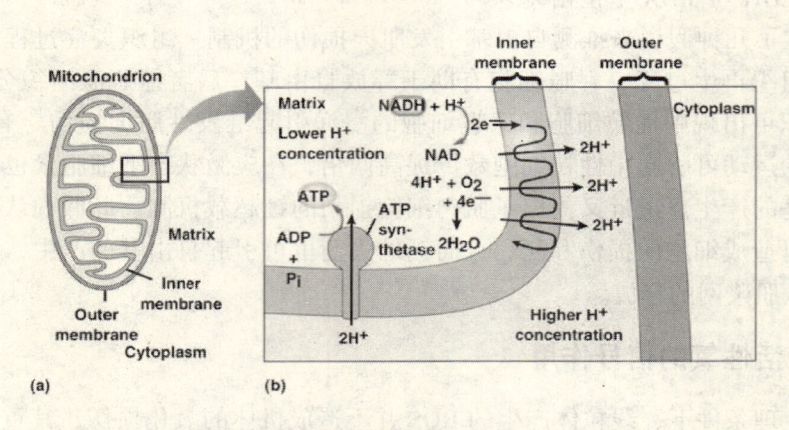

图 9-2　线粒体呼吸的化学渗透学说模式图（Powers，2000）

相对于运动过程中 O_2^- 大量生成所起的初始的电子流重新分配的作用而言，O_2^- 导致的质子漏可能是其继发的。ROS 作为体内的质子移位体，通过 pH 依赖的质子转运过程，将质子从内膜外侧转移到内侧，从而为质子漏提供条件以维持态 4 呼吸再循环，使跨膜电位降低，二者共同分配和调节 $\triangle P$ 在保持 $\triangle P$ 合成与 $\triangle P$ 耗能产热之间的平衡发挥了重要的作用。

UCPs 蛋白不但具有抗氧化的功能，而且还可以调节线粒体能量代谢。UCPs 蛋白与能量代谢的关系，最先从基因多态性分析方面得到证明。更直接的证据来自

UCP3mRNA 和蛋白水平的测定，UCP3mRNA 表达与睡眠代谢率呈正相关。对小鼠进行急性冷刺激时，UCP3 蛋白升高 3 倍，同时线粒体膜电位降低，产热增加，甲状腺机能衰退。大鼠骨骼肌经过注射甲状腺素后，UCP3 蛋白水平升高，线粒体解偶联活性升高。在体实验表明，UCP3 确实能够使 ATP 合成和呼吸解偶联，用 ^{31}P 核磁共振法测得 UCP3 基因敲除小鼠的氧化磷酸化偶联程度为原来的 2～4 倍（图 9-3）。

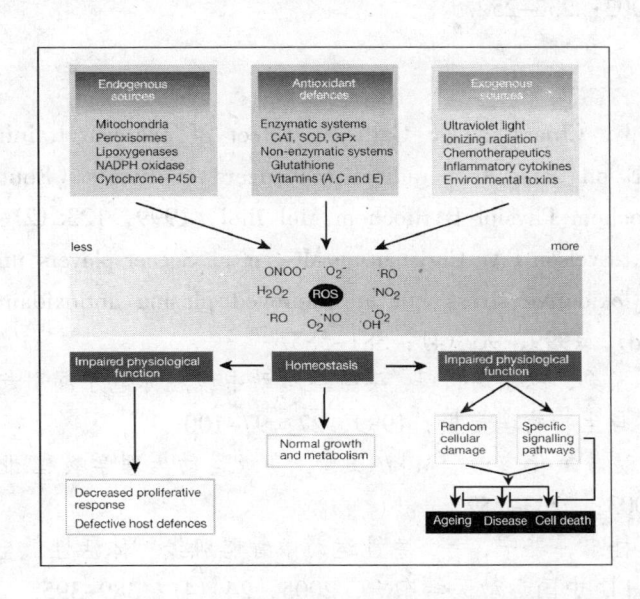

图 9-3 机体 ROS 产生和氧化应激及其对细胞的作用（Finkel，2000）

张勇等研究发现，一次急性运动过程中随着 UCP3 表达的增高，态 4 呼吸逐渐增高，膜电位下降，ATP 合成速率逐渐下降的现象，即 UCP3 可能通过其所介导的质子漏作用对线粒体能量转换发挥作用。不但 UCP3 本身具有调节线粒体能量转换的功能，而且还可与 ROS 相互作用共同调节线粒体的能量转换。研究表明，O_2^{-} 也可引起"另一"质子漏，即通过激活 UCPs 介导的轻度解偶联而引起质子漏。这"两种"质子漏都可以贡献于态 4 呼吸，使其速率加快，膜电位下降，ATP 合成减少。

综上所述，线粒体 ROS 既可造成氧化损伤，又可作为信号分子在机体内发挥重要作用。因此，我们需要重新辩证地审视 ROS 在运动氧化应激和能量代谢，尤其 ROS 作为信号分子在调节细胞氧化还原信号转导、氧化还原电势和 ATP 利用与合成平衡中的生物学意义。

活性氧的生理作用要点

- 运动性内源自由基及其引发的脂质过氧化可能通过一系列作用途径导致运动性疲劳。
- 内源自由基增多引发的脂质过氧化加强与运动性肌肉损伤有关。
- ROS 可作为信号分子在调控细胞的增殖、分化、死亡以及机体的免疫应答、衰老等过程中发挥重要作用。
- 运动性内源 ROS 可直接或通过激活 UCPs 调节线粒体能量代谢。

推荐读物

[1] 吉力立. 运动与氧自由基和抗氧化系统 [M]. // 邓树勋, 王健. 高级运动生理学——理论与应用. 北京: 高等教育出版社, 2003: 126-195.

[2] 张勇. 运动与氧化应激 [M]. // 田野. 高级运动生理学教程. 北京: 高等教育出版社, 2003: 233-252.

参考文献

[1] Avellini L, Chiaradia E, Gaiti A. Effect of exercise training, selenium and vitamin E on some free radical scavengers in horses (Equus caballus) [J]. Comp Biochem Physiol B Biochem Mol Biol, 1999, 123 (2): 147-154.

[2] Brites FD, Evelson PA, Christiansen MG, et al. Soccer players under regular training show oxidative stress but an improved plasma antioxidant status [J]. Clin Sci (Lond), 1999, 96 (4): 381-385.

[3] 时庆德, 张勇, 陈家琦, 等. 疲劳性运动中线粒体电子漏引起质子漏增加 [J]. 生物化学与生物物理学报, 1999, 27: 97-100.

[4] 张勇. 运动与氧化应激 [M] // 田野. 高级运动生理学教程. 北京: 高等教育出版社, 2003: 233-252.

[5] 张勇, 张桂忠, 姜宁, 等. 急性运动中骨骼肌线粒体活性氧生成与解偶联的反馈调节 [J]. 中国运动医学杂志, 2005, 24 (4): 389-395.

[6] 姜宁, 张桂忠, 马国栋, 等. 呼吸链温和解偶联: 运动中骨骼肌线粒体抗氧化分子调控的早期事件 [J]. 中国运动医学杂志, 2005, 24 (5): 535-540.

[7] Davies KJ, Quintanilha AT, Brooks GA, et al. Free radicals and tissue damage produced by exercise [J]. Biochem Biophys Res Commun, 1982, 107 (4): 1198-1205.

[8] Ji LL. Oxidative stress during exercise: implication of antioxidant nutrients [J]. Free Radic Biol Med, 1995, 18 (6): 1079-1086.

[9] Lenaz G. Role of mitochondria in oxidative stress and ageing [J]. Biochim Biophys Acta, 1998, 1366 (1-2): 53-67.

[10] Liu SS. Cooperation of a "reactive oxygen cycle" with the Q cycle and the proton cycle in the respiratory chain-superoxide generating and cycling mechanisms in mitochondria [J]. J Bioenerg Biomembr, 1999, 31 (4): 367-376.

[11] Powers SK, Criswell D, Lawler J, et al. Rigorous exercise training increases superoxide dismutase activity in ventricular myocardium [J]. Am J Physiol, 1993, 265 (6 Pt 2): H2094-H2098.

[12] Sen CK. Oxidants and antioxidants in exercise [J]. J Appl Physiol, 1995, 79 (3): 675-686.

[13] Vasankari T, Kujala U, Sarna S, et al. Effects of ascorbic acid and carbohydrate ingestion on exercise induced oxidative stress [J]. J Sports Med Phys

Fitness, 1998, 38（4）: 281-285.

[14] Echttay KS, Roussel D, St Pierre J, et al. Superoxide activates mitochondrial uncoupling proteins [J]. Nature, 2002, 415（1）: 96-99.

[15] Zhou M, Lin BZ, Coughlin S, et al. UCP-3 expression in skeletal muscle: effects of exercise, hypoxia, and AMP-activated protein kinase [J]. Am J Physiol Endocrinol Metab, 2000, 279（3）: E622-629.

[16] Fernstrom M, Tonkonogi M, Sahlin K. Effects of acute and chronic endurance exercise on mitochondrial uncoupling in human skeletal muscle [J]. J Physiol, 2004, 554（Pt 3）: 755-763.

[17] Rousset S, Alves-Guerra MC, Mozo J, et al. The biology of mitochondrial uncoupling proteins [J]. Diabetes, 2004, 53（Suppl）1: 130-135.

[18] Vidal-Puig AJ, Grujic D, Zhang CY, et al. Energy metabolism in uncoupling protein 3 gene knockout mice [J]. J Biol Chem, 2000, 275（21）: 16258-16266.

[19] 蒋春笋，张勇，荣小辉，等. 运动与UCP2介导的线粒体活性氧和能量代谢调控 [J]. 中国运动医学杂志，2002，21（3）: 287-291.

[20] 张桂忠，姜宁，薄海，等. 急性运动中线粒体能量转换调节的生物力能学分析：ROS和UCP3的作用 [J]. 中国运动医学杂志，2006，25（2）: 161-166.

专业名词中英文对照

中文	英文
活性氧	reactive oxygen species
氧化应激	oxidative stress
解偶联蛋白	uncoupling proteins
质子电化学势能	proton motive force
过氧化氢酶	catalase
铜锌超氧化物歧化酶	copper-zinc superoxide dismutase
细胞色素C	cytochrome C
谷胱甘肽过氧化物酶	glutathione peroxidase
谷胱甘肽还原酶	glutathione reductase
还原型谷胱甘肽	reduced glutathione
氧化型谷胱甘肽	glutathione disulfide
脂质过氧化	lipid peroxides
锰超氧化物歧化酶	manganese superoxide dismutase
超氧阴离子	superoxide radical
超氧化物歧化酶	superoxide dismutase
态3呼吸	state 3 respiratory rate
态4呼吸	state 4 respiratory rate
辅酶Q	coenzyme Q
线粒体DNA	mitochondrial DNA

(天津体育学院　张勇　马国栋)

第十讲 大气污染、人体健康与运动能力

【内容提要】
　　本讲概述了大气污染的现状、成因和组成，并根据大气污染的流行病学调查和一些临床研究，从大气污染与人群的患病率和死亡率、大气污染与呼吸系统疾病、大气污染与肺功能、大气污染与免疫、大气污染与心脏自律性等方面阐述了大气污染对人体健康的危害。同时，重点分析了运动者对污染物的易感性及大气污染环境对运动能力的影响。

【重要名词】
　　颗粒物：指悬浮在大气中的固体和液体颗粒物的总称。颗粒物，根据其粒径的大小可分为总悬浮颗粒物(空气动力学直径≤100μm)和可吸入颗粒物（空气动力学直径≤10μm）。
　　心率变异性：是衡量心脏自律功能变化的指标，其值下降与心脏病患者或正常人群的死亡率存在相关性。
　　大气环境质量标准：以保障人体健康和一定的生态环境不受破坏为目标而对各种污染物在大气环境中的容许含量所作出的限制规定，它分为Ⅰ、Ⅱ、Ⅲ级。

　　人类遗传学和运动学认为，遗传只能为运动能力的形成和发展提供物质基础，而环境和科学训练则对人体的运动能力有着极大的开发和促进作用。环境不仅在很大程度上决定运动能力的某些性状和变异，而且影响运动的全过程以至结果。关于环境对运动能力影响的研究已有很长的历史，如潜水对人体影响的研究始于1690年，高空生理效应的研究是从1783年第一个生物气球升空就开始的，高原环境对机体影响则始于1878年Bert所作的研究。全面系统地研究环境与运动能力问题还是近几十年来的事，诸如冷环境、热环境、高原环境、地理环境等不同环境对运动能力的影响已成为目前运动生理学界关注的热点。近年来，随着经济发展和城市改造的不断加快，以城市为中心的环境污染问题日趋严重，频繁出现的酸雨、光化学烟雾、温室效应、臭氧空洞等一系列环境污染及破坏现象，给人类的生命财产造成了巨大损失。科学家现已证实，空气污染正由以往的区域性逐渐向广域性、全球性方向发展，导致数以万计的人过早死亡和数以百万计的人患有急性或慢性疾病，而且由于人体在运动时鼻、口同时呼吸，通气量明显增大，使更多的有害气体经呼吸道进入人体，并迅速通过血液循环运输到全身各组织器官，对生理机能和运动能力造成极大影响。

第十讲 大气污染、人体健康与运动能力

一、大气污染概述

(一) 我国大气污染的现状

根据 2000 年中国环境状况公报分析，我国城市大气污染依然很严重。污染状况北方重于南方，中小城市污染势头甚于大城市，产煤区重于非产煤区，冬季重于夏季，且差距正在缩小。TSP（total suspended particle，总悬浮颗粒物）或 IP（inhalated particulate，可吸入颗粒物）是影响城市空气质量的主要污染物，部分地区 SO_2（二氧化硫）污染较重，少数人口集中、机动车辆较多的特大型城市 NO_x（氮氧化物）污染较重。研究表明，中国城市空气中 TSP 和 SO_2 的浓度是世界卫生组织推荐标准的 2～5 倍。我国大气环境质量标准系以保障人体健康和一定的生态环境为目标而对各种污染物在大气环境中的容许含量所作出的限制规定，它分为 Ⅰ、Ⅱ、Ⅲ 级。用这个标准来判定，Ⅲ 级标准的空气质量对生活在其中的居民危害十分大。在统计的 338 个城市中，36.5%的城市达到国家空气质量 Ⅱ 级标准，63.5%的城市超过国家空气质量 Ⅱ 级标准，其中超过 Ⅲ 级标准的有 112 个城市，占监测城市的 33.1%。大气污染的类型可分为煤烟型、汽车尾气型、煤烟＋汽车尾气型和复合型。

(二) 大气污染的成因

1. 城市人口的急剧增长

近几十年来，无论是发达国家还是发展中国家，均出现了一批人口超百万，甚至超千万的特大型城市。人口的增加，就需要不断为其提供能源、食品、淡水、卫生设施、住房、交通、日常生活用品等项服务。任何一项服务都不可避免地增加了自然资源的消耗并加重了城市的空气污染。20 世纪 70 年代初，世界人口 37 亿，其中约 37%集中在城市；进入 90 年代，世界人口增加到 53 亿，城市人口比例则达 43%。发达国家由于地理、气候、能源、技术和经济等方面的优势，使得它们在城市化进程中，容易解决城市空气污染问题。而许多发展中国家，由于这几方面处于劣势，因而随着城市化进程的加快，人口的急剧增长，空气污染问题愈加严重，这也是世界严重污染城市多在发展中国家的原因之一。

2. 城市和工业的过度发展

进入 80 年代，世界经济进入了一个快速发展时期。各国政府为保持较高的经济发展速度，大力发展第二、第三产业。这些产业的发展不仅消耗了宝贵的自然资源，污染了环境，破坏了生态平衡，而且投入了大量的人力资源，造成城市人口总量和人口密度不断增加，城市区域不断扩大，城市绿化覆盖率不断减小。据统计，90 年代初，世界一些大城市、特大城市人口密度（万人/平方公里）已分别达到：伦敦 0.4，布宜诺斯艾利斯 1.5，圣地亚哥 1.7，开罗 2.4，利马 2.9，墨西哥城 3.4。这些城市中，有曾

以发生历史上最严重的烟雾事件震惊于世的伦敦，也有名列当今世界污染最严重城市之首的墨西哥城。墨西哥城是一座拥有2000万人口、3.5万家工厂和300万辆机动车辆的特大型城市，这三大污染源是使该市成为当今世界污染最严重城市的主要原因。有资料报道，吸入该市的空气相当于每天吸40只香烟的污染量，因此，在城市中建有"氧吧"，实行有偿服务。

据我国1996年环境状况公报报道：全国城市空气中TSP浓度普遍超标，平均浓度为309μg/m³。全国城市SO_2浓度平均值为79μg/m³。SO_2浓度水平较高，部分城市污染相当严重。酸雨降雨污染加重，分布区域有所扩展。据84个国控网络监测，降水年均pH值低于5.6的城市有43个，低于4.5的有长沙、厦门、赣州和宜宾。中国南部已经成为世界三大酸雨区之一。

3. 机动车辆的迅猛增加

汽车作为现代社会一种重要交通运输工具，确实为在快节奏工作、学习和生活中的人们带来了诸多方便。汽车产业的发展，拉动了经济增长，已成为许多国家和地区新的经济增长点。但是，城市机动车辆的猛增，恶化了城市空气质量，突出表现在两个方面：首先，政府部门为缓解日趋紧张的市区交通压力，对交通拥挤采取砍树、破坏草地、拓路、鼓励更多的人购买汽车。上路行驶造成新的交通拥挤，采用继续砍树、破坏草地和拓路的办法疏导交通，这实际上是使城市空气污染陷入到更加恶化的循环之中；其次，在现有技术经济条件下，汽车无论使用何种燃料，都不可避免地向大气排放有毒有害物质。汽车数量的猛增，使尾气排放总量和污染物种类大量增加。特别是由于交通拥挤，汽车在路上重新启动和发动机空转的次数增多，造成尾气排放量的更加增大，使交叉路口等地段成为城市空气污染的"重灾区"。美国有"装在轮子上的国家"之称，其大气总污染物中有近70%来自汽车排放的尾气；我国1990年机动车总数552万辆，比洛杉矶一个城市的车辆还少。当时的大气污染物主要来自燃料的燃烧，占大气污染物总量的一半以上。近几年，随着我国交通运输业的迅速发展，城市机动车拥有量猛增，汽车尾气排放的污染物在大气中所占比例显著增加，正在成为大气污染物的主要来源。

（三）大气污染物的组成

人类的许多活动都会向大气排放有毒有害污染物，如行驶的汽车、石油化工产品的生产加工、日用消费品的生产、火力发电厂、室内火炉取暖、室内空气调节、餐饮业、楼房道路建设及维修、废弃物焚烧等，因此空气中污染物的来源具有多源性。

1. 二氧化硫

SO_2是大气中数量最大、分布最广、造成人类生命损失最严重的气态污染物之一。大气中的SO_2绝大多数来自含硫矿物燃料的燃烧，其中煤和褐煤燃烧所排放的SO_2占总排放量的80%。另外，柴油中含有0.2%以上的硫。因此，以柴油为燃料的机动车辆也是造成城市SO_2含量增高的又一原因。

SO_2是一种无色、易溶于水、具有刺激性气味的气体，它的味阈值是0.3ppm，当达到 30~40ppm 时，呼吸感到困难，超过 100ppm 时可能导致死亡。呼吸系统是 SO_2 作用的主要靶器官，长期接触可引起肺组织形态和功能的改变。SO_2 易被上呼吸道和支气管黏膜的富水性黏液吸收，被吸收的 SO_2 在体液中转化为它的衍生物——Na_2SO_3 和 $NaHSO_3$，通过血液循环迅速分布全身，从而对其他组织产生影响，并随吸入浓度升高在血液各组织中的含量均成比例增长。目前的研究已经证实，SO_2 是一种全身性的毒物，除了引起呼吸道的损伤外，对其他器官和组织也具有毒性作用。另有研究发现，它还是一种细胞毒性因子和染色体断裂剂，并在此基础上对 SO_2 的毒作用机制提出了"SO_2 自由基损伤学说"和"膜损伤学说"。

2. 氮氧化物

NO_X 是一氧化氮（NO）、一氧化二氮（N_2O）、二氧化氮（NO_2）、四氧化二氮（N_2O_4）、五氧化二氮（N_2O_5）等的总称，造成大气污染的主要为 NO 和 NO_2。大气中的 NO_X 一部分是由天然污染产生，如高空中的闪电可以使氮气和氧气化合生成 NO_X，平流层注入、NH_3 的氧化、物质的燃烧以及土壤的释放等都可产生 NO_X；另一部分 NO_X 是由人为污染产生，人为污染源一年向大气排放 NO_X 约 5.21×10^7 t。人类活动排放的 NO_X 主要来自各种燃料的燃烧过程，其中工业窑炉和汽车排放最多。此外，硝酸的生产或使用过程、氮肥厂、有机中间体厂、有色及黑色金属冶炼厂的某些生产过程也有 NO_X 生成。燃料燃烧时，NO_X 的生成途径有两条：一是高温下空气中的氮被氧化生成，温度越高，氧的浓度越大，NO_X 的生成量越大；二是燃料中各种含氮化合物、吡啶（C_5H_5N）、呱啶（$C_5H_{11}N$）和煤中的链状与环状含氮化合物等被分解生成。

3. 颗粒物

PM（particulate matter，颗粒物）是指悬浮在大气中的固体和液体颗粒物的总称，主要含有的化学成分为可溶性成分（大多数无机离子）、有机成分、微量元素、碳元素等 4 大类（图 10-1）。

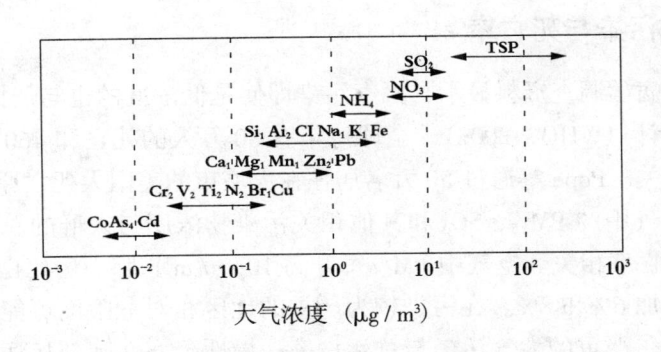

图 10-1 城市大气中颗粒物化学成分的浓度水平

不同来源的颗粒物由于其形成条件不同，其粒径分布、化学组成也有很大差别。PM 根据其粒径大小可分为 TSP（空气动力学直径 ≤ 100μm）和 PM_{10}（空气动力学直径 ≤ 10μm）。PM_{10} 又可分为粗颗粒（空气动力学直径介于 2.5μm~10μm）、细颗粒

（空气动力学直径 ≤ 2.5μm）和超细颗粒（空气动力学直径 ≤ 0.1μm）。

4. 臭氧

大气中的 O_3（臭氧）是通过非常复杂的化学作用和几百种不同的碳氢化合物、游离物及 NO、NO_2 等相互反应而形成的，这一过程都需要光化学能量。观测发现，太阳辐射最强烈的正午时刻大气中 O_3 的浓度可达顶峰，且夏天高于冬天。O_3 可以穿透污染物并长距离传播，它是乡村大气中突出的污染物之一。研究表明，人体每日暴露于 100 ppb 的 O_3 浓度中会影响肺功能。在 120 ppb 的 O_3 浓度中暴露会引起鼻咽喉炎，出现咳嗽、气喘、呼吸急促、呕吐和头痛等症状，对健康造成危害。

二、大气污染与健康

（一）大气污染与患病率

大量流行病学研究显示，大气污染与医院的每日门诊量显著相关。美国的一项研究显示，大气中 PM_{10} 浓度上升 $10μg/m^3$，儿童哮喘的就诊率随之增加 3%～6%。Brunekreef 等调查发现，从轻微的呼吸系统症状的产生到心肺疾病的门诊人数以及死亡率的增加，都与大气污染有密切关系。最近美国的胸科协会（ATS）提出，大气污染导致的不良健康影响，不仅应包括临床的一些症状和效应（比如门诊病人的增加、肺功能的降低和心肺疾病死亡率的增加），还应该重视由此带来的亚临床症状和生存质量的下降。Pope 报告，在犹他州大气中 PM_{10} 的浓度与医院呼吸道疾病住院人数相关。Schwartz 等发现，在华盛顿 Seattle 急诊室每日哮喘就诊的 65 岁以下的病人数与微粒暴露有显著相关。Sunyer 等报告，在西班牙巴塞罗那，慢性阻塞性肺部疾患的急诊住院人数与 SO_2、黑烟浓度相关。其实大气污染与健康的关系取决于暴露的水平、暴露人群本身的健康状况和年龄，因此一些研究结论可能相互矛盾。

（二）大气污染与死亡率

大量的流行病学调查资料显示，大气污染即使是低浓度的也与居民的死亡数相关。世界卫生组织估计（WHO，2002），全球每年有 80 万人的死亡和 460 万人寿命损失与城市大气污染相关。Pope 等通过 50 万名居住在大城市的美国人死亡原因风险因素的数据分析发现，空气中的 $PM_{2.5}$、SO_2 和其他相关污染物浓度与人群的总死亡率、肺心病死亡率、肺癌死亡率相关。空气中 $PM_{2.5}$ 每升高 $10μg/m^3$，肺心病死亡率、肺癌死亡率的危险性分别增加 6% 和 8%。在污染较为严重的地区相对危险度可能会更高。井立滨等的研究也表明，严重的大气污染与总死亡率、慢性阻塞性肺部疾病（COPD）、冠心病（CHD）、心血管疾病（CVD）的死亡率存在明显的联系。Saldiva 在圣保罗市进行了一项调查，采用多元回归方法分析了 NO_x 浓度与儿童呼吸道疾病死亡率之间的关系，经季节气象因素校正后发现，大约 30% 的儿童呼吸道疾病死亡率与 NO_x 日均浓度相关。大气污染在全球各地区的分布是不均匀的，亚洲发展中国家尤为严重，他们承担了全球大气污染相关的死亡和寿命损失的60%。

（三）大气污染与呼吸系统疾病

呼吸是空气中悬浮颗粒物和其他有害物质进入人体的主要途径，呼吸系统是大气污染物直接作用的靶器官。SO_2对上呼吸道黏膜有强烈的刺激作用，侵害呼吸道，使肺泡弹性减弱，引起气管炎、支气管炎、哮喘或使其加重。NO_X对呼吸器官具有刺激作用，NO_2的浮游微粒容易侵入并沉积在肺部，尤其是NO_2可直接侵入肺泡巨噬细胞，释放蛋白分解酶，破坏肺泡导致呼吸道及肺部病变。急性高浓度NO_2中毒可引起的肺水肿，慢性中毒可引起慢性支气管炎、肺气肿及肺癌等。另外，它能与挥发性有机化合物在阳光中紫外线（$\lambda \leq 410nm$）照射下发生一系列光化学反应而生成光化学烟雾，从而对人体和植物产生严重危害，导致人的中枢神经受损及呼吸机能慢性衰退。Pilhart对3680名哮喘病儿童的分析显示，大气中NO_2浓度每升高10mg/m³，儿童喘息发作的危险性增加1.16倍；SO_2每升高10mg/m³，儿童喘息发作的危险性增加1.08倍。

金银龙等调查分析了太原市不同程度大气污染与健康的关系后表明，燃煤产生的$LNSO_2$、$LNTSP$、$LNPM_{10}$、$LNPM_{2.5}$每增加一个单位，成人呼吸系统疾病和症状发生的危险性分别增加1.39、1.71、1.67和1.79倍。吸烟已被确认为肺癌的主要病因，但在吸烟者比例相近的情况下，城市越大，工业污染越严重，肺癌死亡率越高，这种现象难以用吸烟解释。Nyberg等在瑞典40—75岁人群中进行的一项病例-对照研究显示，在平衡了吸烟、社会经济状况、室内氡和职业暴露等条件后，暴露于超过30年的交通污染引起的NO_X污染，肺癌的危险性增加1.2倍。提示城市大气污染增加了肺癌的危险性，其中汽车尾气的污染尤为严重。Beeson调查了6338名27—75岁的非吸烟者发现，男性肺癌患病率与PM_{10}和SO_2的平均浓度呈正相关。Cohen等人认为，大气污染与肺癌患病率相关的证据来源于对肺癌发病趋势的研究、对职业暴露的研究以及城乡居民的患病情况比较与一些病例对照的研究。

（四）大气污染与肺功能

肺功能是反映人体呼吸功能的生理指标，也是评价空气污染及其他有害因素对呼吸系统不良影响和反映肺部疾患的早期效应指标。Jedrychowski等人对波兰的1001名儿童进行了调查，发现在低暴露水平下居住在城市中心的正常儿童平均肺功能增长率都比较低。他们认为，城市空气污染与儿童的肺功能发育迟缓可能有一定的关系。Gauderman等人连续四年观察了南加州的1678名儿童发现，肺功能的显著降低与暴露于酸性气体、NO_2和$PM_{2.5}$有关。酸性气体暴露下最大气体流速（PEFR）的平均年增长率和1秒末呼气流速（FEV_1）分别下降11%和5%，PEFR与用力肺活量（FVC）的比值也相应减少。但也有报道说长期暴露于大气污染较重环境中的儿童FVC、FEV_1、PEFR未见明显改变，说明大气污染对儿童肺功能的影响主要发生在小气道。造成小气道功能显著受阻的原因可能是由于儿童的支气管较成人直，有利于空气动力学直径<5μm的细小颗粒物进入细支气管并在肺泡滞留，从而增加了黏膜受损的机会。

(五) 大气污染与免疫

大气污染物对机体免疫功能的影响可引起机体免疫监视功能低下和对感染性疾病的抵抗力降低，诱发机体出现超常免疫反应-变态反应。近年来国外的一些流行病调查发现，在工业化国家空气污染严重的地区过敏性疾病的患病率明显升高。他们发现，悬浮颗粒物可以使大鼠 IgE 抗体的产生增加，人体鼻腔灌洗液中总 IgE 和特异性 IgE 的水平升高。Polosa 认为，随着城市化的进程和交通运输的发展，由汽车尾气带来的交通污染是过敏性疾病的主要危险因素。由汽车排出的颗粒物可以通过增强 IgE 应答和超敏反应介导气道的过敏性炎症。长期生活在大气污染环境中的儿童在未出现临床症状前，机体免疫功能已有不同程度降低。席淑华等对某市随机抽取的 300 名小学生进行了免疫功能的测定，发现唾液中分泌型免疫球蛋白 A 重污染区显著低于轻污染区。大气污染对儿童非特异性免疫功能的影响与年龄、接触污染物的时间和浓度有明显的正相关关系。

(六) 大气污染与心脏自律性

HRV（heart rate variability，心率变异性）是衡量心脏自律功能变化的指标，HRV 下降与心脏病患者或正常人群的死亡率存在相关性。Mshsri 等人重点研究了大气中颗粒物暴露对 HRV 的短期影响，发现暴露水平与 HRV 下降之间存在一定的剂量-反应关系，并指出颗粒物暴露可能通过直接提高交感神经应激反应或间接通过引起炎性细胞因子表达水平的变化来影响心脏的自律神经系统。研究者认为，虽然这一相关性的远期临床意义尚不明确，但空气中悬浮物质的短期暴露肯定会对健康成年人的心脏自律功能产生不良的影响。

三、大气污染与运动

(一) 运动者对污染物的易感性

目前，有关大气污染物危害性的研究大部分都是针对普通人群，而对运动员这一特殊群体的研究报道较少。空气污染对运动者运动能力的影响是环境与健康研究开始关注的一个新课题。从以往为数不多的有关大气污染与运动的研究结果显示，运动可能会增加污染物对人体健康的危害，其原因大致归纳为以下三个方面：

1. 运动导致肺通气功能的增加

运动时呼吸系统将发生一系列变化以适应机体代谢的需要，呼吸加深加快和肺通气量增加。尤其在以有氧代谢为主的运动中，潮气量可从安静时的 500ml 上升到 2000ml，呼吸频率可从 12~18 次/分上升到 50 次/分，通气量可达 100L/min 以上。因此，在污染的大气环境中运动，随着肺通气量的增加，运动者吸入的有毒有害气体的量也增多。Watt 等研究发现，在公路附近进行作业者吸入 PM_{10} 的量明显高于在同一地区的静坐者。同样，Wijinen 等人在阿姆斯特丹火车道周围的大气环境中进行实验也发现，运动强度越大，受试者吸入 PM_{10} 的量就越多。

2. 运动时呼吸方式的改变

运动时呼吸方式发生变化，即以口呼吸代替鼻呼吸，使较多的污染物通过口进入呼吸系统，而鼻腔内过滤装置清除异物的能力却较安静时明显降低。Muns 等人发现，经过几天剧烈长跑运动后，运动者鼻腔黏膜和纤毛清除污染物的能力明显较实验前削弱。Atkinson 研究也发现，耐力性项目运动员长时间在污染空气中从事剧烈运动可明显引起机体对有害物质的易感性增强。

3. 运动引起肺扩散能力增强

Turcotte 等人认为，运动时气流速度加快，会更有利于吸入的污染物在肺组织内扩散，使更多的颗粒物进入呼吸道的深部。可见，运动时吸入体内的污染物不仅数量急剧增多，且扩散速度及范围也相应增加，这可能是导致运动员较普通人对有害物质的易感性增强的原因之一。

（二）污染物与运动能力

1. 颗粒物

英国有关非生物微粒与健康的一项研究报道中指出，颗粒物可能对运动人群有突变性影响，且影响的大小取决于颗粒物的粒径及呼吸方式。空气样本检测发现，自行车、跑步等项目比赛的路线不同，大气中 PM_{10} 浓度也有很大差异。城市内环路比安静开阔的乡村路线空气中 PM_{10} 浓度高出 7 倍多。人群调查结果显示，靠近交通地区工作的个体 PM_{10} 暴露水平高于非交通地区。在城市马路边运动的人群 PM_{10} 的暴露水平显著高于在乡村地区运动的人群及不运动人群。虽然对 PM_{10} 的暴露水平是否能够影响运动成绩还没有报道，但这些研究结果已表明，在污染较严重的环境运动对人体健康存在潜在的危害性。

颗粒物对运动人群健康的危害在于运动可引起颗粒物在呼吸道及肺组织内的高沉积量。Daigle 等比较了人体安静时与运动时肺内颗粒物的沉积量，结果发现，运动期间颗粒物沉积的总量是安静时的 4 倍多。Van Wijnen 等对自行车运动员、汽车司机、徒步旅行者肺部颗粒物进行了检测，发现经常在城市交通道路上运动的人群肺内颗粒物的沉积量显著高于非运动人群和在郊区运动的人群。Bevan 的研究也证实了这一点。

颗粒物对运动人群心血管系统也会产生负面影响。研究者将健康个体分别暴露在三种不同的环境下进行 2 小时间歇运动，三种环境分别为过滤空气、$10\mu g/m^3$、$25\mu g/m^3$ 细碳颗粒物。研究结果发现，在细碳颗粒物环境下运动的受试者出现心电图 QT 间期改变及心脏的去极化改变。他们推测，原因可能是由于细颗粒物影响了心脏的自律神经系统或心室肌的离子通道。另外，Mshsri 等人研究了大气中颗粒物暴露对 HRV 的短期影响，发现暴露水平与心率变异性下降之间存在一定的剂量-反应关系，并指出颗粒物暴露可能通过直接提高交感神经应激反应性或间接引起肺部炎性细胞因子的表达来影响心脏的自律神经系统。尽管机制还不明确，但足以证明短期的颗粒物暴露会对心脏自律性产生不良影响。

2. 二氧化硫

SO_2 对哮喘病人有明显的刺激性，哮喘病患者运动时对 SO_2 敏感性比正常人高 10 倍，且哮喘引起的症状会由于 SO_2 的存在而加剧。患有轻微哮喘的运动人群在 SO_2 的浓度为 0.25ppm 环境下进行剧烈运动时，FEV1 减少了 50%～60%，并伴有喘息、胸闷、呼吸困难等症状。当 SO_2 浓度达 0.5ppm 时，哮喘病患者在不通风处运动 5 分钟就会发生声音变异。空气的温度和湿度也会影响运动员哮喘发作的程度，寒冷干燥的空气比温暖潮湿的空气更易引起运动员对 SO_2 产生快速而强烈的反应。最近对冬奥会的一项调查显示，由于运动诱发支气管痉挛症的运动员占 23%，他们推测，SO_2 可能是运动导致支气管痉挛的诱因之一。Kirkpatrick 让 6 名哮喘患者（21—28 岁）在 0.5ppm SO_2 浓度下进行 5 分钟大强度运动，采用的呼吸模式分别为用鼻、用嘴、嘴鼻同时用，结果发现，只有用鼻呼吸可以部分防御 SO_2 对身体的危害。剧烈运动时用嘴呼吸成为主要的呼吸模式，大量 SO_2 绕过鼻子这一可以过滤可溶性烟雾的防御屏障，经嘴、咽后被运送进支气管，引起支气管痉挛、呼吸道阻塞和肺通气量下降。此外，不同运动方式对运动人群也会产生不同的影响。Kehrl 研究了 10 名 22—33 岁患有轻度哮喘的人在浓度为 1ppm 的 SO_2 环境下进行 10min×3 间歇性运动和 30min 持续性运动，结果，持续性运动的个体呼吸道阻力相对于间歇性运动个体显著增高。

3. 臭氧

呼吸不适引起最佳工作表现力的降低与 O_3 暴露有关。高水平运动员在不同浓度的 O_3 环境中运动（0.12，0.18，0.24ppm）引起肺功能下降，且随着 O_3 暴露水平的增高，受试者踏车运动的持续时间减少，耐力水平降低。Hazucha 等研究证实，O_3 导致运动个体用力肺活量下降，气道阻力和功能余气量增加。其机制是 O_3 进入呼吸道后，会刺激位于上呼吸道平滑肌的感受器，引起呼吸肌收缩，肺吸气能力减小，气道阻力增加，最大呼气能力减少，并抑制了肺通气功能。

O_3 环境会刺激运动个体的呼吸系统产生不适感，引起咳嗽、恶心、气喘和头疼。Kagawa 分别将 7 名健康男性志愿者暴露于 0.15ppm 浓度的 O_3、SO_2、NO_2 和混合气体环境中，进行 2 小时间歇性、小强度运动，结果，暴露在 O_3 环境中的有 3 人在深呼吸时出现剧烈咳嗽，有 1 人感到胸部疼痛；其他在污染气体及混合气体中的均未出现明显的异常表现。荷兰的一项研究发现，成年男性夏天的黄昏在平均温度 64°F 的户外进行剧烈骑自行车运动，即使空气中的 O_3 浓度非常低，运动者也出现了呼吸急促、胸闷、气喘等不良症状，引起肺功能显著下降。另外，O_3 还可能损害肺上皮细胞，削弱肺的防御能力，引起肺部炎症，甚至使肺组织的结构出现不可逆性改变，最终导致肺气肿、慢性支气管炎或慢性哮喘等呼吸道疾病。

4. 二氧化氮

运动开始后伴随每分通气量和最大吸氧量的显著增加，致使运动者比非运动者吸入更多的 NO_2，增大 NO_2 对运动人群的危害性。Nieding 等将 11 名健康个体暴露于浓度为 5ppm 的 NO_2 环境中，进行 2 小时小强度、间歇性运动，结果，受试者呼吸道阻力增长 60%，动脉氧分压从 89.6mmHg 下降到 81.6mmHg。Bauer 等将健康个体置于 3ppm NO_2 环境中运动 30 分钟，受试者 FEV1 显著减少，呼气效率减少到肺总容量的 60%。Sandstroem 等研究表明，长期在一定浓度的 NO_2 环境下运动会导致免疫细胞数量减少及免疫功能降低。但健康个体在小于 1ppm 的 NO_2 环境下短时间运动对肺功能不会产生影响。

5. 一氧化碳

CO 是一种无色无味的有毒气体。早年调查发现，城市居民血液中碳氧血红蛋白（COHb）的浓度约为农村地区居民的 2 倍。研究表明，运动可增大 CO 对人体的危害作用，也会降低运动能力。世界卫生组织检测了在不同 CO 浓度下进行轻微运动人群血液中 COHb 的含量，结果证实，CO 浓度与 COHb 的含量成正相关。由于大气中 CO 浓度和扩散速度依赖于风速和气温，所以在交通堵塞区慢跑和骑自行车者 CO 中毒的危险性很难预料。在繁忙的交通地区激烈运动 30 分钟可使血液中 COHb 浓度增加 10 倍（相当于抽了 10 根香烟）。在城市慢跑和骑自行车运动者血液中 CO 浓度可达 4%～6%，相当于慢性吸烟者血液中 CO 的水平，这一浓度会导致运动人群的最大摄氧量和氧脉搏下降，血压及心率显著升高。因此，在较高浓度的 CO 环境下运动，吸入的 CO 优先与血液中的 Hb 结合形成 COHb，导致机体组织缺 O_2，出现心率加快，呼吸急促等补偿反应，造成心输出量减少，最大吸氧量降低，最终导致运动员耐力的显著下降，直接影响了运动员的运动能力。

CO 对人体的毒性作用的机制：第一，CO 与 Hb 的亲和力是 O_2 的 200 倍，CO 优先与 Hb 结合生成 COHb；第二，减少血液向组织的 O_2 运输（血红蛋白氧离曲线左移）；第三，抑制细胞色素与氧化酶的活性。

四、在不同环境中运动应注意的几个问题

许多空气污染物的浓度与远离交通繁忙地区的距离呈指数下降关系。与开阔的校园相比，室内环境、公共场所和汽车里更容易隐藏 CO 中毒的风险。建议选择运动场所时远离交通地带，最好在开阔的乡村或公园。要尽量避免在上班高峰期或 NO_x、CO 容易积聚的时间运动。假如遇到寒冷和烟雾时，最好选择在室内场地运动。有风的天气容易使污染物转移和扩散，建议出门旅游时关注空气污染指数预报及告示。晴朗炎热天气的 O_3 水平会升高，因此应避免在清晨或傍晚跑步或骑自行车。

运动员比赛和训练时，应远离烟雾及交通拥挤地区，因为这些地区有时 CO 积聚可能暂时达到较高水平，影响运动成绩的发挥。周围空气 SO_2 水平不会引起肺功能正常的运动员的关注，但对患有哮喘病的运动者有强烈的刺激性，可能会给他们带来一

些麻烦。建议患哮喘病的运动员比赛时要携带治疗药物，并在运动时使用空气过滤器。马拉松和其他耐力性项目（如竞走和自行车）的参赛者，可能面临遭受更大污染物危害的风险。

尽管目前还没有来自人体研究的数据支持，但动物实验已经证明V_E可降低由于O_3暴露引起的形态学和生物化学的反应。最近流行病学的研究发现，补充抗氧化剂的受试者NO_2的暴露水平与血浆β胡萝卜素含量的降低存在显著相关。因此，建议运动员每天保证摄入足够的新鲜蔬菜和水果或补充一定剂量的β胡萝卜素、V_E或其他抗氧化剂。

空气污染的形成是复杂的、多种污染物相互协同作用的结果。环境和气候的变化、运动场所、运动持续时间、运动方式都会影响污染物的暴露水平及人体的生理反应。空气污染对运动者的心血管和呼吸系统具有更大的危险性。未来的研究主要集中在污染物与个体暴露水平的相互效应和空气污染相关因素的风险评价方面。

推荐读物

［1］翁锡全. 体育、环境、健康［M］. 北京：人民体育出版社，2005.

［2］孟紫强. 环境毒理学［M］. 北京：中国环境科学出版社，2000：353-377.

参考文献

［1］童志权，陈焕钦. 工业废气污染控制与利用［M］. 北京：化学工业出版社，1989：1-20，361-362.

［2］韩永忠. 城市空气污染及对策［J］. 四川环境，2001，20（1）：58-61.

［3］林肇信.环境保护概论［M］. 北京：高等教育出版社，1999：89-93.

［4］奚旦立，刘秀英，郭安然. 环境监测［M］. 北京：高等教育出版社，1997：127.

［5］孟紫强. 环境毒理学［M］. 北京：中国环境科学出版社，2000.

［6］Meng, ZQ. Oxidative damage of sulfur dioxide on various organs of mice: sulfur dioxide is a systemic oxidative damage agent［J］. Inhalation Toxicology, 2003 (15)：181-195.

［7］Meng, ZQ, Zhang, B. Polymerase chain reaction-based deletion screening of bisulfite (sulfur dioxide)-enhanced gpt-mutants in CHO-AS52 cells［J］. Mutat Res, 1999 (425)：81-85.

［8］Petroeschevsky A, Simpson RW, Thalib L, et al. Association between outdoor air pollution and hospital admissions in Brisbane, Australia［J］. Arch Environ Health, 2001 (56)：37-52.

［9］Atkinson RW, Anderson HR, Strachan DP, et al. Short-term associations between outdoor air pollution and visits to accident and emergency departments in London for respiratiory complaints［J］. Eur Respir J, 1999 (13)：257-265.

［10］Brunekreef B, Holgate ST. Air pollution and health［J］. Lancet, 2002 (360)：1233-1242.

[11] 李晋芬，王长辉，孙惠乐. 太原市空气污染与儿童医院日门诊量的相关性研究 [J]. 环境与职业医学，2003，20（4）：264-268.

[12] Pope CA, Burnett RT, Thun MJ. Lung cancer, cardiopulmonary mortality, and long-ter exposure to fine particulate air pollution [J]. Journal American Medical Association, 2002, 287 (9): 1132-1141.

[13] 井立滨，秦怡，徐肇翊，等. 本溪市大气污染与死亡率的关系 [J]. 中国公共卫生，1999，15（3）：211-212.

[14] 金银龙，程义斌，王汉章，等. 煤烟型大气污染对成人呼吸系统症状及其症状影响的研究 [J]. 卫生研究，2001，30（4）：241-246.

[15] Jedrychowski W, Flak E, Mraz E. The adverse effect of low levels of ambient air pollutants on lung function growth in preadolescent children [J]. Environ Health Prospect, 1999, 107 (8): 669-674.

[16] Gauderman WJ, Gilliland GF, Vora H, et al. Association between air pollution and lung function growth in southern California Children: results from a second cohort [J]. Am J Respir Crit Care Med, 2002, 166 (1): 76-84.

[17] 孔玲莉，何庆慈，许芬，等. 学龄儿童肺功能的影响因素分析 [J]. 中国环境监测，2001，17（7）：91-98.

[18] Takafuji S, Nakagawa T. Air pollution and allergy [J]. Investigol Clin Immunol, 2000, 10 (1): 5-10.

[19] Polosa R. The interaction between particulate air pollution and allergens in enhacing allergic and airway response [J]. Curr Allergy Asthma Rep, 2001, 1 (2): 102-107.

[20] 席淑华，孙文娟，叶丽杰. 大气污染对儿童健康所致潜在危害研究 [J]. 环境与健康杂志，2000，17（1）：26-28.

[21] Magari SR, Hauser R, Schwartz J, et.al. Association of heart rate varibility with occupational and environmental exposure to particulate air pollution [J]. Circulation, 2001, 104 (9): 986-991.

[22] 杨锡让. 人体生理学 [M]. 北京：人民体育出版社，1999.

[23] Turcotte RA, Perrault H, Marcotte JE, et al. A test formeasurement of pulmonary diffusion capacity during highintensity exercise [J]. J Sports Sci, 1992 (10): 229-235.

[24] McCafferty WB. Air pollution and athletic performance [M]. Springfield: Charles C Thomas, 1997(75): 425-430.

[25] Watt M, Godden D, Cherrie J, et al. Individual exposure to particulate air pollution and its relevance to thresholds for health effects:a study of traffic wardens [J]. Occup Environ Med, 1995 (52): 790-792.

[26] Van Wijnen JH, Verhoeff AP, Jans HWA, et al. Exposure of cyclists, car drivers and pedestrians to traffic-related air pollution [J]. Int Arch occup

Environ Health, 1995 (67): 187-193.

[27] Muns G, Singer P, Wolf F, et al.Impaired nasal muciliary clearance in long-distance runner [J]. Int J Sports Med, 1995 (16): 209-213.

[28] Atkinson, G. Air pollution and exercise [J]. Sports Exercise and Injury, 1997 (3): 2-8.

[29] Tikusis P, Kane DM, McLellan TM, et al. Rate of formation of carboxyhaemoglobin in exercising humans exposed to carbon monoxide [J]. J Appl Physiol, 1992 (72): 1311-1319.

[30] Gong H Jr, Krishnareddy S. How pollution and airborne allergens affect exercise [J]. Physician and Sport medieine, 1995 (23): 35-42.

[31] Stamford B. Exercise and air Pollution [J]. Physician and Sport medieine, 1990 (18): 153-154.

[32] Ekblom B, Huot R, Stein EM. Effect of changes in arterial oxygen content on circulation and physical perfomance [J]. J Appl Physiol, 1975 (39): 71-75.

[33] Blomberg A, Krishna MT, Helleday R, et al. Persistent airway inflammation but accommodated antioxidant and lung function responses after repeated daily exposure to nitrogen dioxide [J]. Am J Respir Crit Care Med, 1999 (159): 536-543.

[34] Folinsbee LJ. Air pollution: acute and chronic effects [M]. Proceedings of Marathon Medicine 2000. London: The Royal Society of Medicine, 2001.

[35] Gong Jr H. Effects of ozone on exercise performance [J]. J Sports Med, 1987 (27): 21-29.

[36] Schelegle ES, Adams WC. Reduced exercise time in competitive simulations consequent to low level ozone exposure [J]. Med Sci Sports Exerc, 1986 (18): 408-414.

[37] Brunekreef B, Hoek G, Breugelmans O, et al. Respiratory effects of low-level photochemical air pollution in amateur cyclists [J]. Am J Crit Care Med, 1994 (150): 962-966.

[38] McDonnell WF, Stewart PW, Andreoni S, et al. Prediction of Ozone-induced FEV1 changes. Effects of concentration, duration and ventilation [J]. Am J Crit Care Med, 1997 (156): 715-722.

[39] Atkinson G, Maclaren D, Taylor C. Blood levels of British competitive cyclists [J]. Ergonomics, 1994 (37): 43-48.

[40] Pierson WE, Covert DS, Koenig JQ, et al. Implications of air pollution effects on athletic performance [J]. Med Sci Sport Exerc, 1986 (18): 322-327.

[41] Linn WS, Venet TG, Shamoo DA, et al. Respiratory effects of sulfar dioxide in heavily exercising asthmatics [J]. Am Rev Respir Dis, 1983 (127):

278-283.

[42] Folinsbee LJ, Raven PB. Exercise and air pollution [J]. J Sports Sci, 1984 (2): 57-75.

[43] Wilber RL, Rundell KL, Szmedra L, et al. Incidence of exercise-induced bronchospasm in Olympic winter sport athletes [J]. Med Sci Sports Exerc, 2000 (32): 732-737.

[44] Bernard N, Saintot M, Astre C, et al. Personal exposure to nitrogen dioxide pollution and effect on plasma antioxidants [J]. Arch Environ Health, 1998 (53): 122-128.

专业名词中英文对照

中文	英文
大气环境质量标准	airborne quality standard
总悬浮颗粒物	total suspended particle (TSP)
可吸入颗粒物	inhalated particulate (IP)
颗粒物	particulate matter (PM)
寿命损失	lost life
心率变异率	heart rate variability (HRV)

(北京师范大学　刘晓莉)

第十一讲　运动锻炼与心脏功能

> 【内容提要】
> 　　心脏是担负机体新陈代谢的重要器官，是决定人体健康和全身体力的核心部位，目前心血管系统的疾病致死率在发达地区居首位。运动心脏的研究已历经百年，在运动医学史上，还没有一个问题像"运动心脏"这样，能够引起学术界如此长时间的兴趣和关注。对运动员心脏的研究证明，运动性心脏肥大、心脏结构与功能的重塑是对运动的适应性反应，运动性心肌肥大和病理性心肌肥大有着本质的区别。对普通人群心脏的研究发现，体育锻炼能有效改善心功能，防治心血管系统疾病。锻炼是心脏健康的必由之路。
>
> 【重要名词】
> 　　**心脏重塑**：指的是心脏构型、心肌结构、血管、心肌间质胶原、心脏生物化学以及心脏功能等诸多方面发生相应的结构和功能的变化。
> 　　**冠心病**：冠状动脉粥样硬化性心脏病，即为冠心病。
> 　　**侧枝循环**：通过冠脉侧支或吻合支重新建立起来的循环，称为侧枝循环。

一、运动员心脏

　　早在1899年，瑞典医生Henschen就首次发现运动员心脏肥大，并将其定义为运动员心脏（athlete's heart）。临床观察发现，运动员心脏不仅增大，还伴有心脏杂音、心电图异常、心功能改变等症状。不少英美学者喜欢用"运动员心脏综合征"（athlete's heart syndrome）来表示运动心脏的复杂现象。关于运动员心脏的生理病理性质，一直是运动医学界争论不休的问题。虽然运动心脏的研究已历经百年，运动心脏的研究手段也发生了翻天覆地的变化，从最初的叩诊发展到后来的X线、超声波以及现在的CT、核磁共振，但迄今为止，科学家对此问题尚无定论。

　　19世纪70年代以后，国内外大多数学者的研究结果倾向于认为，运动员心脏属于生理代偿性反应，即对运动的适应；运动员心脏增大为"调节性心脏增大"（regulatory cardiac enlargement），即对不同的负荷形式产生相适应的心脏扩大或心肌增厚，以增加搏出量或射血能力，满足不同运动负荷状态下机体对血液供应的要求。

　　一百多年来，已经积累了大量的运动与心脏的临床、基础研究结果，现已逐渐形成了心脏病学的一个分支学科——运动心脏学。研究不仅揭示了运动心脏的结构，包括宏观结构和微观结构的变化规律和运动心脏功能的"节省化、高效化"规律，而且从20世纪80年代以来，开始探讨运动心脏结构与功能的发生、发展及转归问题，特别是研究对象又延伸到了高水平运动员以外的普通人群，这为运动心脏的研究注入了活力，使研究的领域更加开阔。人们预言，运动心脏学将成为 21 世纪心脏学领域研究的热点之一。

（一）运动员心脏的结构

1. 宏观特征

运动员心脏的形态特征可通过 X 线、超声心动图、磁共振成像等方法测得。运动性心脏肥大是运动员心脏的主要形态学特征。肥大可发生在左、右心室及心房，但以左心室肥大为主。心脏增大的程度一般与运动强度和运动持续时间呈正相关，与年龄呈负相关，并呈可逆性，即停止训练后心脏可恢复至原来的水平。此外，遗传因素可能也对心脏增大有一定的影响。运动员心脏通常呈中等程度肥大，一般不超过 500g（而病理性心脏肥大通常超过 1000g），心脏系数约为 7.5g/kg 体重。

大量研究证明，经过长期系统训练的运动员，不论是耐力项目还是力量项目，其心脏体积均显著大于没有训练的普通人群。但是，不同类型的运动员心脏肥大有其各自不同的特点。一般耐力项目运动员表现出全心增大的趋势，不仅左心室腔，而且右心室腔均显著扩大，同时伴有心壁增厚，故称为离心性肥大（eccentric hypertrophy）；而力量项目运动员的心脏肥大则以左室心肌肥厚为主，左右心室的扩大都不明显，又称为向心性肥大（concentric hypertrophy）。

运动员心腔扩大有助于增加心室充盈量，提高心脏的泵血功能储备。而心肌肥厚有助于加强心肌收缩力量，促进心室排空。从项目特点和需求看，耐力项目运动员心腔的扩大和心壁的适度增厚，对增加运动时的心输出量和提高机体的有氧代谢能力是极为有利的。力量项目运动员左心室的肥厚，对于克服运动中较大的外周阻力、增强心脏泵血功能和保证工作肌肉血供也是有利的。

2. 微观特征

研究表明，在心肌细胞体积增大、心肌纤维直径增粗的同时，心肌细胞内的肌原纤维增粗，肌小节长度增加；心肌细胞之间的毛细血管数量增多，管腔直径增粗；细胞内的线粒体增多变大，线粒体到毛细血管的最大氧弥散距离缩短；线粒体内的 ATP 酶和琥珀酸脱氢酶的活性提高；心肌细胞膜上的脂质成分改变，对钙离子的通透性增加，使肌浆网摄取和结合钙离子的能力增强，心肌细胞兴奋与收缩偶联过程及收缩功能提高；心房肌细胞内的特殊分泌颗粒增多，提高了运动心脏的泵血功能，有利于运动心脏微细结构的重塑（cardiac remodeling）。运动心脏微观结构的上述诸多变化，保证了心肌纤维的增长能与心肌毛细血管的增长相适应；心肌细胞、亚细胞结构的重塑能与其氧化代谢功能的增强相适应。因此，运动心脏在发生肥大的同时，其能量代谢随之增强，心肌泵血功能随之提高。运动心脏的这些微细结构的重塑，对于提高运动员的最大吸氧量和有氧耐力具有十分重要的作用，也是运动心脏与病理心脏的主要区别所在。

3. 运动心脏肥大的机制

目前认为，至少有三种信号系统与运动心脏肥大有关。

(1) 牵张作用。牵张（stretch）通过几种复杂途径刺激心肌生长可能是首要因素。在运动过程中，心脏承受过度的前负荷和后负荷，引起心肌细胞的牵张，牵张诱发代偿性生长。假设牵张是主要信号，则在心脏受到最大负荷的部位，蛋白合成应当最高。Samareal 等于 1989 年发现，在血流动力学超负荷的左心室比无负荷的右心室肌球蛋白的转换率大；Imamura 等于 1990 年进一步发现，在压力超负荷的心脏，新的肌球蛋白同工酶 V_3（isoform）增加是在左心室，而不是右心室。上述研究结果均支持了这一假说。

(2) 激素作用。一些内分泌激素，如血管紧张素Ⅱ、儿茶酚胺、内皮素等都通过一个 7 螺旋结构的受体，激活原癌基因，并促进生长。在这些兴奋剂中，血管紧张素Ⅱ是目前最受人们关注的。Kijima 等于 1996 年发现，牵张使心肌对血管紧张素Ⅱ致敏。血管紧张素Ⅱ来源于局部内源性肾素-血管紧张肽原系统，牵张使离体心肌细胞释放血管紧张素Ⅱ，随后又以自分泌的方式反馈于同样的心肌细胞，促进细胞生长。在心脏肥大时，这个系统上调。

(3) 生长因子的作用。生长因子类物质，诸如胰岛素样生长因子、转化生长因子等都和受体酪氨酸激酶相连，它们又通过磷酸化作用，使信号进一步向下游传递，激活原癌基因和各种核内生长因子，包括和 DNA 结合并调节 RNA 转录速率的转录因子。

对运动员心脏机理的进一步研究表明，运动心脏肥大是和个体的血流动力学变化密切联系在一起的。功能上的需要，最终要反应在肌球蛋白横桥活性上，并提供某种生长调节信号。在上述三种机制中，血流动力学过载所引起的牵张作用是导致不同项目运动员心脏形态结构不同的最主要原因。其机理包括容量过载和压力过载，分别说明了等张耐力训练和等长力量训练所引起的心脏不同形态改变的原因。

耐力训练时，由于交感-肾上腺系统的调节，使循环血量增加，心脏活动加强，导致冠状动脉舒张，心脏供血量增加。另外，骨骼肌的收缩、呼吸运动的加强都促进了静脉血液的回流效应，使心脏舒张末期的容积增加，所有这些均导致心输出量增加。因此，耐力训练引起的血流动力学变化是增加了心脏的前负荷，即容量负荷（volume load），这与病理心脏的主动脉瓣或二尖瓣闭锁不全是相类似的（图 11-1）。由于心脏长

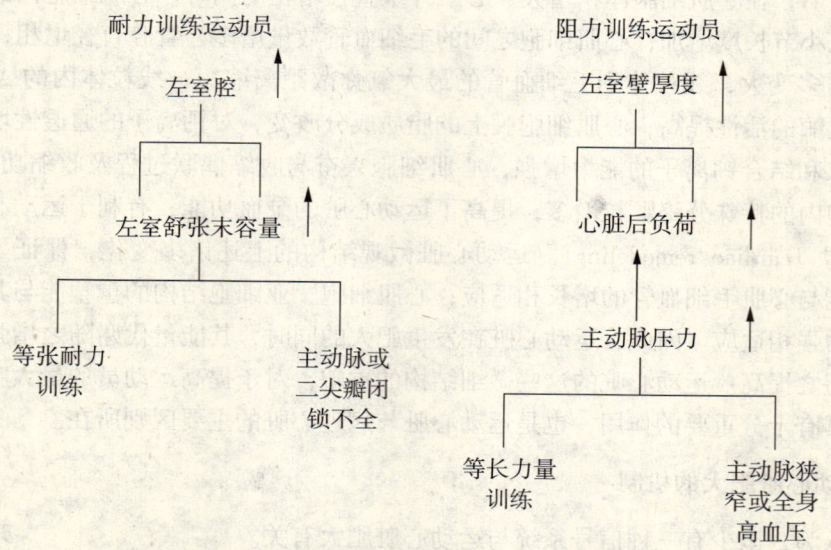

图 11-1 耐力训练和阻力训练运动员心脏肥大示意图

期承受这种容积负荷的刺激，心脏形态对这种机能调节逐渐适应，便形成了心脏扩大（图 11-2）。

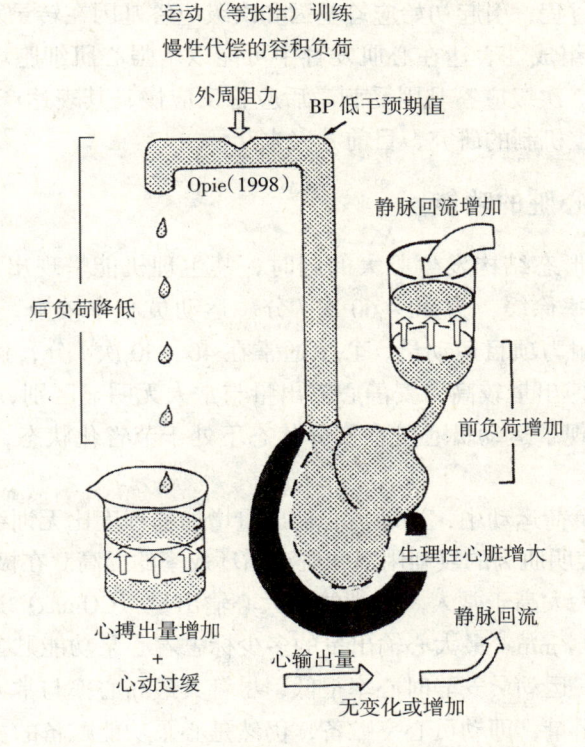

图 11-2 血流动力学过载引起心脏肥厚的机制

力量训练时，工作肌肉强烈收缩，类似静力性用力的特征，压迫了外周血管；运动时的血压升高、憋气等引起的胸内压升高等，均具有增大心脏射血阻力的作用。因此，力量训练引起心脏的血流动力学特征是增加了心脏的后负荷，即压力负荷（pressure load），这与病理心脏的主动脉狭窄或血压增高是类似的（见图 11-1）。

在后负荷增加的情况下，心脏射血的阻抗增加，心脏必须增加心肌收缩力来维持高水平的每搏输出量。心脏长期承受后负荷的刺激，就会出现心肌纤维增粗的适应性变化而使心室壁增厚，产生向心性肥大，使心肌有较大的收缩力量，以抵抗后负荷增加引起的射血时间减少和搏出量下降。

研究表明，耐力项目施加给心脏的容积负荷会引起心肌细胞变长；反之，力量项目施加给心脏的压力负荷主要使心肌细胞体积增大，线粒体数目增加，但相对于细胞总体积而言却是减少了，而且毛细血管网也相对减少。为什么压力和容积负荷对心肌细胞的形状会发生不同的效应？目前对这个问题仍不清楚。但是，从目的论的观点看，在压力负荷时，需要增加细胞的厚度，以减小壁应力；在容积负荷时，细胞长度的增加和肌细胞之间的滑动，有助于使心壁变薄，形成更大的腔体，从而增加顺应性，降低心壁应力。

总之，关于运动性心脏肥大的真正机制尚未完全明了。心脏可把血流动力学活动翻译为生长信号，牵张和张力可引起蛋白质合成增加。除牵张外，还涉及到其他因子，如血管紧张素、胰岛素样生长因子等，它们大概可以使牵张的作用持续放大。这些因素经过一系列信息传递过程，引起初始应答基因和次级应答基因在转录水平的表达。初始应答基因其 mRNA 的组成性表达在心肌发育中可能以增强心肌细胞增生过程的方式来参与心肌肥大的调节。次级应答基因受刺激后应答反应慢，其表达产物为心肌结构蛋白。有关基因表达的调控机制的研究，目前方兴未艾。

（二）运动员心脏的功能

运动员心脏在形态结构发生肥大的同时，其生理机能呈现出节省和高效的特征，表现为：安静时心率徐缓，为 40~60 次/分。运动员心率较慢，低于 60 次/分者占 50%以上，特别是耐力项目运动员，心率通常在 40~50 次/分，优秀运动员甚至只有 30 次/分。由于心搏出量较高，安静心输出量与常人无明显区别，都是每分钟 5~6L，因而心率较低。体现了运动员心脏在安静状态下处于节省化状态，具备了很强的心力贮备。

在亚极量定量负荷运动中，运动员心输出量增加的程度比无训练者略低，且以动员搏出量储备为主，表明肌肉的氧利用率和血液循环效率的提高。在极量强度有氧运动中，运动员的心输出量大大高于常人。常人的最大心输出量（COmax）达 15~20L/min，运动员可达到 40~45L/min。最大心输出量的多少标志着心泵功能贮备的大小，并与有氧运动能力直接相关。运动员安静时心率很低，尽管其最高心率与常人无异，但依靠心率升高所增加的心输出量，即动员心率贮备，仍然是心泵功能贮备的主要部分。

1. 运动性心动徐缓的机制

关于运动性心动徐缓的原因至今尚未充分阐明，目前研究认为，可能与下列因素有关：

（1）心搏量增加。Fricle 指出，优秀运动员安静时心肌收缩力量增强，导致心脏搏出量增加，是产生心动徐缓的主要原因。心脏搏出量的增加可能通过反馈作用，使传向心脏的神经冲动减少，造成心率减慢。

（2）支配心脏的神经紧张性变化。正常心脏受到心交感神经和心迷走神经的双重支配，运动性心动徐缓可能是交感神经和迷走神经对心脏窦房结控制的平衡关系发生变化所致。一般情况下，交感神经和迷走神经对窦房结作用的比例为 25:50，而经过训练可使这种比例关系改变为 15:45，即训练同时降低了交感神经和迷走神经的张力，而以交感神经张力下降更为明显，导致心率降低。

（3）血浆中儿茶酚胺浓度下降。有研究认为，在长时间耐力训练后的安静状态下，由肾上腺髓质和交感神经末梢释放进入血浆中的儿茶酚胺浓度会降低，这是导致能量节省化、心率降低的一个重要原因。

（4）内皮素增加。研究发现，耐力训练后心房肌组织中内皮素含量升高。内皮素是迄今所知的最强的缩血管物质，其作用时间持久，不为 α 受体、H_1 受体和 5-HT 受体等阻断剂拮抗，是一种内源性长效血管收缩调节因子，且具有强大的正性肌力作用。由于内皮素缩血管、升血压以及增强心肌收缩性等作用，会反射性地引起心率抑制，可能也是心动徐缓的发生机制之一。

(5) 心脏肥大。由于运动员心脏肥大，使心室舒张期总的充盈时间延长，导致心动周期变慢，心率徐缓。

2. 心率与运动强度

在一定范围内，心输出量与运动强度呈线性相关。心输出量的增加取决于搏出量和心率两个因素。在逐级递增运动负荷的运动中，心率与运动负荷之间保持着良好的相关关系。而搏出量则在强度不太大的运动中（30%~40%VO_2max，心率大约为120次/分）就已经达到峰值，提示搏出量的增加只在小负荷运动时对心输出量的增加有贡献，当运动强度增加到40%VO_2max以上时，心输出量的增加则全部依赖于心率的增加。

由于心率与运动负荷之间的相关关系，因此，在体育教学和运动锻炼过程中常常用心率作为衡量运动强度的最简易而有效的生理指标。

(1) 运动后即刻所测脉搏与运动强度的关系。大强度，心率180次/分以上；中等强度，心率150次/分以上；小强度，144次/分以下。

(2) 运动后5~10分钟脉搏恢复情况与运动负荷的对应关系。小负荷，已经恢复到运动前脉搏；中等负荷，较运动前快2~5次/10秒；大负荷，较运动前快6~9次/10秒。

3. 运动心脏的自分泌和旁分泌功能改变

近十多年来，由于心血管分子生物学研究的兴起，大量心源性活性肽和生长因子的发现，人们提出了心脏自分泌或旁分泌的新概念。目前研究业已发现，心脏能分泌心钠素、内皮素、血管紧张素、降钙素基因相关肽、儿茶酚胺、乙酰胆碱等多种激素，由于这些激素对心血管功能代谢及生长发育有重要的调节作用，所以统称为心血管调节肽。

心钠素 (atrial natriuretic peptide, ANP)，是心脏自身分泌的一种重要激素，它具有调节和缓冲运动中血压变化、维持血液动力学平衡、舒张血管、增加心肌和骨骼肌血液供应的作用。运动时和运动后一段时间内，由于回心血量增多，心房肌受到牵拉，可引起心钠素分泌增加。这对调节运动中血压变化，增加运动时心脏血液供应具有重要作用。此外，它还可促使肾脏排水、排钠，具有调节水盐平衡和维持内环境稳态的作用，故又称为心房利钠肽。

耐力训练后，心房肌组织和血浆中的心钠素含量显著增加，以中等强度训练后心房肌组织中心钠素含量增加更为显著，而心室肌组织中心钠素含量无明显变化；力量训练后，心房肌组织和血浆中心钠素含量增加不明显，而心室肌组织中心钠素含量增加非常显著。心房扩张与心房压增高是运动中心钠素分泌与释放增加的主要因素，也是耐力训练后运动心脏产生与释放心房肽的主要机制之一。

心肌细胞可产生血管紧张素Ⅱ (angiotensinⅡ, AngⅡ)。目前认为，心内AngⅡ仅作用于心脏局部，可调节冠脉循环，增加心肌收缩力，促进心交感神经释放儿茶酚胺；还可促进心肌细胞内结构蛋白合成，具有强大致心肌细胞增殖、肥大作用。研究证明，仅大强度（50% VO_2max 以上）耐力运动后，血浆 AngⅡ水平增高，且与心肌肥大同步；在耐力训练后的非应激状态下，循环血中 AngⅡ水平变化不大。大鼠一次性力竭运动后，心肌局部 AngⅡ含量下降43%，血浆 AngⅡ含量增加83%，提示 AngⅡ的释放增多可能与心肌病理改变的发病过程有关。心肌组织中 AngⅡ水平的改变可能是运动性心脏肥大的发生机制之一。

儿茶酚胺不仅作为神经递质释放入血，参与机体血液动力学、心脏射血功能及代谢调节，而且在心脏局部起神经内分泌作用，调节心源性激素的分泌和血管平滑肌细胞的生长与增殖。有研究显示，经过不同强度耐力训练后，安静状态下，血浆儿茶酚胺水平无明显改变，但心肌中儿茶酚胺水平明显增高。而循环血中儿茶酚胺的主要来源是肾上腺髓质和组织中交感神经末梢，说明经过耐力训练后，组织中儿茶酚胺的产生增加，但在安静状态下并不释放入血。运动状态下，儿茶酚胺释放入血，增强机体对运动的应急能力。同时，耐力训练可使组织中儿茶酚胺的贮备能力增强，并且其释放机制属调节式释放。经过耐力训练后，安静状态下循环血中儿茶酚胺释放水平不高，也有利于维持机体能量节省化和心肌功能的最大贮备。

此外，耐力训练后心房肌组织中内皮素含量升高，而内皮素是最强的缩血管物质，且具有强大的正性肌力作用。不同强度耐力训练后，心房组织中降钙素基因相关肽含量增加，尤其是中等强度耐力训练后增加最显著。降钙素基因相关肽具有正性变力和变时性作用，可使心率加快，心肌收缩力增强，心输出量增加。

心脏自身所分泌的上述激素，协同调节心脏自身的收缩性，增强心泵功能；调节冠状血管的紧张性，改善心肌营养，防止心肌缺血的发生；调节心肌的自律性，维持心脏正常舒缩功能；对运动训练后心脏结构的生长、增殖导致的心肌肥大、心脏收缩力增强以及运动性心动徐缓具有重要的调节意义。

（三）运动心脏与病理心脏的区别

运动心脏和病理心脏的区别一直是运动心脏研究的焦点。心脏肥大是心脏对生理性和病理性刺激的一种结构代偿性反应。尽管二者所引起的心脏变化的代偿机制十分相似，但从本质上看，生理性心肌肥大和病理性心肌肥大有着本质的区别。

首先，从心脏组织学及细胞分子学方面看，运动心脏心肌纤维的增长与相应的毛细血管、肌红蛋白、线粒体、氧化酶及神经支配和神经递质水平增长相适应，即运动性心脏肥大与其氧化代谢能力的增强、神经调节等是相适应的，心脏的泵血功能增强。而病理性心脏肥大的同时，其毛细血管密度等氧化代谢能力不能同步增长，心肌细胞膜钙的释放和摄取的速率降低，肌球蛋白ATPase活性下降，导致收缩异常，泵血功能下降（图11-3）。

其次，从心脏功能储备方面看，运动心脏的结构与功能的适应性重塑使其具备良好的功能贮备，能胜任运动时的能量代谢的需求。而病理心脏肥大为病理体征之一，心脏贮备力极差，对缺氧很敏感，一旦增加体力负荷，心脏就无法适应。

最后，从心脏结构与功能的发展、转归看，病理心脏的发展与转归是进行性的、不可逆的。而运动心脏的结构与功能的适应性变化并非是永久性改变，是可逆的，长期完

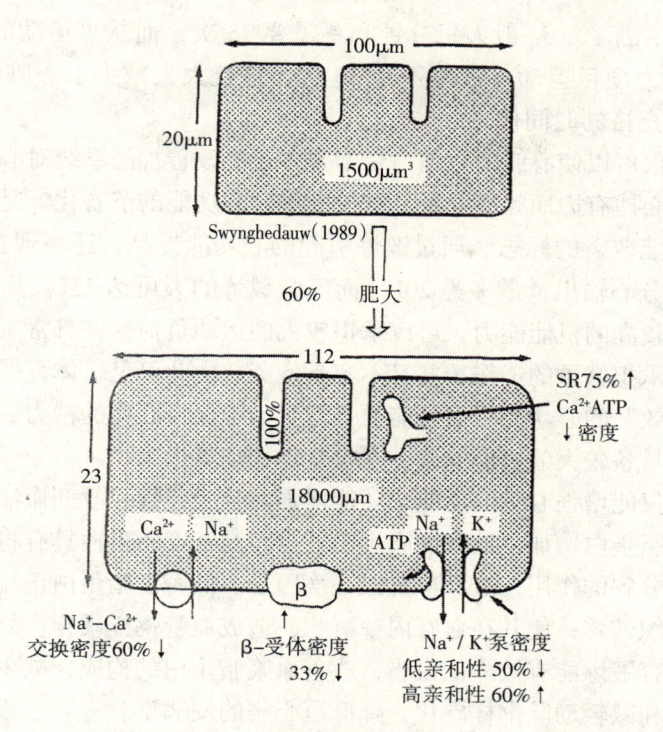

图 11-3 病理肥大的大鼠心肌细胞钙释放和摄取下降

全停止训练后，运动心脏的某些适应性变化会消失，基本回到训练前水平。

二、体育锻炼与心脏功能

（一）体育锻炼改善心功能

进行体育锻炼时，由于能量消耗增多，代谢尾产物增多，血液循环明显加速，这就使心血管系统受到了锻炼。大量研究证明，锻炼是使心脏健康的必由之路。经常参加锻炼可使心血管机能得到全面改善（表 11-1），表现为心肌肥厚、心腔容积扩大、心跳徐缓和血管弹性增强等。安静状态下，健康成人心脏收缩一次，搏出的血量约为 70ml，而经常从事运动锻炼的人可达 90ml 以上。此时，每分钟搏出 5L 血液就能维持

表 11-1 运动对心功能的影响

指　标	运动不足者	坚持锻炼者
心脏重量	轻（250~300g）	重（400~500g）
心脏容积	小	大
安静心率	70~80 次/分	40~60 次/分
收缩期血压	高	低
冠状动脉储备力	小	大
心脏最大做功能力	小	大

全身代谢的需要，那么，一般人每分钟心跳需要75次，而从事运动的人只需50次就够了，优秀的耐力项目运动员甚至不足30次。这就大大减少了心脏的工作时间，从而保证了心脏有充裕的时间休息。

体育锻炼不仅可以使心肌的收缩力量增强，还能改善神经系统对心血管系统的调节机能，使安静时心搏有力而频率降低。这种安静时心功能的节省化，是对锻炼的一种良好适应，是心功能改善的标志。通过锻炼引起的心功能提高，还表现在机能潜力方面。一般人运动时每分心输出量最多为20L，而经常锻炼的人可达35L。后者在参加剧烈运动时，能发挥出较高的机能能力，可以承担较大的运动负荷。在日常工作中，他们具有旺盛的体力，能承担繁重的工作，并且不容易疲劳。由此可见，体育锻炼不仅可以使人体获得"节能高效"的心功能，而且能在日常生活中保持旺盛的精力、充沛的体力，在应对紧急事件时具备较大的机能储备，并且能迅速动员出来。

体育锻炼不仅能增强心脏的功能，还能增强血管的弹性，改变血液中血浆脂蛋白的组成，使高密度脂蛋白增加，低密度脂蛋白减少。高密度脂蛋白具有将外周组织中的胆固醇转入肝脏并分解的作用，故又称抗冠心病因子。低密度脂蛋白正相反，将肝脏中的胆固醇向外周组织转移，使其在血管内壁沉积，造成血管粥样硬化，故又称冠心病危险因子。因此，体育锻炼能有效降低血脂，改善血浆脂蛋白的构成，减少胆固醇在动脉壁上的沉积，预防和减轻动脉粥样硬化，降低冠心病的发病率。

（二）体育锻炼对冠状动脉循环的影响

冠状动脉保持正常功能是十分重要的，因为一旦冠状动脉发生粥样硬化（coronary atherosclerosis），即脂质斑块在冠状动脉壁沉积，就会造成冠状动脉管腔狭窄，甚至闭锁，引起心肌供血不足，从而产生心绞痛、心肌缺血坏死（心梗死），甚至产生心源性猝死。所谓冠状动脉粥样硬化性心脏病，即为冠心病（coronary heart disease，CHD）。目前，在发达国家，冠心病致死率居于首位。

1. 冠脉血流的特点

血液是通过冠状循环到达心脏的，冠状动脉血流量的变化决定着心肌氧的供应。心肌的血供来自左右冠状动脉，它们起源于主动脉的根部，其主干行走于心脏的表面，其小分支垂直穿入心肌，并在心内膜下层分支成网。由于冠状动脉的大部分分支深埋于心肌内，这种分支方式容易使血管在心肌节律性收缩时受到压迫，导致心脏供血不足。冠状动脉的分布形式在各种动物之间变化很大，个体之间也不尽相同。在多数人中，左冠状动脉主要供应左心室前部，右冠状动脉主要供应左心室后部和右心室。

冠状动脉不断分支，形成冠状小动脉，再继续分支，直到形成薄壁的毛细血管。心肌的毛细血管极为丰富，大约每一条心肌纤维有一条毛细血管，毛细血管和心肌纤维的比例为1∶1。正常心脏每立方厘米有2000多条毛细血管。在正常情况下，只有60%~80%是开放工作的。在运动时，由于动脉血氧分压下降，前毛细血管括约肌舒张，功能性毛细血管靠复原（recruitment）来增加其数量，同时毛细血管之间的距离从正常的17um缩短至14.5um。若机体长时间缺氧，则进一步缩短至11um（表11-2）。

表 11-2　运动时毛细血管的复原

	毛细血管间距离（um）	扩散距离（um）
正常	17	8.5
运动锻炼（估计值）	14	7.0
缺氧	14.5	7.3
长时间无氧	11	5.5
最大限度复原	6.5	3.3

（引自 Opie，1984）

Krogh 早期研究认为，组织的代谢需求调节着毛细血管的密度。在运动锻炼时，冠状动脉血流可能加倍，但是必须靠更多的毛细血管复原和管间距的缩小，否则不能满足心肌对氧的需求。甚至只要管间距离从 17um 缩短至 14um，就可使氧的扩散距离进一步增加 1.5um，这对于避免心肌缺氧具有重要的调节作用。

在安静状态下，人体冠脉血流量为每 100 克心肌每分钟 60~80ml。在中等体重的人中，全部冠状动脉的血流量约为 225ml/min，约占心输出量的 4%~5%。冠状动脉血流量的多少主要取决于心肌的做功。在剧烈运动时，左心室每 100g 心肌的血流量可增加到 300~400ml/min。在左心室等容收缩期，由于心肌收缩的强烈压迫，左冠状动脉的血流急剧减少，甚至倒流；而在左心室射血期，主动脉压显著升高，冠状动脉压也随之升高，冠脉血流增加。当心肌舒张时，对冠状动脉的压迫大大减轻或解除，冠脉血流的阻力显著减小，血流增加（图 11-4）。

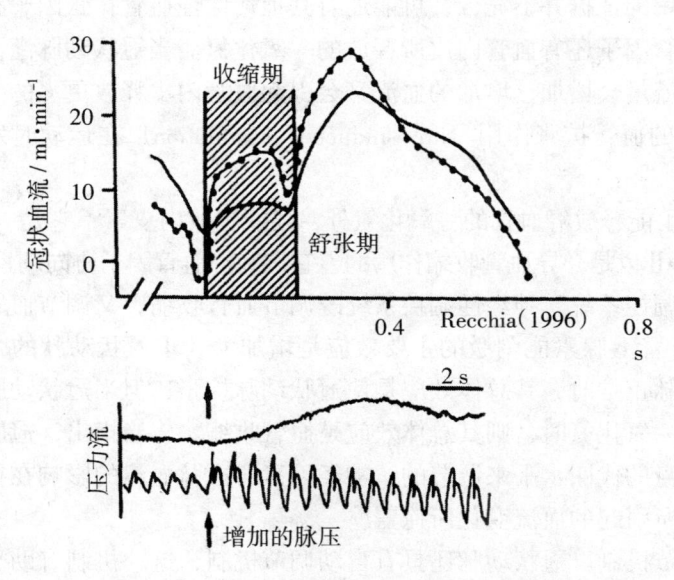

图 11-4　冠状血流的时相性及运动时的变化
注：点线表示增加的脉压（见底部图），发生于运动锻炼时。

因此，动脉舒张压的高低以及心舒期的长短是影响冠脉血流的重要因素。当体循环外周阻力增加导致舒张压升高、心率降低导致心舒期延长时，冠脉血流量增加。

2. 冠状动脉血流量的调节

冠状动脉血流量的变化决定着心肌氧的供应量。从静息状态到运动状态，心脏做功和能量需要变化如此之大，所以，必定有某种机制对心脏血流量进行调控，以满足心脏在不同代谢水平时对氧的需求。目前认为，冠状动脉血管口径的调控机制主要有四种：

（1）代谢性血管扩张系统。局部代谢调控被认为是冠脉血流调节的最重要机制，它使心脏的氧耗量和代谢率的增长与冠状血流增长相匹配。有人认为，由于缺血缺氧或心脏的剧烈活动，高能磷酸化合物（主要是ATP）降解产生腺苷，心肌通过腺苷产生的速率变化，把对氧的需求通知冠状动脉，引起血流量的改变。至今，腺苷这一假说已经被广为接受，用于解释在缺血缺氧状态下冠状动脉扩张的部分原因。后来，由于ATP-敏感性钾通道的发现，White等人在1995年又对腺苷的假说进行了修正，提出了新的模型。认为ATP-敏感性钾通道打开，引起血管平滑肌细胞超极化和冠状血管扩张，而这些通道在正常情况下是被ATP抑制的，但腺苷是解除这种抑制的因素之一。所以，在心脏剧烈工作或缺血时，腺苷的形成增加，导致冠脉血管舒张，增加心脏血供。

此外，血氧分压的降低、二氧化碳分压的升高、无氧代谢所产生的H^+、钾浓度的轻度增加、心肌受牵拉时产生的心钠素、前列腺素等都是促使冠状动脉扩张的代谢性因子。一般认为，当心脏工作增加或缺血时，在众多复杂的调节机制中，代谢性血管扩张作用起主要作用，可增加冠脉血流量若干倍，以满足运动锻炼时对增加冠脉血流循环的需要。

（2）血管内皮释放的舒血管因子。尽管腺苷假说已被广泛接受，但在生理性运动锻炼时，腺苷起作用的证据并不充分，可能还有其他代谢性血管扩张因子在起作用。现在已知的重要舒血管因子还有血管内皮所释放的一氧化氮。当冠状动脉灌注压升高，如在运动锻炼时，血流量会增加，增加的血流又会引起血管内皮释放更多的一氧化氮。这种血流量增加引起的血管扩张作用（flow-induced vasodilation）在运动时发生，而与腺苷的作用无关。

血管内皮除了能释放舒血管的一氧化氮外，还能释放内皮素，它是一种血管收缩剂。此外血管紧张素-Ⅱ也是介导血管收缩作用的，它们和舒血管因子协同调控着冠脉血流量。

（3）神经性调控系统。神经性调控系统既调节血管收缩，又调节血管扩张。可以认为，交感神经-α肾上腺素能刺激的主要效应是增加大、小冠状动脉的张力。在运动锻炼时，当冠状动脉正常时，其总体效应是使冠状动脉扩张；但当冠状动脉病变，同时血管内皮也不分泌一氧化氮时，则其总体效应是血管收缩。应当指出，冠脉血流量的多少主要是由心肌本身的代谢水平来调节的，神经因素对冠脉血流的影响在很短时间内就会被心肌代谢改变所引起的血流变化所掩盖。

（4）自动调节机制。冠状动脉还具有自动调节机制，这一机制有助于保护心肌以对抗血压的突然变化。大多数自动调节发生在直径大于150um的小动脉，但若灌流压持续降低，更小的动脉也会参与。目前，自动调节的有关信号系统尚未完全清楚。但在自动调节反应的末端，一氧化氮的形成和血管ATP敏感性钾通道的打开可能起了一定作用。此外，肌源性调节（血管平滑肌对牵拉刺激发生收缩）作用也可能参加。目前对于肌源性张力的机制尚不了解，但牵张激发的通道改变可能是重要的因素。

3. 运动锻炼对冠脉循环的影响

Vogel 等人在 1982 年研究发现，神志清醒的狗在急性运动时，其冠脉血流量可增加 1 倍。有研究证明，人类在进行繁重的体育锻炼时，冠脉血流量可增加 3 倍。对此现象的解释包括：运动锻炼时，平均动脉压升高，伴有更大的冠状血管灌流压和更大的脉压。增加收缩期冠脉血流量的因素包括 β-肾上腺素能诱导的血管扩张作用和血流增加诱导的一氧化氮的形成。当高浓度一氧化氮的形成受到抑制时，锻炼时冠脉血管扩张降低。

（1）运动锻炼与心肌毛细血管密度。由于方法学、运动负荷以及实验动物年龄的差异，目前有关运动锻炼与心肌毛细血管分布的研究还存在着较大的分歧。

Leon 和 Bloor 用 H-E 染色及墨汁灌注的方法，先后研究了幼年、成年和老年大鼠耐力训练后心肌毛细血管密度（CD）及心肌毛细血管和心肌纤维的比值（C/F）。结果表明，C/F 比值各年龄组均显著增加（$P<0.05$），但只有幼年鼠是由于毛细血管增加导致 CD 的绝对值增加所致；而成年鼠 C/F 增高是由于心肌肥大导致单位面积肌纤维和毛细血管数量相对下降，而前者下降更多；老年鼠则是由于心肌纤维萎缩，CD 相对增高，导致 C/F 增加。有人曾采用同位素标记放射显影技术，研究 8 周耐力训练后心肌毛细血管的变化，认为运动训练可以引起心肌毛细血管增生。20 世纪 80 年代中期，美国病理学家 Anrerga 首次把三维超微结构立体学定量的方法引入运动医学界，使运动心脏超微结构的研究更加客观、准确。我们曾在 1989 年采用细胞立体学定量的方法，研究了 2 周、4 周、6 周和 8 周游泳训练后小鼠心肌毛细血管的密度、C/F、毛细血管腔表面积密度及体积密度、最大氧弥散距离等，结果表明，6~8 周的耐力训练后，毛细血管的上述指标发生显著变化。Anversa 等通过对中等强度（50%~60%VO_2max）和大强度（80%~90%VO_2max）训练后研究发现，心肌毛细血管对中等强度运动训练有着良好的适应，而大强度训练正相反，会导致毛细血管数量的减少。

综上所述，尽管运动训练对心肌毛细血管影响的研究结果尚不统一，但从前人的研究结果可以认为，训练对心肌毛细血管的影响，幼年动物大于成年动物，中等强度运动好于大强度运动。目前，这方面的研究还很不够，训练对心肌毛细血管影响的机制仍未阐明。

（2）运动锻炼对冠脉侧枝循环的影响。在冠状动脉及其分支之间，存在着许多侧支或吻合支。在冠状动脉供血良好的情况下，这些侧支或吻合支是一种潜在的管道，它们并不参与冠状动脉的循环。只有当冠脉主干发生狭窄或阻塞，而侧支血管两侧出现压力差时，或某些足够强的刺激（如严重缺氧）出现时，它们才开放并得以发展，血液便可通过这些侧支绕过阻塞部位，到达远端区域。这些吻合支逐渐变粗，血流量逐渐增大，便可取代阻塞的冠状动脉，以维持对心脏的供血。这些通过冠脉侧支或吻合支重新建立起来的循环，称为侧枝循环（collateral flow）。

冠状动脉粥样硬化始于青少年，并随着年龄增加而日益加重，局部缺血也随之加重，同时吻合支血管开始发生扩张，血流量增加，以补充心肌的供血，从而建立侧枝循环。如果冠脉突然闭塞，侧枝循环来不及建立，就会导致心肌梗塞。冠状动脉狭窄或完全闭塞后，所累及的部位形成侧枝循环，这一现象已在临床和基础研究中得到证实。反复心绞痛患者进展为心肌梗死的比率低于初发心绞痛患者，且冠状动脉狭窄程度越重，心绞痛持续时间越长，侧枝循环形成的数量越多，发展为心肌梗死的程度越轻。这提示侧枝循环对心肌具有一定的保护作用。

适量的运动锻炼可以刺激冠脉血管开放，扩张冠状动脉，促进心肌侧枝循环的建立，从而增加心肌血液灌注，改善心肌供血。早在1957年，Eckstein就在动物实验中首次证实：用手术造成回旋动脉支阻断后的狗，运动组冠脉侧枝循环血流量明显多于安静对照组，且中、重度动脉狭窄的程度与侧枝循环血流量成正比关系。有人研究发现，慢性冠状动脉狭窄的猪模型，经过运动训练后，心肌的侧枝循环血流量显著超过不运动对照组，并认为这与运动刺激了血管内皮生长因子（VEGF）、成纤维细胞生长因子（FGF）等的表达有关。此外，长期运动后，心率下降，心舒张期延长，冠脉血流增加，有利于心肌血供的进一步恢复；且血液流速加快，运动状态下β-肾上腺素能受体活性升高，均有助于侧枝血管的扩张。

然而，尽管运动对冠脉侧枝循环影响已有较多的研究，但目前这方面的知识仍然很有限。大多数动物和人体研究结果均表明：冠脉狭窄的动物和人进行适度的运动，能大大刺激侧枝血管的生长；而冠状动脉正常的健康动物和人体，运动对刺激侧枝血管生长的作用甚微。因为冠状动脉正常的人，有足够的储备，心肌很少缺血，即使是在极量运动中也是如此，而没有缺血刺激就无须侧支血管的生长。

目前，由于侧枝循环的许多测试方法都是有创伤的，因而在人体研究方面仍然存在局限性。究竟狭窄到哪种程度对侧枝血管的生长起最大刺激作用、运动对改善哪种程度狭窄的侧枝循环作用最大，以及最适宜的运动强度和时间是多少等等，这些问题都只有等方法学问题改进后才有望解决。运动锻炼与侧枝循环之间的确切关系及临床价值尚有待更深入地研究。

（三）提高心血管机能的运动处方

1. 运动内容及方式

有氧运动项目能十分有效地增强心血管和呼吸系统的功能。有氧运动应选择一些全身性的、主要大肌群参与、能持续进行的运动项目。有氧运动的种类及方式很多，长走、长跑、游泳、有氧健身操、老年迪斯科、跑步机跑步、跳舞毯跳舞等均属于有氧运动。对运动方式的选择应依据身体机能、个人兴趣爱好及客观条件而定。但无论选定了哪种项目，均应长期坚持，偶尔的练习不能成为有效锻炼。

2. 运动的适宜强度

运动强度是运动处方定量化与科学化的核心问题，也是确保健身锻炼有效性与安全性的关键。表示运动强度的指标较多，这里仅介绍在健身锻炼中使用最多和最可靠、最简便易行的强度指标——心率。按心率确定运动强度的方法目前主要有以下四种：

(1) 年龄减算法

$$健身锻炼适宜心率 = 180（或170）- 年龄$$

如果是60岁以下的健康中老年人，可采用180减年龄；而60岁以上的老年人或体质较差的中老年人，则用170减年龄。

(2) 净增心率计算法。把锻炼者的体质分为强、中、弱，三组运动强度分别控制为：

强组，运动后心率 - 安静时心率 ≤ 60 次/分；

中组，运动后心率 - 安静时心率 ≤ 40 次/分；

弱组，运动后心率 - 安静时心率 ≤ 20 次/分。

此方法适用于心脏病、高血压等慢性病人。

(3) 靶心率法或适宜运动心率范围（target heart rate，THR）。靶心率是指获得最佳效果并能确保安全的运动心率。研究已经证明：最大心率的60%~85%为健身锻炼的适宜心率范围，即健身锻炼的靶心率。对于中老年人，测量其最大心率，不必作极限或症状限制性运动负荷试验。通常可采用我国学者根据国人特点得出的最大心率推算公式来推测其近似值：

男性，最大心率（次/分）= 220 - 0.7 × 年龄；

女性，最大心率（次/分）= 223 - 0.8 × 年龄。

目前，按年龄估算最大心率的国际通用标准如表11-3所示。

表11-3 按年龄预测最大心率的国际通用标准

年龄（岁）	30—39	40—49	50—59	60—69
最大心率（次/分）	182	178	167	164

另外，日本学者池上认为，心率过低，对机体无明显效果；心率过高，易产生疲劳与运动伤病。因此，他提出健身锻炼的最佳心率范围如下：

男21—30岁（女18—25岁），150~160次/分；

男31—40岁（女26—35岁）：140~150次/分；

男41—50岁（女36—45岁）：130~140次/分；

男51—60岁（女46—55岁）：120~130次/分；

男61岁以上（女55岁以上）：100~120次/分。

(4) 卡沃南（Karvonen）法。

运动时心率（次/分）=（按年龄估算的最大心率 - 静息心率）× 60% + 静息心率

3. 运动时间

有氧锻炼时，除合理控制运动强度外，还应注意运动时间与运动强度间的相互配合。若运动强度大，则运动时间可短些；反之，若运动强度小，时间则要延长。但这并非简单的加减法。因为小强度、长时间运动与大强度、短时间的运动，对人体各器官系统的刺激和影响有很大区别，因此，运动的适宜时间应从必要运动时间及强度-时间匹配两方面考虑。

有氧运动就提高心肺功能而言，最少需要5分钟。因为在最低有效强度情况下（最大心率的60%），能使呼吸循环系统克服惰性，充分动员起来的有效时间是5分钟，而在较强运动时，起动心肺功能的有效时间是3分钟。当然，这还不包括运动锻炼前的准备活动。若加上准备活动及整理活动，实际运动所需时间最少为15~20分钟，这是有氧运动时间的最低限度，又称必要运动时间。

当然，必要运动时间只表示可以对机体产生刺激，而这种刺激是不充分的。在机体心肺功能动员起来之后，还应维持一段时间，只有如此，才能对其产生较深刻的影响，故一般有氧锻炼的有效时间为20~60分钟。不同个体锻炼中应该进行多少时间，还应考虑运动强度。如果是体力好的年轻人，时间不充裕，不妨采用大强度、短时间的配合；健康状况一般的人，可采用中等强度、中等时间的组合；如果是体力差的老年人，有充裕的时间，则只能选择小强度、长时间的组合了。具体还可参照表11-4所示来选择运动时间。

表11-4 运动强度、自我感觉和运动时间的对应关系

运动强度	最大心率%	自我感觉	主观感觉等级	适宜时间（分钟）
小	<50	轻松	10—11	60
中	50~60	稍累	12—13	30
大	70~90	累	14—15	15

总之，运动时间和强度一样，也是因人而异的，如果选择中等强度运动，开始锻炼时可进行15~20分钟，第2—3周就可延长至40~45分钟。如果健康状况允许，可选择高强度运动的话（90%以上），一天只需5~10分钟的运动即可。

4. 运动频度

美国运动医学会推荐的有氧运动频率为3~5次/周。运动频率也和运动强度与时间有关，如果是一名体质较弱的中老年人，一次只能做5分钟60%最大心率以下强度的锻炼，那么每天就要运动4~5次；如果通过锻炼，提高了强度，达到65%~70%最大心率，那么每天只要运动1~2次即可；如果体质较好，运动强度可达到75%以上，则每周只需3次运动就可以见效。

总之，心肺功能锻炼效果如何，主要取决于上述四个因素，一旦选定了运动项目，就应该依据个人的特点处理好运动的强度、时间及频率的关系，从而确保锻炼的安全性和有效性。

三、心脏检查诊断的常用方法简介

（一）心电图和动态心电图

心电图在心脏学和运动医学中已被广泛应用，不仅用于心脏的诊断，而且用于心电监护、预防和监测心脏异常、指导运动训练及健身锻炼。心电图主要反映心脏激动的电学活动，因此，对各种心律失常和传导障碍的诊断分析具有重要价值。到目前为止，还没有任何其他方法能替代心电图在这方面的作用。但对于瓣膜活动、心音变化、

心肌功能状态等，心电图不能提供直接判断。它常常作为一种信号的时间标记，又是其他信号检查时所不可缺少的，故常与心音图、超声心动图、阻抗血流图等共同使用，以准确判定心脏功能。

动态心电图又称长程心电图，随着电子技术的进步，动态心电图的监控和分析系统取得了重大发展，在医学实践中已成为当代最重要的无创检查方法之一。动态心电图有效地补充了常规心电图仅能作为短时、静态记录的不足，不仅可以获得连续24小时，甚至48小时的心电图资料，而且可以明确被检查者的活动、运动状态、病症等与心电图之间的关系，发现常规心电图不易发现的偶发和阵发的心律失常，准确判断心脏功能。近年来，由于运动训练的强度日益增大，运动员心律失常的发生率明显增加，尤其是高水平运动员表现得更为突出，动态心电图也开始应用于运动心脏学领域，成为诊断运动员心律失常、评定运动员机能状态及科学安排训练和比赛的重要方法。

（二）X线

在超声心动图和磁共振成像技术广泛使用前，X线摄片检查心脏大小应用较多。主要用于检查心胸比例、心脏横径和纵径，以求得心脏面积来判断心脏大小。但由于技术限制，其结果粗糙，常常难以精确判断，也难以区别生理性和病理性心脏肥大。

（三）超声心动图

自1967年Feignbaum首先应用超声心动图计算心搏量以来，到20世纪80年代，超声心动诊断技术迅速发展。近十多年来，由于超声心动图仪器性能的提高，使其对心脏的检测更为精确可靠，超声心动图已经成为深入研究运动员心脏的重要工具。

超声波具有较强的透射性和一定方向的传播性，尽管心脏和大血管结构复杂，但其反射强弱具有一定规律，通过交错出现的反射与暗区，可以观察心脏和大血管的解剖结构、活动规律和血流动力学变化。用这种技术检测心脏结构时，主要测量左室舒张末期直径、左室收缩末期直径、左室后壁舒张末期厚度、左室后壁收缩末期厚度、室间隔舒张末期厚度、室间隔收缩末期厚度、左心室质量等指标。

（四）磁共振成像技术

MRI（磁共振成像）技术是近20年刚应用于临床诊断的。MRI具有极高的软组织分辨率和良好的对比度，且无放射损伤，无须注射造影剂，便于心脏和血管腔显影，在心血管检查方面也是一种高精度的影像技术。在心脏形态学检查上主要测定左室质量（LVM）、室壁厚度、心室容积等。但由于该检查价格昂贵，制约了其广泛应用。

推荐读物

[1] Lionel HO, DPhil MD. The Heart Physiology, from cell to Circulation [M]. Third Edition, Published by arrangement with Lippincott Williams & Wilkins Inc., U.S.A., 1998.

[2] 曲绵域，于长隆. 实用运动医学 [M]. 4版. 北京：北京大学出版社，2003：179-210.

[3] 邓树勋，王健. 高级运动生理学——理论与应用 [M]. 北京：高等教育出版社，2003.

参考文献

[1] 曲绵域，于长隆. 实用运动医学 [M]. 4版. 北京：北京大学出版社，2003：179-210.

[2] Alpert JS, et al. Athletic heart syndrome [J]. Physiology Sports Medicine, 1989 (17): 103.

[3] Lionel HO, DPhil MD. The Heart: Physiology, from cell to Circulation [M]. Third edition, Published by arrangement with Lippincott Williams & Wilkins Inc, U.S.A., 1998.

[4] Rost R. The athlete's heart [J]. J Sports Medicine Physiology Fitness, 1990, 30 (4): 339-344.

[5] 李维根，李昭波，高云秋，等. 运动性与高血压性心肌肥大时心源性活性肽变化比较 [J]. 中国运动医学杂志，2000，19 (1)：27-31.

[6] Paterson DJ. Antiarrhythmic mechanisms during exercise [J]. J Appl Physiol, 1996, 80 (6): 1853-1862.

[7] Endo T, Imaizumi T, Tagawa T, et al. Role of nitric oxide in exercise-induced vasodilation of the forearm [J]. Circulation, 1994 (90): 2886-2890.

[8] 浦钧宗. 300名运动员心脏X线测量 [J]. 中华医学杂志，1964，50 (11)：717.

[9] 常芸. 耐力训练与心脏内分泌研究之一：不同强度耐力训练后大鼠血浆心钠素含量的变化 [J]. 中国运动医学杂志，1992，11 (4)：240.

[10] Huckle WR, Earp HS. Regulation of cell proliferation and growth by angiotensin II [J]. Progress in Growth Research, 1994 (5): 177-194.

[11] 李维根，高云秋，张继峰，等. 血管紧张素II在运动性心肌肥大中的作用 [J]. 中国运动医学杂志，1994，13 (3)：133-135.

[12] 常芸，林福美. 运动性心肌肥大的调节因素 [J]. 中国运动医学杂志，1995，14 (1)：21-26.

[13] 高云秋. 肥厚性心肌病和运动 [J]. 中国运动医学杂志，1997，16 (1)：1-4.

[14] 王竹影. 有氧训练后心肌细胞内能源物质含量变化的定量研究 [J]. 体育与科学，2001，22 (5)：46.

[15] 王竹影. 有氧训练后心肌线粒体超微结构的形态计量学研究 [J]. 体育与科学，1996 (3)：23.

[16] Blomqvist CG, B Saltin. Cardiovascular adaptations to physical training [J]. Ann Rev Physiol, 1983 (45): 169-189.

[17] Duncker DJ, Bache RJ. Inhibition of nitric oxide production aggravates myocardial hypoperfusion during exercise in the presence of a coronary artery stenosis [J]. Circ Res, 1994 (74): 629-640.

[18] Chilian WM, Layne SM, Klausner EC, et al. Redistribution of coronary microvascular resistance produced by dipyridamole [J]. Am J of Physiol, 1989, 256 (2): 383-390.

[19] Chilian WM, Layne SM. Coronary microvascular response to reduction in perfusion pressure. Evidence for persistent arteriolar vasomotor tone during coronary hypoperfusion [J]. Circ Res, 1990 (66): 1227-1238.

[20] Smith TP, Canty JM Jr. Modulation of coronary autoregulatory responses by nitric oxide. Evidence for flow-dependent resistance adjustments in conscious dogs [J]. Circ Res, 1993 (73): 232-240.

[21] 励建安. 21世纪国际心脏康复研究的新趋向 [J]. 中国康复医学杂志, 2002, 17 (1): 10-13.

[22] 黄澎, 励建安, 袁红洁, 等. 有氧运动训练对慢性冠状动脉狭窄后侧枝循环生成的初步研究 [J]. 中国康复医学杂志, 2002, 17 (1): 22-25.

[23] 袁红洁, 励建安, 黄澎, 等. 有氧训练对慢性冠状动脉狭窄猪心肌血管内皮生长因子表达的影响 [J]. 中国康复医学杂志, 2002, 17 (2): 72-74, 86.

[24] 王竹影. 有氧耐力训练后心肌毛细血管变化的定量研究 [J]. 北京体育大学学报, 2002, 25 (2): 205-206.

[25] 马云. 超声心动图在运动医学中的应用 [J]. 中国运动医学杂志, 2001, 20 (2): 190-193.

[26] 殷仁富, 陈金明. 心脏能量学——代谢与治疗 [M]. 上海: 第二军医大学出版社, 2002.

[27] 戚仁铎. 诊断学 [M]. 4版. 北京: 人民卫生出版社, 1998.

[28] 邓树勋, 王健. 高级运动生理学——理论与应用 [M]. 北京: 高等教育出版社, 2003.

[29] 刘纪清, 张锦明, 李国兰. 实用运动处方 [M]. 哈尔滨: 黑龙江科学技术出版社, 1999.

专业名词中英文对照

中文	英文
运动员心脏	athlete heart
运动员心脏综合征	athlete heart syndrome
调节性心脏增大	regulatory cardiac enlargement
离心性肥大	eccentric hypertrophy
向心性肥大	concentric hypertrophy
粥样硬化	coronary atherosclerosis
冠心病	coronary heart disease (CHD)
心钠素	atrial natriuretic peptide (ANP)
血管紧张素II	angiotensin II (Ang II)
侧枝循环	collateral flow

(南京师范大学 王竹影)

第十二讲 运动损伤病理、诊断与治疗的研究进展

【内容提要】

在体育运动过程中，往往伴随运动损伤的发生，尤其是以肌肉、韧带损伤的发生率为最高，软骨损伤次之。运动损伤直接影响运动员的训练和比赛，制约运动技术的发挥和运动成绩的提高。目前，关于运动损伤的病理、诊断和治疗的研究非常活跃。本讲重点介绍了骨骼肌损伤的组织形态学病理变化和损伤修复过程；探讨了影像技术、生物力学等不同方法在损伤诊断中的应用；分析了中医、中药及生长因子、基因治疗、组织工程软骨等技术在运动损伤治疗中的应用与发展趋势。

【重要名词】

卫星细胞：是一些具有胚胎肌肉细胞特征的细胞，主要分布于细胞外膜和肌膜之间，它是生长肌肉中新生细胞的来源。

基因治疗：是在细胞内插入一段目的基因，使细胞自身能够分泌原来不能分泌或分泌很少的蛋白质，从而达到治疗目的。

生长因子：是指能促进细胞生长、增殖、合成作用的蛋白质或多肽。

一、运动损伤病理的研究进展

（一）骨骼肌的损伤病理

运动导致的肌肉损伤（exercise-induced muscle damage，EIMD）又称为骨骼肌超微结构（ultrastructure）变化。目前，通过对动物组织取材及人体肌组织活检（biopsy）进行免疫细胞化学（immunocytochemistry）及免疫电镜（immunoelectron microscopy）的观察，对骨骼肌损伤后组织结构的变化有许多研究报道。

1. 骨骼肌损伤后的形态学变化

（1）肌肉收缩装置的变化。在运动过程中，Z盘（Z-disc）是整个肌节中最容易受破坏的部位，可出现Z盘锯齿样变化，不同程度的Z盘流（Z-disc streaming），甚至局部组织中Z盘完全消失。此外，A带主要是由肌球蛋白（myosin）和部分肌动蛋白（actin）组成，是肌肉收缩过程中的基本成分。研究表明，离心运动后，肌球蛋白会发生损伤性变化。

(2) 细胞骨架（cytoskeleton）的变化。骨骼肌细胞骨架主要是维持骨骼肌正常的形态结构，例如骨骼肌内肌节和 Z 带的正常形态。在电镜下细胞骨架是一些直径为 6~16nm 的蛋白微丝，包括细胞外骨架和细胞内骨架。细胞外骨架主要指中间丝蛋白（intermediate filament protein），位于 Z 盘周围，用以维持细胞及细胞器运动，主要由结蛋白（desmin）和波形蛋白（vimentin 和 synemin）组成。它们在肌肉形态的形成与维持、细胞之间的信息传递、肌细胞分化调控等多方面具有非常重要的意义，因此已经成为肌肉细胞生物学研究中的重点和热点。Desmin 依靠连接 Z 盘而使单个肌原纤维连接起来，将收缩运动机械地整合在一起，并与肌肉发育及损伤修复有密切关系。在 desmin 基因敲除的大鼠中，肌肉有严重的撕裂和变性，肌原纤维排列紊乱，细胞连接松散，细胞间空隙增大。

细胞内骨架主要由 titin 和 nebulin 两种蛋白组成。Titin 是联结 Z 盘和肌球蛋白之间的蛋白丝。Nebulin 起源于 Z 盘，延伸至 I 带，连接于 Z 盘与 Z 盘之间，与 A 带中的 actin 平行排列，主要作用是保持 actin 的正常结构。有研究推测，剧烈运动可能会导致 titin 的骨架网络被破坏。

2. 导致运动性肌肉损伤的因素

（1）自由基增多。线粒体是细胞的能量转换系统，它在运动中消耗大量的氧，因此，它是氧自由基产生的主要部位，它和其他组织的生物膜均会受到活性氧自由基（Reactive Oxygen Species，ROS）攻击。研究表明，不同强度的运动可以造成生物膜脂质过氧化加强。田野等研究发现，动物下坡跑运动后，比目鱼肌脂质过氧化反应增强，MDA 值较安静值增加 100%。运动过程中，氧自由基增多，可直接攻击细胞膜，造成膜脂质过氧化加强，影响细胞的代谢和正常功能，使细胞膜渗透性增加、Ca^{2+} 转运能力下降、线粒体功能异常等，引起肌细胞超微结构变化。运动中自由基增多，不仅会加速细胞凋亡，而且会引起蛋白质、核酸等生物大分子局部的氧化反应，进而造成结构的破坏及功能的抑制，如 DNA 链断裂、碱基与核糖氧化及蛋白链交联等。最近一些研究报道发现，运动性氧应激与细胞 DNA 氧化损伤有关。Podhorska 等发现，正常小鼠在激烈运动后，血液单核细胞 DNA 氧化损伤和肌细胞凋亡均有增加。Selman 等在对受试者进行 1~7 天的短时间大强度运动后测得其骨骼肌细胞、淋巴细胞及肝细胞的 DNA 均有一定程度的损伤。然而，目前还缺乏直接证据说明自由基介导的反应是肌肉损伤的必要过程。关于自由基与运动性肌肉损伤的确切关系还有待进一步深入研究。

（2）细胞内 Ca^{2+} 代谢紊乱。目前有关 Ca^{2+} 代谢与肌肉损伤关系的研究非常活跃，并提出了肌细胞损伤的钙过载机制，即胞浆内 Ca^{2+} 浓度增加可能是造成肌肉损伤的重要原因。主要内容包括细胞外 Ca^{2+} 内流、细胞内 Ca^{2+} 代谢异常和肌浆网（sarcoplasmic reticulum，SR）摄取与释放 Ca^{2+} 的能力下降，以及线粒体（mitochondria，Mit）钙超载。同时，钙的失衡可引起自由基的产生增多，并进一步影响钙从肌浆网的释放。田野等提出，线粒体钙超载会影响其本身的氧化代谢，抑制氧化磷酸化过程，减少 ATP 形成，这可能是骨骼肌超微结构变化的主要原因。

（3）运动所致的肌细胞凋亡和细胞 DNA 损伤。细胞凋亡（apoptosis）是指细胞在发育、成熟、衰老过程中，为了维持内环境稳定而对不同有害刺激应答或疾病中所产生的一种特殊的、受核DNA基因控制的细胞自杀行为。

肌细胞凋亡的形态学主要表现为凋亡肌细胞皱缩，每个凋亡的肌细胞转化成致密的凋亡小体，最后被邻近细胞或巨噬细胞吞噬。周未艾等人对大鼠跑台训练后观察到大鼠股四头肌在训练后即刻出现凋亡的肌细胞，且随着运动速度的增加，凋亡细胞数目相应增多，这种肌细胞凋亡的发生与氧自由基的活动有一定关系。与细胞凋亡相关的基因有BCL-2家族基因（包括抑制凋亡的BCL-2亚族和促进凋亡的BAX亚族）、P53基因（在细胞生长过程中监测DNA状态，若DNA受损，P53蛋白表达升高，细胞增殖停止，DNA进行修复；若修复不成功，P53蛋白持续增多，触发细胞凋亡）、C-MYC基因（使细胞从休止状态转向增殖状态）等，但关于肌肉细胞因运动而诱发的细胞凋亡的研究尚在起步阶段，因此，细胞凋亡在运动性肌肉损伤与修复机制中的具体作用机制还需深入研究。

3. 肌组织损伤修复的过程

肌肉损伤后第1~2天，所有动物的损伤部位都存在剧烈炎症反应，表现为出血、肿胀和肌纤维坏死，坏死肌纤维及其周围有大量炎症细胞的聚集与浸润。炎症反应之后，肌纤维再生：首先是由吞噬细胞清除坏死肌纤维和细胞碎屑，遗留基板，以此为支架；然后出现卫星细胞（成肌细胞）在基板上的排列。拉伤后第三天，损伤部位出现再生肌管，还可见肌内膜纤维化；拉伤后7天，肌内膜进一步纤维化；疤痕组织逐渐形成。

肌组织的再生能力很弱，损伤后的修复是完全再生还是瘢痕修复主要取决于两个条件：一是损伤区域的血液循环是否可以恢复，二是肌膜是否完整以及附着在上面的肌核是否存活。若损伤范围不大且肌膜健全，多可通过残存部分的肌细胞核分裂产生肌浆，分化出肌原纤维而完全再生愈合。若肌纤维完全断裂，虽有再生现象，但两断端最后不能直接连接而间接以纤维组织愈合，愈合后的肌纤维仍可收缩。

肌肉组织损伤愈合的基础是炎症细胞和修复细胞的一系列活动。这些细胞以很规律而高度协调的方式参与愈合过程。在软组织损伤中，主要的炎症细胞包括单核巨噬细胞、中性粒细胞、淋巴细胞等，主要的修复细胞包括成纤维细胞、内皮细胞、表皮细胞等。在组织修复的最早期，血小板、中性粒细胞和巨噬细胞迅速出现于损伤区，使出血停止，并清除创面，破坏污染于创伤处的细菌。血小板和巨噬细胞还作为成纤维细胞和内皮细胞的生长介质的来源，成纤维细胞和内皮细胞可补充丢失和损伤的基质与血液供应，上皮细胞则从创缘游出并逐渐覆盖创面。肌卫星细胞（satellite cells，SC）是一些具有胚胎肌肉细胞特性的细胞，主要分布于细胞外膜和肌膜之间，它是生长肌肉中新生细胞核的来源。目前认为，肌肉损伤的修复与卫星细胞密切相关。骨骼肌损伤后，SC需数小时游移到受伤区域。Hurme发现，骨骼肌损伤后第1天损伤区域没有SC出现，第4天再生区SC增生活跃，第7天SC数量下降。

（二）韧带的损伤病理

运动医学中所指韧带主要是连接骨与关节的骨骼韧带。传统组织学认为，韧带组织属致密结缔组织（dense connective tissue），细胞呈梭形，沿韧带的受力方向排列在胶原纤维束之间，胶原以Ⅰ型胶原为主，Ⅲ型胶原不多于10%。而前交叉韧带具有类软骨组织的特性，同时表皮生长因子（EGF）和转化生长因子（TGF）表达较强，这些生长因子在韧带损伤后的恢复中也起重要作用。

韧带的功能是稳定关节，支配关节的运动并防止过度运动。决定韧带强度的因素主要有韧带的尺寸和形状、胶原纤维和弹性纤维的比例与载荷速度。韧带的强度和刚度随载荷速度的增加而增大。Kennedy等对运动员膝韧带拉伸试验时发现，当载荷速度增加4倍时，破坏载荷约增加50%。

韧带断裂的修复受到许多因素的影响，具有组织特异性，例如膝关节内侧副韧带断裂后有较强的修复能力，而前交叉韧带自身修复能力很差。韧带完全断裂后，在断端之间由血凝块填充，成纤维细胞自韧带周围组织向血凝块浸润、增殖。在伤后4天，血凝块内有新生胶原纤维；2周时新生胶原纤维在韧带断端形成连接，但胶原纤维结构紊乱；在2～6周胶原纤维含量增加，结构趋于规律；到伤后7周时，新生组织表现出基本正常的韧带组织。但其生化组成与正常韧带有区别，包括胶原总量增高，但单位体积内胶原含量下降，胶原类型发生变化，氨基多糖总量增加，最大张力负荷只能达到正常韧带的40%～60%。

（三）软骨的损伤病理

运动员的关节软骨损伤可因一次暴力急性损伤和逐渐劳损引起。一次急性暴力致伤可引起软骨剥脱、软骨骨折。挤压暴力引起软骨的胶原纤维损伤，软骨细胞坏死，进而引起软骨的一系列病变。慢性劳损则是软骨经常受到微细损伤积累的病理变化。运动员的关节软骨损伤最易发生在膝关节、踝关节及肘关节。正常关节软骨组织由软骨细胞和软骨基质组成，软骨细胞分泌基质，基质中的胶原纤维自软骨下骨板向斜上方延伸达软骨表面。各个不同方向的胶原纤维组成无数个"网状拱形结构"，当正常关节软骨受到压力时，沿胶原纤维方向分散传递，减小局部压强。关节软骨损伤后胶原纤维破坏，则损伤部软骨正常弹性降低，且胶原纤维组成的"网状拱形结构"破坏，所受压力不能分散传递，则局部受到超常压力进而损伤软骨下基质，软骨进一步损伤，细胞坏死。软骨正常弹性的改变也影响了软骨的营养作用，加重了软骨的退行性变。胶原纤维损伤及软骨细胞死亡，失去分泌基质的能力，则基质退行性变加重。软骨的再生能力很弱，无软骨膜的软骨不能再生，有软骨膜的软骨的再生有赖于软骨膜的软骨母细胞，损伤后软骨母细胞增生，并形成软骨基质，逐渐成熟变为软骨组织。

二、高新技术在运动损伤诊断中的应用

（一）影像技术的发展与应用

随着影像医学的发展，目前CT（computed tomography）、MRI（magnetic resonance imaging，核磁共振成像）、彩色超声及核素扫描等技术都已经开始应用于运动创伤的诊

断和治疗中。CT在运动创伤诊断中应用较广,主要是诊断在普通X线片上不易判别的损伤。有些运动损伤在早期就可以通过三维CT技术和彩色超声技术显示肌纤维和腱纤维,提高了诊断的准确率,防止组织的进一步损伤。MRI是利用强磁和射频波产生图像,反映出人体结构的诊断影像技术。MRI可获得人体横面、冠状面、矢状面及任何方向断面的图像,有利于病变的三维定位,现已广泛应用于运动损伤的临床诊断中。放射性核素显像（Radionuclide Imaging）是现代医学影像的重要组成部分之一,其成像基础是放射性核素示踪原理,即将医用放射性核素显像剂引入受检者体内,用核医学显像仪器ECT探测并接收示踪剂发出的γ射线,以影像的形式显示出来。因此,核医学显像不仅显示脏器的位置形态大小的解剖结构,更重要的是可以同时提供有关脏器和病变的血流、功能代谢,甚至是分子水平的化学信息,有助于疾病的早期诊断。核素骨显像（Bone scintigraphy）是将骨显像剂 ^{99m}Tc-MDP（亚甲基二磷酸盐）经静脉注射后通过血液循环到达骨表面,沉积在骨骼。应用核医学仪器γ照相机或SPECT可以使骨骼显影。骨骼各部位不同生理和病理状态下聚集放射性物质的多少有所不同,与其血流灌注量和骨代谢活跃程度有关。通过核素骨显像可对骨急慢性损伤、骨折后愈合、缺血性骨坏死、骨瘤等作出及时准确的诊断。

（二）生物力学在预防和诊断运动损伤中的应用

生物力学客观地反映了运动创伤过程中组织器官的力学性质变化,对指导运动训练和预防伤病起到越来越重要的作用。通过对肌肉力量和关节活动范围的测定对运动损伤进行辅助诊断,尤其值得强调的是进行骨骼肌和前交叉韧带的生物力学研究,对指导临床治疗与预防损伤起到了特别重要的作用。此外,骨骼肌损伤自然愈合过程中生物力学和电生理都有不同程度的改变,存在失神经支配和神经再支配现象,探测肌电信号的变化有助于评价损伤骨骼肌修复进程和愈合质量。

（三）组织学、生物化学及分子生物学方法与运动损伤的诊断

1. 组织学方法

对活检样本通过光镜及电镜观察肌肉、韧带及软骨的损伤情况,同时用免疫学方法检测特定蛋白的表达,可判定组织微细损伤的情况。在肌肉损伤修复过程中,结蛋白（desmin）在再生肌纤维中染色深,部分损伤的纤维染色适度增加（desmin聚集或新合成）,在坏死肌纤维中desmin染色为阴性,由于desmin在损伤中的不同反应,可据此来推断肌肉的损伤状况。在损伤开始后,结蛋白表达下降,两天后结蛋白表达增加,4天后达到峰值并持续到3周之后。损伤后12小时,波形蛋白表达增加,两天后达到峰值,然后下降,两周后基本消失。在波形蛋白表达下降的同时,结蛋白表达增加。

2. 生物化学方法

除了通过活检直接观察损伤情况,还可以通过测定血清、尿液中的生物标志物,间接推断组织损伤情况。正常情况下,肌细胞膜结构完整、功能正常,肌组织中的肌酸激

酶（creatine kinase，CK）、乳酸脱氢酶（lactate dehydrogenase，LDH）极少透出细胞膜。在肌肉损伤后，由于肌细胞膜受损，常可造成血清中CK、LDH升高。研究表明，高强度肌肉负荷后，肌肉酸痛与血清CK水平存在高度相关。因此，血清CK、LDH活性的变化，可作为评定肌肉承受刺激和骨骼肌微细损伤及其适应与恢复的敏感的生化指标。Goodman等测定了20名男运动员运动前、21公里赛跑后及运动后24小时血清CK、肌红蛋白（myoglobin，Mb）和MDA水平，并进行了肌肉超微结构的电镜观察，发现运动后血清CK和Mb升高是由于自由基引起肌细胞膜的损伤而造成膜通透性增加的结果。目前关于运动损伤的生化诊断，研究者们都在寻求更准确的生物标志物。

3. 分子生物学方法

随着分子生物学技术的不断发展和完善，它在运动损伤诊断中的应用也越来越广泛。

（1）聚合酶链反应（Polymerase Chain Reaction，PCR）。提取组织或细胞中的DNA，再以DNA为模板进行PCR扩增而获得目的基因或检测基因表达。可用来检测线粒体DNA的损伤情况，在损伤早期即可作出诊断，并积极预防损伤加剧。

（2）蛋白免疫印迹（Western Blot）。将提取的蛋白质经SDS-聚丙烯酰胺凝胶电泳分离后，在电场作用下将凝胶上的蛋白质条带转移到硝酸纤维素膜上，通过免疫学方法使特定抗体与抗原结合，通过化学发光检测所测蛋白的浓度。目前可通过测定线粒体氧化磷酸化酶的活性、NADH脱氢酶、细胞色素C氧化酶、热休克蛋白（heat shock protein）等的表达，反映线粒体及机体的过氧化损伤。

目前，关于建立运动损伤的分子生物学标志物的研究刚刚开始，许多问题还有待深入探讨。

三、运动损伤治疗的研究进展

（一）传统医学在运动损伤治疗中的应用及研究进展

祖国传统医学是研究人体生理、病理以及诊断和防治等的一门科学，其理论体系受到古代的唯物论和辩证法思想——阴阳五行学说的深刻影响，形成了以整体观念主导思想，以脏腑经络的生理、病理为基础，以辨证论治为诊疗特点的医学理论体系。作为中医学的重要组成部分，中药、针灸、按摩、刮痧、火罐、小针刀等在运动损伤的治疗中起着不可替代的作用。任玉衡等的研究证实，在我国治疗运动损伤的各种方法中，位于前三位的分别是手法、针灸和中药外敷。

1. 传统医学在运动损伤治疗中的应用

（1）中草药。中草药是祖国医学宝库的一个重要组成部分。中草药的种类繁多，治疗运动损伤的药物主要有止血药、活血化淤药、理气药、补肝肾续筋接骨药、祛风寒湿药、清热凉血药等。用法有内服和外用（外敷、外洗）两大类。中药在治疗疾病时为了提高疗效，应多用复方药，少用单方药。在施治时要根据不同的病机、证候进行辨证论治、组方用药。中药复方是中医临床用药的特点和优势。药有限，方无穷。药有个性之特长，方有合群之妙用。"君臣佐使"的组方原则，"相须、相使、相恶"的作用规律，是祖国医学整体观和辨证论治的集中体现，对运动损伤的治疗也不例外。

我国学者在对运动创伤进行深入研究的基础上，有针对性地发明了许多疗效很好的中药方剂，常用的内服药有云南白药、跌打丸、七厘散、九分散、三七片、新伤药、旧伤药、接骨药、舒活酒等，这些药都有活血散瘀、消肿止痛的作用。临床治疗运动损伤除内服药外，还利用木香、独活、五加皮、土鳖、红花、延胡索等具有理气、祛风湿、活血、止痛等作用的中药制成外敷药、外用药酒或熏洗药。

实践证明，中草药在运动损伤的治疗中效果较理想，大量的研究均报道了这种良好的作用。对其机理的研究认为，中药在损伤早期具有保护血管、改善微循环、抑制炎性渗出与浸润、加快炎性产物的吸收与肿胀的消除、减轻肌纤维变性坏死、修复由损伤所致的软组织及血管壁、降低致痛物质的浓度、减轻对游离神经末梢的刺激，同时提高痛阈值，起到消肿止痛作用。在损伤中晚期，可以促进巨噬细胞吞噬损伤后残留在组织间的异物，为组织再生创造条件，同时促进肌纤维的再生，加快再生肌纤维的成熟，减少纤维结缔组织增生。

(2) 针灸。针灸疗法是以经络学说为理论依据，经络腧穴为施治单位，以针灸刺激为治疗手段的一种方法。腧穴通过经络与脏腑密切相连，脏腑的生理、病理变化可以反映到腧穴，所以对腧穴给予适当的刺激，可以调整脏腑的生理功能和病理变化。针灸疗法包括针刺和艾灸两部分，其中针刺法有毫针刺法、三棱针刺法、皮肤针刺法、粗针法及火针刺法等；灸法有艾柱灸、艾条灸、温针灸、药物灸等。随着现代医疗和科学技术的发展，针灸工具和应用方法又有了很大的发展，形成了多种新针法，如电针、耳针、头针、腕踝针、水针、小针刀等。目前在运动损伤的治疗中，以上这些治疗方法均被用到，其中毫针刺法和灸法是最常用的方法。

① 灸法。灸法是用艾绒或其他药物放置在体表的穴位上烧灼、温熨，借火的温和热力以及药物的作用，通过经络的传导治疗疾病的一种外治法，具有温散寒邪、温通经络、活血逐痹、消瘀散结的作用。现代研究证实，灸法使皮肤温度达 45℃ 时就产生了镇痛作用。但灸法客观上存在一些操作上的烦琐、安全系数相对较低等诸多不利因素，导致了目前针灸临床中普遍存在的重针轻灸现状。因此，开发研制出新型的艾灸材料或新型的有相似治疗作用的仪器有较大的现实意义。随着现代科技的进步，新的灸疗仪器的开发应用，灸法在运动损伤领域将会有更好的应用前景。

② 电针。电针是用电针器输出脉冲电通过电流作用于人体经络穴位治疗疾病的一种方法。电针能代替长时间手法运针，节省人力；能比较客观地控制刺激量；可用电极板、导电胶刺激穴位代替针刺，具有较好的镇痛作用。

③ 耳针。耳针是指用针或其他方法刺激耳穴以防治疾病的一种方法。耳穴乃"宗脉所聚"，刺激它可疏通全身经络系统，使气血调和，"通则不痛"。现代医学认为，刺激耳穴可能会提高血浆中多巴胺羟化酶活性，通过调节神经介质，调整自主神经功能状态而达到止痛效果。因此，耳针具有很好的镇痛作用，对于疼痛严重的损伤可单独或配合其他方法使用。

第十二讲 运动损伤病理、诊断与治疗的研究进展

④ 刺络法。刺络法是用三棱针刺破一定的穴位或浅表血络，放出少量血液治疗疾病的一种方法，用于有明显的淤血现象。临床实践证明，三棱针放血刺激强度较大，活血化淤功效尤佳。刺血疗法能够通过放血直接改善血行，使离经之血、淤血随血而去，达到迅速消肿止痛之效。在疼痛部位刺血，通过"闸门控制学说"机制，在局部发挥止痛作用。此法具有开窍、泻热、活血、消肿等作用，适于对急性软组织损伤的治疗。

耳针镇痛和刺络法活血化淤，两法合用非常适合于运动损伤的治疗。

⑤ 火针。火针是用烧红的针尖迅速刺入穴内治疗疾病的方法，具有温经通络、祛风散寒的作用。火针的治疗机理与火针治疗特点有关，火针治疗过程中必须将针体烧至通红，再将炽热的针体迅速刺入粘连瘢痕组织，从而造成针体周围病理组织的微小灼伤。现代医学认为，修复过程起始于损伤，损伤处坏死的细胞、组织碎片被清除后，由其周围健康细胞分裂增生来完成修复过程。修复后可以完全或部分恢复原组织的结构和功能。如吴峻等研究发现，慢性软组织损伤一旦形成粘连疤痕病理结构，即不可通过自身机制或常规针灸治疗方法吸收和消除，而经过火针治疗后呈现出吸收再生的良性过程；陆卫卫等研究发现，火针疗法能提高慢性损伤软组织中锌、钙元素的含量，锌、钙含量的增高，可激活多种酶的活性，加强了局部组织器官的活动能力，提高了局部新陈代谢，促进了灼伤坏死的组织吸收，促进了周围健康组织再生，修复了原有组织结构，证明火针能改变慢性软组织损伤形成的粘连、瘢痕结构有其生物化学基础。

张福会等对火针与毫针治疗膝关节侧副韧带损伤疗效进行了对比，结果表明火针疗效优于毫针；吴峻等的研究也证实火针对兔慢性软组织损伤的治疗作用优于毫针。火针的损伤性及危险性大，对操作技术的要求高等因素限制了火针的发展，但因其在治疗慢性软组织损伤方面所起的不可替代的良好作用，近些年来其应用逐渐增多，包括了多种运动损伤。如何能减少其危险性、提高操作技能、研制新的替代工具、对其机理更深入的探讨等许多课题有待今后的研究。火针有望成为今后研究运动损伤治疗方法的热点。

(3) 按摩。按摩又称推拿，是运用各种不同的手法作用于机体，以提高身体机能，消除疲劳和治疗疾病的一种手法。按摩是治疗运动损伤的重要手段，不仅疗效显著，而且经济、简便。中医认为，损伤后痛肿是因为气血淤滞，在损伤早期不宜使用按摩手法，在损伤中后期按摩可疏通经络，使营卫气血得到通畅，平衡阴阳和调节五行。现代研究证实，按摩可促进损伤部位新生毛细血管的形成和成熟，促进纤维母细胞转化为纤维细胞；促进胶原纤维合成，并使其排列规整致密，有利于伤口的愈合；可松解损伤组织间的粘连，促进受损肌肉形态结构的恢复，减轻肌纤维组织增生；改善局部血液循环，增加血流量，促进新陈代谢，从而减轻受损组织水肿，清除坏死成分，加快炎症消散。石葛明等人对青紫兰家兔腓肠肌锐性不完全横断后，分别在5、10、15和20天后进行按摩治疗，其结果为15天效果最佳。

(4) 拔罐。拔罐疗法是我国广泛流传于民间的一种治疗方法，是以罐为工具，利用燃烧排除罐内空气产生负压的原理，使罐吸附在拔罐的部位而产生刺激，局部皮肤充血、淤血，从而达到防治疾病的目的。它简便易行，对陈旧性损伤、慢性劳损都有较好的疗效。

(5) 刮痧法。刮痧法治疗肌肉损伤临床也有报道，是根据中医理论的辨证施治原

则，施以通经活络、扶正祛邪、调理气血之法，使淤血由里出表，经皮腠而外达，使周身气血迅速得以畅通，从而平衡阴阳，达到正本清源的目的。归予恒等临床应用刮痧法治疗52例软组织损伤患者，显效率为63%。

(6) 小针刀疗法。小针刀疗法操作的特点是在治疗部位刺入，到达病变处进行轻微切割、剥离等不同形式的刺激，以疏通经络，顺畅气血，达到止痛祛病的目的。小针刀疗法治疗运动系统慢性疾病疗效较好，具有应用方便、价格低廉、毒副作用少的特点。研究证实，小针刀能较好地缓解肌肉损伤后形成的粘连，促进运动能力的恢复；可以促进损伤部位的肉芽组织成熟，松解损伤组织间的粘连，减轻肌纤维间纤维组织增生，促进损伤肌肉形态结构的恢复。在运动损伤方面应用极广，可治疗腰段棘上韧带、肩胛提肌、肩带肌、膝关节侧副韧带、肱二头肌损伤和足跟痛症、慢性腰肌劳损、肩周炎等。李正祥用小针刀治疗腰部棘间韧带慢性损伤53例，治愈43例，占81%；显效10例，占19%；总有效率为100%。最少者经1次治疗而愈，最多不超过3次。

2. 中医药疗法治疗运动损伤的发展趋势

(1) 从单纯治疗向综合治疗发展。近年来中医药对运动损伤的治疗趋向于综合治疗，不仅包括两种或两种以上的中医药学方法的结合（如中药不同给药方法、中药与按摩、针刺与手法、中药与针刺、不同针刺方法、针刺与艾灸等的结合），还包括传统中医药方法与康复训练相结合及中西医方法相结合。研究者多数证实，综合方法优于单纯治疗，如马建等人分析研究表明，内服制香片与外敷新伤药的协同作用比单纯内服或外敷用药效果更显著。

(2) 同一种病的治疗方法多样。文献检索发现，对网球肘的治疗有多种方法，如穴位埋线法、针刺配合穴位注射、电针配合理疗、电针加艾灸、电针结合温针、温针配合局部按揉、中药外敷等，从报道的结果看，治疗的效果均较好。此外，对急性腰扭伤的治疗、对膝侧副韧带损伤的治疗等也有多种方法报道。究竟在治疗某种损伤时用哪种方法疗效最好，现在还缺乏深入研究。

(3) 病种不断拓展。应用中医学的方法治疗运动损伤的病种逐渐增多，几乎包含了所有的运动损伤，以慢性伤、劳损伤居多，但对急性伤的治疗也在逐渐增多。

(4) 根据疾病的不同病因病机分型进行辨证治疗，优化治疗方案。应用中草药对运动损伤的治疗一直较重视辨证施治。而过去在临床实践中应用针灸治疗时，较常用局部取穴法，近些年来，针刺治疗取穴时辨证取穴法逐渐受到重视，如庞晓峰等用选穴针灸治疗软组织损伤，发现按照中医经络学说和现代医学的理论，结合不同的伤病情况（损伤部位，范围和深度）进行归经，循经选取穴位并配合与伤部密切相关的特定穴的治疗效果优于局部取穴治疗，说明辨证取穴疗效优于局部取穴。

中医药学因其所具有的简单、方便、经济、疗效独特、创伤及毒副作用小和群众基础深厚等优势，在运动损伤的治疗领域将会有很好的应用前景。当然，中医药学也存在着不足之处，中医学尚属经验科学，难以规范化、标准化和量化，可重复性不强。中医基本理论建立在朴素的唯物主义哲学基础上，与现代科学较难融合。我国提出的"中医现代化"和"中西医结合"的发展道路，将会大大促进中医在运动医学领域的发展。

第十二讲 运动损伤病理、诊断与治疗的研究进展

（二）西医在运动损伤治疗中的应用及研究进展

1. 生长因子与运动损伤

生长因子是指能促进细胞生长、增殖、合成作用的蛋白质或多肽。研究表明，内皮细胞、巨噬细胞、血小板和血管平滑肌细胞能生成和分泌多种生长因子，如转化生长因子β（transforming growth factorβ，TGF-β）、表皮生长因子（epidermal growth factor，EGF）、血小板源生长因子（platelet-derived growth factor，PDGF）、成纤维细胞生长因子（fibroblast growth factor，FGF）、血管内皮生长因子（vascular endothelial growth factor，VEGF）等，到目前为止，已发现的生长因子类物质有几十种，并且陆续有新因子的报道。生长因子对细胞表面的一种膜蛋白（受体）有高度的特异性和亲和性，它们的结合导致受体构象发生变化和一些蛋白激酶的激活，其结果是将信号传导至细胞核，对细胞的生长进行调控。生长因子有一定的趋向性，能够促进细胞的生长、刺激细胞间质的合成，有些生长因子是血管生成的刺激剂。

（1）生长因子促进运动创伤愈合的研究

① 促进软组织愈合的生长因子。现在临床治疗软组织损伤的方法，包括缝合术、清创术、皮肤移植及抗感染治疗等，基本停留在等待伤口自愈阶段，而缺乏加速愈合的积极措施，致使许多特殊的创伤难以愈合，这使得许多运动员运动成绩难以提高，甚至结束运动生涯，身体遭受长时间的病痛折磨。而生长因子的发现及其研究的日益深入，为治疗创伤、加速愈合提供了新的途径。近十几年在创伤修复中的重要发现是：创伤部位细胞的多样性和合成活性由各种生长因子调节，即生长因子参与了创伤修复的调控过程。

组织修复中，细胞增生是受生长因子调控的。通常，生长因子在组织修复过程中可发挥三种生物效应，即趋化作用、合成分泌作用和增殖分化作用。与软组织愈合有关的生长因子主要有 TGF-β、EGF 和 PDGF。

TGF-β 主要有调节细胞分化、调控细胞增殖、促进细胞基质合成，以及免疫抑制、损伤修复、抗炎和趋化等作用。肌腱和韧带损伤是常见的运动损伤，它们的自身修复能力较差，特别是前交叉韧带（ACL）损伤常见而难治愈，并容易诱发关节炎等并发症。虽然重建手术有一定效果，但骨关节炎的发生率仍较高。因此，有必要采取适当方法刺激细胞的增殖和分化，从而促进损伤肌腱和韧带的自身愈合过程。韧带损伤后的愈合过程与一般结缔组织相似，都经过急性炎症期、修复再生期和重塑的重要过程。Conti 在研究 TGF-β 对鼠内侧副韧带（MCL）损伤后愈合的影响时发现，它可增加韧带的断裂力、刚度和断裂能量。Murphy 报道 TGF-β 可促进 MCL 疤痕细胞的胶原合成，主要促进 I 型胶原的合成，对正常 MCL 和滑膜的胶原代谢无影响。Des Rosiers 也发现 TGF-β 对胶原合成具有强烈的促进作用，使 I：III 型胶原比例增高。

肌腱损伤后的愈合较难，临床上多采用手术缝合的方法，但容易造成粘连。近年来有些学者已经从细胞及分子水平对肌腱的愈合过程进行了深入的研究，Duffy 等观察了肌腱愈合过程中肌腱细胞的有丝分裂活动，认为与 FGF 有关。FGF 是培养细胞的有力

生长刺激剂，可促进形成新的毛细血管；是成纤维细胞的趋向剂和有力的生长刺激剂；可以刺激星形胶质细胞释放神经营养因子；刺激平滑肌细胞的增殖；有较强的诱导中胚层细胞转化为成纤维细胞的作用。通过体外细胞培养及动物体内实验证明，FGF 在创伤愈合过程中起重要作用。外用 FGF 对加速创面愈合速度和提高愈合质量具有明显效应，它能刺激创口内各类细胞的增殖，这些细胞包括毛细血管内皮细胞、平滑肌细胞、成纤维细胞和软骨细胞等。FGF 是一种对创面愈合具有显著调控作用的生物活性蛋白，具有广阔的临床应用前景。理论上 FGF 可用来治疗骨骼肌损伤，但未见相关报道。FGF 包括 bFGF（碱性成纤维细胞生长因子）和 aFGF（酸性成纤维细胞生长因子）两大类。bFGF 具有显著促进肉芽组织生长、加速创面再上皮化率以及增加创面愈合组织抗张力强度等作用。aFGF 能减轻急性缺血与再灌流对骨骼肌的损伤，减轻组织水肿，提高组织活力。

EGF 可促进钾离子、脱氧葡萄糖、a-氨基异丁酸等小分子物质的转运；促进糖酵解；促进细胞外大分子物质合成；促进 DNA 的合成；促进细胞的增殖分化。动物实验资料表明，EGF 应用于创面后可明显促进肉芽组织形成，增加肉芽组织细胞中 DNA、RNA、羟脯氨酸、脯氨酸、蛋白质以及细胞外大分子物质的合成，缩短伤口愈合时间，增强伤口组织抗拉力强度。EGF 对多种损伤都有较好的促愈合作用，而且对难愈性伤口也有较好疗效，表现出很广阔的应用前景。

PDGF 可从碾碎的肌肉中释放出来，也可从侵入的炎性细胞分泌而来。它是一种确认的炎性细胞和成纤维细胞的有丝分裂原和化学吸引剂。PDGF 与创伤修复的关系十分密切，它直接或间接地参与了炎症反应、细胞增殖等组织修复的全过程。当组织发生损伤时，血小板在受损部位发生黏着和聚集，并释放 PDGF。PDGF 可以使磷脂酰肌醇转变形成花生四烯酸，释放前列腺素类物质，参与炎症反应过程；抑制结缔组织细胞的溶解，延长其存活时间，从而选择性地刺激结缔组织细胞生长。它可以吸引炎症细胞向受损部位迁移，并促进这些细胞进行分裂，刺激伤口生长，促进伤口愈合。

② 促进骨组织愈合的生长因子。由于软骨细胞再生有限，关节软骨缺损常不易修复。新兴的治疗方法——自体软骨细胞移植仍存在许多有待改进之处，如培养条件的最佳化、植入后的营养供给及防止再损伤等。TGF-β 作为对关节软骨最有影响的细胞因子，在软骨蛋白多糖代谢内源性调节机制中发挥着关键作用。TGF-β 可以诱导炎症细胞中的中性粒细胞和巨噬细胞向创伤部位补充；促进成纤维细胞增殖和细胞基质的合成；促进角化细胞迁移，减少创伤体积，加速愈合速度；还能促进创口肉芽组织的形成，对表皮创伤有明显的促愈合作用。

骨基质富含生长因子，培养的骨细胞产生胰岛素样生长因子（IGF）、PDGF、FGF 和 TGF-β。在股骨骨折愈合的大鼠膜内和软骨内骨形成期，发现有 TGF-βmRNA 和 TGF-β 蛋白。体内注射 TGF-β 也能刺激骨和软骨的形成。TGF-β 可刺激未分化的间质细胞增殖与分化，促进成骨细胞增生，刺激 I 型胶原合成，诱导膜内成骨及软骨内成骨过程，从而促进骨折愈合。作为局部调节因子，TGF-β 以自分泌或旁分泌方式调节着骨和软骨内各种细胞的增殖与分化，调节骨和软骨基质的合成与降解。骨折后，局部 TGF-β 的活性和浓度增高，能诱导前体细胞和成骨细胞趋化至骨折处，在 TGF-β 的作用下增殖、分化并合成基质，从而经膜内和软骨内完成骨愈合。局部注射 TGF-β 可明显加速骨折愈合，提高骨折愈合能力。

动物模型在体研究显示，向关节软骨表浅撕裂伤部位灌注 FGF，可加速修复反应进程。体外实验发现，FGF 能促进软骨细胞前质的分化及软骨细胞的增殖和成熟。VEGF 通过与血管内皮细胞膜上的受体结合，具有强大、特异性促血管内皮细胞增生和血管生成作用，它对骨折愈合过程中的血管重建具有重要作用，并可能作为一种重要因子参与了骨折愈合的修复过程。

(2) 在运动医学中生长因子研究的发展趋势。生长因子的研究近年来已取得了很大的进展，特别是在运动医学领域的应用，将成为体育科学中的研究热点。人们已经认识到生长因子治疗对于运动创伤修复有积极作用，而且对提高运动能力，延长运动生命具有潜在价值。①在治疗运动损伤方面的应用，要考虑多种生长因子的协同作用，不同的生长因子可能作用不同的细胞生长周期，所以应注意使用生长因子的时机和最佳的治疗剂量；②运动可以改变生长因子的组成和活性，其改变机制是今后的研究重点，如运动后生长因子在体内的信号传递过程以及与其他酶学作用的关系。

2. 基因治疗

基因治疗即在细胞内插入一段目的基因，使细胞自身能够分泌原来不能分泌或分泌很少的蛋白质，从而达到治疗目的。基因治疗的研究在世界各地广泛开展，迄今已取得了许多令人瞩目的成果。一些在运动中极易受伤的组织，如关节软骨、韧带、半月板等都是边缘性血管化或无血管组织，自发修复能力低下，临床治疗棘手。研究证实，基因治疗能有效地诱发和加速这些组织的损伤修复。通过基因转移，特别是导入生长因子的靶细胞，能明显提高治疗的特异性和时效性。

研究表明，在滑膜细胞内插入一段目的基因后，使细胞开始分泌 IL-1 受体拮抗蛋白，从而使关节软骨损伤后的炎性因子的数量减少，使骨关节病的发病延缓。IL-1 在骨关节病的发生和发展过程中起关键作用，是主要的炎性因子。在创伤性骨关节病发病过程中，如可以抑制 IL-1 的作用，则可保护基质中的蛋白多糖和 II 型胶原，减少前列腺素的分泌。因此，在基因治疗上，多数选择 IL-1 为基因治疗的靶体。对创伤性骨关节病的基因治疗，目前国内外均处于实验阶段，离临床应用还有相当距离。Wright 认为，用携带编码生长因子基因的成肌细胞导入受损组织提供生长因子和反应细胞是一种很有潜力的治疗方法。

肌肉损伤之后同时启动了坏死与修复两个过程。在经过炎性阶段后，纤维组织与生肌组织同时增生，然而纤维组织增生的速度要比肌肉再生快许多，最终导致瘢痕形成远多于有功能的再生肌肉。因此，纤维化是肌肉再生修复过程中的一大障碍。

研究证明，TGF-β 表达是促进组织纤维化的主要原因，而 Decorin-核心蛋白多糖被发现是一种能够拮抗 TGF-β 的蛋白聚糖，在许多器官，如肾、肺中起着抗纤维化的重要作用。最近 Fukushima 证实，体内注射 Decorin 能够中和 TGF-β 的作用，并有效减少了肌肉组织纤维化，促进了肌肉再生。利用重组载体直接将治疗基因 Decorin 转运到损伤肌肉进行治疗是可行的，载体可以选择裸 DNA、逆转录病毒、腺病毒、腺相关病毒和单纯疱疹病毒，但是多数病毒对于增殖的肌细胞转染效率很低。目前，成肌细胞介导的基因治疗在骨骼肌损伤中显示了很大的潜力。首先从宿主体内分离并培养成肌细胞，体外用重组病毒载体转染，增殖后注射移植到损伤肌肉区，这些细胞分化成肌纤维后即成为治疗蛋白表达的来源。另外，移植后的细胞本身也参与了肌肉恢复的过程。

肌源性干细胞（muscle-derived stem cell，MDSC）具有多向分化潜力，是骨骼肌损伤修复的良好干细胞来源。MDSC 治疗骨缺损、软骨及半月板损伤并取得了较好的结果。

3. 蛋白质组学在运动损伤中的应用

近年有关动物与人类骨骼肌蛋白质组学方面的研究，为采用蛋白质组学的理论与方法研究运动性肌肉疲劳与损伤奠定了基础，提供了重要的理论、技术平台与实验依据。Gelfi 和 Yand 等分别对人类股外侧肌和大鼠骨骼肌进行了双向凝胶电泳（Two-dimensional protein map，2-DE）与质谱分析，对胶片上的蛋白位点进行鉴别，报道了多种肌纤维中的蛋白质，为骨骼肌蛋白质组学的研究提供了重要的参考数据库。Kim 等人鉴定出红、白骨骼肌纤维中肌红蛋白、肌球蛋白轻链等的差异性表达。Bihan 等在比目鱼肌中鉴定出 8 种蛋白生物标志物能区别红、白肌纤维的类型。对肌纤维蛋白质组学的研究将有助于深入探讨肌纤维损伤的病理及治疗机制。

4. 组织工程软骨

关节软骨损伤的修复是运动创伤领域的一个主要难题，关节软骨损伤后因其自身愈合能力较低，一般不能自行修复，可利用生物工程软骨修补关节软骨破损，即以生物或人工合成的材料为载体，将培养的软骨细胞植入载体，形成软骨组织修复缺损。组织工程（tissue engineering）研究的重点集中在构建出与正常软骨各种生物学及机械特性相近的人造软骨和骨，用以治疗运动中的软骨损伤。组织工程软骨是从细胞移植到组织移植的一个进步。首先是应用的软骨细胞都可以源于自体；第二是改进培养技术，加入生长因子，促进细胞生长。同时，采用三维培养方法，使软骨细胞在培养过程中较好地保持原有表型，并产生相应的软骨基质。软骨组织工程主要由三部分组成：酶解所获软骨细胞，并进行单层培养扩增；将软骨细胞接种到合适的生物支架上；用合适的生物反应器长期维持细胞表型及基质再生。

5. 新药品和新技术的应用

（1）药物使用。抗炎药物主要在肌肉拉伤的早期使用，可以推迟炎症反应。Almekinders 对胫骨前肌急性拉伤的 SD 大鼠，服用非类固醇抗炎药物（piroxicam），结果表明不用药物组 0~2 天极限强度下降至最低点（约为正常肌肉的 27%），用药组 0~4 天降至最低点（约为正常肌肉的 33.7%），在第 2 天两组间的极限强度有显著性差异。Obremsky 对胫骨前肌急性拉伤的新西兰兔在拉伤 6h 内用 piroxicam 灌胃，结果表明，第一天不用药组肌肉主动收缩力下降为正常肌肉的 59.2%，较有药组（79.6%）下降明显。Thorsson 等人用免疫组化方法，对大鼠小腿三头肌挫伤后采用非类固醇药物

(naproxen) 治疗，发现该药物能促进肌卫星细胞和纤维母细胞增殖。敖英芳等人用"爱维治（Actovegin）"治疗大腿部肌肉急性损伤，发现"爱维治"具有促进创伤愈合的作用，可以使急性损伤的肌肉组织迅速修复和再生，明显缩短大腿部肌肉损伤的治疗时间，对运动性肌肉损伤有良好的治疗效果。

(2) 韧带重建。前交叉韧带（anterior cruciate ligament，ACL）断裂是运动医学领域中的常见而又严重的伤病。由于前交叉韧带断裂后常常导致严重膝关节不稳，并易继发膝关节内软骨及半月板的损伤，严重影响运动成绩和日常生活，因此，前交叉韧带断裂的治疗一直是运动创伤领域中一个重要的研究课题。临床实践证明，前交叉韧带重建手术是有效的治疗方法，并取得了良好的临床效果。Seon 等对 11 名青少年利用自体移植股四头肌肌腱修复膝关节前交叉韧带，在随后的 77 个多月的随访中发现，其 Lysholm knee scores 测试得分提高，并且能恢复到损伤前的体育活动，没有出现膝关节畸形。王永健等观察应用自体半腱肌腱重建兔前交叉韧带术后 12 月内移植物的组织学变化过程，发现关节腔内的半腱肌腱移植物经历组织坏死、新生组织替代和塑形改建过程，其组织学形态在术后第 6 月与正常前交叉韧带相似，第 12 月接近正常，但其胶原分布情况仍有别于正常前交叉韧带。

总之，目前随着运动生物力学、影像学、组织学、分子生物学、基因工程学、中医学等相关学科的发展，关于运动损伤的病理、诊断和治疗取得了很大的进步，但有一些研究尚处于起步阶段，如何将新的技术方法应用到损伤的临床治疗，促进运动损伤的快速恢复，还需要深入探讨。

推荐读物

[1] 田野. 运动生理学高级教程 [M]. 北京：北京高等教育出版社，2003.

[2] 王正国. 创伤愈合与组织修复 [M]. 济南：山东科学技术出版社，2000.

[3] 曲绵域，于长隆. 实用运动医学 [M]. 北京：北京大学医学出版社，2003.

参考文献

[1] Adams GR, Haddad F. The relationships among IGF-1, DNA content, and protein accumulation during skeletal muscle hypertrophy [J]. J Appl Physiol, 1996, 81 (6): 2509-2516.

[2] Borst SE, De Hoyos DV, Garzarella L, et al. Effects of resistance training on insulin-like growth factor-I and IGF binding proteins [J]. Med Sci Sports Exerc, 2001, 33 (4): 648-653.

[3] Le Bihan MC, Tarelli E, Coulton GR. Evaluation of an integrated strategy for proteomic profiling of skeletal muscle. Proteomics [J]. 2004, 4 (9): 2739-2753.

[4] Breen EC, Johnson EC, Wagner H, et al. Angiogenic growth factor mRNA responses in muscle to a single bout of exercise [J]. J Appl Physiol, 1996, 81 (1): 355-361.

[5] Capetanaki Y, Milner DJ, Weitzer G. Desmin in muscle formation and maintenance: knockouts and consequences [J]. Cell Struct Funct, 1997, 22 (1): 103–116.

[6] Fukushima K, Badlani N, Usas A, et al. The use of an antifibrosis agent to improve muscle recovery after laceration [J]. Am J Sports Med, 2001, 29 (4): 394–402.

[7] Gelfi C, De Palma SD, Cerretelli P, et al. Two-dimensional protein map of human vastus lateralis muscle [J]. Electrophoresis, 2003, 24 (1–2): 286–295.

[8] Grobler LA, Collins M, Lambert MI, et al. Skeletal muscle pathology in endurance athletes with acquired training intolerance [J]. Br J Sports Med, 2004, 38 (6): 697–703.

[9] Gu JW, Santiago D, Olowe Y, et al. Basic fibroblast growth factor as a biochemical marker of exercise-induced ischemia [J]. Circulation, 1997, 95 (5): 1165–1168.

[10] Gustafsson T, Puntschart A, Kaijser L, et al. Exercise-induced expression of angiogenesis-related transcription and growth factors in human skeletal muscle [J]. Am J Physiol, 1999, 276 (2): 679–685.

[11] Hurme T, Kalimo H. Activation of myogenic precursor cells after muscle injury [J]. Med Sci Sports Exerc, 1992, 24 (2): 197–205.

[12] Jayaraman RC, Reid RW, Foley JM. et al. MRI evaluation of topical heat and static stretching as therapeutic modalities for the treatment of eccentric exercise-induced muscle damage [J]. Eur J Appl Physiol, 2004, 93 (1–2): 30–38.

[13] Kim NK, John JH, Park HR, et al. Differential expression profiling of the proteomes and their mRNAs in porcine white and red skeletal muscles [J]. Proteomics, 2004, 4 (11): 3422–3428.

[14] Lin YS, Kuo HL, Kuo CF, et al. Antioxidant administration inhibits exercise-induced thymocyte apoptosis in rats [J]. Med Sci Sports Exerc, 1999, 31 (11): 1594–1598.

[15] Menetrey J, Kasemkijwattana C, Day CS, et al. Growth factors improve muscle healing in vivo [J]. J Bone Joint Surg Br, 2000, 82 (1): 131–137.

[16] Milias GA, Nomikos T, Fragopoulou E, et al. Effects of eccentric exercise-induced muscle injury on blood levels of platelet activating factor (PAF) and other inflammatory markers [J]. Eur J Appl Physiol, 2005, 95 (5–6): 504–513.

[17] Murphy PG, Loitz BJ, Frank CB, et al. Influence of exogenous growth factors on the synthesis and secretion of collagen types I and III by explants of normal and healing rabbit ligaments [J]. Biochem Cell Biol, 1994, 72 (9–10): 403–409.

[18] Overgaard K, Fredsted A, Hyldal A. et al. Effects of running distance and training on Ca^{2+} content and damage in human muscle [J]. Med Sci Sports Exerc, 2004, 36 (5): 821-829.

[19] Paulsen G, Benestad HB, Strom-Gundersen I, et al. Delayed leukocytosis and cytokine response to high-force eccentric exercise [J]. Med Sci Sports Exerc, 2005, 37 (11): 1877-1883.

[20] Peake JM, Suzuki K, Wilson G, et al. Exercise-induced muscle damage, plasma cytokines, and markers of neutrophil activation [J]. Med Sci Sports Exerc, 2005, 37 (5): 737-745.

[21] Podhorska-Okolow M, Sandri M, Zampieri S, et al. Apoptosis of myofibres and satellite cells: exercise-induced damage in skeletal muscle of the mouse [J]. Neuropathol Appl Neurobiol, 1998, 24 (6): 518-531.

[22] Selman C, McLaren JS, Collins AR, et al. Antioxidant enzyme activities, lipid peroxidation, and DNA oxidative damage: the effects of short-term voluntary wheel running [J]. Arch Biochem Biophys, 2002, 401 (2): 255-261.

[23] Seon JK, Song EK, Yoon TR, et al. Transphyseal reconstruction of the anterior cruciate ligament using hamstring autograft in skeletally immature adolescents [J]. J Korean Med Sci, 2005, 20 (6): 1034-1038.

[24] Vollaard NB, Shearman JP, Cooper CE. Exercise-induced oxidative stress: myths, realities and physiological relevance [J]. Sports Med, 2005, 35 (12): 1045-1062.

[25] Wright VJ, Peng H, Huard J. Muscle-based gene therapy and tissue engineering for the musculosketal system [J]. Drug Discov Today, 2001, 6 (14): 728-733.

[26] Yan JX, Harry RA, Wait R, et al. Separation and identification of rat skeletal muscle proteins using two-dimensional gel electrophoresis and mass spectrometry [J].Proteomics, 2001, 1 (3): 424-434.

[27] Yu JG, Carlsson L, Thornell LE. Evidence for myofibril remodeling as opposed to myofibril damage in human muscles with DOMS: an ultrastructural and immunoelectron microscopic study [J]. Histochem Cell Biol, 2004, 121 (3): 219-227.

[28] 段立公, 李国平, 李肃反. 结蛋白和波形蛋白在运动性肌肉损伤和再生过程中表达及意义的实验研究 [J]. 中国运动医学杂志, 2001, 20 (2): 167-170.

[29] 戴国钢.中间丝蛋白与肌肉损伤 [J].中国运动医学杂志, 2002, 21 (1): 77-80.

[30] 任玉衡, 田得祥, 史和福, 等. 优秀运动员的运动创伤流行病学调查 [J]. 中国运动医学杂志, 2000, 19 (4): 377-386.

[31] 舒彬. 实验性肌肉拉伤的组织学和酶组织化学观察 [J]. 中国运动医学杂志, 1997, 16 (2): 148-151.

[32] 王永健,敖英芳.自体半腱肌腱移植重建前交叉韧带移植物组织学变化的实验研究[J].中国运动医学杂志,2004,23(6):609-612.

[33] 卫宏图,陈世益.骨骼肌损伤的治疗研究进展[J].中国运动医学杂志,2004,23(5):572-576.

[34] 杨翼,李章华.转化生长因子-β及其在运动损伤治疗中的应用[J].中国运动医学杂志,2003,22(4):396-398.

[35] 于长隆.高新技术与相关学科的发展对运动创伤学的推动[J].中国运动医学杂志,2000,19(3):228-230.

[36] 张鹏,陈世益.成肌细胞在肌肉骨骼系统疾病基因治疗中的应用研究进展[J].中国运动医学杂志,2003,22(5):483-489.

[37] 赵斌,刘玉倩,王海涛,等.小针刀治疗肌肉损伤的组织学和生物力学研究[J].体育科学,2004,24(9):28-31.

[38] 陆卫卫,吴峻,邵荣世.火针治疗慢性软组织损伤的实验研究[J].现代中西医结合杂志,2003,12(21):2278-2279.

[39] 郁建红,王全权.用刺血并耳压治疗急性软组织损伤疗效观察[J].中国中医急症,2004,13(12):812.

[40] 庞晓峰,衣雪洁,常波.选穴针灸治疗软组织损伤疗效观察[J].上海针灸杂志,2003,22(4):14-15.

[41] 张福会,姚益龙,白晓英,等.火针与毫针治疗膝关节侧副韧带损伤疗效对比[J].中国针灸.2004,24(6):393-394.

[42] 吴峻,沈蓉蓉,邵荣世.火针治疗慢性软组织损伤的实验研究[J].中国针灸,2002,22(1):31-33.

[43] 李正祥.小针刀治疗腰部棘间韧带慢性损伤53例[J].天津中医药,2004,21(5):386.

[44] 蒋振亚,李常度,郭君华,等.电针配合隔药饼灸治疗网球肘对照观察[J].中国针灸,2005,25(11):763-764.

专业名词中英文对照

中文	英文
运动创伤学	sports traumatology
生物力学	biomechanics
生物化学	biochemistry
病理	pathology
骨骼肌	skeleton muscle
韧带	ligament
软骨	cartilage
针灸	acupuncture
按摩	massage
结蛋白	desmin

(河北师范大学 赵斌)

第十三讲 人体有氧和无氧能力的测量与评价

【内容提要】

本讲在人体有氧能力的测量与评价方面介绍了直接测定与间接评估最大摄氧量的原则与方案，以及运动能量节省化的测量与评价。进而，以评定亚极量运动中不同强度等级的"阈"为主线，重点讨论了乳酸阈、最大乳酸稳态、临界功率及最小乳酸值速度等指标的意义和测定方法。在人体最大强度运动能力测评方面，介绍了其历史发展背景、Wingate 经典与优化测试方案，以及最大氧亏积累指标。另外，由于集体项目运动有其固有的特点，重点介绍了与有氧或无氧能力相关的 yo-yo 测试、加速及冲刺能力测试。

【重要名词】

最大摄氧量： 人体在全力运动中所耗氧量存在一个上限，这一上限即为最大摄氧量（VO_2max）。

运动能量节省化： 运动能量节省化或称经济性，它反映了有氧供能的水平。在越野、滑雪、皮划艇及赛跑等项目中，在其他因素相同的前提下，如果通过改进运动技术或技能而使摄氧量相对降低，那么维持特定强度运动的持续时间就可能更长，或者在相同时间内承受的运动强度能更大些。

亚极量运动： 运动时摄氧量低于 VO_2max 的运动称为亚极量运动。

yo-yo 测试： 即运动员必须在两组标志物间进行折返跑，它模拟足球比赛中频繁出现的加速、减速、急停、转身等动作，主要测试足球运动员在持续进行加速、减速、急停、转身的运动耐力。

一、人体有氧能力的测量与评价

人体在全力运动中所耗氧量存在一个上限，这一上限即为最大摄氧量（VO_2max）。在过去很长的一段时间里，该指标被认为是反映心血管和呼吸系统机能的单一最佳生理变量。因此，长久以来被用作衡量心肺机能的关键指标。事实上，将最大摄氧量作为衡量耐力性运动潜力或者作为衡量训练状况的辅助指标更为准确一些。

（一）最大摄氧量的直接测定

1. 一般原则

测定最大摄氧量的适宜运动强度标准参见表 13-1、表 13-2。

表 13-1　上肢转轮及下肢踏车运动测定成年人最大摄氧量时确定运动强度的原则

	准备活动（W）	初始功率（W）	递增功率（W）
下肢（蹬踏频率 60min^{-1}）			
男子	120	180~240	30
女子	60	150~200	30
上肢（转轮频率 60min^{-1}）	60	90	30
优秀自行车选手（蹬踏频率 90min^{-1}）			
男子	150	200~500	35
女子	100	150	35

（引自 Eston R, et al. 2001.）

表 13-2　采用跑台运动测定成年人最大摄氧量时确定运动强度的原则

	准备活动速度（m/s）	测试跑速（m/s）	初始坡度（%）	递增坡度
耐力性项目运动员				
男子	3.13	4.47	0	2.5
女子	2.68	4.02	0	2.5
业余选手				
男子	3.13	3.58	0	2.5
女子	2.68	3.13	0	2.5

（引自 Eston R, et al. 2001.）

在测定成年人最大摄氧量时应遵循以下原则：第一，随运动强度的增加，摄氧量最终出现平台（plateau），即每分钟每千克体重摄氧量的增加值小于2ml 或3%；第二，呼吸商达到或大于 1.15，最终的心率与年龄相关的最大心率之间的差值不超过 10（最大心率可通过以下公式估算，即最大心率 = 220 – 年龄）；第三，运动后（4~5min）血乳酸浓度大于 8mmol/L；第四，主观力竭，使用分级为 6~20 的 Borg 主观疲劳分级（RPE）量表评定，主观疲劳程度达到 19 或 20。

2. 跑台测定最大摄氧量方案（持续运动测定程序）

表 13-2 中的测定程序适用于平时经常参加体育运动的受试者。在 5min 热身后，该方案建议的运动强度应在 9~15min 内达到力竭，建议每两分钟增加一次负荷。由于连续运动测定方案在其他相关专著中已有介绍，此处不再详述。

3. 功率自行车测定最大摄氧量的方案（不连续运动测定程序）

热身：女性以 50W 功率蹬车 3min，男性以 100W 功率蹬车 3min。然后休息 2min。

初始功率：女性 50~100W，男性 100~200W，根据受试者的具体情况确定。例如，对体重较轻、平时运动较少的受试者采用较小功率（热身阶段受试者的心率反应能够为确定适当功率提供依据），每 30s 记录一次心率。收集该功率运动阶段最后 30s 的呼出气体测定。

休息 3min 后，将运动功率增加 50W 继续踏车。反复进行：蹬车 3min — 休息

3min — 增加负荷后蹬车 3min。当达到较高运动功率时，可每次增加 25W。如果受试者在某一功率下不能完成 3min 运动，则可在受试者示意后进行气体收集（最少收集 30 s 呼出气体，最好收集 1min）。在实验末尾，受试者应以 25~50W 的低功率缓慢地蹬车。

表 13-3 给出了功率自行车不连续运动测定程序的实例（Douglas 袋收集气体）。被试者 21 岁，体重 81kg，身高 180cm，环境温度 21°C，气压 753.5mmHg，相对湿度 65%。测试方案为 3min 运动，3min 休息。

表 13-3 间歇性功率自行车测定最大摄氧量实例数据表

测试阶段	1	2	3	4	5
运动功率(W)	200	250	300	350	400
运动时间(min)	2~3	5~6	8~9	11~12	14~15
呼出气体温度（°C）	24.0	24.0	23.8	24.0	24.0
通气量(l)	68.60	93.75	125.5	162.1	170.3
F_EO_2（%）	16.13	17.03	17.37	17.71	17.82
F_ECO_2（%）	4.30	3.46	3.34	3.25	3.22
VO_2（ml/kg·min）	40	40	50	60	60
VCO_2（ml/kg·min）	30	40	50	60	60
RER	0.863	0.852	0.913	1.00	1.03
Borg RPE	13	15	16	19	20
心率（beats/min）	154	168	183	197	198

（引自：Eston R, et. al, 2001.）

4. 测试中的注意事项

（1）在实验过程中和恢复期都应对受试者进行密切的监控，因为在心率达到年龄所对应的最大心率 80%以上时，以及在测试停止后 20min 左右，心脏功能出现异常的可能性相对较高。

（2）要注意调整车把和车座的位置，因为受试者在测试的后期可能因体位不当而导致测试过早停止。如果车座过低，受试者可能会产生股四头肌疲劳和膝关节疼痛；如果车座过高，受试者在测试中为了保证脚和脚蹬板的有效接触就不得不反复提升和放下左右两侧髋关节。一个简便的方法是在脚蹬板运动到最下端时，将脚的中部放在脚蹬板上，如果车座的高度合适，腿应稍微弯曲。

（3）在进行连续运动的测试中，改变运动功率时应事先告知受试者。由于电动刹车的功率自行车是通过自动调节脚蹬处的阻力以适应蹬车频率的变化，从而保持恒定的输出功率。当一个疲劳的受试者在输出功率较大时蹬车，如果未提前告知增加功率，很可能由于负荷的增加导致蹬车频率的下降或终止实验。所以，使用电动刹车的功率自行车，在增加负荷前一定要预先告知受试者，并同时鼓励受试者要坚持按要求频率蹬车，以适应增加的运动负荷。

（二） 最大摄氧量的间接评估

1. 1英里步行测试

1.5英里及12min跑测试适合有一定运动经验、体能水平中等的被试者，其测试方法已有多本教科书详述，这里只介绍适合于体适能水平较低的人群的1英里步行测试。此测试要求被试者以轻快的步伐走1英里（约1609m），其结束时心率至少应达到120b/min，测试步骤如下：

测试之前测量体重。以轻快的步伐完成1英里的路程（运动后心率超过120b/min）。1英里步行结束后，核对步行的时间，并且立即测10s脉搏。

将数值代入下列方程：

$$VO_2max = 88.768 - (0.0957 \times W) + (8.892 \times G) - (1.4537 \times T) - (0.1194 \times HR)$$

〔注：W为体重（pound），G为性别（男为1，女为0），T为时间（min），HR为1英里步行末的运动心率（b/min）。〕

例如：一位19岁女性，体重190pound，完成1英里所用时间为14min39s，运动后即刻心率为148b/min。最大摄氧量为：

$$VO_2max = 88.768 - (0.0957 \times 140) + (8.892 \times 0) - (1.4537 \times 14.65) - (0.1194 \times 148) = 36.4 ml/kg \cdot min$$

2. 非运动方式间接评估

修斯顿（Houston）大学研究人员提出了一种不需要参加任何形式运动就能推算出摄氧量峰值的方法，即根据年龄、日常活动情况以及体脂百分比或身体质量指数（BMI）建立多元回归方程。日常活动分级是根据受试者的活动习惯而定的，具体如下：

（1）确定负荷，如表13-4所示。

表13-4 日常活动等级表

日常活动	等 级
I. 不经常参加有计划的体育锻炼或身体活动较少	0：避免步行或用力，如可能的情况下，总是使用电梯或交通工具代替步行 1：乐于步行，经常爬楼梯。偶尔运动，并达到呼吸急促及出汗程度
II. 有规律地参加休闲运动或中等强度的活动，如高尔夫、骑马、柔软体操、艺术体操、乒乓球、保龄球、举重或庭院劳动	2：每周运动10~60min 3：每周运动超过1h
III. 有规律地参加一些大强度活动（如跑或慢跑、游泳、自行车、划船、跳绳）或激烈的有氧活动（例如网球、篮球或者手球）	4：每周跑不超过1英里，或不超过30min 5：每周跑1~5英里，或类似的身体活动30~60min 6：每周跑5~10英里，或类似的身体活动1~3h 7：每周跑超过10英里，或类似的身体活动超过3h

(2) 将日常活动等级（PA-R）代入下列方程式推算摄氧量峰值（ml/kg·min）

① 脂肪百分比模式（r = 0.81）

$VO_{2peak} = 50.513 + 1.589 (PA - R) - 0.289 (age) - 0.522 (\%fat) + 5.863 (F = 0, M = 1)$

② 身体质量指数模式（r = 0.783）

$VO_{2peak} = 56.363 + 1.921 (PA - R) - 0.381 (age) - 0.754 (BMI) + 10.987 (F = 0, M = 1)$

例如，35岁男性，体脂百分比为15%，日常活动等级为6，那么摄氧量峰值为：

$VO_{2peak} = 50.513 + 1.589(6) - 0.381(35) - 0.522(15) + 5.863(1) = 47.5 \text{ ml/kg·min}$

用身体质量指数模式推算35岁女性的摄氧量峰值，身高1.65m，体重59kg，日常活动能力等级6。

$VO_{2peak} = 56.363 + 1.921(6) - 0.381(35) - 0.745(59/1.65^2) + 10.987(0) = 38.2 \text{ ml/kg·min}$

由于所需要的一些信息是自述的，因此，这种非运动方式比较适合最大摄氧量的初筛或是普查。这种方法用于峰值摄氧量低于55ml/kg·min的受试者比较适宜。

（三）运动能量节省化的测量与评价

运动能量节省化或称经济性（economy）对耐力性运动项目非常重要，它反映了有氧供能的水平。在越野、滑雪、皮划艇及赛跑等项目中，在其他因素相同的前提下，如果通过改进运动技术或技能而使摄氧量相对降低，那么维持特定强度运动的持续时间就可能更长，或者在相同时间内承受的运动强度能更大些。本节介绍的能量节省化测定主要是针对跑步，即跑的能量节省化（running economy），或称跑的经济性，但其原理可以应用于其他运动项目。

1. 摄氧量与跑速的相关性

跑的能量节省化可以理解为代谢消耗，是以在一定速度和坡度跑台上测出的单位时间及体重的摄氧量来表示。在一定速度下摄氧量越低，意味着越具有较好的跑的能量节省化。在运动能力差异较大的人群观察跑速与最大摄氧量关系时，发现两者存在显著的相关性。但这种相关性在优秀赛跑选手中并不明显，而跑的能量节省化与长距离跑能力却密切相关，因此，跑的能量节省化的测定在此方面弥补了最大摄氧量指标的不足。

跑的能量节省化可以通过建立摄氧量和跑速之间的关系来测定。为了能在一定范围的跑速下真实地测出跑的节省化，应尽量在跑速稳定的条件下测量摄氧量通常选择60%、70%、80%和90%VO_2max四种强度跑速进行测试。

图13-1显示的是三组成年男子赛跑选手（优秀、俱乐部及休闲运动选手各10名）摄氧量和跑速的关系。在一定跑速范围内（2.67～4.00m/s），三组被试者的摄氧量随着跑速逐渐增加。

三组被试者摄氧量存在显著性差异。优秀运动员摄氧量明显低于其他两组（均值差

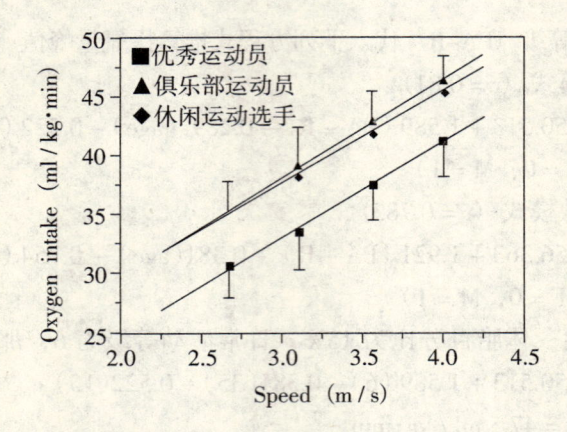

图 13-1 三组成年男子赛跑选手摄氧量和跑速的关系
(引自：Eston R, et al. 2001.)

4.7ml / kg·min；11.5%)。在跑速较高的情况下，休闲运动选手跑的节省化似乎略强于俱乐部选手。可利用跑速与摄氧量的相关性分别建立一个线性回归公式：

优秀选手：
$$VO_2 (ml/kg·min) = 8.07 \times SPEED (m/s) + 8.87 \quad (r = 0.99)$$

俱乐部选手：
$$VO_2 (ml/kg·min) = 8.27 \times SPEED (m/s) + 13.27 \quad (r = 0.99)$$

休闲运动选手：
$$VO_2 (ml/kg·min) = 7.80 \times SPEED (m/s) + 14.35 \quad (r = 0.99)$$

不同年龄的赛跑选手（成年男子，21.3 岁 ± 2.3 岁；儿童，11.9 岁 ± 1.0 岁）摄氧量和跑速之间的关系如图 13-2 所示。对两组赛跑选手的研究发现，在一定的跑速范围内（2.67；3.11；3.56；4.0m/s），摄氧量随着跑速显著提高。在一定跑速情况下，儿童摄氧量平均高于成年 7ml / kg·min（18.5%）。儿童和成年人线性方程并不平行，在测定

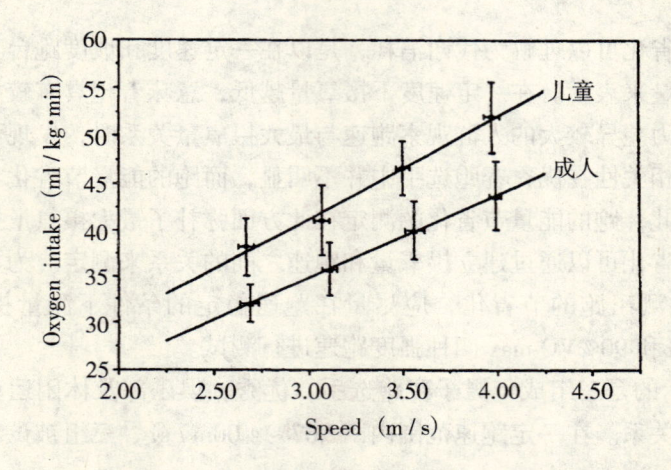

图 13-2 成年及少年男子赛跑选手摄氧量和跑速之间的关系
(引自：Cooke, et. al. 1991.)

的跑速范围内儿童和成年人摄氧量存在显著差异。儿童线性方程斜率为 10.87，而成年人线性方程斜率为 9.05，这相当于在跑速为 2.67m/s 及 4.0m/s 时，摄氧量分别相差 5.8 ml/kg·min 和 8.6ml/kg·min。

2. 跑能量节省化测试的具体方案

（1）按照标准方法测定被试者 VO_2max，推算出 50%～90% 摄氧量范围内的跑速。保证测试运动中有氧供能是十分重要的，以使稳定的摄氧量值反映运动中能量的需求。选择跑速时应该考虑被试者的运动能力及训练状态，例如训练有素的高水平运动员才能在 90% VO_2max 强度运动下保持有氧供能。

（2）测试前的热身活动只限于常规的慢跑和伸展运动。起始的跑速为 60% VO_2max 强度。

（3）测试在水平的跑台上跑动，持续时间 16min，并且跑速每 4min 增加一级。对于年龄不足 15 周岁的儿童，建议每 3min 增加一级。

（4）对于成年被试者，测定运动后的第 4、8、12 和 16min VO_2，而对于儿童被试者则测定运动后第 3、6、9 和 12min VO_2。

（5）以 Y 轴为 VO_2 及 X 轴为跑速建立线性回归方程。

（四）亚极量运动中阈的测量

1. 三种亚极量运动

极量运动（Maximal exercise）是强度为 100% VO_2max 的运动。运动强度高于 VO_2max 的运动为超极量运动（supramaximal exercise），而运动时摄氧量低于 VO_2max 的运动称为亚极量运动（submaximal exercise）。极量运动只能持续 4～8min 便会力竭。另外，持续的亚极量运动也被称为耐力运动（endurance exercise）。

根据血乳酸和肺气体交换的状况，将亚极量运动分成三种强度形式，即中等强度（moderate）、大强度（heavy）和剧烈运动（severe，图 13-3）。三种强度运动可用生理"标尺"，如乳酸阈（lactate threshold，T_{lac}）、最大乳酸稳态（maximal lactate steady

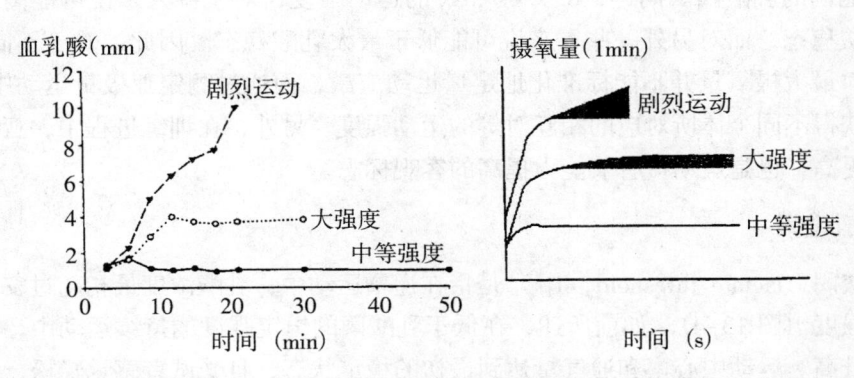

图 13-3 三种亚极量运动，即中等强度（moderate）、大强度（heavy）和剧烈运动（severe）中血乳酸及摄氧量的时程观察。阴影部分表示高于预期稳态摄氧量的增加值（引自：Eston R, et. al. 2001.）

state）或临界功率（critical power）等来划分。乳酸阈通常以相对摄氧量表示，标志着在递增负荷运动中，从中等向大强度的转折点，此时的血乳酸浓度超出安静时的水平。最大乳酸稳态和临界功率，即在长时间运动中能保持乳酸稳定的最高运动强度，标志着由大向剧烈运动强度的转折点。

低于乳酸阈负荷恒定的中等强度（moderate）运动，由安静状态起始后，摄氧量以单次幂函数形式升高，在 2~3min 内达到一个稳定的值。在运动初期，由于肌肉的氧储备、磷酸肌酸消耗以及无氧代谢暂时小幅度的增加，造成摄氧量不能满足能量代谢的需要，出现"早期乳酸"现象。因此，在持续的中等强度运动中，随着运动进程，乳酸很快被清除，从而使血乳酸水平基本保持或接近安静状态。

高于乳酸阈而低于最大乳酸稳态的恒定负荷的大强度运动，由安静状态开始，在 2~3min 内摄氧量升高到预期的稳定值后，随着运动的持续，摄氧量继续升高并达到一个稳定值。摄氧量持续升高直到获得一个延迟性更高的稳态水平的原因，可能是出现摄氧量"慢成分"的结果。持续大强度运动过程中，时程观察可以看到在最初 5min 血乳酸出现短暂性突增后，最终乳酸浓度维持在 2~5mmol/L 的较高水平。

在由安静状态向剧烈运动（高于最大乳酸稳态而低于最大摄氧量）转变中，由于摄氧量"慢成分"的缘故，运动后 2~3 min 导致摄氧量超过预期的稳定值。但与大强度运动不同，整个剧烈运动过程中摄氧量会持续升高直至运动结束，而并不能达到稳定状态。相应地，在剧烈运动过程中，血乳酸会持续升高而不能达到稳定水平，力竭后的血乳酸浓度一般可达到 8~12mmol/L。

对于超极量的运动（摄氧量高于最大摄氧量）而言，由于运动持续时间短（1~5min），以致不能分辨出摄氧量的"慢成分"，摄氧量以单次幂函数形式迅速达到最大值。同样，在此类型运动中，由于无氧供能比重增大，血乳酸生成超过血乳酸消除，造成血中乳酸浓度迅速升高。

评定亚极量运动过程中的不同级别的阈值有着重要的意义。在实际训练中，单纯用相对最大摄氧量来设定运动训练强度并不精确，甚至在最大摄氧量值相同的情况下，不同个体以相同的相对最大摄氧量强度运动的反应都有可能存在很大的差异。比如 65% VO_2max 的运动强度，对一些人来说可能高于他们的乳酸阈，而对另外的一些人来说可能低于他们的乳酸阈。同样，85% VO_2max 的运动强度，对一些人来说可能高于他们的最大乳酸稳态，而对另外一些人来说可能低于最大乳酸稳态。因此，对于不同的个体，仅用相对最大摄氧量并不能标准化地定量运动应激，而通过测定亚极量运动中的阈值，则能够获得不同个体所对应的相互对等的运动强度。另外，在训练进程中，亚极量运动中阈的提高，也是运动员有氧能力提高的客观标志。

2. 乳酸阈

乳酸阈（lactate threshold，T_{lac}）是指在递增运动中，乳酸浓度最初超过安静状态时的运动强度（图 13-4）。如前所述，在低于乳酸阈的恒定强度的持续运动中，血乳酸没有明显升高。运动中心率和通气量达到最初的稳定状态，且受试者感觉轻松，乳酸阈下强度的运动能够持续数小时。如果在高于乳酸阈的恒定强度下运动，则血乳酸浓度升

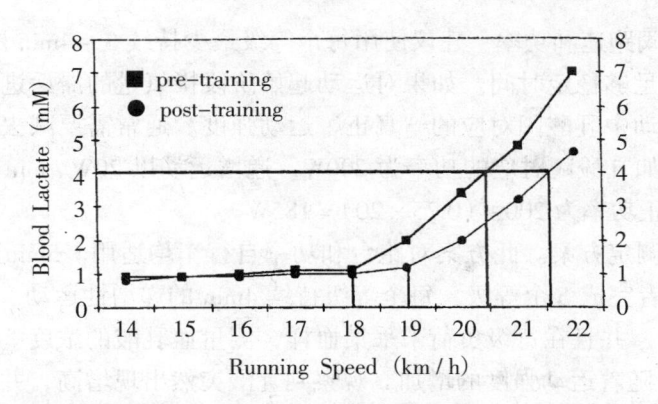

图13-4 乳酸阈的测定以及耐力训练的影响 （引自：Eston R，et. al. 2001.）

高，最终稳定在 2~5mmol/L。高于乳酸阈强度运动会快速疲劳，这可能与代谢性酸中毒影响肌肉收缩功能或肌糖原迅速耗竭有关。

关于乳酸阈强度血乳酸浓度升高的生理学机制存在很多争议。一般认为，肌肉缺氧是造成乳酸增高的主要原因。然而，许多研究发现，在肌肉组织无缺氧的情况下，也会出现乳酸产生增多现象。乳酸阈可能反映了乳酸产生和消除失衡。乳酸堆积的速率可看做组织，如骨骼肌慢肌成分、心脏、肝脏和肾乳酸产生和消除速率的差异。已发现，血浆乳酸和儿茶酚胺有类似的升高模式及同步的阈值出现。训练后很多氧化酶的活性增加，使通过线粒体有氧氧化的过程增强，无氧酵解被削弱，从而减少了乳酸的产生。另外，伴随着乳酸阈运动强度的增加，所募集骨骼肌快肌成分的比例也随之增加。

乳酸阈强度是评价耐力运动能力的有力指标。乳酸阈向更高运动强度方向的移动，是耐力训练计划较为成功的重要特征。运动训练的结果是使运动员能以更高绝对（跑速或输出功率）或相对（最大摄氧量百分比）运动强度持续运动而不积累乳酸。竞技运动员多年的训练过程中，尽管最大摄氧量相对稳定，但乳酸阈或运动能力可持续提高。而且经过耐力训练，在一定强度下运动血乳酸积累的程度降低。也就是说，经过一段时间训练，在相对应的乳酸参考值下（例如 2mmol/L 或 4mmol/L），功率输出或跑速明显提高。因此，乳酸阈的提高是耐力进步明显的标志。

许多学者认为，乳酸阈是提高耐力素质的最佳运动训练强度。以乳酸阈强度训练，可以给予有效的有氧刺激而不会出现乳酸堆积，以保证足够的训练量。通常认为，以接近或稍高于无氧阈强度进行训练，能有效提高无氧阈。付诸实践，可以首先在实验室通过递增负荷运动测量乳酸阈以及对应的心率，再在实际训练中利用心率指标来调整运动强度。

运动方案的选择对于精确地测量乳酸阈是很重要的。首先，运动测试的起始强度非常低，这对测量乳酸基础值非常关键。为了提高测定精度，建议采用多级递增负荷，每级之间增量较小。乳酸阈对应的摄氧量与强度递增速率没有关系。Yoshida 证实，在乳酸阈测量中，无论是以每分钟递增25W还是以每4分钟递增25W，乳酸阈时摄氧量是相同的。但是乳酸阈所对应的运动强度（输出功率或跑速）依赖于递增的速率。因此，为确定无氧阈跑速和功率，建议使用每个等级最少持续 3~4min 的递增运动方案，使每级运动都有足够稳定时间。如果对运动起始阶段摄氧量的滞后进行矫正，则能获得在递增负荷运动中乳酸阈对应的"真正"运动强度。通常需要减去递增负荷的75%便是测量值，例如乳酸阈对应的功率为200W，递增运动以20W/min速率递增，那么乳酸阈对应的矫正功率为 200 – (0.75 × 20) = 185W。

乳酸阈具体测定方案。此方案对跑台和功率自行车均适用。5min 的慢跑或踏车热身运动后，受试者完成5个等级，每个等级持续4min 的递增性运动。在每个等级最后1min 测量摄氧量，并且在每级负荷末采集血样，测量血乳酸的浓度。运动强度的设定可参考表 13-5。随着运动强度的增加，观察到乳酸突然出现增高，并且在之后持续的运动中，血乳酸浓度均比基础值高。突然增高时的乳酸浓度所对应的运动强度即为乳酸阈。

表 13-5 根据被试者身体素质情况估算出的递增负荷运动测试的跑速和运动功率递增数值

等级	跑速（男）(km/h)	跑速（女）(km/h)	踏车功率（男）(W)	踏车功率（女）(W)
尚可	9, 10.5, 12, 13.5, 15	7, 8.5, 10, 11.5, 13	50, 80, 110, 140, 170	50, 75, 100, 125, 150
一般	11, 12.5, 14, 15.5, 17	9, 10.5, 12, 13.5, 15	110, 140, 170, 200, 230	80, 110, 140, 170, 200
良好	13, 14.5, 16, 17.5, 19	11, 12.5, 14, 15.5, 17	180, 210, 240, 270, 300	110, 140, 170, 200, 230
优秀	15, 16.5, 18, 19.5, 21	13, 14.5, 16, 17.5, 19	250, 280, 310, 340, 370	140, 170, 200, 230, 260

注："尚可"是指身体健康但并不参加竞技运动的学生；"一般"是指从事团队运动的学生；"良好"是指典型的耐力性项目的学生运动员；"优秀"是指专业竞技耐力性项目的运动员。(引自：Eston R, et. al. 2001.)

3. 最大乳酸稳态

（1）最大乳酸稳态测定与评价。最大乳酸稳态（lactate acid steady state，MLSS）是血乳酸不随运动进程而增加的最高运动强度，它对在这些竞赛项目上的成功更为重要。当运动强度超过最大乳酸稳态时，在持续的运动中血乳酸会不断增加，因此，最大乳酸稳态是划分大强度和剧烈运动的界限，也是评价运动耐力水平的重要标准。最大乳酸稳态需要受试者进行多次恒定负荷的长时间运动，并连续多次测量乳酸。例如，受试者在不同的几天分别完成5次运动，每次跑速不同，运动持续时间为30min（图13-5）。

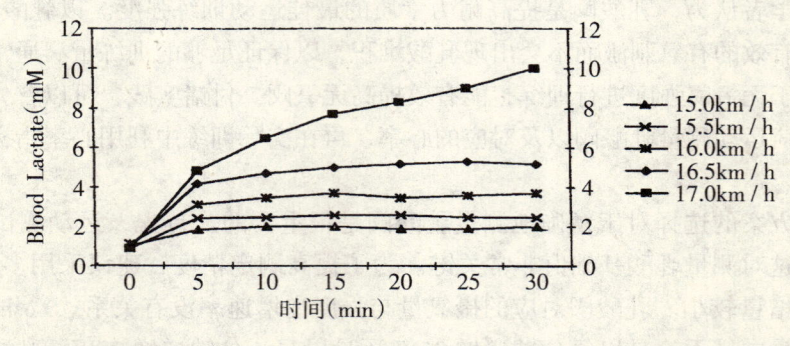

图 13-5 测定最大稳态乳酸运动强度（5次持续30分钟不同强度跑台跑，在此例中，最大乳酸稳态出现在16.5km/h）（引自：Eston R, et. al. 2001.）

通常最大乳酸稳态并不用于常规测定，因为其耗时较长，需要数日一系列的长时间运动。另外，为了精确地得到最大乳酸稳态，还需要多次采血，这也使被试者不易接受。这些因素都限制了此指标的应用。

当运动强度超过最大乳酸稳态时，运动到力竭的时间主要受摄氧量增加并达到最大摄氧量的速率、肌肉以及血乳酸达到疲劳水平的快慢影响。因此，最大乳酸稳态是预测耐力性运动能力的重要指标。Jones 和 Doust 证明，最大乳酸稳态与 8km 跑能力的相关性（r = 0.92）强于其他一些测试指标，如乳酸阈、通气阈和最大摄氧量。理论上，以最大乳酸稳态运动强度，在比赛时能持续 1h，而在实验室条件下，通常只能持续 40～50min。因此，在距离为 10 公里到 10 英里的赛跑比赛中，能一直维持最大乳酸稳态对应的速度。

虽然测定最大乳酸稳态方法较多，但是 Londeree 提出的判定标准得到广泛认可，即在运动开始后的 10～30min 内，血乳酸浓度增加不超过 1mmol/L 即达到了最大乳酸稳态。

（2）临界功率测定与评价。Monod 和 Scherrer 发现，单一肌肉群的输出功率和力竭时间之间存在双曲线关系。他们将这一关系转化为所做的总功和力竭时间之间的线性关系。此后，将临界功率（Critical Power）定义为所做的功相对于力竭时间做回归而得到的斜率。该临界功率被认为是反映了可维持较长运动时间而不疲劳的最大功率。临界功率也可定义为描述输出功率和力竭时间倒数（1/Time）之间关系的回归方程的截距（图 13-6）。当临界功率的概念由踏车引用到跑步和游泳项目中时，多使用临界速度这一术语。临界功率的测定要求受试者在多次（最好 4～6 次）实验中，每次以一个不同的功率保持不变运动至力竭，每次实验之间间隔至少一天。理论上说，以临界功率运动时的强度应与最大乳酸稳态水平时的强度相同，并且可以作为大强度运动和超大强度运动的分界线。Poole 等指出，在临界功率下运动时的摄氧量和血乳酸都能维持稳态，但超过临界功率运动时，摄氧量和血乳酸随时间明显上升。另外的研究显示，临界功率对耐力性训练较为敏感，而临界功率以上强度运动的最大摄氧量慢成分，

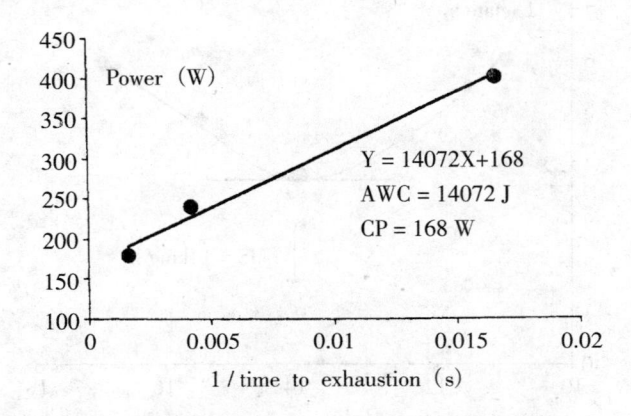

图 13-6 临界功率的测定。受试者在功率自行车上分别以 3 个不同功率进行 3 次力竭运动。输出功率和时间的倒数之间关系的回归方程的截距即为临界功率。该回归曲线的斜率反映了无氧能力

（引自：Eston R, et. al. 2001.）

随着耐力训练的进行而减少。

临界功率在理论构建方面显然有实际意义。但测定临界功率要求受试者完成多次（3~6次）力竭性运动测试，每次实验之间间隔至少1天，为此限制了在日常工作中使用临界功率作为界定大强度运动和超大强度运动的指标。

临界功率的具体测试方案（功率自行车）：第一，此测试的总体要求是：在不连续的3天里完成3次力竭性运动。每次运动均以恒定的强度和节奏进行，运动的强度应使受试者在1~10min达到力竭。第二，在5min亚极量强度运动热身后，将运动强度增加到要求的水平，受试者应持续运动，直到不能维持要求的节奏（踏车频率低于要求超过每分钟5转，持续5秒钟以上）。由于此实验是极量强度测试，因此必须对受试者进行强有力的语言鼓励。第三，可以通过表13-1来确定运动强度。先选择第五级强度（可能持续10min）；在此基础上增加15%运动强度（可能持续6min）；增加30%运动强度（大约持续1min）。第四，注意事项：测试需连续的3天完成，注意保持各次测试中车座高度一致，要遵循随机原则安排运动强度，如果对受试者了解较少，可以先安排中等强度运动，这样就可以调整随后两次运动测试的强度，从而保证测得的数据涵盖了足够的运动强度范围。第五，数据分析：在图上标示出力竭时间的倒数（即1/T）和输出功率，可发现二者之间的关系符合线性回归曲线。此曲线的截距为临界功率，斜率为无氧能力。

（3）最小乳酸值速度。有人认为，在高乳酸浓度情况下进行递增负荷运动测试中，血乳酸浓度在开始上升前达到一个最小值。此点能够正确地估计最大乳酸稳态。最小乳酸值速度的测试要求受试者：第一，以大约120%最大摄氧量强度进行两次超极量运动，一次持续60s，另一次持续45s，中间休息60s；第二，行走8min，使血乳酸达到峰值；第三，然后以每一阶段3min进行递增负荷运动测试，在每一阶段的末尾测定血乳酸值。在递增负荷测试阶段曲线为U形，曲线的最低点被定义为最小乳酸值速度（Lactate minimum Speed，LMS，见图13-7）。

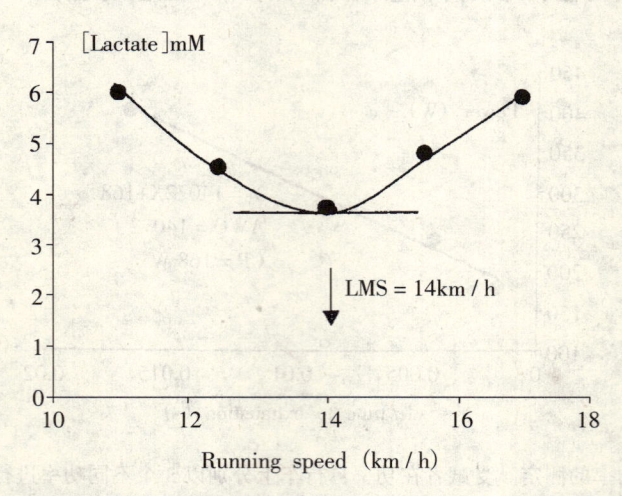

图13-7 最小乳酸速度的测定实例。先进行冲刺跑，随后进行5个阶段的递增负荷跑台运动。血乳酸数值符合三次方曲线，曲线的最低点被定义为最小乳酸值速度（引自：Eston R, et. al. 2001.）

在递增负荷运动阶段的早期，血乳酸水平的下降提示在该阶段血乳酸的清除速率大于其生成速率。在后期血乳酸水平上升则显示其生成速率超过清除速率。血乳酸达到最低点时应该是其生成和清除速率相等的点，即最大乳酸稳态。Tegbur等报道，25名耐力运动员以最小乳酸速度跑8km，他们的血乳酸水平有所提高但较为稳定。但当受试者以仅高于最小乳酸速度0.68km/h跑步时，血乳酸水平明显上升，导致11名受试者未完成8km的运动。

4. 最大摄氧量下的速度

最大摄氧量是高强度剧烈运动（severe submaximal exercise）和超极量运动〔(supramaximal exercise)（能量消耗高于最大摄氧量）〕的界限。许多研究发现，最大摄氧量是反映不同人群耐力运动能力非常好的指标。但在最大摄氧量相近的情况下，从运动训练的监控和运动强度精细划分角度考虑，最大摄氧量下的速度（running velocity at VO_2max, $V-VO_2max$）较常规最大摄氧量绝对值和相对值指标有更独特的优势。

最大摄氧量下的速度是由最大摄氧量和跑的能量节省化两项指标计算得出。延长跑的节省化的回归线（详细测定见"跑的能量节省化"一节）至最大摄氧量点，即得到最大摄氧量下的跑速。如果两个受试者跑的能量节省化不同，虽然最大摄氧量相同，但$V-VO_2max$可能不同（图13-8）。这说明在同一相对运动强度的情况下，如90% VO_2max，跑的节省化好的受试者会有更高的跑速。

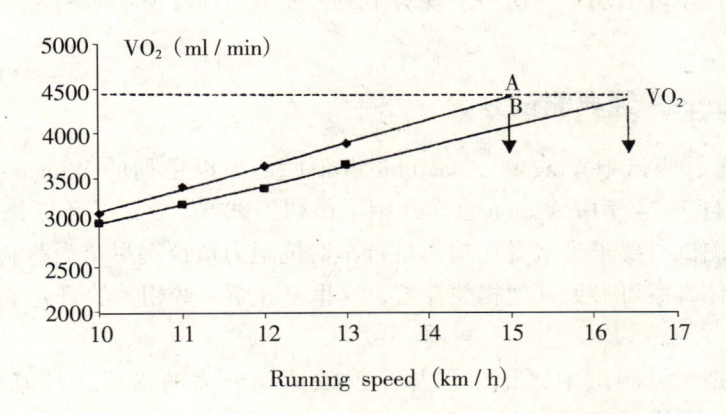

图13-8 最大摄氧量下的跑速测定。通过亚极量运动获得摄氧量对应跑速的回归线，并延长此线至最大摄氧量，所相应的运动强度既是最大摄氧量下的跑速（$V-VO_2max$）。从图上可以看出，尽管最大摄氧量相同，跑的能量节省化高者（A）较低者（B）有更高的$V-VO_2max$

（引自：Eston，R. et al. 2001.）

5. 小结

为精确地定义运动强度，需要描述清楚各个运动强度等级之间的界限。本节罗列了一些能够评定高低运动强度等级间转变的生理指标。然而，应当指出的是，这些方法在文献支持程度、可靠性以及敏感度方面都不尽相同。与测定的科学性相比，在实用性和简单性方面的优势只能放在次要的地位。相对而言，乳酸阈和最大乳酸稳态是确定亚极量运动的不同运动强度等级的规范性标准。表 13-5 总结了在评定耐力性工作能力时常用指标的评价。

表 13-5　评定耐力性工作能力时常用指标的特性

测试项目	效度	信度	灵敏度	客观性	现场测试	可接受性
乳酸阈	√	√	√	×	√	√
最大乳酸稳态	√	√	√	√	×	×
临界功率	?	√	√	√	×	×
乳酸最小速度	×	√	×	√	√	√
最大摄氧量下速度	√	√	√	√	×	√

(引自：Eston R, et. al. 2001.)

二、最大强度运动能力的测量与评价

1938 年，Hill 发表了关于肌肉收缩产生力量与其缩短速度之间关系的报道，这是他有关肌肉功能最有影响力的研究报告中的一篇。这就是逐渐被大家认识的力量-速度曲线。Hill 对这一发现的评价十分谦虚，后来他表示，是"偶然发现"了这一现象。我们这里强调的重点是适宜的阻力才能产生峰值功率。如果阻力太大或太小，一块肌肉或一组肌肉并不能产生峰值功率，这一发现对于最大强度运动峰值功率的测量具有重要的指导意义。

(一) Wingate 经典测试方案

Wingate 无氧测试（Wingate Anaerobic Test）是由以色列的 Wingate 研究所发明，因此而得名。自 1974 年由 Ayalon 首次介绍了最初测试方案之后，不断被改进并得到了广泛的应用。测试时要求受试者在功率自行车对抗阻力负荷竭尽全力蹬骑 30s。Wingate 经典测试的具体方案可参见其他相关专著，这里只介绍一些相关的研究争论，以供读者进一步探讨。

在 Wingate 无氧测试中，记录了 3 个反映运动能力的指标，即峰值功率（peak power output）、平均功率（mean power output）和功率衰减〔(power decay)（疲劳指数)〕。在这 3 个指标中，一般认为平均功率是一可靠的指标，且对测试条件的宽容度较大；而对峰值功率而言，7.5%体重的固定负荷并不能满足 Hill 的力量-速度曲线的关系（详见优化测试方案）。另一个指标功率衰减，即峰值功率与其后最低功率的差值，也需要进一步研究，因为按常理推测，经过训练，功率衰减应该降低，但事实却未必如此。训练可以使峰值功率提高，但同时也加剧了疲劳，推测经过训练，肌肉力量-速度特征已经发生变化，而仍采用训练前的固定测试阻力负荷并不恰当。另外，运动能力的表达方法以及影响测试结果的未知因素都有可能与此现象有关。因此，确切的机制有待进一步阐明。

在达到峰值功率后，尽管仍在竭尽全力，但随着疲劳的出现运动能力仍开始下降。

最初的观点认为，这反映了 ATP 的合成机制，即磷酸肌酸储备的耗竭，并且将此种无氧能力分为非乳酸阶段和乳酸阶段。但是，借助肌肉活检研究表明，全力运动的开始时乳酸即开始产生，而并非在磷酸肌酸储备耗竭后。因此，应避免应用非乳酸和乳酸来描述无氧能力。另外，血乳酸浓度峰值出现在运动停止后几分钟。乳酸从肌细胞溢出进入组织液，然后入血需要一定的时间，且不是运动肌所产生全部乳酸都进入血液循环。一些乳酸被肌细胞作为能量物质所利用，另一些在取样之前便从血液中清除。因此，对于非稳态运动来说，血乳酸指标提供给我们的代谢机制方面的信息似乎是有限的。

（二）优化测试方案

如前所述，固定的外部负荷可能无法满足肌肉的力量-速度关系，为此，提出了优化测试方案，它在理论上很好地反映了输出功率峰值。研究者们关心的不只是一块孤立的肌肉，而是在在体条件下产生的力矩在不断循环变化着的肌肉群。通过此测试，可以得到 3 个衡量工作能力的重要指标，即最佳输出功率峰值（Optimized Peak Power Output）、对应负荷（Load corresponding to the optimized peak power output）和蹬车速率（Pedalling rate corresponding to optimized peak power output）。

此方案较经典方案的一个突出的优点是，更加满足肌肉的力量-速度关系，并可在理论上正确评定输出功率峰值。此方案的局限性除了较经典方案较为费时外，在确定峰值以后，并没有对疲劳的指标进行评定。

1. 测试过程

（1）热身步骤等方面与经典方案相同。

（2）进行 5min 热身运动后，受试者按照随机安排的负荷进行 4 次全力运动，每次运动持续 10s，在每一次运动后都进行 1min 的整理运动。可以允许短时间的休息，但必须保证每次运动是彼此分开的，且测试的总时间不超过 5min。每次运动开始的方式与 Wingate 无氧测试一样。根据身体的重量确定施加的负荷，确定负荷的方法如表 13-6 所示。根据这些负荷得到的蹬车速率峰值的范围每分钟应在 100~200 圈。

表 13-6 优化测试方案的负荷推荐值（牛顿，9.81 牛顿=1 千克力）

阻力	体重（Kg）					
	< 50	50~59.95	60~69.95	70~79.95	80~89.95	> 90
1	20.0	25.0	25.0	25.0	30.0	30.0
2	30.0	35.0	37.5	40.0	45.0	47.5
3	Wingate	Wingate	Wingate	Wingate	Wingate	Wingate
4	50.0	55.0	62.5	70.0	75.0	82.5

（引自：Eston R, et al. 2001.）

（3）记录每一负荷时蹬车速率的峰值，计算最佳输出功率、最佳负荷以及最佳蹬车速率。表 13-7 中列出了一位女性体育学学生的蹬车速率峰值和施加负荷的数值。

表 13-7 优化测试方案蹬车速率峰值以及施加负荷数值的结果实例

阻力（N）	最大转数（rev/min）	最大输出功率（W）
44.1	128	564
34.3	144	493
53.9	105	566
24.5	164	402

（引自：Eston R, et al. 2001.）

2. 计算过程

（1）以每分钟蹬车转数为单位的蹬车速率的峰值（R）与施加的负荷（L）之间的关系为：

$$R = a + bL \quad \text{①}$$

（其中 a 为回归线的截距；b 为斜率。此例中，R = 212.5−1.97L，其中 a = 212.5，b = −1.97）

（2）在 Monark 自行车上，脚蹬的曲柄转动一周将飞轮上的一点移动 6m。因此，输出功率（W）可表示为：

$$\text{Power} = R \div 60 \times 6m \times L(\text{牛顿})，即 \text{Power} = aL \div 10 + bL^2 \div 10 \quad \text{②}$$

（3）功率/负荷表达式是一个二次关系。在曲线的顶端，斜率为零，即 0 = a + 2bL，所以，L = −a ÷ 2b，将这一 L 值代入公式②，得到最佳输出功率峰值：

$$\text{最佳功率峰值} = a \times (-a \div 2b) \div 10 + b \times (-a \div 2b)^2 \div 10 = -0.025a^2 \div b. \quad \text{③}$$

此例中，将以上 a 和 b 数值代入公式①、②和③，得到：

最佳输出功率峰值 = $-0.025a^2 \div b$ = 573W；

最佳负荷 = −a ÷ 2b = 53.9N（5.49 千克力）；最佳蹬车速率 = a + bL = 106.2 圈/分钟。

表 13-8 和表 13-9 列出了一些典型的结果。从 Wingate 实验中得到的男性的输出功率峰值仅为优化测试方案中最佳输出功率峰值的 88%，而女性的则为 90%。另外，虽然 r 值有显著性统计学意义（P < 0.001），但男性受试者最佳输出功率峰值的方差的约 20% 以及女性受试者最佳输出功率峰值的方差的约 16% 无法通过与 Wingate 实验得到的

表 13-8 优化测试方案测试和 Wingate 无氧测试得到的男性受试者的数据实例（N=19）

	优化方案	Wingate	r
峰值功率（W）	1012 ± 30	883 ± 21	0.898[a]
转数（rev/min）	118.4 ± 1.8	155.9 ± 2.5	0.589[b]

[a] P < 0.001；[b] P < 0.01 （Winter，等. 1987.）

表 13-9 求最佳参数测试和 Wingate 无氧测试得到的女性受试者的数据实例（N = 28）

	优化方案	Wingate	r
峰值功率（W）	640 ± 20	579 ± 17	0.918[a]
转数（rev/min）	103.8 ± 1.6	134.5 ± 1.7	0.582[b]

[a] P < 0.001；[b] P < 0.01 （Winter，等. 1987）

输出功率峰值的关系而加以解释。

以上结果清楚地显示最佳输出功率峰值大于Wingate实验得到的输出功率峰值，而后者对应的蹬车速率明显大于最佳输出功率峰值对应的蹬车速率。因此，经典Wingate测试采用的体重的7.5%负荷不能满足肌肉的力量-速度关系。另外，Wingate实验得到的输出功率峰值所对应的蹬车速率高出最佳蹬车速率的15%~20%。较高的蹬车速率是以牺牲产生力量的效率以及牺牲输出功率为代价。这种效率的降低也表现在受试者的最佳负荷都是身体重量的大约11%，明显高于Wingate测试中的数值（图13-9）。

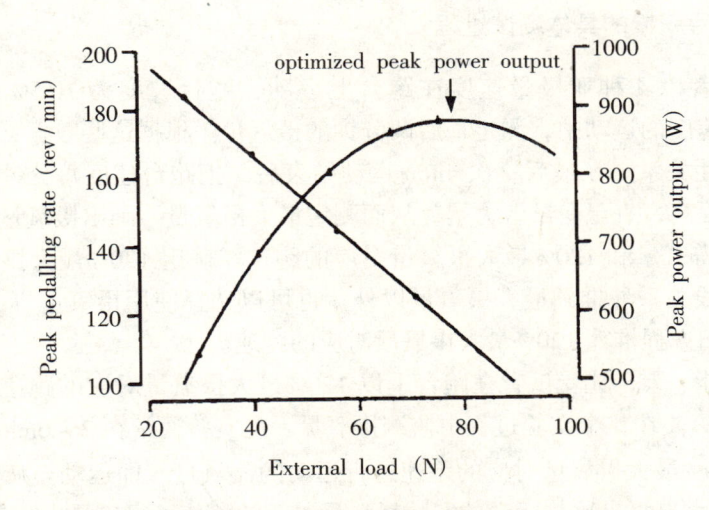

图13-9 蹬车速率峰值以及输出功率峰值（optimized peak power output）与制动阻力之间关系的一个实例（引自：Eston R, et. al. 2001.）

（三）对无氧代谢的间接估算——最大积累氧亏

1. 最大积累氧亏的基本概述

如果要精确测定人体无氧能力，最为经典的方法是通过肌肉活检，并借助动静脉插管技术分别测定肌肉及血液代谢指标。但由于这种测定的有创性而限制了应用。近年来的研究表明，利用短时间的剧烈运动形式测定MAOD（maximal accumulated oxygen deficit），最大积累氧亏值，可无创性间接估测最大无氧能力。这种测定方法来源于氧亏理论，是由Hermansen最先提出的。此方法要求通过多次实验（因为需要在每一运动强度下测定4~10min的摄氧量），在摄氧量和运动强度之间建立起线性关系。然后，将该直线推延至最大摄氧量之外，达到120%最大摄氧量对应的运动强度数值。受试者按照此强度运动至力竭。最大积累氧亏值为：按照推延的数据估算出的120%最大摄氧量强度运动所需的氧量和按照该强度运动的实际耗氧量之间的差值。

现已发现，实验室测得的MAOD与场地100m及300m跑成绩密切相关。更为重要的是，无创获得的MAOD数据，即最大积累的氧亏程度与肌肉活检及动静脉插管测得的无氧供能能力高度相关。因此，现在普遍认为，MAOD 是无创性评估力竭性高强度运动中无氧代谢供能的最佳方法。

测定最大积累氧亏值的原始方法要求受试者在跑台上进行大约 20 次不同速度的跑步运动，跑步的速度最大应达到最大摄氧量所对应的速度。每一次跑步运动持续 10min，跑台的坡度固定为 10.5%。测定每一次跑步运动的最后两分钟的摄氧量。由于一天只进行一次运动，因此整个过程需要三周时间。这对于测定运动员显然不适用。精简的测试方案减小了实验规模，只使用两个阶段的实验，也能较好地阐明其原理。

2. 最大氧亏积累的具体测试过程

（1）受试者以 4 种亚极量速度在跑台上运动，跑台坡度为 10.5%，每一速度跑 4min。在每一速度的运动中，测定最后两分钟的摄氧量。根据这些数据，可建立起摄氧量和跑速的线性关系。在最后一次 4min 运动结束后，把跑台速度每分钟增加一次，将跑台速度逐渐提高，直至受试者力竭，从而测定最大摄氧量。画出摄氧量和跑速关系的图表，并确定需氧量和 120%最大摄氧量对应的跑速。确定 120%最大摄氧量对应的跑速是通过将直线关系外推到最大摄氧量以外。也可以选择使用摄氧量（x）和跑速（y）之间关系的回归方程推算 120%最大摄氧量对应的跑速。

（2）在另外一天，让受试者在跑台上以 120%最大摄氧量对应的跑速跑至力竭（跑台坡度为 10.5%）。在整个实验过程中监测摄氧量。此实验通常在 2～6min 导致疲劳。

（3）以 120%最大摄氧量对应的跑速进行运动的需氧量（即运动至疲劳的时间×外推出的 120%最大摄氧量）与运动的实际耗氧量之间的差值可得出最大积累氧亏值。

三、集体项目运动员有氧及无氧能力的测量与评价

尽管有多种实验室及现场测试方案以评价运动员体能状况，但大多数测试所涉及的运动是持续而不停顿的。然而，在许多运动项目如球类，其运动形式是间歇性的，运动员专项运动表现与重复高强度的能力有着密切关系。例如，已证实足球运动员的比赛表现是与在整个比赛中高强度跑动的运动量密切相关。因此，对于这种项目运动员的体能评价以非连续的运动形式则可能更为合适。另外，集体项目中加速运动及冲刺运动能力的测试也具有一定的特殊性。

本节主要介绍 yo-yo 体能测试、加速运动能力测定以及冲刺能力测试，这些测试更接近集体运动项目的特点，并且能够精确地定量化。应用的运动项目主要是集体运动项目（如篮球、足球、橄榄球、手球），其运动特点是大强度、小强度和短暂休息不断交替进行。当然，除集体项目外，其他符合此运动形式特点的单人项目如羽毛球也是适用的。

（一）yo-yo 体能测试

1996 年，丹麦的 Bangsbo 博士在长期研究足球运动员体能测试的基础上提出了

yo-yo 体能测试方案（yo-yo tests），即运动员必须在两组标志物间进行折返跑，它模拟足球比赛中频繁出现的加速、减速、急停、转身等动作，主要测试足球运动员在持续进行加速、减速、急停、转身的运动耐力。

yo-yo 原本是一种用线扯动忽上忽下的轮形玩具。yo-yo 这个词取自菲律宾土语，意思是"回来"（come back）。yo-yo tests 的名称形象地取自 yo-yo 玩具来来回回的运动轨迹的含义。

yo-yo 体能测试分为三种，即 yo-yo 耐力测试（yo-yo Endurance Test）、yo-yo 间歇性耐力测试（yo-yo Intermittent Endurance Test）以及 yo-yo 间歇性恢复测试（yo-yo Intermittent Recovery Test）。已经证实，yo-yo 体能测试具有高度效度和信度，得到了广泛的认同。

1. 三种 yo-yo 测试方案的测试原则

三种 yo-yo 测试，每种都分为两个级别水平：一个适用于 Level-1（没有训练经验或很少训练的人群）；另一个适用于 Level-2（经常训练和训练水平较高的人群）。两个测试水平的差异在于 Level-2 的起始速度和保持的速度比 Level-1 要高。

在测试当中使用声音提示的方法，一般被称做"蜂鸣测试"（Beep Test）。每种 yo-yo 测试方案均配有相应的录音材料（录音磁带或 CD 盘），除了简要介绍测试的方法外，主要是提供声音指令以控制被试者的运动速度和测试进程。在测试过程中，运动速度是逐渐增加的，例如在 yo-yo 间歇性恢复测试的 Level-1 中，前 4 次运动速度为 10～12km/h（0～160m），随后的 7 次跑速为 13.5～14km·h（160～440m），此后每跑 8 次速度递增 0.5km/h，直至力竭。

运动的路线：两个标记物分开放置，相距 20m，如果同时进行多个人测试，则运动路线应相互平行，且每名被试者的跑道宽度应为 2m 左右，运动的路线应该是一致的。

三种 yo-yo 测试的基本过程是相似的。大约 5min 的一般热身运动后，受试者在测试路线中按自己的节奏跑大约 3min。然后播放录音，受试者开始尝试第一级别跑速（1～5min）。指导受试者用正确的转身方法，即在转身时，重心应在左右脚之间交替，避免仅用一侧脚受力而作为轴心转身。另外，到达 20m 标志线后必须一脚踩线或过线才能返回。

正式测试开始，受试者听到信号声后从第一组标志物处开始向相距 20m 的另一组标志物跑去。作好跑速的调整，在下一个信号发出时到达 20m 标记物处。然后转身，在再下一个信号发出时跑回第一标志物（起始点）。如果受试者的跑速较快，在下一个信号还没发出就到达标志物处，则必须在标志物处等待，直到该信号发出后再开始跑。在整个测试过程中，运动员首次未能跟上既定速度时，将被警告一次，第二次未能跟上既定速度，测试将终止。

2. yo-yo 间歇性耐力测试（yo-yo Intermittent Endurance Test）

许多运动项目，如篮球、足球、橄榄球、手球和羽毛球等，总是在大强度、小强度和短暂休息中不断交替进行，因此，对运动员长时间剧烈的间歇性运动能力要求较高。yo-yo 间歇性耐力测试能够评价受试者长时间间歇性剧烈运动的能力。此测试大约持续 5~20min，其中穿插 5s 短暂休息。

除了两组标志物放在相距 20m 的地方外，在起始标记物后距离 2.5m 处放置第三组标志物（图 13-10）。当每次跑回到中间的标志物时，受试者要降低速度慢跑 5s，等待下一个信号发出后，再向相距 20m 另一端标志物跑动。受试者第一次没有按时到达标志物时给予警告，第二次未达标时即停止测试。测试程序和测量结果记录在测试进程表上。表 13-10 列出了优秀赛跑选手及足球运动员 yo-yo 间歇性耐力测试结果，以供参考。

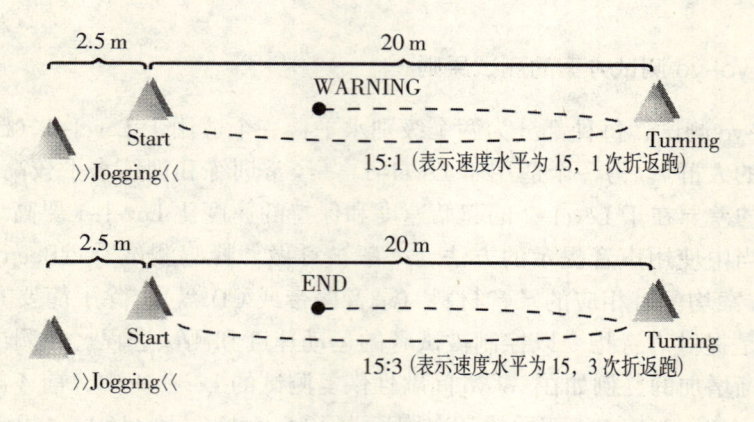

图 13-10 yo-yo 间歇性耐力测试的运动测试终止的示意图
（引自：Bangsbo J. 1996.）

表 13-10 优秀赛跑选手及足球运动员 yo-yo 间歇耐力测试(Level-2) 结果

	优秀赛跑选手	优秀足球运动员
平均值	18.5：2(2960m)*	17：3(2280m)
范围	18：1~19.5：5(2680~3560m)	16.5：1~19：2(1960~3200m)

*18.5：2 (2960m) 表示速度水平为 18.5，2 次折返跑，总跑动距离为 2960m，其他格式相同

（引自：Bangsbo J. 1996.）

中国足协于 2003 年引进了 yo-yo 体能测试。采用的是 yo-yo 间歇耐力 Level-2 测试方案。中国足协规定：yo-yo 体能测试分平原和高原两种，分别适用于在海南和昆明海埂进行春训的球队。平原测试的达标标准为 17 速重复 3 次，即递增到第 17 级速度时需要完成 3 次 2×20m 折返跑，总距离达到 2280m。高原测试的达标标准为 17 速 1 次，即递增到第 17 级速度时需要完成 1 次 2×20m 折返跑，总的达标距离为 2200m（表 13-11）。

第十三讲　人体有氧和无氧能力的测量与评价

表 13-11　yo-yo 间歇性耐力测试进程记录表（Level-2），
表示出速度水平、折返跑次数及跑动总距离（括号内数字，单位为 m）

Date: Speed level	Name: Intervals							
8	1 (40)	2 (80)						
10	1 (120)	2 (160)						
12	1 (200)	2 (240)						
13	1 (280)	2 (320)	3 (360)	4 (400)	5 (440)	6 (480)	7 (520)	8 (560)
13.5	1 (600)	2 (640)	3 (680)	4 (720)	5 (760)	6 (800)	7 (840)	8 (880)
14	1 (920)	2 (960)	3 (1000)	4 (1040)	5 (1080)	6 (1120)	7 (1160)	8 (1200)
14.5	1 (1240)	2 (1280)	3 (1320)					
15	1 (1360)	2 (1400)	3 (1440)					
15.5	1 (1480)	2 (1520)	3 (1560)	4 (1600)	5 (1640)	6 (1680)		
16	1 (1720)	2 (1760)	3 (1800)	4 (1840)	5 (1880)	6 (1920)		
16.5	1 (1960)	2 (2000)	3 (2040)	4 (2080)	5 (2120)	6 (2160)		
17	1 (2200)	2 (2240)	3 (2280)	4 (2320)	5 (2360)	6 (2400)		
17.5	1 (2440)	2 (2480)	3 (2520)	4 (2560)	5 (2600)	6 (2640)		
18	1 (2680)	2 (2720)	3 (2760)	4 (2800)	5 (2840)	6 (2880)		
18.5	1 (2920)	2 (2960)	3 (3000)	4 (3040)	5 (3080)	6 (3120)		
19	1 (3160)	2 (3200)	3 (3240)	4 (3280)	5 (3320)	6 (3360)		

（引自：Bangsbo J. 1996.）

3. yo-yo 间歇性恢复测试

yo-yo 间歇性恢复测试（yo-yo Intermittent Recovery Test）侧重评价剧烈运动后的恢复能力。每两个运动时间段之间（5~15s）有一次 10s 短暂的休息。yo-yo 间歇性恢复测试特别适用于中间穿插短暂休息的大强度运动能力，并且这种运动能力对比赛结果起决定性作用的运动项目，如橄榄球、篮球、足球及羽毛球等。

除了两组标志物放在相距 20m 的地方（图 13-11）外，在起始标记物后距离 5m 处放置第三组标志物。当每次跑回到中间的标志物时，受试者要降低速度慢跑 10s，等待下一个信号发出后，再向相距 20m 的另一端标志物跑动。终止测试的标准与上一个测试相同。注意，yo-yo 间歇性恢复耐力测试有着与其他 yo-yo 测试不同的速度递增方案，测试进程记录表此处从略。表 13-12 列出了优秀赛跑选手及足球运动员 yo-yo 间歇性恢复测试结果，以供参考。

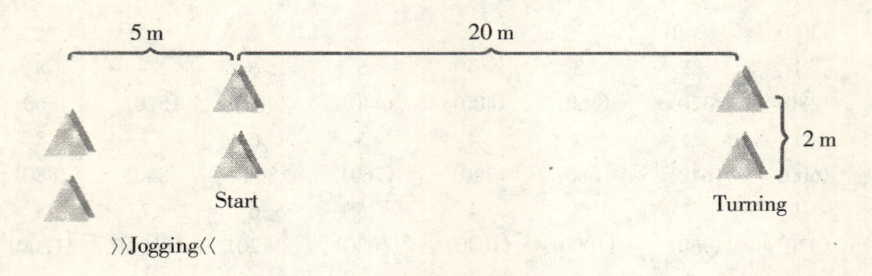

图 13-11　yo-yo 间歇性恢复测试的运动路线

（引自：Bangsbo J. 1996.）

表 13-12　优秀赛跑选手及足球运动员 yo-yo 间歇恢复测试（Level-2）结果

	优秀赛跑选手	优秀足球运动员
平均值	22∶4(1240m)*	21∶6(1000m)
范围	21∶5~23∶3(960~1520m)	20∶4~22∶6(600~1320m)

* 表示速度水平为 22，重复至第 4 次，总跑动距离为 1240m，以下表示的格式相同

（引自：Bangsbo J. 1996.）

4. yo-yo 耐力测试

yo-yo 耐力测试（yo-yo Endurance Test）用于评价长时间持续工作的能力（耐力）。此测试方法适用于从事耐力运动，如足球、篮球及长跑等的任何训练水平的人，并且可以将测试结果换算为最大摄氧量。

与前两种测试不同的是，运动的进程中并没有安排间歇恢复，而是通过跑速调整，保持预定速度在路线上持续重复进行跑动，直到不能维持为止（图 13-12）。

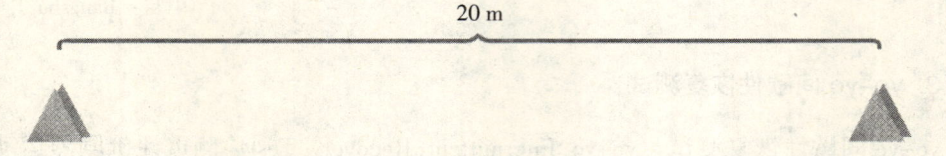

图 13-12　yo-yo 耐力测试的运动线路

（引自 Bangsbo J. 1996.）

第十三讲　人体有氧和无氧能力的测量与评价

表 13-13 列出了优秀赛跑选手及足球运动员 yo-yo 耐力测试结果，以供参考。

现已证实，yo-yo 耐力测试结果（室内测试）与最大摄氧量存在高度的线性关系。因此，可以利用 yo-yo 耐力测试间接评估最大摄氧量。表 13-14 是利用 yo-yo 耐力测试结果推算最大摄氧量（Leve-1 和 Level-2 均适用）。

表 13-13　优秀赛跑选手及足球运动员 yo-yo 耐力测试（Level-2）结果

	优秀赛跑选手	优秀足球运动员
平均值	18∶2(3621m)*	15∶5(2822m)
范围	17∶1~20∶8(3320~4320m)	13∶9~18∶2(2460~3340m)

* 表示速度水平为 18，重复至第 2 次，总跑动距离为 3621m，以下表示的格式相同

（引自：Bangsbo J. 1996.）

表 13-14　利用 yo-yo 耐力测试结果（速度级别：折返跑次数）
间接评估最大摄氧量（ml/min·kg）对照表

测试结果	最大摄氧量	测试结果	最大摄氧量	测试结果	最大摄氧量
5∶2	27.1	12∶2	51.4	17∶8	70.3
5∶4	28.0	12∶4	52.0	17∶10	70.9
5∶6	28.6	12∶6	52.6	17∶12	71.4
5∶9	29.9	12∶8	53.1	17∶14	72.0
6∶2	30.5	12∶10	53.7	18∶2	72.6
6∶4	31.4	12∶12	54.2	18∶4	73.1
6∶6	32.2	13∶2	54.9	18∶6	73.6
6∶9	33.2	13∶4	55.5	18∶8	74.2
7∶2	34.0	13∶6	56.0	18∶10	74.8
7∶4	34.6	13∶8	56.6	18∶12	75.3
7∶6	35.5	13∶10	57.1	18∶14	75.9
7∶8	36.1	13∶12	57.7	19∶2	76.4
7∶10	36.7	14∶2	58.1	19∶4	77.0
8∶2	37.5	14∶4	58.7	19∶6	77.5
8∶4	38.3	14∶6	59.2	19∶8	78.1
8∶6	39.1	14∶8	59.8	19∶10	78.6
8∶8	39.7	14∶10	60.4	19∶12	79.2
8∶10	40.6	14∶13	61.2	19∶15	80.0
9∶2	41.1	15∶2	61.7	20∶2	80.5
9∶4	41.6	15∶4	62.2	20∶4	81.1
9∶6	42.4	15∶6	62.8	20∶6	81.6
9∶8	43.0	15∶8	63.3	20∶8	82.1
9∶11	43.9	15∶10	63.9	20∶10	82.7
10∶2	44.4	15∶13	64.7	20∶12	83.2
10∶4	45.0	16∶2	65.2	20∶15	83.8
10∶6	45.7	16∶4	65.8	21∶2	84.5
10∶8	46.3	16∶6	66.3	21∶4	85.1
10∶11	47.4	16∶8	66.9	21∶6	85.6
11∶2	47.9	16∶10	67.4	21∶8	86.1
11∶4	48.5	16∶13	68.2	21∶10	86.7
11∶6	49.2	17∶2	68.7	21∶12	87.2
11∶8	49.9	17∶4	69.2	21∶14	87.8
11∶11	50.9	17∶6	69.8	21∶16	88.3

注：Level-1 和 Level-2 均适用　　　　　　　　　　（引自：Bangsbo J. 1996.）

（二）运动加速能力测试

测定运动加速能力的核心是分段测定短距离冲刺跑过程中的运动时间。由于在集体项目的实际比赛中，运动员几乎很少在一条直线上跑的距离超过20m，因此，冲刺跑的距离一般采用20m，即分段测定运动至5m、10m及全程的时间。

测试步骤：第一，0和20m处标记起点及终点。在0、5、10和20m间隔处设置时间测定点。第二，在起点，前脚抵在开始线，准备好后可自行起跑以消除反应时间。第三，受试者以最快的速度疾跑通过终点线。确保在达到终点线之前不要减速。第四，5m、10m和终点的运动时间数据记录精确到0.01s。重复三次运动，取三点的最佳成绩作为最后结果，即便这些数据来自非同次运动。表13-15为澳大利亚足球及篮球运动员作本测试的数据，供参考。

表13-15 澳大利亚足球及篮球运动员运动加速能力测试结果

运动项目	性别	人数	5m疾跑时间 均值	标准差	范围	10m疾跑时间 (s) 均值	标准差	范围	20m疾跑时间 (s) 均值	标准差	范围
篮球	女性	110	1.20	0.08	0.96~1.40	-	-	-	3.48	0.21	3.04~4.34
	男性	28	1.06	0.06	1.00~1.18	1.79	0.07	1.68~1.95	3.05	0.11	2.86~3.26
足球	女性	23	1.11	0.03	1.05~1.16	1.91	0.06	1.80~2.00	3.29	0.06	3.1~3.47
	男性	37	1.03	0.05	0.93~1.98	1.74	0.04	1.66~1.81	3.04	0.09	2.83~3.24

（引自：Gore CJ. 2000.）

（三）10s最大踏车冲刺测试

此测试用于测量运动员爆发性输出功率。尽管这种测试并非针对跑动能力而设计的，但它却能评价包括跑等不同种类项目运动员的无氧输出功率，对于评估集体项目运动员最大速度或接近最大速度的冲刺能力有一定的实用价值。

测试过程：准备活动要充分，其中应包括在2~3s内从静止迅速加速到最高速度的运动。休息60s后准备测试开始，要求受试者保持稳定姿势，脚踏板与水平呈45°角，优势脚放在前上方，以保证在开始时能产生最大功率。口令"3，2，1"后，受试者迅速加速达到最大功率，并且持续10s。在冲刺运动结束时，给予"停止"的口令。测试人员应尽量清晰表达"开始"和"停止"的口令，并与测试中的鼓励指令语明确区分。当完成10s运动后不能立即停止运动而应当继续做踏车一段时间。测试结果以10s所做功量（J/kg）和峰值功率（w/kg）表示。表13-16为澳大利亚篮球及曲棍球运动员10s做功和峰值功率数据，供参考。

表 13-16　澳大利亚篮球及曲棍球运动员 10s 做功和峰值功率数据

运动	性别	例数	平均值	标准差	范围
\multicolumn{6}{c}{10s 做功（J/kg）}					
篮球	女性	79	111.5	13.5	76～135
曲棍球	女性	465	129.7	10.4	106.0～168.9
	男性	359	150.5	13.5	106.1～187.0
\multicolumn{6}{c}{峰值功率（w/kg）}					
篮球	女性	89	13.8	1.8	9.3～16.7
曲棍球	女性	474	16.08	1.42	12.11～19.10
	男性	355	18.93	1.75	12.21～23.13

（引自：Gore CJ. 2000.）

（四）5×6s 重复踏车测试

此测试是评定运动员在有短暂间歇的情况下重复进行短时最大用力的能力。研究显示，这种测试的结果与常规的无氧功率、峰值功率和 30s 的无氧能力相关性不是很高，因此，这是一种特殊的能力测试。测试是在功率自行车上重复进行 5 组最大用力强度冲刺运动，每次持续时间为 6s，组间休息 24s。

1. 测试程序

第一，受试者每次从静止状态下启动，要求脚踏板与水平呈 45°角。优势脚最好放在前上方，以能够产生更大的推动力。每次冲刺之前给予类似"准备""开始"这样的指令。如果用手动计时，当第一次听到"开始"的时候，两块秒表同时计时，一块是用来记录持续时间，另一块记录每次冲刺的时间。第二，每次 6s 冲刺运动，要求受试者尽最大努力。必须注意的是第一次 6s 冲刺所获得的数据应该在上一节 10s 测试所得结果的 95% 以内。如果不是，则测试暂停，最少休息 3min 再重新测试。第三，测量并记录每次冲刺的做功和峰值功率。每次冲刺运动结束，重新设置秒表，以便测量做功时间。第四，受试者每次冲刺运动之间，保持坐姿，进行缓慢蹬骑。第五，每次休息结束前 6～7s，提示被试者保持静止姿势，准备再次冲刺。第六，严格控制运动的节奏，即按规定的时间起步和终止是测试成功的关键，并注意在每次冲刺运动时都鼓励运动员尽最大努力。

2. 结果的表示方式

第一，受试者做的总功（5 次冲刺的总和）以 J/kg 表示。第二，功递减率（%）是 5 次重复冲刺所做的实际总功除以总功最大潜能（以单次最高功×5 计算）的百分比与 100% 的差值。例如：功递减率（%）= 100% −［(5000J + 4900J + 4800J + 4200J + 3900J) ÷ (5000J×5) ×100] = 8.8%。第三，功率递减率的计算方法与功递减率相似。

由于此测试是用来评价在短暂的恢复后运动员重复最大用力运动的能力，因此，功递减率是一个非常重要的指标。付诸实践，应与总功结合评定。当功递减率低而总功高是最好的结果；功递减低，总功也低，说明被试者需要加强运动持续时间较短的无氧功率训练；功递减率高，总功高，表明运动员重复用力的运动能力较差。表13-17为澳大利亚运动员5×6s总功、功递减率和功率递减率数据，供参考。

表13-17 澳大利亚运动员5×6s重复踏车测试的总功、功递减率和功率递减率数据

运动项目	性别	例数	平均值	标准差	范围
5×6s 功（J/kg）					
篮球	女性	87	298.6	44.2	202.0～372.0
曲棍球	女性	428	349.0	27.0	282.2～427.3
	男性	337	394.9	32.4	297.2～471.0
功递减（%）					
篮球	女性	80	7.6	4.2	1.5～32.0
曲棍球	女性	413	9.4	3.6	3.0～23.8
	男性	333	12.1	4.6	3.4～28.3
功率递减（%）					
篮球	女性	80	6.4	2.9	1.1～21.3
曲棍球	女性	398	8.0	2.9	3.0～20.8
	男性	330	9.7	3.9	3.0～24.1

（引自：Gore CJ. 2000.）

推荐读物

[1] 田野. 运动生理学高级教程 [M]. 北京：高等教育出版社，2003.

[2] 冯连世，李开刚. 运动员机能评定常用生理生化指标测试方法及应用 [M]. 北京：人民体育出版社，2002.

[3] Eston R, Reilly T. Kinanthropometry and Exercise Physiology Laboratory Manual：Volume 2：Exercise Physiology [M]. 2nd edition. London and New York. Routledge (UK)，2001.

[4] Gore CJ. Physiological Tests for Elite Athletes [M]. 1st edition. Champaign (USA). Human Kinetics. 2000.

参考文献

[1] Eston R, Reilly T. Kinanthropometry and Exercise Physiology Laboratory Manual：Volume 2：Exercise Physiology [M]. 2nd edition. London and New York. Routledge (UK)，2001.

[2] Hoeger SA. Principles and Labs for Physical Fitness [M]. 7th edition. Belmont (USA). Thomson Brooks/Cole. 2004.

[3] Gore CJ. Physiological Tests for Elite Athletes [M]. 1st edition. Champaign (USA). Human Kinetics. 2000.

[4] Maud PJ, Foster C. Physiological Assessment of Human Fitness [M]. 2nd Edition.

Champaign (USA). Human Kinetics. 2005.

[5] Bangsbo J. Fitness Training in Soccer [M]. 2nd edition. Spring City (USA). Reedswain Inc. 2004.

[6] Bangsbo J. yo-yo tests [M]. Ho Storm Co. Denmark, 1996.

[7] Stølen T, Chamari K, Castagna C, Wisløff U. Physiology of Soccer [J]. Sports Med, 2005, 35 (6): 501-536.

[8] Saunders PU, Pyne DP, Telford RD, et al. Factors affecting running economy in trained distance runners [J]. Sports Med, 2004, 34 (7): 465-485.

[9] Berg K. Endurance training and performance in runners. Research limitations and unanswered questions [J]. Sports Med, 2003, 33 (1): 59-73.

[10] Billat VL, Sirvent P, Py G, Koralsztein J. The Concept of maximal lactate steady state. A bridge between biochemistry, physiology and sport Science [J]. Sports Med, 2003, 33 (6): 407-426.

[11] Bosquet L, Léger L, Legros P. Methods to determine aerobic endurance [J]. Sports Med, 2002, 32 (11): 675-700.

[12] Jones AM, Carter H. The effect of endurance training on parameters of aerobic fitness [J]. Sports Med, 2000 Jun, 29 (6): 373-386.

[13] Cooke CB, McDonagh MJ, Nevill AM. Davies CT. Effects of load on oxygen intake in trained boys and men during treadmill running [J]. J Appl Physiol. 1991, 71 (4): 1237-1244.

[14] Winter EM, Brookes FBC. A comparison of optimized and non-optimized peak power output in younger, active men and women [J]. J Sports Sci, 1987; 5 (2): 71.

[15] Ramsbottom R, Nevill ME, Nevill AM, et al. Accumulated oxygen deficit and shuttle run performance in physically active men and women [J]. J Sports Sci, 1997, 15 (2): 207-214.

[16] Bangsbo J, Gollnick PD, Graham TE, et al. Anaerobic energy production and O_2 deficit-debt relationship during exhaustive exercise in humans [J]. J Physiol, 1990, 422: 539-559.

[17] Svedahl K, MacIntosh BR. Anaerobic threshold: the concept and methods of measurement [J]. Can J Appl Physiol, 2003, 28 (2): 299-323.

[18] Heyward. Vivian H. Advanced fitness assessment and exercise prescription [M]. Human kinetics. Champaign (USA), 1997.

[19] Krustrup P, Mohr M, Amstrup T, et al. The yo-yo intermittent recovery test: physiological response, reliability, and validity [J]. Med Sci Sports Exerc, 2003, 35 (4): 697-705.

[20] Mohr M, Krustrup P, Bangsbo J. Match performance of high-standard soccer players with special reference to development of fatigue [J]. J Sports Sci, 2003, 21 (7): 519-528.

专业名词中英文对照

中文	英文
无氧能力	anaerobic capacity
无氧功率递减率	anaerobic power decline
无氧阈	anaerobic threshold
平均无氧功率	average anaerobic power
临界功率	critical power, Pcrit
最小乳酸速度值	lactate minimum speed (LMS)
乳酸阈	lactate threshold (Tlac)
最大积累氧亏值	maximal accumulated oxygen deficit (MAOD)
极量运动	maximal exercise
最大乳酸稳态	maximal lactate steady state (MLSS)
最大强度运动	maximal-intensity exercise
最佳输出功率峰值	optimized peak power output
功率衰减	power decay
跑的能量节省化	running economy
最大摄氧量下跑速	running velocity at VO_2max (V-VO_2max)
亚极量运动	submaximal exercise
超极量运动	supramaximal exercise
yo-yo 耐力测试	yo-yo Endurance Test
yo-yo 间歇性耐力测试	yo-yo Intermittent Endurance Test
yo-yo 间歇性恢复测试	yo-yo Intermittent Recovery Test

(辽宁师范大学 林华 聂金雷)

第十四讲 运动强力（促力）手段

> **【内容提要】**
> 强力手段是运动员、健身人群为了提高运动能力采用的一种辅助手段。狭义的强力手段，多指涉及营养方面的强力物质。强力物质包括了运动员能够使用和禁用的物质。本讲着重对运动员能够使用的强力物质，即运动营养品进行介绍，涉及运动营养品及其相关物质的分类与管理，以及它们的功效评价。
>
> **【重要名词】**
> **强力手段**：是运动员、健身人群为了提高运动能力采用的一种辅助手段。
> **运动营养品**：是指适用于专业和业余运动人群食用的能满足运动人体的特殊营养需要或具有特定运动营养保健功能的食品及口服制品（可含药食两用中药功效成分）。

运动员为了提高运动成绩，经常会采用一些具有提高运动能力的辅助手段，亦称强力手段或强力物质（Ergogenic aids）。广义的强力手段包括能够提高运动能力或提高训练适应性的任何训练技术、机械设备、营养干预、药物方法或心理技术。这些手段可以帮助运动员进行运动前的准备，提高运动效率和促进运动后疲劳的消除；还可通过帮助运动员快速恢复或帮助他们在剧烈运动期间保持身体健康，使他们能够承受繁重的训练。狭义的强力手段，多指涉及营养方面的强力物质。然而，当我们用"强力物质"作为主题词进行检索时会发现，所谓能够改善运动能力的强力物质还包含了许多运动员禁用物质如生长激素（GH）、促红细胞生成素（EPO）等兴奋剂，以及一些有明显副作用的药物。本文谈及的强力物质主要是运动员目前可以使用、不违禁的物质，它涉及到除了膳食以外的营养补充问题和运动营养品。

一、运动员可以使用的强力物质——运动营养品

运动营养品在我国运动实践中开始受到关注要追溯到20世纪70年代。当时，人们对这类物质的认识模糊，对这些物质的称谓很多，没有统一的名称，如"运动营养补剂""强力营养素""强力营养物质""强力物质""生力因子""促力因子""营养药物"和"运动员营养素补充剂"等等。由于对"运动营养品"的认识不清，在运动实践的应用中就出现过因使用营养品而误服兴奋剂的案例。因此，客观、准确地了解运动营养品是非常必要的。

日常生活中，人们食用的物质包括食品与药品。在我国，食品分为普通食品和保健食品。我国在《保健食品注册管理办法（试行）》（国家食品药品监督管理局局令第19号，2005年7月1日起施行）中定义，保健食品，是指声称具有特定保健功能或者以补充维生素、矿物质为目的的食品。即适宜于特定人群食用，具有调节机体功能，不以治疗疾病为目的，并且对人体不产生任何急性、亚急性或者慢性危害的食品。

运动营养品是指适用于专业和业余运动人群食用的能满足运动机体的特殊营养需要或具有特定运动营养保健功能的食品及口服制品（可含药食两用中药功效成分）。运动营养品的主要作用在于改善运动能力、促进疲劳消除，以及防治运动引起的机体功能紊乱和疾病。按照我国现行食品、药品管理体制，目前运动员使用的运动营养品有些属于普通食品，有些属于保健食品，甚至有些属于药品的范畴。目前，我们定义的运动营养品与国外常用的 Sports supplements 一词含意相近，但并不完全相同。

一个物质究竟属于食品还是药品，不同国家的界定不尽相同。一些化学结构十分清楚的纯品，如 L-谷氨酰胺（胶囊）、β-胡萝卜素（胶囊）、1,6-二磷酸果糖（口服液）、无水葡萄糖等在美国属于食品类的营养补充品，而在我国，这些是已批准进入临床研究的（四类）化学药品。一些天然产物，如刺五加、黄芪、人参等植物的提取物在美国属于营养补充品，而在我国则属于药品。另外，一些进口品，如美国 ProLab 公司出品的硫酸矾、美国 Nature Best 公司出品的甲基吡啶铬、美国 Ultimate 公司出品的育亨宾（扩张血管、对中枢神经系统有兴奋性刺激作用）等在其国内均属于营养补充品，但根据我国的法规，这些不应属于食品。

运动营养品与一般的营养补充品的根本区别在于，它不得涉及世界反兴奋剂机构（WADA）规定的运动员禁用物质，如果其中含有运动员限用的物质，则必须详细说明。出于使用的安全性考虑，我们建议将运动营养品界定在食品的范畴为宜。

二、强力物质在竞技运动中的应用

强力物质在竞技体育中的使用由来已久。大约在公元前776年，就有在竞技比赛中使用能使人改善运动能力物质的记载。公元前3世纪在古代奥林匹克运动会上，有运动员曾食用蘑菇提取物试图提高成绩。到19世纪，已有游泳、自行车、足球、拳击等运动员使用可卡因、士的宁、咖啡因、海洛因等物质以提高运动成绩。1960年罗马奥运会的100公里自行车比赛中，丹麦运动员 Jenson 因使用苯丙胺，在比赛中猝死震惊了世界。据不完全统计，20世纪60年代由于滥用强力物质直接或间接致死的运动员达30多人。从此，人们开始关注运动员使用强力物质的利与弊，尤其是运动员滥用强力物质对身体的危害。

1967年，国际奥委会医学委员会（IOC-MC）成立，其主要任务之一就是反对运动员使用兴奋剂。1968年，法国格勒诺布尔第10届冬季奥运会和墨西哥城的第19届夏季奥运会第一次在奥运会中设立了兴奋剂检查机构。这标志着人们对合理、合法使用强力物质有据可依的开始。毫无疑问，运动员能够使用的强力物质即运动营养品不应该涉及兴奋剂。

(一)国外对强力物质的应用

国外使用强力物质比较普及,根据 Ronsen 等人的调查报告,84%的挪威国家队运动员有使用强力物质的经验。强力物质涉及的品种多种多样,从增肌、减重,到提高运动能力、促进恢复能力。根据目前文献报道的强力物质大体可归纳为以下几类。

1. 增肌类

(1) 肌酸(Creatine)。肌酸是一种天然的在肉类和鱼类食品中大量存在的物质,同时也是天然存在于人体中的营养素,几乎全部肌酸都储备在骨骼肌中,40%是游离状态的肌酸,60%为磷酸化的磷酸肌酸,一个体重 70kg 人体内约有 120~140g 肌酸。

关于补充肌酸对短时间大强度运动能力的影响,大部分研究倾向于肌酸的助力作用,尤其是对大强度短时间的周期性运动,助力效果更为明显。Bosco 等以持续性纵跳 45s 和大强度快跑至力竭为运动模型,发现补充肌酸能显著提高第一个 15s 和第二个 15s 内的纵跳运动成绩,但第三个 15s 的成绩无显著提高,其解释是两个 15s 之后,肌酸池大量排空,第二个 15s 内机体代谢已过渡为以糖酵解供能。

补充肌酸对于短期高强度身体训练者效果明显;通常在补充的第一周使用冲剂量约为 20g/天,补充 5~7 天后,以 3~5g/天的维持量保持补充,可连续补充 1 周至 6 个月。肌酸对重复的无氧自行车冲刺有促进作用,但对跑和游泳无改善意义。

(2) HMβ(β-hydroxy-β-methylbutyrate,β-羟基-β-甲基丁酸盐)。HMβ 已成为国际市场上最为流行的运动营养补剂之一。运动中人体使用 HMβ 可促进肌肉体积增长和提高力量,还可燃烧脂肪,增长耐力。此外,HMβ 与肌酸、磷酸盐配合使用可增强功效。目前尚未见到有关 HMβ 副作用的报道。

Juhn 曾报道 HMβ 对未经训练者有效,在运动员的作用尚需研究。Palisin 等报道,服用 HMβ 能够增加没有训练经验者和消瘦综合征病人的力量和瘦体重,但在有规律、高强度训练的运动员中效果不明显。

(3) 氨基酸(Amino Acids)。包括氨基酸及其代谢物,如门冬氨酸钾、钠、甘氨酸、鸟氨酸(可加 α-酮戊二酸)、精氨酸、鸟氨酸、丝氨酸、色氨酸、谷氨酰胺、α-酮戊二酸和鸟氨酸、磷脂酰丝氨酸和牛黄酸等。氨基酸不但是蛋白质的基本组成单位,也是构成生命活动的基础物质。氨基酸本身参与生命活动过程,如甘氨酸、门冬氨酸等是神经递质,精氨酸、鸟氨酸和色氨酸可以促进生长激素的分泌,牛磺酸对生长发育和心肌有作用等。

(4) BCAA(Branched-Chain Acids,支链氨基酸)。BCAA 包含有亮氨酸、异亮氨酸、缬氨酸。BCAA,尤其是亮氨酸被认为是提高耐力和力量的促力物质。运动前服用 BCAA(亮氨酸),可减轻延迟性肌肉酸痛(DOMS)和几天后出现的肌肉疲劳。BCAA 的分解代谢受肌肉中支链 α-酮酸脱氢酶(BCKDH)复合物的调节,而 BCKDH 受磷酸化/去磷酸化作用的调节。运动可激活 BCKDH 复合物,从而提高 BCAA 的分解,这就是说,运动使机体的 BCAA 需求增加。

Crowe MJ 等曾观察了补充亮氨酸对运动时间的影响。13 名皮艇运动员中的 6 人以

45mg/kg·d 的量补充亮氨酸，共补充 6 周，发现补充亮氨酸后划船时间延长，疲劳感降低，色氨酸与 BCAA 比例、心率等未变。

Bird SP 等曾对 32 名受试者空腹 4 小时后进行 60 分钟抗阻力训练，分别补充 6% 糖水、6g 必需氨基酸、6% 糖水 + 6g 必需氨基酸和安慰剂，摄入含糖饮料后，血糖和胰岛素增加，摄入必需氨基酸组只有胰岛素升高，安慰剂组的皮质醇升高变化明显，而摄入糖和/或必需氨基酸者，皮质醇没有明显变化，GH 和睾酮变化没有区别。有学者报道，额外口服抗氧化剂、蛋白质和氨基酸不能增加耐力和力量。

2. 减脂类

（1）CLA（conjugated linoleic acid，共轭亚油酸）。CLA 即共轭十八碳二烯酸，是亚油酸的一组构象和位置异构体，主要存在于反刍动物脂肪及乳制品中，具有抗癌、降低体脂、增强免疫功能和抗动脉粥样硬化、调节免疫功能等生物学功能，其减体重作用并不确定。

Kreider RB 等对力量训练者进行剂量为 3g/磅体重·天的脂肪酸、6g/磅体重·天 CLA、9g/磅体重·天橄榄油的口服试验共 28 天，结果显示，CLA 没有对体重、体成分、体脂、分解代谢指标、免疫指标产生明显影响。

（2）瓜拉那（Guarana）。瓜拉那巴西可可是生长于非洲森林里的一种独特植物，其提取物中含有的黄嘌呤生物碱（咖啡因、茶碱、可可碱）被认为是瓜拉那的功能成分。临床研究显示，茶碱可以刺激心脏和中枢神经系统，提高警觉性，缓解疲劳。可可碱也有相似的作用。传统上瓜拉那的使用可以解释为它含有咖啡因，瓜拉那种子的咖啡因含量比咖啡豆或红茶都高。在很多已经证实的效果中，瓜拉那可以增加身体耐力，特别是在压力下，可以增加记忆力，促进脂肪分解，治疗头疼和偏头痛，缓解疲劳。对大鼠的实验发现，给予 14 天的瓜拉那提取物或去咖啡因的提取物进行比较，发现瓜拉那影响脂代谢的作用与其中的黄嘌呤类物质（黄嘌呤、咖啡因、茶碱）含量有关。

此外，羟基柠檬酸（Hydroxy-citrate）是柠檬酸裂解酶的竞争抑制剂，有抑制脂肪生成的作用，有可能改善脂肪酸的利用。

3. 提高运动能力类

（1）PS（phosphatidylserine，磷脂酰丝氨酸）。PS 是从磷脂中提取的具有健脑作用的一种功能磷脂，1942 年由 Jordi Folch 首次提取并定性。有学者认为，运动中补充 PS 可抑制运动员强化训练期间皮质醇的增长。Kingsly 等以 14 名男性为受试者，服用从大豆中提取的磷脂酰丝氨酸 750mg/天，连续 10 天，结果，85%VO_2max 负荷运动至力竭时间显著延长，对摄氧量、血皮质醇、自由基代谢等无明显影响；让 16 名足球运动员补充从大豆中提取的磷脂酰丝氨酸 750mg/天，连续 10 天，结果，没有减轻力竭运动后运动员的皮质醇反应、疲劳感、肌肉损伤和脂质过氧化物的堆积，但有延长跑步至力竭时间的趋势。

（2）二十八烷醇（Octacosanol）。二十八烷醇是世界公认的抗疲劳物质。由纯天然米糠蜡、甘蔗蜡、蜂蜡原料中提取。其主要作用有：①增强耐力，精力和体力；②提高肌肉力量（肌肉机能）；③改善肌肉疼痛，减少肌肉摩擦。

Kim H 等用含 0.75% 二十八烷醇饲料给与大鼠，训练中补充二十八烷醇的大鼠比单纯训练的大鼠运动至力竭时间延长 46%，而血糖、腓肠肌糖原变化没有明显减少，肌肉中肌酸磷酸激酶（CPK）活性增加 44%，柠檬酸合成酶活性增加 16%。

（3）钠盐。Requena B 等曾报道，碳酸氢钠（$NaHCO_3$）加柠檬酸钠能降低血乳酸水平，使 pH 维持在较高值，具有促力作用。

9 名不同项目的优秀运动员，7 男 2 女，以 0.5g/kg 体重口服柠檬酸钠与 0.1g/kg 口服 NaCl 相比，服柠檬酸钠组 3000 米跑成绩明显提高，心率无变化。

（4）氨基酸合剂。Buford BN 等让运动员在重复性、全力的自行车运动前服 11.2g 甘氨酸-精氨酸-a-酮戊二酸（glycine-arginine-alpha-ketoisocaproic acid，GAKIC），发现可以减缓运动平均做功能力的降低。

（5）天然产物。Bucci LR 等对运动员补充亚洲人参，剂量为 1g/天，补充 8 周后，改善了运动成绩、肌肉力量、最大摄氧量、血乳酸、心率等。而运动后给受试者服人参提取物，连续观察血 GH、睾酮、皮质醇、IGF-1，与空白对照无显著性差异。

以冬虫夏草（CordyMax Cs-4，Cordyceps sinensis）提取物对大鼠进行灌胃，补充 30 天后，发现有利于机体对糖的利用（其机理可能是提高了大鼠对胰岛素的敏感性），但提高耐力的作用不能确定。

（6）其他。运动前口服 4.5mg/kg 茶碱（Theophylline）可推迟运动疲劳产生的时间。普通人 10 周力量训练，服鹿茸粉或提取物，服鹿茸粉的受试者膝关节伸展的等速力量和耐力增加，但血睾酮、IGF、EPO、血容量、VO_2max 没有变化。

4. 促进恢复和免疫功能

（1）氨基酸类。分别在运动的第 10、30、90 天，在训练时使用含精氨酸、谷氨酰胺、支链氨基酸的复合氨基酸，可促进离心运动后骨骼肌疲劳的消除、减轻肌肉损伤，有利于保持肌肉细胞的完整性；血携氧能力提高，促进造血机能。

受试者进行间歇跑步训练，口服谷氨酰胺 0.1g/kg 体重，每日 4 次，共服 14 天，发现鼻中 IgA 浓度明显增加，唾液中 IgA 浓度无变化。

（2）多酚类。多酚（Polyphenols）是一种天然的抗氧化剂，与 VC、VE 有加成作用，避免细胞的氧化伤害，提高机体的免疫功能。多酚中以黄酮类（Flavonoid）含量和种类为最多，主要存在于蔬菜、豆类、核果、茶、咖啡、红酒中。Morillas-Ruiz JM 等对 30 名自行车运动员补充多酚，并测定其脂质氧化物和抗氧化力、LDH 和 CK 水平，发现多酚对运动诱导的氧化应激有保护作用。

5. 抗氧化功能

有人以人参提取物（Ginseng ingestion）加运动的方法发现，运动后血液中 MDA 降低，CAT 和 SOD 均升高；VC 和 VE 没有明显的促力作用，但可减少运动引起的脂质过氧化物增加，在老年人中能增加循环中的中性粒细胞数，VE 明显增加循环中肌酸激酶（CK）的活性。如果在大负荷训练中增加 VE 摄入，可提高糖耐量、胰岛素活性和改善脂蛋白状态。

综上所述，虽然能够增加肌肉容量、减少脂肪、提高运动能力的强力物质种类繁多，但从文献报道来看，不乏有争议之处，可将它们归类为下列几种情况（表14-1）。

表14-1 国外报道的强力物质主要品种与应用效果

类别	增加肌肉	减少体重	提高能力
有效	增重粉、肌酸、HMB（未训练者开始训练时）	低能量食物、帮助维持低能量膳食的膳食替代粉和运动饮料	水和运动饮料、糖、肌酸、磷酸钠、碳酸氢钠、咖啡因
初见有效	运动后补充糖和蛋白质、支链氨基酸、必需氨基酸、谷氨酰胺、蛋白质、HMB（有训练者）、肠溶ATP	高纤维膳食、钙、磷酸、绿茶提取物、丙酮酸盐（高剂量）	运动后补充糖和蛋白质、谷氨酰胺、必需氨基酸、支链氨基酸、HMB（有训练者）、甘油
可能有效	α-酮戊二酸盐、α-酮异乙酸盐、蜕皮甾酮、生长激素释放肽和促分泌素 HMB（有训练的运动员）、异黄酮、硫酸多聚糖（Myostatin 抑制剂）、锌/镁天冬氨酸盐	食欲抑制剂和脂肪阻断剂（Gymnema sylvestre，壳聚糖）、产热剂（脱氧肾上腺素、辣胡椒、黑胡椒、姜黄素）、有脂解作用的营养物（磷脂酰胆碱、甜菜碱、Coleus forskohlii）、作用于精神的营养物/草药	中链甘油三酯、核糖
无效和/或有副作用	硼、铬、共轭亚油酸、阿魏酸、激素原、蒺藜皂甙、硫酸钒、育亨宾	铬（非糖尿病人）、共轭亚油酸、藤黄、左旋肉碱、丙酮酸盐（低剂量）、草药利尿剂、高剂量的麻黄素/咖啡因	肌苷、高剂量的麻黄素/咖啡因

表14-1中的"有效"，是指多数试验证明能够帮助人们达到一般的能量需要和大多数研究证明其有效和安全；"初见有效"，是指初步的研究支持其理论基本原理，但是需要更多的研究来证实其是否影响训练和/或运动能力；"可能有效"，是指理论上分析是合理有效的，但是现在还缺乏试验支持；"无效"，是指其基本原理缺乏科学性和/或研究中明确表明无效。

（二）国内对强力物质的应用

国内竞技体育界近年来使用强力物质较为普遍，根据文献报道的情况，主要使用的强力物质，即运动营养品有以下种类。

1. 蛋白质、氨基酸及其代谢物

高生物活性的优质蛋白质和氨基酸是蛋白合成的最佳原料，它们包括乳清蛋白、酪蛋白、卵白蛋白、大豆蛋白及这些蛋白的分离制剂和水解产物（含寡肽和游离氨基酸）、门冬氨酸钾、钠、精氨酸、鸟氨酸、丝氨酸、色氨酸、谷氨酰胺、鸟氨酸和 α-酮戊二酸合剂（OKG）、支链氨基酸（亮氨酸、异亮氨酸、缬氨酸）、β-羟基 β-甲基丁酸盐（HMβ）、磷脂酰丝氨酸、肌酸、牛磺酸等，这些高生物活性的优质蛋白质和氨基酸，除了作为蛋白合成的原料以外，像谷氨酰胺、鸟氨酸和 α-酮戊二酸合剂（OKG）、β-羟基 β-甲基丁酸盐（HMβ）等，还具有促合成作用。

（1）蛋白质及其水解产物。乳清蛋白是最优质、最理想的蛋白补充剂，其最佳的氨基酸比例使其生物价最高，易于消化吸收，利用率是大豆蛋白的 1.7 倍。乳清富含半胱氨酸和蛋氨酸，这些含硫氨基酸能维持人体内抗氧化剂的水平，并在细胞分裂时尽量稳定 DNA。实验证明，乳清蛋白也能刺激人体免疫系统，阻止化学诱发性癌症的发生，同时增加骨骼强度和降低 LDL 胆固醇水平。乳清蛋白增加运动肌肉做功能力主要表现在几个方面：第一，易消化的优质蛋白——提供额外能量，节约体内蛋白质，减少肌蛋白分解；第二，赖氨酸、精氨酸含量高——刺激合成代谢激素或肌肉生长刺激因子的分泌和释放，刺激肌肉生长和脂肪降低；第三，提供 GSH 等抗氧化剂，保护肌细胞膜、肌浆网、线粒体等结构，延缓肌肉疲劳产生；第四，富含支链氨基酸，其中亮氨酸及其代谢物可抑制蛋白质水解酶的活性，减少肌蛋白分解。

大豆多肽即肽基大豆蛋白水解物的总称，通常由 3~6 个氨基酸组成，是大豆蛋白质经酶水解而制成的许多种低分子肽混合物，其主要分子量分布在 300~700 范围内。大豆多肽及其他小分子肽类具有比蛋白质和氨基酸更容易吸收的特点。

有人为男子中长跑运动员每天训练课后补充含有 8g 大豆多肽和 35g 糖的运动饮料，4 周大强度训练后，补肽组运动后的体重、瘦体重比实验前明显提高，血清睾酮水平比对照组显著提高，而 RPE 等级显著下降，同时血清肌酸激酶亦下降。提示大豆多肽可促进蛋白质的合成，具有促进骨骼肌损伤组织的修复以及减少细胞内肌酸激酶外渗的作用。

（2）氨基酸类及其代谢物。有人研究发现，补充谷氨酰胺能明显提高正常训练后安静状态下肌糖原的储量，而在耗竭运动前补充谷氨酰胺对耗竭运动后肌糖原的恢复并无促进作用，远不如运动后补充效果好，说明谷氨酰胺影响肌糖原生物合成的效应可能是通过使肌肉细胞体积涨大和作为糖异生的底物而实现的，因此其作用是即时性的，而不像运动训练那样有长期效应。冯炜权研究指出，正常人用 0.285g/kg 体重（低剂量）或 0.570g/kg 体重（高剂量）由静脉或膳食补充谷氨酰胺一周及 30 天时，从药物动力学及各种生化指标观察，说明无不良副作用，它是安全的。因此，可以用每日 0.3~0.6g/kg 体重剂量口服。

有人在女子拳击运动员急性减体重期间给予支链氨基酸（亮氨酸、异亮氨酸、缬氨酸）和谷氨酰胺的营养补充（每天 2 次，每次 2 粒，连续用 1 个月）后发现，试验组肌肉力量增强，血红蛋白（Hb）升高，血尿素氮（BUN）下降，肌酸激酶（CK）下降的比例明显高于对照组。说明支链氨基酸（亮氨酸、异亮氨酸、缬氨酸）和谷氨酰胺联合使用能有效防止过度训练及急性减体重给机体带来的不良影响，增强运动员的运动能力。有人也对划船运动员每天补充支链氨基酸，4 周后在赛艇测功仪上分别进行 4mmol/L 血乳酸无氧阈功率和模拟 2km 和 5km 的耐力测试，结果发现，血丙氨酸浓度在运动后即刻和运动后 30min 均明显增加，血乳酸值明显低于对照组。提示补充 BCAA 能促进力竭运动后及恢复期糖的异生、延缓疲劳发生和促进运动后疲劳的消除。另外也有研究发现，大鼠 3 周耐力训练期间补充 BCAA + CHO 有防止由耐力运动引起的 5-HT$_{2A}$ 受体密度下调的作用，长期耐力训练期间补充 BCAA + CHO 对延缓中枢疲劳有积极作用，人体实验也得到了同样结果。

牛磺酸（Taurine）亦称为 2-氨基乙磺酸，是 β-丙氨酸的磺酸类拟物，易溶于水，具有广泛的生物学作用；能保护细胞膜，调节渗透压，对抗脂质过氧化，双向调节 Ca^{2+} 的跨膜转运，参与糖代谢的调节；是机体内源性 Ca^{2+} 稳态调节剂，有对线粒体钙反常的拮抗作用，可能是抗运动性疲劳的又一重要机制；还能与胰岛素受体结合，降低血糖，促进肌细胞对葡萄糖和氨基酸的摄取和利用，加速糖酵解，增加糖原异生。此外，还可以改善运动员有氧代谢能力，提高有氧耐力水平，改善肌细胞氧利用率，从而增加做功能力，明显促进运动后心率的恢复，调节血液流变特性，增加大鼠运动能力。

有研究发现，大鼠力竭运动后脑组织的 MDA 显著增加，SOD 和 GSH 显著下降，补充牛磺酸能使 MDA 显著降低，阻止 SOD 下降，维持 GSH 水平，并使运动至力竭的时间稍有延长。另有报道，大鼠运动训练后血浆、红细胞和心肌细胞线粒体 MDA 含量显著升高，给予牛磺酸明显抑制其升高，并促进运动后恢复。牛磺酸明显降低运动后即刻及 24h 内 BUN 水平，说明其利于稳定蛋白代谢，减少利用蛋白供能的程度。

艾华等人进行了关于补充肌酸对大鼠内源性肌酸的代谢能力的观察发现，大剂量、长时间或短时间补充肌酸可造成内源性肌酸合成体系的显著抑制，剂量越大，抑制越强烈；大剂量补充肌酸也可导致大鼠肾脏肌酸合成酶 AGAT 活性以及肾脏、肝脏和血清中肌酸合成前体-胍乙酸含量显著降低，表明内源性肌酸的合成受到抑制。

2. 脂类及相关化合物

CLA 是在反刍动物的肉和乳制品中发现的一种不饱和脂肪酸，它有两种重要的异构体，即顺-9,反-11CLA 和反-10,顺-12CLA。研究发现，两种异构体有各自的生理学功能，并且通过不同的生理学机制来实现它们的功能。CLA 具有减少脂肪累积和改变脂肪代谢的功能，能够抑制肿瘤和动脉粥样硬化的发生，增强机体免疫功能和刺激幼鼠生长。有人报道，运动与共轭亚油酸结合可降低血瘦素、总胆固醇及三酰甘油水平，显著地降低肾脏和睾丸周围脂肪垫的脂蛋白脂肪酶、葡萄糖 6 磷酸脱氢酶、苹果酸酶、葡萄糖 3 磷酸脱氢酶的活力。

关于补充肉碱对人体运动能力的影响说法不一。王京钟等给普通健康人服用肉碱以后，发现运动时的血乳酸水平降低，无氧阈（AT）水平增加。作者认为，补充肉碱可以提高人体的有氧运动能力；而周鞍激以 2g/d 的补充量对 16 名肥胖女性进行减脂实验，每周进行 5 次有氧健身操练习，每次 1 小时，结果发现 12 周后补充肉碱组体重、体脂含量、血脂水平、呼吸商（RQ）等均显著下降，但补充肉碱并不能明显提高机体的最大吸氧量和无氧阈（AT）水平。

3. 糖及其代谢物

糖及其代谢物如中分子糖、功能性低聚糖（主要是低聚异麦芽糖和低聚果糖）、1,6-二磷酸果糖（FDP）、丙酮酸盐等。

低聚糖是由 3~8 个单糖分子脱水缩合后由糖苷键连接而成的低聚化合物。低聚糖渗透压小，易吸收和利用，甜度低，口感好。有研究报道，大强度运动时补充低聚糖有利于持久维持受试者的血糖水平，降低血乳酸浓度，增加做功量和延长运动时间。补充苹果酸低聚糖饮料可使公路自行车运动员运动至力竭的时间明显延长，亚极量运动后血清酶 GOT 和 GPT 的升高幅度明显低于低聚糖组，补充苹果酸低聚糖饮料可维持长时间亚极量运动中的血糖稳定，有利于延缓运动中的疲劳出现。

郭英杰等以游泳大鼠为研究对象，通过检测其补充丙酮酸过程中身体成分和脂肪代谢的变化，探讨丙酮酸补充对游泳大鼠脂肪代谢的影响度机理。结果发现，4 周丙酮酸补充可明显减缓游泳大鼠体重和体脂增长速度，明显降低大鼠血清 TC 及 LDL-C 水平。同时，明显提高游泳大鼠血清 LPL 含量，可一定程度地降低其血清 HL 水平。

4. 维生素

维生素包括维生素 A、维生素 B_1（硫胺素）、维生素 B_2（核黄素）、维生素 B_6（吡哆醇、吡哆醛、吡哆胺）、维生素 C、维生素 D、维生素 E、维生素 PP（尼克酸、尼克酰胺）、泛酸和 β-胡萝卜素等。铬、硼、维生素 C、锌等还可促进机体自身睾酮、生长激素、胰岛素和相关激素的分泌，为肌肉合成提供最佳的激素环境。

如男子中长跑运动员服用 3 周含有辅酶 Q 葡萄籽提取物（白藜芦醇）、维生素 C、E 的复合抗氧化制剂（每 100ml 含白藜芦醇 6.5mg、辅酶 Q_{10} 13.8mg 和维生素 E 3.6 IU），10 毫升/次，2 次/日，可使乳酸无氧阈功率明显提高，运动后血清 BUN、CK、LDH、MDA、SOD 均明显低于补充前运动后水平。

5. 矿物质和有机酸根

矿物质和有机酸根包括铁、铬、锌、硒、钙、碳酸氢盐、磷酸盐和柠檬酸盐等。

铬是胰岛素发挥生物学作用所必需的微量元素，缺铬可引起胰岛素低下，而铬补剂可改善胰岛素低下，增加胰岛素靶组织对胰岛素的敏感性，影响机体对葡萄糖的摄取、氧化和糖原合成。

硒的主要生理功能是通过谷胱甘肽过氧化物酶（GSH-Px）来保护机体免受氧化损害。GSH-Px 能特异催化还原性谷胱甘肽（GSH）与过氧化物的氧化还原反应。硒仅对 GSH 有专一性，而对过氧化物无专一性。有人发现，维生素 E、维生素 C 和硒联合抗氧化剂能有效减轻运动后恢复期大鼠心肌组织 SOD、GSH-Px 活性下降，MDA、CK 的增加及心肌细胞 Ca^{2+} 超载，提示对心肌运动后损伤有积极的保护作用。

碳酸氢盐在运动中应用，人们最初的设想是想通过补充碳酸氢盐增加血液中重碳酸盐含量，最大限度地提高血液中的碱储备量，并以此来缓冲机体由于剧烈运动而突然增多又无法通过其他途径迅速排出的酸性代谢产物，从而达到延缓疲劳的出现，提高机体乳酸系统供能能力。但相关的实验结果存在有矛盾。

6. 天然产物

天然产物包括食物中提取的有效成分，如真菌多糖（如香菇多糖、灵芝多糖）、多元糖醇（如魔芋）、茶多酚等，还包括复方中药（如补益类、调理类等）及中药提取物（如黄酮类、皂甙）等。

(1) 食物提取物。食用菌多糖主要有杂多糖、甘露聚糖、葡聚糖、糖蛋白和多糖肽，是一类通过非特异性途径提高机体对抗原或微生物特异性反应的物质，主要用于治疗由疾病、临床治疗引起的免疫功能下降。灵芝多糖可明显提高小鼠耐缺氧能力和力竭游泳时间，提高安静小鼠肝糖原，明显降低定量负荷后小鼠血乳酸及血尿氮水平。

多元糖醇是由相应的糖经镍催化加氢制得的，主要产品有木糖醇、山梨醇、甘露醇、麦芽糖醇、乳糖醇、异麦芽酮糖醇和氢化淀粉水解物等。多元糖醇在人体中的代谢途径与胰岛素无关，摄入后不会引起血液葡萄糖与胰岛素水平大幅度的波动。部分多元糖醇（如乳糖醇）的代谢特性类似膳食纤维，具备膳食纤维的部分生理功能，因此，某些富含多元糖醇的食品（如魔芋）用来作为运动员减重食品。

茶多酚（Tea Polyphenols，TP）是从绿茶中提取的天然多酚类抗氧化剂，大、小鼠连续给药7天后，游泳至死亡的时间明显延长。提示TP具有很强的抗氧化能力，同时具有一定的强心和抗疲劳效应，但对中枢功能无明显影响。

(2) 中药及提取物

① 补益类中药。很多研究表明，补益中药具有抗疲劳、提高运动能力的作用。以补气为主的"复方芪参口服液"能提高小鼠耐缺氧能力和游泳耐力；以益气助阳复方"高效强力饮"进行的人体实验表明，它具有强心、提高心收缩指数、增加肌肉力量的作用；补血复方"四物汤"可提高小鼠耐缺氧能力并延长运动时间。

补气健脾复方"四君子汤"可增加骨骼肌细胞糖原含量，提高骨骼肌琥珀酸脱氢酶和乳酸脱氢酶活性，有利于运动能力的提高；"补脾Ⅰ号口服液"能提高受试者运动能力，并提高血红蛋白，改善免疫功能；"复方生脉饮"能提高小鼠游泳运动耐力，提高血红蛋白含量，提高肌肉组织乳酸脱氢酶活性；"北芪花粉复方"使小鼠运动耐力提高，耐缺氧能力提高，改善体液与细胞免疫功能，降低血浆丙二醛（MDA），提高红细胞的超氧化物歧化酶（SOD）活性；"复方党参液"有抗疲劳、耐缺氧、耐寒冷，提高免疫功能等作用；"健身补血冲剂"可升高血红蛋白含量。可见，补脾中药抗疲劳的机制可能与其改善消化功能、改善肌肉能量代谢、提高免疫力，以及防治贫血等有关。

脾为后天之本，肾系先天之本，过劳最终可导致其虚。从某种意义上讲，在防治运动性疲劳中用中药补脾和/或补肾应属治本或固本，有益于体力恢复。使用复方中药进补，都是以平衡机体阴阳为宗旨，强调阴阳互根、孤阴不生、孤阳不长。善补阳者必于阴中求阳，善补阴者必于阳中求阴。在治疗效果上多表现为双向调节，适应原样作用。因此，促进恢复和消除疲劳作用很可能是改善运动能力的基础。

② 调理类中药。补血活血调经的"四物汤"能提高小鼠耐缺氧能力，延长运动时间；"补脾活血复方"（人参，黄芪，田七，红花）可降血脂提高肌糖原，促进自由基清除，因而有利于提高运动能力。大运动量训练会引起代谢物堆积，而"活血"中药可促进机体新陈代谢，改善微循环，这或许是这类中药能促进恢复与消除疲劳的重要原

因。由于气血关系密切,"气行则血行,气滞血亦滞",临床上活血化淤常常与行气结合使用。

中医认为,肝藏血,主疏泄、主筋,肝气易于郁结,以条达为顺为贵。疏肝理气复方"体复康"(枳壳、山楂、黄芪、当归)能纠正运动与泻下造成的肌肉能量代谢障碍,比补肾的"肾气丸"能更好地增强细胞能量代谢的作用。疏肝理气中药能改善运动能力的机制可能在于它可以调整或平衡运动引起的机体神经-内分泌-免疫网络功能,并有助于自由基的清除。

③ 中药提取物。对单味中药提取物或中药中有效成分(天然产物)的研究已经积累了丰富的资料,这里仅就某些补益和调理中药及其中的一些有效成分作简单介绍。

研究表明,刺五加皂甙和水飞蓟素具有提高小鼠定量负荷运动后即刻股四头肌糖原水平的作用。皮下或腹腔注射人参、黄芪、当归、淫羊藿或枸杞多糖均能表现出增强免疫功能的调节作用。当归多糖可能通过促进机体分泌粒细胞系、单核细胞系集落刺激因子(GM-CSF)增加红细胞、白细胞、血红蛋白和骨髓有核细胞。枸杞子多糖对四氯化碳引起的小鼠肝细胞损伤有保护作用,能降低物理应激引起的脑中与脾中 MDA 的升高。

人参、绞股蓝、淫羊藿、枸杞等许多皂甙都具有明显抗疲劳和抗缺氧的作用。对人参皂甙的研究表明,其抗缺氧作用可能是通过红细胞中 2,3-二磷酸甘油酸增加,使血红蛋白在组织中释放氧增加的结果,其增加心肌收缩力、增加冠脉血流及抗心率失常的作用可能与竞争心肌细胞上的肾上腺素受体、抑制 Na^+ K^+-ATP 酶活性有关,其促进红系祖细胞和粒系祖细胞增殖可能与促进淋巴细胞和骨髓基质细胞分化造血因子 GM-CSF、白细胞介素-3/6 有关。淫羊藿皂甙的壮阳作用可与增加心肌收缩力,增加耐缺氧能力,升高血睾酮,增加垂体和睾丸/卵巢的重量有关。另外,人参三醇和人参二醇能减轻 X 线照射引起的血睾酮降低,垂体阿片肽降低,卵泡刺激素升高;人参中的麦芽醇能捕捉自由基,降低膜蛋白中硫氢基团的外露,稳定膜蛋白结构,从而具有明显的抗氧化作用。当归中的阿魏酸能与膜磷脂结合使膜不易受自由基攻击而具有抗氧化作用,对非特异免疫功能有刺激作用。

应该注意,中药并非与兴奋剂无关。一些中药本身含有运动员已经禁用的化合物,如温肾补精、益气养血的胎盘(紫河车)含有人绒毛膜促性腺激素;补肾壮阳的鞭类含有性激素;壮肾阳、益精血的鹿茸有含性激素;敛肺、涩肠、止痛的罂粟壳含有吗啡;通络止痛、散结消肿的马钱子含有士的宁;发汗散寒、宣肺平喘、利水消肿的麻黄含有麻黄素。还有一些中成药中添加了禁用的化学合成药物旨在提高药物功效,但却并不都在说明书上列出。此外,一些化学结构清楚的中药单体,虽说作用机制尚不十分清楚,但已显示出明显的抗疲劳作用,它们现在没有被列入 WADA 禁用的兴奋剂药单中,但以后的归属如何尚难以预料。不论以什么理由给运动员使用中药,都应避免误服兴奋剂。

(三)运动营养品与营养素

人们食用的食物种类繁多,品种还在不断更新和增加,但归根到底是人们已知的营养素有蛋白质、脂肪、碳水化合物、矿物质、维生素、水和纤维素，这些都是维持机体正常生长发育及新陈代谢所必需的物质。如果将运动营养品与营养素进行比较会发现，许多运动营养品应归属于营养素，详见表14-2。

表14-2 运动营养品的归属

名 称	归 属	作 用
门冬氨酸钾、钠		加速三羧酸循环中的有氧氧化过程，促进糖和脂肪在运动时的供能
支链氨基酸（BCAA，亮氨酸、异亮氨酸、缬氨酸）		通过降低血中芳香族氨基酸（AAA）与BCAA的比值，竞争抑制AAA通过血脑屏障，降低AAA对中枢的抑制作用，起到抗中枢疲劳作用；可减少运动中糖原的消耗；减少运动中乳酸的生成
甘氨酸、鸟氨酸（可加α-酮戊二酸）、精氨酸		直接刺激脑垂体释放生长激素
色氨酸	氨基酸类及其代谢物	通过促进5-羟色胺合成，刺激生长激素释放
谷氨酰胺		刺激胰岛素分泌，调节蛋白质合成，调节免疫功能
α-酮戊二酸和鸟氨酸（OKG）		作为谷氨酰胺的前体物质，调节胰岛素和生长激素的分泌
β-羟基β-甲基丁酸盐		对肌肉能产生促力作用
磷脂酰丝氨酸		促进肌肉增长，促进睾酮分泌
肌酸		提高骨骼肌中肌酸的含量，增加磷酸原供能系统储备ATP的容量
牛磺酸		促进肌肉快速增长
卵磷脂、泛酸	类脂、维生素	增加脑内乙酰胆碱浓度，促进生长激素分泌
亚油酸、亚麻酸	不饱和脂肪酸	生物膜的重要组成部分，抗氧化剂
L-肉碱	参与脂肪酸氧化过程	在长时间运动中，提高脂肪酸氧化速率，减少糖原消耗
维生素C		清除自由基，有助于睾酮的合成
维生素E	维生素及其前体	减少因运动或其他情况引起自由基增加对机体造成的损伤
β-胡萝卜素		清除自由基
碳酸氢盐、磷酸盐、柠檬酸盐	矿物质和有机酸根	服用碱性盐后，增加体内碱储备，提高血液和组织间液的pH值，减轻运动时肌细胞的酸中毒
铬（有机铬）	微量元素	增加葡萄糖对胰岛素敏感的作用，促进胰岛素发挥作用。有机铬（与二分子烟酸、三分子氨基酸组成的不对称有机络合物）被称作胰岛素辅助因子
锌		产生睾酮需要锌，提高免疫功能，促进生长发育
硒		提高机体抗氧化能力
1,6-二磷酸果糖（FDP）	糖代谢中间体	通过直接供能与促进内源性FDP、二磷酸甘油的生成，加速糖酵解合成ATP，促进红细胞向组织释放氧，抗氧化和清除自由基
丙酮酸盐		减少体内蛋白质分解，促进脂肪利用

既然许多运动营养品可归属于营养素，可见在平衡膳食的基础上有针对性地使用这类运动营养品会达到更好的效果。比如运动引起机体缺锌，会出现贫血、血睾酮低等等，补锌后可明显见效；相反，如果机体的贫血或低血睾酮并非缺锌所致，那么补锌不仅达不到预期的效果，反而会造成不良反应。另外，不恰当地使用运动营养品也有它不利的一面，如过多使用1,6-二磷酸果糖会出现乳酸堆积，大量使用肌酸会出现肌肉发涨甚至有僵硬感，过多使用维生素C会导致结石。根据机体的机能状态和需要，合理地使用运动营养品才能真正达到强力的目的。

三、国内外对强力物质的管理

对于具有强力作用物质的管理，不同国家制定的政策相差甚远，比如，一种叫做去氢表雄酮（DHEA）的化合物，在美国属于普通膳食补充剂（Dietary Supplement），在一些超市就可以买到，但是，根据我国相关的管理规定，这种化合物不属于食品。因此，了解国内外对强力物质管理政策是必要的。

（一）国外对强力物质的管理和分类

1. 国外对强力物质的管理

美国是世界上最大的强力物质生产国，我国乃至欧洲营养品市场上的许多产品都来自美国。美国将运动营养品归于膳食补充剂的范畴，1994年，就通过了膳食补充剂健康与教育法案，法案中明确界定食品、保健食品与药品的定义与管理范畴。该法案对膳食补充剂的定义是：膳食补充剂是一种可以加到膳食中的产品，它可以是下列的一种：维生素、矿物质、草药、植物性物质、氨基酸、其他可补充到膳食中的膳食物质或者是浓缩物、代谢物、组成物、提取物或上述物质的混合物。

这一法案相当宽松灵活，例如：膳食补充剂可以是任何一种形式的胶囊、软凝胶、粉状物、浓缩物或提取物，只要在服用时补充品的成分没有变化（不包括脱水、真空干燥、磨粉或做成药酒、溶液等加工过程），它的成分有一段应用的历史或其他有关安全的证明，就可以证明它是安全的。过去，认定一个保健食品或营养素强化剂有促进健康的功能，必须经过美国食品药品管理局（FDA）审批；现在，美国的有关法案中规定，如果宣称强力物质可以对人体有好处，有一定的保健功能，只要作出这一宣称的同时，在30天内通知FDA备案即可，而且不必经过一系列试验并征得FDA的审批。法案中还规定，可以在标签上说明保健功能以后用粗体字印上"这一说明并没有被FDA所检验。这一产品并不是用来诊断、治疗、治愈或预防任何病"。

美国FDA中提及的具有强力作用的膳食补充剂可以理解为就是运动营养品。需要指出的是，这些运动营养品在美国均属于食品而非药品。在美国，由于厂商研发运动营养品并不需要获得FDA的审批就可以上市，因此，生产厂商无须将资金大量用于功效验证，其产品很快就能形成系列化，厂商主要依靠产品配方理论依据、产品口感和使用效果提高其市场竞争力。

2. 国外对强力物质的分类

目前，各国运动营养品的分类也无统一的标准，如果根据使用运动营养品的目的进行归纳，国外的运动营养品可分为 7 类：

(1) 增强力量和爆发力，促进组织生长和修复。这一类营养品中蛋白粉和其他蛋白制剂销售量最大，其次是肌酸。其他的营养品还有硼、铬、白杨黄素、初乳、HMB、鸟氨酸、α-酮戊二酸、刺蒺藜、钒和锌等。

(2) 减体重和减脂肪。减肥食品中用得最多的是生热制剂和促进脂肪和糖燃烧的肉碱。

(3) 改善能量供给。运动饮料在西方国家同可口可乐平起平坐，运动员还使用重碳酸盐、肌酸、肉碱等制剂。

(4) 增强免疫功能，抗御疾病和感染。免疫系统的刺激剂的种类繁多，主要包括抗氧化剂、蜜花粉、辅酶 Q_{10}、羟甲基丁酸、紫云英（黄芪）、绿藻、海胆甙、虫草、高丽参、谷氨酰胺、多种维生素、肌苷、维生素 C、锌和硒等。

(5) 抗氧化营养素。维生素 C、维生素 E 和维生素 A、硒、辅酶 Q_{10}、锌、铜、镁和铁等都增强抗氧化能力。

(6) 增进关节健康。许多产品可以促进关节健康和减少由于过度使用造成的关节损害，包括抗氧化剂、必需脂肪酸、烟酸、泛酸、维生素 D、硼、钙、水解蛋白酶、氨基葡萄糖、软骨素、甲磺酰甲烷（MSM）、S-腺苷甲硫氨酸（SaME）、2 型胶原质、透明质酸和大豆异黄酮等。

(7) 作用于中枢神经系统。在长时间运动前使用咖啡因有增强运动能力的作用。还有许多草药制剂，如卡瓦根（Kava-Kava）对大脑可以产生镇静、抗焦虑的作用。

（二）国内对强力物质的管理和分类

涉及食品、药品的强力物质原由国家卫生部管理。1998 年我国成立了国家药品监督管理局，在此基础上，2003 年组建了国家食品药品监督管理局，对我国的食品、药品进行专门的管理。

1. 保健食品的管理及分类

1987 年 10 月，卫生部发布《中药保健药品的管理规定》，各省级卫生行政部门可以审批中药保健药品，我国"药健字"制度开始施行。1996 年 7 月，卫生部又发布了《保健食品评审技术规程》和《保健食品功能学评价程序和方法》，并规定保健食品的功能评价要在卫生部认定的功能学检测机构进行，实行省级和卫生部两级审批制度。申请产品在安全性、有效性等方面经卫生部最终审查合格方可获得批准证书，允许该产品使用保健食品标志进入市场。这些规范性文件的出台，使保健食品的评审工作走向科学、规范，为新一轮保健品消费热潮的兴起奠定了基础。2003 年 5 月，卫生部颁布施行《保健食品检验与评价技术规范》新标准，新规范在原有内容基础上作了进一步的细化，并将保健功能扩大为 27 项。2003 年 6 月，国家食品药品监督管理局接管保健食品评审、监督管理工作。2004年1月1日起，在我国取消了"健字号"（中）药品。这意味着在我国一个具有某种或某些功能的可食用物质，它若不属于具有特定保健功能的食品，就应该属于具有治疗作用的药品。

依照《中华人民共和国食品卫生法》和《保健食品检验与功效评价技术规范》，国家食品药品监督管理局对运动营养品进行管理。在我国保健食品管理部门设定的27项食品功能中，增强免疫功能、抗氧化功能、改善睡眠功能、缓解体力疲劳功能、提高抗缺氧耐受能力和改善营养性贫血功能这6项是与运动相关的，因此，绝大部分的运动营养品依照这几类保健食品进行申报，并依据《保健食品检验与功效评价技术规范》进行管理。

2. 与运动营养品有关的行业管理及分类

在我国现行对保健食品与药品进行试验的方法中，均未涉及验证产品是否适合运动员使用、适合什么情况下运动员使用等内容的试验。为了规范运动营养品的注册管理，保证运动营养品的质量，保障运动员的使用安全，2005年7月，国家体育总局依照《中华人民共和国食品卫生法》和国家体育总局《运动营养品使用管理办法》，参照国家食品药品监督管理局《保健食品检验与功效评价技术规范》，初步制定了《运动营养品功效评价程序和方法》。

国内专家依照国家食品药品监督管理局对保健食品的管理方法，将运动营养品暂分为营养素补充品和特定功效营养品两大类。特定功效营养品又可分为：第一，保护关节及软骨；第二，改善肌肉质量；第三，调节内分泌、低血睾酮、月经紊乱；第四，调控体重；第五，消除疲劳和促进恢复；第六，预防运动性贫血；第七，增加能量储备和利用；第八，增强抗过氧化能力；第九，增强免疫功能。

3. 运动营养品功效评价方法

综合运动营养品功效评价的研究报道，所采用的评定指标众多，涉及的学科广泛，有些研究已有相当的深度和难度。但是，由于大家采用的研究方案、测试指标、受试对象的来源、受试者参加实验时的状态，乃至检测仪器都存在着较大的差异，所以研究结果很难相互比较，更难判断在被不同学者证明了明显有效的产品中，哪一种产品更好、更适合自己使用。

《运动营养品功效评价程序和方法》中规定了运动员使用的运动营养品应具备的功效及其评价方法，从试验的选择、受试样品的要求、运动人体试食试验、试验动物的选择、测试方法、功效评价机构、数据统计等方面分别制定了规范要求。在此基础上，《运动营养品功效评价程序和方法》还对各类运动营养品的功效评价程序和方法分别进行了规范。进行保健品功效评价采用的方法涉及到生理、生化、药理、化学、分子生物学等方面。人体实验的功效检验方法和指标举例如下：

（1）调节运动能量的营养品。第一，有氧能力测试：最大摄氧量，递增负荷运动时测定乳酸阈或通气阈，定量负荷运动至力竭的时间，定量负荷运动后心率和血乳酸的恢复速率。第二，无氧能力测试：Wingate试验，以最大无氧功率、平均无氧功率、最大心率及运动后血乳酸和心率的恢复情况来判定无氧能力的改变。第三，能量物质含量：血糖，肌糖原（在条件许可的情况下进行）。

(2) 调节肌肉功能的营养品。第一，肌肉力量测试：采用 Cybex、Biodex 或 Kincom 等动测力计，对某一肌群进行力量测试。在一定的运动范围内，保持一定的运动速度，测定肌肉的扭力。第二，肌肉重量测试：通过身体成分分析测试肌肉重量。

(3) 促进体能恢复的营养品。第一，血清肌酸激酶活力，尿素和氨浓度。第二，血乳酸；第三，尿蛋白；第四，肌糖原（在条件许可的情况下进行）。

(4) 调节体重的营养品。第一，身体成分分析：体重、瘦体重、脂肪重量、体脂比例，身体成分指数等。第二，身体围度测量：身高、体重、腰围、臀围、胸围、臂围、腿围等。

(5) 调节运动性低血睾酮的营养品。测定血清睾酮以及相关激素（LH、FSH 等）浓度。

(6) 调节运动性免疫功能异常的营养品。第一，血清免疫球蛋白 IgA、IgG、IgM。第二，血淋巴细胞亚群，CD4 / CD8。第三，血清谷氨酰胺浓度。第四，血清补体 C3、C4 含量。第五，血清白细胞介素 IL-1、IL-2、IL-6 等。

(7) 防止运动性低血红蛋白或运动性贫血的营养品。血红蛋白（HB）、红血球数（RBC）、血细胞比容（Hct）、红血球分布宽度（RDW）、网织红细胞压积（ReHct）、血清铁蛋白含量（Ferritin）等。

(8) 抗运动引起的过氧化的营养品。血清丙二醛浓度、超氧化物岐化酶活力、谷胱甘肽过氧化物酶活力、谷氨酰胺浓度等。

(9) 其他营养品。依据其产品声称的可能功效设计实验、选择指标进行观察。

《运动营养品功效评价程序和方法》还是一个初步的评价运动营养品功效的行业标准，需要在实践中不断完善。

推荐读物

[1] 杨则宜. 国内外运动营养食品发展现状和趋势 [J]. 食品工业科技，2004 (5)：10-14.

[2] 冯炜权. 某些氨基酸的代谢特点和运动营养——运动生物化学动态之二 [J]. 北京体育大学学报，2000，23 (3)：353-356.

参考文献

[1] Kingsley MI, Miller M, Kilduff LP, et al. Effects of phosphatidylserine on exercise capacity during cycling in active males [J]. Medicine and science in sports and exercise, 2006, 38 (1): 64-71.

[2] Crowe MJ, Weatherson JN, Bowden BF. Effects of dietary leucine supplementation on exercise performance [J]. Eur J Appl Physiol, 2005 (29): 1-9.

[3] Kim SH, Park KS, Chang MJ, et al. Effects of Panax ginseng extract on exercise-induced oxidative stress [J]. The Journal of sports medicine and physi-

cal fitness, 2005, 45 (2): 178-182.

[4] Lim K, Ryu S, Suh H, et al. (−)–Hydroxycitrate ingestion and endurance exercise performance [J]. J Nutr Sci Vitaminol, 2005, 51 (1): 1-7.

[5] Palisin T, Stacy JJ. Beta-hydroxy-beta-Methylbutyrate and its use in athletics [J]. Curr Sports Med Rep, 2005, 4 (4): 220-223.

[6] 王启荣, 杨则宜. HMβ 与运动能力（综述）[J]. 体育科学, 2000, 20 (6): 47-50.

[7] Bemben MG, Lamont HS. Creatine supplementation and exercise performance: recent findings [J]. Sports Med, 2005, 35 (2): 107-125.

[8] Lima WP, Carnevali LC Jr, Eder R, et al. Lipid metabolism in trained rats: effect of guarana (Paullinia cupana Mart.) supplementation [J]. Clin Nutr, 2005, 24 (6): 1019-1028.

[9] Kingsley MI, Wadsworth D, Kilduff LP, et al. Effects of phosphatidylserine on oxidative stress following intermittent running [J]. Med Sci Sports Exerc, 2005, 37 (8): 1300-1306.

[10] Requena B, Zabala M, Padial P, et al. Sodium bicarbonate and sodium citrate: ergogenic aids? [J]. J Strength Cond Res JT, 2005, 19 (1): 213-224.

[11] Goulet ED, Dionne IJ. Assessment of the effects of eleutherococcus senticosus on endurance performance [J]. Int J Sport Nutr Exerc Metab JT, 2005, 15 (1): 75-83.

[12] Rogers NL, Dinges DF. Caffeine: implications for alertness in athletes [J]. Clin Sports Med, 2005, 24 (2): e1-13, x-xi.

[13] Buford BN, Koch AJ. Glycine-arginine-alpha-ketoisocaproic acid improves performance of repeated cycling sprints [J]. Med Sci Sports Exerc, 2004, 36 (4): 583-587.

[14] Ambrose PJ. Drug use in sports: a veritable arena for pharmacists [J]. J Am Pharm Assoc, 2004, 44 (4): 501-514.

[15] Paddon-Jones D, Borsheim E, Wolfe RR. Potential ergogenic effects of arginine and creatine supplementation [J]. J Nutr, 2004 (134): 2888-2894.

[16] Rainer L, Heiss CJ. Conjugated linoleic acid: health implications and effects on body composition [J]. J Am Diet Assoc, 2004, 104 (6): 963-968.

[17] Crowley JJ, Wall C. The use of dietary supplements in a group of potentially elite secondary school athletes [J]. Asia Pac J Clin Nutr, 2004, 13 (Suppl): S39.

[18] Jordan AN, Jurca R, Abraham EH, et al. Effects of oral ATP supplementation on anaerobic power and muscular strength [J]. Med Sci Sports Exerc, 2004, 36 (6): 983-990.

[19] Jeukendrup AE, Aldred S. Fat supplementation, health, and endurance per-

formance [J]. Nutrition, 2004, 20 (7-8): 678-688.

[20] Pigozzi F, Sacchetti M, Di Salvo V, et al. Oral theophylline supplementation and high-intensity intermittent exercise [J]. J Sports Med Phys Fitness, 2003, 43 (4): 535-538.

[21] Juhn MS. Popular sports supplements and ergogenic aids [J]. Sports Med, 2003, 33 (12): 921-939.

[22] Kim H, Park S, Han DS, et al. Octacosanol supplementation increases running endurance time and improves biochemical parameters after exhaustion in trained rats [J]. J Med Food, 2003, 6 (4): 345-351.

[23] Sleivert G, Burke V, Palmer C, et al. The effects of deer antler velvet extract or powder supplementation on aerobic power, erythropoiesis, and muscular strength and endurance characteristics [J]. Int J Sport Nutr Exerc Metab, 2003, 13 (3): 251-265.

[24] Kreider RB, Ferreira MP, Greenwood M, et al. Effects of conjugated linoleic acid supplementation during resistance training on body composition, bone density, strength, and selected hematological markers [J]. J Strength Cond Res, 2002, 16 (3): 325-334.

[25] Balon TW, Jasman AP, Zhu JS. A fermentation product of Cordyceps sinensis increases whole-body insulin sensitivity in rats [J]. J Altern Complement Med, 2002, 8 (3): 315-323.

[26] Youl Kang H, Hwan Kim S, Jun Lee W, et al. Effects of ginseng ingestion on growth hormone, testosterone, cortisol, and insulin-like growth factor 1 responses to acute resistance exercise [J]. J Strength Cond Res, 2002, 16 (2): 179-183.

[27] Engels HJ, Kolokouri I, Cieslak TJ, et al. Effects of ginseng supplementation on supramaximal exercise performance and short-term recovery [J]. J Strength Cond Res, 2001, 15 (3): 290-295.

[28] Shave R, Whyte G, Siemann A, et al. The effects of sodium citrate ingestion on 3,000-meter time-trial performance [J]. J Strength Cond Res JT, 2001, 15 (2): 230-4.

[29] Bucci LR. Selected herbals and human exercise performance [J]. Am J Clin Nutr, 2000, 72 (2): 624S-636S.

[30] Evans WJ. Vitamin E, vitamin C, and exercise [J]. Am J Clin Nutr, 2000, 72 (2): 647S-652S.

[31] Ohtani M, Sugita M, Maruyama K. Amino Acid mixture improves training efficiency in athletes [J]. J Nutr, 2006, 136 (2): 538S-543S.

[32] Krieger JW, Crowe M, Blank SE. Chronic glutamine supplementation increases nasal but not salivary IgA during 9 days of interval training [J]. J Appl

Physiol, 2004, 97 (2): 585-591.

[33] Morillas-Ruiz JM, Villegas Garcia JA, Lopez FJ, et al. Effects of polyphenolic antioxidants on exercise-induced oxidative stress [J]. Clin Nutr, 2006, 25 (3): 444-453.

[34] Shimomura Y, Yamamoto Y, Bajotto G, et al. Nutraceutical effects of branched-chain amino acids on skeletal muscle. J Nutr JT, 2006, 136 (2): 529S-532S.

[35] Bird SP, Tarpenning KM, Marino FE. Effects of liquid carbohydrate / essential amino acid ingestion on acute hormonal response during a single bout of resistance exercise in untrained men [J]. Nutrition, 2006, 22 (4): 367-375.

[36] 郭英杰. 丙酮酸补充对游泳大鼠脂肪代谢的影响及机理研究 [J]. 体育科学, 2006, 26 (1): 62-65.

[37] 杨则宜. 国内外运动营养食品发展现状和趋势 [J]. 食品工业科技, 2004, 25 (5): 10-14.

[38] Belury MA, Moya-Camarena SY, Lu M, et al. Conjugated linoleic acid is an activator and ligand for peroxisome proliferator-activated receptor- (PPAR)[J]. Nutr Res, 2002, 22 (7): 817-824.

[39] 赵君军, 林燕. 补充谷氨酰胺对大强度训练运动员血液生化指标和血浆谷氨酰胺水平的影响 [J]. 湖北体育科技, 2002, 21 (3): 279-281.

[40] 魏守刚, 杨则宜, 高红. 不同运动训练方式和补剂对大鼠肌糖原生物合成的影响 [J]. 中国运动医学杂志, 2003, 22 (1): 35-40.

[41] 汪军, 金丽, 侯晓晖. 联合营养补充对运动员急性减体重期间C—反应蛋白的影响 [J]. 武汉体育学院学报, 2006, 40 (1): 54-56.

[42] 高美丽, 杨建雄. 牛磺酸生物作用及对运动能力的影响 [J]. 陕西师范大学继续教育学报, 2000, 17 (2): 103-105.

[43] 刘建红, 周志宏, 黄金丽, 等. 补充支链氨基酸对划船运动员不同负荷运动后血丙氨酸、葡萄糖及乳酸的影响 [J]. 中国运动医学杂志, 2005, 24 (2): 132-136.

[44] 王启荣, 李肃反, 杨则宜, 等. 补充大豆多肽对中长跑运动员训练期生化指标的影响 [J]. 中国运动医学杂志, 2004, 23 (1): 33-37.

[45] 王启荣, 苟波, 杨则宜, 等. 补充复合抗氧化剂对中长跑运动员身体机能的影响 [J]. 中国运动医学杂志, 2005, 24 (1): 125-127.

[46] Bosco, Tihanyi J. Effect of oral creatine supplementation on jumping and running performance [J]. Lnt J Sports Med, 1997, 1 (18): 369-372.

[47] 邱卓君, 季健民, 黄园, 等. 补充支链氨基酸对运动大鼠脑以及血小板 5-HT_{2A} 受体与螺环哌丁苯结合影响的研究 [J]. 中国运动医学杂志, 2003, 22 (5): 449-452.

[48] 邱卓君, 季健民, 黄园, 等. 补充支链氨基酸对划船运动员血液某些氨基酸

浓度及血小板 5-HT$_{2A}$ 受体与螺环哌丁苯结合的影响 [J]. 中国运动医学杂志, 2005, 24 (6): 655-658.

[49] 李斌, 艾华, 李显. 大剂量补充肌酸抑制大鼠内源性肌酸合成的时间效应 [J]. 中国运动医学杂志, 2005, 24 (1): 39-43.

[50] 李斌, 艾华, 李显. 补充大剂量肌酸抑制运动训练大鼠内源性肌酸的合成 [J]. 中国运动医学杂志, 2005, 24 (3): 297-301.

[51] 李莉, 李显, 阎震, 等. 常规方法（冲击量+维持量）补充肌酸对运动训练大鼠内源性肌酸合成影响的动态观察 [J]. 中国运动医学杂志, 2005, 24 (6): 659-664.

[52] 冯炜权. 某些氨基酸的代谢特点和运动营养——运动生物化学动态之二 [J]. 北京体育大学学报, 2000, 23 (3): 353-356.

[53] 李良鸣, 魏源. 牛磺酸对力竭运动时大鼠脑组织自由基代谢的影响 [J]. 湖北三峡学院学报, 2000, 22 (5): 82-85.

[54] 张宜龙, 陈吉棣. 牛磺酸对长期大强度运动训练后大鼠自由基代谢、膜流动性及 Ca 转运的影响 [J]. 中国运动医学杂志, 1999, 18 (3): 248-251.

[55] 侯香玉, 唐朝枢. 牛磺酸对大鼠运动能力的影响 [J]. 中国运动医学杂志, 1995, 14 (2): 77-78.

[56] 王京钟, 王筱桂. L-肉碱对人体运动能力的影响 [J]. 中国食品添加剂, 2003 (5): 40-43.

[57] 周鞍激. L-肉碱配合有氧运动对肥胖女性脂肪代谢的影响. 天津体院学院学报, 2004, 19 (4): 60-62.

[58] 邱俊强, 冯美云, 杨旭, 等. 补充苹果酸低聚糖饮料对自行车运动员有氧做功能力的影响 [J]. 体育科学, 2004, 24 (9): 24-27, 40.

[59] 李丽艳, 张海风. 共轭亚油酸运动后效应及其生理调控功能 [J]. 中国临床康复, 2005, 9 (28): 216-217.

[60] 张文斌, 王枫. 共轭亚油酸对脂肪代谢的影响及其作用机制 [J]. 国外医学: 卫生学分册, 2004, 31 (3): 175-179.

[61] 刘晓莉, 张晓辉, 兰江. 补充低聚糖对人体大强度运动能力的影响 [J]. 中国临床康复, 2004, 8 (3): 516-517.

[62] 高元元, 胡效芳. 铬与运动机体糖原代谢 [J]. 安徽体育科技, 2005, 26 (1): 42-44.

[63] 张婧, 方卫斌, 熊正英. 硒缺乏对运动能力的影响 [J]. 四川体育科学, 2004, (1): 26-27, 30.

[64] 苏全生, 郑兵, 熊若虹, 等. VC、VE 和硒联合抗氧化剂对大鼠力竭游泳后心肌缺血再灌注损伤的保护 [J]. 成都体育学院学报, 2005, 31 (6): 34-37.

[65] 史亚丽, 刘运祥, 张昌言. 灵芝多糖对小鼠运动能力的影响 [J]. 沈阳体育学院学报, 2005, 24 (5): 59-60.

第十四讲 运动强力（促力）手段

专业名词中英文对照

中文	英文
强力物质	ergogenic aids
肌酸	creatine
β-羟基-β-甲基丁酸盐	β-hydroxy-β-methylbutyrate（HMβ）
氨基酸	amino Acids
支链氨基酸	branched-Chain Acids（BCAA）
共轭亚油酸	conjugated linoleic acid（CLA）
瓜拉那	guarana
羟基柠檬酸	hydroxy-citrate
磷脂酰丝氨酸	phosphatidylserine（PS）
人参提取物	ginseng ingeslion

（北京体育大学 谢敏豪 王馨塘 严翊）

第十五讲　高原训练与低氧训练

【内容提要】

虽然高原训练是提高机体有氧工作能力的有效方法，但是高原低氧会造成 VO_2max 下降，进而导致运动员不能保证正常的训练强度和训练量，严重地影响高原训练的效果。为了弥补高原训练的不足，有效地提高运动员的有氧运动能力，人们提出了间歇性低氧训练法和高住低训等仿高原训练方法。本讲主要阐述了高原训练、间歇性低氧训练和高住低训的产生、发展和在运动实践中的应用，以及它们提高运动能力的生理学基础。

【重要名词】

高原训练：是利用高原低压、低氧环境的刺激激发运动员机体的代偿机制，通过增加训练的难度和负荷量，在体能、生理上充分调动运动员最大运动能力的过程，并刺激人体产生一系列抗缺氧反应的训练方法。

低氧训练：是在运动训练周期中持续或间断采用低氧条件刺激，利用高原自然或人工模拟低氧环境对人体所产生的特殊生物学效应，配合运动训练来增加机体的缺氧程度，以调动体内的机能潜力，从而产生一系列有利于提高运动能力的抗缺氧生理反应及适应，进而达到提高运动成绩的目的。

间歇性低氧暴露：是在平原上借助低氧仪让运动员间歇性地吸入低于正常氧分压的气体，造成体内适度缺氧，导致一系列有利于提高有氧代谢能力的抗缺氧生理、生化适应的训练方法。

高住低训：是在传统高原训练基础上发展起来的一种有效提高运动员耐力水平的科学方法。意思是让运动员居住在 2000~2500m 的高原或人工低氧环境（氧含量在 15.4%~16.4% 之间）中暴露 8~16h，而训练在平原上或正常氧浓度的环境中进行。

现代竞技水平的提高和训练的成效在很大程度上取决于新的、更有效的科学训练方法的开发和运用，而现代科学技术的发展和在运动训练领域的运用又为科学训练开辟了广阔的前景。20 世纪 60 年代，为备战 1968 年墨西哥城奥运会，各国相继选择类似墨西哥城海拔的地域进行适应性训练。经多年研究与实践形成了较为系统的、科学的高原训练（Altitude training）方法，为提高耐力性项目运动成绩探索出一条"新路"。继而，为弥补高原训练的不足，人们在不断地研究"仿高原训练"和"缺氧训练"。80 年代末，苏联的尔·渤·斯特列尔科夫博士在前人研究的基础上，首创了"间歇性低氧暴露法（Intermittent normobaric Hypoxic Exposure，INHE）"；1992年，Levine提出了"高住低训"（Living High，training Low，HiLo）训练法。这些方法与高原训练相得益彰，加速了运动训练科学化的步伐。

一、高原训练

高原训练是利用高原低压、低氧环境的刺激激发运动员机体的代偿机制，通过增加训练的难度和负荷量，在体能、生理上充分调动运动员最大运动能力的过程，并刺激人体产生一系列抗缺氧反应的训练方法。

运动员在高原上进行运动训练受到两方面的缺氧刺激，一方面是大运动量训练所引起的缺氧，另一方面是由于高原气候条件而引起的低氧刺激。这些刺激必将使运动员产生强烈的应激反应，从而调动体内的机能潜力，导致一系列有利于耐力性项目运动员提高运动能力的抗缺氧性生理适应。

（一）高原环境对运动能力的影响

1. 高原气压与空气成分

从海平面起，随着高度的增加，空气压力和成分都会发生相应的变化。其中，氧气浓度随高度的增加而逐渐下降，到3000m时，下降了27.6%（表15-1）。

表15-1　高度、气压和空气成分

高度(m)	气压(mmHg)	氮气(%)	氧气(%)	氢气(%)	二氧化碳(%)
0	760	77.14	20.96	0.01	0.03
500	716	77.89	20.95	0.01	0.03
1000	674	78.02	20.09	0.01	0.03
2000	596	81.24	18.10	0.04	0.01
3000	525	84.26	15.18	0.16	0.02
4000	462	86.42	12.61	0.67	0.00
5000	405	86.78	10.17	2.76	0.00
6000	354	81.22	7.69	10.68	0.00

（引自胡扬. 2003.）

高原气压与空气成分随高度的变化而改变的原因与空气中各成分的物理特性有很大关系。氧气和氮气比重大，因此在大气的下层比较多。而氢气和氦气等由于比重轻，在大气的上层就比较多。所以，人到高原以后，随着高度的增加，空气中的氧气浓度逐渐下降，人体所需要的氧气逐渐减少。

2. 高原缺氧对运动能力的影响

人到高原以后，由于空气密度减小，呼吸时从鼻腔运送空气到肺泡过程中所遇阻力相应减小,十分有利于呼吸道中的气体流动。然而,由于空气成分的改变,人到高原以后呼吸效率会降低,最终造成体内缺氧。随着高度的增加,机体运输氧气的能力逐渐下降,即体内的缺氧程度不断加大,从而造成 VO_2max 降低,影响机体的运动能力。

墨西哥城奥运会各个项目成绩的统计表明,1500m 跑以上项目的运动成绩均明显下降,并且跑距越长,成绩下降越明显。其原因与机体高原缺氧和 VO_2max 减少有关。而小于 1500m 的项目运动成绩没有变化,甚而有所提高,这可能与高原地区空气密度小、运动时遇到的阻力小而运动本身又不需要大量氧气有关。

(二) 高原训练的起源与发展

高原训练起始于 20 世纪 50 年代。当时,苏联研究人员提出,人在高原环境对缺氧可以产生适应;而在高原上同时进行运动训练获得的适应,更有利于使人体呼吸和心血管系统功能得到增强,对提高有氧代谢活动能力和促进运动成绩,特别是对耐力性项目成绩的提高有良好效果。他们在高加索建立了一个海拔 1800m 的高原训练基地,让参加 1956 年墨尔本奥运会的中长跑运动员进行了 20 天的高原训练,取得了较好的效果。

1960 年,埃塞俄比亚运动员 Abebe Bikila 在标高 2500m 的高原进行训练后参加了罗马奥运会,以 2 小时 15 分 16.2 秒的惊人成绩打破了维持 8 年之久的世界最好马拉松成绩。之后,他又用同样方法在 1964 年东京奥运会上以 2 小时 12 分 11.2 秒的成绩打破自己的最好成绩。处于同样地理条件的肯尼亚、坦桑尼亚和摩洛哥的长跑运动员,也相继在长跑项目的比赛上取得了优异成绩。

1966 年 3 月,美国奥委会组织召开了首次国际性高原训练研讨会——"海拔高度对运动机能的影响研讨会",从而奠定了高原训练实践与理论发展的基础。随后,各国为备战 1968 年墨西哥城(海拔 2300m)奥运会进行了适应性高原训练,高原训练引起了国际上的普遍关注,并使高原训练的实践和理论研究得到了进一步发展。

我国在 20 世纪 60 年代初期,也有人对高原训练进行尝试和研究。1973 年 12 月,国家体委首次正式组织国家中长跑、马拉松项目运动员在海拔 1890m 的云南海埂高原训练基地进行了为期 100 天的集训。这次集训虽然有些人的生理指标得到改善,回到平原后运动成绩也普遍得到提高,但由于对高原训练的控制缺少经验,科学监测的手段相对较少,在此期间有较多的运动员出现"过度疲劳"和"血尿"等症状。

80 年代中期,在民主德国教练员执教下的我国国家游泳队开始进行系统的平原—高原交叉训练。同时成立专家研究组,进行了比较系统的监测,取得了高原训练的大量经验和科学数据,为 90 年代我国田径、游泳、自行车等项目系统地进行平原—高原交叉训练积累了经验和教训,奠定了形成我国民族特点的平原—高原—平原交叉训练体系的基础。

目前,世界各地已建成并投入使用的高原训练基地有 60 多个,几乎参加所有奥运会项目的运动员在赛前都会进行一定的高原训练。

(三) 高原训练的生理学基础

机体对高原训练有着复杂的生理效应。它主要包括运动员到高原后的适应过程

("习服")及在高原上训练对机体产生一系列的影响。人体在高原低压缺氧环境下训练，利用高原缺氧和运动双重刺激，使运动员产生强烈的应激反应，以调动体内的机能，从而产生一系列有利于提高运动能力的抗缺氧生理反应。

1. 高原训练对骨骼肌的影响

（1）骨骼肌形态结构和酶活性。组织形态结构的改变和代谢潜能（酶和辅酶等）的变化是密切相关的。一般认为，高原训练使骨骼肌毛细血管增生，以改善组织供氧状况。与此同时，骨骼肌中有氧代谢酶的活性升高，而无氧代谢酶的活性降低。

Vogt 等比较了在低氧下和常氧下采用两种训练强度进行 6 周的耐力训练，结果表明，只有低氧下高强度训练才使毛细血管密度增加，且毛细血管的生长主要与低氧有关，而与训练强度的关系少些。常氧下训练可使肌纤维横断面积显著增加，低氧下训练肌纤维则没有显著改变。但是在低氧环境下进行训练时，肌纤维横断面积、线粒体密度及毛细血管与肌纤维的比例都能增加。

1988 年，Terrados 将 8 名自行车运动员在模拟 2300m 高度的环境下训练 4 周后，发现骨骼肌毛细血管密度增加，糖酵解酶（磷酸果糖激酶）活性下降，运动能力的提高伴随着运动后血乳酸浓度的下降。他们还用阻止肢体血流的方法对 10 名未经训练的男性受试者训练了 4 周，发现与常氧训练腿相比，缺氧训练腿肌组织柠檬酸合成酶活性显著升高，说明缺氧训练可提高有氧代谢的潜能。后来他们在 2300m 高原实地测定了高原训练者的骨骼肌酶，发现氧化酶活性升高，糖酵解酶活性降低。

（2）肌红蛋白浓度。肌红蛋白（myoglobin，Mb）是肌细胞内含铁的蛋白，比血红蛋白有更大的氧亲和力，其主要功能是贮存和运送氧气。早在 20 世纪 60 年代，就有人报道世居在 4400～4500m 高原上的人和动物的 Mb 比世居在平原上的对照组要高。但对平原人到高原后短期内 Mb 的变化，人们一直不清楚。Terrados 等让 8 名自行车运动员在模拟 2300m 高度训练 4 周后，发现股外侧肌中的 Mb 未见增加。如让受试者的一条腿置于模拟 2300m 高度，一条腿保持平原状态，进行 4 周训练后，缺氧训练腿的 Mb 含量轻度增高，正常对照训练腿的 Mb 未见增加。分析其原因，可能与训练强度有关。Vogt 等在模拟 3850m 高度进行不同强度的运动训练，结果发现，6 周训练后，只有高强度组骨骼肌中 MbmRNA 显著增加。因此，高原适应和训练负荷是引起人体 Mb 浓度增加的综合因素。但是，Mb 增加在相当程度上取决于高原训练的强度，当训练强度很高时，Mb 增加的机制才被激发。

（3）蛋白质代谢。研究表明，在 4300m 高原停留 8 天后，体重下降 3%，而在 5300～8000m 停留 3 个月后，体重则下降 15%。在高原上体重的丢失，首先是脱水，其次是脂肪的丢失和骨骼肌质量的下降。但也有人发现，登山者体重的下降，其中 1/3 是体脂，2/3 是肌肉组织丢失。山本正嘉则报道，登山者在 1500～2000m 高度的 15 天中，体重下降 5.1kg，其中体脂 3.8kg，去脂体重 1.3kg。

通过对登山者肌肉活检发现，在骨骼肌质量下降同时存在肌纤维变小的现象。Kayser 认为，肌纤维变小是对高原环境的有益适应，它可缩短氧从毛细血管扩散到线粒体的距离。

高原训练可引起体重下降和骨骼肌组织丢失。翁庆章报道，游泳运动员在1890m高原训练3周期间，体重平均下降2kg，最多下降5kg。Narici等分别在5050m高原和平原上对受试者的上肢进行相同负荷的力量训练，发现高原力量训练导致骨骼肌肥大的程度明显低于平原训练。

高原训练导致骨骼肌质量下降的原因，可能主要是由于激素的变化及缺氧直接对蛋白质合成的影响。急性缺氧可导致人体及大鼠骨骼肌蛋白合成下降。有研究发现，模拟2000m海拔训练1周后，大鼠骨骼肌α-肌动蛋白的基因表达明显降低；回平原训练1周后，表达水平有所增强，但在两周后又有所下降。因此认为，高原训练可导致骨骼肌α-肌动蛋白的基因表达程度降低，进而可在转录水平上抑制α-肌动蛋白的合成。

研究表明，急性缺氧可引起人体蛋白质合成代谢下降50%，而蛋白质分解代谢增加25%。因此，缺氧对蛋白质合成代谢的影响较明显，但其机制目前尚不清楚，有待于进一步研究。

（4）肌肉缓冲能力。Mizuno对10名越野滑雪运动员在2700m训练两周后，用滴定法测试了活检肌肉的缓冲容量，发现高原训练后，腓肠肌和肱三头肌的缓冲容量均增加6%，并且腓肠肌缓冲容量的相应变化与短跑成绩呈正相关（r = 0.83）。返回平原后，尽管肌肉的使用程度有异，但两组肌肉的缓冲容量均见增长。因此，他认为低氧对于缓冲容量的提高可能是一个关键的因素。Saltin也报道，高原训练后，肌肉缓冲能力有所改善。但迄今为止，还没有一个研究能够解释高原（缺氧）训练后肌肉缓冲容量提高的原因。

研究表明，骨骼肌对低氧训练适应的分子机制与低氧诱导因子-1（HIF-1）有关。长时间暴露于低氧状态下，在组织中氧供给和利用没有达到平衡之前，HIF-1 mRNA一直被表达，直至新的平衡建立；当新的平衡建立后，再给予更严重的低氧刺激，HIF-1 mRNA水平又明显增加，说明HIF-1表达与低氧（或缺氧）的程度和时间有明显的依存关系。因此，HIF-1对机体组织在缺氧条件下维持内环境的平衡起着重要的调节作用。

Vogt让30名没有训练的男性自愿者在常氧和低氧（模拟3850m）进行6周不同强度的运动训练，结果发现，低氧训练组HIF-1mRNA显著升高，其中低氧高强度组增加82.4%，低氧低强度组增加78.4%。只有在低氧高强度组中Mb mRNA增加72.2%，血管内皮生长因子（VEGF）mRNA增加52.4%；与此同时，在常氧和低氧条件下，高强度组氧化酶、磷酸果糖激酶（PFK）和热休克蛋白mRNA水平也增加。从而认为，HIF-1作为骨骼肌对低氧训练适应的特殊调节因子，仅在低氧环境下训练才增加，高强度低氧训练可产生更加深远的变化。因此，低氧训练引起骨骼肌HIF-1αmRNA显著上调，并进一步导致VEGF mRNA、肌红蛋白mRNA和糖酵解酶mRNA水平增加，从而使肌肉线粒体和毛细血管的密度增加，氧转运能力增强，葡萄糖跨膜转运能力增加，氧化磷酸化和糖酵解能力增强，有利于运动成绩的提高。

2. 高原训练对心肺功能的影响

（1）高原训练对心血管系统的影响。处于高原时，安静和运动时心率都加快，心率的增加可以补偿氧运输能力的下降，但最大心率和心输出量都有所下降，并且最大心率是随高度的增加而递减，海拔超过 3000m 时最大心率即明显下降。随着对高原的适应，安静心率逐渐恢复至平原水平，甚至更低。高原训练后返回平原，心率低于上高原前，且同级负荷后心率相对更低，表明运动员心率储备增加，有利于运动能力的提高。

Antezana 等研究表明，3000m 高原适应期间植物神经与 β-肾上腺受体作用减弱，使心输出量降低。为与血压和心房血容量变化相适应，心房利钠肽分泌减少。心输出量降低是一种不利的生理适应，但对右心室而言是一种代偿作用。因为高压缺氧训练可引起低氧性肺血管强烈收缩（vasoconstriction），致肺动脉压增高，使右心室泵血减少，正好与左心室泵血减少相适应。Hudlicka 等还在动物实验中发现，心输出量降低可刺激心脏毛细血管生长。随着机体的适应与训练加强，心输出量有所增加，返回平原后心输出量增加表现尤为明显。

（2）高原训练对呼吸系统机能的影响。高原缺氧反射性地引起呼吸加快，从而使肺通气量增加来保证机体获得足够的氧气是其重要的适应性变化之一。在高原低氧环境中，呼吸系统的反应主要表现为呼吸频率加快，肺通气量增加，这种现象称为低氧通气反应，在运动时更为明显。在高原训练期间，由于缺氧与运动的双重刺激，运动员呼吸频率加快，出现明显的过度换气（hyperventilation），易发展为呼吸性碱中毒，使 RBC 中的 2,3-二磷酸甘油酸盐（2,3-DPG）浓度升高，氧离曲线右移，可一定程度上缓解缺氧，呼吸趋于缓和。在呼吸加快和减慢的交替中，使呼吸肌不断得到锻炼，从而有效地提高肺功能。对于高原适应良好者，肺通气量增加的同时，肺泡通气量也相应增加，使肺泡氧分压提高，扩大了血液与组织之间的氧扩散梯度，促进了氧从组织扩散，这有利于气体交换和血氧饱和度的增加以及机体缺氧状态的改善。Mattilav 等研究表明，一周的高原训练可使肺通气量增加 37%。Levine 等报道，普通受试者在 2500m 模拟高度训练 5 周后，低氧通气反应增加。然而优秀运动员高原训练后低氧通气反应减弱，从而可降低呼吸肌的做功，减少呼吸肌的耗氧量，因此，优秀运动员低氧通气反应的这种特点有利于平原运动能力的提高。慢性缺氧引起的肺通气的适应是通过外周化学感受器来实现的，这主要是由于高原氧分压降低，刺激了颈动脉体、主动脉体化学感受器，反射性地引起呼吸运动加强，呼吸频率加快，肺通气量随之增加。

3. 高原训练对血液指标的影响

（1）高原训练与红细胞的生成。很早以前人们就发现，人进入高原后 RBC（红细胞）和 Hb（血红蛋白）将迅速增加。与单纯静居高原相比，高原训练似乎更能促进 RBC 的生成。研究发现，在中等海拔训练组和久居高原安静组之间，前者的网织红细胞明显增加。这表明缺氧和运动这两种刺激是分别起作用的。

国内外对高原训练 RBC 和 Hb 变化的报道较多，并且研究结果大体一致。其总体规律是上高原 1 周后，RBC 和 Hb 都有所升高，但升高的幅度各研究报道有所不同；高原训练 2 周时，RBC 和 Hb 水平接近平原时的水平；3～4 周时，RBC 和 Hb 水平略显下降，有时低于平原时的水平；高原训练回平原后，则较训练前的水平高。

高原训练期间的 RBC 和 Hb 水平的起伏，除受高原缺氧刺激 RBC 生成发生变化外，还受高原脱水、训练量、持续时间及训练强度等因素的影响。

EPO（Erythropoietin，促红细胞生成素）是由肾脏分泌的一种激素，可促进骨髓干细胞分化为原始红细胞，促进RBC的生成，并提早释放网织红细胞进入血液循环，使RBC的总体携氧能力增强。高原低氧是促进EPO分泌的一种非常重要的因素，机体处在缺氧环境中4小时以上，即可引起EPO的急剧升高。随着对高原的适应，EPO刺激骨髓，促进RBC的生成，以维持机体在低氧环境下的正常生理功能。但是高原训练影响EPO分泌的研究结果不尽一致。不少研究表明，高原训练可以促进EPO分泌的显著增加是高原训练的代偿性适应变化。

然而，Berglund发现，对男子和女子滑雪运动员亚高原训练8~10天，网织红细胞数（RC）达最大值，3周的高原训练可导致Hb升高1%~4%，但EPO水平在上高原后即升高，1周后下降，并认为维持高水平EPO并不是在高原上RBC持续增加所必需的。冯连世等人的研究结果也表明，在高原训练1周时，血清EPO水平下降，但RBC、Hb和RC数量却增加；在高原训练4周及高原训练后第3、5周后，EPO水平虽仍低于上高原前的水平，但RBC和Hb却持续升高。因此，认为高水平EPO维持并不是在高原训练期间RBC和Hb持续增加所必需的。

造成高原训练对EPO影响研究结果不同的原因，可能与上高原后取血测试的时间不同及高原训练的高度不同有关。高原训练初期，机体由于缺氧和脱水引起EPO浓度急剧上升；高原习服后，机体建立了代偿机制时，如氧离曲线右移、2,3-DPG增加、Hb合成增加和血细胞压积增加等，可能反馈导致EPO浓度下降并维持在一个较低的水平上。Saltin认为，世居平原的运动员到高原训练3~4天，血清EPO浓度可达到最高水平，继而开始下降。另外，高原训练对EPO的影响可能存在"阈"高度，这个适宜高度为海拔1600~2500m。高原训练的高度偏低时，则对EPO无明显效应。

在高原上，红细胞生成增多是为了增加氧运输能力以代偿因血氧饱和度下降而丧失的动脉氧含量。但在高原上，氧运输能力的增加是一个缓慢的过程，它对高原环境有一个长期的适应，因而高原训练至少应在3周以上。同时，高原训练所获得的红细胞数和血红蛋白量的增加在返回平原后能维持2~3周。

（2）高原训练对红细胞变形能力的影响。在血液成分中，与高原训练关系较密切的是红细胞。由于红细胞的变形性（能力）在很大程度上影响着血液对组织的供氧能力及对CO_2和其他物质的运输能力，因此，红细胞的变形性对运动员的运动能力有着重要的影响。

高原训练对RBC变形性产生复杂和深刻的影响。Schmid等研究发现，高原训练开始后1周，血2,3-DPG提高，并在整个训练期间都保持上升，而血中2,3-DPG能通过改善RBC膜的机能状况使RBC变形性增强。与单纯静居高原相比，高原训练似乎更能促进RBC生成，加速RBC的更新率，从而使幼稚RBC比例提高。高原训练时RBC数和Hb的增加，可缓冲高原上因过度换气和代偿性的肾碳酸氢盐排泄而导致的血液碳酸氢盐浓度减少带来的不利，使得RBC外环境的稳定得以保持，稳定的外环境对RBC变形性有利。在中等海拔，血pH正常，而2,3-DPG上升，也可能使变形性增强。随着高度的上升，碱过量显得更明显，并且2,3-DPG也增加；在高海拔时，呼吸性碱中毒超过了 2,3-DPG 的影响，从而扰乱了 RBC 外环境，有可能使得 RBC 变形性减弱。

高原训练对 RBC 变形性的影响是复杂的。有研究表明，高原训练可在一定程度上提高 RBC 变形性，但不如平原训练显著。通过观察模拟不同海拔训练对大鼠 RBC 变形性的影响发现：平原和高原训练 1 周都可提高大鼠 RBC 的变形性，但高原训练没有平原训练显著；模拟在海拔 2000m 训练时，训练对 RBC 变形性的影响占主导地位，而在 3000~4000m 高海拔训练时，高原缺氧则是影响 RBC 变形性的主要因素。另外，有实验表明，高原训练提高 RBC 变形性主要表现在高原训练后，其中以海拔 2000m 高度训练的效果最佳，并且这种提高可能随着下高原时间的延长而消退。

(3) 高原训练对运动员血液流变学指标的影响。我国高原医学工作者对不同海拔世居和移居者的血液流变学特性进行了研究，发现随海拔高度的不断增高，血液流变学多具有"浓"（血细胞压积增高）、"黏"（全血黏度增高）、"聚"（红细胞电泳时间延长）的典型特点。这些变化是导致高原居民血液动力学改变的一个重要因素。但是在高原上进行运动训练的运动员，其血液流变特征将发生什么样的改变和这种变化对运动员的机能会有什么样的影响，这些方面的研究不多，且在某些问题上有争议。

多数研究表明，高原训练可导致机体红细胞和血红蛋白不同程度地增加，但红细胞和血红蛋白升高的原因是由于红细胞生成的绝对值增加，还是由于血浆渗漏造成血容量或血浆量减少所致是目前存在争议的焦点。目前普遍认为，高原训练对血液红细胞相对数量的影响有可能是血容量减少和红细胞生成增加同时作用的结果。

高原训练的高原缺氧和运动训练的双重刺激对血液流变特征产生复杂和深刻的影响。经过长期训练的运动员，安静时红细胞渗透脆性、血液黏度、红细胞电泳时间、红细胞沉降率比一般人有明显下降；红细胞滤过率和红细胞变形能力比一般人明显增加。由于长期训练使红细胞变形能力增加，血细胞压积减少，运动员安静状态血黏度较一般人明显下降。

血液黏度是血液流变学研究的核心问题，其主要影响因素包括 Hct（Hematocrit，红细胞容积）、血浆黏度、红细胞变形性等，其中 Hct 是影响血液黏度最重要的因素。血细胞压积升高到 50%~60%时，血液黏滞性呈线性增加，当超过这一水平时血液黏滞性则呈指数增加。血细胞压积加大是对高原环境的适应，但若增多过大反而对机体不利。"Hct 最适值"应是 50%左右。适宜的高原训练应控制血细胞压积在最适值范围内，从而使红细胞有效摄氧达到较佳状态，并且对血液黏度也有利。冯连世等人的研究也表明高原训练时血沉、血沉方程 K、纤维蛋白原等下降和网织红细胞增加，并且高原训练对血流特征产生的有利影响在下高原 3 周后得到了充分体现。

红细胞变形性是影响血液黏度的另一重要因素，运动员在高原训练中网织红细胞增加，这是血液红细胞平均年龄下降的表现，而年幼的红细胞比老化红细胞具有更强的变形能力。红细胞变形性的提高对改善血液黏度和提高血液流变性都是大有裨益的。

总之，高原训练后红细胞数增加，红细胞的变形能力增强，血浆黏度降低，使血流阻力减少，血流速度加快，改善了血液的流变特性，有利于血液对各器官及工作肌的灌注，可改善微循环，增强血液的携氧能力和运输营养物质的能力，加快对代谢产物的排除率。同时，还有利于调节体温及激素的体液调节。

4. 高原训练对激素的影响

激素调节与机体的机能状态密切相关。高原训练对激素的影响一直受到人们的关注，但有关这方面的研究报道却不多见，且尚不系统。

(1) 高原训练对儿茶酚胺分泌的影响。Engfred 等发现，与海平面相比，无论在高原还是模拟高原训练条件下进行力竭运动实验后，血液中肾上腺素、去甲肾上腺素、β-内啡肽、生长素、胰高血糖素和胰岛素变化均无显著差异。而 Kraemer 则得出相反的结论：与海平面相比，低氧力竭运动时，肾上腺素、去甲肾上腺素显著升高；与儿茶酚胺分泌有关的促肾上腺皮质激素（ACTH），无论是安静还是在低压舱中，进行定量负荷运动时都比正常对照组显著增加，并认为这种改变有助于提高肾上腺髓质对 ACTH 的敏感性。也有人报道，缺氧结合运动训练，可使运动员尿内儿茶酚胺排泄量明显增高，并发现在较高海拔高度进行同等负荷运动后，运动员尿中去甲肾上腺素的排泄量明显增加，肾上腺素的排泄量明显减少。因此，对运动员尿中去甲肾上腺素排泄量的测定，可了解运动员对高原训练的适应情况。

(2) 高原训练对血清睾酮的影响。睾酮（testosterone，T）是雄性激素，除了具有促进第二性征发育的作用外，还可促进蛋白质合成，使肌肉壮大和体重增加；可刺激红细胞生成，加速血红蛋白合成；可加速体内抗体形成；增强免疫功能和抗感染能力。因此，训练期血睾酮升高有助于运动后的恢复，加速机能提高。

高原训练可使运动员血清睾酮明显下降。冯连世等研究发现，男性运动员上高原 1 周后及 4 周后的血清睾酮值，比上高原前的值分别下降 6.3% 和 19.5%；回到平原第 3 周后的血清睾酮值比上高原前低 18.4%。导致睾酮下降的原因可能是系统的高原训练使机体的消耗睾酮过大，同时睾丸产生睾酮的量下降。但是如果运动员运动能力非常好，对高原气候环境的适应能力强，对高原训练的承受力也大，则血清睾酮的变化不是很明显。

对高原训练时运动员血清游离睾酮（free testosterone，FT）的变化研究较少。冯连世等研究发现，世居平原男运动员在高原训练前后，游离睾酮的变化趋势与睾酮的变化趋势基本保持一致，只是在血清睾酮水平下降时，FT 仍保持在一定的水平上。这可能是高原训练过程中运动员对睾酮下降时保持运动能力的一种适应。有关高原训练前后睾酮和 FT 的变化规律和与运动员机能状态的关系与意义，值得进一步深入观察和研究。

(3) 高原训练对皮质醇的影响。皮质醇（cortisol，C）属于异化激素，它能抑制蛋白质的合成，加速糖原、脂肪和蛋白质的分解，有利于运动时能量供给，在一定意义上它反映了机体对运动负荷的反应程度。高原训练对血浆皮质醇的浓度会产生怎样的影响呢？有研究发现，在缺氧环境中（如高原）运动 20min，血浆皮质醇含量的增加比平原上进行同样的运动要多。钱风雷等报道，6 名游泳运动员在海拔 1890m 的高原训练中，血浆皮质醇第 1、2、3 周均显著上升。但与之相反，赵晋等却发现国家赛艇队（34 人）高原训练后血清皮质醇显著性下降，并推测其原因可能是：第一，在高原上进行长时间的大强度训练，机体消耗很大，导致肾上腺皮质激素耗尽；第二，肾上腺皮质激素并未衰竭，而是机体对训练的适应产生于丘脑下部的腺垂体，通过神经系统调节，使垂体减少了ACTH的释放，从而降低了对肾上腺皮质的刺激，导致皮质醇的下降。冯连世报道，血清皮质醇在下高原3周及5周后仍低于上高原前的水平，这暗示着运动员机能水平通过高原训练已经得到提高。

（4）高原训练对血T／C（睾酮／皮质醇）的影响。在人体内，T是促进蛋白质合成，有利于运动能力提高的激素，而C是减少蛋白质合成，降低运动能力的激素。因此，测定T／C可以了解体内合成代谢与分解代谢的平衡状态，是目前公认的评定和监督过度训练、疲劳消除状况的最灵敏的指标。比值高时，是机能状态好、对运动负荷适应的表现。当身体疲劳或对负荷不适应时，其比值下降。冯连世报道，高原训练后T／C有升有降，从一定意义上反映了机体的机能状况与疲劳积累的程度。他们还观察了6名世居平原的优秀男子中长跑运动员（高原训练组）进行4周1917m高原训练前后血清T、FT、C、T／C和EPO的变化，并与12名世居高原的优秀男子中长跑运动员的数值进行对照分析。研究发现：第一，高原训练组运动员在高原训练中血清T、FT和C水平趋于下降，而血清T／C非常显著地升高；高原训练后血清T、C持续下降。高原训练前后血清T和EPO的变化一致，血清T／C与网织红细胞数的变化保持同步。第二，高原训练对世居平原运动员血清激素的影响作用至少可保持3周。

5. 高原训练与自由基

高原训练是否导致氧自由基过量产生，还没有直接的证据。Roche等（1994）认为，在高原训练期间，头痛、头晕、怠倦和身体酸痛等症状和自由基对组织细胞的破坏有关。众所周知，训练可引起一些清除自由基的物质增加，如SOD（超氧化物歧化酶）和过氧化物酶等，以缓冲自由基对细胞膜脂质双层结构的破坏。实验表明，模拟高原训练的大鼠和平原训练组相比，肌组织SOD活性、谷胱甘肽过氧化物酶（GSH-Px）活性显著增加，脂质过氧化物浓度显著下降。细胞分子生物学研究也表明，机体内普遍存在着一些应激蛋白，如热应激蛋白70（HSP70）可稳定细胞结构以对抗缺氧等应激因素对机体的损伤。缺氧习服可导致HSP70及其相应mRNA水平升高。

运动员在高原训练期间的血清乳酸脱氢酶（LDH）、肌酸激酶（CK）和它们的同功酶水平均有所下降，被认为是高原训练具有稳定组织细胞膜结构的作用。但这种稳定作用是否与组织细胞内的自由基生成和拮抗作用有关，尚需进一步探讨。

（四）影响高原训练效果的因素

可以说，高原训练是一个非常复杂的人体工程，有许多因素，如海拔高度、训练内容、高原停留时间、营养、医务监督、去高原前的训练安排、回平原后参加比赛的时间等，均会影响高原训练的效果。

1. 高度

在高原训练的早期（20世纪五六十年代）选择高原高度的范围较大，在1000~4000m之间。到60年代末期，则多选择在1500~2000m。

从80年代起，训练高度又提高到了2000~2700m。世居高原的埃塞俄比亚运动员多是将赛前高原训练提高到 2700~3000m。近年来，在总结大量研究结果的基础上，国际上已基本认同世居平原的运动员高原训练的最佳高度应为 2000~2500m。低于 2000m，低压缺氧刺激较小，不利于充分挖掘机体的潜力；高于 2500m，则机体难以承受较大的训练负荷，并且不利于训练后的恢复。而对世居高原的运动员高原训练的最佳高度要因其长期居住的海拔而定，在这方面尚缺乏研究。

最近，有关亚高原（1000~1500m）训练正在成为高原训练研究的一个新的热点。有研究表明，亚高原训练也可以提高耐力性项目运动员的运动成绩。

2. 高原训练的持续时间

早期的高原训练的持续时间有 2~3 周不等。最近的研究表明，最适宜的持续时间应为 4~6 周。高原训练时间过短，不利于机体产生适应性变化；高原训练持续时间过长，则不利于机体到平原后的适应性改变。

3. 高原训练的强度控制

高原训练的强度控制是决定高原训练成败的关键。强度过低刺激小，难以收到成效；强度过大刺激深，对适应和恢复不利。一般在高原训练中强度的控制可遵循以下原则：第一，根据运动员训练水平的高低而定，水平高的强度可大些；训练水平低的，强度则适当减小；第二，根据比赛的强度而定，要安排部分接近比赛强度的训练；第三，强度安排必须考虑与上高原前、下高原后的强度衔接起来，下高原前要做充分的有氧耐力训练，下高原后平原训练的强度要高于高原；第四，根据机体对高原环境的适应阶段来安排训练强度。因此，在高原训练期间，应随时进行运动员身体机能的生理生化监测，以调整训练计划，控制训练强度。

4. 高原训练内容

（1）Vigil 的建议。高原训练期间的运动强度可以比平原训练时小一些，运动量可以保持不变。可以将高原训练安排成 3 个阶段：第一阶段为习服阶段（4~6 天），以小负荷进行训练；第二阶段为训练阶段（4~6 周），训练量与平原训练时一样，但强度比平原略减，每 10 千米跑可以慢 2~3min，并注意加强力量训练；第三阶段为回平原的恢复阶段（4~5 天）。

（2）Smith 的建议。跑距减少，跑速与平原时相同，两次跑之间的休息时间延长，跑的组数增加。这样，在高原训练期间从总体上可以保持与平原时基本相同的训练量。

高原训练期间可以安排数次平原训练，每次 5 天左右，以保证运动强度。每周进行 2~3 次的速度练习。

（3）Daniels 的建议。可以进行间断性高原训练。具体过程为：14 天高原训练 — 5 天平原训练 — 14 天高原训练 — 5 天平原训练 — 5 天高原训练 — 10 天平原训练 — 5 天高原训练。

5. 高原训练后到平原比赛的最佳时间

这是影响比赛成绩和观察高原训练效果的另一主要环节。由于不同个体对高原-平原环境改变的适应能力不同及高原训练的负荷不同,到平原后产生最佳高原训练效果的时间也不一致。因此,关于何时参加比赛,一直没有统一的看法。目前,普遍认同的观点是:长跑、马拉松项目的最佳比赛时间为回平原后 4~5 天;中长距离项目 10~14 天;短距离项目 20~26 天,以便回平原后强化速度训练;短跑和跨栏运动员高原训练返回平原后,可出现两个有利于创造最好成绩的"能力高峰期",即高原训练结束后的第 20~21 天和第 39~42 天。而创造优异成绩则要迟至第 53~54 天。我国游泳项目则多采取回平原 5~6 周时参加比赛,以保证回平原后能有较多的时间加强速度和力量训练。

(五) 高原训练中的几个问题

一般人从标高 1200m 开始,随着高度的上升,VO_2max 逐渐下降。其变化指数大约为每升高 1000m,VO_2max 下降 10%。而运动员比一般人更易受到缺氧的影响,在 900m 高度时 VO_2max 即明显降低。

有研究指出,在标高 4300m 处以 100W 负荷运动时,需要 2.1L/min 的吸氧量。但是,由于在 4300m 处 VO_2max 下降了 25%,即由平地的 4.1L/min 下降到 3.1L/min,运动强度则由平地的 50% VO_2max 增大到 70%。其意义在于,进行高原训练时只需较小的运动强度即可达到平原锻炼心肺功能的效果。若以平原同样负荷运动,则能进一步增加体内缺氧程度,刺激人体产生更大的抗缺氧反应。因此,高原训练的主要表现在于对机体的刺激深刻,可望得到超量恢复,提高机体的机能贮备。通过高原训练,可最大限度地挖掘机体抗缺氧和耐酸潜能及抵抗恶劣环境的能力。但是,在高原训练的过程中还存在许多生理学问题。

1. 高原训练提高运动能力的局限性

通过对现有的研究进行比较发现,高原训练的效果并不尽如人意。例如,Peronnet 以 1968 年为限,对 1956—1991 年间的 1500m、5000m 和 10000m 跑的世界纪录及每年这些项目世界前 10 名运动员的最好成绩进行了统计学处理,发现从 1968 年正式展开高原训练以后,运动成绩的提高速率并不比 1968 年以前大。

此外,Baily 调查了 1984 年以后发表的有关高原训练方面的 22 篇论文,发现其中只有 8 篇涉及回平原后的运动能力,并且这 8 篇里面报告回平原后运动能力有显著性提高的仅两三篇。以后,Baily 又进一步调查了 1950 年以来所发表的有关高原训练对回平原后运动能力影响方面的 91 篇论文,发现其中有 64 篇没有实验对照组,而且即使有实验对照组的 15 篇论文中,也仅有 4 篇论文报告了回平原后运动能力有显著的提高。也就是说,迄今为止,关于高原训练的有效性的证明并不充分。

2. 高原训练难以保持与平原相似的训练强度

实践表明,由于高原缺氧造成的 VO_2max 降低,以及运动后的疲劳难以消除,运动员在训练时很难保持与平原相同的物理强度。一般情况下,2000m 高度时运动强度下降 15%,而 3000m 高度时运动强度仅达平原的 55%。

3. 骨骼肌蛋白质合成降低

高原缺氧引起骨骼肌血流量及蛋白质合成降低，肌纤维变细，肌肉萎缩，在运动能力上表现为肌肉力量的丢失，从而导致速度的丢失。

另外，高原训练时，平原—高原—平原的环境转换造成身体不适应，身体反应大；红细胞增多造成血液黏度高，不利于氧的运输；运动员消耗大，易出现疲劳、伤病等。

综上所述，高原训练受众多因素的影响和制约，并且利与弊共存。高原训练是否能有效地提高运动能力则有赖于利弊之间的平衡。当有利反应大于不利影响时，高原训练可以提高回平原后的运动能力；反之，运动能力不能提高，甚至会下降。因此，如何保持高原训练中的运动强度，在发展机体运氧和利用氧气能力的同时，又能促进肌肉的运动能力引起了人们的广泛关注。

二、低氧训练

虽然高原训练现在已被广泛用于中长跑、马拉松、游泳、自行车等运动项目，以提高运动员的竞技运动能力，但是也存在着许多不利于肌肉工作能力发展的因素。为了使运动员能够得到低氧刺激，又能避免高原训练的不利影响，广大体育科研工作者借鉴医学界低氧的研究成果，提出并探索出一些新的低氧训练模式。

（一）低氧训练的概念与发展

1. 低氧训练的概念

低氧训练（Hypoxic training）是在运动训练周期中持续或间断采用低氧条件刺激，利用高原自然或人工模拟的低氧环境对人体所产生的特殊生物学效应，配合运动训练来增加机体的缺氧程度，以调动体内的机能潜力，从而产生一系列有利于提高运动能力的抗缺氧生理反应及适应，进而达到提高运动成绩的目的。在我国，低氧训练主要包括间歇性低氧训练、高住低练、低住高练等新的人工模拟低氧训练方式。

2. 低氧训练的发生和发展

20 世纪 80 年代末，苏联科学家谢切诺夫和医科大学教授尔·勃·斯特列尔科夫在前人的工作基础上，在医学领域首先创立了间歇性低氧训练，有效地改善了病人的体质。该国临床医学研究所所长卡尔琴斯卡娅在此基础上，结合运动训练的特征，在体育领域首先介绍和组织了间歇性低氧训练，将低氧训练推向一个新的高度。之后，许多国家将间歇性低氧训练运用到不同水平、不同运动项目的专业运动员。1991 年，Levine 和他的同事介绍了另一种低氧训练的新方法——HiLo（高住低练）训练法。HiLo 训练法一经提出，立即引起有关专家、学者们的注意，并做了许多实验来证明其有效性。美国、芬兰、日本、俄罗斯、澳大利亚等国家很快在这方面大量投资，作了很多基础研究，并开始转向实际应用。最先将这一方法用于运动训练的可能是芬兰奥林匹克研究所的 Rusko 博士，他于 1992 年设计并建成了著名的"Alps Room"。继芬兰之后，俄罗斯、瑞典、挪威、日本、美国、澳大利亚等国很快建立了 HiLo 实验室和训练中心。

我国最早开展 HiLo 研究的是山东省体育科学研究中心。他们于 1998 年建成低压氧舱，并承担了《我国田径耐力性项目模拟高原训练的研究》课题。他们的研究表明，6 位优秀中长跑运动员经 3 周的 HiLo，血红蛋白和无氧阈速度显著提高，并在随后的全国田径锦标赛上，有 3 人获得 4 项第 1 名。现在，我国已有许多省市的体育科研单位，如上海、江苏、山东、北京、河北、黑龙江、湖南、广西、深圳等，都拥有低氧设备用于 HiLo 研究与应用。北京体育大学在国家体育总局的支持下于 2002 年底建成了低氧实验室，包括两间低氧卧室（兼带低氧训练用）、1 间监控室。他们正计划建立一个拥有 30 间低氧卧室、1 间低氧训练室、1 间高氧恢复室的大型低氧训练中心，可同时供 50 人低氧居住，10 人低氧训练。从发展来看，"HiLo"大有取代传统高原训练法的趋势。

（二）HiLo

1. HiLo 的概念

"HiLo"（高住低练），取英文 living high，由 training low 中 high 的 hi 和 low 的 lo 组合而成。直译过来就是高住低练，是在传统高原训练基础上发展起来的一种有效提高运动员耐力水平的科学方法。意思是让运动员居住在 2000~2500m 的高原或人工低氧环境（氧含量在 15.4%~16.4% 之间）中暴露 8~16h，而训练在平原上或正常氧浓度的环境中进行。

从理论上讲，HiLo 既可以通过低氧刺激提高机体运送和利用氧气能力，又可以解决目前常用的传统的高原训练法中的许多不足之处，如肌肉因长期缺氧造成的萎缩、最大吸氧量下降造成的训练强度降低，以及过度训练的易发性等，从而保证运动强度和运动量，甚至在 Hb 增高的情况下增加运动强度和运动量，以提高骨骼肌的运动能力。

2. HiLo 对机体运动能力的影响

1996 年，Levine 和 Stray-Gundersen 做的经典的高住低练实验：将 39 名长跑运动员随机分成 3 个实验组，第 1 组为高住高练组（高原训练组），受试者在 2500m 高原训练和生活；第 2 组为高住低练组（HiLo 组），受试者居住在 2500m 高原，训练在 1250m 高度的地方；第 3 组为低住低练组（平原训练组），受试者在平原训练和生活。结果表明，经 4 周训练后，高原训练组和 HiLo 组最大摄氧量平均增加了 5%，红细胞平均增加了 9%，血红蛋白浓度增加了 10%。但从运动能力来看，仅 HiLo 训练组显示了能力的改善，5000m 跑成绩提高了 1.3%，平原训练组无论是生理机能还是运动能力均无显著性变化。以后，Stray-Gundersen 组织了 22 名美国优秀中长跑运动员进行 4 周 2500m 高住 1300m 低训发现，HiLo 不仅增加了这些优秀运动员的 RBC、Hb，而且 3000m 跑成绩提高了 1.2%，VO_2max 增加了 3%，有 1/3 的人达到自己的最好成绩。山地将受试者分为 2 组，一组在相当于 3000m 高度的低氧舱每天睡眠 8 小时，并以血乳酸 4mmol 时的速度在常氧环境下训练1小时；另一组则生活、运动（负荷与前者一样）在相同高度的低氧舱。试验表明，5天以后HiLo组在一定负荷下的跑步持续时间延长了20%，明显大于生活、训练在低氧环境组（此组仅有4%的延长）。Hiller让优秀铁人三项运动员每天居住在海拔2100m 12～15h，训练在平原，共30天，发现VO$_2$max增加了7.9%，自行车做功能力增加了21.8%。瘦体重在HiLo初始阶段有所下降，但到后期恢复到HiLo前水平。Uchimaru将10名越野滑雪运动员随机分为HiLo组和对照组，HiLo组每天在15.4%O$_2$环境下生活14h，白天与对照组进行同样的训练，共14天。结果表明，虽然HiLo组RBC、Hb没有显著性增加，但EPO和网织红细胞明显高于对照组，VO$_2$max增加了12%。

3. HiLo提高运动能力的生理学机制

（1）HiLo可以提高机体运输O$_2$的能力。研究表明，HiLo与高原训练一样，可以通过缺氧刺激提高血液中RBC、Hb和Hct。Levine发现，经过HiLo 4周后，运动员RBC平均增加9%。Gundersend报道，22名优秀运动员经过27天的HiLo，Hb由13.3g/dl±0.2g/dl增至14.3g/dl±0.2g/dl；Hct由41.0%±2.5%增至42.8%±2.8%。另有资料表明：7名受试者通过高住低训后，Hb平均升高了20%，RBC增加了19%，Hct升高了19.5%。RBC、Hb、Hct的增加可以加强血液携带氧的能力，有利于运动中对各器官及工作肌的氧灌注，提高人体耐力。

为了确切了解HiLo实施过程中血液指标的变化规律，李晓霞等让受试者每天低压低氧（2500m模拟高度）暴露12小时，常压常氧环境下进行一次3000m跑，在为期4周的试验过程中，每3～4天取受试者指血测定RBC、Hb、Hct等血象指标。结果表明，HiLo初期，RBC、Hb、Hct即有所升高，第19天后达到最高峰，并可维持到试验结束，从而认为，以2500m高度实施HiLo时，其间断性低氧暴露期间在3周以上才能取得较好的效果。

从RBC等血液指标的变化，可以看出HiLo与传统的高原训练是有一定区别的。据报道，高原训练中RBC等血液指标的变化规律一般是：上高原1周后，RBC和Hb有所升高；以后，RBC和Hb逐渐下降；2周后RBC和Hb水平接近平原时的水平；3～4周时，RBC和Hb水平略显下降，有时低于平原时的水平。而HiLo可以使RBC等血液指标始终维持在一个较高水平，后期还会出现一个高峰。训练期间，RBC等血象指标高水平的维持，有助于在常氧环境下保持，甚至提高训练强度。

李晓霞等研究发现，EPO在HiLo初期变化不大，11天后出现高峰。与RBC等血液指标的变化结合起来看，HiLo初期的RBC等血象指标的升高非EPO源性变化所致，其后期变化与EPO有关。HiLo初期的RBC的变化，可能与脾脏等储血器官释放红细胞以及高海拔引起皮肤失水、血液浓缩和红细胞相对增多有关。

（2）HiLo可以提高骨骼肌抗氧化能力。雷明光等将大鼠置于12.17%O$_2$环境中饲养，常氧环境下训练（5次/周，70%VO$_2$max强度跑台运动），共10周。结果表明，最后一次训练48h后腓肠肌MDA含量明显减少，cGPx活性显著增加，提示骨骼肌抗氧化能力经HiLo后有所提高。由于骨骼肌抗氧化能力的提高，HiLo大鼠更容易完成

90min 的大强度训练。

4. HiHiLo（高住高练低训）的提出与应用

高原缺氧造成的 VO_2max 降低，从训练角度看对运动员保持与平原相同的运动量和训练强度是不利的，但从生理负荷角度看却有一定的积极意义。在高原训练时，只需较小的运动强度即可达到在平原训练时的心肺功能的效果。若以平原同样负荷运动时，则能进一步增加体内缺氧程度，刺激人体产生更大的抗缺氧反应。从理论上讲运动员是可以通过高原缺氧和运动这两方面的合成作用来提高耐力的。

表 15-2 所示的是传统的高原训练与 HiLo 的比较。很明显，HiLo 缺乏低氧运动对心肺功能的强烈刺激。因此，HiLo 结合部分低氧运动，训练效果应该更好。这种方式则称为 HiHiLo，是让运动员居住在人工低氧环境，训练采用以常氧训练为主、低氧运动为辅的方式进行。前岛将参加奥运会的速滑运动员分为两组，第 1 组（HiHiLo 组）每天低氧暴露 10h，并在常氧环境下的正常训练中加入 1h 的低氧训练；第 2 组（HiLo 组）的训练内容与前组相同，但没有低氧训练。经两周训练后发现，HiHiLo 组在渐增负荷中血乳酸的变化明显低于训练前，而 HiLo 组基本没有什么变化。从功率自行车最大输出功率来看，HiHiLo 组的增加最明显。

表 15-2　模拟高原训练——HiLo 与 HiHiLo 比较

	运输 O_2 能力	心肺功能	骨骼肌能力
高原训练	+	+	↓
HiLo	+	-	+
HiHiLo	+	+	+

+：促进作用。-：缺乏刺激。↓：抑制作用。　　　　　　　　　　　　（引自：胡扬. 2005.）

胡扬等让 8 名国家队女子中长跑运动员每晚 $15.4\%O_2$ 低氧暴露 10 小时，白天在常氧环境下训练，每周在功率自行车上进行 3 次 $40min 80\% VO_2max$ 强度的低氧运动（$15.4\%O_2$）。测定 HiHiLo 前后常氧环境下的 VO_2max 和力竭时间、低氧环境下的 PWC_{170}，以及 HiHiLo 实施过程中急性低氧暴露 10 小时和最后一次低氧运动时的 SpO_2、HR、RPE。结果表明，HiHiLo 后，低氧运动过程中 SpO_2 下降幅度和 HR、RPE 上升幅度减小；低氧环境下 PWC_{170} 显著提高；多数人的 VO_2max 明显提高，力竭运动时间显著延长。以同样的实验计划让男子现代五项运动员进行 HiHiLo 后，SpO_2、HR、RPE、PWC_{170} 的变化与国家队女子中长跑运动员相同，且 200m 自由泳成绩平均提高了近 3s。

5. HiLo、HiHiLo 应用中需解决的问题

（1）HiLo、HiHiLo 应用中免疫机能下降问题。周帆扬等测定了 4 周 HiLo 前后红细胞 C_{3b} 受体花环率（RBC-C_{3b}RR）和红细胞免疫复合物花环率（RBC-ICR），以研究 HiLo 对红细胞天然免疫功能的影响。结果表明，HiLo 4 周后与实验前相比，HiLo 组 RBC-C_{3b}RR 下降明显，RBC-ICR 呈显著性升高。提示 HiLo 对红细胞免疫功能可能有抑

制作用。低氧刺激、训练、环境气候、HiLo 持续时间均可能是导致继发性红细胞免疫活性低下的原因。张勇等研究发现，自行车运动员模拟低住高练 1 周免疫指标未发生显著改变，但两周后，$CD4^+$ 和 $CD4^+/CD8^+$ 下降，NK 细胞活性增加，白细胞数量和淋巴细胞数量先增加后持续下降。Tiollier 也研究表明，HiLo 可使机体黏膜免疫功能显著降低。免疫能力低下，将不利于运动员进行大运动量训练，易感染疾病。因此，HiLo、HiHiLo 实施过程中如何维持运动员正常的免疫功能是一个重要的问题。

(2) 低氧训练适应的个体差异问题。胡扬等的研究表明，运动员对低氧训练的适应存在着较大的个体差异，如何针对运动员的个体差异制定出具有个性特征的低氧暴露计划，是取得更好训练效果的保证。因此，研究可以预测和评价个体低氧训练适应能力的指标受到越来越多的学者们的关注。

(三) INHE

1. INHE 的概念

INHE（间歇性低氧暴露）来源于英语 intermittent normobaric hypoxic exposure，是 20 世纪 80 年代初由苏联科学家尔·勃·斯特列尔科夫提出来的一种提高人体有氧耐力的方法。其原理是在平原上借助低氧仪让运动员间歇性地吸入低于正常氧分压的气体，造成体内适度缺氧，导致一系列有利于提高有氧代谢能力的抗缺氧生理、生化适应。

目前，根据训练所使用的气体中的氧浓度，INHE 可分为轻度 INHE（氧浓度 18%～20.9%，相当于海拔 1000m 以下）、中度 INHE（氧浓度 15%～17%，相当于海拔 1500～2500m）、大强度 INHE（氧浓度 11%～14%，相当于海拔 3500～5000m）和超强度 INHE（氧浓度 10%，相当于海拔 5800m）。

运动训练中大多使用中度和大强度的 INHE。方法是吸入含氧量为 10%～12% 的低氧混合气 4～5min，然后正常呼吸常氧空气，接着给予低氧刺激 5min，4～6 个循环/天，15～20 天为一个阶段。由于 INHE 所用设备造价低廉，移动性好，因此吸引了不少学者的兴趣。研究表明，INHE 可以作为一种辅助训练手段，与常规训练穿插进行，提高运动员有氧能力。

2. INHE 对运动能力的影响

Berezovskii 测定了受试者 INHE 前后的 PWC_{170}，发现在"INHE"前仅有 70% 的人能够达到预计的体力负荷水平。而 INHE 后达到或超过预计值的人为 97%，并且基础值较低的人提高幅度达 30%～35%，基础值较高的人提高幅度仅 10%。另外，受试者在 INHE 后进行递增负荷（50—100—150BT）运动时的心率比 INHE 前下降 5～15 次/min。李强等人的研究也证明，受试者经过 4 周的 INHE 后，通气无氧阈出现的时间推迟，无氧阈心率降低，但功率提高。在完成定量负荷时，呼吸频率、呼吸商、运动后血乳酸和心率均低于 INHE 前。因此认为 INHE 可有效提高运动员有氧运动能力，对挖掘机体最大潜能和提高机体极限做功能力有积极作用。

3. INHE 提高运动能力的生理、生化机制

（1）INHE 对血液系统的影响。Berezovskii 让受试者每天低氧（11%～14%）暴露 30～45min，持续 24 天，发现受试者 Hb、RBC 和网织红细胞显著增加。Benoit 让长跑运动员进行一个月的 INHE，也发现 Hb 及 RBC 明显增高，血液运输氧气的能力显著提高，运动员的速度加快。然而，也有一些研究未能证实 INHE 提高 Hb 及 RBC 的作用。如 Koistinen 发现，INHE 后虽然受试者的 EPO、2,3-DPG、血浆可溶性转铁蛋白受体和血浆铁蛋白等明显提高，但 Hb 及 RBC 均未发生明显变化。Garcia 研究了每天两小时、持续 12 天、氧浓度为 13% 的 INHE，发现除网织红细胞显著增加外，Hb 和 RBC 均没有变化。研究结果上的不同，可能与氧浓度、低氧暴露时间和周期等实验条件不同有关。

（2）INHE 对呼吸系统的影响。INHE 过程中吸入的低氧气体，使动脉氧分压和血氧饱和度下降，刺激主动脉和颈动脉体化学感受器，反射性地促进呼吸中枢兴奋，使呼吸加深、加快。长期的 INHE 可以使呼吸系统调节机能增强，表现为运动时每分通气量、肺活量和肺总容量增长，保证了机体在剧烈运动时动脉血氧分压及血氧饱和度维持在较高水平。

研究表明，间歇性低氧训练使运动员在运动时动脉血氧饱和度增加，动脉血氧分压升高，每分通气量增加，心脏收缩力增大，心率下降，运动时所能承受的最大运动负荷增大，最大工作时间延长。

（3）INHE 对心血管系统的影响。一定时间的间歇性低氧训练，使心血管系统的结构和调节功能发生改变，耐缺氧能力提高。表现为安静时心率和舒张压降低，每搏输出量明显增加；在完成同等负荷时，心率和每搏输出量下降，心肌表面氧分压明显增高。这表明间歇性低氧训练可提高运动员心血管系统机能。另有研究表明，其他指标如心输出量、心搏指数、心脏指数等也有明显增加。INHE 使心功能加强的机制与低氧气体吸入后引起交感-肾上腺轴的活动反射性增强，从而使心肌收缩力加强，心率加快，外周血管舒张。心功能的加强无疑对提高运动员有氧耐力有很大帮助。

（4）INHE 对骨骼肌能量代谢的影响。间歇性低氧训练对骨骼肌的影响主要是增加骨骼肌组织储存氧（肌红蛋白）的能力，并改善骨骼肌的微循环，增加细胞从低氧血和血浆中摄取氧的能力，增加线粒体的数量和体积，改善呼吸链的功能，促进关键氧化酶和抗氧化酶系活性的提高。

Koshelev 等研究发现，成年大鼠进行两周的间歇性低氧训练后，骨骼肌毛细血管密度增加。雷志平认为，间歇性低氧训练通过提高脑、心肌、骨骼肌等组织细胞色素氧化酶和琥珀酸脱氢酶活性，以提高组织利用氧的效率，从而有效提高机体有氧代谢能力。

Green 比较了常氧训练和 INHE（13.5% 低氧，每周 3 次，持续 8 周）对骨骼肌 Na^+-K^+-ATPase 浓度及柠檬酸合成酶活性的影响。发现 INHE 使骨骼肌 Na^+-K^+-ATPase 浓度降低了 14%，而柠檬酸合成酶活性提高了 70%。常氧训练组上述两项指标均明显提高，分别上升了 14% 和 51%。表明单纯的低氧暴露就可以提高骨骼肌有氧代谢能力。但有实验发现，持续 4 周 INHE 可以提高小鼠骨骼肌中乳酸脱氧酶及己糖激酶活性，可是苹果酸脱氢酶及柠檬酸合成酶活性下降。因此，INHE 对骨骼肌能量代谢的影响还

有待于进一步研究。

综上所述,高原训练和低氧训练都是利用低氧刺激使运动员机体产生特殊的生理、生化效应,提高机体的抗缺氧能力,进而使运动员的有氧代谢能力得到提高。但是二者也存在很大的差异。从本质上说,低氧训练是利用单纯低氧环境来刺激机体的抗缺氧能力,试图在平原上模拟高原低氧,提高机体运动能力的效果,既可以保持正常的运动强度进行训练,又可以稳定提高运动员的有氧代谢能力。从理论上说,可以部分弥补传统高原训练的不足。但在运动实践中,此类方法由于低氧刺激的持续时间较短,对机体心肺功能刺激不如高原训练明显,尤其在提高血液运输氧气的能力和肌肉利用氧气的能力等方面,与传统高原训练相比还有一定的差距。但是,高原训练提高机体的有氧代谢能力的稳定性较差,即适应高原训练的运动员,有氧代谢能力提高非常明显;而不适应的运动员,运动能力提高甚少,甚至会降低。因此,对能适应高原训练的运动员,在条件允许的情况下,最好还是采用传统的高原训练方法,并注意总结经验和探索规律;对不适应高原训练的运动员,低氧训练则是一种非常有益的辅助训练手段。

推荐读物

[1] 胡扬. 模拟高原训练的新发展——从 HiLo 到 HiHiLo [J]. 中国运动医学杂志, 2005, 24 (1): 69-72.

[2] 赵鹏, 冯连世. 新的低氧训练模式研究及应用进展 [J]. 体育科学, 2005, 25 (6): 70-74.

参考文献

[1] 冯连世. 高原训练及其研究现状(待续)[J]. 体育科学, 1999, 19 (5): 64-66.

[2] 冯连世. 高原训练及其研究现状(续完)[J]. 体育科学, 1999, 19 (6): 66-71.

[3] 冯连世, 赵中应, 洪平, 等. 模拟高原训练对大鼠促红细胞生成素(EPO)表达的影响 [J]. 中国运动医学杂志, 2001, 20 (4): 358-360.

[4] 冯连世, 洪平, 宗丕芳, 等. 高原训练对男子中长跑运动员血清激素的影响 [J]. 体育科学, 2000, 20 (4): 49-52.

[5] 胡扬, 黄亚茹. 耐力训练的新方法——高住低训(HiLo)[J]. 体育科学, 2001, 21 (2): 66-70.

[6] 胡扬. 高原训练与 HiLo [M] // 田野. 运动生理学高级教程. 北京: 高等教育出版社, 2003: 432-451.

[7] 胡扬. 模拟高原训练的新发展——从 HiLo 到 HiHiLo [J]. 中国运动医学杂志, 2005, 24 (1): 69-72.

[8] 赵鹏, 冯连世. 新的低氧训练模式研究及应用进展 [J]. 体育科学, 2005, 25 (6): 70-74.

[9] 张勇, 李之俊. 模拟低住高练(LoHi)对自行车运动员免疫功能的影响 [J]. 体育科学, 2005, 25 (11): 26-28.

[10] 汤强, 姜文凯. HIF-1 与肌肉糖酵解酶 [J]. 体育与科学, 2004, 25 (4): 66-69.

[11] 刘建红，周志宏，欧明毫，等. 低氧诱导因子-1与低氧训练 [J]. 中国运动医学杂志，2003，22（6）：600-602.

[12] 李世成，田野. 模拟高原训练对小鼠骨骼肌LDH同功酶谱的影响 [J]. 武汉体育学院学报，2000，34（3）：74-77.

[13] 王荣辉，邢文华，刘桂华，等. 模拟不同海拔高度低氧训练对大鼠腓肠肌LDH和MDH活性的影响 [J]. 体育科学，1998，18（5）：75-78.

[14] 钱风雷. 高原训练对游泳运动员血浆睾酮/皮质醇和促性腺激素的影响 [J]. 上海体育科研，1993，(1)：33-36.

[15] 赵晋，王庆昌，刘爱杰，等. 高原训练对我国优秀赛艇运动员血清睾酮、皮质醇及血睾酮/皮质醇的影响 [J]. 中国运动医学杂志，1997,16（2）：137-139.

[16] 叶鸣，雷志平. 间歇性低氧训练在运动训练中应用的研究进展 [J]. 中国运动医学杂志，2002,21(5)：495-498.

[17] 孔兆伟，田野，胡扬. 用低氧屋进行间隙性低氧暴露对足球运动员血象指标和运动能力的影响 [J]. 体育科学，2003，23：127-131.

[18] 李晓霞，胡扬，田中，等. 高住低训对运动员身体成分的影响 [J]. 沈阳体育学院学报，2004，23（3）：424-425.

[19] 李晓霞. 高住低训中红细胞等血象指标变化规律及机制的研究 [J]. 北京体育大学硕士学位论文. 2002.

[20] 浅野胜己. 高原训练的生理学意义和最新动向 [J]. 临床运动医学，1999，16：505-516.

[21] 雷明光，何文革，张贵友，等. 模拟高住低训对大鼠腓肠肌抗氧化能力的影响 [J]. 中国运动医学杂志，2003，22（6）：606-608.

[22] 周帆扬，张缨，胡扬. 4周高住低训对红细胞免疫能力的影响 [J]. 体育科学，2003，23：132-135.

[23] 刘晔，刘桂华，陈珑. 模拟海拔2000m和3000m高原训练的不同时程对大鼠骨骼肌蛋白质代谢的影响 [J]. 北京体育大学学报，2002，25（2）：191-193.

[24] 李强，高伟，魏宏文. 间歇性低氧刺激对运动能力影响的实验研究 [J]. 体育科学，2001，21（3）：62-65.

[25] 雷志平. 间歇性低氧训练与高原训练的比较研究 [J]. 西安体育学院学报，1997，14（3）：57-61.

[26] Roels B, Hellard P, Schmitt L, et al. Is it more effective for highly trained swimmers to live and train at 1200 m than at 1850 m in terms of performance and haematological benefits? [J] Br J Sports Med, 2006, 40（2）：e4.

[27] Wehrlin JP, Marti B. Live high-train low associated with increased haemoglobin mass as preparation for the 2003 World Championships in two native European world class runners [J]. Br J Sports Med, 2006, 40（2）：e3.

[28] Brugniaux JV, Schmitt L, Robach P, et al. Living high-training low: tolerance and acclimatization in elite endurance athletes [J]. Eur J Appl Physiol,

2006, 96 (1): 66-77.

[29] Mazzeo RS. Altitude, exercise and immune function [J]. Exerc Immunol Rev, 2005 (11): 6-16.

[30] Morton JP, Cable NT. The effects of intermittent hypoxic training on aerobic and anaerobic performance. [J] Ergonomics, 2005, 48 (11-14): 1535-1546.

[31] Robach P, Schmitt L, Brugniaux JV, et al. Living high-training low: effect on erythropoiesis and aerobic performance in highly-trained swimmers [J]. Eur J Appl Physiol, 2006, 96 (4): 423-433.

[32] Friedmann B, Frese F, Menold E, et al. Individual variation in the erythropoietic response to altitude training in elite junior swimmers [J]. Br J Sports Med, 2005, 39 (3): 148-153.

[33] Povea C, Schmitt L, Brugniaux J, et al. Effects of intermittent hypoxia on heart rate variability during rest and exercise [J]. High Alt Med Biol, 2005, 6 (3): 215-225.

[34] Brugniaux JV, Schmitt L, Robach P, et al. Eighteen days of "living high, training low" stimulate erythropoiesis and enhance aerobic performance in elite middle-distance runners [J]. J Appl Physiol, 2006, 100 (1): 203-211.

[35] Rusko HK, Tikkanen HO, Peltonen JE. Altitude and endurance training [J]. J Sports Sci, 2004, 22 (10): 928-944.

[36] Tiollier E, Schmitt L, Burnat P, et al. Living high-training low altitude training: effects on mucosal immunity [J]. Eur J Appl Physiol, 2005, 94 (3): 298-304.

[37] Reboul C, Tanguy S, Juan JM, et al. Cardiac remodeling and functional adaptations consecutive to altitude training in rats: implications for sea level aerobic performance [J]. J Appl Physiol, 2005, 98 (1): 83-92.

[38] Beidleman BA, Muza SR, Fulco CS, et al. Intermittent altitude exposures improve muscular performance at 4,300m [J]. J Appl Physiol, 2003, 95 (5): 1824-1832.

[39] Roberts AD, Clark SA, Townsend NE, et al. Changes in performance, maximal oxygen uptake and maximal accumulated oxygen deficit after 5, 10 and 15 days of live high: train low altitude exposure [J]. Eur J Appl Physiol, 2003, 88 (4-5): 390-395.

[40] Schmidt W, Heinicke K, Rojas J, et al. Blood volume and hemoglobin mass in endurance athletes from moderate altitude [J]. Med Sci Sports Exerc, 2002, 34 (12): 1934-1940.

[41] Dehnert C, Hutler M, Liu Y, et al. Erythropoiesis and performance after two weeks of living high and training low in well trained triathletes [J]. Int J Sports Med, 2002, 23 (8): 561-566.

[42] Truijens MJ, Toussaint HM, Dow J, et al. Effect of high-intensity hypoxic

training on sea-level swimming performances [J]. J Appl Physiol, 2003, 94 (2): 733-743.

[43] Vogt M, Billeter R, Hoppeler H. Effect of hypoxia on muscular performance capacity "living·low-training high" [J]. Ther Umsch, 2003, 60 (7): 419-424.

[44] Rusko HK, Tikkanen HO, Peltonen JE. Oxygen Manipulation as an Ergogenic Aid [J]. Curr Sports Med Rep, 2003, 2 (4): 233-238.

[45] Schena F, Cuzzolin L, Rossi L, et al. Plasma nitrite/nitrate and erythropoietin levels in cross-country skiers during altitude training [J]. J Sports Med Phys Fitness, 2002, 42 (2): 129-134.

[46] Dehnert C, Hutler M, Liu Y, et al. Erythropoiesis and performance after two weeks of living high and training low in well trained triathletes [J]. Int J Sports Med, 2002, 23 (8): 561-566.

[47] Levine BD, Stray-Gundersen J. The effects of altitude training are mediated primarily by acclimatization, rather than by hypoxic exercise [J]. Adv Exp Med Biol, 2001 (502): 75-88.

[48] Hoppeler H, Vogt M. Hypoxia training for sea-level performance. Training high-living low [J]. Adv Exp Med Biol, 2001 (502): 61-73.

[49] Geiser J, Vogt M, Billeter R, et al. Training high-living low: changes of aerobic performance and muscle structure with training at simulated altitude [J]. Int J Sports Med, 2001, 22 (8): 579-585.

[50] Mathieu-Costello O. Muscle adaptation to altitude: tissue capillarity and capacity for aerobic metabolism [J]. High Alt Med Biol, 2001, 2 (3): 413-425.

[51] Masuda K, Okazaki K, Kuno S, et al. Endurance training under 2500-m hypoxia does not increase myoglobin content in human skeletal muscle [J]. Eur J Appl Physiol, 2001, 85 (5): 486-490.

[52] Hoppeler H, Vogt M. Muscle tissue adaptations to hypoxia [J]. J Exp Biol, 2001, 204 (Pt 18): 3133-3139.

[53] Stray-Gundersen J, Chapman RF, Levine BD. "Living high-training low" altitude training improves sea level performance in male and female elite runners [J]. J Appl Physiol, 2001, 91 (3): 1113-1120.

[54] Wozniak A, Drewa G, Chesy G, et al. Effect of altitude training on the peroxidation and antioxidant enzymes in sportsmen [J]. Med Sci Sports Exerc, 2001, 33 (7): 1109-1113.

[55] Vogt M, Puntschart A, Geiser J, et al. Molecular adaptations in human skeletal muscle to endurance training under simulated hypoxic conditions [J]. J Appl Physiol, 2001, 91 (1): 173-182.

[56] Meeuwsen T, Hendriksen IJ, Holewijn M. Training-induced increases in sea-level performance are enhanced by acute intermittent hypobaric hypoxia [J].

Eur J Appl Physiol, 2001, 84 (4): 283-290.

[57] Henderson KK, Clancy RL, Gonzalez NC. Living and training in moderate hypoxia does not improve VO$_2$ max more than living and training in normoxia [J]. J Appl Physiol, 2001, 90 (6): 2057-2062.

[58] Wilber RL. Current trends in altitude training [J]. Sports Med, 2001, 31 (4): 249-265.

[59] Lee KC, Asano K, Hu Y. Effects of combining of an exercise training and an exposure to hypoxia on growth rate, food intake, oxygen transporting capacity, muscle oxidative capacity, and exercise performance in rats [J]. Adv Exerc Sports Physiol, 1999 (5): 71-77.

[60] Gore CJ, Hahn A, Rice A, Bourdon P, et al. Altitude training at 2690m does not increase total haemoglobin mass or sea level VO$_2$max in world champion track cyclists [J]. J Sci Med Sport, 1998, 1 (3): 156-170.

[61] Chapman RF, Stray-Gundersen J, Levine BD. Individual variation in response to altitude training [J]. J Appl Physiol, 1998, 85 (4): 1448-1456.

[62] Boning D, Maassen N, Jochum F, et al. After-effects of a high altitude expedition on blood [J]. Int J Sports Med, 1997, 18 (3): 179-185.

[63] Rusko HR. New Aspects of Altitude Training [J]. Am J Sports Med, 1996, 24 (6 suppl): s48-52.

[64] Mairbaurl H. Red blood cell function in hypoxia at altitude and exercise [J]. Int J Sports Med, 1994, 15 (2): 51-63.

[65] Engfred K, Kjaer M, Secher NH, et al. Hypoxia and training-induced adaptation of hormonal responses to exercise in humans [J]. Eur J Appl. Occup Physiol, 1994, 68 (4): 303-309.

[66] Berglund B. High-altitude training. Aspects of haematological adaptation [J]. Sports Med, 1992, 14 (5): 289-303.

[67] Levine BD, Friedman DB, Engfred K, et al. The effects of Normoxic or hypobaric endurance training on the hypoxic ventilatory response [J]. Med Sci Sports Exerc, 1992, 24 (7): 769-775.

[68] Terrados N. Altitude training and muscle metabolism [J]. Int J Sports Med, 1992, 13 (suppl 1): s206-208.

[69] Levine BD, Stray-Gundersen J, Duham E G, et al. "Living High Training Low": the effects of altitude acclimatization/normoxic training in trained runners [J]. Med Sci Sports Exerc, 1991, 23: s25.

[70] Bigard AX, Brunet A, Guezennec CY, et al. Skeletal muscle changes after endurance training at high altitude [J]. J Appl Physiol, 1991, 71 (6): 2114-2121.

[71] Bigard AX, Brunet A, Guezennec CY, et al. Effects of chronic hypoxia and

endurance training on muscle capillarity in rats [J]. Pflugers Arch, 1991, 419 (3-4): 225-229.

[72] Mizuno M, Juel C, Bro-Rasmussen T, et al. Limb skeletal muscle adaptation in athletes after training at altitude [J]. J Appl Physiol, 1990, 68 (2): 496-502.

[73] Terrados N, Jansson E, Sylven C, et al. Is hypoxia a stimulus for synthesis of oxidative enzymes and myoglobin? [J] J Appl Physiol, 1990, 68 (6): 2369-2372.

[74] Terrdos N, Melichna J, Sylven C, et al. Effects of training at simulated altitude on performance and muscle metabolic capacity in competitive road cyclists [J]. Eur J Appl Physiol Occup Physiol, 1988, 57 (2): 203-209.

[75] Berglund B, Birgegard G, Hemmingsson P. Serum erythropoietin in cross-country skiers [J]. Med Sci Sports Exerc, 1988, 20 (2): 208-209.

专业名词中英文对照

中文	英文
红细胞	red blood cell (RBC)
促红细胞生成素	erythropoietin (EPO)
高原训练	altitude training
低氧训练	hypoxicTraining
间歇性低氧暴露	intermittent normobaric Hypoxic exposure (INHE)
高住低训	living High, training Low (HiLo)

(扬州大学　金其贯)

第十六讲　运动训练的生物学监控

> **【内容提要】**
>
> 科学的训练监控是训练科学化的重要组成部分，运动训练的生物学监控是根据运动人体科学的原理，运用生理、生化指标对训练计划、训练效果和运动员的身体机能进行分析与评定以辅助教练员实施训练控制的方法。本讲主要阐述了训练的生物学监控过程中主要与心血管、代谢、氧气的运输、神经内分泌功能、骨骼肌损伤以及免疫功能等有关的生理、生化指标与评定方法。由于运动员控减体重期间的训练具有自身的特点，因此，对其进行的生物学监控指标的评价也具有特殊性。同时，在训练过程中科学地监控运动员的营养状况，对保证训练和提高训练效果具有非常重要的意义。
>
> **【重要名词】**
>
> **无氧功**：也称无氧功率，是指机体在最短时间内、在无氧条件下发挥出最大力量和速度的能力。
>
> **尿肌酐系数**：24h 内每千克体重尿肌酐的排泄量，即尿肌酐系数 = 24h 尿肌酐排泄总量/体重（mg/kg体重）。
>
> **运动性血尿**：是由运动训练所引起的血尿，可分为肉眼血尿和尿潜血。如果尿色正常，但在显微镜下可见红细胞则称为尿潜血。
>
> **最大摄氧量平台**：是指在测定 VO_2max 时，当强度持续增加，而 VO_2 水平不再增加，VO_2 在最高水平所能维持的时间。是另一个反映人体有氧代谢能力的重要指标。
>
> **运动训练的生物学监控**：是根据运动人体科学的原理，运用一些生理、生化指标来掌握运动时物质代谢、能量代谢的特点，科学地控制运动负荷、评定身体机能状态和训练效果的方法。

随着科学技术和竞技体育的迅速发展，运动训练的科学化越来越受到重视，而科学的训练监控是训练科学化的重要组成部分。特别是在运动成绩越来越高、国际竞赛日益激烈的情况下，训练方法的有效性、针对性和创新性是提高运动能力、充分挖掘机体潜能的首要条件。同时，为了避免过度训练（Overtraining）和运动损伤的发生，对运动训练进行科学的监控，是提高运动训练水平和运动员竞技能力的重要保证。

第十六讲 运动训练的生物学监控

一、概述

(一) 运动训练生物学监控的概念

训练监控是在运动训练过程中，运用一定的测量指标对训练计划、训练效果和训练质量进行分析与评价以辅助教练员实施训练控制的方法。由于运动时人体内发生的一系列生理生化变化是机体对所承受运动负荷的反应，这些生理、生化的动态变化可以正确地反映机体对运动训练的应激能力和适应状况。因此，运动训练的生物学监控是根据运动人体科学的原理，运用一些生理、生化指标来掌握运动时物质代谢、能量代谢的特点，科学地控制运动负荷、评定身体机能状态和训练效果的方法。

(二) 运动训练生物学监控的方法

运动训练的生物学监控主要有实验室监控和运动场监控两种方法。

1. 实验室监控法

实验室监控法是指在实验室条件下，采用生理、生化测量系统对训练方法、运动员的训练水平、运动能力进行定量监控。其优点是在实验室条件下进行监控可最大限度地排除气候、场地、技术等对训练的影响，可对训练的基本过程进行定量的测量和实施控制。主要缺点是不能完全反映和控制运动员的专项运动能力。

2. 运动场监控法

运动场监控法是指在训练场上对实际训练计划、训练效果和训练质量进行检查、评价并实施控制。其优点是紧密结合训练的专项特点，通过专项训练手段，将运动员在专项中的训练情况综合地反映出来。缺点是不能对构成训练的基本成分进行准确的定量测量。此外，由于无法排除肌肉力量、速度、协调性、专项技术等因素的影响，所测量的专项能力实际上是一种综合能力的反映，因而以此为依据进行的训练控制精确性受到一定程度的影响。

运动场监控方法主要有两种：一种是通过专门训练器械测量、分析和评价运动员的专项训练水平，并对具体训练手段实施控制。例如，在游泳池通过专项水上牵引器，按设定的速度和间歇时间进行递增速度训练，测试运动员训练后的血乳酸，以评价运动员的个体无氧阈训练水平，确定个体无氧阈的训练速度。另一种方法是通过专项训练手段来测量、分析和评价运动员的专项训练水平，并对具体训练手段实施控制。比如，在田径中长跑项目中，首先，根据运动员的训练经验将全程分成若干个分段距离；其次，分析分段距离的训练成绩、速度变化及与比赛成绩的关系；第三，运用便携式心率遥测仪、便携式气体代谢分析仪、便携式血乳酸测试仪等，定量分析分段距离的负荷强度；最后，将对比赛成绩贡献率较大的分段距离作为监控运动员专项耐力指标，并建立相应的评定和训练控制标准。

二、运动训练生物学监控中常用的指标

(一) 心血管机能的监控指标

心脏作为人体血液流动的动力器官,在维持正常的血液循环,确保各组织、器官的血液与营养物质的供应上发挥着重要作用。对运动员而言,良好的心脏泵血功能尤为重要。研究证实,剧烈运动时,机体各组织、器官的血液发生重新分配,心输出量的80%~90%供给运动的骨骼肌。因此,运动员心血管功能的监控作为运动医学监督的中心环节,在运动员身体机能评定与训练监控中发挥重要作用。

1. 心率 (Heart Rate, HR)

由于正常情况下脉率和心率是一致的,因此在运动实践中,多用脉率代表心率。常用的心率有基础心率、安静心率、运动时心率和运动后心率。

基础心率是指清晨起床前空腹卧位时的心率。基础心率较为稳定,运动员的基础心率随着训练年限的延长和训练水平的提高而减慢。在训练过程中,如果运动员的基础心率逐渐下降,说明运动员的身体机能增强;如果基础心率突然加快或减慢,提示运动员身体机能下降或发生过度疲劳。

安静时心率的变化有明显的个体差异。正常健康成人安静时心率为60~100b/min,优秀运动员为40~50b/min,个别优秀耐力性项目运动员只有30b/min。与正常人相比,运动员每搏输出量明显增大,每分心输出量变化不大,说明在安静状态下运动员心脏保持着良好的能量节省化状态,心肌耗氧、耗能量维持在最低水平,保持着良好的心力储备。

运动时心率与运动强度有关,强度越大,心率越快。极限负荷时心率可达180b/min以上,次极限负荷时心率可达170b/min左右,一般负荷时心率只有140b/min左右。运动时心率增加到极大限度时叫最大心率。最大心率随年龄增长而逐渐减少,一般可用220减去年龄来估算。最大心率与安静时心率之差称为心率储备,表示人体运动时心率可能增加的潜在能力。

在定量负荷时,运动员心率上升幅度越小,提示运动员身体机能状况越好。运动训练后运动员进行定量负荷运动时的最大心率值降低,则表明运动员的身体机能增强。运动员在运动时,心脏储备充分动员,心脏泵血功能明显增强。其主要表现为:第一,心率增快,可达180~200b/min。第二,心脏收缩时尽量排空,使心脏收缩末期容积明显降低。心脏舒张期回心血量增加,心脏舒张末期容积增大,从而使心脏前负荷增大。第三,每搏输出量和每分心输出量明显增大,可达35~45L/min,相当于安静状态的8~10倍。

同时,可以用运动后心率恢复的速度和程度衡量运动员对训练负荷的适应水平或身体机能状况。定量负荷后,运动员心率恢复加快,提示运动员对训练负荷适应或机能状况良好。

2. 血压（Blood Pressure，BP）

运动中血压的变化与运动强度有关，大强度运动后收缩压上升和舒张压下降比较明显，且恢复较快，表明身体机能良好。运动后收缩压明显上升，舒张压亦上升或血压反应与强度刺激不一致，恢复时间延长等说明机能状况不佳。运动时脉压差增加的程度比平时减少或出现梯形反应、无休止音及运动过程中收缩压突然下降达 20mmHg 时，预示运动员机能不良。

在长时间大强度专项和力量训练时，运动员的舒张压可上升，经调整训练后能恢复。但如果不及时调整，血压可继续上升，运动员随之出现失眠、头痛、训练欲望下降和专项素质下降。因此，在日常训练中，如果连续数周出现：第一，安静舒张压增加超过自己日常水平 10mmHg；第二，安静脉压差减少超过自己日常水平 20mmHg；第三，安静心率增加超过自己日常水平 6b/min，特别是在调整训练阶段出现上述情况时，提示运动员的身体机能状况不佳。

联合机能试验是实践中评价运动员心血管功能的常用方法之一。其负荷试验由三部分组成：第一，30s 内 20 次全蹲起，然后连续测脉率和血压 3min；第二，15s 原地快跑，然后连续测脉率和血压 4min；第三，3min（女 2min）原地慢跑，然后连续测脉搏和血压 5min。评定参数为脉率、血压及其恢复时间。正常反应是脉率和收缩压适当增高，在负荷后 1min 达到高峰；舒张压变化不大，而且恢复较快（6~8min）。如果脉搏和收缩压在负荷后 2~3min 才出现高峰或呈梯形上升，或舒张压为无休止音，说明运动员心血管机能欠佳，有早期过度训练的迹象。如果在负荷后脉率和收缩压出现分离现象，即脉率明显增高，而收缩压变化不大，脉压差减小，说明运动员心血管机能明显下降，存在过度训练或过度疲劳症状。

（二）氧转运功能的监控指标

1. Hb（Hemoglobin，血红蛋白）

Hb 俗称血红素，是红细胞中一种含铁的蛋白质，是氧转运环节的核心物质，其主要生理功能是运输氧和二氧化碳，并对酸性物质起缓冲作用，参与体内酸碱平衡的调节。我国正常人 Hb 的含量男性为 120~160g/L，女性为 110~150g/L。运动员安静时 Hb 值范围与正常人基本一致。因此，运动员贫血的诊断标准与普通人一致，即 Hb 值男性低于 120g/L，女性低于 110g/L，14 岁以下男女低于 120g/L，作为贫血的参考值。

目前认为，男运动员 Hb 在 160g/L、女运动员在 140g/L 左右时最适宜发挥人体的最大有氧代谢能力。Hb 含量高，其结合的氧量多。但 Hb 含量并不是越高越好，因为 Hb 太高使红细胞内黏度增加，红细胞变形能力下降，血液黏稠度上升，血流速度减慢。使用 EPO 及血液回输技术可以使 Hb 浓度达到 180g/L，甚至更高的水平，这不仅不利于氧的运输，还会影响运动员的身体健康。

运动员在大运动量训练开始时，由于红细胞破坏增多，易出现 Hb 下降。经过一个阶段训练后，身体对运动量适应后 Hb 的浓度又会回升，这是机能改善和运动能力提高的表现，此时运动员参加比赛成绩一般较好；如果训练一个阶段后 Hb 水平仍未回升，甚至还有下降的趋势，此时应注意调整训练计划和比赛安排，并加强营养的补充。当运动员 Hb 水平较训练前下降 10% 时，比赛成绩大多不好；当下降 20% 时，运动成绩就会明显下降。因此，定期测定 Hb 含量有助于了解运动员的营养、对负荷的适应及身体机能水平等情况。一旦发现运动性贫血，应及时查找原因，并针对不同原因给予相应的营养补充和药物治疗。

在运动实践中应用 Hb 指标时要注意以下几点：第一，不同部位采血测定的 Hb 结果有一定的差别，因此需要固定采血部位才可对 Hb 含量进行连续比较。在实践中多在指尖取血，有些项目如手球、篮球运动员手部接触物品较多，可采集耳垂血进行测定。第二，因一天之内 Hb 也有波动，所以最好固定取样时间。第三，运动员 Hb 个体差异较大，在训练监控时，应建立个体 Hb 浓度评价标准，特别是对优秀运动员来说更为重要，可在系统测试的基础上，进行个体的纵向比较。

2. MHb（methemoglobin，高铁血红蛋白）

MHb 是 Hb 中的铁离子被氧化后形成的。正常生理状态下，血液中 MHb 含量甚微，约为 $0.3 \sim 1.3 g/L$。运动时，红细胞内乳酸浓度升高，pH 值下降，氧合血红蛋白解离度增大，超氧自由基生成增多，氧合血红蛋白转变为 MHb 的速率加快；同时，由于红细胞的还原容量有限，会使氧化还原失衡，MHb 的含量就会上升。溶血发生后，游离 Hb 在血液中存在 1h 以上，就可以氧化成 MHb，进而分解为高铁血红素。因此，运动过程中如有溶血发生，则血液中 MHb 含量会随溶血的程度而增加。

由于 MHb 在生理条件下不能与氧气结合，因此，在运动训练过程中测定 MHb 含量，可以了解运动员机体对训练的应激情况和血液的实际载氧能力。无论运动员全血 Hb 浓度下降与否，MHb 含量上升且超过正常水平，均表明血液实际载氧能力下降。

大负荷训练初期，血液中 MHb 水平在正常范围上限或略高于正常范围。若经过一个阶段的训练后，MHb 含量逐渐下降，则表明运动员基本适应训练的安排。在这种情况下，无须调整训练计划，只需增加抗氧化营养物质，如维生素 E、维生素 C 等。如果经过一个阶段训练后，血液 MHb 水平逐渐增高或较正常范围有大幅度的上升，则表明有红细胞损伤及溶血的发生，此时须调整训练计划，减小负荷，还要加强蛋白质、抗氧化营养物质和富含铁质的营养品的补充，以便改善铁代谢，防止运动性贫血的发生。

3. 血清铁（Serum Iron）和血清铁蛋白（Serum Ferritin, SF）

铁是机体合成 Hb 的重要原料。研究表明，运动员需铁量和排铁量增加，而铁的供给量不足，容易导致机体缺铁。因此，长期的运动训练使机体铁的储量显著减少，从而导致血清铁和 SF 水平的下降。由于铁的营养状态直接影响到运动员的运动能力，因此，经常监测运动员的血清铁和 SF 状况，对于保护运动员健康和提高运动能力有重要意义。

SF 是反映体内铁储备最敏感的指标之一。当 $SF < 20 ng/ml$ 时，表示体内储存铁缺

乏；当 SF < 12ng / ml 时，表明体内严重缺铁，并常伴随骨髓铁不足。

（三）代谢能力的监控指标

物质代谢和能量代谢是人体各器官机能活动的基础，应用机体代谢规律来监控运动员的机能水平和指导训练，可以有效促进运动能力提高，是训练科学化的标志之一。

目前，在运动训练中常用来监控物质能量代谢程度和运动员代谢能力的指标主要包括血乳酸、血尿素、血氨、尿液生化指标及无氧功、最大摄氧量和无氧阈等。

1. 血乳酸（Blood Lactate）

乳酸是机体在供氧不足时通过糖酵解途径生成的。在正常安静状态时，即使机体有充足的氧气供给，有些组织如视网膜、红细胞等仍然依靠糖酵解供能，所以，在安静时人体也有乳酸生成。

运动时骨骼肌是产生乳酸的主要场所，且乳酸的生成量与收缩肌纤维的类型和代谢速率有关。正常时，骨骼肌乳酸浓度约为 1mmol / kg 湿肌，血乳酸浓度保持在 1~2mmol / L。激烈运动时肌乳酸迅速增多，肌乳酸与血乳酸之间的浓度平衡大约需要 4~10min。通过测定血乳酸可以了解体内乳酸生成和代谢变化的特点，作为训练中监控运动强度的依据或评价运动员无氧代谢和有氧代谢的能力。

血乳酸的变化和运动时动用的能量系统有关系，运动时以动用磷酸原供能为主时，血乳酸较少，一般不超过 4mmol / L；以糖酵解系统供能为主时，可达 15mmol / L 以上；以有氧氧化系统供能为主时，则维持在 4mmol / L 左右。

安静时，运动员血乳酸浓度与常人无差异，但是在赛前情绪紧张时，由于肾上腺分泌增多，血乳酸浓度有可能升高到 3mmol / L 左右。运动时血乳酸浓度上升，上升的起始运动强度约在 50%~60%VO_2max，耐力运动员由于有氧代谢能力强，升高的起始强度可推迟到 60%~70%VO_2max。因此，运动时血乳酸浓度的变化与运动强度有关。在短时间剧烈运动时，如 1~3min 全力跑后，血乳酸浓度可达到 15mmol / L 以上，短时间间歇运动时最高可达 32mmol / L，在长时间耐力运动后血乳酸浓度上升较少。同时，训练水平可影响运动后血乳酸浓度。速度耐力性运动项目的高水平运动员，运动成绩越好，血乳酸最大浓度也越高；耐力性运动项目的运动员，在完成相同亚极量运动时，优秀运动员血乳酸浓度相对较低。这一特点可用来评定运动员的训练水平。若对同一个体大运动量训练前后血乳酸值进行比较，可以评定训练效果。

运动后血乳酸的恢复速率还可以反映机体有氧代谢能力，恢复速度快表示有氧代谢能力强。另外，运动后血乳酸的恢复速率还受休息方式的影响，低强度的活动性休息比静止性休息时血乳酸清除速率快，利于运动后的恢复。研究表明，一般利用 45% VO_2max 的强度进行恢复性训练时，血乳酸的清除速率最快。

2. 血尿素（Blood Urea，BU）

尿素是蛋白质和氨基酸分子内的氨基在肝细胞内经鸟氨酸循环合成。在正常生理状态下，尿素的生成和消除处于平衡状态，血尿素水平保持相对稳定。由于训练使运动员体内蛋白质代谢保持较高的水平，且可能影响肝、肾的功能。因此，运动员血尿素安静值常常处于正常范围的偏高水平，我国优秀运动员晨起血尿素的正常范围为 4～7mmol/L。

血尿素在运动实践中的应用非常广泛，它是评定训练负荷量和机能恢复的重要指标。一般在运动前后和次日晨起取微量（20μl）指血测定。

一般在 30min 以内的训练课中，血尿素水平变化不大；当运动时间长于 30min 时，血尿素水平才明显增高。优秀运动员一次训练课后，负荷量以次日晨起血尿素水平在 8.0mmol/L 以下较为合适。负荷量越大或机体适应越差，血尿素水平上升越明显，恢复也可能较慢。在实际应用时，还需根据运动员身体状况和训练水平，结合其他的生理生化指标及主观疲劳感觉指数进行综合评价。

在训练周期中，通过监控血尿素水平可评定训练负荷的大小和训练后身体恢复状况：第一，大负荷量训练日的次日晨增加，但在训练调整期结束时能恢复正常水平，则评定为训练负荷量合理；第二，大负荷量训练日的次日晨起值无明显变化，则评定为训练负荷量不足；第三，在大负荷量训练日的次日晨上升，并持续至训练周期结束，则训练负荷量过大。

在训练期中，对运动负荷适应、恢复能力良好、身体机能状态较好者，晨起血尿素安静值为 4～7mmol/L；对训练负荷不适应和身体机能状态差者，则运动后血尿素上升幅度大，次日晨起甚至于第 3 日晨起时仍较高。

在实际应用中，训练后血尿素值增幅较小、恢复也快的运动员，能承受大负荷量的训练，而增幅大且不易恢复的运动员难以承受大负荷量的训练。在赛前最佳状态时，优秀运动员晨起血尿素值应在正常参考范围的上限。

在评价血尿素变化时应注意以下几点：第一，血尿素有一定的个体差异，评价时要进行纵向的系统分析和比较；第二，血尿素水平与蛋白质的代谢关系紧密，在高蛋白饮食后，过量蛋白质会在体内代谢转化引起血尿素的增高，这要与训练所致的增高相区别；第三，运动员在控体重期间，安静时的血尿素水平较高。

3. 血氨（Blood Amnonia，BA）

氨（Amnonia）是蛋白质和氨基酸的氨基代谢产物。血氨水平是氨进入血液和从中消除的综合反映。在安静状态下，外周血液中氨的浓度保持较低的水平，为 20～113μmol/L。运动员安静时血氨浓度也处于正常范围内。运动时骨骼肌氨的生成增多，引起体内氨的生成和消除之间平衡被破坏，可使血氨水平升高。

在短时间激烈运动中，经氨基酸代谢过程产生的氨很少，血氨主要来源于腺苷酸脱氨酶催化反应。所以，短时间激烈运动时，血氨水平的变化反映磷酸原系统的代谢状况。例如，在 15～45s 的冲刺跑后，血氨水平可上升到 130μmol/L ± 33μmol/L。

在长时间耐力运动时，骨骼肌收缩以慢肌纤维为主，氨基酸参与氧化供能的比例增多，尤其是支链氨基酸分解代谢加强，通过氨基酸脱氨基产生的氨增多，扩散进入血液，引起血氨水平持续升高。例如，在递增负荷骑自行车时，40%VO$_2$max 强度运动后，血氨与安静时比较，没有明显的区别；以 50%～80%的 VO$_2$max 进行长时间运动时，血氨的浓度可达到 250μmol/L。

训练可以改变人体运动后血氨升高的幅度。主要体现在三个方面：第一，训练使持续耐力运动和激烈运动时人体内血氨升高幅度都降低，这与运动时能量代谢调节能力的适应性提高有关，反映运动时肌肉内氨的产生和释出量减少，还可能与肝、肾等组织代谢氨的机能改善有关；第二，无氧训练适应后，超负荷运动后的血氨最高水平进一步升高；第三，在大强度运动后及恢复初期，训练水平低的运动员血氨水平要高于训练水平高的运动员。因此，在训练的生物学监控中，常用运动后即刻血氨水平评定运动强度、训练水平等。

血氨可用于短时间激烈运动时训练强度和训练量的评价。不少文献报道，短时间运动中，血氨与血乳酸和 VO_2max 之间存在显著相关。以最大强度跑300m或以82.5%~90%的强度进行 $4 \times 300m$ 跑时，血氨与训练强度及训练量的线性关系要优于血乳酸。但是，在长时间耐力运动时，血氨和血乳酸的变化之间没有平行关系。在相同强度运动后，血氨升高的幅度与训练水平有关，训练水平高的运动员血氨变化幅度相对较低。因此，在训练周期中，定期监测定量负荷试验后血氨，可以评定运动员的身体机能和训练效果。

研究表明，高浓度的氨影响细胞的能量代谢，主要表现如下：第一，NH_4^+ 可以增加糖酵解酶的活性，抑制糖异生，降低三羧酸循环速率，有利于乳酸的产生；第二，高浓度的氨可以消耗三羧酸循环的中间产物，抑制线粒体ATP酶，降低呼吸链的效率；第三，血氨升高会引发肌肉痉挛，干扰骨骼肌能量代谢；第四，血氨可通过脑脊液进入大脑，引起脑氨水平的变化，脑氨水平升高会干扰大脑的能量代谢，引起兴奋性和抑制性神经递质的失衡，对中枢神经系统的功能产生影响。因此，运动性高血氨是运动性疲劳的重要因素之一，运动后血氨水平也是反映机体疲劳的一个指标。

运动后血氨水平还受其他因素的影响。少年运动员运动后血氨增幅的绝对值和相对值比成年人低；极限运动后男运动员的血氨峰值高于女运动员。血氨水平与运动测试的类型有关，功率自行车运动测试的血氨水平高于跑台测试，在选择测试方法时需要注意这一点。营养措施对运动后血氨水平有较大的影响，补充肌酸可使短时间激烈运动后血氨水平降低。

4. 尿酮体（Urine Ketones）

酮体包括乙酰乙酸（acetoacetate）、β-羟基丁酸（β-hydroxybutyrate）和丙酮（acetone），是脂肪酸不完全氧化的产物。

肝脏具有许多促酮体合成的酶系，但缺乏氧化酮体的酶系。而肝外许多组织，如心肌、骨骼肌、肾脏、脑组织等具有活性很强的利用酮体的酶系，它们可以很好地氧化分解酮体，故酮体在肝脏内生成后，并不被肝脏所利用，而是透过细胞膜进入血液，输送到肝外组织进一步分解氧化。

酮体分子很小，能溶于水，能通过血脑屏障及肌肉毛细血管壁进入到肌肉或脑组织得到分解，为肝外组织提供了可用的能源。特别当人体饥饿、糖供应不足时，酮体可以代替葡萄糖，成为脑、肌肉等组织的主要能源。正常安静时血酮体浓度低而恒定，一般为0.03~0.5mmol/L。而尿中酮体含量甚微，成人24h排泄丙酮为3mg，乙酰乙酸为9mg,一般方法测不出来。当体内在缺氧或糖供应不足的情况下,脂肪酸动员加强,则酮体生成增加。当酮体生成超过组织利用时,在尿中会出现酮体,称为酮尿。

短时间激烈运动(如400m跑)由于体内供能物质主要由糖原提供,机体动用脂肪酸量极少,故血、尿中酮体含量没有明显的变化。长时间大强度运动后,尤其是长时间耐力性的运动项目,如越野滑雪、马拉松跑等,由于脂肪酸分解代谢旺盛,机体利用脂肪的能力加强,肝内酮体的生成和输出增多,肝外组织利用酮体也增强。当骨骼肌利用酮体的速度增强时,就能减少对葡萄糖的摄取和利用,使血液中的葡萄糖供给大脑和红细胞利用,有利于保持机体的运动能力。正常情况下,耐力性运动能力和肌糖原的耗竭有关,提高脂肪的供能能力将会推迟糖原的耗竭,从而延长运动时间。由于机体糖原被大量消耗,脂肪酸利用增加,体内缺糖使脂肪酸氧化不完全,导致体内酮体生成增多,这时血酮体增加及尿中出现酮体,并且酮体水平随着运动时间的延长而上升到更高水平。

运动训练可以提高体内氧化利用脂肪酸的能力。训练水平越高,氧化利用脂肪酸的能力就越强,且运动员肌肉氧化酮体的能力比一般人要强。因此,运动员能较多利用脂肪酸供能而且氧化较完全,此时尿酮体浓度很低。

通过测定酮体,可以了解糖原消耗和脂肪供能能力的大小,这对了解运动员燃料物质代谢,特别是脂肪代谢情况、训练程度以及糖的营养补充等都有帮助。

5. UCr (Urine Creatinine,尿肌酐)

Cr (Creatinine,肌酐)是体内磷酸肌酸或肌酸的代谢产物。Cr不能为人体利用,随尿排出体外,故称为尿肌酐。

正常情况下,UCr日排出量稳定,并可在很长时间内保持在一定水平上。正常成年男性每日UCr排出量为1~1.8g,女性为0.7~1.0g。少年运动员Cr排泄量高于成人。

由于Cr排泄量与肌肉发达程度有密切关系,骨骼肌发达的人与同体重的人相比,UCr的排泄量较多,因此,24h内每千克体重UCr的排泄量,称为尿肌酐系数,即尿肌酐系数=24h尿肌酐排泄总量/体重(mg/kg)。

男性的尿肌酐系数一般为18~32mg/kg,女性为10~25mg/kg。运动员肌肉发达,尤其在短跑、举重、投掷等爆发性项目的运动员中,肌酐系数高达36~42mg/kg,并与专项运动成绩密切相关。因此,尿肌酐系数在运动员选材时可用于评定力量和速度素质。尿肌酐系数越高,说明力量、速度素质越好。在训练期可用来评定训练效果。尿肌酐系数提高是肌肉力量或速度训练水平提高的表现,例如,尿肌酐系数不变,体重增加,说明体脂增加,肌肉质量变化不明显,训练效果差。

在应用尿肌酐系数时应注意以下几点:第一,采尿测定时不能以任意一次尿代表日尿肌酐排泄量,应收集24h尿液;第二,也可采用两时段测定尿肌酐日排出量的简便方法,即将24h等分为6个时段,取其中相关性最大的晨起时段(21:00—6:00)和上午时段(6:00—9:00)两个时段取尿,换算为全日总量;第三,在测定运动员尿肌酐时,应考虑运动员是否服用肌酸或大量食肉。

6. 尿胆原（Urobilinogen）

尿胆原是体内 Hb 分解的代谢产物。在一般情况下，每日约有 8gHb 经代谢转换，有部分代谢产物以尿胆原形式排出体外。

在评定运动员机能时，经常综合运用 Hb 和尿胆原指标，使评定结果更具可靠性，应用方法是：第一，星期一晨起取指血测 Hb，取尿液测尿胆原，此值为安静值，可作为对照标准。第二，大运动量训练后次日晨取血、尿，重复进行第一步骤，并记录主观疲劳感。第三，结果分析。当 Hb 稳定，尿胆原变化不大，主诉无疲劳感时，表示身体对训练负荷的安排适应；如果 Hb 值下降，尿胆原排出量增多，晨起主诉有疲劳感时，则应减轻训练强度或训练量。第四，单独使用该指标时，主要用于评定疲劳后机能恢复状态。运动后次日晨取样，若机能恢复，则该值低于 2mg%；若未恢复，则该值升高。

7. 无氧功（Anaerobic Power）

无氧功也称无氧功率，是指机体在最短时间内，在无氧条件下发挥出最大力量和速度的能力。无氧功是评定运动员机体无氧代谢能力的主要指标。

不同能源物质供能的输出功率不同，表现出的运动能力也不同，如 100m 跑、50m 游泳、跳跃、投掷等应尽量发展磷酸原系统（ATP、CP）供能能力；400m 跑、100m 游泳应尽量提高糖酵解供能能力。中长跑、马拉松跑、1500m 游泳也要有良好的糖酵解供能能力，因为它是变速、终点冲刺是能量的来源。重视发展运动员的糖酵解供能能力，不仅对 2~3min 的运动项目十分重要，而且对中长跑运动员也很重要。竞技运动能力越强的运动员，无氧代谢输出功率越大。

目前，Wingate 无氧试验（Wingate Anaerobic Test，简称 WAT）已作为测定无氧功的标准方法。在评定 Wingate 无氧试验结果时，常选用 3 个指标：第一，最大功量（peak power）。又称峰值，是反映肌肉在短时间内产生高机械功率的能力。最大功量越大，说明肌肉在短时间内产生的高机械功率的能力越强，即爆发力越强。第二，平均功量（mean power）。6 次的 5s 平均功则为平均功量，平均功量反映肌肉维持高功率的耐力。平均功量越大，肌肉维持高功率的耐力越强，即通常所说的速度耐力越强。第三，疲劳%。功量的递减率为表示疲劳速率的指数，其计算公式为：最大功量减最小功量，除以最大功量，以%计算。

8. VO₂max（Maximal oxygen Uptake，最大摄氧量）

VO_2max 是在心肺功能和全身各器官系统充分动员的条件下，单位时间内机体吸入和利用的最大氧气量，是反映机体心肺功能和有氧代谢能力的综合指标。VO_2max 的大小可用绝对值和相对值两种方法表示：绝对值（L/min）在借助某些器材的运动项目中，如自行车、赛艇等意义较大；而相对值（ml/kg·min）在体重影响运动成绩的运动项目，如中长跑中的意义较大。

（1）VO_2max 的应用。第一，评定运动能力。运动员在不同训练阶段和训练状态时 VO_2max 有所不同，尤其对耐力性运动项目更为明显。VO_2max 的增加与运动员运动能力的提高或运动成绩的好坏是一致的。第二，选材指标。VO_2max 受遗传因素的影响较大，并从童年期到成年期的变化相对稳定，以 11~12 岁和 16~17 岁最为明显。因此，可由童年期的摄氧量推算成年期的摄氧量，是选材的重要指标。第三，评定运动员机能状态。当运动员身体状况下降或过度训练时，心肺功能下降，VO_2max 下降；而运动员状况较好时，达到最大强度时心输出量增加，肺通气量增加，氧的利用率明显提高，VO_2max 升高。第四，评定训练效果。VO_2max 的大小与训练的负荷及运动项目有关。研究发现，经常进行 400m、800m、1500m 跑训练的运动员容易提高 VO_2max，而慢速度超长距离的训练难以提高 VO_2max。因此，要发展运动员的 VO_2max 时，应加强中跑的训练。第五，通过 VO_2max 的测定可反映训练安排的合理性。合理的训练能提高运动员的 VO_2max 值，但幅度较小，一般不超过 20%。

（2）影响 VO_2max 测试结果的因素。①测试时的运动方式。运动方式接近受试者的运动专项，所测的值较高并更能反映其实际有氧能力。②VO_2max 测试结果受受试者主观努力程度的影响，未尽全力者测得的值较低，所以测试过程中要不断鼓励运动员竭尽全力。

近年来有研究表明，VO_2max PD（VO_2max Pleteau Duration，最大摄氧量平台）与耐力项目的运动能力密切相关。VO_2max PD 是指在测定 VO_2max 时，当强度持续增加，而 VO_2 水平不再增加，VO_2 在最高水平所能维持的时间，是另一个反映人体有氧代谢能力的重要指标。也就是说，VO_2max 及其持续能力才是人体有氧代谢能力的全部内涵。在运动实践中，可以把渐增负荷过程中达到 VO_2max 所需的最低运动强度看做一种阈值，称为最大有氧阈或 VO_2max 临界强度。多数耐力性项目运动员此时的心率大约在 180~185b/min 之间，在此强度上进行训练，一方面，可以使心肺功能和组织氧化能力充分体现；另一方面，又不至于使无氧代谢过多地参与而使体内代谢发生"过于剧烈"的变化，使疲劳过早出现，从而可能有助于延长 VO_2max PD 而增强有氧代谢能力。因此，在一个训练周期前后可测定 VO_2max 临界强度来评定运动员的训练效果和机能状态。

9. 无氧阈（Anaerobic Threshold，AT）

无氧阈是指在递增运动负荷过程中，人体运动达到某一强度时，机体内出现氧需要量大于氧供给量，体内的供能方式由有氧代谢为主向无氧代谢转换的临界点（转折点）。

无氧阈可通过气体代谢、血乳酸和心率等指标来测定。如果无氧阈用血乳酸急骤升高拐点来表示，叫 LAT（Lactate Anaerobic Threshold，乳酸无氧阈），通常用血乳酸浓度达到 4mmol/L 时的运动强度、功率、耗氧量（VO_2）或 %VO_2max 来表示；用通气和气体交换的改变来表示，称通气无氧阈（VO_2AT）；用心率和心搏量的上升斜率变化引出的心率的拐点来表示，称心率无氧阈（Break Point，BrP）；以肌纤维募集方式改变出现来表示，称肌电无氧阈等。

无氧阈主要应用于：第一，评定运动员的运动能力和训练效果。一般来说，VO_2max 高的运动员其乳酸无氧阈值也高。当无氧阈强度增大时，表明运动员的运动能力增强，反之则减弱。第二，预测运动成绩。在较长时间的耐力运动中，乳酸无氧阈强度比 VO₂max 更能预测运动成绩，因为赛跑时跑速非常接近乳酸无氧阈强度，同时，经系统训练后，运动后乳酸升高的幅度下降，而 VO₂max 变化则不大。所以，使用 LAT 比用 VO₂max 更具实用性和科学性。第三，安排有氧训练的强度。运动实践证明，用无氧阈强度进行训练，可以发展最大有氧能力，从而可以有效地提高耐力项目的成绩。

（四）内分泌功能的监控指标

内分泌系统是机体内一个重要的调节系统，它所分泌的激素在维持正常生命活动、影响生长发育、参与机体器官的功能调节等方面起着重要的作用。

运动作为对机体的强烈刺激，势必导致身体机能与内环境发生剧烈的应激反应。此时，机体一方面须动员全身机能以满足运动时的强烈能量要求，另一方面又必须尽力维持机体内环境的稳定。在此过程中，内分泌系统作为机体两个最主要的调节系统之一，与神经系统一起发挥着重要的调节功能。

研究证明，运动员在大负荷运动训练过程中及恢复期，内分泌系统会发生明显改变，导致内分泌腺体和细胞的激素分泌水平出现相应的变化，进而各种激素在血液中的浓度也会有相应的改变。同时，运动员运动水平的高低和运动后恢复的程度与血液中某些激素（如睾酮、皮质醇等）含量有明显的关系。因此，在运动训练中常用运动员体内激素水平的变化进行监控。目前，最常用的内分泌指标有血清睾酮和皮质醇。

1. 血清睾酮（Testosterone，T）

睾酮是机体内活性最高的一种雄激素，它属于类固醇类化合物，不易溶于水，故在血液中大多与血清中的蛋白质结合才能运输。血清睾酮主要有 4 种存在形式：约 3% 为游离睾酮；约 40% 与性激素结合球蛋白结合；约 40% 与白蛋白结合；约 17% 与血清蛋白质结合。游离睾酮和白蛋白结合的睾酮很容易被组织利用，故称为有活性的睾酮，其中游离睾酮的生理活性最强，而与性激素结合球蛋白结合的睾酮没有生理活性。当组织利用睾酮增多时，结合睾酮就分离出来补充。因此，结合型睾酮是血液中睾酮的临时储存库，测定总睾酮即可反映出体内睾酮生成和利用的情况。

睾酮的生物学作用非常广泛，除了促进性器官的发育、维持第二性征外，还可促进蛋白质的合成，使肌肉壮大和可刺激红细胞生成，加速 Hb 合成等。由于睾酮的主要功能是促进体内的合成代谢，所以对提高力量、速度、耐力的训练效果有好处。

在力量性运动项目的选材时，应选择基础血清睾酮浓度（即正常安静状态下睾酮水平）高的运动员，这样的运动员肌肉力量素质好，有氧代谢能力和恢复能力较强，能够耐受更大强度和量的训练负荷。

用血清睾酮评价运动员的训练负荷时，须注意血清睾酮水平对运动负荷量的反应较敏感。持续运动时间越长，运动负荷量越大，血清睾酮下降越明显；中等以上强度的运动才会对血清睾酮浓度有影响；大运动强度、低运动量的赛前训练也会导致血清睾酮水平下降，但一般下降程度不大。一般情况下，如果训练后运动员血清睾酮没有什么变化，说明训练负荷不足，对运动员刺激不大，需要根据训练目的增加训练强度，或者增加训练量；如果训练后运动员血清睾酮出现下降，但下降幅度不大，说明运动负荷合理；如果血清睾酮下降幅度达25%以上，并持续不回升，说明训练负荷安排不合理，应及时进行调整。

当血清睾酮水平低下时，为进一步判断下丘脑-垂体-性腺轴功能的情况，可测定LH（黄体生成素）和FSH（卵泡刺激素）。此时，如果LH与FSH升高，提示无垂体功能下降，短期调整后，血清睾酮就能恢复；如果无升高或出现降低，则表明垂体功能有所下降，说明机体已出现过度训练。

在利用血清睾酮进行运动员机能评定时，可在某一训练周期中定期测试，如在集训前、集训中期、训练后评价，也可以根据运动员的主观表现来进行不定期的检查。需要注意的是训练期前后进行取样比较时，运动员的状态应保持一致。采血时间应较固定，多在清晨7~8时进行。同时，由于血清睾酮值的个体差异较大，不同个体对血清睾酮利用能力也不同，因此，注意积累资料进行纵向比较更为有意义。

2. 血清皮质醇（Cortisol，C）

皮质醇是由肾上腺皮质分泌的一种甾体类糖皮质激素，是促进机体进行分解代谢的重要激素。

在运动初期，机体承受负荷能力较强时，皮质醇分泌增多促进糖代谢，以满足机体运动时机能的提高和能量消耗的增加。在长时间运动并接近力竭时，机体糖原消耗很大，大量蛋白质分解为氨基酸进行糖异生，此时下丘脑-垂体-肾上腺轴受到抑制，使血清皮质醇水平下降，运动能力降低。运动时血清皮质醇多呈波动性变化，即先升高，后降低，再升高，并与运动负荷有关。运动负荷较大时，血清皮质醇浓度上升幅度增大，甚至在运动后次日晨依然保持较高水平。一般认为，血清皮质醇在276nmol/L或10μg/dl以下时运动员的机能状态良好，而在运动后恢复期皮质醇持续较高则表示身体机能下降。

在阶段性训练过程中，安静时血清皮质醇的变化并不一致。系统训练初期时安静状态下的血清皮质醇是上升的，经过一段时间后又可以恢复到原有水平。这种先升高后恢复到原有水平，是在训练过程中机体对训练应激成分逐步产生适应的结果。因此，在实际应用中可以监测阶段训练前、中、后及赛前安静状态下运动员的血清皮质醇浓度来评定运动员对训练负荷的适应情况。如果长期保持较高浓度而不恢复到正常水平，就可能引起过度训练和运动员的免疫功能的下降，易发生上呼吸道感染和导致运动能力的下降。

长期训练使运动员肾上腺皮质机能加强，下丘脑-垂体-肾上腺皮质机能抑制出现得较晚，受抑制程度相对较小，有助于运动员保持较好的运动状态，并推迟疲劳的发生。因此，在训练的生物学监控中，常用一次性大强度定量负荷运动后血清皮质醇的变化幅度来评价运动员的下丘脑-垂体-肾上腺皮质机能状态。定量负荷运动后血清皮质醇上升越多或下降越少，说明肾上腺皮质机能越强，越能适应大负荷运动，并取得好成绩。

由于血清皮质醇浓度受多种因素影响，因此，一般不单独使用血清皮质醇指标，多与血清睾酮等其他指标一起使用，综合评定运动员的机能状况。

3. 血清 T/C（睾酮与皮质醇比值）

由于运动后的睾酮和皮质醇的变化都较为复杂，并且存在很大的个体差异，因此人们认为血清 T/C 比单独使用睾酮更为敏感。

在长期持续训练过程中，血清 T/C 一般是先上升，并保持一段时间，然后开始下降到原来水平或更低，基本呈梯形变化。经过一段时间训练后，运动员的运动能力提高，通常会伴随着血清 T/C 的提高。而在持续大强度训练后，运动员出现疲劳积累，血清睾酮持续下降，皮质醇也保持较高水平得不到恢复，机能下降，此时血清 T/C 明显下降。在调整期后，运动员机能状态良好，疲劳得到消除，会伴随着血清 T/C 的提高。

在实际中，定期测定运动员安静状态下的血清 T/C，用以监控运动员的机能状况。首先可在阶段性训练前测晨起值，作为基础值，然后根据需要定期测定晨起值，与基础值进行比较，以反映机体总的合成代谢与分解代谢的平衡状况。如果血清 T/C 不变或升高，则表明机体的分解代谢没有超过合成代谢，运动员机能状态好，对训练负荷适应；如果血清 T/C 出现大幅度降低，有可能是分解代谢大于合成代谢，不利于运动员消除疲劳，需要对运动员加强营养等恢复手段，以免发展为过度训练。当低于训练期前 25% 而又不回升时，应调整训练计划或增加恢复措施。如果血清游离 T/C（FT/C）下降超过 30%，则可诊断为过度疲劳。

由于运动员血清睾酮、皮质醇水平受多种因素的影响，因此不能仅凭血清 T/C 一个指标来评价运动能力。在实际中，常结合其他反映过度训练的指标来共同评价运动员的机能状况，如血尿素、血清肌酸激酶、Hb 等。由于血清睾酮和皮质醇水平存在个体差异性，所以在运用该指标评定运动员机能状况时最好进行自身对照，建立个人标准。

（五）神经系统功能的监控指标

神经系统是人体功能的主要调节系统。在神经系统的直接或间接的调节和控制下，人体各器官、系统的功能才得以互相配合，相互制约，以维持人体整体水平的协调统一，并适应身体内外环境的变化，保证生命活动的正常进行。

研究表明，过度训练会造成中枢神经系统的抑制，出现中枢性运动疲劳。但在实践中，由于受测定技术的限制，目前，尚缺乏理想的对神经系统功能的监控指标体系。

1. 两点辨别阈

人体皮肤能分辨出两点的最小距离称为皮肤两点辨别阈。当人体身心疲劳时，就会引起神经系统机能状态发生暂时紊乱，从而导致感觉机能下降。因此，皮肤两点辨别阈可作为诊断和监测运动员疲劳程度的简单无创性指标。

将正常安静时的测定值作为正常值，以大负荷训练后恢复期的测定值除以正常值（测定值/正常值），比值小于 1.5 为无疲劳出现，大于 1.5 而小于 2.0 为轻度疲劳，大于 2.0 为重度疲劳。

2. FFF（Flicker Fusion Frequency，闪光融合频率）

FFF 又称临界融合频率（Critical fusion frequency）或闪烁值，是判断大脑兴奋状态的一个指标。

一般在运动开始的一段时间里 FFF 逐渐增大，随后就开始下降，运动量越大，下降幅度也越大。因此，FFF 是监控中枢神经系统疲劳状态的一项常用指标。

每次训练课后或大负荷训练后恢复期测定 FFF，与事先测定的正常值（32~38Hz）进行比较，疲劳时 FFF 会下降，根据下降数值评定疲劳程度（表 16-1）。

表 16-1 闪光融合实验的评定标准

疲劳程度	正常参考范围与评定疲劳时测试值之差	恢复速度
轻度	1.0~3.9Hz	休息后当日可恢复
中度	4.0~7.9Hz	睡一夜可恢复
重度	8.0Hz 以上	休息一夜后不能完全恢复

（引自：冯连世，等. 2003.）

3. RPE（Rating Perceived Exertion，主观体力感觉等级）

RPE 是瑞典著名心理学家 Brog 于 20 世纪 70 年代创立的，是目前欧美国家研究较多并广泛应用的一种简易而有效的评价运动强度和医务监督的方法，也是心理学和生理学相互交叉的一种指标，其表现形式是心理的，但反映的却是生理机能的变化。

体力运动有时很难客观地反映，一些生理指标（心率、摄氧量、血乳酸、肌电图等）虽然很容易测定其生理机能变化的程度，但有时在某些特殊的情况下，对这些指标加以解释是很困难的。例如，在训练中，当运动员身体状态很好时，虽以心率为 150b/min 的强度运动仍感觉很轻松；当其患病或疲劳积累时，再以 150b/min 心率的强度运动时将会感到非常困难和吃力。这与以前的主观感觉相比较，他的这种特别感觉可能是一个前期病理症状或是过度训练的先兆，如果此时教练员仍要求他保持某一心率的运动将是十分危险的。

把 RPE 值和生理指标结合起来监控运动员的机能状况可能更准确、更客观。有人认为，通过把目标心率（指在某一强度训练时应达到的额定心率）和 RPE 结合使用，可以使某一运动强度所引起的机能变化成为一种双向交流的信息，从而避免了强度安排的盲目性，为有的放矢地安排训练强度、实施训练计划提供了有效的保障。

（六）组织损伤的监控指标

1. 血清 CK（Creatine Phosphokinare，肌酸激酶）

CK 又称为磷酸肌酸激酶。人体骨骼肌、心肌、脑、平滑肌中都含有 CK，以骨骼肌含量为最多，约占全身总量的 96%。CK 是骨骼肌能量代谢的关键酶之一，是短时间剧烈运动时 ATP 的快速合成和运动后 ATP 恢复的催化酶。血清 CK 大部分来自骨骼肌，正常人安静时，血清 CK 总活性男子为 10~100U/L，女子为 10~60U/L。

运动可引起血清 CK 活性升高，其原因可能与肌细胞膜的通透性增大或损伤有关。研究发现，血清 CK 含量与运动强度有关，在持续时间较短、强度又不大的运动后，血清CK活性变化不大；在较大强度运动后，血清CK活性可增至100～200U/L；极限运动后可达到500～800U/L，甚至达1000U/L以上。如果运动后血清CK达500U/L以上，可能会同时出现谷草转氨酶活性升高；血清CK活性达600U/L时，谷丙转氨酶活性也增加，这是心脏、肝脏组织功能受到影响的缘故。

血清CK含量与运动类型也有一定的关系。冲击力较大的运动（如跑、跳、竞走等）较冲击力小的运动（如自行车、划船等）在运动后血清CK增加幅度大；持重运动（台阶试验、下坡跑等）较非持重运动（游泳、自行车等）引起血清CK增加更为显著；离心运动引起血清CK活性的升高也较明显，恢复也最慢；向心练习、等动练习升高幅度较小；下坡跑、马拉松、举重等项目训练后血清CK升高非常显著。通常认为，造成这种现象的原因与肌纤维的损伤程度有关。

一般来说，运动员与普通人相比，安静时血清CK值偏高。男运动员10～300U/L，女运动员10～200U/L。在训练过程中，定期测定血清CK活性，可以监控运动员身体的恢复状况及对运动负荷的适应情况。在负荷后次日晨血清CK活性一般处于100～200U/L范围内，如果超出300U/L，则是运动量过大、身体尚未恢复或运动员身体机能下降的表现，提醒运动员调整运动量。定量负荷后，如果血清CK活性的上升幅度减小或者恢复加快，说明身体对运动负荷已适应。

血清CK活性是运动员赛前机能评定的一项重要指标，常常与Hb结合使用。如Hb数量逐渐上升，血清CK活性逐渐下降，说明赛前机能良好。反之，则应调整运动负荷，或采取增加营养、服用补剂等措施加以调节。

2. 血清Mb（Myoglobin，肌红蛋白）

Mb存在于骨骼肌和心肌中，是肌细胞中贮存氧气的蛋白质。与Hb相比，Mb对氧有更大的亲和力，贮氧大约有240～500ml。在无氧条件下运动，肌细胞中氧分压极度下降时，氧合肌红蛋白释放出与它结合氧的90%供肌肉利用。

Mb约占骨骼肌净重的1%～2%，血清中Mb含量极少，约为16～85μg/L。研究表明，当剧烈运动引起肌细胞损伤时，血清Mb与血清CK发生类似的变化，由于Mb分子量较小（为12500）更容易迅速逸出肌细胞膜。所以，Mb出现峰值要较CK早。运动后即刻血清Mb达高峰，24h后恢复正常。因此，以血清Mb浓度变化判断肌损伤的敏感性较血清CK为好。

人体在大强度和长时间运动后血清Mb都有显著增加，但运动强度比运动时间对血清Mb水平的影响更大。训练水平较高的运动员在力量负荷后，Mb增加的幅度低于训练水平较低的运动员。

3. 尿3-MH（Urea 3-methylhistidine，尿3-甲基组胺酸）

内源性3-MH主要存在于收缩蛋白中。当肌肉收缩引起收缩纤维蛋白分解时，释放出3-MH。所以，尿3-MH总排量可作为人体肌肉蛋白质分解代谢的强度指标。正常人尿3-MH浓度范围为138～225μmol/L·d或2.21～3.06μmol/L·kg/d。运动引起3-MH排泄量下降，而运动后恢复期排泄量上升，表现出双向的变化曲线。耐力跑、举重以及篮球训练都可使 3-MH 排泄量明显增多，说明肌原纤维蛋白分解是增加的。有实验表明，40%~50%VO_2max 运动后尿 3-MH 不升高，而 70%~75%VO_2max 运动后则显著升高。因此，运动负荷（运动强度和运动量）的大小对运动后尿 3-MH 含量的变化有着重要的影响。

研究发现，一次高强度举重训练后，尿 3-MH 在 48h 内未出现变化；而重复进行负重练习，尿 3-MH 在第 3 日出现有意义的增加。从肌损伤的模型也发现，运动后 2~5 天肌细胞损伤比运动后即刻更有意义。故有人认为，大强度运动时，收缩蛋白的分解是降低的，而非收缩蛋白分解增加，主要是以肝脏蛋白分解增加为主；在运动后恢复期，则以骨骼肌蛋白分解为主。另外，损伤肌纤维的变性和巨噬细胞侵润的增加，在运动后 3 天达峰值。因此，用尿 3-MH 含量的变化来监控运动后骨骼肌损伤情况时，必须跟踪较长的时间。

由于肉类中含有较高浓度的 3-MH，外源性的肉类摄入将会增加尿 3-MH 的排泄量。因此，在采用 3-MH 作为肌肉蛋白质降解的监控指标时，应考虑到不同膳食、运动方式及训练水平对其排泄量的影响。

4. UPro（Urine Protein，尿蛋白）

正常人尿中蛋白质含量极少，浓度为 2mg% 左右，采用一般方法检查不出来。人体一日尿中排出的蛋白质总量在 10~150mg 之间。运动可能引起尿液蛋白质含量增多，称为运动性蛋白尿，它不同于病理性蛋白尿，在运动后能迅速自行消失。

应用尿蛋白指标可以评定一次训练课的负荷量，也可以评定身体机能状态及恢复情况。一般采集运动后约 15min 的尿，观察训练后的变化，评定训练负荷的大小。训练后 4h 或次日晨取尿，观察其恢复的状况。

（1）评定训练负荷。一次性运动后尿蛋白的数量与训练量有关，尤其与训练强度关系密切，因而可用尿蛋白出现的数量来评定训练量，特别是评定训练强度。强度大（以糖酵解供能为主），负荷时间长，尿蛋白相应较多。

（2）评定机能状态。机能状态好时，完成相同负荷运动量或比赛，尿蛋白相对恒定；机能状态不好时，尿蛋白明显增多；训练水平提高后，完成相同负荷运动量或比赛，尿蛋白减少；恢复时间延长说明机能水平下降。

（3）评定恢复状态。当运动后尿蛋白增多，4h 后或次日晨完全恢复到安静时正常范围（一般在 20mg% 以下）时，表示训练量和训练强度大，对身体有较大刺激，但机能状态保持良好，能及时恢复；次日晨仍处于较高水平（一般在 30mg% 以上），说明机能未恢复。

在一个训练周期中，可以用尿蛋白作为监测指标，观察运动员对训练负荷的适应情况。在大运动量训练过程中，当身体不适应时，尿蛋白排泄量增多。继续坚持一个阶段的训练后，在完成相同强度的训练时，尿蛋白如果减少，这是身体适应运动量的表现；如果尿蛋白不减少，反而增加时，就要注意运动员的身体状态，酌减训练强度或训练量。在大运动量训练期，如果晨尿中蛋白含量较高或超出正常范围，可能是过度疲劳或过度训练的表现。

运动时，肾小球可以同时滤过白蛋白和 β_2 微球蛋白，当滤液到肾小管时，99.9%β_2 微球蛋白可被近曲小管重吸收，而白蛋白则不能。因此，监测运动后蛋白尿中的白蛋白和 β_2 微球蛋白的浓度，可说明运动时肾小球和肾小管在运动时的机能变化。一般认为，当训练负荷大时，尿蛋白成分中的白蛋白和 β_2 微球蛋白都增多；而在时间较长、强度较低的运动后，以及对大训练负荷已经适应或负荷减小时，尿蛋白中 β_2 微球蛋白减少，此时尿中蛋白主要是大分子的白蛋白（肾小球型尿蛋白）。因此，训练强度对肾小管重吸收功能影响较大。在条件允许时，最好在测定尿蛋白总量的同时测定 β_2 微球蛋白。

5. 尿潜血（Urine Blood）

由运动训练所引起的血尿称为运动性血尿。运动后血尿分为肉眼血尿和尿潜血。肉眼血尿呈褐色或浓茶色。尿潜血为正常尿色，但在显微镜下可见红细胞，原因可能是剧烈运动时血液的化学成分或血液循环机能的变化而使肾脏产生暂时性缺血、缺氧，因而肾脏通透性增加，使原来不能通过的红细胞能通过了滤过膜；有人认为，由于运动量过大，能量消耗过多，使肾周围脂肪组织减少，出现肾静脉压力增高，导致红细胞渗出产生血尿。

大运动负荷量、大训练强度都可造成尿潜血的出现，它表明机体对训练量不适应，或机体承受负荷量的能力下降。在接触性的运动项目及高原训练中更易出现尿潜血。一旦出现尿潜血，就应及时调整训练量。

女运动员中出现尿潜血阳性时，应排除月经原因。

（七）免疫系统功能的监控指标

运动员免疫能力下降是当前竞技体育中影响训练的常见医学问题。在大负荷训练后期、比赛前或比赛期间运动员容易感染各种疾病，尤其是流行性感冒以及上呼吸道感染发生率增加，不但会影响运动能力及训练效果，甚至还会导致终止训练或退出比赛。因此，运动员在大强度训练或比赛期间应通过免疫学检查早期发现免疫机能的变化，并有针对性地采取措施，预防运动性免疫抑制的发生。

检测与评定运动员免疫功能的指标包括白细胞、免疫球蛋白、淋巴细胞亚群、血清谷氨酰胺等。但在运动实践中，一般情况下，常用的指标主要有白细胞和免疫球蛋白。

1. WBC（White Blood Cell，白细胞）

WBC 是血液中无色有核的细胞，含有多种免疫功能活性，其体积比红细胞大，可分为有颗粒白细胞和无颗粒白细胞两大类，它能保护机体免受病原微生物的侵害，是机体防御和保护机能的重要组成部分。

正常成人安静时血液中 WBC 总数在 $4.0 \times 10^9 \sim 11.0 \times 10^9$/L（或 4000~10000 个/mm³）范围内变动。正常情况下，运动员安静时的 WBC 总数与普通人相同。当白细胞低于 4.0×10^9/L 时，表明免疫功能低下；当持续高于 11.0×10^9/L 时，运动员可能出现炎症，有感染的可能，应注意观察和积极治疗。

在不同生理或病理状态下，WBC 数目波动范围较大，如运动、寒冷、失血、剧痛、女子月经期及慢性炎症等时，数目均会明显增加。

WBC 在运动后出现一过性增高，在短时间、大强度运动后淋巴细胞增高，在较长时间、中等强度运动后粒细胞增高。当中性粒细胞百分比上升到 90%，而淋巴细胞百分比下降到 5% 时显现出精疲力竭。因此，从 WBC 分类似乎也能反映出运动的强度和量。

中性粒细胞占血液中 WBC 总数的 50%~60%，是机体非特异免疫功能的一个重要组成部分，直接参与机体免疫系统的第一道防线。研究证明，任何大强度的急性运动都可引起外周血液 WBC，尤其是中性粒细胞的大幅度升高。中性粒细胞数恢复的时间，取决于运动的性质。一般短时间运动后中性粒细胞恢复正常需要 1 小时；足球比赛后中性粒细胞仍然会继续上升，约 3~4 小时，外周血中 WBC 才逐步恢复到运动前水平；马拉松运动后要在第 2 天，即大约 24 小时后才恢复正常。

长时间、大负荷训练可导致运动员的 WBC 数量下降。WBC 数量降低在游泳、田径等体能类项目中的检出率较高。在游泳项目中，当水温较低时，运动员 WBC 数目低下率就会升高。在田径项目中，径赛运动员 WBC 数目低下率高于田赛运动员，在大运动量训练期间，一般在 15%~25% 之间。

在运动员中 WBC 低下存在较大的个体差异。WBC 低下的运动员一般长时间不能恢复，采用针对性的措施后虽然可在短时间内上升到理想水平，但复发率很高，并伴随易感性增加、感冒次数增多、体能明显下降等现象。因此，在运动实践中，要重视对 WBC 的监测和对易感运动员的长期监控，并积极采取营养等措施预防 WBC 的下降。

2. Ig（Immunoglobulin，免疫球蛋白）

Ig 是免疫分子中重要组成部分，是 B 淋巴细胞经过免疫母细胞阶段分化为浆细胞后，由浆细胞合成和分泌的一组能与抗原发生特异性结合的球蛋白，共有 IgG、IgM、IgA、IgM 和 IgD 五类。IgM 和 IgG 以高浓度遍布于身体的大部分，并且构成对一个抗原攻击的全身性体液反应的主要部分；而 IgA、IgE 及 IgD 具有特殊和局部的作用。

Ig 是人体主要的体液免疫成分，它的增高、降低与运动员身体疲劳、疾病和营养状况有一定关系。研究表明，运动员免疫能力下降在某种程度上可能与运动员的疲劳包括过度疲劳有关。另外，当营养供应不足时，机体在剧烈运动中有可能利用 Ig 作为能量物质的来源，从而导致 Ig 的下降。因此，血清 Ig 蛋白的高低可直接反映机体的营养状态。

运动员与普通人的 IgA、IgM、IgG 水平无显著性差异。适当的耐力训练血清 Ig 水平无变化或略有提高。而大负荷的运动训练，特别是伴随着心理和环境应激情况时，血清 Ig 含量显著下降，从而导致运动员免疫功能的下降，容易引起上呼吸道感染的发生，影响运动能力的发挥。

在监控时，如果运动员 Ig，特别是 IgG、IgA 低于参考值下限或在参考范围内较低，说明免疫机能可能下降，建议采取免疫机能调节措施（如保暖、针对性的加强营养、药物治疗、调整训练等）；如果 Ig 高于参考值上限或在参考值范围内较高，提示运动员可能患有疾病。

3. 淋巴细胞亚群（Lymphocyte Subsets）

淋巴细胞是人体免疫应答中起核心作用的免疫细胞，依它们的生物功能不同和细胞表面抗原表达不同分为三个主要的群体，即 T 淋巴细胞、B 淋巴细胞和 NK（自然杀伤）淋巴细胞。T 细胞介导细胞免疫，并对免疫应答起调节作用；B 细胞主要功能是产生 Ig 介导体液免疫；NK 淋巴细胞调节被肿瘤和病毒感染的靶细胞的细胞毒反应。淋巴细胞具有明显的特异性，各种类型的淋巴细胞在免疫应答过程中相互协作、相互制约，共同完成对抗原性物质的识别、应答和清除，维持内环境的稳定。

T、B 淋巴细胞是机体免疫系统中能最主要的细胞群，还可以进一步分为若干亚群。当各亚群的数量和功能发生异常时，可导致机体免疫系统的功能紊乱，发生一系列病理变化。因此，检测淋巴细胞亚群及其比值的变化，可以直接反映机体免疫功能的变化，并可作为反映运动员机能状况的有效指标。

在运动实践中，运动强度是影响运动过程中 NK 细胞变化的关键因素。运动强度越大，NK 细胞数量与功能的下降越明显，这种变化尤见于长时间、大强度的耐力性项目训练后。

三、运动训练的综合监控

在运动实践中，教练员和运动员不仅要掌握负荷强度和负荷量，还要及时了解运动训练后身体机能的变化情况。然而，影响运动负荷的因素是多方面的，用单一的生物学指标评定运动负荷往往具有一定的局限性，存在某些误差或限制。例如，采用血乳酸可以评定运动强度，但无法了解运动负荷量；同样，血尿素可以评定负荷量，但无法了解负荷强度；而尿蛋白既与负荷强度有关，也与负荷量有关。当负荷量大时，尿蛋白排出量增大，但强度增大时，其排出量也增多。如果同时采用血乳酸、血尿素和尿蛋白三项指标，既可以全面监控运动负荷的大小，又可以客观了解运动员对负荷的反应。因此，运动训练的生物学监控是一个多指标、多层次、多因素的综合体系，各个指标可以相互补充，从而科学地掌握和指导运动训练过程，更好地提高训练效果。

（一）负荷强度和负荷量的综合监控与评定

运动负荷是运动员在训练中所承受或完成的身体负荷量，是运动训练中最为重要的环节之一。负荷太大，不仅不能提高运动能力，反而损害身体健康；负荷太小，运动能力提高不明显。在运动训练中，通过负荷强度和负荷量的调节与变动，可达到不同的训练目的。因此，科学地监控和评定负荷强度和负荷量，不仅能防止过度疲劳和运动损伤的发生，而且能有效地提高训练的效果。在日常训练中，用于监控和评定训练强度和训练量的常用指标包括心率、血乳酸、血尿素、血清 CK、尿蛋白和尿胆原等，它们在实践中的主要应用方法如表 16-2 所示。

表 16-2 负荷强度和负荷量的监控与评定

生物学指标	正常值	评定负荷强度	评定负荷量
血乳酸	< 2mmol/L	运动后血乳酸升高幅度越大,运动强度越大;训练适应后升高幅度减小,说明机能增强	
血尿素	1.8~8.9mmol/L		1. 运动后血尿素增值大,表示负荷量大或机能下降;训练适应后增值减小,说明训练负荷量适宜,身体机能增强 2. 一般认为,运动后不超过 8.4mmol/L 为宜
尿蛋白	随意尿 < 10mg% 全日尿 < 150mg	运动后 15min 尿蛋白排出量越多,表示运动强度越大,或机能差。应注意个体差异,宜系统观察	负荷量大时,排出量增多,适应后排出量减少,表示机能增强
血 CK	男:10~100U/L 女:10~60U/L	血清 CK 活性越高,表示运动强度越大;适应后升高幅度减少	
尿胆原	3~5 安氏单位或 1mg%以下		负荷量大或机能下降时,排出量增多

(引自:冯连世,等. 2003.)

(二) 运动员训练效果的综合监控与评定

在运动训练中,根据运动项目的代谢特征选择适当的训练方法是提高运动能力的重要保证。为了使专项训练和运动时能量代谢机制相吻合,特别需要科学地安排训练强度、持续时间和练习的手段等。表 16-3 概括了目前不同的运动素质所采取的训练方法、适宜训练量的监控以及训练效果的评定方法。

表 16-3 发展不同素质的训练方法中适宜量的监控与训练效果的评定

运动素质	训练方法	代谢特点	适宜量的监控	训练效果的评定
力量、速度	无氧低乳酸训练	ATP、CP 分解供能,很少产生乳酸	运动后 HR ≥ 180b/min,血乳酸不超过 3~4mmol/L	训练后最大输出功率和无氧功增加越多,训练效果越好;尿肌酐系数增值越大,训练效果好
速度耐力	最大乳酸训练	糖酵解以最大速度供能,数次运动后乳酸积累达到最高水平	运动后 HR ≥ 180b/min,血乳酸 ≥ 25mmol/L	采用专项技术动作进行 1min 全力运动,运动后血乳酸所达到最大值越大,运动成绩提高越多,训练越有效
	耐乳酸训练	长时间维持较高的血乳酸水平,使组织器官接受更多的酸性刺激	优秀运动员血乳酸保持在 10~12mmol/L	

(接续表)

(续表)

运动素质	训练方法	代谢特点	适宜量的监控	训练效果的评定
耐力	大强度间歇耐力训练	刺激骨骼肌最大有氧代谢供能	血乳酸达 9mmol/L	训练后：VO_2max 和无氧阈值增大，训练有效；HR 或血乳酸恢复速度快，说明有氧代谢能力提高；定量运动后，血乳酸值下降，说明训练有效
	乳酸阈训练	刺激运动肌乳酸生成和最大速率消除乳酸	血乳酸在 4mmol/L 或 HR≤150b/min	
	最大乳酸稳态训练	有氧代谢能力最大负荷强度和量的综合	血乳酸≤4mmol/L	

（三）运动员身体机能恢复和过度训练的综合监控与评定

运动训练就是疲劳 — 恢复 — 再疲劳 — 再恢复的过程，运动员机能水平的提高就是由训练导致适度的疲劳，并施以合理的恢复后，人体机能状态在新的水平上获得适应的结果。随着现代竞技水平的提高，运动员训练负荷越来越大，运动性疲劳的发生率也更高。如果没有恢复，运动员在疲劳状态下继续训练，就会造成疲劳积累形成过度疲劳，不仅影响训练效果，还会影响运动员的健康。因此，加速运动性疲劳的消除，促进身体机能的恢复，及时利用多项生理生化指标综合监控和评定运动员疲劳程度和恢复情况，是防止过度训练、实现运动训练科学化、提高训练水平的关键（表 16-4，表 16-5）。

表 16-4 运动员身体机能恢复的监控与评定

生物学指标	评定方法
HR	晨安静时 HR 恢复至平时的正常值
血乳酸	运动后血乳酸消除快，恢复时间短，表示有氧代谢能力提高
血尿素	运动次日晨或训练周 — 晨在 8mmol/L 以下为机能恢复
尿蛋白	运动后 4 小时或次日晨尿蛋白消失为机能恢复
尿胆原	运动后次日晨大于安静正常范围是机能未恢复的表现

（引自：冯连世，等. 2003.）

表 16-5 运动员过度疲劳的监控与评定

生物学指标	评定方法
HR	基础心率明显加快
RBC 数量和 Hb	处于较低水平或有下降趋势
血乳酸	安静值超过正常范围，运动时最大血乳酸值下降
血尿素	晨安静值在 8mmol/L 以上为疲劳，持续几天超过 8mmol/L 为过度疲劳

（接续表）

(续表)

生物学指标	评定方法
血睾酮/皮质醇	下降25%为疲劳，下降30%或持续下降为过度疲劳
血清CK	晨安静值高于400IU/L或定量负荷运动后明显升高
尿蛋白	晨安静时，连续几天处于较高水平会持续升高；定量负荷运动后突增3~4倍
尿胆原	晨安静时在4~6mg%为疲劳；连续几天超过4~6mg%为过度疲劳
尿潜血	定量负荷运动后，出现阳性或连续几天晨安静时为阳性
IgG、IgM、IgA	显著下降
两点辨别阈	与正常值比值大于1.5而小于2.0为轻度疲劳，大于2.0为重度疲劳
闪光融合频率	8.0Hz以上
主观体力感觉等级	18级以上

(引自：冯连世，等. 2003.)

（四）运动员赛前机能的综合监控与评定

赛前身体机能状态是决定运动员在比赛中能否取得优异成绩的重要因素之一。因此，在赛前要加强对运动员机能状态的监控和评定，合理控制训练负荷，确保运动员处于最佳的机能状态。表16-6是目前常用的监控和评定运动员赛前机能状态的指标和方法。

表16-6 运动员赛前机能状态的综合监控与评定

生物学指标	最佳身体机能状态的评定方法
Hb	赛前Hb处于本人最高水平上
血尿素	晨安静值保持在正常范围的上限（5~7mmol/L）
血睾酮/皮质醇	血睾酮值高，且血睾酮/皮质醇保持在正常范围或自身高水平上
血清CK	晨安静时，男在400IU/L以下，女在300IU/L以下
尿常规	晨安静时，各项指标在正常范围内
IgG、IgM、IgA	在正常范围内

(引自：冯连世，等. 2003.)

四、运动员控、降体重训练期的生物学监控

以摔跤、柔道和举重为典型代表的有体重限制类运动项目，在赛前必须通过适当的方法达到控制体重的目的。

赛前控体重训练期可分为以减脂肪为主的慢速控体重期（体重减少量每月不超过5%）和临赛前的快速控体重期（体重减少量不超过体重2%~4%/周）。慢速控体重期的主要训练目的是通过赛前训练前期高强度、大运动量的对抗练习和模拟实战训练来提高专项能力；同时，适当增加有氧运动的比例，以提高脂肪代谢利用，尽可能地降低身体脂肪储量。而快速控体重期是在赛前训练的后期，主要通过控制饮食和水，将

体重快速降到参赛标准。采用这两种控体重方法的合理组合,既可以保证赛前提高专项能力,又可以降低临赛前快速降体重的难度,尽可能多地减掉多余脂肪而保留瘦体重,从而有助于保持运动员的最佳身体机能状态。

为了准确把握赛前控体重期间运动训练对运动员身体的影响,有必要通过一些生理、生化指标的检测,结合运动员的主观感觉,以及教练员和医务人员的综合分析,准确评价运动员的身体机能状况,为赛前控体重期间的训练提供参考。控、减体重期间的生物学监控主要有以下作用:第一,准确了解训练对运动员身体所产生的刺激,有利于教练员对训练计划效果的把握;第二,及时掌握运动员身体机能状况,有利于教练员对下一步训练计划的安排与调整;第三,防止大负荷训练期间过度疲劳的发生,尽可能减少损伤;第四,及时准确地了解运动员控、减体重情况,有利于运动员科学合理地降低体重;第五,掌握运动员身体机能的恢复情况,为制订和实施合理有效的营养补充方案提供依据。

(一) 体成分的监测

1. 体重

研究表明,运动员平常的体重应控制在高出比赛时体重5%以内,部分运动员可为6%左右。在慢速控、减体重期,高强度大运动量训练,同时增加有氧训练以强化脂肪消耗,体重必然随之下降;而进入快速控、减体重期后,限制饮食和饮水则是引起体重下降最直接的原因。因此,在整个赛前控、减体重训练期间,体重都是处于逐渐下降的趋势。一般说来,一周内降低体重不可超过体重的2%,赛前降重不超过5千克较为适宜。因此,通过体重监测,合理调节控、减体重的速度和幅度,可以避免运动员因体重下降过快过多而影响生理功能和运动能力。

2. 体脂百分比和去脂体重

体脂百分比是控体重过程中体成分变化最大的一个指标。采用体脂百分比进行监控时,男运动员体脂的最低水平为5%~7%,女运动员为6%~7%,低于此水平不宜再进一步减体重。

由于足够数量的骨骼肌,是力量的基础和保证,所以肌肉组织和瘦体重的大幅度下降,必然带来力量的相应丢失。因此,在慢速控、减体重期,最理想的变化就是瘦体重保持不变,体脂百分比和脂肪含量显著减少。但是,进入快速控、减体重期后,肌肉蛋白质消耗增多,肌肉量和瘦体重都会出现不同程度的下降。因此,这一期间必须注意蛋白质等营养素的补充,以避免肌肉的进一步下降。

3. 体液量

水是人体重要的组成成分,它对维持机体的正常功能和代谢具有重要作用。而脱水是体重限制类项目运动员最常用的降重方法之一。水分的过度丢失,会对运动员的生理功能和运动能力带来严重的影响。因此,在赛前控体重训练期间监测运动员的体液就显得尤为重要。

对运动员赛前体液的情况可以采用系统的跟踪监测方法，重点是进行运动员自身的纵向比较。在开始降重之前，测定运动员体液的基础值，然后每周进行跟踪监测，随时了解体内水分的变化情况。一般说来，每周体液量的减少不能超过0.5~1L。

在慢速控、减体重期，运动员不进行饮水控制。但是，高强度、大运动量的训练会使运动员大量出汗，因此，也存在脱水的潜在危险。这一期间，通过对体液量的监测，及时补充饮水，保证体液量维持在正常水平。进入快速控体重期后，运动员开始控制饮水，体液量会逐渐减少，要加强体液监测，力争使之缓慢而平稳地进行，避免快速脱水或一次性水丢失过多。监控运动员体液是快速控、减体重期降重的关键环节，一般来讲，体液量下降不超过2~3L时对运动员的生理功能和运动能力的影响相对较小。

（二）无氧代谢能力的监测

以摔跤、柔道为代表的体重限制类项目中，多是以糖无氧酵解供能为主。ATP-CP、糖酵解和有氧代谢混合供能的运动项目，在慢速控体重期，通过高强度、大运动量的对抗练习和模拟实战练习对运动员产生足够的刺激，可以提高专项能力，尤其是无氧代谢能力；进入快速控、减体重期后，发展无氧代谢能力的训练不再是重点，无氧代谢能力甚至会出现一定程度的下降。因此，测定慢速控、减体重期结束时的无氧代谢水平，可以反映运动员赛前的无氧代谢能力。

目前，无氧能力的测试通常采用Wingate无氧功的测试。最大无氧功越大，则表示ATP-CP供能能力越高；平均功率越大，最高乳酸值越高，则表示糖无氧酵解能力越强；功率递减率越低，则表示速度耐力越好。而当最大功率和平均功率下降，最高乳酸值也降低时，表明代谢能力下降，有可能是身体机能状况不佳的表现。

（三）心率的监测

由于在慢速控体重期训练负荷较大，开始阶段运动员容易出现基础心率轻微波动；随着身体的逐渐适应和训练负荷的逐步调整，基础心率将恢复正常。如果基础心率连续出现异常，如次日晨基础心率增加5~10b/min，则可能是身体对训练负荷不适应，应结合其他指标共同分析，便于综合评定。

（四）血液生化指标的监测

1. 血清睾酮的监测

在慢速控、减体重期，大强度的运动训练可能使运动员血睾酮水平显著下降；进入快速控、减体重期后，由于限制饮食的原因，能量物质的摄入大幅度减少，必将引起合成代谢过程的减弱，伴有血睾酮明显下降。虽然可以采用一些营养补充措施来提高睾酮水平，但是，此时限制膳食对合成代谢的影响过大，血清睾酮水平不可能维持原有水平，更不可能提高。因此，在慢速控体重期要提前注意营养补充，使血清睾酮处于较高基础水平，这样进入快速控、减体重期即使睾酮出现下降，也能维持在相对较好的水平上。所以，在这一阶段检测血睾酮水平可以反映运动员营养摄入状况。

2. Hb

在慢速控体重期早期，运动员由于对较大的训练负荷不适应，可能出现 Hb 浓度降低，但是随着对训练的逐渐适应慢慢回升。

在快速减、控体重期间，Hb 是一个敏感的指标。由于运动员开始控制饮食，体重逐渐降低，身体机能承受训练负荷的能力也逐步下降，Hb 会出现下降的趋势。这一期间，应密切监测 Hb 的变化，加强营养补充，争取将 Hb 保持在一个相对较高的水平上。

3. 血尿素

虽然血尿素是评价运动负荷的敏感指标，但在高强度、大运动量训练的慢速控体重期，摔跤运动员的血尿素变化并不明显。因此，在慢速控体重期间，血尿素指标主要用于对运动员疲劳状况的评价。当运动员训练后次日晨血尿素持续处于较高水平时，有可能是对训练不适应，出现过度疲劳。

而进入快速控体重期后，由于运动员严格控制饮食，使得能量摄入大幅度减少，且较高的训练强度使糖贮备大量消耗，体液中氨基酸和肌肉中蛋白质参与供能，蛋白质分解代谢加强，引起血尿素水平升高。因此，血尿素可以作为这一阶段机能和营养监控的主要指标。

4. 血清 CK

在慢速控体重期，高强度是这一期间训练的重要特点。大强度训练后，血清 CK 显著升高，且强度越大，血清 CK 水平越高；而运动后血清 CK 的恢复情况，在一定程度上反映运动员的机能情况。血清 CK 恢复的时间短，说明机体对训练负荷适应，身体机能良好；如果在一个小周期训练中，呈现持续升高的趋势，表明身体对训练不适应或运动员的身体机能下降。

（五）尿液指标的监测

运动后尿蛋白的排泄量与训练负荷关系密切，尤其和训练强度关系最大。在运动员高强度训练时，尿蛋白可作为一个监测指标，连续跟踪观察。

在慢速控体重期，由于训练强度和训练量都较大，机体对负荷不适应，训练课后运动员出现尿蛋白明显增加，到次日晨仍会出现尿蛋白轻微阳性，但是经过小周期的调整后，都会恢复正常。如果尿蛋白持续增加或居高不下，则是负荷过大、身体不能适应的结果，此时应适当调整运动负荷。

而进入快速减体重期后，由于运动员严格控制饮食，能量摄入大幅度减少，而训练仍保持在较高强度上，对机能影响大，引起尿蛋白阳性率升高，而且蛋白尿会一直持续到赛前称重。称完体重以后，运动员不再限制饮食，随着能量物质摄入的增多，蛋白质的消耗得到补充和缓解，蛋白尿情况会逐渐好转，一般到比赛结束时，尿蛋白都会恢复正常。因此，监测这一期间，包括比赛期间的尿蛋白变化情况，并结合血尿素等指标，可以了解体内营养和能量平衡状态，并及时进行相应的营养补充。

五、运动员营养的生物学监控

运动员在训练期的机能状态和恢复过程与营养状况有直接关系，对保证训练和提高训练效果都非常重要。营养安排是否合理，不能只靠对表象的观察，要有客观的评价指标。运动营养的生物学监控是以营养调查为基础和对摄入营养进行评估，其目的是了解膳食是否合理和存在的问题，为改进膳食提供依据。运动营养的生化监控则是通过了解运动所造成的体内代谢不平衡状态，有针对性地采取营养措施，以避免营养不平衡发展而出现过度训练，从而促进达到新的平衡（提高体力）。因此，运动员营养的生化监控，一方面要能反映身体内的机能状态，另一方面又要能反映出身体的营养需求。

（一）营养膳食调查

膳食调查的时间一般为 3~5 天。常用的方法有询问法、记账法和称重法三种。膳食调查结果可以评价膳食实际摄入是否能满足运动员能量及各种营养素要求。

一般认为，能量及各种营养素摄入量应占供给量标准的 90%~110%。低于 80% 为不足，长期不足会导致营养不良，影响运动能力；低于 60% 为缺乏，对健康和运动能力有严重影响。蛋白质、脂肪、糖类所提供的能量占总能量百分比的适宜比例为：蛋白质 12%~15%，脂肪 25%~30%，糖类 50%~60%。三餐能量合理比例为：早餐 30%，午餐 40%，晚餐 30%。在食物构成中以粮谷类为主，以蔬菜、动物性食物、豆类及其制品、奶类为副，做到种类多样，比例合适。

（二）营养的生化监控

通过某些生理生化指标的测试，可以直接了解运动员机体各营养素的代谢状况。在运动实践中，运动员营养监控的常用生化指标主要包括以下几个：

1. Hb、血清铁及铁蛋白等运动性贫血的营养监控指标

Hb 的含量和运动员的运动能力与蛋白质和铁的营养状况有关。在加大运动负荷的初期，Hb 常会下降。由于运动影响铁的吸收和月经期女运动员失血等原因，运动员常常出现缺铁性的 Hb 下降或运动性贫血。故在营养的生化监控中，常从血清铁、转铁蛋白、血细胞压积和 Hb 等的检测来综合评定蛋白质和铁的营养状况（表 16-7）。

表 16-7 铁营养状况的评价指标及标准

指标	正常值	储铁减少期	储铁耗竭期	缺铁性贫血期
血清铁（μmol/L）	11.6~31.3（男） 9.0~30.4（女）	低于正常值低限		
血清铁蛋白（μg/L）	12~300	<20	<12	<12
Hb（g/L）	>130	>130	>130	<130
（WHO 标准）	>120	>120	>120	<120

2. 血浆蛋白

血浆蛋白主要是白蛋白和球蛋白，与身体免疫机能和营养状况关系密切。

（1）血浆白蛋白。白蛋白是血浆中最多的蛋白质，正常男性含量为 42 g/L±3.5 g/L，女性为 38 g/L±4 g/L。血浆白蛋白下降会引起血浆渗透压下降，是因营养不良而引起浮肿的原因之一。但当运动员血浆中的白蛋白含量下降时，能源物质和固醇类激素的运输受影响，从而影响运动能力。因此，血浆白蛋白可作为蛋白质营养的监控指标。

（2）血浆免疫球蛋白。运动员免疫能力下降时，IgG、IgA 和 IgM 常会减少。故目前多测定这三种球蛋白以反映运动员的免疫功能。由于在剧烈运动中机体有可能利用免疫球蛋白作为能量物质的来源，从而引起免疫球蛋白的下降。因此，血清免疫球蛋白含量的高低也可直接反映机体的营养状态。

3. 血尿素和氨基酸

（1）血尿素。尿素是机能评定中的重要指标，在常人中，当膳食蛋白质增加时，尿素排泄量增加，故尿素是测定氮平衡的重要内容。但在运动中和运动后恢复期中，血尿素的变化主要与运动负荷量有关。随着运动负荷的增加，蛋白质和氨基酸，特别是谷氨酰胺和支链氨基酸消耗增多，血尿素水平上升。因此，在研究血尿素指标和营养关系时，要十分注意谷氨酰胺和支链氨基酸与身体机能的关系。

（2）谷氨酰胺。谷氨酰胺是人体内含量最高的氨基酸，在活动的骨骼肌中占氨基酸总量的 70%，占细胞内游离氨基酸库的 61%。由于谷氨酰胺可以调节机体蛋白质的合成与分解，并且是肠道黏膜细胞和淋巴细胞等免疫细胞的主要功能物质，对维持机体的免疫功能具有非常重要的作用。安静时运动员血浆谷氨酰胺正常范围是 480~800 μmol/L，在过度训练时明显下降，可降至 300~400 μmol/L。故有人建议把血浆中谷氨酰胺含量作为监控过度训练的一个指标。运动员在大负荷量和强度训练时或赛前补充谷氨酰胺，一方面可以防止过度训练的发生，提高运动员的运动能力；另一方面可以预防运动性免疫抑制的发生。

（3）BCAA。BCAA 包括三种氨基酸，即亮氨酸、异亮氨酸和缬氨酸。在运动训练期，特别是在长跑、超长距离跑、足球等长时间比赛时，肌糖原和肝糖原大量消耗，肌肉中能量物质减少，血液中 BCAA 被肌肉摄取而增加供能，从而使血浆中的游离色氨酸（fTrp）/BCAA 比值增加，促进 Trp（tryptophan，色氨酸）进入大脑增多。Trp 进入大脑后转变为 5-羟色胺（5-HT），抑制大脑的功能，使人产生困倦、嗜睡等症状，从而降低运动能力，这是引起中枢性疲劳的原因之一。因此，在训练过程中，监测血液中 BCAA 的含量一方面可以反映机体蛋白质和氨基酸的代谢情况，另一方面还可以间接反映中枢性疲劳的发生。目前认为，运动员在训练中每天以每千克体重 0.2 克的量口服 BCAA，一个月就可以明显提高运动能力。

4. 主要矿物质

（1）血清钙。钙是构成骨组织的重要成分，血清钙浓度保持恒定，对维持肌肉正常的收缩与舒张活动和神经的兴奋性有重要作用。一般来说，血清总钙浓度低于2.25mmol/L，血清游离钙离子浓度低于1.1~1.2mmol/L为缺乏。血清钙、磷（mg/dl）乘积<40或血清碱性磷酸酶活性增高为钙缺乏。

（2）血清锌。锌是人体必需的一种微量元素，人体的含锌量为1.4~2.3g，在肌肉中占50%以上，对肌肉的生长发育十分重要。另外，肌肉中的乳酸脱氢酶、过氧化物歧化酶等活性也和锌有关。因此，在运动训练中适量补充锌可以提高肌肉力量。血清锌正常范围为7.65~22.95μmol/L，如果运动员血清锌<13.77μmol/L为低水平，如果<11.48μmol/L为缺锌。

5. 主要维生素

维生素是人体维持正常生理功能的一类物质，包括脂溶性维生素（A、D、E、K）和水溶性维生素（B族、C、叶酸及生物素等）。运动员的维生素供给量必须充足，才能保持良好的运动能力。

（1）维生素A（视黄醇）。维生素A对维持正常的视觉功能、上皮的正常生长与分化及机体的免疫功能有重要作用，对要求视力集中的项目，如射击、乒乓球、击剑等项目的运动员，维生素A不足会影响运动能力。

成人血清维生素A含量的参考范围为100~300U/dl，<40U/dl即可出现维生素A缺乏的临床症状。由于维生素A缺乏患者暗适应能力下降，所以现场调查时可采用暗适应计测定。暗适应时间一般在30s以内。

（2）维生素B_1（硫胺素）。维生素B_1与机体的能量代谢有密切关系，它们的需要量与机体热能总摄入量成正比。维生素B_1充足时，有利于运动时糖的有氧氧化，提高耐力。近年来的营养调查发现，运动员维生素B_1营养状况处于低水平较为普遍，应引起重视。

硫胺素营养状况的评价方法常用负荷试验，即以口服5mg（少年运动员减半）维生素B_1后，4h内从尿中排出维生素B_1：>200μg者为正常，<100μg为缺乏。

（3）维生素B_2（核黄素）。维生素B_2以黄素辅酶形式参与多种物质的氧化还原反应，也是呼吸酶的辅酶。缺乏维生素B_2时，运动员的有氧供能明显受影响，导致机体耐力下降，表现为全身疲倦、乏力，眼睛瘙痒继而出现口角炎、阴囊炎等，补充核黄素后可以缓解。

维生素B_2的营养状况一般可用24h尿和负荷尿（口服核黄素5mg，收集4小时尿）中核黄素的实际排出量来评价（表16-8）。

表16-8 维生素B_2营养状况评价标准

评价指标	充足	正常	不足	严重缺乏
24h尿中核黄素（μg/d）	>400	120~400	<120	<40
尿中核黄素（μg/g肌酐）	>270	80~270	<80	<27
4h负荷尿中核黄素（μg）	>1300	800~1300	<800	<400

(4) 维生素 C（抗坏血酸）。维生素 C 在机体中具有许多重要的功能，可作为酶的辅助因子参与多种物质的生物合成，是体内重要的抗氧化剂，能促进铁的吸收等。运动员膳食营养调查结果发现，运动员中存在维生素 C 的摄入不足。

机体维生素 C 饱和状况下，血浆维生素 C 浓度可达 10~14mg/L。但是，此指标只能显示近期摄入情况，不能反映机体储备水平。白细胞维生素 C 是反映体内维生素 C 储存的良好指标。

另外，还可以用负荷试验检测运动员体内维生素 C 的营养水平，即让运动员口服 500mg 维生素 C 后收集 4h 尿液，测定其中维生素 C 含量，进行评价（表 16-9）。

表 16-9 维生素 C 营养状况生化评价指标及标准

评价指标	饱和	正常	不足	严重缺乏
血浆维生素 C（mg/L）	10~14	>5	4~5	<4
白细胞维生素 C（μmol/L）	1140~1700	>114		
24h 尿中维生素 C（mg/d）	>40	>25	10~25	<10
4h 尿负荷（mg）		>10	3~10	<3

(5) 维生素 E。在运动员的维生素营养中，由于维生素 E 是重要的抗氧化剂，对维持骨骼肌、心肌、平滑肌及外周血管系统的结构和功能十分重要，对加速运动后恢复和提高运动能力都有良好的效果，因此，有人建议运动员每日服用每千克体重 1mg 维生素 E。

在有条件的运动队或运动员中，必要时可进行维生素 E 的监测。正常时血清维生素 E 应大于 17μmol/L，在 12~17μmol/L 之间为不足，<12μmol/L 为缺乏。在口服肌酸时，维生素 E 可以促进肌酸的吸收，尿中肌酸和肌酸酐（肌酸脱水产物）减少。

6. 血肌酸和尿肌酸

运动员服用肌酸可以增加肌肉力量，使短时间、大强度、重复性和间歇性的运动做功量增加，完成目标的速度加快，运动后的血乳酸降低。

血肌酸和尿肌酸含量是服用肌酸期间的营养监控指标。口服肌酸后，血液中肌酸含量显著提高。当补充过多肌酸时，多余的肌酸就会从尿液中排出。有研究报道，服用肌酸的受试者血清肌酸含量在 10~100μmol/L 之间；而非肌酸组在 70~80μmol/L，运动前后变化不大；尿肌酸在肌酸组为 3~5μmol/L，非肌酸组仅在 0.2μmol/L 左右。因此，血肌酸和尿肌酸反映机体对肌酸的吸收和排泄的状况。

7. 尿酮体

尿中酮体含量甚微，一般测不出来。当体内在缺氧或糖原被大量消耗的情况下，脂肪酸动员加强，则酮体生成增加，可代替血糖提供能源供人体所需。当酮体生成超过组织所能利用时，在尿中会出现酮体。因此，测定尿酮体，可以了解糖原消耗和脂肪供能能力的大小，这对了解运动员能量物质代谢，特别是脂肪代谢情况以及训练程度都有帮助。

8. 体重与尿比重

运动员脱水不仅有碍身体机能、训练效果和运动成绩，而且不利于身体健康。运动员脱水常常是在训练时不知不觉中发生的，当运动员感觉到口渴时，体内早已脱水。运动时大量出汗如不能及时补水（液），只要脱水量超过体重的2%，心率和体温就会上升，运动能力下降10%~15%；若脱水量超过体重的4%，就属于中度脱水，会口渴严重、心率加快、疲劳感增加，运动能力下降10%~30%；若脱水量超过体重的6%以上，就属于重度脱水，严重威胁健康。因此，运动员防止脱水的出现是及其重要的。要保持机体的水平衡，运动中和运动后及时补水（液）是一个不可忽略的问题。观察运动前后体重下降的程度及尿比重的变化，可有效地评价体内的脱水程度和补水（液）的充分性。

尿比重受入水量和出汗量的影响，正常情况下，尿比重波动在1.003~1.030之间。当大量补水时，尿量增加，尿比重可降低至1.003以下；当机体缺水时，尿量减少，尿比重可高达1.030以上。大运动量或长时间训练后可引起尿比重增加，次日可恢复到正常范围，即为机能良好和补水充分的表现；尿比重持续高水平，可能机体处于脱水状态。

推荐读物

[1] 冯连世，冯美云，冯炜权. 优秀运动员身体机能评定方法 [M]. 北京：人民体育出版社，2003.

[2] 王清. 我国优秀运动员竞技能力状态诊断和监测系统的研究与建立 [M]. 北京：人民体育出版社，2004.

[3] 陈吉棣. 运动营养学 [M]. 北京：北京医科大学出版社，2002.

参考文献

[1] 冯连世，冯美云，冯炜权. 优秀运动员身体机能评定方法 [M]. 北京：人民体育出版社，2003.

[2] 王清. 我国优秀运动员竞技能力状态诊断和监测系统的研究与建立 [M]. 北京：人民体育出版社，2004.

[3] 张爱军，牛洁. 心率监控在科学训练中的应用及其影响因素 [J]. 南京体育学院学报：自然科学版，2003，2（1）：17-19.

[4] 梁锡华，黄园，熊莉. 全血细胞分析在训练监控中的应用 [J]. 湖北体育科技，2001，20（1）：50-51.

[5] 孙革，潮芳. 无氧训练过程中的乳酸监控 [J]. 安庆师范学院学报：自然科学版，2004，10（1）：106-109.

[6] 严政，邵慧秋，朱晓梅，等. 优秀举重运动员医学监控研究 [J]. 体育与科学，1998，19（5）：57-62.

[7] 佘军标,赵新,卞红光.一些生理生化指标与主观疲劳感相结合在游泳训练中的监控作用 [J].北京体育大学学报,2000,23(2):189-190.

[8] 麻春雁,曹建民,刘海平,等.高原训练期间运动员生理、生化指标评定方法研究 [J].哈尔滨体育学院学报,2004,22(2):126-127.

[9] 石爱桥.高、平原训练过程中主要常规指标机能监控指标的比较研究 [J].武汉体育学院学报,2003,37(5):54-56.

[10] 袁建琴,曹建民,徐勇,等.现代五项高原训练某些生理生化指标的训练监控研究 [J].北京体育大学学报,2003,26(1):51-52,58.

[11] 冯连世.高原训练过程中运动员营养与补充 [J].体育科学,2002,22(4):112-114.

[12] 冯美云,张士祥,许奎元,等.摔跤运动员模拟比赛后疲劳和恢复的生化研究 [J].北京体育大学学报,1996,19(2):18-25.

[13] 冯美云,罗冬梅.女子摔跤运动员无氧代谢能力和体成分的初步研究 [J].山西体育科技,1996(1):1-23.

[14] 张漓,魏良忠,洪志强,等.中国古典式摔跤运动员赛前训练的生化特点及机能评定 [J].中国运动医学杂志,2002,21(2):200-203.

[15] 杨则宜.运动员膳食营养状况的评估和膳食干预 [G]//国家体育总局科教司.运动员机能评定与训练监控培训班讲义.2002:98-101.

[16] 冯炜权.运动疲劳及过度训练的生化诊断 [J].北京体育大学学报,2000,23(4):498-502.

[17] 冯连世,冯炜权.肌酸和肌酸的补充与运动能力 [J].体育科学,1997,17(1):64-68.

[18] Maestu J, Jurimae J, Jurimae T. Monitoring of performance and training in rowing [J]. Sports Med, 2005, 35 (7): 597–617.

[19] Kargotich S, Goodman C, Keast D, et al. The influence of exercise-induced plasma volume changes on the interpretation of biochemical parameters used for monitoring exercise, training and sport [J]. Sports Med, 1998, 26 (2): 101–117.

[20] Majumdar P, Khanna GL, Malik V, et al. Physiological analysis to quantify training load in badminton [J]. Br J Sports Med, 1997, 31 (4): 342–345.

[21] Kenttä G, Hassmén P. Overtraining and recovery. A conceptual model [J]. Sports Med, 1998, 26 (1): 1–16.

[22] Pigozzi F, Spataro A, Alabiso A, et al. Role of exercise stress test in master athletes [J]. Br J Sports Med, 2005, 39 (8): 527–531.

[23] Sharpe K, Hopkins W, Emslie KR, et al. Development of reference ranges in elite athletes for markers of altered erythropoiesis [J]. Haematologica, 2002, 87 (12): 1248–1257.

[24] Neumayr G, Pfister R, Mitterbauer G, et al. Exercise intensity of cycle-tour-

ing events [J]. Int J Sports Med, 2002, 23 (7): 505-509.

[25] Smith DJ, Norris SR, Hogg JM. Performance evaluation of swimmers: scientific tools [J]. Sports Med, 2002, 32 (9): 539-540.

[26] Ross A, Leveritt M. Long-term metabolic and skeletal muscle adaptations to short-sprint training: implications for sprint training and tapering [J]. Sports Med, 2001, 31 (15): 1063-1082.

[27] Swank AM, Serapiglia L, Funk D, et al. Development of a branching submaximal treadmill test for predicting VO_2max [J]. J Strength Cond Res, 2001, 15 (3): 302-308.

[28] Gleeson M, Pyne DB. Special feature for the Olympics: effects of exercise on the immune system: exercise effects on mucosal immunity [J]. Immunol Cell Biol, 2000, 78 (5): 536-544.

[29] O'Toole ML, Douglas PS, Hiller WD, et al. Hematocrits of triathletes: is monitoring useful? [J]. Med Sci Sports Exerc, 1999, 31 (3): 372-377.

[30] Lucia A, Hoyos J, Perez M, et al. Heart rate and performance parameters in elite cyclists: a longitudinal study. Med Sci sports Exerc, 2000, 32 (10): 1777-1782.

[31] O'Toole ML, Douglas PS, Hiller WD. Use of heart rate monitors by endurance athletes: lessons from triathletes [J]. J Sports Med Phys Fitness, 1998, 38 (3): 181-187.

[32] Foster C. Monitoring training in athletes with reference to overtraining syndrome [J]. Med Sci Sports Exerc, 1998, 30 (7): 1164-1168.

[33] Nimmo MA. Monitoring altitude acclimatization-a case study of an elite woman athlete [J]. Br J Sports Med, 1995, 29 (1): 24-27.

[34] Hooper SL, Mackinnon LT, Howard A, et al. Markers for monitoring overtraining and recovery [J]. Med Sci Sports Exerc, 1995, 27 (1): 106-112.

[35] Karvonen J, Vuorimaa T. Heart rate and exercise intensity during sports activities. Practical application [J]. Sports Med, 1988, 5 (5): 303-311.

[36] Smith NJ. Weight control in the athlete [J]. Clin Sports Med. 1984, 3 (3): 693-704.

[37] Thomson JM, Garvie KJ. A laboratory method for determination of anaerobic energy expenditure during sprinting [J]. Can J Appl Sci, 1981, 6 (1): 21-26.

第十六讲　运动训练的生物学监控

专业名词中英文对照

中文	英文
训练的生物学监控	biological monitoring in training
心率	heart Rate (HR)
血红蛋白	hemoglobin (Hb)
高铁血红蛋白	methemoglobin (MHb)
血乳酸	blood lactate (Bla)
血尿素	blood Urea (BU)
尿酮体	urine Ketones
尿肌肝	urine Creatinine (UCr)
尿肌酐系数	urine Creatinine Coefficient
无氧功	anaerobic Power
最大摄氧量平台	VO_2max Pleteau Duration (VO_2max PD)
无氧阈	anaerobic Threshold (AT)
闪光融合频率	flicker Fusion Frequency (FFF)
肌酸激酶	creatine Phosphokinase (CK)
肌红蛋白	myoglobin，(Mb)
3-甲基组胺酸	3-methylhistidine (3-MH)
运动性蛋白尿	albuminuria induced exercise
运动性血尿	hematuria induced exercise

（扬州大学　金其贯）

第十七讲 生物芯片技术及其在体育科学领域中的应用进展

【内容提要】

生物芯片技术是20世纪90年代中期以来影响最深远的重大科技进展之一,它是随着"人类基因组计划"的进展而诞生的,具有重大的基础研究价值、广阔的应用空间和产业化前景。以人类基因组计划的完成为标志,在若干生命科学研究计划中,包括人类基因组计划、蛋白质组计划、可视人计划、虚拟人计划、生理人计划、脑科学计划等若干计划中,生物芯片在其研究中起着非常重要的作用。本讲主要概述生物芯片及其研究进展(包括生物芯片的概念、类型及特点,生物芯片的制备技术及检测方法,生物芯片的研究进展与应用)和生物芯片在体育科学领域中的应用与展望(包括生物芯片在运动人体科学研究中的应用与展望、生物芯片在体育训练研究与实践中的应用与展望),以及生物芯片技术在体育科学领域中隐藏的商业价值等内容。

【重要名词】

生物芯片技术:所谓生物芯片技术,就是通过微加工工艺将大量生物识别分子,如核酸片段、多肽及糖分子、组织切片或细胞等,按照预先设置的排列方式高密度地固化在厘米见方的芯片片基上,形成点阵,利用生物分子之间的特异性亲和反应,实现对基因、配体、抗原等生物活性物质的检测分析。

基因芯片:基因芯片的基本原理是应用原位合成和微量点样等方法,将大量cDNA片断、肽核苷或寡核苷酸探针有序地固化到支持物的表面,组成密集二维分子排列,然后与已标记的待测生物样品靶分子杂交,通过激光共聚焦扫描或电荷偶联摄像机等特定仪器对杂交信号的强度扫描分析,从而获得大量的基因序列和表达信息。

蛋白质芯片:蛋白质芯片又称肽芯片,是根据蛋白质与蛋白质相互作用而设计的高通量蛋白检测技术平台。它将已知蛋白以微阵列的方式固定在载体上,用来检测相配对的未知蛋白,一次实验可比较生物样品中成百上千蛋白质的相对丰度。

细胞芯片:细胞芯片又称细胞微阵列芯片,它由细胞芯片裸片、封装盖板和底板构成。细胞芯片裸片上密集设置6000～10000乃至更高密度不同的细胞阵列,封装于盖板和底板之间。

组织芯片:组织芯片又称组织微阵列,它是近年来以基因芯片为代表的生物芯片技术的发展和延伸,它与细胞芯片、蛋白质芯片、抗体芯片一样,属于一种特殊的生物芯片技术。它将成百上千个不同个体或/和同一个体不同器官的组织标本排列在一张载玻片上所形成的组织微阵列生物芯片,简称组织芯片。

第十七讲　生物芯片技术及其在体育科学领域中的应用进展

生物芯片（Biochip）技术是20世纪90年代中期以来影响最深远的重大科技进展之一，它是随着"人类基因组计划"（human genome project，HGP）的进展而诞生的，具有重大的基础研究价值、广阔的应用空间和产业化前景。1998年，Science 杂志把生物芯片技术列为年度十大科技突破之一。到目前为止，短短几年中，生物芯片已应用到了生命科学基础研究、疾病诊断和治疗、药物筛选和新药开发等各个领域，引起了世界各国专家的极大关注。目前已发展出多种不同功能和用途的生物芯片，包括基因芯片、蛋白质芯片、细胞芯片、组织芯片（TMAs）、毒理芯片、微缩芯片实验室等等。它在基因表达差异研究、新基因的发现、老基因的功能研究、药物作用靶基因的筛选和遗传突变检测等方面，体现出高通量、并行性、大规模和快速准确等优势。以人类基因组计划的完成为标志，在若干生命科学研究计划，包括人类基因组计划（HGP）、蛋白质组计划（HPMP）、可视人计划（VHP-I）、虚拟人计划（VHP-II）、生理人计划（HPP）、脑科学计划（HBP）等若干计划中，生物芯片在其研究中起着非常重要的作用。同时，生物芯片技术为其他计划奠定了强有力的基础。目前在体育科学领域已有这方面研究探索，可以预测生物芯片在体育科学领域中具有广阔的应用前景。

一、生物芯片及其研究进展

（一）生物芯片的概念、类型及特点

1. 生物芯片的概念

所谓生物芯片技术，就是通过微加工工艺将大量生物识别分子，如核酸片段、多肽及糖分子、组织切片或细胞等，按照预先设置的排列方式高密度地固化在厘米见方的芯片片基（如硅片、玻片、聚丙烯酰胺凝胶、塑料、尼龙膜等）上，形成点阵，利用生物分子之间的特异性亲和反应，实现对基因、配体、抗原等生物活性物质的检测分析。由于生物芯片是现代分子生物学、生物信息学、材料科学、计算机科学及微加工技术等不同领域高新技术相结合的产物，所以它可以同时对一个或多个生物体的多个基因，甚至全部基因（或组织、细胞、蛋白等）进行分析检测，具有大规模、高通量、高效率、并行性、自动化、准确、灵敏、微型化、简便、成本低、污染少、用途广等优点。最初生物芯片主要用于 DNA 序列测定、基因表达谱鉴定和基因突变体检测分析，称为 DNA 芯片或基因芯片。目前已扩展到免疫反应、受体结合等非核酸领域。因此，生物芯片技术是将生化分析系统中样品制备、生化反应和结果检测三部分有机地结合起来连续完成，实现了对细胞、蛋白质、DNA 及其生物组分准确、快速、大信息量的检测。

2. 生物芯片的类型及特点

按芯片上固化的生物材料不同，生物芯片可划分为基因芯片、蛋白质芯片、糖芯片、细胞芯片和组织芯片等，其中基因芯片是目前研究最成熟的一种生物芯片。从研究基因的结构、信息与功能的角度把生物芯片划分为信息生物芯片和功能生物芯片两大类。信息生物芯片包括基因芯片、细胞芯片和组织芯片，其中基因芯片目前开发成熟的

有cDNA芯片（或称DNA microarray，DNA微阵列芯片，表达谱芯片或称CDA）和Oligo芯片（寡核苷酸芯片，又称原位合成芯片或称ONA）；功能生物芯片目前研究的有微流控芯片（包括蛋白质芯片）、缩微芯片实验室、辅助操纵细胞的配体芯片等。目前，我国已经研究出具有自主知识产权的电磁式生物芯片，其中可单点选择的电磁阵列技术和电旋转检测技术等均为世界首创。随着科学技术的发展，激光技术、纳米技术、微电子技术与现代分子生物学和生物信息学的高度整合，新型多功能的生物芯片技术定会日新月异，为最终破解人类基因的全部功能信息、遗传突变检测、药物作用靶点研究、杰出运动员的早期基因选材等诸多领域提供有利武器。

DNA芯片用于基因表达分析，其优点在于分析整组基因的功能（表达）片段。这对于复杂的体系（如人类整组基因）意义重大，因为人类整组基因中已编码DNA与未编码DNA的比率是很低的，表达序列仅占整组基因的3%，所以以杂交为基础的副链分析将有效地降低人类整组基因研究的复杂性。DNA芯片是将待测特征基因片段（靶基因）固定于玻片上制成芯片（一般通过离子键结合），将从组织中抽提DNA或RNA经扩增荧光标记后与芯片进行杂交，杂交信号由扫描仪扫描，再经计算机分析，所得的数据可直接用于基因功能的研究。

从待测样品的固相或液相角度将生物芯片分为固态生物芯片与悬浮式生物芯片两大类。固态生物芯片是将大量已知生物样品（如DNA片断、蛋白质分子等）按顺序以微阵列方式固定于某种固相载体表面（玻片、滤膜等），待测样品用荧光染料标记制成探针，并与微阵列分子杂交经洗涤除去未杂交的探针分子，用荧光检测仪定量分析杂交信号强度，进行检测分析。固态生物芯片按芯片上固化的生物材料不同，可分为基因芯片、蛋白质芯片、糖芯片、细胞芯片和组织芯片等。其中基因芯片是目前研究最成熟的一种生物芯片。悬浮式生物芯片技术是用微球作为载体，用流式细胞仪作为检测平台，对生物分子进行大规模测定。以许多不同微球为主要基质，每种微球上固定不同的探测分子，将这些微球探针悬浮于待测液体，构成悬浮式生物芯片系统，可对同一待测液中多种不同分子同时检测。测试时使单个微球探针逐一通过检测通道，使用两束激光同时对微球探针上的分类荧光和报告分子上的标记荧光进行检测，确定被结合待测分子的种类和数量。TMAs技术是将许多不同个体组织标本以规则阵列方式排布于同一载玻片上，进行同一指标（基因、蛋白）的原位组织学研究。因此，无论是在设计思路、材料来源（包括石蜡固定的组织标本）、制备方法还是最终的结果分析、数据处理方面，组织芯片与基因芯片、蛋白芯片均存在迥然不同的差异。基因芯片和蛋白芯片是研究同一种细胞中成千上万条基因或蛋白分子的表达情况，而TMAs则是研究同一条基因或蛋白分子在成百上千种细胞或组织中的表达情况，所以，TMAs技术不但是传统病理学技术的进一步发展，也是基因芯片和蛋白芯片的进一步延伸。TMAs技术具有高通量、并行性、多样本、省时快速、简便经济、用途广泛、结果可靠、便于设计实验对照等优点。该技术与其他生物技术如蛋白芯片相结合，即可组成免疫组化细胞表型检测分析系统；与基因芯片相结合，即可组成完整的基因表达分析系统。一次检测可获取大量的生物学信息；可分析成百上千种同一或不同疾病的组织标本，无批内和批间误差，实验结果更为准确可靠；1~2周之内可完成数千个组织标本的数十个基因表达或蛋白分子的定位、

第十七讲　生物芯片技术及其在体育科学领域中的应用进展

定性、定量分析，既可用于基础研究和临床研究，又可用于分子诊断、治疗靶点定位、疾病愈后指标筛选、抗体和药物筛选、基因和蛋白表达分析等等；用特殊的扫描和分析仪器即可对 TMAs 进行半自动化或自动化分析处理。因此，生物芯片技术极大地丰富了生命科学研究的技术与方法，下面主要介绍几种具有代表性的生物芯片。

（1）基因芯片。基因芯片的基本原理是应用原位合成和微量点样等方法，将大量 cDNA 片断、肽核苷或寡核苷酸探针有序地固化到支持物（如玻璃片、硅片、聚丙烯酰胺凝胶、尼龙膜等）的表面，组成密集二维分子排列，然后与已标记的待测生物样品靶分子杂交，通过激光共聚焦扫描或电荷偶合摄像机等特定仪器对杂交信号的强度扫描分析，从而获得大量的基因序列和表达信息。它利用固定在芯片上的几百至几十万条基因与样品进行杂交，在一步实验中获得到了大量的信息。随着基因芯片技术的飞速发展，其种类变化多样。按载体材料不同可分为膜芯片、玻璃芯片、硅芯片、陶瓷芯片等；按点样方式不同可分为原位合成（光刻、喷印）、直接点样（接触式、非接触式）芯片；按探针种类可分为寡核苷酸、cDNA 芯片、基因组芯片；按用途不同可分为表达谱芯片、诊断芯片、指纹图谱芯片、测序芯片等。尽管基因芯片种类众多，但就其载体、点样、制作工艺来说，无论多么复杂，其基本设计方法在研究目的确定后主要包括 5 个大的方面，即芯片设计、杂交检测信号、数据处理、统计学分析、数据管理。近几年，生物信息学分析方法研究得到了迅猛的发展，如统计学分析方法、神经网络方法、Markov 链分析、分形方法、复杂性分析方法、密码学分析方法等等。其核心问题是 DNA 序列分析和蛋白质结构分析。统计分析是基因芯片技术的难点，关系到基因芯片上生物信息学是否能最大限度地展现出来。聚类分析（clusteringanalysis）是目前分析大规模基因表达谱最广泛使用的统计分析技术。

目前发展成熟的基因芯片可以将克隆到的成千上万条基因的特异探针或其 cDNA 片段固定在一块 DNA 芯片上，对来源不同的个体（正常人或患者）、组织与细胞周期、发育与分化阶段、病变和不同刺激（包括不同诱导、不同治疗手段）条件下的细胞内 mRNA 或反转录后产生的 cDNA 进行检测，从而对这些基因表达的个体特异性、疾病特异性和刺激特异性进行综合分析和判断，可获得大量与某研究领域相关的靶基因和未知基因，它与传统的方法相比，检测系统微型化，对样品的需要量非常小；由于能同时研究成千上万条基因的表达变化，所以研究效率明显提高，可进行高通量大规模的基因差异筛选研究；能更多地揭示基因之间表达变化的相互关系，从而研究基因与基因之间的内在作用关系；能更全面系统地研究某一表型或病症的相关基因群，并可进行平行性处理比较；检测基因表达变化的灵敏度高，可检测丰度相差几个数量级的表达情况。目前国内外已有包括人的原癌基因和抑癌基因类、细胞信号和转导蛋白类、细胞周期蛋白类、细胞凋亡相关蛋白类、DNA 合成与修复和重组蛋白类、细胞受体类、细胞表面抗原和粘附蛋白类、离子通道和运输蛋白类、代谢类以及管家基因和阴（阳）性对照基因在内的 cDNA 芯片以及大（小）鼠等芯片。

（2）蛋白质芯片。蛋白质受基因表达的调控，以检测样品中 mRNA 丰度为基础的 cDNA 芯片是当今研究中备受关注的技术手段。然而细胞内 mRNA 的信息远不能反映基因的最终产物——蛋白质的表达状况，mRNA 的丰度与其最终表达产物蛋白质的丰度之间并没有直接的关联，许多蛋白质还有翻译后修饰加工、结构变化、蛋白质与蛋白质间、蛋白质与其他生物大分子的相互作用等，因此，微阵列技术对生物样品进行整体蛋白质表达分析的蛋白质芯片（Protein chip），在后基因组时代中将具有极其重要的地位和作用。蛋白质芯片又称肽芯片（Peptide chip），是根据蛋白质与蛋白质相互作用而设计的高通量蛋白检测技术平台，它是将已知蛋白以微阵列的方式固定在载体上，用来检测相配对的未知蛋白，一次实验可比较生物样品中成百上千蛋白质的相对丰度。固定在载体上的蛋白质可以是抗体、抗原、受体、配体、酶、底物以及蛋白结合因子等。目前技术发展较为成熟、应用较为广泛的有抗体芯片和 SELDI（surface-enhanced laser desorption/ionization，表面增强激光解吸离子化）蛋白质质谱芯片等。SELDI 蛋白质质谱芯片技术是利用经过特殊处理的固相支持物或芯片的层析表面，根据蛋白质物理、化学性质的不同，选择性地从待测生物样品中捕获配体，将其结合在芯片的固相层析表面，经原位清洗和浓缩后，结合飞行时间质谱（TOF-MS）技术，对结合的多肽或蛋白质进行质谱分析。该技术直接用患者的体液（包括血液、尿液、脑脊液等）以及细胞裂解液进行分析，可定量和定性分析结合的靶蛋白。抗体芯片（Antibody microarray）是将能识别特异抗原的抗体制成微阵列，检测生物样品中抗原蛋白表达模式的方法。抗体对抗原的识别具有高度特异性和灵敏度，是一种理想的捕捉分子，在芯片中抗体常作为分子传感器。目前噬菌体抗体库的容量迅速增长，从理论上说，如果分离到细胞中的各种蛋白质就能够分别以这些蛋白质为抗原对噬菌体抗体库进行淘选，获得它们的特异单链抗体，以这些单链抗体制备的抗体芯片就可以获得整个蛋白质组的表达图谱。Clontech 公司推出的第一代抗体芯片（Ab Microarray）包含了固定在芯片片基上的 378 种已知蛋白质的单克隆抗体，在一张芯片上可对两种样品的表达模式进行比较分析，一次实验可同时检测样品中 378 种蛋白质的表达情况。同时，抗体芯片还可作为 DNA 芯片的补充，用于研究蛋白和基因表达之间的关系。已有文献表明，在抗体-抗原芯片上进行双色标记，采用 100 多对确定的抗原、抗体制造了微免疫芯片，对不同的蛋白质进行分析。由于抗原与抗体的高亲和力，此种芯片可检测至皮摩尔级的抗原。

（3）糖芯片。继基因工程、基因组学与基因芯片、蛋白质工程、蛋白质组学与蛋白质芯片之后，糖工程、糖组学与糖芯片正在兴起。糖生物工程技术已成为第三代生物技术的核心。糖芯片（carbohydrate microchip, glycan chip）又称糖微阵列（carbohydrate microarray, sugar array），是用于糖组学研究的新型芯片，包括寡糖芯片（oligosaccharde microarray）和多糖芯片（polysaccharide microarray, glycan microarray）等。寡糖芯片于 1999 年在以色列开发并注册，目前糖芯片主要用于同时分析空前数量的多糖-蛋白质的相互作用、功能糖组学、药物筛选（主要筛选蛋白质-多糖相互作用的抑制剂）、抗体结合特异性分析、靶多糖的筛选与鉴定以及药物糖组学研究与应用。

（4）细胞芯片。细胞芯片（cellchip）又称细胞微阵列芯片（cell microarray），由细胞芯片裸片、封装盖板和底板构成，细胞芯片裸片上密集设置 6000~10000 乃至更高密度不同的细胞阵列，封装于盖板和底板之间。细胞芯片能通过控制细胞培养条件使芯片上所有细胞处于同一细胞周期，在不同细胞株间，其生化反应及化学反应结果可比性强，

第十七讲　生物芯片技术及其在体育科学领域中的应用进展

一块芯片上可同时进行多信息量检测。因此，细胞芯片将芯片的概念引入免疫组化和原位杂交中，引起了世界科研人员的广泛兴趣。电穿孔细胞芯片又叫仿生芯片，是将单个细胞与一个电子集成电路芯片经特殊方法结合起来，当细胞面临一定的电压时，细胞膜微孔自动打开，通过调节电压可以控制细胞的活动及渗透性，在不影响周围细胞的情况下，对目标基因或细胞进行基因导入、蛋白质提取等研究。目前人们正在设想通过对细胞芯片电压的精确调节，激活人体包括从肌肉、骨骼、心、脑等不同器官的组织细胞，用于动态研究活细胞的生物学与细胞分子生物学特征。细胞芯片作为生物芯片的一种，在医学诊断、新药开发、药物试验、细胞生物学研究领域具有非常重要的意义。目前国内外正在研发的细胞芯片有电穿孔细胞芯片（包括味觉细胞芯片、神经细胞芯片）、多参数细胞芯片、微流体细胞芯片（与传统的流式细胞术相比，微流体芯片实现了细胞的快速、高通量检测，具有高敏感性，细胞和试剂消耗量小，数据准确等优点）和检测基因表达变化的细胞芯片（用活的细胞通过 cDNA 固定在芯片上，使细胞吸收了 cDNA，在点上生长并表达编码的蛋白质）等。

（5）组织芯片。组织芯片（tissue chip）又称组织微阵列（tissue microarrays, TMAs），是近年来以基因芯片（如 DNA 芯片）为代表的生物芯片技术的发展和延伸，它与细胞芯片、蛋白质芯片、抗体芯片一样，属于一种特殊的生物芯片技术。它将成百上千个不同个体或/和同一个体不同器官的组织标本排列在一张载玻片上所形成的组织微阵列生物芯片，简称组织芯片。基因芯片是针对某一组织中成千上万条基因的表达谱研究，而 TMAs 则是针对某一条基因或 mRNA、DNA 以及蛋白质在成百上千种不同组织中的组织表达谱研究。因此，TMAs 是一种高通量、并行性、多样本研究 mRNA、DNA、基因以及蛋白质定位、定性和相对定量的分析工具。它使科研人员第一次有可能同时对成百上千种正常或者疾病以及疾病发展的不同阶段的组织样本，进行某一个或多个特定的基因或者与其相关的表达产物的研究，具有高通量、大规模、并行性、快速准确验证基因表达产物的一种可视化分子标记技术。其基本原理主要是根据基因芯片的思路，依托组织学制片技术并与免疫组织化学（IHC）、荧光免疫组织化学（FIHC）、原位杂交（ISH）、荧光原位杂交（FISH）、原位 PCR、原位 RT-PCR 等技术相结合，通过微加工工艺技术和计算机激光扫描成像与分析技术而实现的。组织芯片技术可与 DNA、RNA、蛋白质、抗原、抗体、细胞和微生物、传统病理学、HC、IHC、FIHC、ISH、FISH、原位 PCR、原位 RT-PCR、原位 DNA 合成等技术相结合，在基因、基因转录和相关表达产物生物学功能等三个水平上进行研究。这对人类基因组学的研究与发展，尤其对基因和蛋白质与疾病关系的研究、疾病相关基因的验证、新药物的开发与筛选、疾病的分子诊断、治疗过程的追踪和预后等方面具有实际意义和广阔的市场前景。

（6）芯片实验室。芯片实验室（Lab-on-a-Chip）或称微缩芯片实验室、微流控芯片实验室、微流控芯片（microfluidic chip），它是将生命科学和医学研究中许多不连续的分析过程，通过半导体光刻加工等缩微技术与生物技术，将样品制备、化学反应和分离检测等全过程，集成到一块生物芯片上构成芯片上的实验室系统。它的优势在于可实现生物检测和分析过程的连续化、微型化和自动化，是生物芯片研究领域的一个热点。

芯片实验室是缩小了的生化分析器，它是将内径在 10~100μm 的微通道加工在玻璃或硅片上，利用电动泵和流体的压力来控制皮、纳升级液体的流动，将微流结构如阀、压力系统、测量系统、反应仓等整合到芯片实验室中，完成样本的预处理、分离、稀释、混合、化学反应、检测以及产品的提取。由于芯片实验室体积小，携带方便，适合野外实验，能同时并行检测多种生物分子，解决了基因芯片和蛋白质芯片技术中存在的一些问题，如对实验室规模、仪器设备要求较高、依赖性较强、样品制备和标记操作的一体化性能欠佳等，因此，芯片实验室的发展前景广阔，它的出现必将会给生命科学、医学、化学、新药开发、农作物育种和改良、司法鉴定、食品与环境监督、兴奋剂检测等众多领域提供强有力的技术支持，从而带来检测分析领域的一场革命。

（二）生物芯片的制备技术及检测与分析方法

生物芯片的制备需要有固定在芯片上的生物分子样品、芯片片基和制作芯片的仪器三大部分。研究目的不同，期望制作的芯片类型也不同，其制备方法也不尽相同。现已有多种方法可将寡核苷酸、多肽、抗体或蛋白质、糖分子等生物大分子和细胞以及组织通过原位合成法、交联制备法等几种方法固定到固相支持物上。原位合成法是目前制备高密度芯片最为成功的方法，即按预先设计的序列顺序有规律地在固相支持物上直接合成多种不同的生物分子片段（如 DNA 片段），如寡核苷酸芯片、糖芯片和寡肽芯片；交联制备法是利用电脑点样装置将预先合成或制备的核酸探针、多肽、蛋白质等，按一定的排列顺序点在经特殊处理的载体上，通过共价交联或非共价交联吸附固定生物大分子、细胞或组织，如糖芯片、蛋白质芯片、抗芯片体、细胞芯片和组织芯片。制备蛋白质芯片的方法比 DNA 芯片复杂得多，除了化学偶合方法外，目前还有凹槽吸附酵母的双杂交系统芯片、微型凝胶包埋蛋白质探针技术，实现了在惰性表面上高密度、高精度地有序排列抗体、抗原、受体、酶等蛋白质样品。在经过与被检测的生物样品反应之后，可以用质谱直接分析结合的靶蛋白，也可以用 CCD 成像技术或者激光扫描仪检测预先进行荧光或同位素标记的反应物。目前，发展成熟的生物芯片主要是基因芯片和组织芯片，其他生物芯片基本上是以基因芯片的基本技术原理来进行设计制作和检测。下面以基因芯片的基本技术原理为代表简要介绍生物芯片的制备技术及检测方法。

1. 基因芯片的制备

生物芯片是根据 Watson 和 Crick 提出的 DNA 双螺旋结构的原理而发展起来的一种核酸链间分子杂交技术，它不论对 ONA 或 CDA，都是芯片技术的关键环节，在该环节中将发生靶标样品核酸与探针之间的选择性反应，最终通过洗涤、扫描检测和生物信息分析，获得基因表达差异及未知新基因的数据信息。目前对基因表达谱研究应用最广泛的是 CDA 芯片，其基本技术原理和方法如下：

DNA 芯片实质上就是在芯片上按照特定的排列方式固定上大量的探针，形成一种 DNA 微矩阵，将样品 DNA/RNA 通过 PCR/RT-PCR 扩增、体外转录等技术掺入荧光标记分子后，与位于芯片上的探针杂交，通过荧光扫描仪及计算机进行综合分析后，即可获得样品中大量基因序列及表达信息。用于芯片制备的载体有玻璃片、聚丙烯或尼龙膜等多种无机和天然有机聚和物,人工合成的各种高分子聚合物制成的各类膜要求具有良好的光学性能,可适应透射或反射光的测量。载体表面须具有可以进行化学反应的活性基团,以便与生物分子进行偶合。在芯片制备之前,须对载体表面活化,便于和配基进行共价结合而固定 DNA 片段。最常用的有醛基修饰玻片(可用于 ONA 和 CDA)和氨基修饰玻片(仅用于 CDA)。

基因芯片的制备方法有直接点样法和原位合成法两大类。直接点样法是将已合成好的目标探针、cDNA 或基因组 cDNA 通过特定的机械手直接点在芯片上,目前的 CDA 就是用直接点样法制备的。原位合成法是直接在芯片上用四种核苷酸合成所需的目标探针,此方法目前有原位光刻合成和原位喷印合成等几种。寡核苷酸原位光刻合成芯片主要由美国的 Affymetrix 公司研究开发,它是把半导体工业中的光刻技术和 DNA 的化学合成法进行整合,将 DNA 四种碱基单体的 5′-羟基末端连接一个光敏保护基。合成的第一步是利用光照射使羟基端光脱保护,连接一个 5′端保护的核苷酸单体,如此反复直至合成完毕。合成循环中的探针数目呈指数增长,如在 8h 内可完成 $4^8 = 65536$ 个探针的合成。能在 $1.6cm^2$ 上合成 40 万组寡核苷酸阵列;原位喷印合成芯片是以定滴供给方式,通过压电晶体或其他推进形式从数个最小的喷嘴内把合成好的纯生物样品(如 cDNAs、染色体 DNAs 和抗体等)喷射到玻璃载体上。在 $1cm^2$ 的面积上可构建 1000 个点的阵列。原位光刻合成、原位喷印合成和直接点样法的基本原理如图 17-1 所示。

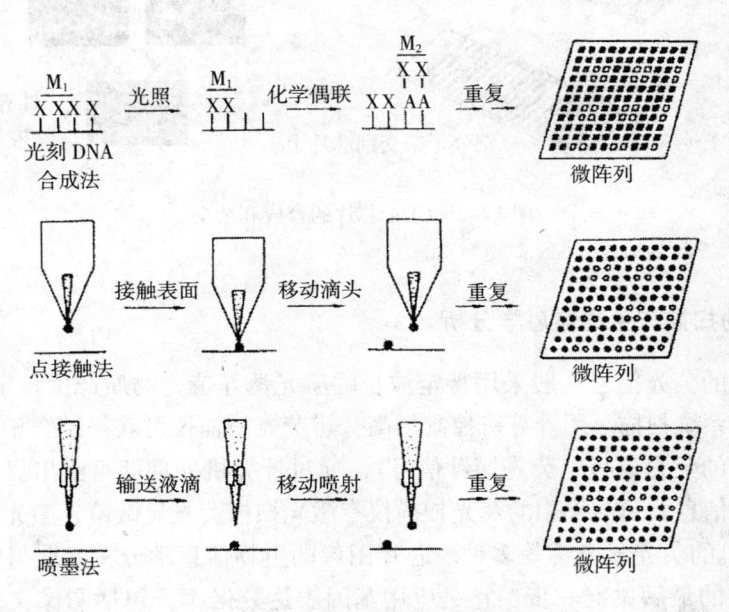

图 17-1 3 种 DNA 芯片的制备方法

2. 荧光标记探针的制备

待分析的基因在与芯片结合探针杂交之前,必须进行分离、扩增及标记。根据样品来源、基因含量及检测方法和分析目的的不同,采用的基因分离、扩增及标记方法也各异。最普遍的荧光标记方法是Cys3-dUTP或Cys5-dUTP，目前采用的荧光素种类更多，可以满足不同来源样品的大规模平行性分析。

3. 荧光标记探针与芯片的杂交

根据研究目的与选择的杂交条件，将制备的荧光探针与芯片进行杂交，洗去未结合的探针，最后进行芯片荧光信号的扫描与分析。在进行多态性分析或基因测序时，对每个核苷酸或突变位点都必须检测出来。若只用于检测基因表达差异分析，只需设计出针对基因中的特定区域的几套寡聚核苷酸即可，但表达检测需要较长的杂交时间，且样品丰度要好，以利于增加检测的特异性和低拷贝基因检测的灵敏度。CDA芯片的合成和杂交原理如图17-2所示。

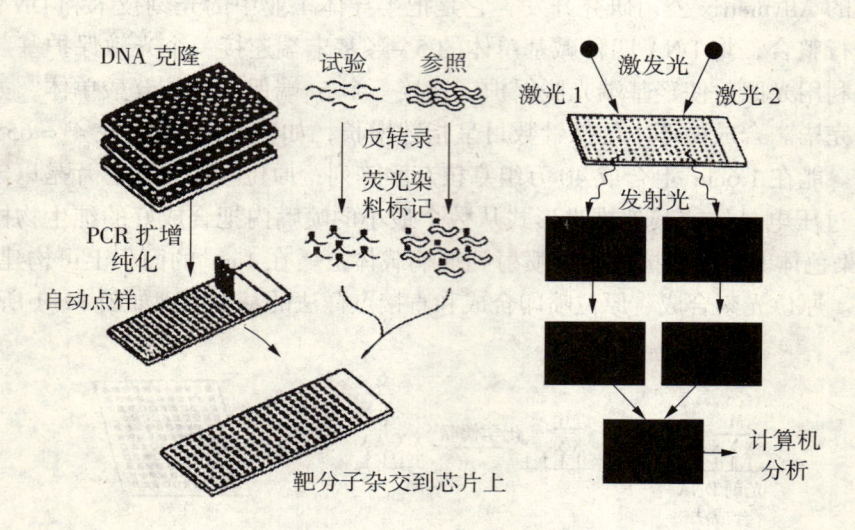

图17-2 CDA芯片的合成和杂交

4. 芯片的扫描与生物信息学分析

杂交芯片的荧光信号一般采用特定波长的激光诱导荧光物质产生特定波长的荧光，并由光学检测系统扫描。用计算机控制的高分辨荧光扫描仪可获得结合于芯片上目标探针中目的基因的荧光信号（荧光探针信号），通过计算机处理即可给出目的基因的结构或表达的定量信息。目前采用的荧光扫描仪有激光扫描荧光显微镜、激光扫描共焦显微镜和CCD相机的荧光显微镜等多种。芯片图像的生物信息学分析是获得大量有价值的基因表达信息的最后关键一步，它是应用基因表达数据库，包括图像文件、信号强度值、背景平均值的行列号和基因号等各种实验参数（Plates / unigene / Sets / clusters）、探针相关信息、Clone相关信息（基因名称、基因序列、GenBank Accession号和克隆标志符等）、代谢途径标志符和分析处理结果（包括对样品基因信息的Ratio分析和Cluster分析）等。最终得到大量关于相关基因表达谱的定量信息。

（三）生物芯片的研究进展与应用

1. 国外生物芯片研究进展及应用

美国是生物芯片技术研究领先的国家，其 Affymetrix 公司是生物芯片技术的开拓者，早在 8 年前即开始研究光引导的原位合成技术，这一技术导致了第一代生物芯片的诞生。美国政府自 1998 年正式启动生物芯片计划以来，已有美国国立卫生研究院、能源部、国防部、司法部等政府机构，斯坦福大学、MIT、阿尔贡实验室等著名科研机构，以及 Affymetrix、Hyseq、Nanogen、Incyte、Caliper 等著名生物芯片技术公司参与该项计划。在过去的 10 年里，美国在这一领域共投入了近 20 亿美元。目前的第一代生物芯片已进入实用化、产业化阶段，如 Affymetrix 公司 1998 年生产出带有 13.5 万个基因探针的芯片，最近又推出了有 40 万个探针的芯片。近年来，世界各国纷纷加大投入，英国剑桥大学、欧亚公司正在从事该领域的研究。世界大型制药公司尤其对基因芯片技术用于基因多态性、疾病相关性、基因药物开发和合成或天然药物筛选等领域很感兴趣，都已建立了或正在建立自己的芯片设备和技术。以 DNA 芯片为代表的生物芯片技术得到了迅猛发展，已有多种不同功能的生物芯片问世。

应用生物芯片可进行基因表达差异的检测。最初 Schena 等人用一个含 48 份 cDNA 的微阵列和一套荧光标记或藻红素标记的混和探针杂交，检测模式植物 Arabidopsis thalianna 基因表达差异，检测灵敏度为 1:5 万 w/w 总 mRNA。通过靶序列测定和 NCBI 数据库同源序列检索，表明 48 种 cDNA 中有 45 种与靶基因同源。随后 Schena 等人又检测了 1046 种未知序列的人 cDNA 表达。Lockhart 等人采用固化有 6.5 万个不同序列的探针芯片，定量分析了小鼠 T 细胞线粒体中整个 RNA 群体 21 个各不相同的 mRNA。检测结果表明，该系统对 RNA 的检出率为 1:30 万，对 mRNA 的定量基准为 1:300。

应用生物芯片可进行新基因的寻找和基因突变的检测。Wodicka 等用 4 个 ONA 排列了 26 万个寡核苷酸探针，每个芯片上有 6.5 万个探针位点。并在特定的寡核苷酸近旁同时合成一条与之密切相关且仅有一个中央碱基错配的序列。从完全相配的探针信号中去除错配探针的信号用以抵消非特异性结合和背景荧光。结果表明，90% 的基因在两种条件下都可表达，包括多数结构蛋白基因和核糖体蛋白基因等，36 种 mRNA 在丰富培养基中丰度较高，140 种 mRNA 在最基本培养基中丰度较高。除已知功能的基因外，同时还发现了未鉴定的新基因。Chee 等制备了含有 13.5 万个寡核苷酸探针的 ONA，检测了 16.6kb 的人类 mtDNA。共分析了 10 个样本，检出 505 个多态性位点。基因芯片除可用于研究 mtDNA 基因突变以及民族内和民族间 mtDNA 的多态外，还可用来揭示 mtDNA 基因的表达与神经性疾病和长寿等之间的关系。

应用生物芯片可进行疾病机理分析和诊断，Alizadeh 等构建了选自 B 淋巴细胞文库中的 12069 个 cDNA 克隆，选自弥散性大 B 细胞淋巴瘤、滤泡性淋巴瘤、Mantle 细胞淋巴瘤和慢性淋巴细胞性白血病文库中的 2338 个 cDNA 克隆，以及来自淋巴细胞和/或肿瘤细胞学重要的一组 3186 个 cDNA 克隆在内的 17856 个点，制备了 128 个 Lymphochip 微阵列，检测了 96 个正常和恶性淋巴细胞株的近 $1.8×10^6$ 个基因表达，描绘了一张复杂而非常有序的淋巴细胞样肿瘤基因表达的变异图，为临床难以诊断和治疗的弥散性大 B 细胞淋巴瘤提供了最可靠的证据。

应用生物芯片可进行药物作用靶基因的筛选和药物毒理学研究。Marton 等利用 CDA 构建了免疫抑制性药物 FK506 处理酵母细胞后的基因表达谱，发现了不同于野生型的作用机制。Incyte 公司制备的 CDA 结合 Zooseq 数据库中存有的大（小）鼠和 Cynomolgus 猴等的基因组序列，在研究不同生物基因表达差异的同时，对新药的药理学和毒理学进行研究，并开发出大鼠毒理学 CDA，为药物筛选和临床用药提供了线索。

目前，国际上应用生物芯片的文献报道逐年增多，随着研究水平的不断提高，第二代芯片由于将从根本上解决信息检测的自动化、集成化、微量化，它代表了生物芯片的发展方向，虽然目前仍处于研究阶段，但已见产业化曙光。

2. 国内生物芯片研究进展及应用

我国几乎同时意识到生物芯片技术的重大战略意义和蕴藏的无限商机，积极开展生物芯片的研发工作。1998 年，中科院将基因芯片列为"九五"特别支持项目，利用中科院在微电子技术、生化技术、物理检测技术等方面的优势，组织跨所、跨学科合作。2000 年初，由国内从事生物芯片技术研究的多家单位进行强强联合成立了国家生物芯片技术中心。中国工程院 2000 年在北京举办首次工程科技论坛，专题定为"生物芯片技术"。目前，国内已有多家科研单位开始从事这方面的研究。在 DNA 芯片设计、基片修饰、探针固定、样品标记、杂交和检测等方面的技术都有较大的进展，已研制出肝癌基因差异表达芯片、乙肝病毒多态性检测芯片、幽门螺杆菌感染宿主胃癌易感基因多态性检测芯片、多种恶性肿瘤病毒基因芯片、兴奋剂检测芯片、重大传染性疾病的诊断芯片如 SARS 蛋白质检测芯片等有一定实用意义的基因芯片及其检测仪器。可以相信，不久将会有更多具有我国自主知识产权生产的生物芯片产品投放市场，它将对我国生命科学研究、医学诊断和新药筛选等领域具有革命性的推动作用，也将对我国人口素质、农业发展、环境保护等领域作出巨大的贡献。

在病理诊断研究中，我国已经建立了大型的 TMAs 技术平台，可使上千种不同种类、不同部位的病变组织与正常组织同时在一张 TMAs 上完成，使传统病理诊断研究的批内与批间误差降低到最低程度。在疾病诊断抗体的筛选中，肿瘤相关抗体和探针的特异性和敏感性测试是一项耗时、耗力和耗试剂的必做工作，应用 TMAs 技术即可实现大规模、平行性、高通量、快速准确的测试工作。TMAs 技术在疾病新的基因靶点和药物作用靶基因的筛选研究中将发挥重大作用。目前该技术已成为生物制品公司、病理医生和研究者筛选抗体和探针的必备工具，在疾病相关基因扩增、蛋白表达分析、药物的高效筛选和有效靶标确认方面具有广阔的应用前景。

在治疗早幼粒白血病、血吸虫病的工作中，国内学者应用化学基因组学与生物芯片筛选中药抗癌药物取得了突破性进展。在恶性流行性传染性疾病研究的工作中，中国香港大学医学部率先与美国合作，应用生物芯片技术对 SARS 病毒进行了研究，随后，中国大陆科学家也研制出了全面检测 SARS 病毒的全基因组芯片与检测系统，在全球率先研制出第一张冠状病毒全基因芯片。生物芯片再次得到了人们的广泛关注。目前，我国科学家们已成功克隆了10多个与肥胖症、心血管疾病、糖尿病、衰老及神经系统等重要疾病相关的药物靶体,如PAFR、MC4R、5-羟色胺受体及多巴胺受体分别与炎症、衰老和神经系统疾病有关;建立了药物靶体在中国仓鼠卵巢细胞系CHO、人胚胎肾细胞系HEK293以及其他细胞系中的真核表达系统,并进行了药物靶体的功能鉴定和一些细胞筛选模型的建立与高通量药物筛选。因此,我国的生物芯片研究进展迅速,具有十分广阔的应用前景。

然而,生物芯片技术仍然存在着许多问题,如在样品制备、探针合成与固定、分子标记、数据读取与分析等方面技术复杂、成本昂贵、检测灵敏度须进一步提高等问题。蛋白质芯片面临着更多挑战,在建立快速、廉价、高通量的蛋白质表达和纯化方法,高通量制备抗体并定义每种抗体的亲和特异性,尤其是采用化学合成的方法大规模制备抗体,研究通用的高灵敏度、高分辨率检测方法,实现成像与数据分析的一体化;微流路芯片、芯片实验室还正处于研究阶段,芯片上的多系统集成(包括样品处理、PCR、电泳分离、芯片上计算机自动化监测)还有很艰难的路要走。相信随着科学技术的飞速发展和不同学科间的相互渗透,我国生物芯片技术的研究进展及应用一定会呈现出一片喜人的景象。

二、生物芯片在体育科学领域中的应用与展望

由于生物芯片技术具有高通量、大规模、并行性和快速准确等优点,所以它在运动人体科学基础实验研究、兴奋剂的微量快速检测、杰出运动员运动能力的分子遗传学选材、运动疲劳临床诊断、消除运动疲劳的方法和手段筛选、运动损伤治疗机理研究和运动流行病学研究中具有广阔的应用前景。生物芯片在运动分子生物学机制研究方面,如运动性心肌肥大的生物学机制、杰出运动能力的相关基因筛选等研究中也具有广泛的应用前景。然而,有关这方面的研究才刚刚起步,文献报道的也较少。

(一)生物芯片在运动人体科学研究中的应用与展望

1. 用于心肌受损及缺血再灌基因表达的研究

心肌缺血再灌注损伤的分子生物学机制虽得到广泛研究,但远未阐明。目前认为,心肌缺血再灌注损伤是多基因表达异常引起的病理生理过程。以往的研究常局限于对单个基因或少数几个功能相关基因的分析,很难从整体上把握心肌缺血再灌注损伤及防治的分子机制。基因芯片技术以其高通量、高效率、大规模等独特优势,为研究心肌缺血再灌注损伤这类多基因异常导致的疾病提供了强有力的系统研究手段。由于运动性心脏的重塑过程中存在着一过性缺血现象,所以了解心肌缺血再灌注损伤的分子生物学机制有助于对运动人体科学领域中诸多问题的进一步深入探讨。

文献表明,结扎冠状动脉引起局部心肌发生缺血性损伤,导致明显的心肌重塑。Stanton和Sehl等利用基因芯片对大鼠心室肌组织的基因表达谱进行了不同损伤时相的观察,其中前者的工作更为细致、全面。他们发现,心室游离壁中表达改变的基因数

量要多于室间隔，在长时程（2~16周）缺血损伤引起的心肌重塑过程中，有731条基因表达发生了改变。其中多种细胞外基质，包括多种胶原蛋白、层粘连蛋白等的表达明显增高。Lyn等研究表明，短时程（24h）心肌缺血损伤导致的小鼠心肌重塑过程中伴随着GST和细胞周期调节蛋白P18 ink4表达的减少，即刻早期基因Egrr/3、凋亡相关基因Bax及α-肌球蛋白重链（α-MHC）表达增多。心肌缺血损伤在心脏移植中表现尤为突出。Stegall等用含有8799条基因的基因芯片研究了大鼠同种心脏移植后3d、5d、7d心脏的基因表达谱，发现术后5d有557条基因表达上调，术后3d与7d分别有46条和32条基因上调。上调最明显的基因有组织相容性抗原复合物Ⅱ型分子、干扰素γ诱导因子、载脂蛋白E和组织蛋白酶S等，这些基因主要与早期的炎性反应损伤有关。基因表达下调主要发生在术后第3d和第5d，分别有746条和162条基因下调，术后第7d有298条基因下调。下调的基因主要为单胺氧化酶A、线粒体A合酶复合体和细胞色素氧化酶亚单位等。这些下调的基因使心肌抗氧化能力降低、一氧化氮增加、炎性反应增强。这些基因表达改变为将来缺血再灌注损伤研究提供了分子目标，也可能成为缺血再灌注损伤疗效的评价指标。研究发现的许多尚不知功能的基因为以后的研究提供了有趣的靶标。目前应用生物芯片开展心肌缺血再灌注损伤分子生物学机制的文献不断增加，为全面开展其分子机理研究及有效预防、诊断与治疗提供了强有力的工具和手段。

2. 用于运动与心脏重塑的研究

心脏作为人体最重要的器官，其泵血功能的高低直接决定着人体的运动能力。研究证实，过度训练和不适当的运动负荷对心脏具有损害作用。基因芯片技术在研究病理性心脏肥大和运动性心脏肥大的基因表达上有广泛的用途和实际意义。筛选运动性心肌肥大相关基因有助于了解运动性心肌肥大的发生、发展机制，为运动实践中如何获得并保持运动员心脏以及如何通过运动辅助逆转病理性心脏提供必要的理论基础。有文献报道，应用cDNA基因芯片对安静对照组和运动性心肌肥大组小鼠心肌组织的基因表达差异进行筛选的结果表明，具有显著性表达差异的基因有71条，其中上调表达的基因有37条，下调表达的基因有34条，这些基因包括肿瘤相关基因、细胞骨架蛋白基因、代谢相关酶的基因、酪氨酸磷酸酶基因、心肌结构蛋白基因等多种多基因家族编码的基因。最近，Fridddle等首次应用cDNA芯片技术对药理学小鼠AngⅡ和去甲肾上腺素诱导的心肌肥大进行了研究，他们应用4000条靶基因筛选，并发现了55条基因在心肌肥大中起作用，首次确定了25条已知基因和30条新发现的基因，并对心肌肥大的发展期和恢复期的基因表达进行了分析研究，其中有8条基因发生在恢复期，为病理性心肌肥大的逆转提供了基因治疗和药物干预的分子生物学依据。

通过基因芯片技术研究运动与心肌重塑的基因表达情况，有利于了解运动与心肌重塑的发生、发展机制，可为进一步研究运动性心脏肥大的生物学机制和预防运动心脏损伤、保持运动员心脏健康及损伤后的康复治疗提供理论依据。

3. 用于杰出运动能力相关基因的筛选

现代生物技术飞速发展，基因克隆技术、消减杂交和抑制性消减杂交技术、生物芯片技术、干细胞技术、双向电泳技术及质谱技术和等离子共振技术等若干新技术，为全面推进运动员科学选材提供了技术平台。多年的运动实践表明，不是每一位经过刻苦训练的运动员都能取得优异的成绩，只有那些具有天赋的运动员才能走上冠军的领奖台。我国参加体育训练的运动员不计其数，而真正成才的却屈指可数。运动才能是由先天的遗传因素和后天的科学训练决定的，运动员科学选材就是将那些具有运动才能遗传特征的运动员选拔出来。应用基因组学、蛋白质组学、生物信息学及生物芯片等理论与技术，筛选与人类杰出运动能力关联的基因群，对优秀运动员及其后备人才的选拔、运动能力的预测、评定以及科学选材系统的建立将具有十分重要的理论和实践意义。

在人类的基因组中，人类运动能力存在着密切关联的相关基因群，其基因多态性差异可能是个体运动能力、训练水平和效果、疲劳发生发展以及恢复机能存在巨大差异的最终原因。Montagomery 等研究表明，高原居民的耐力素质较平原居民好的原因，是与血管紧张素转化酶（ACE）的"插入"多态性有关，具有该基因"插入"纯合子的个体比该基因"缺失"纯合子的个体其力量训练增加相差 11 倍之多。因此认为，运动员科学选材的研究必须深入到遗传学领域，因为具有遗传特征的运动员是获得杰出运动能力的先决条件。只有具有杰出运动能力遗传特征的运动员通过后天的科学训练才有可能登上冠军的领奖台。运动员的基因选材是保证科学训练达到高效益、高质量和培养出高水平运动员科学途径的第一步，也是从根本上解决竞技体育早期选材、早期培养和科学监控的难题，它将对我国实施"奥运争光计划"和"全民健身计划"提供重要的理论和实践支持。

以往有关运动能力的遗传学选材方法主要采用双生子分析、家族分析和种族差异比较，所估算出的遗传度仅代表亲代向子代传递的平均程度，而不能预测个体遗传潜力。随着生物医学研究的飞速发展，特别是分子遗传学理论与技术的进展以及它对运动人体科学领域的渗透，人们对体育科学，特别是运动人体科学的研究从整体水平、器官水平逐渐发展到了分子水平。到 2000 年，人们发现了 29 个与运动能力和体质相关的基因位点；而截至 2005 年，与运动能力和体质相关的基因位点的数量上升到了 140 多个常染色体位点和 4 个 X 染色体位点，并且在线粒体基因中也发现了 16 个与运动能力和体质相关的基因位点。随着 HGP 的全面实施，高通量、并行性、大规模、快速准确的生物芯片技术为运动员的基因选材提供了良好的技术平台。利用分子生物学、基因组学、生物信息学和生物芯片等技术，识别与人类运动能力有关的基因，了解其结构和功能，对运动能力的预测、评定和基因选材系统的建立将有重大意义。目前我国学者马力宏、胡扬、常芸、何子红、田振军等已通过人群关联分析法和 DNA 芯片法对杰出运动能力相关基因作了初步探讨。研究发现，与有氧能力有关的基因有 ACE、CKMM、ADRA2A、Na^+-K^+-ATPaseα2、mtDNA、MTND5、HLA、ADRB2 及低氧适应基因等；与肌肉力量有关的基因主要涉及 GDF8、CNTF、IGF 等。目前已筛查到的与运动能力关联的基因及其位点在不断增加。

4. 用于运动疲劳机理的实验研究与临床诊断，消除运动疲劳的方法和手段筛选与评价

运动性疲劳机理的研究一直是众多学者关注的热点问题。在运动疲劳产生的生理、生化机理研究中，众多专家、学者提出了若干疲劳学说。运动性疲劳的发生机理与运动类型有关，短时间大强度运动引起的疲劳主要以外周疲劳为主，而长时间中等强度的耐力训练引起的疲劳主要以中枢神经系统出现保护性抑制的中枢因素为主。运动性中枢疲劳的机制，以往多集中在对脑和脊髓的形态结构、细胞内物质含量的变化及神经递质与功能等方面的研究。众所周知，机体的运动生物学功能改变受控于遗传和运动训练等因素的变化，而环境可诱导机体基因发生突变。目前，生物芯片技术为我们从基因水平上全面揭示运动性疲劳的分子生物学机理提供了契机。但有关运动性疲劳的分子生物学机理研究报道较少。目前，国内在运用基因芯片技术筛选与运动性疲劳相关的易感基因研究中作了初步尝试，随着科学技术的不断完善和成熟，生物芯片必将发挥其重要作用。目前，已有报道运动训练大鼠TMAs构建与应用的文章，结合基因芯片技术，在TMAs平台上进行基因水平的ISH、FISH、原位PCR、原位RT-PCR、PRINS研究和蛋白水平的IHC和FIHC研究，为进一步研究运动性疲劳易感基因的表达情况和引起运动性疲劳的内在分子机制，进一步开发消除运动疲劳药物的分子干预手段提供理论基础、应用方法和手段。

目前用于运动性疲劳临床诊断的方法有临床整体观察法、生理与生化指标检测法等多种定性或/和定量的方法，但目前用于微量、快速、准确和无创的临床诊断方法是运动员、教练员迫切需要的方法。应用生物芯片技术可平行性地研究实验动物在运动疲劳状态下机体不同器官、组织的形态学变化特征，基因表达的器官、组织分布特征，基因表达产物的器官、组织的定位和定性与定量研究，最终可筛选到与机体运动疲劳相关的蛋白及其相应的抗体，作为运动疲劳临床诊断、消除运动性疲劳方法和手段筛选与评价的有效靶标。因此，可以预测生物芯片技术用于运动疲劳机理的实验研究、运动疲劳临床诊断、消除运动疲劳方法和手段的筛选与评价方面前景广阔。

应用生物芯片技术可以开展消除运动疲劳的药物筛选和药效物质作用机理的研究与开发。目前国外几乎所有的主要制药公司都不同程度地采用了生物芯片技术来寻找药物靶标，筛查药物的毒副作用，因为它可以省略大量的动物试验，缩短药物筛选所用时间，从而带动创新药物的研究和开发。中药现代化研究的难点就在于中药成分和作用机制的复杂性。生物芯片由于具有高通量、并行性、低消耗、微型化、自动化的特点，尤其适合于中药的研究与开发。蛋白质芯片包括膜受体芯片、核受体芯片和酶芯片，这些生物芯片不仅能够用于药物筛选，也可用于药物研究和分析，特别是对生物样品中的特定成分的分析。例如香港城市大学利用DNA微阵列芯片研究了中药对肿瘤细胞基因表达的影响，他们还致力开发能对中药有效成分进行分离和筛选的生物芯片系统；生物芯片北京国家工程研究中心采用自行研制的酵母全基因组DNA芯片，与北京大学药学院合作研究了多种抗真菌中药的作用机制。可以预见，生物芯片技术将在中药现代化研究和复方新药的开发中大显身手。怎样在运动中推迟疲劳的出现和在运动后尽快地消除疲劳一直是体育科研工作者研究的热点问题，特别是在中药消除运动性疲劳方面，体育工作者更是作了大量的研究。利用生物芯片技术对药物作用的靶基因进行中药复方消除运动性疲劳药效物质的筛选，既可解决药物作用的分子机理，又可提高药物筛选的可信度，对消除疲劳中药复方成分的筛选将有不可估量的促进作用。

（二）生物芯片在运动训练学研究和实践中的应用与展望

1. 开展运动伤病的基因检测和治疗

基因检测是运用基因分析对疾病作出诊断的方法，从基因着手来推断表现型，即绕过基因产物，用分子生物学方法检测患者体内遗传物质的水平或结构变化，作为或辅助临床诊断的技术。通过直接探查基因进行检测，不受细胞类型和发病年龄的限制，可用于一切遗传病的检测。基因检测技术主要包括基因探针杂交、聚合酶链式反应、遗传多态性连锁分析、DNA 序列分析、基因芯片、荧光原位杂交等。许多疾病都是由基因突变所致，利用基因芯片技术可以快速检测这些突变，从而对疾病作出诊断和治疗。目前已有肝炎病毒检测芯片、结核杆菌耐药性检测芯片、多种恶性肿瘤相关病毒基因检测芯片以及传染病基因检测芯片等一系列检测芯片开始逐步进入市场。基因芯片是基因检测中具有商业化价值的应用技术。

运动猝死是运动医学领域所面临的最严重的问题之一，对体育运动的发展有着很大的负面影响。国内外与运动猝死有关的常见疾病有肥厚性心肌病（大多属于原发性心肌病中的特发性类型，其中特发性肥厚性主动脉瓣狭窄是患先天性心血管异常的年轻人运动中猝死的常见疾病）、马方氏综合征（马方氏综合征是一种罕见的遗传性结缔组织缺陷性疾病，它与常染色体的显性遗传有关）、冠状动脉先天畸形、预激症候群、特发性长 Q-T 综合症、冠心病及心肌炎。应用生物芯片技术积极开展与运动猝死常见疾病的基因检测与诊断，分析运动猝死发生的原因和影响因素，采取积极有效的预防措施，对发展竞技体育运动和开展全民健身活动意义重大。

基因治疗是用正常或野生型基因矫正或置换致病基因的一种治疗方法。目前基因治疗的概念扩展为凡是采用分子生物学的原理和方法，在核酸水平上开展疾病治疗的方法都可称为基因治疗。根据所采用的方法不同，基因治疗的策略大致可分为基因增补、基因替换、基因修复、基因失活、免疫调节等。应用基因治疗技术对减少长期困扰教练员和运动员的运动伤病、提高运动员机体耐受性与适应性具有重要意义。

2. 运动训练的医务监督和身体机能评价

随着科学技术的发展，基于生物芯片技术检测提供的巨大生物学信息，在不远的将来建立各种运动状态下的基因表达数据库，对运动员运动负荷监控及比赛前调整训练量、创造最佳比赛状态提供可靠的数据可能成为现实。生物芯片在医疗诊断方面发展迅速，利用生物芯片技术的原理与方法，积极开发高通量、快速准确、微量、无损伤且具有遥测功能的微型诊断器，对运动员进行现场机能评定和合理控制运动量提供可靠依据将会极大地推动体育科学训练的水平。抗体芯片可同时检测血液中的上百种蛋白和酶，可用于运动训练的医务监督和身体机能评定,对不同运动状态下运动员血液中蛋白和酶的变化情况进行检测,进而对身体机能进行分析,制定出适当的运动负荷。利用这种方法,还可以发现运动员血液中的某些病理变化情况,做到及时发现、及时预防、及时对运动员进行医务监督和身体机能评价,保证运动员的身体健康。

3. 进行运动员医疗保健和营养补剂开发的研究

人体营养成分是由血液运输的,血液中的蛋白质是营养成分的重要组成部分,同时蛋白质和酶在维持运动能力过程中是不可或缺的。由于生物芯片在植物学中取得的重大突破以及分子营养学的飞速发展,应用于运动保健食品和营养补剂的开发将大有可为。随着细胞芯片和蛋白质芯片的不断发展,开发的保健和营养品通过细胞芯片,观察和分析细胞功能状态的变化情况,将会极大地提高运动保健和营养品开发的力度。蛋白质芯片也是同样的道理,当营养补品通过蛋白质芯片时,通过对一些功能性蛋白质,如血红蛋白、肌动蛋白、钙调蛋白进行分析,找出能改变和增加功能性蛋白的营养补剂,对营养补剂的筛选和开发将有促进作用。生物芯片在植物方面同样有重要应用价值,可通过基因杂交、基因配对、转基因食品,开发大幅度增强力量和耐力的绿色保健强化食品,针对不同运动专项,如力量、速度、柔韧、耐力等运动员及时补充能量,为创造优异成绩提供保证。同时,这些绿色保健食品也可用于普通人群,这对保健品的开发有重要的商业价值。

4. 开展兴奋剂检测和对机体产生负面影响的分子机理研究

兴奋剂检测是维护公平竞赛、保护运动员健康的重要措施。应用传统的兴奋剂检测方法,费时、费力、费经费,在很大程度上限制了对运动员的兴奋剂监测范围。由于生物芯片具有高通量、大规模、并行性、快速准确等特点,所以应用它检测兴奋剂受到了世界各国专家的极大关注,并已成为研究的重要课题。杜冠华等采用天然的受体直接检测兴奋剂而开发的受体检测芯片,取得了较好的进展。其设计原理是将受体蛋白保持活性地固定在玻璃体表面,将配基标记上荧光物质,然后将荧光标记的配基与待测样品(无标记配基)共同与受体反应。荧光标记的配基与受体结合的量随着样品中所含兴奋剂浓度的上升而降低,这样根据芯片点阵结合标记配基的荧光强度即可计算出样品中所含兴奋剂的浓度。通过对 β 肾上腺受体拮抗剂、类固醇同化激素及麻醉镇痛剂的实验检测,验证了该方法的可行性。该检测方法的灵敏度为 0.01nM,高于药检要求 100 倍以上。目前,在兴奋剂检测中,对合成类固醇类兴奋剂的检测比较困难,而生物芯片技术不但能定性测量其阳性反应,而且能够定量测出尿样中的含量。尽管新型兴奋剂结构类似物千变万化,但要发挥其作用却只有一个途径,就是要与体内特异的靶向受体结合。而受体检测芯片正是把靶向受体及其亚型固定在芯片上,对尿样中的违禁药物分子进行捕捉,即便受检者服用了新型药品,尽管无法立刻确定其结构,但只要它发挥兴奋剂样药理作用就能被检测到。该芯片不但能区分不同类型的兴奋剂,还可以利用 Ki 值确定同一类型中的不同违禁药物,为大型赛事或日常训练中兴奋剂检测提供了一种敏感、经济、快捷的初筛工具。杜冠华等的研究表明,兴奋剂受体检测芯片秉承了兴奋剂检测史上生物检测的思想,将高新技术与经典理论结合起来,能够实现对禁用药物进行快速初筛并缩短尿样前处理时间,增加检测数量,降低成本。目前,国际奥委会开列的禁用药物名单达140种,应用传统的检测方法,不可能对运动员进行短时间内的全员检测,而兴奋剂受体检测芯片初步实现了大范围的兴奋剂检测,达到了较高的检测灵敏度,有望成为兴奋剂生物芯片检测法的主导方法。对于个别受体上不明确的兴奋剂,可用抗体芯片作为补充。该兴奋剂检测芯片有望通过国际奥委会和北京奥组委的最终审查,走向运动赛场。目前,北京博奥生物芯片有限公司与国家体育总局共同承担的"兴奋剂检测生物芯片研究"项目,已通过了北京市科学技术委员会专家验收组的结题验收。该项目从样品制备、芯片设计到检测仪器、数据分析等方面形成了一系列创新技术成果,填补了国际兴奋剂检测领域的空白。

然而,随着分子生物学的不断发展,兴奋剂种类也不断增加。例如,有些运动员使用一种叫赫姆皮尔(HEMOPURE)的新一代兴奋剂,它能增强血中氧化物的运输,而不增加红血球数量,因而不能被实验室查出。另外,有些运动员可能已经开始使用基因兴奋剂。兴奋剂对机体负面影响巨大,开展兴奋剂对机体产生负面影响的分子机理研究,将有助于发现违禁药物对机体的长时程和短时程的影响。深入研究现有药物的副作用,发现未知的副作用,这不但有着警示人们不要铤而走险的作用,而且在研究中还有可能发现这些药品在临床和治疗领域中的新功能。

三、生物芯片技术在体育科学领域中隐藏的商业价值

(一)生物芯片技术在运动员科学选材、运动训练监控中隐藏的商业价值

生物芯片技术是随着HGP的进展而发展起来的,它是20世纪90年代中期以来影响最深远的重大科技进展之一。以生物芯片为核心的相关产业正在全球崛起,目前美国已有10多家生物芯片公司的股票上市,平均每年股票上涨75%。预计在今后5年内生物芯片销售量可达200亿~300亿美元。美国《财富》杂志刊文指出,微处理器使我们的经济发生了根本性变化,给人类带来了巨大的财富,改变了我们的生活方式。在21世纪,生物芯片对人类的影响将可能超过微电子芯片。"临床应用型"生物检测芯片(基因SNP检测-诊断芯片)将是基因芯片家族中最具有商业化应用价值的先导产品。它将改变生命科学的研究方式,革新医学诊断和治疗,极大地提高人口素质和健康水平,具有重大的基础研究价值和产业化前景。

在运动员科学选材中,谁挑选到了具有杰出运动能力遗传特征的运动员,谁就站在了冠军的起跑线上。研究表明,杰出运动能力的运动员具有特征性遗传突变位点,通过基因SNP检测-诊断芯片,可大大提高优秀运动员的选材率和成才率。运动训练监控是保证运动员创造优异成绩的重要环节。运动强度和运动量与机体代谢功能具有高度的线性相关关系,机体体液中代谢物质的测定,如蛋白质的定性与定量测定,对运动员运动训练监控具有重要意义。蛋白质芯片的灵敏性高,对生物样品的要求较低,可以直接利用体液(血样、尿样等)进行检测,其高通量、微量、快速的特点符合运

动训练监控的实际需要。因此，生物芯片技术在运动员科学选材、运动训练监控中蕴藏着巨大的商业价值，具有广阔的产业化发展空间。

（二）生物芯片技术在强身健体与疾病运动辅助治疗中隐藏的商业价值

体育经济已经在世界各地不断壮大，被誉为新的"经济增长点"，而在我国，这样的良性效应并未明显出现。北京2008年奥运会为我国体育经济注入了新的活力。基于生物芯片与生物信息学在消除运动疲劳的药物设计、营养补剂开发和所含违禁药物的检测中都蕴涵着巨大的商机。消除运动疲劳的药物不但可以应用于运动员，在普通人群中也有着广阔的市场，其行业价值不容忽视；生物芯片本来源于生物医学领域，应用于兴奋剂检测领域不但可以有效遏制兴奋剂滥用的风气，更是带动了芯片制造与使用的上、下游商业市场。随着生物芯片日新月异的发展，不久的将来应用生物芯片技术可能开发出新的运动保健食品、功能性强的营养补剂，开发出用于测定疲劳程度的疲劳芯片、检测身体内环境变化的身体机能评价芯片和运动损伤病理诊断芯片，投放市场，不但能促进体育事业的发展，还可产生巨大的经济效益。因此，生物芯片有着极为诱人的市场前景。目前，全球生物芯片工业产值为50亿美元左右，预计今后5年，生物芯片的市场销售额可达到200亿～400亿美元，生物芯片及其相关产业有可能代替微电子产业，成为本世纪最大的产业。生物芯片技术在体育领域中蕴藏的商业价值将会成为体育产业中的支柱产业之一。

推荐读物

[1] 王金发. 细胞生物学 [M]. 北京：科学出版社，2003.

[2] 魏保生. 细胞和分子生物学 [M]. 北京：科学出版社，2005.

[3] 李振刚. 分子遗传学 [M]. 2版. 北京：科学出版社，2004.

[4] 杨焕明. 基因的分子生物学 [M]. 5版. 北京：科学出版社，2005.

[5] 马立人，蒋中华. 生物芯片 [M]. 2版. 北京：化学工业出版社，2002.

[6] 奎恩，雷默. 生物信息学概论 [M]. 孙啸，等. 译. 北京：清华大学出版社，2004.

参考文献

[1] 马立人，蒋中华. 生物芯片 [M]. 2版. 北京：化学工业出版社，2002.

[2] Adjoa SA, Bouchard C, Coetzer P, et al. Submit Va of Cytochrome C Oxidase (COXVA), PFK and mitochondrial DNA (mtDNA) Sequence polymorphism in sedentary and eddurance athletes [J]. Can J APPL Physiol, 1995 (20):1.

[3] Angelika L, Alexandra P, Otmar H, et al. A nonredundant human protein chip for antibody screening and serum profiling [J]. Mol Cell P roteomics, 2003 (2): 1342-1349.

[4] Arenkov P, Kukhtin A, Gemmell A, et al. Protein microchips: use for immunoassay

and enzymatic reactions [J]. Anal Biochem, 2000, 278 (2): 123-131.

[5] Barrans JD, Stamation D, Liew C, et al. Construction of a human cardiovascular cDNA microarray: portrait of the failing heart [J]. Biophys Res Commun, 2001, 280 (4): 964-969.

[6] Bashir R, Gomez R, Sarikaya A, et al. Adsorption of avidin on microfabricated surfaces for protein biochip applications [J]. Biotechnol and Bioeng, 2001, 73 (4): 324-328.

[7] Bubeudorf L, Kolmer M, Kononen J, et al. Molecular mechanisms of hormone therapy failure in human prostate cancer analysed by a combination of cDNA and tissue microarrays [J]. J Natl Cancer Inst, 1999, 91 (20): 1758-1764.

[8] Campbell WG, Gordon SE, Carlson CJ, et al. Differential gene expression in red and white skeletal muscle [J]. Am J Physiol cell Physiol, 2001, 280 (4): 763-768.

[9] Chen Y, Miller C, Mosher R, et al. Identification of cervical cancer markers by cDNA and tissue microarrays [J]. Cancer Res, 2003, 63 (8): 1927-1935.

[10] Choi S, Liu X, Li P, et al. Transcriptional profiling in mouse skeletal muscle following a single bout of voluntary running: evidence of increased cell proliferation [J]. J Appl Physiol, 2005, 99 (6): 2406-2415.

[11] Colombo M, Gregersen S, Kruhoeffer M, et al. Prevention of hyperglycemia in Zucker diabetic fatty rats by exercise training: effects on gene expression in insulin-sensitive tissues determined by high-density oligonucleotide microarray analysis [J]. Metabolism, 2005, 54 (12): 1571-1581.

[12] Diffee GM, Seversen EA, Stein TD, et al. Microarray expression analysis of effects of exercise training: increase in atrial MLC-1 in rat ventricles [J]. Am J Physiol Heart Circ Physiol, 2003, 284 (3): H830-837.

[13] Du H, Cheng J. Protein chips for high-throughput doping screening in athletes [J]. Expert Rev Proteomics, 2006, 3 (1): 111-114.

[14] Du H, Wu M, Yang W, et al. Development of miniaturized competitive immunoassays on a protein chip as a screening tool for drugs [J]. Clin Chem, 2005, 51 (2): 368-375.

[15] Fehrenbach E, Zieker D, Niess AM, et al. Microarray technology-the future analyses tool in exercise physiology? [J]. Exerc Immunol Rev, 2003 (9): 58-69.

[16] Friddle CJ, Koga T, Rubin EM, et al. Expression profiling reveals distinct sets of genes altered during induction and regression of cardiac hypertrophy [J]. Proc Natl Acad Sci USA, 2000, 97 (12): 6745-6750.

[17] Hedenfalk I, Duggan D, Chen Y, et al. Gene expression profiles in hereditary breast cancer [J]. New Engl J Med, 2001, 344 (8): 539-548.

[18] Hidalgo A, Pina P, Guerrero G, et al. A simple method for the construction

of small format tissue arrays [J]. J Clin Pathol, 2003, 56 (2): 144-146.

[19] Hittel DS, Kraus WE, Hoffman EP. Skeletal muscle dictates the fibrinolytic state after exercise training in overweight men with characteristics of metabolic syndrome [J]. J Physiol, 2003, 548 (Pt 2): 401-410.

[20] Huang, RP. Detection of multiple proteins in an antibody-based protein microarray system [J]. J Immunol Methods, 2001, 255 (1-2): 1-13.

[21] Iemitsu M, Maeda S, Miyauchi T, et al. Gene expression profiling of exercise-induced cardiac hypertrophy in rats [J]. Acta Physiol Scand, 2005, 185 (4): 259-270.

[22] Jourdan F, Sebbagh N, Comperat E, et al. Tissue microarray technology: validation in colorectal carcinoma and analysis of p53, hMLH1, and hMSH2 immunohistochemical expression [J].Virchows Arch, 2003, 443 (2): 115-121.

[23] Kahn P. From genome to proteome: looking at cell's proteins [J]. Science, 1995 (270): 369-370.

[24] Kallioniemi OP, Wagner U, Kononen J, et al. Tissue microarray technology for high-throughput molecular profiling of cancer [J]. Human Molecular Genetics, 2001, 10 (7): 657-662.

[25] Kallioniemi OP. Biochip technologies in cancer research [J]. Ann Med, 2001, 33 (2): 142-147.

[26] Kume E, Auga C, Ishizuka Y, et al. Gene expression profiling in streptozotocin treated mouse liver using DNA microarray [J]. Exper Toxicologic pathol, 2005, 56 (4-5): 231-244.

[27] Lyn D, Liu X, Bennett NA, et al. Gene expression profile in mouse myocardium after ischemia [J]. Physiol Genomics, 2000, 2 (3): 93-100.

[28] MacBeath G, Schreiber SL. Printing Proteins as microarrays for high throughout function determination [J]. Science, 2000, 289 (5485): 1760-1763.

[29] Maeda S, Iemitsu M, Miyauchi T, et al. Aortic stiffness and aerobic exercise: mechanistic insight from microarray analyses [J]. Med Sci Sports Exerc, 2005, 37 (10): 1710-1716.

[30] Mahoney DJ, Parise G, Melov S, et al. Analysis of global mRNA expression in human skeletal muscle during recovery from endurance exercise [J]. FASEB J, 2005, 19 (11): 1498-1500.

[31] Mahoney DJ, Tarnopolsky MA. Understanding skeletal muscle adaptation to exercise training in humans: contributions from microarray studies [J]. Phys Med Rehabil Clin N Am, 2005, 16 (4): 859-873.

[32] Manley S, Mucci NR, De Marzo AM, et al. Relational database structure to manage high-density tissue microarray data and images for pathology studies focusing on clinical outcome [J]. American Journal of Pathology, 2001, 159

(3): 837-843.

[33] Minoru Kanehisa. 后基因组信息学 [M]. 孙之荣, 译. 北京: 清华大学出版社, 2002.

[34] Mobasheri A, Marples D. Expression of the AQP-1 water channel in normal human tissues: a semiquantitative study using tissue microarray technology [J]. Am J Physiol Cell Physiol, 2004, 286 (3): C529-C537.

[35] Moch H, Kononen J, Kallioniemi OP, et al. Tissue Microarrays: What Will They Bring to Molecular and Anatomic Pathology [J]. Adv Anat Pathol, 2001, 8 (1): 14-20.

[36] Moch H, Schraml P, Bubendorf L, et al. High-throughput tissue microarray analysis to evaluate genes uncovered by cDNA microarray screening in renal cell carcinoma [J]. J Pathol, 1999, 154 (4): 981-986.

[37] Montgomery HE, Marshall R, Hemingway H, et al. Human gene for physical performance [J]. Nature 1998, 393 (6682): 221-222.

[38] O'Grady A, Flahavan CM, Kay EW, et al. HER-2 Analysis in Tissue Microarrays of Archival Human Breast Cancer: Comparison of Immunohistochemistry and Fluorescence In Situ Hybridization [J]. Appl Immunohistochem Mol Morphol, 2003, 11 (2): 177-182.

[39] Prasad, RHS, Qi Z, Srinivasan KN, et al. Potential effects of tetrodotoxin wxposure to human glial cells postulated using microarray approach [J]. Toxicon, 2004, 44 (6): 597-608.

[40] Radom-Aizik S, Hayek S, Shahar I, et al. Effects of aerobic training on gene expression in skeletal muscle of elderly men [J]. Med Sci Sports Exerc, 2005, 37 (10): 1680-1696.

[41] Reid L, Meyrick B, Antony VB, et al. The mysterious pulmonary brush cell: a cell in search of a function [J]. Am J Respir Crit Care Med, 2005, 172 (1): 136-139.

[42] Richter J, Wagner U, Kononen J, et al. High-Throughput Tissue Microarray Analysis of Cyclin E Gene Amplification and Overexpression in Urinary Bladder Cancer [J]. American Journal of Pathology, 2000, 157 (3): 787-794.

[43] Rivera MA, Wolfarth B, Dionne FT, et al. Three mitochondrial DNA restriction polymorphisms in eliteenduranceathletes and sedentary controls [J]. Med Sci Sports Exerc, 1998, 30 (5): 687-690.

[44] Roberts R. Molecular genetics and its application to cardiac muscle disease [J]. Sports Med. 1997, 23 (1): 1-10.

[45] Ross DD, Gao Y, Yang W, et al. The 95-kilodalton membrane glycoprotein overexpressed in novel multidrug-resistant breast cancer cells is NCA, the nonspecific cross-reacting antigen of carainoem bryonic antigen [J]. Cancer

Res, 1997, 57 (24): 5460-5464.

[46] Ruel M, Bianchi C, Khan TA, et al. Gene expression profile after cardiopulmonary bypass and cardioplegic arrest [J]. J Thorac cardiovasc Surg, 2003, 126 (5): 1521-1530.

[47] Schraml P, Kononen J, Bubenforf L, et al. Tissue microarrays for gene amplification surveys in many different tumor types [J]. Clin Cancer Res, 1999, 5 (8): 1966-1975.

[48] Schweitzer B, Roberts S, Grimwade B, et al. Multiplexed proteinprofiling on microarrays by rolling-circle amplification [J]. Nat Biotechnol, 2002, 20 (4): 359-365.

[49] Sehl PD, Tai JT, Hillan KJ, et al. Application of cDNA microarrays in determining molecular phenotype in cardiac growth, development, and response to injury [J]. Circulation, 2000, 101 (16): 1990-1999.

[50] Simkhovich BZ, Marjoram P, Poizat C, et al. Brief episode of ischemia activates protective genetic program in rat heart: a gene chip study [J]. Cardiovasc Res, 2003, 59 (2): 450-459.

[51] Simon R, Mirlacher M, Sauter G. Tissue microarrays [J]. Methods Mol Med, 2004 (97): 377-389.

[52] Sonna LA, Wenger CB, Flinn S, et al. Exertional heat injury and gene expression changes: a DNA microarray analysis study [J]. J Appl Physiol, 2004, 96 (5): 1943-1953.

[53] Stanton LW, Garrard L, Damm D, et al. Altered patterns of gene expression in response to myocardial infarction [J].Circ Res, 2000, 86 (9): 939-945.

[54] Stegall MD, Park WD, Kim DY, et al. Changes in intragraft gene expression secondary to ischemia reperfusion after cardiac transplantation [J]. Transplantation, 2002, 74 (7): 924-930.

[55] Stephan JP, Schanz S, Wong A, et al. Development of a frozen cell array as a high-throughput approach for cell-based analysis [J]. Am J Pathol, 2002, 161 (3): 787-797.

[56] Teran-Garcia M, Rankinen T, Koza RA, et al. Endurance training-induced changes in insulin sensitivity and gene expression [J]. Am J Physiol Endocrinol Metab, 2005, 288 (6): E1168-E1178.

[57] Timmons JA, Larsson O, Jansson E, et al. Human muscle gene expression responses to endurance training provide a novel perspective on Duchenne muscular dystrophy [J]. FASEB J, 2005, 19 (7): 750-760.

[58] Uetz P, Giot L, Cagney G, et al.A comprehensive analysis of protein-protein interactions in saccharomyced cereviaine [J]. Nature, 2000, 403 (6770): 623-627.

第十七讲 生物芯片技术及其在体育科学领域中的应用进展

[59] Wang R, Liu S, Shah D, et al. A practical protocol for carbohydrate microarrays [J]. Methods Mol Biol. 2005 (310): 241-252.

[60] Wasinger VC, Cordwell SJ, Cerpa-Poljak C, et al. Progress with gene-product mapping of the mollicutes: Mycoplasma genitalium [J]. Electrophoresis, 1995, 16 (7): 54-58.

[61] Wittwer M, Billeter R, Hoppeler H, et al. Regulatory gene expression in skeletal muscle of highly endurance-trained humans [J]. Acta Physiol Scand, 2004, 180 (2): 217-227.

[62] Wolfarth B, Bray M S, Hagberg J M, et al. The human gene map for performance and health-related fitness phenotypes: the 2004 update [J]. Med Sci Sports Exerc, 2005. 37 (6): 881-903.

[63] Wu H, Kanatous SB, Thurmond FA, et al. Regulation of mitochondrial biogenesis in skeletal muscle by CaMK [J]. Science, 2002, 12; 296 (5566): 349-352.

[64] Zhu H, Kle mic JF, Chang S, et al. Analysis of yeast protein kinases using protein chips [J]. Nat Genet, 2000, 269 (3): 283-289.

[65] 常芸, 于长隆, 刘爱杰, 等. 中国耐力运动员线粒体DNA高变区I多样性及其与其他人群的比较研究 [J]. 中国运动医学杂志, 2004, 23 (4): 363-366.

[66] 陈忠斌. 生物芯片技术 [M]. 北京: 化学工业出版社, 2005.

[67] 杜冠华, 周勇. 兴奋剂检测芯片的设计原理与技术研究 [J]. 高技术通讯, 2005, 15 (3): 77-82.

[68] 何子红, 常芸, 王升启. 寡核苷酸芯片技术检测IGF-Ⅱ基因SNP方法的建立及其在运动能力相关基因研究中的应用 [J]. 中国运动医学杂志, 2002, 21 (2): 116-121.

[69] 田振军, 张志琪, 唐量, 等. 应用cDNA微矩阵基因芯片筛选运动性心肌肥大相关基因的初步研究 [J]. 中国运动医学杂志, 2000, 21, (2): 122-126.

[70] 田振军, 张志琪. 小鼠运动性疲劳相关基因筛选的初步研究 [J]. 中国运动医学杂, 2002, 21 (1): 4-6.

[71] 田振军. TMAs技术及其在体育生物科学领域中的应用展望 [J]. 天津体育学院学报, 2005, 20 (3): 13-16.

[72] 田振军. 生物芯片技术及其在体育生物科学领域中的应用展望 [J]. 体育科学, 2002, 22 (1): 101-104, 106.

[73] 田振军. 消除运动性疲劳的中药复方筛选方法研究进展 [J]. 中国运动医学杂志, 2001, 20 (4): 423-425.

[74] 田振军, 马新廷, 张志琪. 运动训练大鼠组织芯片的构建与肌组织HSP27和细胞凋亡的组织表达谱研究 [J]. 体育科学, 2007, 27 (9): 60-64.

[75] Petridou A, Chatzinikolaou A, Fatouros I, et al. Resistance exercise does not affect the serum concentrations of cell adhesion molecules [J]. Br J Sports Med, 2007, 41 (2): 76-79.

专业名词中英文对照

中文	英文
生物芯片	biochip
基因芯片	genechip
蛋白质芯片	protein chip
细胞芯片	cellchip，(cell microarray)
组织芯片	tissue chip，(tissue microarray)
芯片实验室	lab-on-a-chip
抗体芯片	antibody microarray
糖芯片	carbohydrate microchip, glycan chip
寡糖芯片	oligosaccharde microarray
多糖芯片	polysaccharide microarray, glycan microarray
微流控芯片	microfluidic chip

(陕西师范大学 田振军)

第十八讲　运动生物力学研究的进展与应用

> 【内容提要】
> 运动生物力学研究过程包括人体运动动作的记录、测量、技术分析、理论探讨等方面。本章重点对生物力学的测量方法、动作分析方法及其与运动相关的器械、装备等研究进展和应用进行介绍，使体育专业研究生了解此学科研究的最新进展和发展动态，掌握分析动作的一般方法和技巧，拓展运用运动生物力学原理和方法去解决体育教学、训练中遇到问题的思路。
>
> 【重要名词】
> **运动生物力学**：运动生物力学是根据力学原理结合生物学、解剖学等多门学科的理论和方法来研究与人体运动有关的力学问题的学科，它是多学科相互渗透的新兴的交叉学科。
>
> **技术诊断**：运动技术诊断就是对运动员动作过程进行测量、分析，结合动作目标和动作效果对其技术状态、技术训练水平作出评价，并通过改进运动形式以提高动作效果的研究过程。

运动生物力学是根据力学原理结合生物学、解剖学等多门学科的理论和方法来研究与人体运动有关的力学问题的学科，它是多学科相互渗透的新兴的交叉学科。运动生物力学研究包括人体运动动作技术、战术、过程和与运动以及日常生活基本动作有关的器械、装备、环境条件等的研究，其研究过程通常包括：第一，信息的获取、测量，数据的处理、分析；第二，对运动动作进行分析研究，作出技术诊断，或者对相关的器材、装备等的性能进行分析研究，提出改进方案和新的设计；第三，进行更深层次的理论探讨，提炼出新的动作技术原理、新的战术思想、新理论、新方法。

随着现代科学技术的进步，特别是计算机和相关生物技术的不断改进，体育竞技水平的不断提高，运动生物力学的研究已经从简单的定性分析发展到精细的定量研究，从描述性的动作技术讨论，发展到揭示动作技术的基本规律，提出动作最佳化理论，涉及的体育项目越来越多，研究范围也越来越广的科学体系。运动生物力学研究方法，也从简单手工测量计算，发展到运动信息和数据的自动化采集和分析，大量现代高科技的手段和方法，越来越多地被应用于运动生物力学研究领域，极大地推动了这门学科的建设和发展，使之成为竞技体育和体育教学的重要组成部分。

一、运动生物力学测量方法的进展与应用

(一) 概述

运动生物力学研究以力学参数的测量为基础,这些力学参数应该能定量描述人体运动状态和过程。物理学测量技术是生物力学方法学的基础。根据测量参数的自然属性可将运动生物力学测量技术分为运动学参数测量技术、动力学参数测量技术、人体参数测量技术和肌电参数测量技术,这四类测量技术是互相补充的,其中又以人体参数测量最为复杂。因为人体并非理想的刚体,在人体运动过程中身体各环节都发生形变,并都会对运动功能产生影响,但这种功能分析是相当困难的。此外,离体(尸体)测量和在体(活体)测量技术是不可偏颇的两种基本测量技术。测量技术的分类也可根据实验物理学原理将运动生物力学测量技术分为力学、电学和光学测量技术。力学和电学测量过程,通常需采用接触测量技术以测量人体或身体环节的运动过程,仅适合在实验室和训练中广泛采用。光学测量过程,可采用非接触测量技术以测量人体的运动过程,因而可在比赛中广泛采用。

生物力学测量过程是否对运动过程造成影响,这在选择测量技术、设计测量方案时须特别注意。非接触测量系统在这方面具有优势,因而在运动技术生物力学分析中广受欢迎,如多维摄影和摄像系统。接触测量系统虽对运动过程有所影响,但在训练中、在实验室中仍可广泛采用,是人体测量生物力学、预防康复生物力学,乃至生物力学研究运动技术中获取基本参数的主要测量手段,如鞋底压力分布的测量,测力平台对人体走、跑、跳时支持力的测量,特殊项目如划船、滑雪等动力学参数的测量等。遥测技术和肌肉动力学测量技术(包括离体或在体肌肉动力学测量过程)在今后将有很大发展,主要趋向是遥测无线部分数据发射与数据采集装置的小型化和测量过程及结果分析的快速化。

用于人体运动学特征和动力学特征的生物力学测量系统的精确性,包括测量装置本身机械、电子部分的精确性和用这些装置进行测量时其测量方法和分析方法的精确性。目前,在运动技术力学分析中广泛采用的影像测量技术和支撑力测量技术,就其测量装置的机械、光学、电子部分的精度而言,已能满足测量要求,但所采用的测量方法,尤其是分析方法,其精度尚未有突破性进展,如比赛现场影像的数字化处理过程基本上还处在人工判读的水平,其测量精度完全取决于人眼的判断精度。此外,还有人体质量分布的个体差异问题、关节点的识别和判读方法。因此,测量信息数字化过程分析方法的进步,应是提高测量精确性的主要发展趋向。运动生物力学取得的最大进步在于电子测量技术和计算机辅助测量的广泛应用,未来的计算机辅助测量,尤其是运动技术分析的自动化将会发展得更快,应用得更广泛。计算机辅助测量和计算机模拟技术在运动技术生物力学和预防康复生物力学分析中已有很多优秀的研究报道,未来运动生物力学的发展为计算机的应用提供了更为广阔的研究领域。

关于模型的功能,在运动技术生物力学分析中的发展趋向,是描述模型向解释模型

第十八讲 运动生物力学研究的进展与应用

并向预测模型的方向发展。描述模型的一般特征，是在模型的所有描述参数中没有自变量和应变量之分，以致在自变量与应变量之间没有确定的功能或统计关系，而建立这种关系是解释模型和预测模型所必需的。解释模型使用理论推算和实验数据以识别运动动作中的各种可能的描述量，将这些量划分为自变量（原因变量）和应变量（结果变量），建立两类变量之间的数学、力学和统计关系，因此，解释模型具有预测的功能。模型的建构需考虑建模的方法、模型参数的选取和数据的采集方法。关于建模的方法，一是理论模型，建模依据是生物力学基本原理；二是数据模型，建模依据是生物力学实验测量。理论模型需数据模型的支持才能应用，数据模型需相应的数学化才具有理论价值。关于模型参数的选择和确定，取决于这些参数的功能，即区分敏感参数和常规参数，并且应使这些参数定量化和具有可比性，如步长指数（步长/身高）显然比步长更具有可比性。因为，建立模型的目的在于通过模型的比较从而进行评价，所以选择模型参数的标准就是参数的可比性和数学化。关于数据采集，首先是数据采集的标准化，然后是对数据进行力学分析和评价，但更重要的是对所采集的数据进行模型模拟，因为模型模拟可以产生有关自变量对应变量影响的系列信息，并建立两类变量之间的数理和统计关系，从而为技术分析、技术控制和技术最佳化提出预测，为运动损伤、康复手段的选择提供方案。

预防康复生物力学运动器系的力学负荷、负荷分布和负荷能力以及运动器官、组织和系统的材料力学是预防康复生物力学的基础。重力、支撑力、相互作用力、介质阻力以及摩擦力都可作为对运动器系的负荷。力对运动器系的作用效果取决于力学负荷的量、负荷的分布以及运动器系的负荷能力。而负荷量、负荷分布和负荷能力都与运动过程中身体各环节的相对位置有关，从力学的观点看，就是动作结构决定其运动功能。关于运动器系负荷分析的主要困难是一些指标的可靠性，通常使用但并未充分证明是否可靠的指标有最大力、最大加速度、最大力矩、最大力梯度以及冲量、角冲量和它们的持续时间。对同一研究对象，这些指标本身是变化的，而且所谓"最大"值也只是相对极限值，人体机能代偿能力的储备性决定了绝对最大值是不可计测的。此外，体育器械和运动场地对运动过程的影响是一种不可忽视的负荷因素，然而，要测定这种负荷对运动的作用是很困难的，原因是影响因素极为复杂。这些年来，关于运动器械，包括鞋、服装方面的生物力学研究已引起人们的重视，这将是一个很有吸引力且富有商业价值的领域。

运动生物力学研究的一般流程是：第一，将生物体简化为特定的模型，如研究跳高运动员起跳后的抛物体运动，可以把人体简化为质点，只研究重心轨迹，在严格条件限定下只研究过程中的一个侧面；第二，按照预定的数理逻辑，选择合适的数学工具，参考成熟的微分方程修正后进行理论分析；第三，按照预定的数理逻辑以及测试装备的技术，设计试验及检测方案进行直接或间接测量；第四，判读检测的数据，按照预定数理逻辑进行全面整理，并将结果与理论分析的结果进行比较修正；第五，回到抽象的模型，从模型与生物活体的区别确定研究结论的局限性与适用范围。

测试手段按照测量对象的属性分为运动学参数测量、动力学参数测量、生物学参数测量。运动学参数测量指测量运动的时间特征、空间特征、时空特征的参数，如速度、加速度、轨迹等；动力学参数测量指力、力矩、转动惯量等参数的测量；生物学参数测量指肌力、肌电等生物学因素的测量。实验物理学原理将运动生物力学测量技术分为力学、电学和光学测量技术。具体还分为高速摄像录像系统、三维测力系统、肌电测量系统、红外光电记录系统等。

（二）影像解析技术

影像解析方法是用摄影机或者摄像机拍摄记录下人体运动的过程，再通过对影像中人体关节、器械等运动点的测量计算，获得运动学数据，对运动技术进行分析研究，指导运动员动作技术训练的方法。

20世纪90年代以前，运动生物力学主要是采用高速摄影记录人体运动的技术动作，其优点是拍摄速度高、精度好、可复制清楚的照片等，缺点是投入比较高，拍摄要求的条件比较严格，处理胶片的过程比较复杂，从拍摄到处理完胶片需要很多步骤，要有专门的暗房和设备，安全性也比较差。另外，在影片解析时，利用放映机、数字化板的影片解析过程（图18-1），只有逐幅解析一种方式，解析速度慢，修改程序烦琐，难以达到快速反馈的要求。

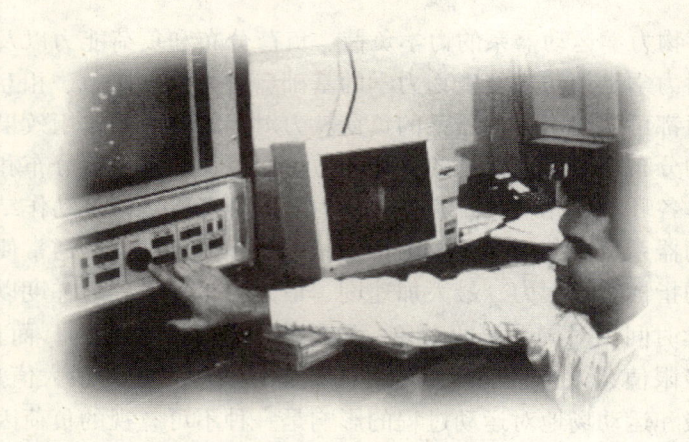

图 18-1 影片解析教程

进入20世纪90年代以后，随着录像技术的发展，录像解析技术的研究得到高度重视。由于录像拍摄价格低廉、拍摄要求条件低，可以在不干扰测试者情况下，记录下运动技术参数，而且解析软件功能不断改进，增加了逐点跟踪解析，可以自动跟踪测量点，任意补充、修改漏测、错测的点，明显加快了解析和反馈的速度，致使影片拍摄与影片解析所占的比例越来越少。近年来，数字化、高清晰度、高速度（100～200场/秒）的摄像机的采用和录像解析系统仪器的不断改进与完善，录像解析方法已经广泛应用于体育项目运动技术的测试和研究中。但是，录像拍摄与解析也有一定的缺点，它的精度要比影片拍摄与解析稍差，无法精确定位关节点等重要位置，只是凭个人经验和视觉上的感觉。有人设计用胶布贴在关节点上，但也不一定能降低误差，因为人体运动时皮肤位置可变，致使误差还比较大，所以影响了结论的可靠性。

第十八讲 运动生物力学研究的进展与应用

尽管录像拍摄与解析较影片拍摄与解析已极大地提升了反馈速度（图18-2），但离实际需要还有差距。目前录像解析对关节点的获取仍然停留在人工判读的水平上，误差大、速度慢，不能及时反馈测试结果。

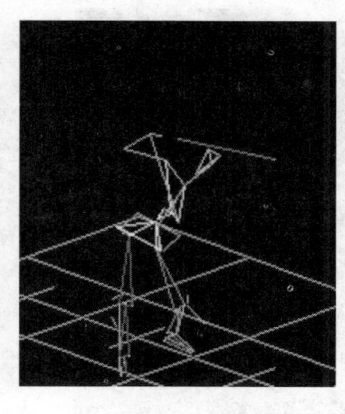

图18-2 录像拍摄与解析系统

为了解决运动分析的快速反馈问题，图像自动识别系统仪器得到不断的完善和应用，通过影像解析仪器，在运动人体关节点上，贴上标志进行自动识别。

现在已出现了利用红外拍摄技术的运动分析系统，如瑞典产的Qualisys三维运动分析系统（图18-3）。其优点是可以达到实时测量和自动识别，不足是这种测量方法没有运动的图像显示，采集过程无法重现，且在运动员身上需要贴放反光标志点，容易受到室外光线的干扰，因此，这种系统较适合于实验室的研究。另外，在使用过程中发现，标志点在高速运动的情况下极其容易脱落。为了避开杂散光的干扰，目前贴放有源标志点的运动分析系统业已出现，譬如加拿大产的NDI OPtotrak三维运动测量系统的标志点是发光二极管，它发出的红外光线被位置传感器（position Sensor）接受，并合成标志点的三维位置。

图18-3 三维运动分析系统

另外，在关节点上安置标志点，会影响受试者的运动。为了最大限度地减少影响，一种新型的标志点系统被广泛采用（图18-4）。人体运动过程中，可以根据这套标志点，比较精确地推算出关节中心的位置。

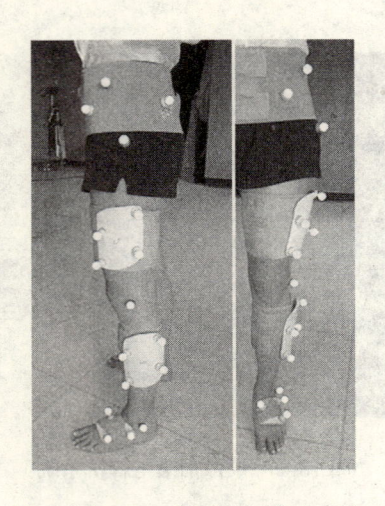

图18-4 新型的标志点系统

为了达到既能得到运动图像又能快速反馈测试结果的双重目的，目前已经有人提出了利用快速相关开窗跟踪算法以实现人体关节点的自动跟踪（关节点贴标志点或不贴）。如果该设想成为现实，可实现运动技术分析的快速反馈，并大大地减少人工采集引起的疲劳误差和操作误差。

（三）三维测力台

测力台原理与测定人体或器械所受外力的原理基本相同，只是传感器结构与安装不同。常用的测力台有压电晶体传感器与应变式传感器两种，其准确率高，简单易行。但这种方法只能测出人和地面接触点的支撑力，反映不出人体复杂运动的细节问题，如关节的力等。

测力台测量是运动生物力学研究方法的基本手段之一。动力学分析中常用测力台测定人体与支点间相互作用的力值及变化，为揭示人体与外界物体之间互相作用规律提供高精度的数据。对运动技术作定量分析有助于更高一级水平的系统分析。以往的测力台主要是应变片式传感器，对力的定量是通过记录应变信号，进行力值标定，在处理上采用卡尺测量、手工操作和计算，这种方法比较简便易行，但是精度低、测量工作量大、耗时长，不能满足动作技术的生物力学分析的需要。随着现代运动生物力学测量技术的发展，压电晶体传感器技术不断完善，由石英晶体做成的力传感器强度高，不变形，稳定性高，其性能指标明显高于应变传感器，目前国内外在科研中使用比较普遍（图18-5）。测力台的硬件主要包括两块刚性力板和四组压力传感器。外界力作用于力板上，由力板传输到分布于力板四个角的压力传感器组（每组由三个分别对X、Y、Z轴向敏感的传感器组成）；压力传感器受力后发生形变，根据其阻抗和容抗的

第十八讲 运动生物力学研究的进展与应用

改变可以测出其受力情况。比如瑞士 Kister 压电晶体式测力台，能同时测出作用点的三维方向的力和三个轴的转矩。其软件开发也日趋完善，能给出压力中心的位置、轨迹等数据，还能自动计算出各种所需要的力学参数，满足不同科研项目的需求。

图 18-5　压电晶体式测力台

从目前来看，许多国家已有较成熟的测力台自动化系统。瑞士 Kistler 测力系统和美国奥林匹克训练中心都装备有测力台联微机数据采集和处理系统。

测力平板（压力地垫）可以测出人体站立或行走时足底与支撑面之间的压力（垂直、左右、前后三个方向的力）及其压力中心的位置、压力的分布等数据，对这些数据进行检测和分析，以获得反映人体下肢的结构、功能乃至全身的协调性等方面的信息，在步态分析中与影像解析仪结合，还可以得出人体运动过程中任意一个时刻的各种动力学参数。比如美国 footscan 测试系统，采用根据压电阻抗原理研制而成的压力传感元件，密集排列在测力平板（地垫）中，密度达到每平方厘米 4 个，采样频率达到 500Hz 可以实时检测、显示并记录双脚足底的压力和应力，从而获得人体足底与地面的作用力情况（图 18-6）。这种测力装置还可以做成压力鞋垫直接对受试者鞋内压力分布状况进行测量。

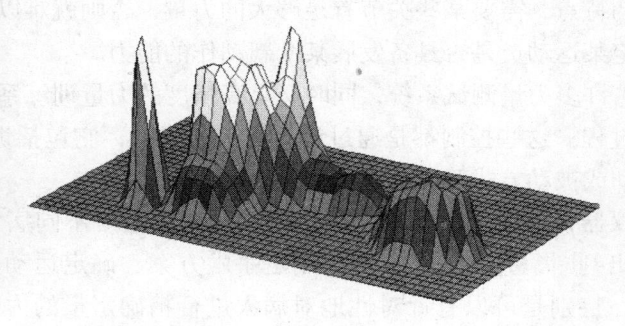

图 18-6　测力平板

目前这一测量研究方法在步态分析、运动鞋研究、康复机能评定、假肢等研究领域已经有广泛的应用，特别是在鞋的研究方面，已经可以为特定的运动员设计特定的运动鞋，还可以为特定的病人设计特殊的康复用鞋。比如糖尿病脚，在压力特别高的点上，容易造成局部溃烂，这就需要根据测试数据，来设计压力更加均匀的鞋。

（四）关节力量测试

此方法采用各种力的传感装置来测出人体关节力量数值，通过这些数据来分析运动员训练程度、效果、技术优劣的原因以及已经完成某些动作的可行性等。

目前，国内外在技术动作研究中使用比较多的关节力量测量系统仪器有 Cybex 系统和 Biodex 系统等。用这些关节力量测试仪器，可以测出各关节屈、伸、外展、内收、旋转的力矩，还可测出腰、腹屈伸和扭转的力矩，同时还可测出主动向心收缩的力矩和被动离心收缩力矩（图 18-7）。

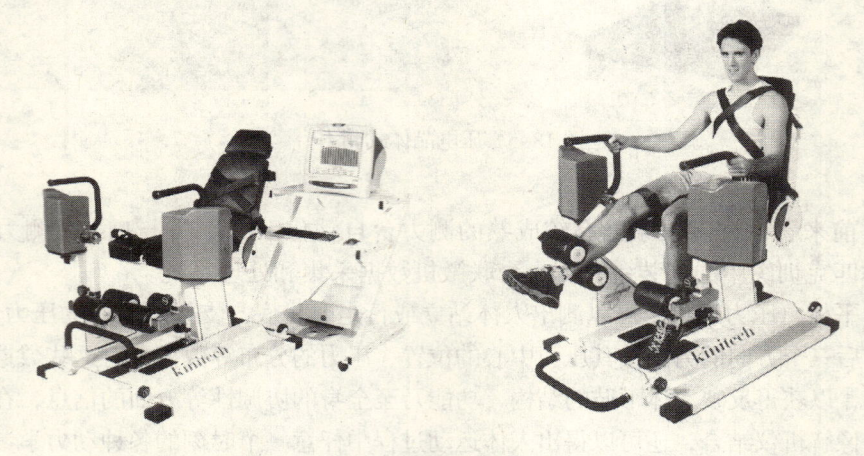

图 18-7 关节力量测试仪器

力量训练是体育训练中的重要环节，通过对关节力矩的测定，可以检验某一种力量训练方法效果，从而找出合理的或最佳的发展力量的训练方法。

在动作技术诊断中，可通过力量测试找出动作过程中肌群力量的薄弱环节，更加准确地对动作错误进行确诊，提出有效的改进方案。体操运动员要发展某些难新动作时，由于动作的特点，需要某些关节有足够大的力量，否则就难以完成，这时就可通过力量测试来确定某运动员是否具备发展某个新动作的能力。

另外，许多力量测试系统，同时又是高精度的力量训练系统，可以精确地控制力量训练的全过程。这些控制都是通过计算机来实现的，它包括训练的重量、强度、组数、时间、主动或被动方式等，能有效地提高训练效果。

这些仪器目前也被广泛应用于康复领域，通过对不同病人的测试，对其病情、伤病程度作出判断，并为诊断疾病、制定手术方案、确定运动处方、检验运动疗法效果提供依据，特别是可以有针对性地对病人进行精确定量的力量康复训练，提高运动康复的效果。

第十八讲 运动生物力学研究的进展与应用

(五) 肌电测量

人体内部的信息主要是以生物电形式传递的。在人自主支配肢体运动时，大脑皮质中控制运动区域的神经元兴奋并启动频率编码电脉冲，这个电信号经脊髓准确地传给特定的肌纤维。当这些神经电脉冲到达神经-肌肉接点处时，在接点后膜产生终板电位，它的去极化（一般表现为乙酰胆碱等化学递质的释放）将在肌纤维中产生一串动作电位，引起肌肉收缩，使肢体完成"预想"的运动。肌纤维中的这种电变化被称为运动单元动作电位（MUAP），肌电信号（EMG）是肌肉中 MUAP 在时间上和空间上的叠加，表面 EMG 则主要是浅层肌肉 EMG 和神经干上电活动的综合效应。

肌电测试方法是采用肌电仪，测出运动员在运动过程中有关肌群生物电的变化曲线和数值，从而分析运动员各肌群在动作过程中的活动状态，来研究其动作技术的方法。

肌电仪在测量肌电时要在人体放置电极。一般电极有两种，一种是针刺电极，它把电极直接刺入肌肉深层，因而定位精确，测试精度高，但对运动员有损伤，在体育科研中用得不多。另一种是表面电极（图 18-8），电极放在皮肤上，虽然精度受一些影响，但这种电极对运动员没有损伤，故在体育科研中用得比较多。

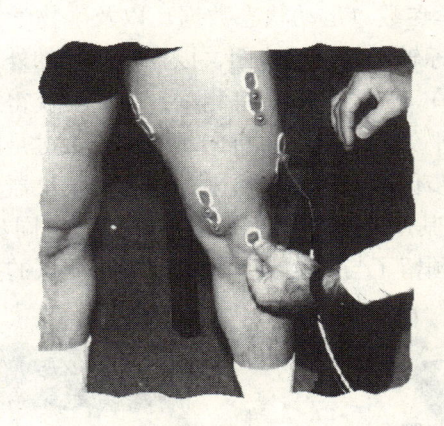

图 18-8 遥控肌电测试仪器

肌电仪可测出动作中对抗肌群、协同肌群的生物电的变化，根据测试结果，可以确定动作中各肌群的发力程度、发力顺序和发力时机等，还可通过肌电信号的处理获得有关肌力量值，从而对动作技术进行更精细的研究。

肌电测试在科研中应用较多的还是肌肉活动的定性分析方面，通过测试确定哪些肌群是某个动作的主动肌、协同肌和对抗肌等，还可确定这些肌群的活动状态，从而为改进技术和确定训练方案提供依据。但由于表面电极干扰因素多，在通过肌电精确测定其肌肉力量方面还不理想，而且大多数肌电测试仪器都由导线与固定在运动人体上的电极相连，这就使动作过程中动态肌电测试受到很大的限制。

近年来，随着遥控技术和相关计算机软件的开发应用，肌电方法不断改进和完善，测试精度也不断提高，遥控肌电测试仪器已经能够在对人体运动干扰比较小的情况下进行测试，并且能够通过对肌电曲线进行积分等计算获得一定的定量指标。

目前，表面 EMG 的应用已经深入到体育动作技术诊断、运动医学、生物工程等诸多领域。特别是通过提取截肢者残端表面 EMG 控制的人工动力假肢，有机地将人脑的思维与外部装置运动联系起来，使假肢动作自然，仿生性能好，深受使用者和康复工程研究人员青睐。

（六）综合性多机同步测试

1. 综合测试的概念、优势以及应用价值

运动生物力学是一门以力学为主导，以机能解剖学、生理学为基础，以计算机科学、电子学、机械工程学为支持，研究人体运动行为规律的应用性边缘学科。正是由于运动生物力学研究的多学科性特征，才更需要综合研究以探索人体运动的真正规律。

综合性测试往往需要多机同步测试，由于其统一的时序对应关系，因而比单机测试具有无可比拟的优越性，即可将各机所测不同性质的参数在同一时间坐标轴上绘制成同步图，以便更好地分析各种参数的内在对应的函数或相关关系。例如，用三维测力台、高速摄影（或摄像）机和多道遥测肌电仪同步测试某种技术动作，就可以将动力学参数（力-时曲线）、各种运动学参数（运动状态数据）以及生物学参数（肌电图）等不同性质的参数放在同一时间坐标轴上制成同步图，以探索运动的外部特征、动力学原因以及肌肉力学的性质（图 18-9）。如果采用单机测试，就无法获得这样全面的数据材料，使我们对运动规律的认识水平失之偏颇。多机同步测试的关键是同步技术，开始是各科研机构根据需要自主开发同步信号发生器；后来，生物力学仪器生产厂商开始意识到综合性同步测试的重要性，在其产品出厂前预留了与其他设备同步的接口，譬如 QULISYS 三维运动分析系统就提前预留了与测力台、肌电仪同步测试的接口。

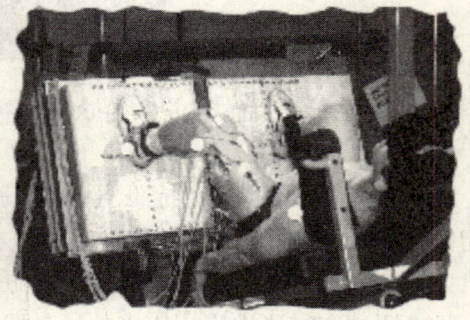

图 18-9 综合性测试系统

综合性分析可以避免错误结论的产生。因为动作技术多种多样，制约因素不一，因此，在运动生物力学应用中离不开综合性分析，否则就会陷入误区，甚至导致谬误。

用两台或多台仪器同时测量同一对象，以同一时间标准和时序（时间顺序）进行时间标记，使各机所测材料具有同一的时间标准、时序和瞬时（每一瞬间）对应（即同时）关系，即在测量过程的每一瞬间，各机所测材料均具有同时关系，此种测量方法称

为多机同步测量方法。

对现有众多检测手段实现同步的统一处理，已成为运动生物力学研究方法发展的一个重要方面。它可以更全面地反映受试者的状况和属性，可以按照同一的时间标准、时序和瞬时对应关系，将各部机器所测材料在同一时间坐标轴上绘制成时间对应图（又称同步图），因而可以更好地观察、分析各部机器所测材料的内在关系，更有针对性地用统计学方法对各部机器所测材料作相关分析，可以根据各部机器所测材料的瞬时对应关系，用数学方法进行合成、转换、处理，得出能更好地反应受试者的状态和属性的参数。多机同步测量方法在量与质两方面提高了所测材料的学术和使用价值。

立体摄影摄像测量的多机同步方法是使用两台或两台以上摄影摄像机，严格地按照统一的时间标记，同时测量研究对象按时间顺序的影像数据资料，使各机所测的影像数据均有瞬时对应关系，并据此将各机所测的平面数据转换、合成为立体（三维）数据。多机同步立体摄影摄像的测量技术，虽然比平面摄影摄像技术复杂、费时、费力，但是测量、分析复杂的运动技术动作使用这种方法更为真实可靠。

2. 立体摄影摄像同步方法

（1）内同步测量方法

立体摄影摄像的内同步测量方法，是每台摄影摄像机都在同一时基信号控制下，由内同步器控制实现完全同步地运转（直接同步），或者每台摄影摄像机都按各自的运行频率或时钟独立运行，但都能记录一个共同的同步信号（间接同步），都能确定各种测试数据在时间上的同步位置（数据点），以此确定和分析各自测试数据之间的瞬时对应关系。直接同步要求摄影摄像机在生产制造时就具有同步功能和同步接口。现有的摄影摄像机大多不具备同步接口，即便有同步接口，也未必能保证实现同步连接，摄影摄像机生产厂家不同、信号格式和同步方式不统一、电参数的匹配不一致等，都可能影响同步连接。在运动生物力学影像测量时，间接同步是可行和可靠的同步测量方式。

（2）外同步测量方法

立体摄影摄像测量的外同步方法是每台摄影摄像机都按各自的运行频率或时钟独立运行，但都能在拍摄画面内记录同一个"外时标"信号，进行数据分析时，都能借"外时标"信号作为时间上的同步位置，并由此确定和分析各自测试数据之间的瞬时对应关系。

外同步测量中的"外时标"采样信号，通常有"灯光同步信号"和"时钟同步信号"两种，需要在拍摄时摄入画面，作为同步标记。立体摄影摄像测量时，作为外时标同步信号的频闪灯或数字式时钟需置于各台摄影摄像机的有效视角内，以保证将其摄入各台摄影机的画面。立体摄影摄像外同步测量的技术关键是外时标同步信号记录和读取的精度、分辨率和清晰度。在拍摄时，应保证同步信号发生器置于两台摄影摄像机均能以较好的视角拍摄的视场内。

几种测量仪器的多部机器同步测量方法，目的是获得各种测量数据在时间上的对应关系。运动生物力学同步测量的主要内容是人体运动的运动学参数、动力学参数和肌电参数。例如：当测力台测得人体起跳时最大爆发力的瞬间，肌电信号处于什么幅度、其前后的波形如何变化、与此同时由摄影摄像机所记录的人体运动速度多大、人体重心的位置以及人体整体的姿位和身体环节的角运动状况等等，获得这些数据可以进一步分析它们之间的内在联系，进而从动作结构与运动功能的角度分析和评价动作技术，以便更好地理解运动规律。而所有这些对应关系都需基于各种测量仪器的多机同步测量才能实现，这就要求各种测试数据有相同的时间坐标和数据转换的时间原点，才能进行各种测量参数之间的同步分析。

多机同步综合性测试，已经成为运动生物力学研究测量的主要方法，被广泛应用于体育各项目技术和战术的研究、运动技术诊断、运动器材研制、康复医疗等研究领域。此外，还有不少新方法、新仪器也不断被应用到运动生物力学动作技术的研究中，如高精度的红外光点遥测分析系统、射击激光瞄准分析系统，都已经用于射击、射箭等项目的研究，磁感应测量仪器、动作技术分析"专家系统"，都已用于相关动作研究。目前许多高校、研究院所在运动生物力学实验室建设过程中，都非常注重多机同步测试问题，并且积极购置新仪器，推广新方法，有力地推动了运动生物力学研究的深入和学科的发展。

二、运动技术诊断方法的进展与应用

运动技术诊断就是对运动员动作过程进行测量、分析，结合动作目标和动作效果对其技术状态、技术训练水平作出评价，并通过改进运动形式以提高动作效果的研究过程。技术分析是技术诊断的基础，它包括检查、测试和技术水平评定。因而技术诊断的全过程应包括运动过程或技术动作的信息采集、数据处理和分析、技术评价、寻找技术缺陷、确定改进措施、反馈诊断意见、指导技术改进训练和检验技术改进的效果等。

在运动生物力学研究中，一般采用不同的测量方法获得各种动作技术的生物力学参数，在此基础上再通过对比、统计、实验、计算机模拟等方法，对其动作进行技术分析，根据分析结果，寻找运动过程中的技术缺陷，作出技术诊断，并指出改进措施或提供训练手段，提高运动技术水平。随着研究的不断深入，这些方法应用范围越来越广，涉及到各种运动项目、各种动作技术，甚至扩大到战术研究的领域。

（一）对比方法

对比法是对不同个体的动作或不同的技术，以及不同的训练方法进行对比分析，找出它们之间的差异，根据科学原理分析这些差异产生的原因及其利弊，用于指导动作技术改进和提高的方法。对比法在运动技术诊断中使用较多，它可以是观察结果的对比，也可以是测试数据的对比，适用面广，效果较好。

1. 相同动作之间的对比

对比可以在相同动作之间进行。通过对比找出不同技术完成同一个动作时技术之间的差异，从而根据生物力学的原理，对这种差异进行分析，找出原因，提出改进训练的方案。

2. 正误对比

正确的动作更符合运动生物力学的原理，而错误的动作往往含有许多不合理的成分，通过它们之间的对比，就能使合理的和不合理的技术差异充分显露出来，从而找出错误关键，对错误动作加以改进。例如，在单杠"盖式"振浪技术的研究中，研究者发现优秀队员"盖浪"幅度控制很好，振浪效果好，而有些队员"盖浪"时屈髋幅度太大，造成振浪效果差，通过对比发现他们在下摆到一定位置后，髋关节的屈伸幅度和时机有明显的差异，因而造成效果的差异。通过分析这些差异的力学原理，提出了"盖式"振浪理论，成功地解决了"盖浪"时机和幅度的理论问题。

3. 优劣对比

同一个动作有人完成得很好，有人完成得较差。在优劣动作之间，好的动作一般包含更多的合理因素，通过对比就能找出不好动作中的不合理的因素，从而在训练中加以改进。这在田径、游泳等项目中应用比较多，一些高水平的运动员，其动作合理的成分会多一些，在对低水平的运动员进行技术分析时，可以比较两者的差异，分析其原因，作出正确的诊断。

4. 成败对比

通过成败对比能够找出差异，分析动作失败的原因，从而指导技术改进，提高成功率。这在体操、跳水等项目中应用比较多，比较成败动作的技术参数，很容易找出失败动作的关键问题，采用相应的训练手段进行改进，提高成功率。

5. 前后对比

为了检验某一段时间内对某一动作技术改进训练的结果，可通过前一动作和后一动作对比来确定。例如在体育动作教学中，通过观察一名运动员完成某个动作的情况，对他的动作提出改进意见，指导他再做下一次动作，再观察他后一次完成动作的情况并与第一次加以对比，以检验其改进的效果，也可以通过生物力学测量方法，获得前后两次动作的技术参数，进行对比，确定效果。

6. 不同动作之间的对比

对于不同动作也可以采用对比方法来分析技术。这种对比可以是动作之间共性的对比，也可是其特殊性的对比；可以是相同因素间的对比，也可以是不同因素间的对比。

7. 不同动作中相同环节的对比

体育动作中许多不同动作之间有着相同的技术环节。通过它们之间的对比，就能找出其差异，并总结出规律性的东西。例如，背越式、俯卧式等不同技术跳高动作的研究，可以对相同起跳技术环节进行对比分析，分别总结出各种跳高姿势其起跳动作的技术规律。

8. 不同动作中动作特征的对比

技术动作都有各自的特征和规律，通过形式相近、不同动作之间特征的对比，可以对它们各自的特殊规律有更深刻的认识。例如，短跑动作和长跑动作同样都是跑，但前者重在最大速度，而后者强调耗能最底的跑姿，其步频、步幅、后蹬、摆腿、前脚着地等动作特征指标都有明显的差异，对比这些差异，分析其生物力学机理，就能把握跑的动作技术一般规律，再结合具体运动员的数据，可对其动作作出技术诊断。

9. 群体对比

在研究动作技术或者训练规律时，也常采用群体对比的方法。可以用于优秀运动员和一般运动员之间群体的对比，也可以用于不同组别之间的对比，还可以用于男女群体之间的对比。一组对象完成技术状况的集中趋势，往往反映出该组总体的技术水平，通过组与组的对比就能找出不同组别间的差异，为进一步分析造成差异的原因、探讨技术的客观规律提供参数。当然，群体间对比，其差异必须经过显著性检验。

对比法适用面广，使用工具和仪器可简可繁，研究深度可深可浅，比较容易发现差别，找出原因。但对比法也具有一定的局限性：首先，好的动作和成功的动作不一定是最优的，错误的动作或失败的动作也并不是所有环节都不合理，因此，它们之间的差异不一定都是导致动作错误或失败的原因。其次，用以对比的因素不一定都是关键因素，它们之间的差异可能不是动作成败的关键点。因此，在采用对比法时要抓住关键，并上升到理论的高度来认识动作本身的客观规律。

（二）统计方法

通过观察、测试等手段获得有关动作技术的数据后，必须对这些资料进行进一步的分析研究，此时应采用统计学的方法。例如研究某一个动作技术的集中趋势时、对各种动作技术进行群体比较时、要对动作中不同因素进行相关分析时，都要用到统计学的方法。具体有以下几方面：

1. 集中趋势

可以通过统计学原理中关于众数、均数、中数的统计方法来研究动作技术的集中趋势。竞技体操项目多，各项目又有大量不同的动作，加之运动员又有各自的特点，因而即使是同一个动作，不同运动员表现的技术风格也不尽相同，很少有不同队员完成某一个动作其所有的技术参数是完全一致的。因此，必须采用统计学方法，对众多的运动员完成该动作的技术参数进行统计处理，求出均数和标准差，其均数可以代表该动作技术的一种集中趋势，揭示出该动作的一般规律。例如，在研究体操单杠"特卡切夫"腾越动作的最佳再握角度时，发现各个运动员的最佳值都不尽相同。通过对所有测试对象的最佳值进行统计处理，得到其最佳值的均数和标准差为 $35° \pm 2.75°$，从而得出"特卡切夫"腾越动作最佳再握角度为 $35° \pm 2.7°$ 度的结论，提出该动作脱手再握最佳化的一般规律，并可根据运动员的具体数据确定其技术正确与否。

当然，用均数来代表其集中趋势时，对求得均数的一组数据要进行正态检验，因为只有正态分布的数据，其均数才能代表整个数据的集中趋势。如果是偏态分布或其他非正态分布的数据，就必须用中数或众数的方法来解决。

2. 群体间的比较

在动作技术诊断中，常涉及到不同组别间的运动员技术参数的对比。如优秀运动员组和一般运动员组、男队和女队等，这就必须用统计学方法来解决一这类问题，常涉及到的主要是均数的对比。就是对不同组别间技术参数的均数进行对比分析。采用这种方法，首先研究者要获得研究对象不同组别的技术参数的均数，并对其进行T检验，以证明对比的均数来自不同的整体，从而确定其可比性，然后再进行均数间的对比分析，最后得出结论。

3. 相关分析和因子分析

在体育动作中，大量的技术参数与最终结果之间没有明显的因果关系，但它们对结果都有影响，这时就要用统计学中的相关分析来研究数据与结果、数据与数据间的相关程度。比如在对跳板跳水动作研究中，运动员走板、起跳过程诸多生物力学指标，如支点位置的变化、跳板所受的冲击应力、人着板后关节的蹬伸、功能变化等，都与其人板偶合程度、起跳高度密切相关。对于某个因素受众多因素的制约情况，可以用统计学中因子分析的方法来解决，通过因子分析可建立一个一元、二元或多元的回归方程 $Y = b_0 + b_1x_1 + b_2x_2 + \cdots + b_kx_k$ 来表述诸多因素与某一因素或最终结果间的关系。比如，对于跳板跳水因子分析得出影响运动员走板技术的主要因素为"速度""重心高度""角速度"和"远度"四大因子，并且确定各因素对成绩影响的大小，从而确定各因素前面的系数的 b_0, b_1, $\cdots$, b_k 的量值，给出回归方程。在训练中，可根据研究结果来先抓最关键的因素，后抓次关键的因素，以保证训练的高效率。

（三）实验方法

实验方法是人们根据研究目的，人为地控制或模拟体育训练和比赛中的现象，排除干扰，突出主要因素，在有利的条件下去研究动作技术规律性的方法。常用的实验方法有析因实验、对照实验和创新实验。

1. 析因实验

析因实验是由已知结果去寻找原因的实验。在体育技术的研究中，经常会接触到已知结果而需要寻找原因的问题。当运动员动作失败时，可以通过影像解析，获得有关动作技术参数，根据生物力学原理分析动作，找出失败的原因，帮助改进技术。当运动员的某个动作出现最佳状态时，又可以找出促成他动作趋于最佳化的根本原因，帮助巩固动作。当然，在许多情况下，某些现象之间是否存在因果关系，还需要采用析因实验的方法来确定。

2. 对照实验

这种实验常把实验对象根据实验的需要分为对照组和实验组等不同的组别，或者对同一组实验对象分别采用几种不同的方法进行实验，对不同组别研究对象进行生物力学分析，对分析结果进行组间比较，以找出不同组别或不同方法之间的差异，根据生物力学原理研究分析造成这些差异的原因，确定不同组别动作技术的优劣，作出技术诊断。

3. 创新实验

创新实验是对未知领域进行探索，通过实验来实现和达到创新成果的研究方法。这是一种实验性研究，是以探索性为主要特征，可以根据某种假设来设计实验方法和步骤，通过实验结果来证实其假设的正确性和可行性。也可以对某些理论上已经得到论证，而在实践中尚未出现的东西进行实验研究，让理论成果变为现实，达到实践上的创新。另外，还可以抓住实践中出现的一些偶然现象或创新苗头，设计实验方案，进行创新实验，根据实验结果提出新的理论，从而实现理论和实践上的新突破。

创新实验在体育技术研究中应用时，往往不分组别，常采用个案实验方法，从个体上取得突破，即可证明新东西的存在。体操、跳水、蹦床等技巧性项目的竞赛，实际上就是技术创新的竞赛，只有不断实现高难度的创新，才能在高水平的竞赛中获胜，因而创新实验在这些项目的动作技术研究中就显得尤为重要。

(1) 根据假设进行创新实验的方法

这是实验研究者对尚未出现的新东西首先提出假设，根据假设提出实验方案进行探索的实验方法。这种实验方法，广大教练员，特别是高水平运动队的教练员，在新动作、新技术、新连接的探索中都在自觉、不自觉地运用。当运动员要冲击一个从未出现过的新动作时，首先教练员头脑中要有这个动作的假设，并对这个假设动作的全过程进行认真的思考、分析，在认为这个动作有可能实现的基础上，根据动作特点设计一套训练程序，指导运动员逐步而反复地进行实验尝试，最终完成创新动作。这个从设想到反复尝试，最终成为现实的过程，就是创新实验的过程。

(2) 根据理论研究成果进行创新实验

根据体操创新体系的理论研究，可以确定许多可创新点，再进一步对其可行性进行理论探讨，就能确定一部分能够实现的创新点，在这些理论成果的指导下进行创新实验就能克服盲目性。

(3) 抓住训练中的创新苗头进行创造实验

竞技体育中许多新动作、新理论的出现往往起源于训练过程中的一些偶然现象，那些善于捕捉这些偶然现象、设计周密的实验方案和进行深入研究者，往往能获得更多的理论和实践成果。

在体育训练中主动掌握和运用创新实验的理论和方法，就能加速竞技动作等的推陈出新，促进竞技水平的不断提高，竞技体操就是一例。

(四) 模型方法

人体模型是根据科研的需要，把复杂的人体及其运动加以简化，突出其主要因素，

第十八讲 运动生物力学研究的进展与应用

使研究者有可能对其主要规律进行研究。从人体模型的建立过程来看,要建立人体模型,必须通过大量的观察实验,分清运动过程中的主次矛盾,抓住主要矛盾,从而抽象出人体模型。这样建立起来的模型在一定的范围内可代表原型,反映原型的主要规律。可见模型法是以观察为基础,是比观察层次更高的诊断。在运动技术的诊断中,常用的人体模型方法有数学模型、经验模型和多体系统动力学动态模型。

1. 数学模型

在运动技术诊断中经常使用到的一种人体模型方法就是数学模型法。数学模型法是模型和原型之间以数学形式相拟为基础的一种模拟法。在运动生物力学的研究中,常涉及到要把人体这个很复杂的系统加以简化并抽象成一个模型的问题。在许多情况下,如果不作这样的简化,运动过程中的力学问题将会复杂得无法解决,这就涉及到人体数学模型法。人体数学模型法是以一组数学方程来描述人体形态特征,计算人体形态各种力学参数的方法。当然,根据不同的研究目的,同样的人体科研可抽象成各种不同的数学模型。

目前国内外使用比较普遍的有这几种人体数学模型。1964年,美国宇航局Hanavan提出了著名的Hanavan人体数学模型。它把人体简化成由球、圆柱、圆台体、椭球体等16个环节组成,通过人体测量出身高、体重、肢体长度等26个指标来推算各环节的质量、重心、转动惯量等力学参数。20世纪70年代,日本的松井秀治在部分尸解的基础上,建立了与其相似的15个环节的人体数学模型,计算过程大为简化。80年代,苏联B.M.扎齐奥尔斯基和B.H.谢鲁扬诺夫采用放射性同位素扫描法,测得100多名大样本活人体的密度,从而建立了16个环节组成的人体数学模型,用这种方法,只要把运动员的身高、体重输入回归方程,就能获得所需要的力学参数,使用更为方便和准确。我国清华大学近年来也提出了中国人的人体数学模型。

这些数学模型的建立,提供了在科研中获得人体力学参数的简便可行的方法,使研究者可以比较精确地研究运动过程中与人体重心有关的问题和与转动惯量有关的问题,可以得到观察法无法得到的数据和结果。

当然,在科研中建立什么样的模型还得根据具体问题的需要,既要简便又要有一定精度的原则。例如在体操"晚旋"的诊断中,通过观察和实验,得到了手臂运动是引起人体空中转体的原因这一结论,因此抓住手臂做相对运动这一主要因素,舍弃了人体许多复杂而次要的因素,建立起一个由一块刚体(人体)和一个质点(手臂)所组成的人体模型,这样就有可能建立一个运动微分方程来描述人体的运动过程,从而达到了简化复杂的运动过程,而又抓住了主要矛盾的目的。通过对运动微分方程的求解得到对"晚旋"动作定量分析的结果。

在对运动过程规律的研究中,也经常会根据具体情况建立人体或者器械运动过程的数学模型,通过调整初始条件来寻求最佳的运动方案。比如标枪、铁饼等投掷项目的研究中,可以建立器械飞行轨迹与出手初始条件、空气阻力间相互关联的数学物理模型,以确定不同运动员的最佳出手参数。数学模型法在一些场合又称为理论方法,它是与直接测量、数据处理和分析、最后得出结论的研究模式相对应,后者又称为实验研究。

在技术分析领域，数学模型法与常规技术诊断法有本质区别，被称为预诊断研究。最明显的差异是：常规技术诊断以调整运动的主体——运动员技能状态为主，使其适应运动过程；而数学模型法是以运动过程为考察对象，在合理假设基础上通过建立运动模型、推理演绎达到认识运动过程的内在规律，为训练提供指导性建议。

2. 经验模型

运动实践中的经验认识是建模的基础，将这种经验知识用数学语言表达出来就成为经验模型。例如，百米跑的速度与时间变化关系与指数函数很接近，许多研究者都试图将这种关系准确地表达出来，并运用于技术诊断和分析。较成功的例子是著名运动技术分析专家苏珊卡于1989年建立的百米跑经验模型，该模型是在大量收集国际大赛中优秀选手技术资料的基础上，采用指数方程拟合数据，获得分段成绩与总成绩之间的经验方程，依据经验方程完成个体运动员的现场技术诊断，在2小时之内就可以给出所有参赛选手的诊断意见，反馈速度相当快。

3. 多体系统动力学动态模型

随着多体系统动力学的发展以及计算机的普遍使用，人体数学力学模型的研究已经进入动态数学力学模型阶段，即把复杂的人体系统抽象成刚体系统或其他形式的力学系统。同时，根据多体系统动力学原理建立一组运动微分方程，通过求解微分方程组来控制模型运动的动态过程，从而模拟实际人体的运动。

人体动态模拟方法越来越多地运用于体操、跳水等技术性竞技项目的研究和训练实践。在科研中，需结合不同项目特点和所需研究问题的特点，根据多体系统动力学原理，建立所需的人体动力学模型，推导出人体动力学方程，运用数值分析方法，在计算机上研制编写出其求解程序。用高速摄影机拍摄运动员的动作，并进行影片解析，获得运动员运动过程中的位置、速度、加速度、角度、角速度、角加速度等运动学参数，再和由人体数学模型获得的人体惯性参数一起输入计算机程序，可求出对应于各个广义坐标的关节力矩和力，再通过对力矩和力的调整来模拟和控制模型的运动姿态。利用计算机解决复杂系统的分析和设计问题成为近年来运动生物力学和动作分析设计等领域的一个重要的研究方向。

从20世纪80年代之后，较复杂的人体运动形式，如体操、跳水中的"旋"动作、背越式跳高的过杆动作等，都是采用多刚体动力学理论建模的。国内学者洪嘉振在1989年就已完成了人体腾空运动的计算机模拟程序，采用这一模型对朱建华的技术动作进行了诊断分析。

从1985年开始，我们在单杠、跳水等弹性器械运动研究中，为了最大限度地简化计算过程，将运动员简化为十块刚体组成的系统，刚体间用光滑球铰相连接。运动员与单杠的联系考虑了运动员腾空和运动员双手抓杠两种情况，单杠的物理特性也考虑了两种情况：第一，假设单杠为一刚性体，把手与单杠的接触简化为一摩擦铰支座；第二，考虑单杠的弹性，把手与单杠的接触简化为一有弹性支座位移的摩擦铰支座。在计算跳水的起跳动作时，运动员与外界的联系同样可以考虑腾空、脚踏刚性体（跳台）、脚踏弹性体（跳板）三个参数，把脚与台或板的接触简化为一个摩擦点支座，或者一个有弹性位移的摩擦点支座。依据这些参数可以编写出实用软件，整个程序进程都由屏幕菜单提示进行。应用这个软件已经成功地计算并设计出了多个高难动作，比如体操单杠的直体"特卡切夫"、后摆前空翻再握双杠屈体后空翻两周挂等动作。另外，有人还针对跳板跳水的走板动作技术特点，对起跳动作进行了模拟计算，获得满意的结果，为进一步研究人板偶合问题奠定了基础。

目前国际上也有不少学者在这方面做了大量工作，建立了通用的多体系统动力学计算机模拟软件。比如，美国 MDI 公司开发的 ADAMS（Automatic Dynamics Analysis of Mechanical System）机械系统动力学分析软件，它可以实现计算机上复杂运动仿真分析，自动生成复杂系统的多体系统动力学模拟模型，对高尔夫、拳击、步态等各种人体运动进行了模拟计算和分析。这就使得人体动态模拟方面的研究向建模、计算全过程自动化的方向快速发展。

4. 流固偶合动力学模型的计算机模拟

在运动中不仅会涉及到人和器械相互作用的问题，在游泳、跳水、花样游泳等一些项目中还必须解决人和水相互作用的问题，这就是流固偶合问题。这方面运动生物力学的研究也有突破性进展。

根据力学原理，能够推导并建立楔形固体和理想流体碰撞过程的运动微分方程，再根据固体物理模型的对称性，选用柱坐标系，将三维的空间问题简化为二维的平面问题，使得复杂的计算过程大为简化。依据简化模型和流固碰撞过程具体情况确立边界条件和初始条件，使得运动微分方程能够构成初边值问题的定解问题。

用有限元方法对受碰撞液体需要积分的区域进行剖分，获得单元有限元特征方程式，按照单元结点编号和总体结点编号的对应关系，进行总体合成，可获得总体有限元特征方程。解这个线性方程组，求得各结点的压力值，通过反复叠代的方法来求解自由面的形状。用 FORTRAN 语言编写了计算流固冲击问题的数值解软件，并对不同角度的楔形体撞水过程进行模拟计算。模拟结果表明，如果运动员以两手合掌成尖锐状（楔形体）入水姿势撞击水面，会产生较大的水花，楔形体越尖锐（斜升角越大）产生的水花就越高，要降低水花高度，就必须尽可能减小斜升角。而当楔形体斜升角减小至 0°时就成为方形体，也就是目前国际跳水界普遍采用的顶肩翻掌使两手形成一个平面的撞水技术。这样就成功地解决了平掌撞水的理论问题。并据此总结归纳出来的四种不同的"压水花"手型作出评价，为不同能力的运动员采用不同手型"压水花"技术提供了理论依据。

当然，越尖锐的楔形体撞入水面后其速度变化越小，人体所受的撞击力也就越小。反之，顶肩翻掌使两手形成一个平面的撞水动作，运动员的手掌要承受很大的冲击力，尤其是 10 米高台跳水的运动员，容易造成手腕关节的损伤，因此，必须加强专门的力量训练。

计算机模拟是近年来国内外新兴的高科技研究手段之一，在工程、宇航、制造等研究领域都有广泛应用。目前这种通过建立各种人体与其他物体（包括器械、弹性体、流体等）相互作用的动力学模型，来模拟研究动作技术的方法，已经广泛应用于不同运动项目的研究中，其方法学上也越来越完善，使得运动生物力学的研究能够从理论上揭示其动作技术的客观规律，有效地提高了研究层次和水平。

三、运动器材的设计与改进

根据器材的不同将应用流体力学、气动力学、弹性力学甚至热力学等学科进行综合研究，研究方法除了用力学模型方法，外还有能量法、统计方法及模糊数学等方法的综合运用。

（一）专项运动鞋的生物力学研究

专项运动鞋有攀岩鞋、登山鞋、冰鞋、滑雪靴和远足越野山地鞋等。专项运动对鞋的要求主要有两个方面：首先是动能传导、转移、变向和动作惯性作用对脚、踝关节、运动姿态和技术动作的影响；其次是其他因素，如舒适跟脚、安全保护、减缓吸收震动与冲击力、保温、透气、防滑、耐摩擦以及耐受、卫生等条件要求。例如足球鞋应具有三大特点：一是极佳的避震功能，脚着地时避免脚后跟受到冲击，穿着舒服和安全；二是具有"回输"功能，能释放吸震时储蓄的能量；三是附着力强，运动员易控制和保持正确姿势，避免滑倒。

制鞋材料的力学特性包括弹性、质量、强度等。鞋底，特别是前脚掌部分材料的弹性对跑步将产生很大的影响。前蹬时材料受到冲击载荷的作用将被压缩，其力学意义有两个方面：第一，由于鞋底为地面与人体之间的中间体，因此对人体而言，由于鞋底的弹性，地面对人体的冲击力将有效地得到部分缓冲，可使人体下肢肌群作退让性工作适当减小，以利于后蹬阶段肌群的克制性工作；第二，从能量转换角度分析，由于弹性，可贮存部分弹性势能，实现能量的二次利用，增加后蹬时的蹬力。

鞋的重量、大小对跑步成绩也会产生一定的影响。鞋是人体本身以外的附加体，鞋的重量越大，在跑步全过程中消耗的能量累积效应也越大。因此，在保证一定的强度的前提下，适当减小鞋的重量将是非常必要的。日本美津浓（Mizuno）公司为巴西巨星里瓦尔多设计的足球鞋，其鞋底的部分以蜂巢状构造组成，所用材料是比氨基甲酸乙酯（Urethan）还轻的尼龙，成功地将鞋减轻了30%。在功能的加强上，采用"生物力学测试"的方法可得知选手做各式各样的动作时，脚会在怎样的状态下着地。以测试分析结果为基础来决定鞋钉的位置及鞋底的形状，在鞋底部及鞋钉之间安装了交替波形且具弹性的材料，使得防震能力提升43%。耐克公司设计的"NikeAirZoom Tolal 9011"是目前为止最轻最薄的足球鞋，重量仅为196g，它的Kng-1000G无缝鞋面柔软且牢固，分量轻，既防水又透气。在前脚掌和脚后跟处设置了独特的Zoomair垫子，大大减小了鞋钉的压力。此外，该鞋的鞋钉长度可以调校，有助于增加球员在盘球、奔跑和加速时的稳定性。

（二）运动保护装备的改型、完善及新产品的研制与开发

在符合运动比赛规则的前提下，为各专项运动易损伤的部位提供安全保护装备和预

第十八讲 运动生物力学研究的进展与应用

防护具并不断完善和改进其功能，这也是运动生物力学研究的一个新的领域。例如头盔外形、内衬及材料的更新设计已在赛车、高山滑雪、橄榄球、山地越野自行车等运动项目中推出新型头盔；新型橄榄球头盔与传统头盔相比较，最大区别是在新型头盔外层敷盖了一种树脂吸震缓冲材料，目的主要是防止运动员以头盔作为进攻武器冲撞人造成伤害事故。

头盔重量越轻越好，在重量和防护性上达到极佳的平衡。头盔轻重与头盔材料、制造水平有关。非金属头盔采用的材料主要是尼龙增强树脂、玻璃纤维及芳纶（即凯芙拉纤维）。与前两者相比，芳纶的制造成本稍高，但同样重量的芳纶可提供2~3倍于其他纤维、5倍于同样粗细钢丝的强度。综合造价和重量等因素，芳纶的确是大批量制造个人防护系统的最佳选择。不过芳纶也有缺点，即在紫外线长时间照射或使用环境非常湿润时，防护性能会有所下降。现在有一种高强高模聚乙烯，是目前力学性能最佳的纤维，但尚未普及。

头盔在综合考虑加工工艺和实用性等问题后，在护耳上方呈圆弧状而不是直线，盔形更为圆滑，外形低平，贴近头部，重心位置低，头盔前缘部位采用有沿设计，这些都更加适应东方人的头型特点。早期的头盔悬挂系统和内衬复杂，是因为需要它们吸收头盔被击中后的多余能量来减少震荡，但并不是说悬挂系统越复杂越好。在使用芳纶等新型防弹材料制造头盔后，因能量已被外盔吸收，所以完全可以使用构造简单、经济的悬挂系统。头盔的缓冲层采用泡沫塑料，从力学角度分析，泡沫塑料缓冲层能更有效地吸收冲击能量，这是当今世界摩托车头盔制造业通用的工艺，它的优点是能使头部与盔体紧密结合，缓冲头部在受冲击中二次碰撞所造成的颅内伤；缺点是通风性能差，在气温高时，佩戴不舒适。吊篮式悬挂系统是新型头盔的一大特点，它可使头盔外壳与头部保持适当的间隔，既保持了良好的通风性，又可以有效地减低动能冲击，起到保护头部的作用。

在不影响和妨碍专项所需完成的动作幅度、速度和发力过程的前提下，对易于受伤的相应关节配置预防性护具，典型例证是橄榄球员的预防膝侧附韧带断裂的护膝，还有轮滑运动所使用的护膝、护肘、护腕的安全保护功能和抗冲击力的承受标准。

（三）运动场地地面材料的研究与开发

跑道材料和跑道层面结构的研究，典型例证是美宾州大学化工学院废旧轮胎再生综合利用的研究成果，这一成果应用范围涉及面很广，商业价值潜力巨大。在运动方面可用于运动场地、健身房防砸地面、儿童游戏场地和游泳池筛装防滑地板等。在建材方面可制成地板、彩色屋瓦、吸音墙衬、防滑轴道，以及特定要求的道路添加材料，如桥梁路面和热带、冻土带与大温差地域的道路路面及机场跑道等。

传统型橡塑跑道材料外观为颗粒状结构，粒径2~4mm，非渗水性。适用于运动场专用PU（聚氨脂）铺设，并在其表面铺撒胶粒而成。合成面层具有高能量的物理回弹性及高度的抗耐磨性，且能抵御各类极端气候状况（长时间的日照、雨季及冰冻气候）。可用于比赛型专业场馆、体育场或体育中心。

空隙型橡塑跑道为多层铺设而成的颗粒状面层结构，粒径1~2.5mm，具非渗水性，有较好的弹性及动力设计特征。底层由 PU（聚氨脂）接着剂与跑道专用胶粒充分搅拌后，使用专用铺装机械现场铺设而成，具有良好的平整度。面层经批刮填缝后，铺撒特殊胶粒而成。其施工结合了"传统型"和"透气型"跑道的工艺，产品兼具两者的优点。适用于专业场馆、体育场或体育中心、学校等。

透气型橡塑跑道表面为喷涂颗粒状，粒径 0.5～1.5mm，有高度透水、透气及耐磨性。底层由 PU（聚氨脂）接着剂与跑道专用胶粒充分搅拌后，经专用铺装机械现场铺设而成。具有高平整度及透水、透气功能。其面层用高强度 PU 和颗粒混合后，使用跑道专用喷涂机交叉喷涂两次，形成特殊的组织纹路，赋予面层良好的耐磨性和摩擦交合力。经机械铺装的跑道材料平整度佳，成型后材料内含有多孔，在雨后不积水，能立即投入使用，提高使用效率。适用于学校等单位长时间高频率、穿平底鞋使用的场所。

以三元乙丙（EPDM）为代表的橡塑跑道材料，自诞生之日起始终代表着跑道的最高品质，自 1968 年起为历届奥运会的指定产品。它以独特的结构和材质，在高档和专业跑道占据重要的地位。这种跑道的主要成分为天然橡胶、资源再生性轮胎胎面胶粉 EPDM 等组成，再添加细微的无机颜料，使产品颜色多种多样，并且更鲜艳、耐磨、抗老化性能大大增强，各种性能都大大超过 PU 的指标。由于产品在工厂内生产完成，各种指标便于严格控制，表面处理与底材一次成型，所以跑道的易见的胶粒问题得到了根治。

（四）人与运动器械接触部位的研究

关于人与运动器械接触部位的研究，目前所涉及的内容主要有：高尔夫球杆柄部手握持部位的研究、棒球棒与网球拍握持部位的研究；射箭用箭的箭簇、箭杆、箭翼的材料、造型，抗弓弦击发后瞬间爆发能量对箭杆的共振影响以及抗风等空气动力学的研究；蹦极与登山保护带在受力状态下对人体的影响和安全保护性能的研究等。

这方面的研究还有，如枕头、床垫的材料、造型、构造及温度的调节与人睡眠姿态和睡眠质量的影响和关系的研究；运动载体中人体姿态的保持和动作时的舒适、合理与安全性的研究；小轿车座椅、安全带及防撞保护装置可靠性的研究；小轿车、自行车用的婴儿与儿童座椅，伤残人使用器械，如手动与自动轮椅的完善与改进、在上下坡道时的助力、刹停、防倾翻以及报警求助功能，以及伤残人自助进入游泳池的升降椅的研究等等。

选用符合人体力学设计的枕头，不仅对颈椎，而且对整个脊椎的生理弯曲及脊旁肌肉都有好处。万病之源起于脊椎，脊椎常保健，才能保持身体健康，枕头的作用就是在睡眠时保证人体颈部的生理弧度不变形。还有，就是不要选择中央部位塌陷下去的床垫，因为长时间使用过软的床垫会影响整个脊柱，令脊柱侧弯，并易使椎间盘受力不均、退化进而突出，压迫周围的软组织与神经。所以，从保护腰部及预防腰椎间盘突出的角度来看，选用木板床铺或稍硬的弹簧床对于腰椎有毛病的人是较为恰当的。

四、运动生物力学研究的主要领域

目前，运动生物力学研究的领域主要有：人体运动过程的运动学和动力学测量与分析；人体运动时肌肉力学参数以及与这些参数有关的人体运动器系负荷的分析；肌肉收缩成分的力学和电学特征的研究；生物力学参数个体化特征的研究；体育运动动作技术的分析和改进；外加负荷对运动器系力学性态影响的分析；运动器械对人体运动和身体负荷影响的分析；体育设备、器械、服装的功效学研究；运动训练辅助设备的研究；生物力学基本原理的数学化和生物力学测量方法的研究；电子计算机模拟技术的研究和应用；肌肉生物物理学研究结果的进一步论证。

综上所述，随着科学进步，社会经济的发展，运动生物力学的研究已经取得长足的进展，内容涉及体育运动的各种竞赛项目，以及社会生活的各个方面。在体育动作研究领域，其研究从单个项目、单个动作分析向多个项目、复杂动作和双人、多人、集体项目方向发展；其测量技术，从手工测量、人工判读向自动化、快速反馈方向发展；其研究方法从单指标、单学科研究，向多指标、多学科综合性研究方向发展；其研究深度，也从简单的数据分析，向机理探讨、计算机模拟、动作技术最佳化方向发展，形成了一整套的新方法、新观念、新理论。在社会生活的其他领域，运动生物力学也发挥出越来越大的作用，在航天、医疗、机械、工程、劳保、健身、康复等研究中，都取得了不少突破性进展。

运动生物力学作为一门新兴的交叉学科，随着学科体系的不断完善，科学研究的不断深入，将会对我国体育事业和社会经济的发展产生更大的推动作用。

推荐读物

[1] 扎齐奥尔斯基. 运动生物力学——运动成绩的提高与运动损伤的预防 [M]. 陆爱云，译审. 北京：人民体育出版社，2004.

[2] 冯元桢，康振黄. 生物力学——运动、流动、应力和生长 [M]. 邓善熙，译. 成都：四川教育出版社，1993.

[3] 李建设. 运动生物力学学习指导 [M]. 北京：高等教育出版社，2000.

[4] 郑秀瑗，等. 现代运动生物力学 [M]. 北京：国防工业出版社，2002.

参考文献

[1] 扎齐奥尔斯基. 运动生物力学——运动成绩的提高与运动损伤的预防 [M]. 陆爱云，译审. 北京：人民体育出版社，2004.

[2] 冯元桢，康振黄. 生物力学——运动、流动、应力和生长 [M]. 邓善熙，译. 成都：四川教育出版社，1993.

[3] 中国体育科学学会. 体育科学研究现状与展望 [M]. 北京：中国体育科学学会，2004.

[4] 俞继英、张健、钱竞光，等. 竞技体操高级教程 [M]. 北京：人民体育出版社，2000.

[5] 郑秀瑗，侯曼. 现代运动生物力学 [M]. 北京：国防工业出版社，2002.

[6] 钱竞光. 单杠后摆后空翻再握创新动作的计算机设计和实验训练 [M]. 南京：体育教学与体育系统工程，1993.

[7] 钱竞光，张松宁，金海泉.跳水"压水花"技术运动生物力学 [J].体育科学，2004，24（12）：49-53.

[8] 钱竞光.跳水"压水花"动作的计算机模拟 [J].南京体育学院学报：自然科学版，2005，14（2）：1-7.

[9] 李建设.运动生物力学学习指导 [M].北京：高等教育出版社，2000.

[10] 石玉琴，古福明，周继和.运动生物力学研究方法与实验 [M].成都：西南财经大学出版社，1994.

[11] 李良.足球鞋也该改进了 [J].自然杂志，1993：5.

[12] 闫松华，叶磊.用生物力学方法选择提高运动员速度的斜坡跑超速训练的合适跑道 [J].天津体育学院学报，2005，20（6）：43-45.

[13] 董仙兰，陈梅兰.关于塑胶跑道质量指标问题的思考 [J].河北能源职业技术学院学报，2005，16（3）：37-40.

[14] 安可见.安枕的生物力学分析 [J].医用生物力学，1994，9（3）：186.

[15] 陕俊平.枕头、枕疗与颈椎病的临床研究（附300例报告）[J].颈腰痛杂志，1997，18（1）：55-57.

[16] 李建设.德国运动生物力学理论与方法学研究概述及思考 [J].中国体育科技，1999，35（1）：16-19.

[17] 理查德·C.尼尔森，芙拉迪默·M.扎西尔.美国运动生物力学研究现状 [J].体育科学评论，1994（3）.

[18] 单大卯，魏文仪.人体动态多机同步测试的实验性研究 [J].山东体育科技，2004，26（3）：34-37.

[19] 王今越，刘伟，陈民盛.国内运动生物力学发展现状思考 [J].天津体育学院学报，2003，18（4）：33-36.

专业名词中英文对照

中文	英文
运动生物力学	sport Biomechanics
测量方法	measure method
技术诊断	technique diagnoses

（南京体育学院　钱竞光　宋雅伟　叶强）